고구려 남방 진출사

고구려 남방 진출사

장 창 은 지음

景仁文化社

책을 내면서

영역은 한 나라의 주권이 미치는 범위로서 국가 존립의 기본적인 토대이자 통치행위가 이루어지는 공간이다. 따라서 삼국시대의 영역사는 한국고대사에서도 가장 기본적으로 규명되어야 하는 분야임에 재언을 요하지 않는다. 그런데 고구려·백제·신라가 맞물려 각축했던 삼국시대는 전쟁이 자주 발생하였고, 그 결과에 따라 영역 변천의 폭이 클 수밖에 없었다. 『삼국사기』 지리지의 서두에 '삼국 간 영토의 경계가 개의 이빨처럼 들쭉날쭉하여 혹은 서로 화친하고 혹은 서로 쳐들어갔다'라고 표현된 것은 삼국관계의 변화와 영역 대치선이 시시각각 변하였음을 시사한다. 이러한 삼국 간 영역 변천의 양상은 그동안의 연구가 주로 대외관계의 추이에 초점이 맞추어지면서 온전히 복원되었다고 보기 어렵다.

고구려 영역사의 경우에도 북방의 요동과 요서 지역 진출에 관한 연구가 활성화 된 데 반해서 상대적으로 남방 진출을 다룬 연구는 부족한 부분이 있었다. 물론 고구려 남진과 관련한 연구 성과가 지속적으로 축적되었으며, 이를 통해 고구려 남방 진출사에 대한 기본적인 인식이 제고될 수 있었음은 부인할 수 없다. 다만 그동안의 연구에서는 고구려사에서 가장 전성기로 언급되는 4~5세기 광개토왕(391~412)~장수왕대(413~491)의 남진이라든가, 고구려가 475년 백제로부터 한성을 탈취한 후 551년 나·제동맹군에게 한강 유역을 빼앗길 때까지의 특정 시기에 집중된 경향이 있었다. 또는 고구려와 백제, 고구려와 신라의 관계 및 영역 변천을 개별적으로 분석하는 경우가 많았다. 남한에서 지속적으로 출토되는 고구려 유물·유적에 주목한 고고학계의 연구도 개별 유적에 대한 검토에 머물거나, 고구려 남방 진출의 변천양상을 심도 있게 그려 내는 데는 다소 아쉬운 면이 있었다.

고구려 남방 진출사는 고구려와 백제·신라는 물론이거니와, 고구려가 남진할 수 있는 시대적 조건을 마련해 주었던 북방과의 관계 속에서 종합적으로 살펴야 객관성을 담보해 낼 수 있다. 또한 삼국이 국경을 맞대는 4세기대부터 고구려가 멸망하는 7세기 중반까지 계기적으로 검토할 때 온전한 영역사의 복원이 가능하다. 저자가 이 책을 쓰게 된 까닭은 이러한 문제의식 때문이었다.

저자가 애초에 관심을 가진 것은 『삼국사기』 지리지에 남아 있는 이른바 '고구려고지' 문제였다. 곧 지리지에는 고구려가 한 때 한반도 중부의 강원도와 경기도 전역 및 충청도 일부를 포함해서 심지어 경북 북부 지역까지 영역지배한 것으로 되어 있다. 학계에서는 '고구려고지'의 신빙성 문제에 대해 논란이 분분하다. 저자는 시간성이 결여되어 있는 '고구려고지' 자체의 사료적 가치에 선입관을 갖기보다는, 삼국 간 영역 변천의 양상을 추적할 수 있는 '축성'·'전쟁'·'국왕 순수 지역'의 정보가 충실히 담겨 있는 본기와 면밀히 비교·검토하는 것이 중요하다고 생각하였다. 거기에 최근 지속적으로 축적되고 있는 고고학 성과를 활용하면 '고구려고지'의 진실성 여부는 물론이고, 나아가 고구려 남방 진출양상을 계기적으로 이끌어 낼 수 있겠다는 생각이 들었다.

이와 같은 문제의식과 연구방법을 가지고 연구를 진행한 결과 「『삼국사기』 지리지 '고구려고지'의 이해방향」(『한국학논총』 33, 국민대 한국학연구소, 2010.2), 「4~5세기 고구려의 남하와 삼국의 영역향방-『삼국사기』 지리지 '고구려고지'의 실제(Ⅰ)-」(『한국학논총』 34, 2010.8), 「5~6세기 고구려의 남하와 한강 유역의 영역향방-『삼국사기』 지리지 '고구려고지'의 실제(Ⅱ)-」(『백산학보』 88, 백산학회, 2010.12)과 같은 일련의 논문을 발표하였다. 이를 통해 이 시기 고구려의 남방 진출경로와 그 범위를 대체적으로 살필 수 있었다. 그리고『삼국사기』지리지의 '고구려 고지'는 실제 고구려 남진의 결과인 역사적 진실이 담보되어 있는 것은 사실이지만, 통일신라시대의 찬자가 9주 중 각각의 3주를 삼국에 안배· 조정하는 과정에서 초래된 오류도 내포되어 있음을 알았다.

고구려 남방 진출사에 대한 연구는 이후에도 계속 진행하였다. 먼저 6세기 중반 신라가 한강 유역에 진출하는 과정과 그 범위, 그리고 한강 유역 쟁탈전에 분수령이 되었던 관산성 전투를 분석하였다(「6세기 중반 한강 유역 쟁탈전과 관산성 전투」『진단학보』111, 진단학회, 2011.4). 이 논문에서는 신라와 백제가 고구려로부터 각각 차지한 10군과 6군의 범위와 관산성 전투의 시기 및 전개과정을 면밀히 살피는데 주력하였다. 이와 별도로 진흥왕대 북방 진출의 경로와 범위를 검토하였다. 이것은 곧 한강 유역을 신라에 빼앗긴 후 신라와 국경을 맞대고 있었던 고구려 남방 영역의 축소 범위를 논하는 문제였다(「진흥왕대 신라의 북방 진출과 대고구려 영역향방」『신라사학보』24, 신라사학회, 2012.4).

6세기 중반 신라에 열세를 면할 수 없었던 고구려는 평원왕(559~590)과 영양왕(590~618)이 즉위한 6세기 후반에 이르러서야 다시 남진을 도모할 수 있었다. 당시 고구려가 남진할 수 있었던 배경은 고구려 내부의 정세와 고구려를 둘러싼 대외적인 조건이 6세기 중반과 어떻게 달라졌는지를 입체적으로 검토하였다. 이를 토대로 해서 6세기 후반~7세기 전반 고구려의 남방 진출경로와 고구려와 신라 간 영역 변천의 양상을 규명하였다(「6세기 후반~7세기 초반 고구려의 남진과 대신라 영역향방」『민족문화논총』55, 영남대 민족문화연구소, 2013.12).

한편 2012년 8월에 고구려발해학회에서 주최한 '고구려 중기 국제관계' 국제학술회의에서 「4~5세기 고구려의 남방진출과 대신라 관계」(『고구려발해연구』44, 2012.11에 수록)를 발표하였다. 2013년 5월에는 광진구에서 주최하고 가경고고학연구소와 고려대학교 한국사연구소에서 주관한 '아차산성과 삼국의 상호관계' 학술회의에서 「아차산성을 둘러싼 삼국의 역관계」(「아차산성을 둘러싼 삼국의 영역 변천」『사총』 81, 고려대 역사연구소, 2014.1에 수록)라는 주제를 맡아 논문을 발표하였다. 두 논문을 준비하고 발표하는 과정에서 그동안에 미처 살피지 못한 부분을 보완할 수 있는 기회를 가졌다. 특히 7세기대에 신라의 북한산성으로 존재한 아차산성을 둘러싼 고구려와 신라 간 공방전을 검토함으로써 7세기 전반~중반까지의 고구려 남방 진출경로와 범위를 정리하였다.

이 책은 지금까지 발표한 여러 연구논문을 모은 것이다. 단행본에 어울리게끔 기존에 발표한 논문의 체재와 내용을 대폭 수정·보완하였다. 학회지에 논문을 게재한 이후 발표된 연구 성과도 최대한 반영하였다. 특히 허용된 지면의 한계 때문에 기존 논문에서 충분히 소개하지 못한 사진과 그림, 그리고 시기별로 고구려 남방 진출양상을 한 눈에 살필 수 있는 지도를 곳곳에 배치하였다. 말미에는 고구려 남방 진출 및 신라와의 관계를 규명하는 데 중요한 「충주고구려비」를 분석한 논문 2편을 보론으로 첨부하였다.

저자가 주제로 삼은 '고구려 남방 진출의 역사'가 애초에 의도한대로 이 책에서 온전하게 밝혀졌다고 보기에는 여전히 주저되는 면이 많다. 특히 본문의 내용을 지도로 표현하는 과정은 대단히 어려운 작업이었다. 지속적인 삼국 간 영역 변천양상을 몇 장의 지도로 전부 담아내기에는 역부족이었고, 또 그것을 매끄럽게 지도상에 '영역'으로 표시하기에는 관련 자료가 부족하다는 것을 절실히 느꼈다. 이와 같은 이 책의 한계에도 불구하고 출간을 결심한 까닭은, 한국 고대 영역사 연구의 활성화를 위한 작은 디딤돌이라도 되었으면 하는 저자의 소박한 바람 때문이다. 독자 여러분들의 아낌없는 질정과 격려를 통해 향후 좀 더 발전적인 연구로 거듭나기를 기대한다.

부족하지만 그나마 이 정도의 성과로 결실을 맺을 수 있었던 데에는 많은 분들의 도움이 있었기 때문이었다. 먼저 지도교수이신 김두진 선생님께는 도저히 말로 표현할 수 없는 감사를 느낀다. 학교에서 정년하신 관계로 찾아 뵐 기회가 예전만 못하지만, 선생님께서는 여전히 뵐 때마다 '요즘 무슨 공부를 하느냐'고 묻곤 하신다. 선생님을 뵙기 전에 꼭 마음속으로 정리해야 하는 '요즘 공부 성과'는 저자가 학문적으로 나태해지지 않고 역사학자로서 소명의식을 가지고 묵묵하게 정진해 나가는 원동력이 된다. 선생님께서는 저자가 항해하는 학문의 바다에서 길잡이가 되어 주시는 등대와 같은 존재이시다. 항상 건강하셔서 저자를 계속 이끌어 주셨으면 하는 소망을 갖는다. 문창로 선생님께서는 저자에게 또 다른 학문적 지도교수이시자 인생 선배이시다. 선생님께서는 국민대학교 북악관 연구실에서 항상 연구에 매진하시는데, 저자는 그곳을 자주 찾아가 선생님과 대화하면서 사막의 오아시스에서 느끼는 기쁨과 그 옆에 서 있는 나무 그늘 아래의 편안함을 느낀다. 선생님의 인자함과 너그러운 미소, 그리고 역사를 대하는 진지한 모습은 저자가 본받고자 하는 학자의 모습 그대로이다. 두 분 선생님께 누를 끼치지 않는 올곧은 제자가 될 것을 다시 한 번 되새겨본다.

저자가 연구자로서의 학문적 지평을 넓혀가는 데는 북악사학회의 선·후배들과 10여 년 째 매달 만나 학문토론을 함께 하고 있는 신라사학회의 여러 선생님들의 격려가 큰 도움이 되었다. 또한 학술회의의 논문 발표 때 부족한 부분을 고칠 수 있도록 조언해 준 토론자 선생님들께도 이 자리를 빌려 감사의 말씀을 전한다. 이 책의 교정 작업은 국민대학교 국사학과의 김연민 선생이 맡아 주어 고생하였다. 본인 공부하기에도 부족한 시간을 내준 데 대해서 참으로 고맙고, 그가 앞으로 걸어갈 학문의 길에 선배로서 오래도록 함께 할 수 있기를 바란다. 경인문화사의 한정희 사장님과 신학태 편집부장님께서는 이 책의 출간 제안을 흔쾌히 수락

x

해 주셨다. 두 분께서는 저자가 출판사에 방문할 때마다 많은 격려를 해 주신다. 출판계의 어려운 상황에도 불구하고 상품성 없는 이 책이 세상과 소통할 수 있는 기회를 마련해 주시니 진심으로 감사의 말씀을 드린다. 또한 이 책을 예쁘게 만들어주신 편집부 여러분의 노고에도 감사의 마음을 전한다.

언제나 항상 그 자리에서 아들의 안녕을 기도하시는 부모님께 이 책의 출간이 작지만 기쁨을 드렸으면 좋겠다. 몸이 점점 연로하셔서 요즘 들어 이곳저곳 아프신 것이 내내 마음 쓰이지만, 부모와 자식으로 맺어진 소중한 인연 앞에 항상 감사하는 마음은 그 무엇으로도 헤아릴 수 없을 것이다. 장인어른과 장모님은 저자를 아들처럼 아껴주신다. 두 분이 7년 동안 손자의 육아를 도맡아 주신 덕분에 공부에 전념할 수 있었는데, 지금도 여러모로 큰 도움을 주시는 가장 든든한 후원자이시다. 가슴 깊은 곳에 항상 자리한 감사함을 이렇게라도 표현할 수 있어 다행이다. 마지막으로 혹시라도 내가 공부하는데 부담을 줄까 한 번도 조바심을 표현하지 않으면서 묵묵히 내조해 주는 아내 정미혜와 영어보다 한자를 좋아해서 항상 거울을 보는 듯한 즐거움을 주는 분신 현욱이와 이 책 출간의 기쁨을 나누고 싶다.

2014년 2월
수색동 봉산 자락 자택에서 장창은 씀

목 차

지도 목차

서 론
『삼국사기』 지리지 소재
'高句麗故地'의 이해방향

1. 문제의 제기

현행 중·고등학교 국사교과서와 각종 개설서류에는 고구려의 최전성
기였던 5세기 후반 한반도의 영역 판도를 설명할 때, 남쪽의 경계를 남
양만 내지 아산만에서 죽령과 조령 일대, 나아가 소백산맥 너머의 영일
만 지역까지로 표시하고 있다.[1] 물론 세부적으로는 다소 차이가 난다.
고등학교 교과서와『한국사강좌』·『한국사신론』에는 남양만~죽령·조
령,『한국사』에는 아산만~평해, 중학교 교과서에는 아산만~영일만,『영
토 한국사』에는 아산만-진천-충주-안동-청하 일대를 고구려의 최대 남하
선으로 주장하였다. 말하자면 전자에서 후자로 갈수록 고구려의 남방 진
출선을 내려 보는 것이다. 그런데 흥미로운 점은 '남양만~죽령·조령'을
주장하는 책들의 경우도 삽입되어 있는 지도에는 천편일률적으로 고구
려의 동남쪽 남방 한계선을 지금의 포항시 북쪽으로 표시하고 있다는 사
실이다. 이것은 본문 내용과의 서술상 불일치성을 논외로 하더라도, 기
존의 여러 주장이 대체로 같은 내용을 확대 재생산하고 있음을 말해준
다. 이러한 양상은 국립중앙박물관을 대표로 하는 현장에서도 교육의 자
료로 널리 활용되고 있다.[2]

---

1) 교육인적자원부, 2002,『중학교 국사』, 47~49쪽 ; 교육인적자원부, 2002,『고등
   학교 국사』, 54쪽 ; 李丙燾, 1959,『韓國史』(古代篇), 震檀學會, 乙酉文化社, 428~
   429쪽 ; 李基白·李基東 共著, 1982,『韓國史講座』(古代篇), 一潮閣, 166쪽, 172쪽 ;
   李基白, 1990,『韓國史新論』(新修版), 一潮閣, 65~66쪽 ; 안주섭·이부오·이영화
   공저, 2006,『영토 한국사』, 소나무, 54~56쪽.
2) 국립중앙박물관 상설전시관의 고구려실에 있는 지도에도 아산만~포항을 장수왕
   때 영역의 남방 진출선으로 표시했었다. 그러다가 2009년 하반기 이후 특별한 시

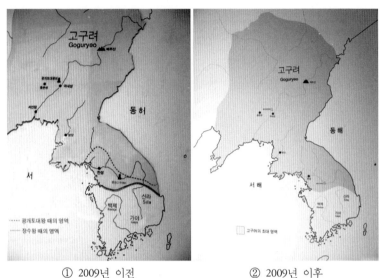

① 2009년 이전　　　② 2009년 이후
5세기 후반 고구려의 남진 범위(국립중앙박물관 고구려실 소재)

　　이와 같은 통설은 475년에 고구려가 백제 漢城을 침공한 것을 계기로
백제가 수도를 熊津으로 천도하였다는 사실과, 551년에 백제 聖明王[성
왕]이 고구려를 정벌하여 한성의 땅을 차지함으로써 마침내 故地를 회
복하였다는 『日本書紀』(卷19, 欽明天皇 12년)의 기록에 주목한 결과였
다. 곧 양자를 조합해서 475년부터 551년까지 고구려가 한강 유역을 차
지하였다는 자연스러운 결론을 도출하였다.

　　그런데 이러한 통설을 뒷받침해 주는 중요한 자료 중 하나가 『三國史
記』地理志(이하 지리지로 약칭)에 남아 있는 이른바 '高句麗故地'이다.
곧 『삼국사기』 지리지 권35에는 신라 9州 중 漢州·朔州·溟州의 각 郡·
縣이 '본래 고구려의 땅'이었던 것으로 기록되어 있다. 또한 고구려 지

　　기를 설정하지 않은 채 '고구려의 최대 영역'이라는 지도로 교체하였다. 그러나
남방 한계선을 여전히 아산만~포항으로 그리고 있다. 2014년 현재도 지도는 바
뀌었지만 남방 진출선의 표시는 기존과 같다.

리지(권37)에도 비슷한 양상으로 재현되었다. 그것에 따르면, 고구려는 한때 한반도 중부의 강원도와 경기도 전역은 물론이고 충남 천안 일대에서 충북 진천-음성-괴산-충주-제천-단양 지역과 소백산맥 이남의 경북 영주·봉화·안동 동북부·울진·영양·청송·영덕·포항 선까지 영역에 포함시킨 셈이 된다. 말하자면 통설은 475~551년까지 고구려가 한강 유역을 차지하였다는 『삼국사기』 본기와 『일본서기』의 기록에다가 지리지의 적극적인 해석을 통해 논리를 확대하였던 것이다.

이처럼 고구려가 5~6세기에 소백산맥 너머 경상도 내륙 깊숙한 곳까지 진출했다는 주장은 1979년에 「忠州高句麗碑」[3](이하 「충주비」로 약칭)가 발견되고, 1985년 순흥 읍내리벽화고분(이하 읍내리고분으로 약칭) 등 고고학적 성과가 축적되면서 점차 확대되어 갔다. 곧 「충주비」의 내용 중 '新羅土內幢主'가 『일본서기』 雄略天皇 8년조의 기록과 맞아떨어지면서 신라 영토 안에 있었던 고구려 군사단의 존재가 드러났다. 여기에 읍내리고분과 각종 불교유적 등 경북 일대의 '고구려계 유물·유적'이 고구려의 신라에 대한 지배 내지 간섭의 산물로 조명을 받았다.[4]

---

3) 「中原高句麗碑」로 부르다가 2010년 11월 1일자로 문화재청에 의해 「충주고구려비」로 명칭이 변경되었다. 이에 이 책에서는 새로운 명칭에 따른다. 다만 기존의 연구 성과는 원래의 표기대로 한다.

4) 대표적인 연구 성과를 소개하면 다음과 같다.
李道學, 1987, 「新羅의 北進經略에 관한 新考察」『慶州史學』 6, 慶州史學會 ; 李道學, 1988a, 「高句麗의 洛東江流域進出과 新羅·伽倻 經營」『國學研究』 2, 國學研究所 : 2006, 『고구려 광개토왕릉비문 연구-광개토왕릉비문을 통한 고구려사-』, 서경 ; 李道學, 1988b, 「永樂 6年 廣開土王의 南征과 國原城」『孫寶基博士停年紀念 韓國史學論叢』, 知識産業社 : 2006, 위의 책 ; 金貞培, 1988, 「고구려와 신라의 영역문제」『韓國史研究』 61·62, 韓國史研究會 : 2000, 『韓國古代史와 考古學』, 신서원 ; 鄭雲龍, 1989, 「5世紀 高句麗 勢力圈의 南限」『史叢』 35, 高大史學會 ; 徐榮一, 1991, 「5~6世紀의 高句麗 東南境 考察」『史學志』 24, 檀國大學校史學會 ; 鄭雲龍, 1994, 「5~6世紀 新羅·高句麗 關係의 推移-遺蹟·遺物의 解釋과 관련하여-」『新羅의 對外關係史 研究』(新羅文化制學術發表會 論文集 15) ; 高寬敏, 1996, 「五世紀の新羅北边」『三國史記』原典的研究』, 雄山閣 ; 金賢淑, 2002,

나아가 1990년대 이후 충남 대전의 월평동에서는 5세기 말경을 하한으로 하는 고구려 토기편 20여 점이 출토되었다.[5] 그리고 충북 청원군 부강리 남성골에서는 2001~2002년과 2006년 두 차례의 발굴 결과, 고구려식 집터와 고구려 토기류 130여 점, 철제 무기와 마구류[鑣轡], 고구려 양식의 금제 귀걸이가 출토되었다. 유적의 연대는 목책 구덩에서 나온 숯의 방사성 탄소연대 값이 5세기 후반 경으로 나오고, 시루의 형식 등을 감안해 5세기 후반~6세기 전반으로 보고 있다.[6] 이를 통해 고구려가 475년 이후 금강 유역까지 남하해서 백제의 수도를 압박했다는 주장은 대세로 자리잡은 듯하다. 이것은 지리지에 나타나 있는 남방 한계선을 넘어선 것이다.

그러나『삼국사기』지리지의 사료적 가치에 대한 회의적인 시각도 만만치 않다. '고구려고지'가 실제로 설치된 고구려 군현이 아니라 중국 고대 천하통일 사상으로서의 9州 관념을 빌려와 '一統三韓' 의식을 구현하기 위해서 삼국에 3주씩 안배한 데서 나온 산물이라는 것이다.[7] '고구려고지'를 고구려가 실제로 이 지역을 행정지배한 것이 아니라, 신라

「4~6세기경 小白山脈 以東地域의 領域向方-『三國史記』地理志의 慶北地域 '高句麗郡縣'을 중심으로-」『韓國古代史硏究』26, 한국고대사학회 : 2005,『고구려의 영역지배방식 연구』, 도서출판 모시는 사람들.

5) 국립공주박물관·충남대학교박물관, 1999,『大田 月坪洞遺蹟』; 李漢祥, 2000, 「大田 月坪山城 出土 高句麗土器」『韓國古代史와 考古學』(學山 金廷鶴博士 頌壽記念論叢), 學硏文化社 ; 충청문화재연구원, 2003,『大田 月坪洞山城』.

6) 차용걸, 2003,「忠淸地域 高句麗系 遺物 出土遺蹟에 대한 小考-남성골 유적을 중심으로-」『湖西地方史硏究』(湖雲崔槿默敎授 停年記念論叢), 호서사학회 편, 경인문화사 ; 차용걸·박중균·한선경·박은연, 2004,『淸原 南城谷 高句麗遺蹟』, 忠北大學校 博物館 ; 차용걸·박중균·한선경, 2008,『청원 I.C~부용간 도로공사구간 내 淸原 南城谷 高句麗遺蹟』(2006년도 추가발굴조사), 중원문화재연구원.

7) 藤田亮策, 1953,「新羅九州五京攷」『朝鮮學報』5, 朝鮮學會 : 1963,『朝鮮學論考』, 365~366쪽 ; 井上秀雄, 1961,「三國史記地理志の史料批判」『朝鮮學報』21·22 : 1974,『新羅史基礎硏究』, 東出版, 85~97쪽 ; 이인철, 2000,『고구려의 대외정복 연구』, 백산자료원, 311쪽.

의 북진 경략과정에서 신라의 군현체제를 기준으로 고구려의 군현명을
대응한 결과로 보기도 한다.[8] 또한 지리지의 기사를 사료 비판하고 『충
주비』의 '신라토내당주'와 고고학 유물의 확대 해석에 이의를 제기하면
서, 동해안 일대에서 지속적으로 발굴되는 신라계 유물의 확산양상을 근
거로 5세기 중반 이후 신라가 소백산맥을 기점으로 해서 그 이남 지역을
안정적으로 영역지배한 것으로 이해한 연구도 발표되었다.[9]

한편 『삼국사기』 백제본기를 통해서 보면, 백제가 고구려에 한성을
빼앗긴 이후인 東城王(479~501)~武寧王代(501~523)에 麗·濟 간 전
쟁과 백제의 축성·순행이 한강 유역은 물론 황해도 일대에서까지 이루
어진 것으로 남아 있다. 이것은 마치 고구려의 한성 함락 이후에도 백제
가 지속적으로 이 지역을 점유한 듯한 인상을 준다. 이에 대해 백제의
웅진 천도와 『일본서기』에 소개된 성왕의 551년 한강 유역 회복이라는
대전제에 따라 백제본기의 기록을 믿을 수 없다는 단순 부정설[10]과, 웅
진시대 왕실의 실추된 권위 회복을 위해 웅진시대 지명에 한성시대 지명
을 의식적으로 대입시켰다는 조작설,[11] 한성 일대의 지명이 웅진으로

---

8) 임기환, 2008, 「『삼국사기』 지리지에 나타난 고구려 군현의 성격」 『漢城百濟史
   2』(건국과 성장), 서울특별시사편찬위원회, 370~372쪽, 380~381쪽.
9) 강종훈, 2008, 「5세기 후반 고구려와 신라의 국경선」 『한국 고대 사국의 국경선』,
   서경문화사. 이것이 반영되어 482년 한국 고대 사국의 국경선을 제시하면서 동해
   안 일대에서의 고구려와 신라의 대치선을 강릉 이북으로 지도에 표시하였다(김태
   식, 2008, 「한국 고대 사국의 국경선-5세기 후반을 중심으로-」 『한국 고대 사국의
   국경선』, 서경문화사, 45~46쪽). 이는 통설보다 진전된 것으로 평가된다.
10) 津田左右吉, 1913, 「長壽王征服地域考」 『朝鮮歷史地理』 1, 南滿洲鐵道株式會社 :
    1986, 亞細亞文化社, 87~88쪽 ; 이병도, 1959, 앞의 책, 429~431쪽 ; 노태돈,
    2005, 「고구려의 한성지역 병탄과 그 지배양태」 『鄕土서울』 66, 서울특별시사편
    찬위원회 : 2009, 『한국고대사의 이론과 쟁점』, 집문당, 194~198쪽.
11) 李道學, 1984, 「漢城末 熊津時代 百濟王系의 검토」 『韓國史硏究』 45 : 2010, 「한
    성 말·웅진성 도읍기 백제 왕계의 검토」 『백제 한성·웅진성 시대 연구』, 일지사,
    280~281쪽.

옮겨왔다는 지명이동설,12) 기년조정설13) 등 부정적인 기류가 대세를 이루어왔다.

이와 달리 본기 기록 자체에 충실하면서 백제가 475년 이후 동성왕~무령왕대에 고구려에게 빼앗긴 한강 유역을 빼앗아 경영했다거나, 한강 유역을 두고 두 나라가 공방전을 전개했다는 관점의 반론도 꾸준히 제기되었다.14) 그런가 하면 夢村土城 안에서 출토된 고구려 유적과 아차산

12) 今西龍, 1934, 「百濟史講話」『百濟史研究』, 近澤書店, 280~281쪽 ; 李基白, 1978, 「熊津時代 百濟의 貴族勢力」『百濟研究』9 : 1996, 『韓國古代政治社會史研究』, 一潮閣, 176~178쪽 ; 노중국, 2006, 「5~6세기 고구려와 백제의 관계-고구려의 한강유역 점령과 상실을 중심으로-」『北方史論叢』11, 동북아역사재단, 22~26쪽 ; 梁起錫, 2008, 「475년 위례성 함락 직후 고구려와 백제의 국경선」『한국 고대 사국의 국경선』, 서경문화사, 79~81쪽. 다만 양기석은 동성왕대에 한해서 지명의 이동을 설정하여, 이를 토대로 무령왕대 한강 유역 회복설을 주장하였다.

13) 강종훈, 2006, 「『삼국사기』 백제본기의 사료 계통과 그 성격」『韓國古代史研究』42 : 2011, 「『삼국사기』 백제본기의 사료 계통」『삼국사기 사료비판론』, 여유당, 99~104쪽 ; 임기환, 2007a, 「5~6세기 고구려의 남진과 영역범위」『경기도의 고구려 문화유산』, 경기도박물관, 43~46쪽 및 2007b, 「웅진시기 백제와 고구려 대외관계 기사의 재검토」『百濟文化』37, 공주대 백제문화연구소, 15~17쪽.

14) 安鼎福, 『東史綱目』附卷下, 地理考 百濟疆域考 ; 丁若鏞, 『與猶堂全書』6集 3卷, 疆域考, 漢城考 ; 韓鎭書, 『海東繹史續集』卷8, 地理考8, 百濟 ; 梁起錫, 1980, 「熊津時代의 百濟支配層研究-王權强化政策과 關聯하여-」『史學志』14 ; 朴燦圭, 1991, 「百濟 熊津初期 北境問題」『史學志』24 ; 金榮官, 2000, 「百濟의 熊津遷都 背景과 漢城經營」『忠北史學』11·12, 忠北大學校 史學會 ; 임범식, 2002, 「5~6세기 한강유역사 再考-식민사학의 병폐와 관련하여」『漢城史學』15, 漢城史學會 ; 김병남, 2003a, 「百濟 聖王代의 북방 영역 변화」『韓國史研究』120 ; 2003b, 「百濟 東城王代의 대외진출과 영역의 확대」『韓國思想과 文化』22, 韓國思想文化學會 ; 2004, 「백제 웅진천도 초기의 한강 유역 상황」『韓國思想과 文化』26 ; 양기석, 2005, 「5~6세기 百濟의 北界-475~551년 百濟의 漢江流域 領有問題를 중심으로-」『博物館紀要』20, 檀國大學校 石宙善紀念博物館 ; 金榮官, 2006, 「고구려의 청주지역 진출 시기」『先史와 古代』25, 韓國古代學會 ; 정운용, 2007, 「한강 유역 회복과 관산성 전투」『泗沘都邑期의 百濟』(百濟文化史大系 研究叢書 5), 충청남도 역사문화연구원 ; 양기석, 2008, 앞의 논문. 물론 연구자들 사이 세부적인 주장의 차이는 크다. 이에 대해서는 이 책의 제2부 1장 1절-1)에서 연구사 검토가 수반될 것이다.

일대의 고구려 보루 등 고고학 자료를 통해서 475~551년 고구려의 한
강 유역 장악을 재주장하기도 했다.[15] 결국『삼국사기』지리지에 남아
있는 '고구려고지'를 어떻게 볼 것인지에서 시작한 논의는, 소백산맥 이
남과 동해안 일대를 비롯해서 한강 하류 및 경기 남부와 충청남북도에
서의 삼국 간 영역 변천에 대한 논란이 한층 가중되는 양상으로 접어들
었다.

　그동안의 연구 성과가 일정한 진전을 이룬 것은 분명하지만 사료를
보는 관점이나 연구방법적인 면에서 아쉬움이 없는 것은 아니다. 먼저
기존 연구가『삼국사기』지리지를 너무 단선적으로 이해했던 것이 아닌
가 하는 생각이 든다. 고구려의 영역 확장을 강조하는 입장은 '고구려고
지'를 맹신한 채 고고학적 유물의 해석을 확대해서 이에 끼워 맞추는 것
이 아닌가 하는 인상까지 준다. 반면에 통일신라인의 관점에서 일괄적으
로 기술한 것이므로 사료적 가치가 없다고 단정하는 것도 문제이다. 지
리지의 구성체제가 '일통삼한' 의식의 산물임은 부정하기 어렵겠지만,
지리지의 내용 중 개별적인 오류가 발견된다고 하더라도 지리지 전체의
사료적 가치를 지나치게 폄하할 필요는 없다. 선입관에 따른『삼국사기』
지리지에 대한 지나친 긍정론도 부정론도 연구에 도움이 되지 않는다.
지리지 자체의 정밀한 분석에 의해 도출된 결론만이 지리지의 사료적 가
치 여부를 말해 줄 수 있다고 생각한다.

---

15) 崔鍾澤, 1998,「고고학상으로 본 고구려의 한강 유역 진출과 백제」『百濟硏究』
　　28, 忠南大學校 百濟硏究所 ; 2002,「夢村土城 內 高句麗遺蹟 再考」『韓國史學報』
　　12, 高麗史學會 ; 2006,「南韓地域 高句麗 土器의 編年 硏究」『先史와 古代』24 ;
　　2007,「웅진도읍기 한강유역의 상황」『熊津都邑期의 百濟』(百濟文化史大系 硏究
　　叢書 4), 충청남도 역사문화연구원 ; 2008,「고고자료를 통해 본 백제 웅진도읍기
　　한강유역 영유설 재고」『百濟硏究』47.

2. '고구려고지'의 사료적 검토

『삼국사기』권35(지리2)와 권37(지리4) 고구려조에는 신라 통일 후의
지방통치제도인 9州 중에서 漢州(漢山州)·朔州(牛首州)·溟州(何瑟羅
州)가 옛날에 고구려의 땅이었던 것으로 기술되어 있다. 권35(이하 신라
지로 약칭)가 경덕왕 16년(757)에 漢式으로 개정된 지명을 표제어로 내
세우면서 해당 지역이 '본래 고구려의 ○○군(현)[本高句麗○○郡(縣)]'
이었는데, 경덕왕이 이름을 고쳤고 지금(고려)의 '어디'라는 식으로 지명
의 변화과정과 위치를 정리한 데 반해, 권37(이하 고구려지로 약칭)에는
군·현의 지명만이 나열되어 있다. 그런데 신라지와 고구려지를 비교해
보면 비록 일부 기술 순서와 지명격의 차이가 있기는 하지만16) 양자가
대체로 대응관계에 있음을 알 수 있다.

기왕의 연구 성과에 따르면, 고구려지(권37)가 신라지(권35)보다는 상
대적으로 고구려시대의 지명을 좀 더 반영하고 있는 것으로 알려져 있
다.17) 언어학적으로도 고구려지와 신라지에 나온 고구려 지명을 경덕왕
대 漢式으로 번역한 것이 많다는 지적이 있었다. 곧 지리지에 나오는 고
구려 지명이 고대 고구려어에 가깝다는 것이다.18) 좀 더 구체적으로 고
구려지 원전의 성립시기를 신문왕대(681~692)로 보기도 했고,19) 치밀

---

16) 그것은 두 자료의 原典이 다른 데서 기인했을 가능성이 크다(임기환, 2008, 앞의
    논문, 363쪽).

17) 김정배, 1988, 앞의 논문 : 2000, 앞의 책, 318~319쪽 ; 梁起錫, 2002, 「高句麗의
    忠州地域 進出과 經營」『中原文化論叢』6, 忠北大學校 中原文化研究所, 70쪽.

18) 李基文, 1967, 「韓國語形成史」『韓國文化史大系』9, 高大 民族文化研究所, 75~
    86쪽.

19) 井上秀雄, 1961, 앞의 논문 : 1974, 앞의 책, 95쪽. 백제지의 분석 결과이지만 노
    중국도 지리4의 저본자료는 신문왕대에 만들어졌고, 細注에 보이는 지명은 백제
    당시의 것을 반영해 주는 것으로 이해하였다(盧重國, 1993, 「『三國史記』의 百濟
    地理關係 記事 檢討」『三國史記의 原典 檢討』, 韓國精神文化研究院, 150~156쪽).

한 논증을 통해서 경덕왕 7년(748)~흥덕왕대(826~836)로 추정한 연구
도 있다.[20] 또한 신라지의 원전은 경덕왕대(742~765)의 군현 개편을 토
대로 하고, 거기에 헌덕왕대(809~826)의 조치가 추가되었으며, 그 후 문
성왕대(839~857)에 수정된 것과 영남 지역에 한해서는 신라 말의 변동
사항도 반영된 것으로 정리되었다.[21] 그리고 『삼국사기』 지리지 중 한
산주·웅천주·상주의 지명을 분석한 후 실제로 5~6세기 혹은 8세기에
형성된 삼국의 대치선이 모두 7세기 중엽으로 정리된 것으로 이해하기
도 했다.[22]

　고구려지와 신라지를 비교하여 정리·검토해 보면, '고구려고지'의 분
포양상과 지명의 변화과정, 지명격의 변화를 통한 군·현의 영속관계 등
을 파악할 수 있을 것이다. 이러한 점을 감안해서 지리지에 소재한 '고
구려고지'를 알아보기 쉽도록 <표 1>로 작성하였다.[23]

---

20) 金泰植, 1997, 「『三國史記』 地理志 高句麗條의 史料的 檢討」 『歷史學報』 154, 歷
　　史學會, 39~45쪽.
21) 金泰植, 1995, 「『三國史記』 地理志 新羅條의 史料的 檢討」 『三國史記의 原典 檢
　　討』, 韓國精神文化硏究院.
22) 이부오, 2008, 「『三國史記』 地理志에 기재된 삼국 지명 분포의 역사적 배경-漢山
　　州·熊川州·尙州를 중심으로-」 『地名學』 14, 한국지명학회.
23) 『삼국사기』 지리지의 '고구려고지'는 기왕에도 여러 연구자들에 의해 부분적인
　　표로 작성되었다. 임기환은 이를 더 세부적이면서 군현별로 일목요연하게 표로
　　작성하였다(임기환, 2007a, 앞의 논문, 54~57쪽 및 2008, 앞의 논문, 363~366
　　쪽). 필자는 이를 참고한 후 군·현의 영속관계를 좀 더 파악하기 쉽고, 지리지의
　　지명이 본기에 나오는지의 여부와 그 빈도수까지 기재하였다. 구체적인 사용례는
　　표 말미에 제시하였다.

〈표 1〉『삼국사기』지리지 소재 '高句麗故地'

州名	고구려 지명 (지리4 고구려)	本高句麗名 (지리2 신라)		景德王 改名	고려 지명	현재 지명 (2013)	비고
		郡級 名	縣級 名				
漢州 1	漢山*州**	漢山郡₂		漢州#	廣州	서울 하남시 경기 광주시	*온조 이후 사례 多. **진흥 이후 사례 多. #경덕16, 정강2, 진성9, 열전 소나·김유신
2	南川*縣 (南買)		南川*縣	黃武縣	利川縣	경기 이천시	*진흥29, 진평26, 진관지 무관, 열전 김유신
3	駒城 (滅烏)		駒城縣	巨黍縣	龍駒縣	경기 용인시 구성읍	
4	國原*城** (未乙省, 託長城)	國原*城**		中原京#	忠州	충북 충주시	지리4는 첫 번째로 기술 *진흥18·26, 문무8, 헌덕14, 효공3·4, 열전 궁예, 악지. **문무13. #열전 강수
5	仍斤內郡	仍斤內郡		槐壤*郡	槐州	충북 괴산군 괴산읍	
6	述川*郡 (省知買)	述川*郡₂		沂(沂)川郡	川寧郡	경기 여주시 흥천면	무열8, 온조40, 초고49
7	骨乃斤*縣		骨乃斤*縣	黃驍縣	黃驪縣	경기 여주시 여주읍	*직관지 무관
8	楊根縣* (去斯斬)		楊根縣*	濱陽縣	楊根縣	경기 양평군 양평읍	*원성5
9	今勿內郡 (萬弩*)	今勿奴郡₂		黑(黃)壤郡	鎭州	충북 진천군 진천읍	
10	道西*縣 (都蓋)		道西*縣	都西*縣	道安縣	충북 괴산군 도안·청안면	*제사지
11	仍忽		仍忽縣	陰城縣	陰城縣	충북 음성군 음성읍	
12	皆次山郡	皆次山郡₁		介山郡	竹州	경기 안성시 죽산면	
13	奴音竹縣		奴音竹縣	陰竹縣	陰竹縣	경기 이천시 충북 음성군	
14	奈兮忽	奈兮忽₂		白城*郡**	安城郡	경기 안성시	*문무10. **열전 소나
15	沙伏忽		沙伏忽	赤城縣	陽城縣	경기 안성시 양성면	
16	蛇山*縣		蛇山*縣	蛇山*縣	稷山縣	충남 천안시 직산읍	*열전 소나
17	買忽 (水城)	買忽郡		水城郡*	水州	경기 화성시 봉담읍	*헌덕15
18	唐城*郡**	唐城*郡**₂		唐恩*郡**	唐城郡	경기 화성시 남양동	*흥덕4, 열전 궁예. **헌안2

19	上忽 (車忽)		上忽縣 (車忽縣)	車城縣	龍城縣	경기 평택시 안중읍	
20	釜山*縣 (松村活達)		釜山*縣	振威縣	振威縣	경기 평택시 진위면	*고이5
21	栗木郡 (冬斯肹)	栗木郡3		栗津郡	菓州	경기 과천시	
22	仍伐奴縣		仍伐奴縣	穀壤縣	黔州	경기 시흥시	
23	齊次巴衣縣		齊次巴衣 縣	孔巖*縣	孔巖縣	서울 강서구 가양동 일대	*열전 궁예
24	買召忽縣 (彌鄒忽*)		買召忽縣 (弥鄒忽* 縣)	邵城縣	仁州 (慶原)	인천 남구 일대	*온조 즉위
25	獐項口縣 (古斯也忽次)	獐項口縣		獐口郡	安山縣	경기 안산시 일대	
26	主夫吐郡	主夫吐郡4		長堤郡	樹州	인천 계양·부평구	
27	首尒忽		首尒忽	戍城縣	守安縣	경기 김포시 대곶면	
28	黔浦*縣		黔浦*縣	金浦縣*	金浦縣	경기 김포시	*열전 궁예
29	童子忽縣 (仇斯波衣)		童子忽縣 (幢山縣)	童城縣	童城縣	경기 김포시 하성면	
30	平淮(唯)押縣 (別史波衣)		平唯押縣	分津縣	通津縣	경기 김포시 통진읍	
31	北漢山*郡 (平壤*)	北漢山*郡 (平壤*)2		漢陽郡	楊州 옛터	서울시	*진흥16·18·29, 진평25·26· 40, 무열8, 헌덕17, 영양14, 보장20, 개루5, 개로15, 열전 김유신·김인문, 제사지
32	骨衣內縣		骨衣奴縣	荒壤縣	豐壤縣	경기 남양주시 진접읍	
33	王逢*縣 (皆伯)		皆伯縣	遇王縣	幸州	경기 고양시 덕양구	漢氏미녀가 安臧王을 만난 곳 *문무13
34	買省郡 (馬忽)	買省縣2		來蘇郡	見州	경기 양주시 고읍동	
35	七重*縣 (難隱別)		七重*縣	重城縣	積城縣	경기 파주시 적성면	*선덕7, 무열7, 문무2·11·15, 영류21, 온조18, 열전 김유신·필부, 제사지
36	波害平史縣 (額蓬)		波害平史 縣	波平縣	波平縣	경기 파주시 파평면	
37	泉井口縣 (於乙買串)	泉井口縣2		交河郡	交河郡	경기 파주시 교하읍	
38	述尒忽縣 (首泥忽)		述尒忽縣	峯城縣	峯城縣	경기 파주시 파주읍	
39	達乙省縣 (高烽)		達乙省縣	高烽縣	高烽縣	경기 고양시 일산동구	한씨미녀가 봉화를 피워 안장왕을 맞이한 곳

40	臂城郡(馬忽)	馬忽郡2		堅城郡	抱州	경기 포천시 군내면	포천 반월산성에서 '馬忽'銘 기와 출토
41	內乙買(內尒米)		內乙買縣	沙川縣	沙川縣	경기 동두천시 송내동 일대	
42	梁骨縣		梁骨縣	洞陰縣	洞陰縣	경기 포천시 영중면	지리4는 43, 42 순으로 기술
43	鐵圓*郡**(毛乙冬非)	鐵圓*郡**2		鐵城郡	東州	강원 철원군 철원읍	*진성9, 효공7·9, 연표, 열전 궁예·견훤. **진성9, 열전 궁예
44	僧梁縣(非勿)		僧梁縣	㠉梁縣	僧嶺縣	경기 연천군 인목면	
45	功木達(熊閃山)		功木達縣	功成縣	獐州	경기 연천군 연천읍	
46	夫如郡	夫如郡1		富平郡	金化縣	강원 철원군 김화읍	
47	於斯內縣(斧壤*)		斧壤*縣	廣平縣	平康縣	강원 평강군 평강읍(北)	*문무8, 효공7, 온조43, 열전 궁예
48	烏斯含達	烏斯含達縣3		兎山郡	兎山郡	황북 토산군 월성리(北)	
49	阿珍押縣(窮嶽)		阿珍押縣	安峽縣	安峽縣	강원 철원군 안협면(北)	
50	所邑豆縣		所邑豆縣	朔邑縣	朔寧縣	강원 철원군 삭녕리(北)	
51	伊珍買縣		伊珍買縣	伊川縣	伊川縣	강원 이천군 이천읍(北)	
52	牛岑*郡(牛嶺,首知衣)	牛岑*郡3		牛峯郡	牛峯郡	황북 금천군 현내리 부근(北)	*문무13, 효소3, 헌덕18
53	獐項縣(古斯也忽次)		獐項縣	臨江縣*	臨江縣	개성시 장풍군 임강리 일대(北)	*열전 궁예
54	長淺城縣(耶耶, 夜牙)		長淺城縣	長湍縣	長湍縣	경기 파주시 장남면	
55	麻田淺縣(泥沙波忽)		麻田淺縣	臨端縣	麻田縣	경기 연천군 미산면 일대	
56	扶蘇岬	扶蘇岬3		松岳*郡**	松岳郡	개성시(北)	*효소3. **헌강3, 효공2, 경명3, 열전 궁예
57	若只豆恥縣(朔頭,衣頭)		若豆恥縣	如羆縣	松林縣	개성시 장풍군 선적리 부근(北)	
58	屈於押(江西)		屈押縣*	江陰縣	江陰縣	황북 봉천군 연홍리 부근(北)	*원성2

59	冬比忽	冬比忽₂		開城*郡	開城府	개성시 개풍군 개풍읍(北)	*성덕12
60	德勿縣		德勿縣	德水縣	德水縣	개성시 개풍군 흥왕리(北)	
61	津臨城縣 (烏阿忽)		津臨城	臨津縣	臨津縣	경기 파주시 군내면	
62	穴口*郡 (甲比古次)	穴口*郡₃		海口郡	江華縣	인천 강화군 강화읍	*문성6, 열전 궁예
63	冬音奈縣 (休陰)		冬音奈縣	沍陰縣	河陰縣	인천 강화군 하점면	
64	高木根縣 (達乙斬)		高木根縣	喬桐縣	喬桐縣	인천 강화군 교동면	
65	首知縣 (新知)		首知縣	守鎭縣	鎭江縣	인천 강화군 양도면 추정	
66	大谷*郡 (多知忽)	大谷郡₂		永豐郡	平州	황북 평산군 산성리(北)	*선덕4, 문무8, 경덕7, 직관지 외관
67	水谷城*縣 (買旦忽)		水谷城縣	檀溪縣	俠溪縣	황북 신계군 추천리(北)	*문무11, 소수림5, 문자12, 근초고30, 근구수즉위, 무령즉위, 아신3,
68	十谷縣 (德頓忽)		十谷城縣	鎭湍縣	谷州	황북 곡산군 곡산읍(北)	
69	冬音忽 (豉鹽城)	冬彡忽郡 (冬音忽郡)₁		海臯郡	鹽州	황남 연안군 연안읍(北)	
70	刀臘縣 (雉嶽城)		刀臘縣	雊澤縣	白州	황남 배천군 배천읍(北)	
71	內米忽 (池城*,長池)	內米忽郡		瀑池郡	海州	황남 해주시(北)	지리4는 74,71~73 순으로 기술 *경덕21
72	漢城*郡 (漢忽,息城,乃忽)	息城郡		重盤郡	安州	황남 삼천군 고현리(北)	*문무7, 경덕21, 백제 도성으로서의 한성 사례 多.
73	鵂鶹城 (租波衣,鵂巖*郡)	鵂嵒*郡		栖嵒郡	鳳州	황남 봉산군 구읍리 부근(北)	*경덕21
74	五谷*郡 (于次呑忽)	五谷*郡₁		五關郡	洞州	황북 서흥군 화곡리 일대(北)	*경덕21, 안장왕11, 성왕7
75	獐塞*縣 (古所於)		獐塞*縣	獐塞*縣	遂安郡	황북 수안군 석담리 일대(北)	*문무2·7, 경덕21, 열전 열기
76	冬忽 (于冬於忽)	冬忽₃		取城郡	黃州	황북 황주군 황주읍(北)	취성군과 3속현(77~79)은 헌덕왕대 개명함

77	今達 (薪達,息達)		息達	土山縣	土山縣	평양시 상원군 상원읍(北)	
78	加火押		加火押	唐嶽縣	中和縣	평양시 강남군 장교리 일대(北)	지리4의 78,79는 원래 91에 이어 기술
79	夫斯波衣縣 (仇史峴)		夫斯波衣 縣	松峴縣	中和縣	평양시 강남군 영진리 일대(北)	
80	仇乙峴 (屈遷)				豊州	황남 과일군 과일읍(北)	지리4의 80~91, 지리2에는 빠져 있음
81	闕口				儒州	황남 신천군 건산·용산리 일대(北)	
82	栗口 (栗川)				殷栗縣	황남 은률군 은률읍(北)	
83	長淵				長淵	황남 장연군 장연읍(北)	
84	麻耕伊				青松縣	황남 송화군 송화읍(北)	
85	楊岳				安嶽郡	황남 안악군 노암리 일대(北)	
86	板麻串				嘉禾縣	황남 삼천군 괴정리 일대(北)	
87	熊閑伊				水寧縣	황남 송화군 온천리 일대(北)	
88	甕遷				甕津縣	황남 웅진군 웅진읍(北)	
89	付珍伊				永康縣	황남 태탄군 운산리(北)	
90	鵠島				白嶺鎮	인천 웅진군 백령면	
91	升山				信州	황남 신천군 신천읍(北)	
朔州 1	牛首(頭)州* (首次若,烏根 乃)	貊의 땅 3		朔州**	春州	강원 춘천시	선덕왕 6년(637) 牛首州, 문무왕 13년(673) 首若州로 삼음 *무열왕2, 직관지 무관. **경덕16, 경명5
2	伐力川*縣		伐力川* 縣	綠驍縣	洪川縣	강원 홍천군 홍천읍	*직관지 무관

3	橫川縣 (於斯買)		橫川縣	潢川縣	橫川縣	강원 횡성군 횡성읍	
4	砥峴縣		砥峴縣	砥平縣	砥平縣	경기 양평군 지평면	
5	平原郡 (北原*)	平原郡		北原*京	原州	강원 원주시	문무왕 18년(678) 北原小京 설치 *문무18, 헌덕14, 진성5·8, 효공3, 열전 궁예·견훤
6	奈吐郡* (大堤)	奈吐郡*$_2$		奈隄郡	堤州	충북 제천시	*직관지 무관. 제사지
7	沙熱伊縣*		沙熱 伊縣*	清風縣	清風縣	충북 제천시 청풍면	*제사지
8	赤山縣		赤山縣	赤山縣	丹山縣	충북 단양군 적성면 일대	
9		奈已郡*$_2$		奈靈 郡**	剛州	경북 영주시	본래 백제의 땅으로 기술. 권37 지리4 백제 武珍州 끝에도 기술 *제사지. 같은 지명인 捺已郡은 소지22에 나옴. **열전 김양
10	買谷縣		買谷縣	善谷縣	미상	경북 안동군 도산·예안면 일대	지리4의 10~13은 원래 21 뒤에 기술됨
11	古斯馬縣		古斯馬縣	玉馬縣	奉化縣	경북 봉화군 봉화읍	
12	及伐山郡*	及伐山郡*$_1$		岌山郡	興州	경북 영주시 순흥면	*제사지
13	伊伐支縣 (自伐支)		伊伐支縣	鄰豐縣	미상	경북 영주시 순흥면	
14	斤平郡* (並平)	斤平郡*$_1$		嘉平郡	嘉平郡	경기 가평군 가평읍	*제사지
15	深川縣 (伏斯買)		深川縣	浚水縣	朝宗縣	경기 가평군 하면 현리	
16	楊口郡 (要隱忽次)	楊口郡$_3$		楊麓郡	陽溝縣	강원 양구군 양구읍	
17	猪足*縣 (烏斯廻)		猪足*縣	狶蹄縣	麟蹄縣	강원 인제군 인제읍	*진성9, 열전 궁예
18	玉岐縣 (皆次丁)		玉岐縣	馳道縣	瑞禾縣	강원 인제군 서화면	
19	三峴縣 (密波兮)		三峴縣	三嶺縣	方山縣	강원 양구군 방산면	
20	狌川*郡** (也尸買)	狌川*郡**		狼川郡	狼川郡	강원 화천군 화천읍	*열전 궁예. **진성9
21	大楊菅郡 (馬斤押)	大楊菅郡$_2$		大楊郡	長楊郡	강원 금강군 현리(北)	

22	藪狌川縣 (藪川)		藪狌川縣	藪川縣	和川縣	강원 금강군 화천리(北)	
23	文峴縣 (斤尸波兮)		文峴縣	文登縣	文登縣	강원 창도군 문등리 일대(北)	
24	母城郡 (也次忽)	母城郡		益城郡	金城郡	강원 김화군 김화읍(北)	
25	冬斯忽	冬斯忽郡[1]		岐城郡	岐城郡	강원 창도군 기성리(北)	
26	水入縣 (買伊縣)		水入縣	通溝縣	通溝縣	강원 창도군 창도읍 부근(北)	
27	各(客)連郡 (加兮牙)	各(客)連城郡[3]		連城郡	交州	강원 회양군 회양읍(北)	
28	赤木*縣 (沙非斤乙)		赤木*鎭	丹松縣	嵐谷縣	강원 세포군 현리(北)	*문무15
29	管述縣		管述縣	軼雲縣	미상	강원 회양군 신계리 추정(北)	
30	猪蘭峴縣 (烏生波衣, 猪守)		猪守峴縣	狶嶺縣	미상	강원 금강군 금강읍 추정(北)	
31	淺城郡 (比列忽*)	比列忽*郡[5]		朔庭郡	登州	강원 안변군 안변읍(北)	진흥왕 17년(556) 比列州 삼음 *기림3, 진흥17·29, 문무8·9·21
32	京谷縣 (首乙呑)		京谷縣	瑞谷縣	瑞谷縣	강원 안변군 칠봉리(北)	
33	菁達縣 (昔達)		昔達縣	蘭山縣*	미상	강원 고산군 용지원리 추정(北)	*애장5
34	薩寒縣		薩寒縣	霜陰縣	霜陰縣	강원 안변군 상음리(北)	
35	加支達縣		加支達縣	菁山縣	汶山縣	강원 안변군 문수리 부근(北)	
36	於支呑 (翼谷)		翼谷縣	翊谿縣	翊谿縣	강원 고산군 혁창리 부근(北)	
37	泉井*郡 (於乙買)	泉井*郡[3]		井泉郡	湧州	강원 원산시 덕원리(北)	문무왕 21년(681) 빼앗음. 경덕왕이 炭項關門을 세움 *문무9
38	買尸達		買尸達縣	蒜山*縣	미상	강원 원산시 내원산동 부근(北)	지리4는 원래 38,37순으로 기술 *진지4, 열전 도미

39	夫斯達縣		夫斯達縣	松山*縣	미상	강원 문천시 용탄리(北)	*영양18, 무왕8
40	東墟縣 (加支斤)		東墟縣	幽居縣	미상	강원 문천시 부방리 부근(北)	
溟州 1	何瑟羅*州** (河西良, 河西***)	河西良 (何瑟羅*)₄		溟州 ****	溟州	강원 강릉시	선덕왕 8년(639) 하슬라주 北小京으로, 무열왕 5년(658) 다시 州로 삼음. *나물42, 눌지34, 자비11, 무열5, 성덕20, 진성8. **지증13, 선덕8, 무열6. ***문무대, 성덕14, 경덕16, 헌덕2. 직관지 무관, 열전 이사부. ****지증13, 경덕16, 진성5, 경명6, 열전 궁예
2	乃買縣		仍買縣	旌善縣	旌善縣	강원 정선군 정선읍	
3	東吐縣		束吐縣	棟(楝)隄縣	미상	강원 평창군 용평면	
4	支山縣		支山縣	支山縣	連谷縣	강원 강릉시 연곡면	
5	穴山縣		穴山縣	洞山縣	洞山縣	강원 양양군 현남면	
6	屈火縣	屈火郡₁		曲城縣	臨河郡	경북 안동시 임하면	이하 지리4는 원래의 순서가 아닌 지리2에 끼워 맞춤.
7	伊火兮*縣		伊火兮*縣	緣(橡)武縣	安德縣	경북 청송군 안덕면	직관지 무관
8	也尸忽郡	也尸忽郡₂		野城郡	盈德郡	경북 영덕군 영덕읍	
9	助欖郡 (才攬)		助欖縣	眞安縣	甫城府	경북 청송군 진보면	
10	靑已縣		靑已縣	積善縣	靑鳧縣	경북 청송군 청송읍	
11	于尸*郡	于尸*郡₁		有鄰郡	禮州	경북 영덕군 영해면	*열전 거도
12	阿兮縣		阿兮縣	海阿縣	淸河縣	경북 포항시 청하면	
13	于珍也郡*	于珍也縣₁		蔚珍郡	蔚珍郡	경북 울진군 울진읍	*제사지
14	波旦縣 (波豊)		波旦縣	海曲縣 (海西縣)	미상	경북 울진군 원남면 일대	
15	奈生郡*	奈生郡*₃		奈城**郡	寧越郡	강원 영월군 영월읍	지리4 15~18은 원래 우수주에 포함되어 40에 이어 기술됨 *직관지 무관. **열전 궁예

16	乙阿旦縣		乙阿旦縣	子春縣	永春縣	충북 단양군 영춘면	
17	于烏縣 (郁烏)		郁烏縣	白烏縣	平昌縣	강원 평창군 평창면	
18	酒淵縣		酒淵縣	酒泉*縣	酒泉縣	강원 영월군 주천면	*진성5, 열전 궁예
19	悉直*郡** (史直)	悉直國₄		三陟郡	三陟郡	강원 삼척시	파사왕 23년(102) 복속. 지증왕 6년(505) 州로 삼음. *파사23·25, 나물40, 눌지34, 자비11, 지증6, 무열5, 장수56. **제사지
20	竹峴縣 (奈生於)		竹峴縣	竹嶺縣	미상	강원 정선군 임계면	
21	滿若縣 (滿兮)		滿若縣	滿卿(郷) 縣	미상	강원 삼척시 근덕면	
22	羽谷縣		羽谷縣	羽谿縣	羽谿縣	강원 강릉시 옥계면	
23	波利縣		波利縣	海利縣	미상	강원 삼척시 원덕읍 일대	
24	迲城郡* (加阿忽)	迲城郡*₂		守城郡	杆城縣	강원 고성군 간성읍	*제사지
25	僧山縣 (所勿達)		僧山縣	童山縣	烈山縣	강원 고성군 현내면	
26	翼峴縣 (伊文縣)		翼峴縣	翼嶺縣	翼嶺縣	강원 양양군 양양읍	
27	達忽*	達忽*₂		高城 郡**	高城郡	강원 고성군 고성읍	진흥왕 29년(568) 州로 삼음 *진흥29 **제사지
28	猪㳝穴縣 (烏斯押)		猪㳝穴縣	豵狾縣	豵狾縣	강원도 고성군 종곡리(北)	
29	平珍峴縣 (平珍波衣)		平珍峴縣	偏嶮縣	雲巖縣	강원 고성군 운전리(北)	
30	休壤郡 (金惱)	休壤郡₅		金壤郡	金壤郡	강원 통천군 구읍리(北)	
31	習比谷(呑)		習比谷縣	習谿縣	歙谷縣	강원 통천군 장대리(北)	
32	吐上縣		吐上縣	隄上縣	碧山縣	강원 통천군 벽암리(北)	
33	道臨*縣 (助乙浦)		道臨*縣	臨道縣	臨道縣	강원 고성군 염성리 추정(北)	*문무16
34	岐淵縣		改淵縣	派川縣	派川縣	강원 통천군 패천리(北)	

| 35 | 鵠浦縣
(古衣浦) | | 鵠浦縣 | 鶴浦縣 | 鶴浦縣 | 강원 통천군
군산리
부근(北) | |

【일러두기】
1. 가로열은 지명 변천의 시대 순으로 했다.
2. 지명의 배열 순서는 권35 신라지를 기준으로 했다. 고구려지(권37)와의 차이는 비고에 밝혀 두었다.
3. 본고구려명의 군급 명에 붙은 아래첨자 숫자는 領屬 縣의 개수를 의미한다.
4. 현재 지명의 위치비정은 鄭求福·盧重國·申東河·金泰植·權悳永, 1997,『譯註 三國史記』4(주석편하), 韓國精神文化硏究院에 따르되, 행정구역명은 2013년을 기준으로 수정했다.
5. 비고에 제시한 * 표시는 지리지의 해당 지명이 본기에도 나오는지 여부와 그 출현 빈도를 의미한다.

<표 1>을 통해서 보면, 언제인지는 알 수 없으나 고구려가 지금의 서울시를 비롯하여 황해도와 경기도·강원도 전역, 그리고 충청남도와 충청북도 일부를 영토로 삼았던 것을 알 수 있다. 심지어 소백산맥을 넘어 경상북도의 동남부까지 진출해 신라의 수도 경주를 압박했던 것으로 되어 있다. 곧 지리지에 나타나 있는 고구려의 남방 한계선은 아산만의 경기도 평택시 안중읍(한주 19)[24]을 시작으로 충남 천안시 직산읍(한주 16)-충북 진천군(한주 9)-괴산군(한주 5·10)-충주시(한주 4)-제천시(삭주 6·7)-단양군(한주 8·명주 16)-경북 영주시(삭주 9·12·13)-안동시 동부 일부(삭주 10·명주 6)-청송군(명주 7·9·10)-영덕군(명주 8·11)-포항시(명주 12)로 이어지고 있다.

이와 같은 양상의 '고구려고지'를 어떻게 이해해야 할까? 현행 중·고등학교 교과서와 각종 개설서류는 아마도 지리지의 '고구려고지'를 고구려 장수왕(413~491)이 백제 한성을 공략한 이후인 5세기 후반의 역사적 사실로서 이해하는 것 같다. 하지만 구체적인 시간성이 드러나 있지 않은 지리지의 '고구려고지'를 전부 5세기 후반의 고구려 영토로 한정하여 파악하는 것은 올바른 연구태도라 할 수 없다. 왜냐하면 일례로 고구려

---

24) 번호는 <표 1> 해당 州의 번호를 의미한다.

와 신라는 이미 5세기 중반부터 鷄立嶺과 竹嶺을 국경으로 삼아 대치한 채 소백산맥 西麓과 동해안 일대에서 치열한 공방전을 벌였기 때문이다.[25] 동해안 일대의 경우도 481년(장수왕 69 ; 소지왕 3)에 고구려가 신라 彌秩夫[경북 포항시 흥해읍]까지 압박해 왔다고는 하지만, 곧바로 후퇴하여 결국 나·제·가야 동맹군에게 남한강 상류의 泥河에서 대패했으므로[26] 고구려가 이 지역까지 영역지배를 했다고 볼 수 없다.[27] 강릉지역도 늦어도 4세기 후반부터는 신라의 통치권에 들어온 듯하다. 5세기부터 확산된 신라 고분군의 양상이 이를 시사하는데, 초당동·병산동고분군은 그 대표적인 사례이다.[28] 특히 초당동고분군에서 출토된 다수의 철제 무기류와 위세적 성격의 철모·철촉 등에 주목해 그 축조집단이 대

---

25) 張彰恩, 2004,「新羅 慈悲~炤知王代 築城·交戰地域의 검토와 그 의미-소백산맥 일대 신라·고구려의 영역향방과 관련하여-」『新羅史學報』2 ; 2008,『신라 상고 기 정치변동과 고구려 관계』, 신서원, 177~188쪽.

26)『三國史記』卷3, 新羅本紀3, 炤知麻立干 3년. 泥河의 위치를 남한강 상류로 비정 하는 견해는 서영일, 1999,『신라 육상 교통로 연구』, 학연문화사, 52~53쪽 및 2005,「5~6世紀 新羅의 漢江流域 進出과 經營」『博物館紀要』20, 檀國大學校 石 宙善紀念博物館, 57쪽 ; 홍영호, 2010,「三國史記 所載 泥河의 위치비정」『韓國史 研究』150 ; 박성현, 2010,「6세기 초 고구려·신라의 화약과 정계-「중원고구려 비」와 양국 경계의 재검토-」『역사와 현실』76, 한국역사연구회, 205쪽, 227쪽 참 조. 필자도 기존에 강릉 일대설을 주장했다가 남한강 상류설로 입장을 바꾸었다 (張彰恩, 2012,「4~5世紀 高句麗의 南方進出과 對新羅 關係」『高句麗渤海研究』 44, 高句麗渤海學會, 39~40쪽).

27) 강종훈도 5세기 후반 고구려와 신라의 국경선을 소백산맥으로부터 동해안의 강릉 일대에서 찾았다(강종훈, 2008, 앞의 논문, 119~121쪽).

28) 심현용, 2009a,「고고자료로 본 신라의 강릉지역 진출과 루트」『大丘史學』94, 大丘史學會, 8~18쪽 및 2009b,「고고자료로 본 5~6세기 신라의 강릉지역 지배 방식」『文化財』42권 3호, 국립문화재연구소, 17~23쪽 ; 李盛周·姜善旭, 2009, 「草堂洞遺蹟에서 본 江陵地域의 新羅化過程」『江陵 草堂洞 遺蹟』, 한국문화재조 사연구기관협회, 476~479쪽 ; 박수영, 2009,「江陵 草堂洞 三國時代 遺構와 遺 物에 대한 小考-강릉지역의 신라화과정과 관련하여-」『江陵 草堂洞 遺蹟』, 497~ 503쪽, 517~521쪽.

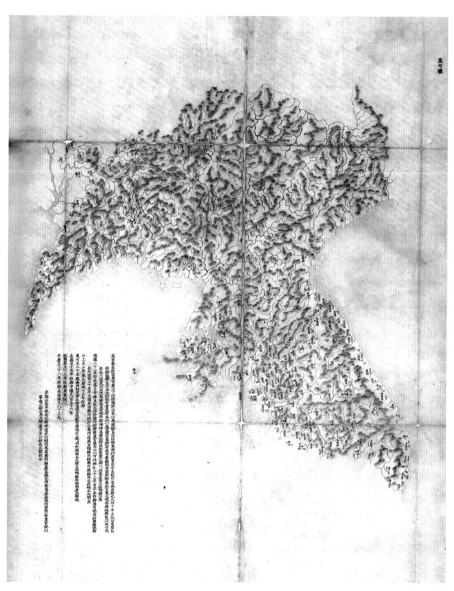

『沿革圖七幅』에 표시된 고구려 영역
(영남대학교 박물관, 1998, 『영남대학교 박물관 소장 한국의 옛 지도』, 97쪽)

고구려 관계에서 중요한 역할을 했다는 주장은 주목된다.[29] 이는 나물 왕 42년(397)에 하슬라에서 가뭄이 들어 흉년이 되자 죄수를 사면하고 조세를 면제해 주었다는 기록과[30] 부합한다. 4세기 말에 이미 강릉은 신라의 통치 범위 안에 들어와 있었던 것이다.

그렇다면 '고구려고지'의 역사성은 어느 정도 진실에 가까운 것일까? 『삼국사기』 지리지가 신라가 삼국을 통일한 후 '一統三韓' 의식을 강조하기 위해 정리된 것임은 부정하기가 어렵다. 사실 지리지의 서두에 9주를 신라·백제·고구려에 3주씩 안배해 설치하였다는 것을 공공연하게 드러냈다.[31] 신라가 삼국을 통일한 후 중앙군사조직을 9誓幢으로 하고, 그 중에서 6개 부대를 고구려·백제 등 피정복민으로 구성한 것도 같은 맥락의 통치제도이다.[32] 지리지에 소재한 '고구려고지'가 실은 신라가 이들 지역을 점령한 후에 신라의 군현체제를 기준으로 고구려의 군현 명을 재구성한 것이라는 주장[33]은 이러한 인식에서 도출되었다고 보인다. 뿐만 아니라 지리지 자체가 가지고 있는 사료적인 한계도 지적이 되고 있다.[34]

하지만 지리지의 사료적 가치에 대해 한계성을 논한다고 하더라도, 그것이 곧 지리지가 전혀 허구적 사실인가를 확정해주는 것은 아니다.

---

29) 우병철, 2009, 「신라 철제무기로 본 동해안 고분 축조집단의 군사적 성격」 『4~6 세기 영남 동해안 지역의 문화와 사회』, 동북아역사재단, 235~238쪽.

30) 『三國史記』 卷3, 新羅本紀3, 奈勿尼師今 42년.

31) 『三國史記』 卷34, 雜志3, 地理1 "始與高句麗百濟 地錯犬牙 或相和親 或相寇鈔 後與大唐侵滅二邦 平其土地 遂置九州 本國界內 置三州 王城東北當唐恩浦路曰尙州 王城南曰良州 西曰康州 於故百濟國界 置三州 百濟故城北熊津口曰熊州 次西南曰全州 次南曰武州 於故高句麗南界 置三州 從西第一曰漢州 次東曰朔州 又次東曰溟州."

32) 盧重國, 1999, 「신라 통일기 九誓幢의 성립과 그 성격」 『韓國史論』 41·42, 서울대 국사학과, 177~182쪽.

33) 이인철, 2000, 앞의 책, 318쪽 ; 임기환, 2008, 앞의 논문, 370쪽.

34) 강종훈, 2008, 앞의 논문, 107~113쪽.

지리지의 사료적 한계를 주장하는 연구자도 이 부분에 대해서는 대체로
공감할 것이다. 『삼국사기』 지리지에 소재한 '고구려고지'에 대한 사료
적 가치 판단은 선입관 없이 다각도로 분석한 연후로 미루어도 늦지 않
다. 다음은 이러한 가설이 무리가 아님을 시사해 준다.

　고구려가 비록 5세기 후반에 소백산맥 너머의 신라 영토를 지배한 것
은 아니지만 고구려가 역사적으로 이 지역에 범접조차 못한 것은 아니었
다. 이미 그동안의 연구 성과로 인해 충분히 밝혀진 바와 같이 고구려는
4세기 후반에서 5세기 중반까지 신라 국내 정치에 강한 영향력을 행사
하였다.[35] 「광개토왕비」에는 고구려가 400년에 5만의 군대를 파견해 신
라를 구원해 주었다는 내용이 생생히 남아 있다. 이때 일부의 군대가 신
라 왕경에 주둔하여 실성왕(402~417)과 눌지왕(417~458)의 즉위에 관
여하였다. 「충주비」에 남아 있는 '新羅土內幢主'는 곧 신라 영토에 주
둔했던 고구려 군사단으로 이해된다. 따라서 고구려가 5세기 한때 신라
영토에 군사단을 주둔시킨 채 중앙의 정치에 깊숙이 개입했던 것은 역사
적 사실이다.

　문제는 고구려가 신라를 지배했던 기간과 지배의 형태, 곧 영역지배
인지 아닌지에 대한 연구자들 간의 견해가 엇갈린다는 것이다.[36] 그런
데 이처럼 '고구려고지'에 대한 논란이 분분했던 까닭은 사실 領域(領
土)에 대한 개념이 정리되지 않은 상태에서 개별 연구자마다 자의적으로
고구려 영토를 설정했기 때문이었다. 말하자면 '영역지배'·'간접지배'·
'세력권'·'영향권'·'문화권' 등의 용어가 남발되면서 '고구려 영토'에 대
한 초점이 흐려진 채 혼란이 가중되었다. 따라서 '고구려고지' 뿐만 아
니라 고구려 남방 진출의 범위를 논하기 위해서는 영역(영토)에 대한 개

---

35) 앞의 각주 4 연구 성과 참조.
36) 고구려의 신라 지배시기와 형태에 대한 연구사 검토는 장창은, 2008, 앞의 책,
　　21~22쪽을 참고하기 바란다.

넘의 정의가 선행되어야 한다.

3. '영역'·'세력권'·'영향권'의 개념

그동안의 연구에서는 삼국 간의 영역 판도를 지나치게 고착화해서 이해하는 경향이 있었다. 그러나 기록상으로만 보아도 삼국 간 영역의 변천양상은 시기별·지역별로 변화의 폭이 심하다. 『삼국사기』 지리지의 서두에 '삼국 간 영토의 경계가 개의 이빨처럼 들쭉날쭉하여 혹은 서로 화친하고 혹은 서로 쳐들어갔다'는 기술[37]은 이러한 상황을 정확하게 표현한 것이다.

그런데 '지역'이라는 '면'적 개념에는 오해의 소지가 내포되어 있다. 사실 삼국의 영역 변천양상은 영역(영토)이라는 '면지배'로 깔끔하게 구분되기가 어렵다. 오히려 교통로에 따라 급속하게 변하는 '선지배' 내지 군사적 거점의 확보라고 할 수 있는 '점지배' 같은 다양한 지배양상이 공존한다. 또한 직접지배인 영역과 차별되는 간접지배로서의 '세력권'과, 그보다 종속적 성격이 떨어지는 '영향권' 등도 상정할 수 있다. 기왕에는 이러한 개념 정의가 이루어지지 않은 상태에서 '세력권'이나 '영향권'을 영역으로 치환해서 이해하는 오류를 범했던 것이다. 이에 영역의 개념에 대한 필자 나름대로의 정의를 규정해보려 한다.[38]

---

37) 『三國史記』 卷34, 雜志3, 地理1, 新羅疆界.

38) 영역의 개념을 정립하는데 다음 연구에서 도움을 받았다.
   김영심, 2003, 「웅진·사비시기 百濟의 領域」 『古代 東亞細亞와 百濟』, 충남대학교 백제연구소 편, 서경 ; 山本孝文, 2003, 「考古資料로 본 南漢江 上流地域의 三國 領域變遷」 『韓國上古史學報』 40 : 2006, 『三國時代 律令의 考古學的 研究』, 서경, 422~439쪽 ; 金昌錫, 2005, 「古代 領域 관념의 형성과 王土意識」 『韓國史研究』 129.

이 책에서는 영역의 개념을 크게 '영역(영토)'·'세력권'·'영향권'의 3단계로 구분하고자 한다. 1단계 '영역(영토)'은 직접지배가 가능한 지역으로서 다시 '면지배'와 '선·점지배'의 두 가지로 나뉜다. 우선 '면지배'는 중앙에서 지방관이 파견되어 행정적으로 백성을 지배하고, 백성은 국가에 조세·군역 등의 부담을 가지게 되는 공간이다. 고구려의 경우 4~5세기에 守事-太守-宰, 6~7세기에는 褥薩-處閭近支(道使)-可邏達·婁肖가 지방관으로 알려져 있다.[39] 한반도 중남부와 관련해서는 광역 단위를 관장했던 것으로 추정되는 '古牟婁城 守事'가 「충주비」에 나와 있다.

'선·점지배'는 교통로를 통해서 진출한 '군사적인 거점지배'를 의미한다. '면지배'와의 차이점은 선과 점에 의한 지배이기 때문에 백성에 대한 행정적인 지배를 추구하지 않는다는 데 있다. 다만 고구려의 지방관이 군사적인 성격을 겸하였으므로 하급 행정단위에 파견되었던 지방관이 파견되었을 가능성은 배제할 수 없다. 고구려 성과 보루 중에서 호로고루와 홍련봉 1보루에서 연화문 수막새가 출토되는 양상에 주목해 이들 지역이 다른 고구려 유적보다 위계가 높거나 이곳에서 祭儀와 같은 특별한 행위를 했을 가능성이 크다는 연구[40]는 이러한

아차산 홍련봉 1보루 출토 연화문
수막새(국립중앙박물관 소장)

---

39) 고구려의 지방통치제도에 대해서는 다음의 연구가 참고된다.
  노태돈, 1996, 「5~7세기 고구려의 지방제도」『韓國古代史論叢』8 : 1999, 『고구려사 연구』, 사계절 ; 김현숙, 2005, 『고구려의 영역지배방식 연구』, 도서출판 모시는 사람들.

추측을 뒷받침해 준다. '면지배'이든 '선·점지배'이든 1단계 영역지배는 지배력의 정도와 상관없이 다른 나라의 세력이 들어오지 못하게 하는 독점적이고 배타적이라는데 그 특징이 있다. 때문에 영역 안에서는 국왕이 통치력을 유지시키기 위한 수단으로써 巡狩가 행해지거나 제의와 군사훈련 성격의 田獵이 이루어진다.

한편 '선·점지배' 범위의 외곽 방어선은 '국경선'으로 부를 수 있다. 곧 '국경선' 안의 범위는 영역으로 규정된다. 다만 국경선은 각 나라 간의 영역 대치선으로서 지속적으로 변할 수밖에 없다. 따라서 삼국 간 영역은 전쟁의 결과에 따라 시시각각 변천하는 양상을 계기적으로 검토해야 한다.

2단계 '세력권'은 간접지배가 가능한 지역이다. 다른 나라를 복속한 후 자국 영역으로 편입하는 것이 아니라 '공납'을 통해 경제적으로 지배하거나, 군사단을 주둔시킴으로써 지속적으로 영향력을 행사하는 공간이다. 전자는 고구려가 동옥저를 복속한 후 자치를 인정하면서 이른바 '공납제적 수취지배'를 한 경우를 사례로 꼽을 수 있다.[41] 그리고 후자의 경우가 바로 5세기 초반~중반까지 고구려와 신라의 관계에 해당한다고 하겠다. 고구려는 '新羅土內幢主'로 대표되는 군사단을 신라에 파견하여 신라 내정에 영향력을 행사하려 했다. 그런데 고구려가 비록 신라에 군사를 파견하여 정치에 간섭하였을지라도, 그것이 '타국'에 대한행위였다는 점에 유념해야 한다. 「충주비」에는 고구려의 '太王國土'와 신라의 '東夷寐錦土'·'新羅土'가 구별되어 나타난다.[42] 그것은 곧 고구

---

40) 백종오, 2008, 「남한 내 고구려 유적 유물의 새로운 이해-최근 발굴 유적을 중심으로-」『先史와 古代』28, 122~140쪽.

41) 『三國志』卷30, 魏書30, 烏丸鮮卑東夷傳30, 東沃沮(1997, 中華書局 點校本, 846쪽) "東沃沮…國小 迫於大國之間 遂臣屬句麗 句麗復置其中大人爲使者 使相主領又使大加統責其租稅 貊布魚鹽海中食物 千里擔負致之 又送其美女以爲婢妾 遇之如奴僕."

려가 소백산맥 너머 경상도 일대의 신라 영토에 대해서는 영역적 귀속의
식을 가지고 있지 않았다는 것을 의미한다.

3단계 '영향권'은 1단계 혹은 2단계의 직·간접적인 지배로 인해 발생
하거나 파생된 문화적인 범위를 말한다. 2단계 '세력권'과 달리 정치·군
사·경제적인 의무관계가 형성되지 않는, 곧 '지배'를 논할 수 없는 지역
이다. 경북 일대에서 지속적으로 출토되는 고구려계 유물·유적들은 과
거에는 고구려의 세력권이었지만, 유물과 유적이 조성된 시점은 세력권
에서 벗어난 문화권의 산물이라고 할 수 있다. 다만 영역 개념의 상위
단계는 하위 단계를 포함하는 개념이므로, 1단계 영역과 2단계 세력권에
서 고구려 유물·유적은 당연히 존재하게 된다. 이상의 내용을 간단히 표
로 정리하면 다음과 같다.

〈표 2〉 '영역'·'세력권'·'영향권'의 개념

단계 내용	1단계		2단계	3단계
개념	영역(영토) [직접지배]		세력권 [간접지배]	영향권
지배 형태	면지배 (지방관을 통한 행정지배)	선·점지배 (교통로를 통한 군사적 거점지배)	'타국'에 군사단 주둔 또는 공납 수취를 통한 지배	1~2단계로 인해 발생·파생된 문화적 범위
특징	독점적·배타적 공간. 타국세력의 접근 방어. 선점지배의 외곽방어선이 국경선		타국의 영역에서 정치·경제·군사적 의무관계 형성	정치·경제·군사적 인 의무관계가 형성되지 않음

이상의 개념 정의를 통해서 보면, 엄밀한 의미에서 1단계가 진정한
'영역'의 개념에 부합한다는 것을 알 수 있다. 이에 필자는 1단계만을

---

42) 「충주비」의 판독과 해석은 장창은, 2013, 「<忠州高句麗碑> 연구의 최근 동향」
『제7회 중원문화학술포럼 고구려의 재발견』, 한국고대학회·한국교통대학교 박물
관, 63~65쪽을 참고하기 바란다.

'영역'으로 규정하고, 고구려 영토의 남방 한계선을 시기별로 추적하고 자 한다. 기왕의 연구에서 자의적인 기준, 곧 2단계 '세력권'이나 3단계 '영향권'을 1단계 고구려 영역으로 치환하거나 확대 해석했던 오류를 시 정하고자 하는 것이다. 또한 1단계에서도 '면지배'와 '선·점지배'는 지 도상에 구별해서 표기하는 것이 바람직하다. 그래야 고구려 영역에 대한 객관적인 인식의 발판이 마련될 수 있을 것이다.

결국 경상도 일대 '고구려고지'의 성립 여부에 대한 사례를 통해서 우 리는 '고구려고지'가 전혀 근거가 없는 사실을 조작했다기보다는 통일신 라시대의 찬자가 어떠한 '역사적 정황'을 살펴서 이를 '고구려고지'로 인 식하고 조정했음을 알 수 있다. 그리고 동시에 연구자들이 이것을 오해하 여 5세기 후반의 고구려 영토로 잘못 인식했다는 것도 알 수 있다. 곧 『삼국사지』 지리지의 찬자와 후대 역사가들의 '고구려고지'에 대한 '인 식과정'에서의 오류는 얼마든지 발생할 수가 있는 것이다. 따라서 '고구 려고지'의 사실성 여부와는 별개의 관점에서 '고구려고지'의 찬자가 인 식의 토대로 삼았던 '역사적 정황'에 대한 추적 작업을 추구해야 한다.

4. '고구려고지'의 가치와 의미

이제 '고구려고지' 자체의 사료적 검토와 그 안에 잠재되어 있는 가치 에 대해서 살펴보도록 하자. 이를 위해서 <표 1>을 계량화해서 <표 3>으로 간단히 정리하였다.

<표 3>에서 우선 주목할 점은 郡과 縣의 비율이다. 한주의 本高句 麗名에 정리되어 있는 군급 지역은 30개이고, 현급 지역은 49개이다. 이 것은 경덕왕대 지명 개정 때에도 거의 그대로 반영이 되어 28군·49현으 로 편제되었다. 삭주의 경우에도 본고구려명의 군급 지역이 13개, 현급

〈표 3〉 '高句麗故地'의 지명격 변화과정과 본기의 출현빈도

주 \ 지명격	각시대 지명	高句麗 地名		本高句麗名		景德王 改名	비 고 (* 표시는 지명 어미, [ ]는 출현빈도수, 밑줄은 공통어미)
		原名	異名	郡級 名	縣級 名		
漢州	州	1	0	0	0	1	
	小京	0	0	0	0	1	
	郡	17	1	21	0	28	
	縣	41	0	4	44	49	
	城·忽	13	21	4(6)	3(12)	0(15)	( )는 어미가 아니라도 城·忽 포함한 지명
	無	19*	43**	1	2	0	* 達[3], 押[2], 口[2], 伊[3], 嶽, 買, 岬, 峴, 淵, 串, 遷, 島, 山 ** 達[3], 買[2], 斬[2], 忽次, 波衣[3], 壤[2], 頭[2], 岳, 烏, 串, 弩, 蓋, 盼, 伯, 別, 蓬, 烽, 米, 勿, 多非, 嶺, 衣, 耶, 牙, 西, 古次, 陰, 知, 池, 於, 峴, 川, 遷, 山
	소계	91	65	30	49	79	
	본기 출현 여부	21 (23%)	6 (9%)	9 (30%)	12 (24%)	14 (18%)	
朔州	州	1	0	0	0	1	
	小京	0	0	0	0	1	
	郡	11	0	13	0	12	
	縣	24	1	0	25	26	
	城·忽	1	2	0(4)	0(0)	0(3)	
	無	2*	24**	0	1	0	* 呑, 達 ** 買[4], 波兮[2], 呑, 達, 若, 乃, 原, 伐支, 平, 忽次, 廻, 丁, 押, 川, 兮牙, 乙, 波衣, 守, 谷, 支斤
	소계	39	27	13	26	40	
	본기 출현 여부	10 (26%)	2 (7%)	7 (54%)	4 (15%)	6 (15%)	
溟州	州	1	0	0	0	1	
	小京	0	0	0	0	0	
	郡	8	0	6	0	9	
	縣	24	1	1	25	25	
	城·忽	1	1	1(3)	0(0)	0(5)	
	無	1*	14**	2	0	0	* 呑 ** 浦[2], 良, 西, 攬, 豊, 烏, 直, 於, 兮, 達, 押, 波衣, 惱
	소계	35	16	10	25	35	
	본기 출현 여부	9 (26%)	1 (6%)	5 (50%)	2 (8%)	4 (16%)	

지역이 26개이다. 역시 경덕왕대 12군·26현으로 계승되었다. 이러한 양
상은 명주도 마찬가지이다. 곧 본고구려명에 기재된 군급 지역은 10개,
현급 지역은 25개인데, 그것이 경덕왕대 9군·25현으로 이어졌다. 결국
한주·삭주·명주 모두에서 군과 현의 비율이 대체로 1:2를 유지하고 있
다는 것을 알 수 있다.

『舊唐書』와 『新唐書』에는 고구려의 지방제도를 설명하면서 지방의
60여 城에 州와 縣을 두었다고 했다. 또한 멸망 당시 고구려 전체의 성
을 176개로 기록하였다.[43] 여기에서의 60여 성을 고구려 지방 성 전체
를 의미하는 것이 아니라 대략 道使 이상의 지방관이 파견되는 郡級 이
상의 행정단위 성으로 이해한 연구가 있다. 그리고 176성에서 60여 성
을 뺀 116성 정도가 군 이하 현급 단위에 해당하는 성이라는 것이다.
그렇다면 군급 단위성과 현급 단위성의 비율이 1:2 정도가 되는데 이것
이 『삼국사기』 지리지의 신라지와 맞아 떨어지므로 '고구려고지'가 고
구려 당시의 영역지배 체계를 어느 정도 반영하고 있다는 주장이다.[44]
이는 '고구려고지' 사료적 가치의 잠재성을 일깨워주는 데 시사해 주는
바가 크다. '고구려고지'의 군·현급 비율이 세부적인 지명의 명칭 변경
에도 불구하고 경덕왕대까지 대부분 유지되었다는 것도 같은 맥락에서
의미가 있다고 할 수 있다.

고구려지(권37, 지리4)와 신라지(권35, 지리2)를 비교해 보면 地名格
도 일정하게 계승되고 있음을 살필 수 있다. 곧 한주의 경우 郡을 지명
격으로 하는 숫자의 변화가 고구려 원명 17개, 본고구려명 21개, 경덕왕
개명 28개이다. 縣은 고구려 원명 41개, 본고구려명 44개, 경덕왕 개명

---

43) 『舊唐書』 卷199(上), 列傳149 東夷 高麗(5319쪽·5327쪽) "**外置州縣六十餘城** 大城
置傉薩一 比都督 諸城置道使 比刺史 其下各有僚佐 分掌事事…高麗國舊分爲五部
有城百七十六 戶六十九萬七千 乃分其地置都督府九 州四十二 縣一百 又置安東都
護府以統之." 『新唐書』 卷220, 列傳145, 東夷 高麗에도 비슷한 내용이 실려 있다.
44) 임기환, 2008, 앞의 논문, 368쪽.

49개이다. 곧 숫자가 약간씩 늘어가는 양상으로 지명격이 일정하게 계승되고 있음을 알 수 있다. 또한 城(忽)의 경우도 본고구려명에서 군과 현에 나누어 편제되거나, 경덕왕대 개명 때에 표면적으로 지명격에 반영하지는 않았지만 지명어에 속해서 여전히 계승되어 있음을 알 수 있다.[45]

이와 같은 양상은 삭주와 명주의 경우도 마찬가지이다. 물론 세부적으로 살펴보면, 고구려지와 신라지 양자 간에 차이가 많은 것도 사실이다. 예컨대 고구려지에서 군이었던 곳이 신라지에서 현으로 강등되는 경우도 있고, 반대로 현에서 군으로 승격되는 경우도 있다. 하지만 이것은 시대에 따른 해당 지역 위상의 문제로 파악되어 천착해야 할 부분이지 사료적 가치에 대한 잣대는 아니다. 또한 고구려지와 신라지의 지명 배열이 다르게 되어 있는 것도 일부 지리지 찬자의 착오가 있기는 하지만, 대체로 영속관계의 변동현상을 반영해 주는 나름대로의 의미가 있는 것이다.[46]

대표적인 고구려계 지명 어미로 알려져 있는 城(忽)의 지역 분포와 변화양상도 흥미로운 분석의 대상이 될 수 있다. 잘 알려져 있는 것처럼, 고구려의 지방지배 방식이 비록 군·현이라는 명칭을 일시적으로 사용하기는 했지만[47] 역시 지방통치단위에서 가장 우세했던 것은 城이었기 때문이다.[48] 먼저 지명격으로 城(忽)을 사용하는 지명이 삭주와 명주에는

---

45) 고구려지와 신라지의 본고구려명대로 고구려가 한강 유역에서 실제로 군·현을 설치했다고 단정하기는 힘들다. 왜냐하면 옛 고구려 지명에 경덕왕대 지명격을 부기했을 수도 있기 때문이다(이부오, 2008, 앞의 논문, 160쪽). 그렇다면 '고구려고지'의 지명격에 대한 신뢰도는 반감될 수도 있다. 그럼에도 불구하고 城(忽)系 지명어가 지속적으로 계승됨은 여전히 주목해야 할 것이다.

46) 고구려지와 신라지의 지명 배열이 다른 현상에 대한 분석은 김태식에 의해 자세히 분석되었다(김태식, 1997, 앞의 논문, 45~56쪽).

47) 노태돈은 4세기 후반 이후 6세기 전반까지 고구려의 영내에서 郡制가 시행된 것으로 이해하였다(노태돈, 1996, 앞의 논문 : 1999, 앞의 책, 266~295쪽).

48) 김현숙, 2005, 앞의 책, 389쪽 ; 임기환, 2008, 앞의 논문, 368~370쪽.

거의 없고, 한주에 월등이 많다는 점이 주목된다. 한주의 고구려지를 살펴보면, 성(홀)계 지명이 사용된 곳은 황해도의 평산·신계·곡산·연안·배천·해주·삼천·봉산·서홍·황주(<표 1> 66~76)·개성(59), 경기도의 양주(34)·파주(38·61)·포천(40)·연천(55)·김포(27)·인천(24)·용인(3)·안성(14·15)·화성(17)·평택(19), 충청북도의 충주(4)·음성(11)이다.

삭주의 경우는 강원도 김화(24)·창도(25), 명주의 경우는 강원도 고성(27)에서 성(홀)의 지명격을 사용하였다. 성(홀)의 지명격은 백제 전기에도 일부 사용하였다.[49] 따라서 단정할 수 없는 측면이 있기는 하지만, 성(홀)의 지명격을 사용한 지역이 한때 고구려의 영역이었을 가능성이 크다는 점은 부인하기 어려울 듯하다. 고구려의 대표적인 지명 어미인 '城(忽)'과 백제의 지명 어미 '夫里', 신라의 지명 어미 '火'와 '伐'에 대한 분포양상을 지도에 표기한 것을 보면[50] 이러한 생각에 무리가 없음을 알 수 있다. 이들 지역은 다른 지역보다 고구려 영역의 중심 거점으로 더 중요시 되었을 것이다.

그렇게 보면 삭주와 명주 관할의 많은 지역이 비록 '고구려고지'에 속하였을지라도 고구려의 지배력이 공고하게 미치지 못하였던 것이 아닌가 짐작된다. 그렇다고 해서 이들 지역이 백제와 신라에 귀속되었음을 의미하는 것은 아니다. 삭주의 경우 대부분이 고산지대여서 '면지배'가 원천적으로 불가능하므로 주요 교통로를 통한 거점지배에 그친 결과가 이런 양상을 도출한 것으로 본다. 이와 달리 명주는 일찍부터 신라와의 쟁탈 지역이어서 영역의 변천양상이 유동적이었기 때문에 고구려의 지배력이 안정적으로 미치지 못했을 것이다. 고구려지에서 지명격으로 온존해있던 성(홀)계 지명이 본고구려명과 경덕왕 개명시 축소되고 급기야 완전히 사라진 현상은 신라가 6세기 중엽 이후 이 지역을 차지하고 이후

---

49) 대표적인 사례가 비류가 정착했던 彌鄒忽(한주24)이다.

50) 도수희, 2003, 『한국의 지명』(대우학술총서 553), 아카넷, 421쪽의 <지도 8> 참조.

지방통치의 일환으로 지명을 개정하면서 생긴 당연한 결과이다.

또한 고구려지에서 지명격이 없는 지명에서 공통적으로 자주 나타나는 지명 어미인 '達'·'買'·'押'·'忽次'·'波衣' 등은(<표 1>의 비고 참조) 유력한 고구려계 지명 어미로서 향후 '고구려고지'의 역사성을 복원하는데 있어 중요한 단서가 될 수 있다.[51]

지리지에 나오는 '고구려고지' 지명들이 本紀와 얼마나 공유되는지도 중요한 의미가 있다고 생각된다. 이에 '고구려고지'의 본기 출현 여부와 빈도, 나아가 어느 정도 비율로 나타나는지를 정리해 보았다. 그 결과 한주 고구려의 경우 지리지에 나오는 지명이 본기에 나오는 확률이 고구려 원명 23%, 이명이 9%였다. 본고구려명은 군급 명과 현급 명이 각각 30%, 24%였으며, 경덕왕 개명도 18%에 그쳤다. 곧 '고구려고지'가 본기에 나오는 비율이 의외로 낮음을 알 수 있다. 이러한 경향은 삭주와 명주에서도 대체로 비슷하게 나타난다. 이러한 결과가 나온 까닭은 지리지에 나오는 지명이 주로 군·현 등 행정조직을 의미하는 광의의 명칭인 반면에, 본기에 나오는 지명은 대체로 전쟁·축성·순행 등 협의의 명칭인 데서 초래되지 않았을까 생각된다.[52]

『삼국사기』 지리지에 소재한 '고구려고지'는 비록 '역사적 정황'에 대한 진실성이 내포되어 있기는 하지만 애초에 통일 후의 신라인에 의해서 다소 작위적이면서 두루뭉술하게 작성되었다. 게다가 구체적인 시간성이 결여되어 있다는 근본적인 한계를 안고 있다. 이것은 결국 '고구려

---

51) 음운학적인 방법이기는 하지만 고구려어의 어휘를 정리한 것으로 다음의 연구가 참고된다.
李基文, 1967, 「韓國語形成史」『韓國文化史大系』9, 高大 民族文化研究所, 78~86쪽 ; 李正龍, 2002, 「高句麗 地名表記 研究」『韓國 古地名 借字表記 研究』, 景仁文化社.
52) 백제의 사례지만 노중국이 이러한 문제의식을 가지고 있다(노중국, 1995, 앞의 논문, 148쪽). 이에 시사 받은 바 크다.

고지'만으로는 고구려 남진사를 계기적으로 복원할 수 없음을 의미한다. 따라서 지리지를 분해하여 사료 간의 인과관계와 시간성이 담겨 있는 본기와 비교·검토할 필요성이 제기된다. 본기 기록에 나타난 고구려의 남방 한계선을 추적해 봄으로써 지리지의 역사적 진실성의 밀도를 검증할 수 있는 것이다. 이를 통해서 4~7세기 삼국 간의 영역 변천양상과 '고구려고지'의 찬자가 인식했던 '역사적 정황'이 온전히 규명될 수 있을 것으로 기대된다.

제1부
4세기 후반~5세기 후반 고구려의 남진과 백제·신라의 대응

　제1부에서는 4세기 초반 樂浪郡과 帶方郡이 한반도에서 축출된 후 고구려와 백제가 직접적인 영역 다툼을 시작하는 시기로부터, 475년 고구려가 백제 漢城을 빼앗는 과정까지 고구려의 남진과 그에 따른 삼국의 영역 변천양상을 살피고자 한다. 이 시기는 고구려사에서 가장 전성기로서 비약적인 영역 확장을 추구했던 廣開土王(391~412)과 長壽王代(413~491)에 해당한다.

　당시 고구려를 둘러싼 국제관계는 복잡다기한 양상이었다. 곧 북중국은 고구려와 우호적이었던 前秦이 394년에 멸망한 후 後燕(384~409)-北燕(409~436)-北魏(386~534)가 차례로 고구려와 국경을 맞대고 갈등과 우호를 반복하였다. 고구려는 북위를 견제하기 위해 南朝의 宋(420~479)-齊(479~502)-梁(502~557)은 물론이고 漠北의 柔然과도 교류하였다. 이 시기 고구려의 남쪽에 백제와 신라가 위치해 있었는데, 백제와는 369년 이후 치열한 각축전을 벌였다. 따라서 고구려 중기 영역 확장의 지향점은 국제관계의 역학구도에 따라 변화될 수밖에 없었다.

　광개토왕의 영역적 지향과 장수왕대 평양 천도의 배경이 남방 진출에 국한된 것은 아닐지라도, 이 시기 대외관계에서 백제·신라와의 관계가 중요 변수였음은 부인하기 어렵다. 따라서 4~5세기 국제관계를 종합적으로 이해하기 위한 차원에서도 고구려 남방 진출사는 정확하게 규명될 필요가 있다. 4~5세기 고구려 남방정책은 숙적 백제와의 맞대결 구도에서 우위를 점하는 방향으로 추구되었다. 고구려 입장에서 신라는 그것을 위한 종속적 변수에 불과했다. 다만 신라는 고구려와 백제에 비해 국력

은 열세였지만 두 나라 사이에서 캐스팅보트 역할을 할 수 있었다. 신라
는 이를 극대화하면서 고구려의 지원을 받아 백제를 견제하는가 하면,
백제와 함께 고구려의 남진을 저지하기도 했다. 그러한 과정에서 통치체
제의 정비와 독자적인 방어체계를 구축함으로써 중고기에 이르러 비약
적으로 발전할 수 있었다. 곧 신라사의 입장에서도 4~5세기 고구려와의
관계는 대외관계의 차원뿐만이 아닌 신라 국가의 발전과 밀접한 문제라
고 할 수 있다.

　기왕에 4~5세기 고구려의 남하양상과 그에 따른 삼국의 영역을 다
룬 연구는 꾸준한 성과를 축적하였다.[1] 그 결과 광개토왕의 남정과정과

---

1) 대표적인 연구 성과를 소개하면 다음과 같다.
　津田左右吉, 1913, 「好太王征服地域考」『朝鮮歷史地理』上, 南滿洲鐵道株式會社 :
　1986, 亞世亞文化社 ; 李丙燾, 1976, 「廣開土王의 雄略」『韓國古代史硏究』(修訂
　版), 博英社 ; 朴性鳳, 1979, 「광개토호태왕기 고구려 남진의 성격」『韓國史硏究』
　27, 韓國史硏究會 : 1995,『高句麗 南進 經營史의 硏究』(朴性鳳 編), 白山資料院 ;
　李道學, 1987, 「新羅의 北進經略에 관한 新考察」『慶州史學』6, 慶州史學會 ; 李
　道學, 1988a,「高句麗의 洛東江流域 進出과 新羅・伽倻 經營」『國學硏究』2, 國學
　硏究所 : 2006,『고구려 광개토왕릉비문 연구-광개토왕릉비문을 통한 고구려사』,
　서경 ; 이도학, 1988b, 「永樂 6年 廣開土王의 南征과 國原城」『孫寶基博士停年紀
　念 韓國史學論叢』, 知識産業社 : 2006, 위의 책 ; 손영종, 1986, 「광개토왕릉비를
　통하여 본 고구려의 령역」『력사과학』1986-2, 과학백과사전출판사 : 2001, 『광
　개토왕릉비문 연구』, 중심 ; 金貞培, 1988, 「고구려와 신라의 영역문제」『韓國史
　硏究』61・62 : 2000,『韓國古代史와 考古學』, 신서원 ; 鄭雲龍, 1989, 「5世紀 高
　句麗 勢力圈의 南限」『史叢』35, 高大史學會 ; 徐榮一, 1991, 「5~6世紀의 高句
　麗 東南境 考察」『史學志』24, 檀國大學校 史學會 ; 鄭雲龍, 1994, 「5~6世紀 新
　羅・高句麗 關係의 推移-遺蹟・遺物의 解釋과 관련하여-」『新羅의 對外關係史 硏
　究』(新羅文化祭學術發表會 論文集 15) ; 高寬敏, 1996, 「五世紀の新羅北邊」『『三
　國史記』原典的硏究』, 雄山閣 ; 李仁哲, 1996, 「廣開土好太王碑를 통해 본 高句麗
　의 南方經營」『廣開土好太王碑 硏究 100年』(고구려연구 2) : 2000,『고구려의 대
　외정복 연구』, 백산자료원 ; 金賢淑, 2002, 「4~6세기경 小白山脈 以東地域의 領
　域向方-『三國史記』地理志의 慶北地域 '高句麗郡縣'을 중심으로-」『韓國古代史
　硏究』26, 한국고대사학회 : 2005,『고구려의 영역지배방식 연구』, 도서출판 모시
　는 사람들 ; 梁起錫, 2002, 「高句麗의 忠州地域 進出과 經營」『中原文化論叢』6,

그 범위, 장수왕의 남진과 이에 대응하는 신라와 백제의 동맹양상, 5세기 중반 이후 고구려와 신라가 대립하는 모습에 대한 이해가 제고될 수 있었다. 특히 「忠州高句麗碑」(이하 충주비로 약칭)의 검토와 고구려 유물·유적의 발굴 성과가 축적되면서 고구려의 남진 범위와 실상에 대해 구체적으로 접근할 수 있는 토대가 마련되었다.

그러나 그동안의 연구가 주로 한강 유역에서의 고구려·백제 간 영역과 소백산맥 일대에서의 고구려·신라 간 영역으로 나뉜 채 고립·분산적으로 진행되어 왔다는 점은 한계로 지적될 수 있다. 왜냐하면 4~5세기에 삼국이 서로 첨예하게 맞물려 있는 상황에서, 각국 영역의 변천양상이 유기적으로 분석될 때라야 종합적인 판도를 온전히 그려낼 수 있다고 믿기 때문이다.

연구자 사이의 견해 차이로 인한 논란과 연구상 미진한 부분도 여전히 남아 있다. 예컨대 광개토왕의 남정 범위만 해도 예성강 이남~한강 이북으로 보는가 하면, 남한강 상류까지를 포함하는 견해와 북한강 유역으로 제한하는 입장 등 여전히 논란이 분분하다. 고구려의 國原[충북 충주시] 진출시기도 400년 신라 구원전 전후 충주에 진출한 것으로 보거나, 475년 백제 漢城 공략 이후로 보는 등 견해 차이가 크다. 이것은 「충주비」의 내용 및 비의 건립연대와 밀접히 관련되어 있다. 또한 기존

忠北大 中原文化研究所 ; 徐榮一, 2002, 「廣開土太王代 高句麗와 新羅의 關係」『廣開土太王과 高句麗 南進政策』(高句麗研究會 編), 學研文化社 ; 임기환, 2002, 「고구려·신라의 한강 유역 경영과 서울」『서울학연구』18, 서울시립대 서울학연구소 ; 임기환, 2005, 「廣開土王碑에 보이는 百濟관련 記事의 檢討-永樂 6년조 기사의 역사지리적 검토를 중심으로-」『漢城百濟 史料 研究』, 경기도 경기문화재단 기전문화재연구원 ; 文安植, 2006, 「백제 한성기 北界와 東界의 변천」『百濟研究』44, 忠南大學校 百濟研究所 ; 임기환, 2007, 「5~6세기 고구려의 남진과 영역범위」『경기도의 고구려 문화유산』, 경기도박물관 ; 朴省炫, 2011, 「5~6세기 고구려·신라의 경계와 그 양상」『역사와 현실』82, 한국역사연구회 ; 여호규, 2012, 「4세기 후반~5세기 초엽 고구려와 백제의 국경 변천」『역사와 현실』84 ; 정재윤, 2012, 「4~5세기 백제와 고구려의 관계」『高句麗渤海研究』44, 高句麗渤海學會.

연구는 관계사적 측면에서 괄목할 만한 성과를 거두었음에도 불구하고, 4~5세기 고구려의 대백제·신라 영역 변천양상 및 남방 진출경로를 분명하게 제시하지는 못했다. 제1부에서는 이러한 부분에 대한 해결점을 모색하는데 주력하고자 한다.

제1장에서는 먼저 4세기 중·후반 예성강 유역을 둘러싼 고구려와 백제의 각축양상을 고찰할 것이다. 그리고 396~400년 광개토왕의 남진 범위에 대해 선행 연구를 면밀히 검토함으로써 그동안의 논란에 대한 합리적인 이해방향을 제시하고자 한다. 나아가 광개토왕의 南征 이후 고구려와 백제의 영역 변천양상에 대해서도 계기적으로 살필 것이다. 그러한 과정에서 고구려와 백제 간에 벌어졌던 交戰과 築城 지역에 대한 유기적인 검토를 통해 고구려의 대백제 남방 진출경로를 입체적으로 부각하는데 주력하겠다.

제2장에서는 장수왕대 고구려의 국원 진출과 「충주비」의 건립을 관련지어 이해함으로써 고구려의 국원 진출시기에 대한 새로운 주장을 제기하려 한다. 여기에는 충주 지역에서 지속적으로 발굴되는 고고학 성과를 적극 반영할 것이다. 또한 고구려 남방관계의 종속적 변수에서 5세기 중반 이후 백제와 같은 위상의 주요 정벌대상으로 부각된 신라와의 관계와 영역 변천양상을 검토하고자 한다. 우선 신라 왕경에 주둔해 있던 고구려군이 소백산맥 이북으로 축출된 시기를 분명히 제시할 것이다. 이것은 '고구려고지'의 범위와 지배시기와도 밀접히 관련되어 있는 문제이다. 나아가 5세기 중·후반 고구려의 대신라 공격양상 및 그에 대응하는 신라의 방어체계 구축과정을 살피고자 한다. 여기에는 고구려와 신라 간 전쟁이 벌어졌던 곳과 신라가 쌓은 축성 지역에 대한 위치비정에 대한 면밀한 검토가 수반될 것이다. 이를 통해서 5세기 중·후반 고구려와 신라의 영역 변천양상 및 고구려의 대신라 진출경로가 선명하게 드러날 수 있을 것으로 기대된다.

제1장 4세기 후반~5세기 전반 고구려의 남진과 백제의 수세

1. 고구려·백제의 접촉과 예성강 유역에서의 각축

고구려와 백제는 두 나라 사이에 樂浪郡과 帶方郡이 존재함으로 인해서 4세기 초반 두 군현이 한반도에서 축출[1]되기 전까지 직접적인 접촉을 할 수 없었다. 그런데 그들 사이의 완충 역할을 했던 중국 군현세력이 사라진 후에도 두 나라가 직접적인 충돌을 하기까지에는 상당한 세월이 흘러야만 했다. 그것은 아마도 두 나라가 처해진 사정 때문인 듯하다.

곧 고구려는 이미 3세기 말부터 鮮卑族 慕容廆의 침략을 받기 시작해 이후 요동 지역의 쟁탈을 놓고 前燕과 치열한 공방전을 벌어야만 했다. 그 결과 고국원왕 12년(342)에는 전연에 패하여 先王인 미천왕의 시신과 王母 및 王妃를 인질로 빼앗기는 수모까지 당했다.[2] 미천왕의 시신은 다음해 고국원왕이 아우를 전연에 보내 稱臣함으로써 돌려받았지만, 왕모 周氏는 이로부터 12년이 지난 후인 고국원왕 25년(355) 재차 인질과 조공을 바친 후에야 돌아올 수 있었다.[3] 결국 요동 지방의 정세

---

1) 『三國史記』 卷17, 高句麗本紀5, 美川王 14년·15년.
2) 『三國史記』 卷18, 高句麗本紀6, 故國原王 12년.
3) 『三國史記』 卷18, 高句麗本紀6, 故國原王 13년·25년. 이 시기 고구려와 전연의 관계에 대해서는 다음의 논문이 참고가 된다.
   李基東, 1996, 「高句麗史 발전의 劃期로서의 4세기-慕容 '燕'과의 항쟁을 통해서-」 『東國史學』 30, 東國史學會 ; 金英珠, 1997, 「高句麗 故國原王代의 對前燕關係」

에 국력을 집중할 수밖에 없었던 고구려의 입장에서 355년까지는 낙랑
군과 대방군의 고지에 대한 적극적인 영역지배를 하기 어려웠을 것이다.

고구려의 낙랑·대방고지 지배와 관련해서 이 지역에서 출토되는 전
축분과 기년명전, 그리고 안악 3호분과 유주자사 진묘의 성격 등에 대한
분석이 이루어졌다. 그 결과 낙랑·대방군이 멸망된 이후에도 약 1세기
동안 고구려와의 관계에서 별개의 정치력을 형성한 세력집단이 존재한
것으로 이해하는 견해가 있다.4) 이와 달리 고구려의 지배력이 상당히 관
철된 것으로 보기도 한다.5) 이에 대해 기년명전이 대부분 황해도 신천군
에서 발견되고 시기도 353년 이전에 국한된다면서 고구려가 전연의 침
입을 막아내느라 314~355년까지는 낙랑·대방군 지역에 관심을 둘 수
없었고, 전연과의 화해가 이루어진 355년 이후 이 지역에 진출하였다는
주장도 있다.6) 고국원왕대(331~371) 평양 진출이 지속적으로 도모되고
있는 점을 감안하면, 이 시기 고구려의 평양에 대한 지배권은 인정이 가
능하다. 다만 황해도에 대한 영역지배는 355년 이후 본격화되었다고 보
는 것이 자연스럽다.

백제의 경우도 이 시기 대내외적으로 안정되지 못한 상황이었다. 곧

『北岳史論』4, 國民大 國史學科 ; 余昊奎, 2000, 「4세기 동아시아 국제질서와 고
구려 대외정책의 변화-對前燕關係를 중심으로-」『역사와 현실』 36 ; 孔錫龜,
2003, 「高句麗와 慕容'燕'의 갈등 그리고 교류」『강좌 한국고대사』4, 가락국사
적개발연구원 ; 여호규, 2006, 「高句麗와 慕容燕의 朝貢·冊封關係 연구」『한국
고대국가와 중국왕조의 조공·책봉관계』(연구총서 15), 고구려연구재단.

4) 孔錫龜, 1988, 「平安·黃海道 地方 出土 紀年銘塼에 대한 연구」『震檀學報』65,
震檀學會 ; 1989, 「安岳 3號墳의 墨書銘에 관한 考察」『歷史學報』 121 ; 1990,
「德興里 壁畵古墳의 主人公과 그 性格」『百濟研究』21(이상은 1998, 『高句麗 領
域擴張史 研究』, 書景文化社에 재수록).

5) 임기환, 1995, 「4세기 고구려의 樂浪·大方地域 경영-안악 3호분·덕흥리고분의 墨
書銘 검토를 중심으로-」『歷史學報』 147 ; 2004, 『고구려 정치사 연구』, 한나래.

6) 이인철, 2000, 「고구려의 낙랑·대방 정복과 지배」『고구려의 대외정복연구』, 백
산자료원.

중국 군현으로의 진출을 꾀했던 고이계 책계왕(286~298)과 분서왕
(298~304)이 연이어 중국 군현세력에게 죽임을 당했다.[7] 이어 즉위한
비류왕(304~344)은 고이계에 한동안 밀려나 있던 초고계 왕권을 재정
립하는 데 집중하였다.[8] 이러한 기조는 근초고왕(346~375) 집권 후반
기 고구려와 본격적으로 충돌하기 전까지 유지되었다. 그렇다면 낙랑군
과 대방군의 옛 땅은 적어도 고구려가 전연과의 갈등을 종식하는 355년
무렵까지는 고구려와 백제 사이에 완충지대로 존재했을 가능성이 크다.
　　고구려와 백제의 첫 접촉은 이와 같은 두 나라의 대내외적인 긴장국
면이 어느 정도 해소된 뒤에야 이루어질 수 있었다. 이하 4세기 후반부
터 이루어진 고구려의 남하양상과 이것에 대응하는 신라와 백제의 상호
관계 및 영역 변천을 살피기 위해 <표 1>을 작성하였다.[9]

〈표 1〉 4세기 후반~5세기 후반 삼국의 상호관계와 영역 좌표[축성·전쟁·순행]

| 연번 | 서기년 | 연 대 | | | 행위주체 | 내용 | 경과 | 전거 | 비고 |
| | | 각국 왕 재위년 | | | | | | | |
		고구려	백제	신라					
1	366	故國原王 36	近肖古王 21	奈勿王 11	백→신	사신파견	3월 禮訪함	백본 신본	
2	368	38	23	13	백→신	사신파견	봄 좋은 말 2필을 줌	백본 신본	
3	369	39	24	14	고→백	전쟁	9월 고국원왕 2만군 雉壤 친정, 태자 근구수에게 패배	고본 백본	麗·濟 첫 교전

7) 『三國史記』卷24, 百濟本紀2, 責稽王 13년 및 汾西王 7년.

8) 이 시기 백제 정치사에 대해서는 盧重國, 1988, 『百濟政治史研究』, 一潮閣, 123~
　　129쪽과 강종원, 2002, 『4세기 백제사 연구』, 서경, 40~48쪽, 113~136쪽에 자세
　　하다.

9) 이하 본문에서의 서술은 <표 1>의 내용에 근거하여 전거를 생략한다. 표의 내용
　　에 빠져 있거나 논의전개상 좀 더 구체적인 소개가 필요할 경우에 한해 전거를
　　제시하겠다.

4	371	41	26	16	고→백	전쟁	고구려가 침입하자 백제가 浿河에 매복해 물리침	백본	
5					백→고	전쟁	겨울 근초고왕 3만군으로 平壤城 친정, 고국원왕 전사, 백제 회군	고본 백본	
6	373	小獸林王 3	28	18	백제	축성	7월 靑木嶺	백본	백제 禿山城主 3백 명과 신라 귀부
7	375	5	30	20	고→백	전쟁	7월 고구려가 백제 북변 水谷城 함락	고본 백본	
8	376	6	近仇首王 2	21	고→백	전쟁	11월 백제 북변 침입	고본 백본	
9	377	7	3	22	백↔고	전쟁	10월 근구수 3만군으로 平壤城 친정, 11월 고구려 백제 공격	고본 백본	
10	386	故國壤王 3	辰斯王 2	31	백제	축성	봄에 靑木嶺~북쪽으로 八坤城, 서쪽으로 바다까지 關防 구축	백본	
11					고→백	전쟁	8월 고구려가 백제 침략	고본 백본	
12	387	4	3	32	말↔백	전쟁	9월 關彌嶺에서 말갈과 교전, 백제 패배	백본	
13	389	6	5	34	백→고	전쟁	9월 고구려 남변 부락을 약탈하고 회군	고본 백본	
14	390	7	6	35	백→고	전쟁	9월 달솔 진가모 都坤城 함락, 2백명 포획 후 회군	고본 백본	고본 都押城으로 나옴
15					백제	순행	10월 왕이 狗原에서 사냥, 7일 만에 귀환		
16	391	8	7	36	말→백	전쟁	4월 말갈이 백제 북변 赤峴城 함락	백본	
17					백제	순행	7~8월 각각 西海大島와 橫岳에서 사냥함	백본	
18	392	廣開土王 2	8	37	고→신	사신 파견	정월 신라가 實聖을 인질로 고구려에 보냄	고본 신본	고본 391년조에 기술
19					고→백	전쟁	7월 광개토왕이 4만군으로 친정, 백제 북변의 石峴城 등 10성 함락.	고본 백본	고본 391년조에 기술.「비문」永樂 6년(396)조에 기술
20					고→백	전쟁	10월 광개토왕 친정, 20일 만에 關彌城 함락	고본 백본	
21					백제	순행	10월 진사왕 狗原에서 사냥하다 11월 行宮에서 죽음	백본	
22	393	3	阿莘王 2	38	백→고	전쟁	8월 좌장 眞武 1만군으로 關彌城 포위, 보급 문제로 회군	고본 백본	

23	394	4	3	39	백→고	전쟁	7월 백제가 고구려 水谷城 침입, 광개토왕 5천 기병으로 맞아 승리	고본 백본	
24					고구려	축성	8월 나라 남쪽에 7성을 쌓아 백제에 대비	고본	
25					백→고	전쟁	8월 좌장 진무 출격, 浿水에서 광개토왕에 패해 8천명 죽음	고본 백본	
26	395	5	4	40	말→신	전쟁	8월 말갈이 신라 북변 침입, 悉直原에서 신라 승리	신본	
27					백→고	전쟁	11월 아신왕 7천군으로 친정, 靑木嶺에 주둔하다 회군, 漢山城에 군사 위로	백본	
28	396	6	5	41	고→백	전쟁	閣彌城·阿旦城·彌鄒城·古牟婁城 등 58성 700촌을 깨뜨리고 백제 한성 공략. 아신왕의 항복을 받고 포로 1천명과 세포 1천필을 포획해 회군	비문	영락 6년조에 『삼국사기』 392~396년 압축 기술
29	397	7	6	42	백제	열병	7월 漢水 남쪽에서 거행	백본	倭國에 태자 腆支를 인질로 보냄
30					백제	축성	3월 雙峴城 축성	백본	
31	398	8	7	43	백제	순행	8월 고구려 정벌 차 漢山 북쪽에 행차, 중지	백본	
32	399~400	9	8	44	백·왜→신	전쟁	백제가 고구려와의 약속을 어기고 倭와 화통. 왜군이 신라에 처들어오자 5만 步騎를 보내 왜병 격퇴	비문	
33	402	12	11	實聖王1	백제	순행	여름 왕이 橫岳에서 제사지내 가뭄 해소	백본	
34	403	13	12	2	백→신	전쟁	7월 신라 변경에 침입	백본 신본	
35	408	18	膜支王4	7	고구려	축성	7월 나라 동쪽에 禿山 등 6성 쌓고 평양 民戶 사민	고본	
36					고구려	순행	8월 왕이 남쪽으로 순행	고본	
37	412	22 長壽王1	8	11	신→고	인질 파견	나물왕의 아들 卜好를 고구려에 인질로 파견	신본	복호 425년 귀환
38	417	5	13	訥祗王1	백제	축성	7월 東部·北部人 15세 이상 징발 沙口城 축성	백본	
39	424	12	久爾辛王4	8	신→고	사신 파견	2월 예방함. 장수왕이 신라 사신단 특별 위로함	고본 신본	
40	433	21	毗有王7	17	백→신	사신 파견	7월 화친을 청하므로 신라가 따름	백본 신본	

41	434	22	8	18	백↔신	사신 파견	2월 좋은 말 2필 보냄, 가을에 또 흰 매를 보냄. 10월에 신라도 황금과 야명주로 답례	백본 신본	'나·제동맹' 성립
42	450	38	24	34	고→신	전쟁	7월 신라 何瑟羅 城主가 悉直에서 고구려 장수 살해. 이에 고구려가 신라 침략, 눌지왕 사과로 회군	고본 신본	나제동맹군×
43	454	42	28	38	고→신	전쟁	8월 고구려가 신라 북변에 침입	고본 신본	나제동맹군×
44	455	43	29 蓋鹵王 1	39	백제	순행	3월 漢山에서 사냥함	백본	신라·고구려 본격적인 대립기
45					고→백	전쟁	10월 고구려가 백제를 침입하자 신라가 구원함	신본	나제동맹군○
46	468	56	14 慈悲王 11		고→신	전쟁	봄 말갈군 1만명과 협공해 悉直城 함락	고본 신본	나제동맹군×
47					신라	축성	9월 何瑟羅 사람을 동원해 泥河에 축성	신본	
48	469	57	15	12	백→고	전쟁	8월 백제가 고구려 남변에 침입	고본 백본	나제동맹군×
49					백제	축성 [개축]	10월 雙峴城 수리. 靑木嶺에 목책 설치, 北漢山城의 군사 배치	백본	
50	470	58	16	13	신라	축성	三年山城	신본	
51	471	59	17	14	신라	축성	2월 芼老城	신본	
52	474	62	20	17	신라	축성	一牟城, 沙尸城, 廣石城, 沓達城, 仇禮城, 坐羅城 등	신본	
53	475	63	21 文周王 1	18	고→백	전쟁	9월 장수왕 3만군으로 백제 친정, 漢城 함락. 개로왕 죽이고 8천명 사로잡아 귀환	고본 백본	나제동맹군○ 신본 474년조에 기술
54					백제	천도	10월 熊津으로 천도	백본	

【일러두기】
1. 내용은 『삼국사기』를 중심으로 정리하되, 필요에 따라 「광개토왕비」를 참고했다.
2. 전거는 고구려본기→고본, 백제본기→백본, 신라본기→신본, 광개토왕비→비문으로 약칭했다.

고구려가 전연에 조공사를 보내 화친한 355년 이후 전연이 前秦에게 멸망하는 370년까지 두 나라가 충돌한 기록이 전해지지 않는 것을 감안하면, 이 시기 요동 지역은 안정된 국면으로 접어들었다고 생각된다. 이러한 분위기는 곧 고구려가 본격적으로 남쪽으로의 진출을 기도하는 원동력이 되었을 것이다. 고구려가 본격적으로 남진하기 직전이었던 366

년과 368년에 백제 근초고왕(346~375)은 연이어 신라에 사신을 보내
화친을 도모하였다[<표 1>의 연번 1~2 : 이하는 번호만 표기]. 이것은
고구려의 남진 조짐을 사전에 간파한 백제가 고구려와의 전쟁에 앞서 대
신라 전선을 안정시키고자 한 일환으로 생각된다.

고구려와 백제가 처음으로 전쟁을 치룬 곳은 雉壤이었다. 곧 369년에
고구려 고국원왕(331~371)이 2만군으로 親征하여 치양에서 백제군과
싸웠는데 백제의 태자 근구수에게 패하였다[3]. 치양은 황해도 白川임이
유력하다.[10] 이곳은 예성강·임진강·한강이 만나서 서해로 빠져나가는
전략적 요충지로서 백제의 입장에서는 서해로 진출하기 위해 반드시 거
쳐야 하는 곳이었다.[11] 고국원왕이 치양에 와서 진을 치고 백제의 민가
를 약탈했다는 기록[12]은 백제가 고국원왕의 침입 이전에 이미 이곳을
장악하고 있었음을 반증해 준다. 고국원왕은 곧 이때 백제가 먼저 영유
했던 예성강 하류의 치양을 탈환함으로써 경기만 일대 制海權의 교두보
를 마련하려 했을 것이다. 하지만 고국원왕의 대대적인 선제공격은 실패
로 기울고 말았다.

고구려는 이에 작전선을 달리해 371년에 이르러 예성강 중류 방면으
로 백제를 압박하였다. 그러나 역시 浿河[예성강][13] 가에 매복해 있던

---

10) 『新增東國輿地勝覽』卷43, 白川郡 建置沿革 "本高句麗刀臘縣 一云雉嶽城." 이 기
   록을 근거로 치양(성)을 황해도 배천으로 보는 것이 일반적이다(李丙燾, 1983, 『삼
   국사기』하, 신장판, 을유문화사, 38쪽).

11) 서영일, 2008, 「한성 백제의 교통로 상실과 웅진천도」『鄕土서울』72, 서울특별
    시사편찬위원회, 51쪽.

12) 『三國史記』卷24, 百濟本紀2, 近肖古王 24년.

13) 『新增東國輿地勝覽』卷41, 平山都護府 山川 "猪灘 在府東二十五里 源出遂安郡 彦
    眞山 過新溪縣 至府北爲歧灘 府東爲箭灘 至此灘其流始大下流 于江陰縣爲助邑浦
    高麗史云猪淺一云浿江." 浿水는 시대나 자료적 분위기에 따라 압록강이나 대동강
    으로 비정되기도 한다(安鼎福, 『東史綱目』附錄 卷下, 地理考 浿水考 참조). 다만
    백제사에서의 패수는 이 기록에 따라 예성강으로 보는 것이 일반적이다(金正浩,
    『大東地志』卷18, 黃海道13邑, 平山 山水 ; 이병도, 1983, 앞의 책 下, 39쪽).

백제 군사에게 패하였다. 게다가 근초고왕은 태자 및 3만군으로 여세를 몰아 平壤城을 공략했고, 급기야 고국원왕까지 戰死시키는 성과를 거두었다[4~5]. 근초고왕은 이후 靑木嶺에 성을 쌓아 고구려의 침략에 대비하였다[6]. 청목령의 위치는 개성의 송악산14) 내지 그보다 약간 북쪽의 청석동15)으로 비정된다. 그렇다면 백제는 치양성을 거점으로 삼아 예성강 중·하류를 장악한 상태에서, 예성강 남동쪽의 요충지인 청목령에 성을 쌓음으로써 고구려에 대한 2차 방어망을 구축하려 했던 것으로 보인다.

한편 373년 백제의 禿山城主가 300명을 이끌고 신라로 망명함에 따라16) 백제와 신라의 관계는 경색국면으로 급변하였다. 이때 독산성주의 망명 배경에 대해 전쟁에서의 패배로 인한 문책을 모면하기 위해서라는 추정이 있었다.17) 또 독산성이 백제의 북방 요충지에 있었을 것으로 보고, 백제가 靑木嶺에 성을 쌓으면서 인근에 위치한 독산성주와 주민에게 역역부담이 가중돼 민심이 이반된 것을 망명의 원인으로 생각하기도 했다.18) 당시 고구려·백제의 戰線과 갈등국면을 고려할 때 수긍이 갈만한 해석이다.

그렇다면 이때 신라가 근초고왕의 만류에도 불구하고 독산성주와 주민을 돌려보내지 않은 이유는 무엇일까? 이에 대해 백제의 가야 진출에 대한 신라 측의 반발이라는 견해가 있었다.19) 실제로 이 시기는 백제가

---

14) 『新增東國輿地勝覽』 卷4, 開城府 上 山川에 松嶽이 곧 푸른 나무[靑木]인 솔을 의미한다고 하였고, 백제시대의 靑木山을 송악으로 보았다.

15) 『東史綱目』 卷1上 壬子 馬韓 "靑木山 輿地勝覽以松嶽爲靑木山 而近來考得今靑石洞."

16) 『三國史記』 卷3, 新羅本紀3, 奈勿尼師今 18년.

17) 盧重國, 1994, 「4·5世紀 百濟의 政治運營」 『韓國古代史論叢』 6, 韓國古代社會研究所 編, 173쪽.

18) 徐榮一, 2005, 「漢城 百濟時代 山城과 地方統治」 『文化史學』 24, 韓國文化史學會, 18~19쪽.

가야는 물론이고 倭와 연합하는 형국이었고,[20] 이것은 신라로 하여금 상당한 위기감을 조성시킨 듯하다. 신라로서는 이러한 외교적 고립을 타개하기 위한 노력이 절실히 요구되었을 것이다. 고구려 입장에서도 백제와의 전쟁을 유리하게 이끌기 위해 백제의 배후를 견제해 줄 수 있는 신라와의 우호관계가 필요했을 것이다. 따라서 백제와 신라의 관계가 틀어진 것을 눈치 챈 고구려가 신라에 화친을 제안했을 가능성이 크다.[21]

고구려는 예성강 중·하류에서 백제와의 교전이 실패로 귀결되자 남진경로[22]를 예성강 상류로 선회하였다. 곧 소수림왕 5년(375)에 백제 북쪽 변경의 水谷城을 공격하여 함락시킨 것이다[7]. 수곡성은 황해도 신계로 위치가 비정된다.[23] 고구려와 백제 간 교통로 중 가장 내륙에 치우쳐 있는 '방원령로'의 중요한 전략적 요충지였다. 고구려는 수곡성을 차지함으로써 예성강 하류 지역으로 반격할 수 있는 발판을 마련하였다. 동시에 마식령산맥의 여러 고갯길을 이용하여 임진강 유역으로도 진출

---

19) 鄭雲龍, 1996,「羅濟同盟期 新羅와 百濟 關係」『白山學報』46, 白山學會, 99~100쪽 ; 강종원, 2012,『백제 국가권력의 확산과 지방』, 서경문화사, 66~69쪽.

20) 盧重國, 1981,「高句麗·百濟·新羅 사이의 力關係變化에 대한 一考察」『東方學志』28, 延世大學校 國學硏究院, 60~65쪽.

21) 우선정은 373년 당시 신라가 고구려와의 외교관계가 이미 형성되어 있었기 때문에 백제의 요구를 거절했을 것으로 이해하였다(우선정, 2011,「新羅 麻立干時代의 成立과 전개」, 경북대학교 박사학위논문, 138쪽). 4세기대 월성로고분군에서 출토된 고구려계 綠釉小壺·札甲 등 고고학적 정황에 따르면, 고구려와 신라의 관계는 4세기 중반 이전부터 계기적으로 파악할 필요가 있다.

22) 고구려의 남진경로에 대해서는 서영일의 연구를 수용하였다. 그가 제시한 평양에서 서울까지의 3가지 교통로는 다음과 같다(서영일, 2007,「高句麗의 百濟 攻擊과 南進路」『경기도의 고구려 문화유산』, 경기도박물관, 84쪽).
   ○방원령로 : 평양-대동-연산-방원령-수안-신계-토산-삭령-연천-양주-서울
   ○자비령로 : 평양-황주-자비령-서흥-평산-금천-개성-장단-파주(적성)-양주-서울
   ○재 령 로 : 재령-신원-해주-개성-파주-서울

23)『新增東國輿地勝覽』卷42, 新溪縣 古蹟 "俠溪廢縣 在縣南三十里 本高句麗水谷城縣 一云買且忽." 좀 더 구체적으로 지금의 신계군 침교리로 비정하기도 한다(손영종, 1990,『고구려사』1, 백산자료원, 292쪽).

할 수가 있었다.24) 394년(광개토왕 4 ; 아신왕 3)에서야 수곡성이 두 나라의 교전지로 다시 나오는 것을 감안할 때[23], 백제는 375년 이후 고구려에게 예성강 상류 유역의 주도권을 빼앗긴 것으로 생각된다.

물론 백제의 대응이 없었던 것은 아니었다. 백제는 수곡성 전투의 패배를 만회하는 차원에서 377년 10월에 근구수왕이 친히 3만군을 거느리고 평양성을 공격하였다[9]. 하지만 전쟁의 승패에 대한 기록 없이 다음 달에 곧바로 고구려의 반격을 받는 것으로 보아 별다른 성과가 없었던 것 같다.25) 게다가 대내적인 상황도 여의치가 않아서 근구수왕 5년(379) 이후 전염병과 자연재해까지 발생하였다.26) 급기야 근구수왕이 재위 10년(384) 만에 죽으면서 반격의 기회를 마련하지 못하고 말았다.

백제 진사왕(385~392)은 집권한 후 대고구려 방어망의 정비에 우선적으로 힘썼다. 곧 즉위 2년(386) 만에 기존에 청목령 일대에 구축했던 방어망을 연장해서 북쪽으로 八坤城까지, 서쪽으로는 서해바다까지 關防을 구축하였다[10]. 팔곤성의 위치는 분명하지 않다. 다만 예성강 동북쪽의 방어선 구축을 위한 것이라면 마식령산맥의 요충지였을 가능성이 크다.27) 이후 고구려와 백제 두 나라는 386년과 389년에 각각 상대국을 선공했지만[11·13] 교전한 지역이 남아 있지 않다. 백제는 진사왕 6년(390)에 都坤城을 공략해 2백 명을 포획하는 성과를 거두었지만 회

---

24) 서영일, 2008, 앞의 논문, 53쪽.

25) 황해도 황주에서는 백제 토기 28점이 출토되었다. 황주는 백제가 자비령로를 통해 고구려 평양으로 북진하기 위한 대동강 이남의 거점 지역이었다. 그렇다면 황주 출토 백제토기는 370년대 근초고왕과 근구수왕의 평양 원정과 관련한 유물일 가능성이 있다(한성백제박물관, 2013, 『백제, 마한과 하나되다』, 117쪽).

26) 『三國史記』卷24, 百濟本紀2, 近仇首王 5년·6년·8년.

27) 팔곤성의 위치를 강원도 이천군의 개연산 부근으로 추정하기도 하고(문안식, 2006, 『백제의 흥망과 전쟁』, 혜안, 2006, 170~171쪽), 평산 부근으로 보기도 한다(서영일, 2008, 앞의 논문, 54쪽). 정황상으로 전자가 타당한 듯하나 분명한 근거가 있는 것은 아니어서 확정하기는 곤란하다.

군하였다[14].

요컨대 4세기 중·후반 고구려와 백제는 예성강 유역을 놓고 치열한 공방전을 전개하였다. 그 결과 백제는 치양성[황해도 배천]을 차지함으로써 예성강 중·하류를 확보하였고, 예성강 南東岸에 방어망을 구축하는데 주력하였다. 그러나 고구려에게 수곡성[황해도 신계]을 함락당하면서 예성강 상류와 방원령로를 고구려에게 빼앗기고 말았다. 이것은 곧 백제 동북쪽 국경의 방어에 문제가 생겼음을 의미한다. 그래서인지 백제는 387년과 391년에 靺鞨에게 침략을 당했다[12·16]. 교전 지역으로 나오는 關彌嶺과 赤峴城[28]의 위치가 분명하지 않아 단정할 수는 없으나, 당시 말갈이 고구려의 附庸勢力이었을 가능성이 크므로[29] 강원도 동북쪽의 이천·판교·세포·평강 일대의 말갈세력이 고구려의 조종 내지 협조하에 예성강 상류의 동북쪽에서 백제를 압박해 온 것으로 추정된다. 그럼에도 불구하고 예성강 중·하류와 그 이남은 여전히 백제의 관할 하에 있었다. 진사왕이 재위 7년(391)에 西海의 大島[30]와 橫岳[북한산][31]에서 사냥활동을 할 수 있었던 것은 이를 시사한다.

---

28) 적현성은 초고왕 45년(210)에 沙道城과 함께 축성하면서 東部의 民戶들을 옮긴 곳이다(『三國史記』 卷23, 百濟本紀1, 肖古王 45년). 이에 평강 부근의 회양 내지 김화로 위치비정하기도 한다(문안식, 2006, 앞의 책, 172쪽).

29) 李康來, 1985, 「『三國史記』에 보이는 靺鞨의 軍事活動」『領土問題研究』 2, 高麗大 民族文化研究所, 60~61쪽 ; 문안식, 2006, 앞의 책, 171~173쪽.

30) 예성강 하류를 장악하고 있었던 백제의 입장이라면 '서해의 큰 섬'은 역시 강화도가 유력하다(이병도, 1983, 앞의 책 下, 48쪽 ; 서영일, 2008, 앞의 논문, 54쪽).

31) 『大東地志』 卷1, 京都 漢城府 山水에 "三角山…百濟稱負兒岳 又云橫岳"이라고 하여 지금의 북한산으로 비정된다(김윤우, 1995, 『북한산 역사지리』, 범우사, 23~27쪽). 김윤우는 '횡악'은 북한산의 '漢山' 곧 '큰 산[大山]'의 의미를 지닌 고구려어 계통이라고 하였다. 여호규는 백제 도성이었던 풍납토성에서 바라보면 도봉산-북한산 일대가 동북-서남으로 '一'자처럼 뻗은 곳으로 보인다면서, 횡악이 도봉산-북한산 일대 전체를 지칭한 것으로 보았다(여호규, 2012, 「4세기 후반~5세기 초엽 高句麗와 百濟의 국경 변천」『역사와 현실』 84, 181쪽).

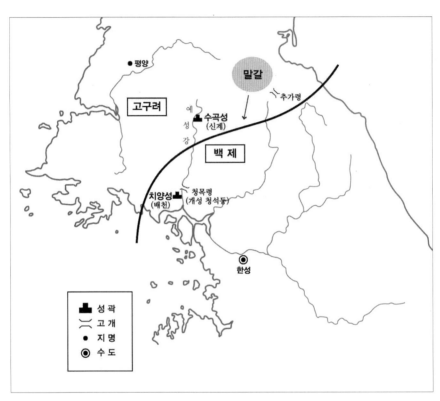

<지도 1> 4세기 중·후반 고구려와 백제 간 영역

2. 광개토왕의 南征과 그 범위

4세기 중·후반 예성강 일대에서 교착상태에 빠졌던 고구려와 백제 간
영역 변천의 양상은 廣開土王(391~412)이 즉위하면서 고구려의 파상적
공세 분위기로 변화하였다.[32] 광개토왕은 즉위 2년(392) 7월에 4만의 대
군을 거느리고 백제의 북변을 공략하여 石峴城을 비롯한 10성을 함락시
켰다[19]. 석현성의 위치에 대해서는 황해도 개풍군 청석동[지금의 개성
시]으로 보는 견해가 대세이다.[33] 이와 달리 개성 동북쪽에 있는 장풍군
과 토산군 사이의 白峙[지금의 黃鷄峙][34]나 일찍이 김정호에 의해 황해
북도 곡산군 서남쪽 20리로 비정되기도 하였다.[35] 최근에는 지명 형태
소의 분석을 통해 파주시 파평면 일대를 주목하기도 했다.[36] 고구려가
기왕에 신계의 수곡성을 차지하고 있었으므로 金正浩의 견해는 따르기
어렵다. 『삼국사기』에 따르면 광개토왕은 석현성 함락 후 이어 관미성
을 함락하였고, 백제 아신왕은 빼앗긴 석현성을 되찾기 위해 관미성을
포위하였다.[37]

關彌城은 '사면이 깍은 듯 가파르고 바닷물에 둘러싸여 있는'[38] 천혜

---

32) 광개토왕의 즉위년에 대해 『삼국사기』는 392년으로 「광개토왕비」에는 391년으
로 되어 있어 차이가 난다. 여기에서는 「광개토왕비」를 기준으로 서술한다.

33) 李丙燾, 1976, 「廣開土王의 雄略」『韓國古代史硏究』(修訂版), 博英社, 379쪽 ; 李
道學, 1988b, 「永樂 6年 廣開土王의 南征과 國原城」『孫寶基博士停年紀念 韓國史
學論叢』, 知識産業社 : 2006, 『고구려 광개토왕릉비문 연구』, 서경, 358~359쪽 ;
金侖禹, 1989, 「廣開土王의 南下征服地에 대한 一考-關彌城의 위치를 중심으로-」
『龍巖 車文燮敎授 華甲記念論叢』 : 1995, 『高句麗 南進 經營史의 硏究』(朴性鳳
編), 白山資料院, 234쪽 ; 문안식, 2006, 앞의 책, 175쪽, 244쪽.

34) 서영일, 2008, 앞의 논문, 56쪽. 그는 또한 연천군 서남면 석둔리의 성산성도 주목
하였다.

35) 『大東地志』 卷18, 黃海道13邑, 谷山 山水 "石峴 西南二十里 通新溪大路."

36) 여호규, 2012, 앞의 논문, 181~182쪽.

37) 『三國史記』 卷25, 百濟本紀3, 辰斯王 8년, 阿莘王 2년.

의 요지였다. 광개토왕은 군사를 나누어 공격한 지 20일 만에 관미성을
함락시켰다[20]. 관미성의 위치에 대해서는 강화군 교동도 華盖山城,[39]
강화도 북부의 하음산성(봉천산성),[40] 개풍군 백마산 고성,[41] 예성강 남
안,[42] 파주시 오두산성[43] 등 논란이 분분해 정설이 없는 실정이다. 다만
큰 틀에서 보면 예성강 하류 또는 임진강 하류 바닷가 근처의 요충지임
에는 분명한 것 같다. 광개토왕의 석현성 공략은 백제가 청목령을 중심
으로 구축한 방어망에 대한 돌파구 차원에서 추진된 것으로 보인다. 따
라서 정황상으로 볼 때 관미성의 위치를 예성강 하류로 비정하고 석현성
을 교통로상 그보다 동북쪽에 해당하는 개풍군 청석동 내지 백치로 보는
것이 자연스럽다. 다만 백제가 예성강 이남의 요충지에 구축한 방어성의
일부가 387년과 391년 말갈과의 전투에서 백제가 패하면서 고구려가 임
진강 유역까지 진출했을 가능성도 있다. 675년 당군이 신라 칠중성[경기
도 파주시 적성면] 공략에 실패한 후 곧이어 석현성을 함락시켰다.[44] 이
것은 칠중성과 석현성이 같은 교통로의 도상에 있었을 가능성을 시사한
다.[45] 그렇다면 관미성을 임진강 하류의 오두산성으로 비정하고 임진강
물길로 연결되는 그보다 동북쪽의 파주시 파평면 일대를 석현성의 위치
로 볼 여지도 충분하다.

---

38) 『三國史記』 卷17, 高句麗本紀6, 廣開土王 즉위년.

39) 이병도, 1976, 앞의 책, 379쪽 ; 공석구, 1998, 앞의 책, 213쪽.

40) 윤명철, 2003, 『고구려 해양사 연구』, 사계절, 169~174쪽.

41) 손영종, 1990, 앞의 책, 297쪽 ; 문안식, 2006, 앞의 책, 178쪽.

42) 朴時亨, 1966, 『광개토왕릉비』, 사회과학출판사 : 2007, 푸른나무, 214~215쪽 ;
    이도학, 1988b, 앞의 논문 : 앞의 책, 361~362쪽.

43) 『大東地志』 卷3, 京畿道13邑 交河 城地 "烏頭城 臨津漢水會合處　本百濟關彌城
    周二千七十里 尺四面峭絶崔東連山麓 三面環以海水." 김윤우, 1989, 앞의 논문 :
    1995, 앞의 책, 234~240쪽 ; 尹日寧, 1990, 「關彌城 位置考」 『北岳史論』 2, 國民
    大 國史學科 ; 여호규, 2012, 앞의 논문, 183~186쪽.

44) 『三國史記』 卷7, 新羅本紀7, 文武王 下 15년.

45) 여호규가 이러한 문제의식을 가지고 있으며 필자도 이에 공감한다.

어느 경우이든 간에 광개토왕은 392년의 대규모 군사작전을 통해서 석현성과 관미성을 차지함으로써 백제가 차지하고 있던 예성강 하류 유역까지 장악한 성과를 거두었다. 이것은 곧 백제 진사왕이 구축한 팔곤성-청목령-서해로 이어지는 방어망이 더 이상 기능을 할 수 없음과, 경기만 일대의 제해권마저 고구려에게 귀속됨을 의미하는 것이었다. 백제 진사왕은 관미성을 고구려에게 빼앗긴 후 1달 만에 狗原으로 사냥을 나갔다가 행궁에서 죽었다.46) 이를 고구려와의 전쟁 패배에 따른 충격과 관련한 비정상적인 죽음으로 해석하기도 한다.47) 백제는 광개토왕이 즉위 후 추진한 남방경략의 초반 기세싸움에서 국방상의 주요 요충지에 위치한 성도 빼앗기고, 그 여파로 국왕도 전사하는 국가적 위기를 맞은 셈이었다.

백제 역시 이와 같은 국가적 위기상황을 충분히 인식했을 것이다. 그래서인지 고구려에 대해 곧바로 반격을 개시하였다. 하지만 393년에 석현성 등을 회복하기 위해 먼저 공략한 관미성 전투[22]와 연이어 출격한 394년의 수곡성 전투[23], 395년 8월의 패수 전투[25]에서 번번이 패전의 멍에를 쓰고 말았다. 그 사이 고구려는 '國南七城'을 축조하여 백제의 침입에 대비한 방어망을 보강하였다[24]. '국남 7성'의 위치는 알려져 있지 않지만 고구려가 차지한 예성강 유역을 방어하기 위한 주요 요충지였음이 유력하다. 좀 더 구체적으로 해주의 수양산성, 배천의 치악성, 연안 읍성, 옹진 고성, 태탄군 성남리 오누이산성, 강령 읍성 등을 국남 7성으로 꼽기도 하지만48) 분명한 근거에 따른 비정은 아니었다. 당시 고구려와 백제의 교전 지역 등을 감안할 때 해안을 제어할 수 있는 성이 포함될 수는 있겠으나 역시 예성강 유역 일대에서 위치를 찾는 것

---

46) 『三國史記』卷25, 百濟本紀3, 辰斯王 8년.

47) 정재윤, 2012, 「4~5세기 백제와 고구려의 관계」 『高句麗渤海硏究』 44, 72쪽.

48) 최창빈, 1990, 「4세기말~5세기초 고구려의 국남7성과 국동6성에 대하여」 『력사과학』 1990-3, 52~53쪽 ; 윤명철, 2003, 앞의 책, 129~130쪽.

이 옳을 것이다.

395년 11월에 아신왕(392~405)은 패수의 싸움을 복수하기 위하여 7천군을 거느리고 출정해 청목령 밑에 주둔했지만 추위를 만나 漢山城으로 회군하고 말았다[27]. 이러한 백제의 반격에 자극을 받아서인지 광개토왕은 이듬해(396년) 몸소 水軍을 이끌고 백제 漢城을 공략하여 아신왕의 항복을 받아내고 포로 1천 명과 세포 1천 필을 포획한 후 돌아갔다[28]. 광개토왕은 永樂 6년(396) 원정의 결과로 58城 700村을 얻을 수 있었다. 해당 기록을 좀 더 자세히 살펴보면 다음과 같다.

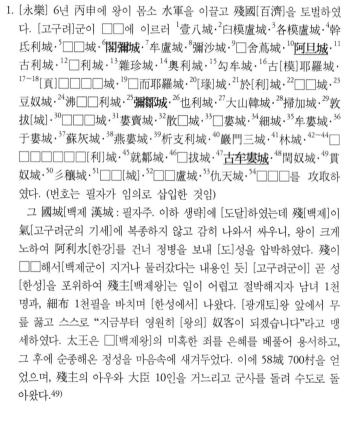

1. [永樂] 6년 丙申에 왕이 몸소 水軍을 이끌고 殘國[百濟]을 토벌하였다. [고구려]군이 □□에 이르러 ¹壹八城·²臼模盧城·³各模盧城·⁴幹氐利城·⁵□□城·⁶閣彌城·⁷车盧城·⁸彌沙城·⁹舍蔦城·¹⁰阿旦城·¹¹古利城·¹²□利城·¹³雜珍城·¹⁴奧利城·¹⁵勾车城·¹⁶古[模]耶羅城·^{17~18}[頁]□□□城·¹⁹而耶羅城·²⁰[瑑]城·²¹於[利]城·²²□□城·²³豆奴城·²⁴沸□□利城·²⁵彌鄒城·²⁶也利城·²⁷大山韓城·²⁸掃加城·²⁹敦拔[城]·³⁰□□□城·³¹婁賣城·³²散□城·³³□婁城·³⁴細城·³⁵车婁城·³⁶于婁城·³⁷蘇灰城·³⁸燕婁城·³⁹析支利城·⁴⁰巖門三城·⁴¹林城·^{42~44}□□□□□□[利]·⁴⁵就鄒城·⁴⁶□拔城·⁴⁷古车婁城·⁴⁸閏奴城·⁴⁹貫奴城·⁵⁰彡穰城·⁵¹□□[城]·⁵²□□盧城·⁵³仇天城·⁵⁴□□□를 攻取하였다. (번호는 필자가 임의로 삽입한 것임)

   그 國城[백제 漢城 : 필자주. 이하 생략]에 [도달]하였는데 殘[백제]이 氣[고구려군의 기세]에 복종하지 않고 감히 나와서 싸우니, 왕이 크게 노하여 阿利水[한강]를 건너 정병을 보내 [도]성을 압박하였다. 殘이 □□해서[백제군이 지거나 물러갔다는 내용인 듯] [고구려군이] 곧 성[한성]을 포위하여 殘主[백제왕]는 일이 어렵고 절박해지자 남녀 1천 명과, 細布 1천필을 바치며 [한성에서] 나왔다. [광개토]왕 앞에서 무릎 꿇고 스스로 "지금부터 영원히 [왕의] 奴客이 되겠습니다"라고 맹세하였다. 太王은 □[백제왕]의 미혹한 죄를 은혜를 베풀어 용서하고, 그 후에 순종해온 정성을 마음속에 새겨두었다. 이에 58城 700村을 얻었으며, 殘主의 아우와 大臣 10인을 거느리고 군사를 돌려 수도로 돌아왔다.49)

① 비각 전경

② 비각 내의 비석

「광개토왕비」(중국 길림성 집안시 소재)

비석이라는 제한된 서사공간임에도 불구하고 58성의 이름을 일일이 기재한 것으로 볼 때[50] 광개토왕의 업적에서 영락 6년(396)의 대백제전

---

49) 「廣開土王碑」 "以六年丙申 王躬率水軍 討伐殘國 軍至[窠]□攻取壹八城 臼模盧城 各模盧城 幹氏利城 □□城 閣彌城 牟盧城 彌沙城 □舍蔦城 阿旦城 古利城 □利 城 雜珍城 奧利城 勾牟城 古[模]耶羅城, [頁]□□□□城 □而耶羅城 [瑑]城, 於 [利]城 □□城 豆奴城 沸□□利城 彌鄒城 也利城 大山韓城 掃加城 敦拔[城] □ □□城 婁賣城 散□城 □婁城 細城 牟婁城 于婁城 蘇灰城 燕婁城 析支利城 巖門 三城 林城 □□□□□□□[利]城 就鄒城 □拔城 古牟婁城 閏奴城 貫奴城 彡穰 城 □□[城] □□盧城 仇天城 □□□□ □其國城 殘不服氣 敢出百戰 王威赫怒 渡阿利水 遣刺迫城 殘□□□□便圍城 而殘主困逼 獻出男女生口一千人 細布千匹 跪王自誓 從今以後 永爲奴客 太王恩赦□迷之愆 錄其後順之誠 於是[得]五十八城 村七百 將殘主弟幷大臣十人 旋師還都." □는 결락자, [ ]는 추독을 의미함. 판독은 王健群(1984, 『好太王碑研究』, 吉林人民出版社 : 2004, 『廣開土王碑 研究』[林東錫 譯], 한국학술정보, 353~355쪽)과 노태돈(1992, 「광개토왕릉비」 『譯註 韓國古代 金石文』[제1권], 韓國古代社會研究所 編, 駕洛國史蹟開發研究院, 10쪽)의 釋文을 기초로 周雲台 탁본을 참고하여 교정하였다.

50) 기왕에도 지적되었지만 필자의 번호 부여에 따라도 58성은 아니다. 그러나 비문 이 마멸되어 판독이 불가능한 글자가 있음을 감안하면 대체로 58성이 기재된 것 으로 보아도 무방하다.

성과가 차지하는 위상이 각별함을 알 수 있다.[51] 그런데 58성의 위치에
대해 학계의 논란이 분분하다. 예성강 또는 임진강 이남~한강 이북 사
이로 제한하는 견해부터, 이곳을 포함해 북한강 유역 또는 남한강 상류
유역까지로 보는 견해, 그리고 북한강과 남한강을 배제한 황해도·경기
도·충청도 일부로 비정하기도 한다. 이에 대한 면밀한 검토가 필요하다.

첫째, 58성의 위치를 예성강 또는 임진강 이남~한강 이북 사이로 제
한하는 연구이다.[52] 이들의 주요 논거 중 하나가 바로 아단성이 한강 이
북에 있다는 것이다. 곧 아단성을 강원도 이천군의 안협면에 소재한 것
으로 보거나[53] 서울시 광진구 소재의 아차산성으로 이해하였다.[54] 아단
성의 위치를 안협에 비정한 것은 素那가 말갈을 맞아 싸웠던 阿達城[55]
이 阿珍含·阿珍押으로 남아 있는 안협[56]과 음운상 비슷하다는 것에서
착안하였다. 지명어의 의미상 '達'이 어두 위치에서는 '高', 어미 위치에
서는 '山'의 뜻으로 쓰였고, '押'도 '嶽'과 대응한다는 지적[57]을 감안하

---

51) 비문에는 396년에 58성을 모두 공취한 것으로 되어 있지만 광개토왕 즉위 후의
   대백제 정복사업을 일괄 기재한 결과다(武田幸男, 1978, 「廣開土王碑文辛卯年條
   の再吟味」 『古代史論叢』 上 : 1989, 『高句麗史と東アジア』, 岩波書店, 168~173쪽 ;
   李基東, 1986, 「廣開土王陵碑文에 보이는 百濟關係 記事의 검토」 『百濟研究』 17
   : 1996, 『百濟史研究』, 一潮閣, 252~253쪽 ; 이도학, 1988b, 앞의 논문 : 2006,
   앞의 책, 366쪽).

52) 津田左右吉, 1913, 「好太王征服地域考」 『朝鮮歷史地理』 上, 南滿洲鐵道株式會社 :
   1986, 亞世亞文化社, 69~72쪽 ; 李丙燾, 1976, 「廣開土王의 雄略」, 앞의 책,
   381~382쪽 ; 李仁哲, 1996, 「廣開土好太王碑를 통해 본 高句麗의 南方經營」 『廣
   開土好太王碑 研究 100年』(고구려연구 2) : 2000, 『고구려의 대외정복 연구』, 백
   산자료원, 132~143쪽 ; 김현숙, 2005, 『고구려의 영역지배방식 연구』, 도서출판
   모시는 사람들, 185~188쪽.

53) 이인철이 이에 해당한다. 츠다 소오키치(津田左右吉)도 파주시 적성 對岸의 임진
   강 이북 지역으로 비정하였다.

54) 이병도와 김현숙이 이에 해당한다.

55) 『三國史記』 卷7, 新羅本紀7, 文武王 下 15년 ; 卷47, 列傳7, 素那.

56) 『三國史記』 卷6, 新羅本紀6, 文武王 上 7년 ; 卷35, 雜志4, 地理2 漢州 兎山郡 安
   峽縣.

면 아달성을 안협으로 볼 여지는 있다. 하지만 그것을 또 阿旦城과 동일
시하기에는 音相似 외에 뚜렷한 근거가 없어 동조하기 어렵다. 아단성
을 아차산성으로 비정한 주장은 이하에서 살피는 바와 같이 온당한 것이
었다고 생각한다. 그렇더라도 아단성의 위치가 58성의 전체 소재지까지
규정해주는 것은 아니다. 비록 58성의 위치비정이 쉽지는 않지만 한강
이남을 넘어선 지명으로 유력한 古牟婁城이 있기 때문이다.

「충주비」에 따르면, 고모루성 守事가 순흥으로 비정되는 于伐城58)에
까지 와서 군사활동을 하였다.59) 수사가 다수의 군·현급 행정단위를 포
괄한 광역의 지방을 관할했던 지방관이어서60) 고모루성의 위치를 파악
하는 것이 쉽지는 않다. 다만 소백산맥 이남의 우벌성에 오기 위해서는
5세기 고구려와 신라 간의 주요 교통로였던 죽령로61)를 이용했을 개연
성이 다분하다. 자연 고모루성의 위치도 죽령로의 도상에서 찾는 것이
합리적이다. 기왕에 고모루성의 위치로 원주와 춘천을 주목한 것도62)

---

57) 도수희, 2003, 『한국의 지명』(대우학술총서 553), 아카넷, 164쪽, 174쪽.

58) 손영종, 1985, 「중원고구려비에 대하여」『력사과학』 85-2, 과학백과사전출판사,
30쪽.

59) 「충주비」의 판독과 해석은 장창은, 2013, 「<忠州高句麗碑> 연구의 최근 동향」
『제7회 중원문화학술포럼 고구려의 재발견』, 한국고대학회·한국교통대학교 박물
관, 63~65쪽을 참고하기 바란다.

60) 김현숙, 2005, 앞의 책, 291~295쪽. 수사를 군의 장관으로도 이해한다(盧泰敦,
1996, 「5~7세기 고구려의 지방제도」『韓國古代史論叢』 8, 韓國古代社會研究所
編 : 1999, 『고구려사 연구』, 사계절, 274쪽, 285쪽).

61) 평양에서 경주까지 연결되는 죽령로의 경로는 서흥-신계-평강-김화-화천-춘천-홍
천-횡성-원주-제천-단양-죽령-영주-안동-의성-영천-경주이다(徐榮一, 2002, 「廣開
土太王代 高句麗와 新羅의 關係」『廣開土太王과 高句麗 南進政策』[高句麗研究會
編], 學研文化社, 51쪽).

62) 邊太燮, 1979, 『史學志』 13(中原高句麗碑 特輯號), 檀國大學校 史學會, 학술좌담
회록 133쪽 ; 徐榮一, 2000, 「中原高句麗碑에 나타난 高句麗 城과 關防體系-于伐
城과 古牟婁城을 중심으로-」『中原高句麗碑 研究』(高句麗研究 10), 학연문화사,
505~507쪽 ; 林起煥, 2005, 「廣開土王碑에 보이는 百濟관련 記事의 檢討-永樂 6
년조 기사의 역사지리적 검토를 중심으로-」『漢城百濟 史料研究』, 경기도 경기문

이러한 이유 때문일 것이다. 고모루성의 위치를 이와 같이 볼 수 있다면 58성의 소재지도 굳이 한강 이북에 국한할 필요는 없다.[63] 사실 기왕에 58성이 임진강~한강 이북에 존재하기에는 그 범위가 지나치게 좁다는 지적이 있었다.[64] 특히 58성과『삼국사기』지리지에서 고구려 남하경로로 예상되는 漢山州와 牛首州의 군현수를 비교함으로써 그 숫자가 비슷함에 주목하여 58성의 위치를 남한강 상류 지역으로 이해한 연구[65]는 시사하는 바가 크다.

둘째, 임진강 이남~한강 이북 사이로 이해하는 주장의 연장선상에서 일부 성의 위치비정을 통해 충청도까지 확대해서 보기도 한다.[66] 이들의 주요 논거는 58성 중 고모루성을 충남 예산군 덕산면 또는 충북 음성군 高山城으로 비정한 것이었다.[67] 그러나 음운학적 유사만이 논증의 근거여서 신뢰하기 어렵고, 고산성[수정산성]의 경우 산성 안에서 백

화재단 기전문화재연구원, 145쪽. 변태섭·서영일은 원주·춘천을, 임기환은 원주를 주목하였다. 여호규는 고모루성이 북한강 수계에 위치한 것으로 추정하였다(여호규, 2012, 앞의 논문, 198~199쪽).

63) 츠다 소오키치(津田左右吉)는「충주비」의 존재를 몰랐기 때문에 고모루성의 위치에 대한 올바른 인식을 가질 수 없었을 것이다. 김현숙은 고모루성이 한강 하류 강북 지역에 있는 것으로 보았고(김현숙, 2005, 앞의 책, 289쪽), 이인철은 포천의 반월산성으로 추정하였다(이인철, 2000, 앞의 책, 151쪽). 그러나 이것은 58성의 소재지를 한강 이북에서 찾는 과정에서 가진 선입관에서 비롯된 것 같다.

64) 이도학, 1988b, 앞의 논문 : 2006, 앞의 책, 358쪽 ; 임기환, 2005, 앞의 논문, 142쪽 ; 서영일, 2007,「고구려의 백제 공격과 남진로」『경기도의 고구려 문화유산』, 경기도박물관, 96쪽.

65) 임기환, 2005, 앞의 논문, 142~146쪽.

66) 酒井改藏, 1955,「好太王碑の地名について」『朝鮮學報』8, 朝鮮學會, 54~60쪽 ; 朴性鳳, 1979,「광개토호태왕기 고구려 남진의 성격」『韓國史研究』27 : 1995,『高句麗 南進 經營史의 研究』(朴性鳳 編), 白山資料院, 187~188쪽 ; 손영종, 1985, 앞의 논문, 31쪽 ; 손영종, 1986,「광개토왕릉비를 통하여 본 고구려의 령역」『력사과학』1986-2 : 2001,『광개토왕릉비문 연구』, 중심, 97쪽 ; 손영종, 1990,『고구려사』1, 백산자료원, 303쪽.

67) 酒井改藏과 박성봉이 덕산설을, 손영종이 고산성설을 주장하였다.

제나 고구려의 유물이 수습되지 않아[68] 고모루성으로 단정하기에 주저된다.

셋째, 북한강 유역까지로 이해하는 주장이다. 58성이 예성강~임진강 유역과 한강 하류~서해안 일대에 모두 위치했다고 보기에 이 지역의 공간적 범위가 협소하다는 문제의식은 남한강 상류설을 주장하는 연구자들과 같다. 나아가 「광개토왕비」의 문면을 중요시하여, 영락 6년조의 전반부에 기술된 58성은 백제 도성을 공략하면서 함락시킨 성곽이라는 전제를 하였다.[69] 여호규가 영락 6년조 지명 분포의 경향을 분석하여 앞부분은 예성강 중하류, 임진강 중하류, 한강 하류~서해안 일대에 위치한 성곽을 기재했다면, 뒷부분에는 양구-회양 이남의 북한강 수계의 지명을 기술했다고 파악한 것은 의미가 있다.[70] 다만 58성의 위치를 한성으로의 진출경로에 국한할 필요는 없을 것 같다. 비문 말미에는 아신왕이 광개토왕에게 항복하자 광개토왕이 아신왕을 용서하고, '그 후에 순종해온 정성'을 마음속에 새겨두었다고 되어 있다. 58城 700村은 이에 얻은[得] 결과로 서술되어 있다. 따라서 고구려가 항복의 대가로 58성 중 일부를 할양받았을 것이라는 주장[71]도 경청할 만하다.

---

68) 서영일, 2000, 앞의 논문, 504쪽. 손영종은 '모루'와 '모로'를 '山'으로 보고 『新增東國輿地勝覽』 卷14, 陰城縣 古蹟條의 高山城을 주목하였다. 그러나 '모루'·'모로'·'모르'는 『梁書』 新羅傳에 신라 왕성을 '健牟羅'라고 했으므로 '마을'의 뜻과 어울린다(李丙燾, 1954, 「古代南堂考」 『人文社會科學』 1 : 1976, 『韓國古代史研究』 [修訂版], 博英社, 619~620쪽).

69) 여호규, 2012, 앞의 논문, 188~200쪽. 김현숙도 같은 문제의식을 가지고 있다(김현숙, 2005, 앞의 책, 186쪽). 여호규는 58성 중 彌沙城·古模耶羅城을 경기도 동두천과 연천으로 비정하였고, 고구려가 북한강 수계를 경유해 백제 도성을 공략한 것으로 생각하였다.

70) 이것은 이하 다루는 바와 같이 아단성의 위치를 비정하는 데도 유효하다.

71) 李道學, 1999, 「廣開土王碑文에 보이는 지명비정의 재검토」 『廣開土王碑文의 新研究』(李鍾學·李道學·鄭壽岩·朴燦圭·池炳穆·金賢淑 共著), 서라벌군사연구소 : 2006, 『고구려 광개토왕릉비문 연구』, 서경, 265~266쪽.

넷째, 남한강 상류까지로 파악한 견해이다.[72] 이들은 기본적으로 58
성의 소재지를 한강 이북으로 국한하기에 너무 협소하다는 문제의식을
공유하고 있다. 따라서 서해안 일대와 경기 북부를 포함한 한강 하류 일
대는 물론이고 강원도 영서와 남한강 상류 지역을 포함하는 광역의 범위
였을 것으로 이해하였다. 특히 이도학은 아단성의 위치를 58성의 남한강
상류 소재설의 유력한 근거로 삼았다. 그는 곧 한강 상류와 하류에 阿旦
城이 2개가 있었으며, 그것을 구별하기 위해 상류의 것은 '위(上)'를 뜻
하는 '乙'을 붙여 '乙阿旦城'으로 불렀던 것으로 이해하였다. 그리고 을
아단성은 단양의 온달산성으로, 한강 하류의 아단성은 아차산성으로 비
정하였다.[73] 이도학의 연구는 논증과정은 연구자마다 받아들이는 정도
의 차이가 있었지만 남한강 상류설을 새로운 관점에서 개척했다는 점에
서 연구사적 의의가 큰 것이었다.

필자는 58성의 위치를 남한강 상류까지로 보는 견해에 동조하고 싶
다. 기본적으로는 고모루성의 위치와 한강 이북이 58성의 소재지로 편협
하다는 문제의식에 공감한다. 더불어 고구려와 신라의 교류에 중요한 역
할을 했던 죽령로의 개통과 계기적으로 파악해야 한다고 생각한다. 곧
「광개토왕비」에 따르면, 399년 백제가 약속을 어기고 倭와 화통하자 광
개토왕이 평양으로 내려갔다. 이때 나물왕이 사신을 보내어 왜인이 신라
에 쳐들어와 다급하다면서 구원을 요청하였다. 이에 광개토왕이 다음해
步騎 5만을 신라로 파병해 왜군을 섬멸했다고 되어 있다. 말하자면 399
년 신라왕이 급박한 자국의 사정을 신속히 알릴 수 있었던 것은 396년

---

72) 이도학, 1988b, 앞의 논문 : 2006, 앞의 책, 370~378쪽 ; 徐榮一, 1991, 「5~6世
紀 高句麗 東南境 考察」『史學志』24, 1991, 15쪽과 2007, 앞의 논문, 95~96쪽 ;
임기환, 2002, 「고구려·신라의 한강 유역 경영과 서울」『서울학연구』18, 3~5
쪽과 2005, 앞의 논문, 142~149쪽 ; 文安植, 2006, 「백제 한성기 北界와 東界의
변천」『百濟研究』44, 23~25쪽.
73) 이도학, 1988b, 앞의 논문 : 2006, 앞의 책, 371~372쪽.

에 죽령로가 개통되었기 때문일 것이다.[74] 동해안로를 통해 우회하는
것보다 중부 내륙의 죽령로를 경유하는 것이 평양으로 가는 최단경로로
판단되기 때문이다. 그렇다면 역시 400년 고구려군의 남정길도 죽령로
를 이용했을 가능성이 크다.[75] 다만 「광개토왕비」의 守墓人煙戶 중 안
변의 碑利城이 남아 있고, 기존 동해안로의 안정성을 고려하면 동해안
로가 활용되었을 가능성도 배제할 수 없다. 이 점에서 평양에서 출발한
주력군은 죽령로를, 지원부대나 보급품의 수송은 동해안로를 이용했을
것이라는 추정은 경청할 만하다.[76]

　다만 필자는 남한강 상류설을 지지하면서도 아단성이 그 기준 논거가
되는 데는 신중할 필요가 있다고 생각한다. 왜냐하면 영락 6년조에 나열
되어 있는 58성의 순서에 어떠한 경향성이 있다고 판단되기 때문이다.
이에 대해 광개토왕 2년(392)에 공취한 關彌城이 비문의 초반부에 기술
되어 있고, 인천으로 비정되는 彌鄒城과 원주로 추정되는 古牟婁城이
각각 비문의 중반부와 후반부에 기술되어 있는 데 주목해서 영락 6년조
가 공취순으로 정리된 것으로 이해한 바 있다.[77] 실제로 아단성은 10번

---

74) 李道學, 1988a, 「高句麗의 洛東江流域 進出과 新羅·伽倻 經營」『國學研究』2 ;
　　2006, 『고구려 광개토왕릉비문 연구』, 서경, 405쪽.
75) 梁起錫, 2002, 「高句麗의 忠州地域 進出과 經營」『中原文化論叢』6, 65쪽 ; 금경
　　숙, 2006, 「교통로를 통해서 본 강원도의 고구려」『강원도와 고구려』(금경숙·임
　　기환·공석구 편저), 집문당, 59~60쪽 ; 임기환, 2006, 「고대의 강원도와 삼국의
　　역관계-문헌자료의 검토를 중심으로-」『강원도와 고구려』, 집문당, 33쪽 ; 박성현,
　　2011, 「5~6세기 고구려·신라의 경계와 그 양상」『역사와 현실』82, 62~64쪽.
76) 서영일, 2002, 앞의 논문, 51~52쪽. 영서 지역의 교통로로 남하하다 중간에 태백
　　산맥을 넘어 삼척으로 간 다음 동해안을 따라 남진했다고 보거나(金昌錫, 2009,
　　「新羅의 于山國 복속과 異斯夫」『歷史教育』111, 107쪽), 광개토왕의 남한강 유
　　역 진출을 불신하는 입장에서 동해안을 경유한 것으로 이해하기도 한다(이인철,
　　1996, 앞의 논문 : 2000, 앞의 책, 144쪽).
77) 임기환, 2005, 앞의 논문, 2005, 146쪽. 김민수도 영락 6년조가 고구려로부터 近
　　遠法의 순차에 따라 적은 것으로(金玟秀, 1999, 『峨嵯山에서의 古代史의 諸問題』,
　　九里文化院, 7쪽), 정재윤은 정복루트를 따라 기술된 것으로 이해하였다(정재윤,

째로 소개되고 있어 6번째로 기술된 관미성과 가까운 반면 47번째의 고
모루성과는 차이가 크다. 영락 6년조 서술의 경향성을 단정해 말하기는
어렵겠지만 적어도 무질서하게 기술하지는 않았을 것이다. 따라서 만일
아단성의 위치를 단양의 온달산성으로 비정할 경우 같은 죽령로의 인근
에 있었을 것임이 유력한 고모루성과의 기술상 순서 차이를 설명하기가
곤란하다. 결국 영락 6년에 광개토왕이 백제로부터 공취한 아단성은 지
금의 아차산 일대에 있었던 성으로 비정하는 것이 합리적이다.[78]

결국 영락 6년(396) 광개토왕이 공취한 58성의 소재지에는 죽령로가
지나가는 남한강 상류가 포함되었다고 생각한다. 고구려는 이때 죽령로
를 개통함으로써 그동안 예성강~한강 하류 유역에서 공방전을 벌였던
백제에 대해 남한강 상류에서 서남진하여 측면에서 압박할 수 있는 교두
보를 장악하였다. 실제로 남한강 유역의 고고학적 정황은 이러한 추정이
무리가 아님을 시사한다. 곧 백제는 4세기 후반부터 남한강 서쪽의 요충
지인 여주·이천 일대에 설성산성·설봉산성 등을 쌓아 방어망을 구축하
였다. 반면에 남한강 동쪽 죽령로의 도상에 있었던 원주 법천리고분에서
는 4세기대까지 백제를 매개로 하여 수입해왔던 중국의 양모양 청자·청
동 초두 등과 같은 위세품의 출토가 5세기 후반부터 6세기 후반까지 약
1세기 정도 공백기가 나타난다. 이러한 현상을 광개토왕대 죽령로의 진

2012, 앞의 논문, 73쪽).

78) 58성의 소재지를 한강 이북에서 찾고자 한 논증과정에서 도출된 연구 이외에도
영락 6년조의 아단성을 서울의 아차산에 있었던 것으로 비정한 연구는 다음과
같다.
池內 宏, 1929, 「眞興王の戊子巡境碑と新羅の東北境」『昭和四年度古蹟調査特別
報告』, 朝鮮總督府 : 1960, 『滿鮮史硏究』 上世 第二冊, 吉川弘文館, 26쪽 ; 박시
형, 1966, 앞의 책 : 2007, 216~217쪽 ; 노태돈, 1992, 「광개토왕릉비」 『譯註 韓
國古代金石文』(제1권), 26쪽 ; 閔德植, 1994, 「百濟 阿旦城硏究-百濟初期 都城硏
究를 위한 일환으로-」『韓國上古史學報』 17, 170쪽 ; 金榮官, 1998, 「삼국쟁패기
阿旦城의 위치와 영유권」『高句麗硏究』 5, 112~113쪽 ; 김민수, 1999, 앞의 논
문, 7쪽 ; 여호규, 2012, 앞의 논문, 191쪽.

출과 관련지어 이해한 연구가 있는데[79] 시사하는 바가 크다고 생각한다.

다만 광개토왕의 남정과 58성의 공취 결과가 그대로 고구려의 영역으로 편입·유지되었는지는 검토할 여지가 있다. 「광개토왕비」의 기록대로라면 광개토왕은 396년에 58성을 공취하고 백제왕의 동생과 대신 10명을 데리고 돌아갔다. 이 때문에 고구려가 58성 중 임진강과 한강 사이의 성들을 다시 백제에게 돌려주었을 것이라는 주장도 있다.[80] 하지만 고구려가 수년 동안에 걸친 전쟁의 성과물인 58성을 별다른 조건 없이 백제에게 곧바로 돌려주었다는 것은 선뜻 납득하기 힘들다. 그보다는 오히려 396년 이후 고구려와 백제의 관계 추이를 분석하는 것이 선행되어야 할 것이다.

『삼국사기』에 따르면, 아신왕은 재위 6년(397) 5월에 倭國과 우호를 맺고 태자 전지를 볼모로 보냈다.[81] 이는 「광개토왕비」에서 영락 9년 (399)에 백제가 맹세를 어기고 왜와 화통하였다는 기사와 상응한다. 이로 인해 광개토왕이 국내성에서 평양으로 행차하였고, 400년에 신라 구원전을 명분으로 5만의 대군을 파견한 것으로 볼 때 백제 측의 이러한 행보는 고구려의 이해와 크게 반대되는 것이었다. 「광개토왕비」에는 고구려가 倭를 자신들의 屬民인 백제·신라와 화통하거나 위협하는 토벌의 대상으로 인식하고 있다.[82] 그렇다면 백제는 396년까지 58성을 빼앗기

79) 徐榮一, 2003, 「漢城 百濟의 南漢江水路 開拓과 經營」 『文化史學』 20, 韓國文化史學會.
80) 이병도, 1976, 「廣開土王의 雄略」, 앞의 책, 382쪽 ; 손영종, 1986, 앞의 논문 : 2001, 앞의 책, 97~98쪽 및 앞의 책, 1990, 303~304쪽 ; 서영일, 2000, 앞의 논문, 502~503쪽. 이병도와 손영종은 고구려가 차지한 성을 대부분 돌려주었다고 했고, 서영일은 서해안과 중부 내륙의 요충지는 계속 차지한 것으로 이해하였다.
81) 『三國史記』 卷25, 百濟本紀3, 阿莘王 6년.
82) 노태돈은 「광개토왕비」에서 왜에 대한 토벌전을 강조한 것은 고구려의 천하관에서 왜가 그 바깥에 있는 이질적인 존재였기 때문이라고 하였다. 왜에 대한 토벌이 동류의식을 느끼게 된 백제나 신라 지역에 대한 원정을 미화하고 광개토왕의 위훈을 기리는 데 좋은 재료가 되었다는 것이다(盧泰敦, 1988, 「5세기 高句麗人의

고 급기야 한성마저 빼앗길 수 있는 위기를 타파하고자 일시적으로만 화
친한 셈이다. 그에 따라 고구려가 물러가자 곧 고구려와의 전쟁준비에
박차를 가한 것 같다. 397년 7월에 漢水[한강] 남쪽에서 크게 열병행사
를 개최한 것은83) 이러한 당시의 분위기를 시사한다.

　실제로 백제는 398년 3월에는 雙峴城을 쌓았고, 이어 8월에는 아신
왕이 고구려를 치려고 군사를 내어 漢山 북쪽의 목책에 이르렀다[30~
31]. 또한 다음해에도 고구려를 쳐들어가기 위해 대규모로 군사와 말을
징발하였다.84) 쌍현성의 위치는 임진강 이북에 있는 경기도 장풍군[구
장단군] 북쪽 망해산의 雙嶺으로 보거나,85) 장풍군 강상면 구화리의 임
강산성 내지 白峙 부근으로 추정하는 견해가 있다.86) 개로왕 15년(469)
에 쌍현성의 수리 기사와 청목령[개성 북쪽 인근]의 목책 설치가 연속적
으로 이루어지는 것을 감안할 때,87) 쌍현성은 청목령과 가까운 마식령
산맥의 중요한 교통로에 축조되었을 가능성이 크다.88) 이러한 일련의
기록들은 396년 광개토왕의 58성 공취에도 불구하고 한강 이북에서 임
진강 유역의 일부를 백제가 곧 회복했음을 시사한다.

　물론 396년 광개토왕이 공취했던 임진강~한강 사이의 성이 모두 다
시 백제에 귀속되었다고 볼 수는 없다. 광개토왕은 아마도 임진강~한강
유역 사이를 영역지배하기보다는 중요 교통로 위주의 군사적 거점지배
[선·점지배]를 추구한 것 같다. 그것의 궁극적인 목적은 죽령로의 확보

　　天下觀」『韓國史 市民講座』3, 一潮閣 : 1999, 『고구려사 연구』, 사계절, 388~
　　390쪽).

83)『三國史記』卷25, 百濟本紀3, 阿莘王 6년.

84)『三國史記』卷25, 百濟本紀3, 阿莘王 8년.

85) 문안식, 2006, 앞의 책, 194~195쪽.

86) 서영일, 2008, 앞의 논문, 58쪽.

87)『三國史記』卷25, 百濟本紀3, 蓋鹵王 15년.

88) 여호규는 쌍현성의 위치를 마식령산맥과 임진강 사이로 비정하였다(여호규, 2012,
　　앞의 논문, 186쪽).

가 아닐까 한다. 북한강 유역과 남한강 유역도 마찬가지이다. 『삼국사기』
지리지 '高句麗故地' 중 삭주와 명주에서 고구려계 지명 어미인 '城(忽)'
이 드문 점도 이 지역에서 고구려의 영역지배가 광역의 면지배로 관철되
지 못했음을 시사한다.[89] 또한 죽령로의 확보에도 불구하고 고구려가
남한강 유역에서 백제 東邊을 압박하는 모습이 남아 있지 않다. 고고학
적으로 죽령로의 도상을 제외한 여타 지역에서 고구려 유물·유적의 발
견이 이루어지지 않고 있는 것도 같은 맥락에서 주목된다.[90] 결국 광개
토왕대 고구려의 북한강과 남한강 상류에 대한 지배는 죽령로 중심의 제
한적인 군사 거점지배[선·점지배]로 생각된다.

　광개토왕의 남정이 비문대로 그 전과가 크고 많음에도 불구하고, 실
제 영역지배로 이어질 수 없었던 까닭은 後燕과의 관계에 기인한 바가
컸던 것 같다. 곧 후연은 400년 2월 광개토왕의 남정을 틈타 新城과 南
蘇城을 함락시키고 700여 리의 땅을 차지하였다.[91] 광개토왕이 400년
신라 구원전에서 급히 회군할 수밖에 없었던 것도 후연의 침입으로 후방
의 본토가 교란되었기 때문이었다.[92] 광개토왕은 이때부터 후연이 멸망
하는 407년까지 요동 지역을 두고 그들과 치열한 각축전을 전개하였
다.[93] 이 때문에 5세기 초반 광개토왕은 적극적인 남진정책을 펼칠 수

---

89) 張彰恩, 2010, 「『三國史記』 地理志 '高句麗故地'의 이해방향」 『한국학논총』 33,
　　국민대 한국학연구소, 234~235쪽.

90) 상대적으로 죽령로의 요충지에서는 5~6세기대 고구려 유물·유적이 꾸준히 발굴
　　되고 있다. 이는 고구려의 국원 및 소백산맥 서록 진출과 연관해 이하에서 언급할
　　것이다.

91) 『三國史記』 卷18, 高句麗本紀6, 廣開土王 9년. 광개토왕 본기의 기록은 1년씩 추
　　가해서 재위년을 설정함이 옳다(이도학, 2012, 「廣開土王代의 南方政策과 韓半島
　　諸國 및 倭의 動向」 『고구려 광개토왕과 동아시아』[한국고대사학회 제25회 합동
　　토론회논문집], 121~122쪽).

92) 이도학, 1988a, 앞의 논문 : 2006, 앞의 책, 406~407쪽.

93) 고구려와 후연의 관계는 다음 연구가 참고된다.
　　池培善, 1986, 『中世東北亞史研究-慕容王國史-』, 一潮閣, 279~281쪽, 307~310

없었던 것이다.

이로 인해 5세기 초반 고구려와 백제의 갈등양상은 소강상태로 접어들었다. 고구려와 백제는 전쟁과 같은 극단적 행보를 자제한 채 성을 쌓아 방어망을 구축하거나, 영역의 관리 차원에서 巡幸을 하는 데 그쳤다. 곧 백제는 아신왕이 11년(402)에 가뭄을 해소하기 위해 횡악에 가서 제사를 지냈고[33], 전지왕 13년(417)에는 동부와 북부인을 징발해서 沙口城을 쌓았다[38]. 두 지명의 위치를 분명히 알 수는 없지만 횡악을 북한산으로 보는 견해를 앞에서 소개한 바 있고, 사구성은 이름에서 유추해볼 때 해안 근처에 있었을 가능성이 있다. 『新增東國輿地勝覽』 卷43, 海州牧 烽燧에 '沙浦串'과 '沙串'이 나온다. 사구성의 축조가 제해권 회복이라는 차원에서 추진된 것이라면 경기만 일대를 주목해도 무리가 없을 것이다.

고구려는 광개토왕 18년(408)에 나라 동쪽에 禿山 등 6성을 쌓고 평양의 民戶를 옮기는가 하면, 곧이어 남쪽으로 순행을 떠나기도 하였다[35~36]. '國東 六城'의 위치는 방위상으로 볼 때 예성강과 임진강 상류 지역 정도로 비정할 수 있다.[94] 그렇다면 국동 6성의 축조는 고구려가 백제에게 수곡성을 빼앗은 후 유지해왔던 방원령로에 대한 방어망을 재차 공고히 함으로써 백제군이 예성강 상류 유역으로 우회하여 침략해오는 것을 사전에 차단하기 위한 조치로 생각된다.

쪽, 332~334쪽, 353~355쪽 ; 공석구, 2003, 「高句麗와 慕容'燕'의 갈등 그리고 교류」『강좌 한국고대사』4, 가락국사적개발연구원, 68~82쪽.

94) 서영일이 이런 입장에서 수안-신계-토산-연천 등으로 연결되는 교통로를 주목했고(서영일, 2008, 앞의 논문, 59쪽), 최창빈은 철원과 이천 지역의 거성, 노기산성, 만경산성, 삭녕산성, 심동리산성, 성산고성을 '국동 6성'으로 추정하였다(최창빈, 1990, 앞의 논문, 53~54쪽). 이와 달리 '國東'의 기준점을 국내성으로 보고, 국동 6성의 축조를 410년 동부여 원정을 위한 교두보 내지 거점 마련으로 파악하기도 한다(김병곤, 2011a, 「고구려의 평양 천도 기획 시점과 남진」『高句麗渤海研究』39, 79~81쪽).

396년 광개토왕의 남정이 비록 후연과의 긴장국면으로 인해 전 지역이 고구려의 영역으로 편입되지는 못했지만 죽령로를 확보했다는 것은 대신라 관계에 있어서 큰 성과였다. 특히 400년 신라에 쳐들어 온 왜군을 물리치기 위해 대규모의 구원군을 파견한 것은 향후 신라 내정에 간섭할 수 있는 명분과 기회를 증폭시키는 결정적 계기가 된 듯하다. 고구려가 400년 원정을 계기로 신라 내정에 강한 영향력을 행사했다는 정황은 곳곳에서 포착된다. 신라는 이미 고구려의 주선으로 377년과 381년 두 차례에 걸쳐 前秦에 조공95)한 이후 고구려에 급속히 종속되어 갔다. 나물왕이 재위 37년(392)에 實聖을 고구려에 볼모로 보낸 것과[18], 실성왕과 눌지왕의 즉위에 고구려세력이 개입해 좌지우지하는 모습은 이를 단적으로 말해준다.96)

400년 신라 원정 후 고구려의 주력군은 물러갔지만, 일부의 군사단이 신라 왕경과 지방 곳곳에 주둔했을 것이라는 이해가 일반적이다. 그것은 「충주비」의 '新羅土內幢主'와 『日本書紀』(雄略 8년 2월조)에 신라 왕경에 주둔한 고구려 군사의 흔적이 보이기 때문이었다. 또한『삼국사기』 박제상전에도 고구려군이 신라의 국경에 주둔해 倭의 巡邏人을 주살한 기록이 남아 있다.97)

다만 고구려 군사의 주둔 지역을 분명하게 알 수는 없다. 그리고 소백산맥 이남의 신라 영토에 대한 고구려의 지배는 영역지배가 아니라 세력권으로 보아야 할 것이다. 왜냐하면 신라 영토 안에 고구려 당주가 주둔한 것으로 묘사한 「충주비」에서 소백산맥 이남의 于伐城[경북 영주시 순흥면]98) 인근의 신라 영토를 '太王國土'와 구별하는 의미로서 '東夷

---

95)『資治通鑑』卷104, 晉紀26, 烈宗孝武皇帝上之中 ;『三國史記』卷3, 新羅本紀3, 奈勿尼師今 26년조 참조.

96) 나물왕~눌지왕대 고구려와 신라의 관계에 대해서는 장창은, 2008,『신라 상고기 정치변동과 고구려 관계』, 신서원, 75~105쪽을 참고하기 바란다.

97)『三國史記』卷45, 列傳5, 朴堤上.

寐錦土’ 내지 ‘新羅土內’로 규정했기 때문이다. 그렇다면 5세기 초·중반 고구려의 동남쪽 남방 진출 범위를 어디까지로 보아야 할까? 이것은 고구려의 충주 지역 장악시기와 밀접한 관련을 가지는 사안인데, 이에 대해서는 장을 달리해 논의를 이어가고자 한다.

---

98) 우벌성의 위치비정은 이 책 보론의 제1장 「충주고구려비 연구의 주요 쟁점」 중 2절을 참고하기 바란다.

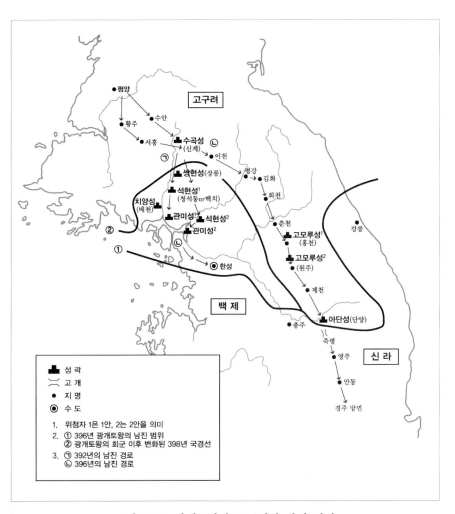

<지도 2> 광개토왕대 고구려의 남진 범위

제2장 5세기 중·후반 고구려의 남진양상과 신라의 대응

1. 장수왕의 국원 진출과 「충주고구려비」의 건립

신라 눌지왕(417~458)은 실성왕과의 정치적 다툼과정에서 고구려의 지지를 받아 즉위하였다.[1] 그러나 눌지왕은 즉위 후 고구려로부터 정치적 간섭과 경제적 공납부담이 가중되어 감에 따라 고구려세력의 축출을 추진하였다.[2] 눌지왕이 고구려세력을 배제하려는 분위기에서 백제와 신라의 관계도 기존의 갈등국면에서 우호적으로 변화되는 계기를 맞았다. 곧 백제 비유왕이 433~434년에 주도적으로 신라에 화친을 제의했고 신라가 이를 받아들인 것이다[앞 장 <표 1>의 40·41]. 이른바 '羅·濟同盟'이 성립된 것이다.

나·제동맹에 대해서는 결성시기와 유효기간, 결성 배경에 대한 논란이 분분하다. 나·제동맹의 결성시점에 대해서는 433년이 통설이었다.[3] 그런데 동맹군의 활동이 455년에서야 나타나므로 이때를 나·제동맹의 개시기로 보는가 하면,[4] 475년 백제 한성 공파 때 파견된 신라 구원군

---

1) 눌지왕의 즉위과정은 장창은, 2008, 『신라 상고기 정치변동과 고구려 관계』, 신서원, 89~105쪽을 참고하기 바란다.
2) 눌지왕대 고구려세력의 축출과정은 장창은, 2008, 위의 책, 117~135쪽에 자세하다.
3) 金秉柱, 1984, 「羅濟同盟에 관한 研究」『韓國史研究』46, 韓國史研究會, 29~31쪽 ; 梁起錫, 1994, 「5~6世紀 前半 新羅와 百濟의 關係」『新羅의 對外關係史 研究』(新羅文化祭學術發表會論文集 15), 新羅文化宣揚會, 77~80쪽 ; 朴京哲, 2007, 「麗羅戰爭史의 再檢討」『韓國史學報』26, 高麗史學會, 2007, 56~58쪽.

1만에 주목해 실질적인 군사동맹은 이때부터로 보는 견해도 있다.[5] 동맹의 해체시기도 554년 管山城 전투 시점을 주목한 견해가 통설이라면, 5세기 후반 동맹군의 활동이 보이지 않고 나·제관계가 변화하는데 주목해 496년[6]과 5세기 초반으로[7] 이해하기도 한다. 동맹의 결성 배경에 대해서는 고구려의 남하에 대한 공동 대응과 신라의 자립화 모색이 공통적인 주장이었다. 최근에는 나·제동맹기에 백제와 왜의 관계가 소원해지는 현상을 주목하거나,[8] 나·제동맹에 대응하는 가야의 동향을 분석한 연구도 발표되었다.[9] 나아가 5세기 전반 고구려와 왜의 우호관계 수립에 대한 대응책으로서 이해하기도 한다.[10]

　　필자는 군사동맹으로서 나·제동맹의 결성시기에 논란의 여지가 있음을 인정하지만, 큰 틀에서는 통설의 범주에서 다루어도 무방하다고 생각한다. 그런 의미에서 433~434년에 백제와 신라가 적어도 갈등관계를 청산하고 우호를 모색한 것은 당시 삼국관계에 있어서 상당한 의미가 있음에 분명하다. 고구려와 종속적인 우호관계를 지속하고 있었던 신라의 입장에서 비록 수동적이었지만 백제와 우호를 도모한 것은 고구려와 일

---

4) 鄭雲龍, 1996, 「羅濟同盟期 新羅와 百濟 關係」『白山學報』46, 白山學會, 101~104쪽 및 2006, 「『삼국사기』 交聘記事를 통해 본 羅濟同盟 時期의 재검토」『百濟研究』 44, 忠南大學校 百濟研究所, 198~204쪽.

5) 유우창, 2009, 「5~6세기 '나제동맹'의 전개와 가야의 대응」『역사와 경계』72, 부산경남사학회, 123~126쪽 ; 김병곤, 2011b, 「고구려의 평양천도에 대한 신라의 양단책」『史林』40, 首善史學會, 125~131쪽. 정재윤은 동맹의 성립 자체를 부정하며, '우호관계(433년)에서 군사협력단계(454년 이후)로의 모색'으로 이해하였다 (鄭載潤, 2001, 「熊津時代 百濟와 新羅의 關係에 대한 고찰」『湖西考古學』4·5, 湖西考古學會, 69~73쪽).

6) 朴眞淑, 2000, 「百濟 東城王代 對外政策의 變化」『百濟研究』32, 89쪽.

7) 양기석, 1994, 앞의 논문, 86~89쪽.

8) 熊谷公南, 2006, 「5世紀 倭·百濟關係와 羅濟同盟」『百濟研究』44.

9) 유우창, 2009, 앞의 논문.

10) 강종훈, 2011, 「羅濟同盟의 結成 背景과 高句麗의 對外關係」『大丘史學』105, 大丘史學會.

정한 거리를 두겠다는 메시지를 표방한 것이라고 할 수 있다. 이와 같이 고구려의 이해에 반하는 정책을 추진했음에도 불구하고 고구려가 신라에게 별다른 제재조치를 가하지 않았던 것은 당시 고구려가 처한 대내외적 사정 때문인 듯하다.

우선 고구려의 내부사정이 긴박하였다. 곧 장수왕이 427년에 수도를 국내성에서 평양으로 옮겼다.[11] 평양으로의 천도에는 정치적으로 지배세력 간 이해의 조정과 궁궐을 비롯한 제반시설의 마련에 오랜 시일이 소요되었을 것이다.[12] 그래서 기왕에 광개토왕이 평양에 9寺를 창건한 것과 평양민호를 國東 6성 지역으로 사민시킨 것[13]을 평양 천도에 대한 사전 정지작업으로 이해하였다.[14] 특히 장수왕대 천도를 전후한 시기에는 천도의 준비와 실행, 사후 정리 등에 있어 국력이 집중되었을 것이다.

고구려의 대외사정 역시 편하지 않았다. 곧 북중국의 강자로 떠오른 北魏와 장수왕 13년(425) 관계를 맺은 이후,[15] 430년대 북위가 東進하

---

11) 『三國史記』 卷18, 高句麗本紀6, 長壽王 15년.

12) 李道學, 2002, 「廣開土王陵碑의 建立 背景」 『白山學報』 65 ; 2006, 『고구려 광개토왕릉비문 연구』, 서경, 189쪽.

13) 『三國史記』 卷17, 高句麗本紀6, 廣開土王 2년·18년.

14) 김병곤은 장수왕 2년(414)의 瑞祥기사에 주목해 이때를 천도 기획시점으로 이해하였다(김병곤, 2011a, 「고구려의 평양 천도 기획시점과 남진」 『高句麗渤海研究』 39, 高句麗渤海學會, 82~86쪽). 평양 천도의 배경은 대내적으로 장수왕의 왕권강화, 새로운 국가운영 관료군의 양성, 사회·경제적 기반의 확산 차원에서 연구되었고, 대외적으로 북위와의 관계, 남진정책의 관점에서 성과를 축적하였다.
徐永大, 1981, 「高句麗 平壤遷都의 動機-王權 및 中央集權的 支配體制의 强化과정과 관련하여-」『韓國文化』 2, 서울大學校 韓國文化研究所 ; 1995, 『高句麗 南進經營史의 研究』, 白山資料院, 338~361쪽 ; 김병남, 1997, 「高句麗 平壤遷都의 原因에 대하여」『全北史學』 19·20, 全北大學校 史學會 ; 田中俊明, 2004, 「高句麗の平壤遷都」『朝鮮學報』 190, 35~42쪽 ; 文銀順, 2007, 「高句麗의 平壤遷都 研究」, 한국학중앙연구원 박사학위논문, 28~78쪽 ; 임기환, 2007, 「고구려 평양 도성의 정치적 성격」『韓國史研究』 137, 2~10쪽 ; 장종진, 2011, 「5世紀 前後 國際情勢와 高句麗 平壤遷都의 배경」『韓國古代史研究』 61.

15) 『三國史記』 卷18, 高句麗本紀6, 長壽王 13년.

면서 긴장국면이 조성되었다. 특히 장수왕 23년(435) 北燕王 馮弘이 고구려에 망명하면서 그 신병처리 문제를 놓고 갈등국면이 조성된 이후[16] 462년까지 고구려와 북위는 국경을 마주대고 긴장과 대립상태를 지속하였다.[17] 장수왕은 눌지왕이 425년 동생 복호의 탈출을 계기로 고구려세력을 배제하려는 분위기를 감지했으면서도 자국이 처한 상황 때문에 신라에 적극적인 외교정책을 펼칠 수 없었던 것이다. 오히려 「충주비」를 통해 보면, 고구려의 영향권에서 이탈해가는 신라를 회유하는 방향으로 정책을 전환했음이 포착된다. 비문의 내용을 흐름상 나누어 소개하면 다음과 같다.

<전면>

1-① 五月中高麗太王祖王令□新羅寐錦世世爲願如兄如弟上下相和守天東來之

【5월에 高麗太王이 祖王의 令으로써 新羅寐錦과 형제처럼 위아래가 서로 화목하고 守天할 것을 세세토록 원하여 동쪽으로 왔다.】

② 寐錦忌太子共前部大使者多亐桓奴主簿貴德?+田 [類][王][安][聑] □[去]□□到至跪營□ 太子共[語]向[塾]上共看節賜太霍鄒[敎]食[在]東夷寐錦之衣服 建立處用者賜之 隨□節□□奴客人□敎諸位賜上下[衣]服 敎東[夷]寐錦遙還來 節敎賜寐錦土內諸衆人□□□[太][王]國土大位諸位上下衣服 [來]受敎跪營之

【[신라 : 필자주. 이하 생략]寐錦 忌와 [고구려] 太子 共, 그리고 前

---

16) 『三國史記』卷18, 高句麗本紀6, 長壽王 23년·24년 ;『資治通鑑』卷122, 宋紀4, 文帝 元嘉 12년(1997, 中華書局 點校本, 3858~3859쪽).

17) 이 시기 고구려와 북위의 관계는 다음 연구가 참고된다.
盧泰敦, 1984,「5~6世紀 東아시아의 國際秩序와 高句麗의 對外關係」『東方學志』44, 延世大學校 國學研究院 : 1999,『고구려사 연구』, 사계절 ; 井上直樹, 2000,「高句麗の對北魏外交と朝鮮半島情勢」『朝鮮史研究會論文集』38 ; 李成制, 2004,「長壽王의 對北魏外交와 그 政治的 의미-北燕을 둘러싸고 이루어진 對北魏關係의 전개-」『歷史學報』181, 歷史學會 : 2005,『高句麗의 西方政策 研究』, 국학자료원 ; 朴眞淑, 2005,「長壽王代 高句麗의 對北魏外交와 百濟」『고구려의 국제관계』(연구총서 5), 고구려연구재단.

部大使者 多亐桓奴, 主簿 貴德 [등이…] 가서 … 跪營에 이르렀다. 태자 공이 堅上을 향하라고 말하니 함께 바라볼 때에 [고려 태왕이] 太霍鄒와 敎食, 동이매금의 의복을 내려주었다. 건립한 곳은 [跓堂] 사용자에게 주었다. 따라온 … 이때에 奴客人 … [태왕이] [고구려] 諸位에게 교하여 [신라매금의] 上下[신하]에게 의복을 내려주었다. [태왕이] 교하여 동이매금을 불러 돌아오게 하였고, 이때에 매금국내 여러 衆人과 … 태왕국토의 大位 諸位 신하들에게도 의복을 내려줄 것을 교하니, [그들이] 교를 받들고자 跪營에 왔다.】

③ 十二月卄三[日]甲寅東夷寐錦上下至于伐城 敎來前部大使者多亐桓奴主簿貴[德]□□[境]□募人三百 新羅土內幢主下部[拔]位使者補奴□[疏]奴□□□鬼盖盧共□募人 新羅土內衆人跓[動]□□ <좌측면> …于伐城 … [辛?][酉?] 太王國土 … 辛酉…東夷寐錦土…[方][袓][故]□沙□斯色□ 太古鄒加共軍至于[伐][城][去]于□古车婁城守事下部大兄耶□

【12월 23일 갑인일에 동이매금의 신하가 于伐城에 이르렀다. [태왕이] 교하여 前部大使者 多亐桓奴와 主簿 貴德을 오게 하여 … 境에서 300명을 모으도록 하였다. [이에] 新羅土內 幢主인 下部의 拔位使者 補奴가 疏奴…鬼盖盧와 함께 사람을 모았다. 新羅土內의 衆人이 머뭇거리면서 움직여 … [좌측면의 于伐城부터 東夷寐錦土…[方][袓][故]□沙□斯色□까지는 결락이 심해 해석이 불가능함] 太古鄒加 共의 軍이 于伐城에 이르러 古车婁城의 守事인 下部 大兄 耶□에게 갔다.】

「충주비」에 따르면, 高麗太王과 新羅寐錦이 國原[충북 충주시]에서 만나 형제관계임을 하늘에 맹세하는 의식을 치렀다. 이때 고구려왕이 신라매금과 신하들에게 衣服 등을 하사하였다. 사후 조처로서 같은 해 12월 23일에 고구려와 신라의 신하가 于伐城에 이르러 300人을 모집하는 모종의 행위를 하였다. 「충주비」에는 고구려와 신라의 우호관계는 물론이고 '新羅土內幢主'가 나타나 있어 신라 영토 안에 주둔한 고구려 군사의 실체를 뒷받침해 준다. 그런데 비문 내용에 드러나는 고구려와 신라의 관계는 비록 우호적이지만 5세기 초반의 「광개토왕비」와는 달라진

인상을 준다. 곧 「광개토왕비」에서 신라가 고구려의 '屬民'으로 설정된
데 반해 「충주비」에서는 형제관계로 설정되었다. 또한 중국적 華夷觀을
빌려와 신라를 '東夷'로 지칭하면서도 '東夷寐錦土'·'新羅土' 등 영역
적 측면에서 신라의 독자성을 인정하는 표현이 곳곳에 보인다. 이것은
곧 「충주비」 내용이 반영하는 시점의 두 나라 관계가 5세기 초반처럼
고구려의 일방적인 우위가 아님을 시사한다.[18]

「충주고구려비」
(충북 충주시 가금면 용전리 소재)

이렇듯 「충주비」에 나타난 고구
려와 신라 관계의 정보에도 불구하
고, 비문내용이 반영하는 연대와
비가 건립된 시점이 분명하지 않아
논란이 분분하다.[19] 「충주비」의 내
용연대를 알려주는 단서는 전면 7
행에 있는 '十二月卅三日甲寅'의
日干支와 좌측면 '辛酉年'의 年干
支였다. 비문 발견 초기에는 고구
려가 475년 백제 한성을 공략한 이
후라야 충주에 진출했다는 선입관
하에, 481년을 대표로 하는 5세기

---

18) 鄭雲龍, 1989, 「5世紀 高句麗 勢力圈의 南限」 『史叢』 35, 高大史學會, 6쪽.
19) 「충주비」의 연대에 대한 연구사 검토는 다음이 참고된다.
   鄭雲龍, 2005, 「中原高句麗碑 研究의 몇 가지 問題」 『국제고려학회 서울지회 논
   문집』 6 ; 張彰恩, 2006, 「中原高句麗碑의 연구동향과 주요 쟁점」 『歷史學報』
   189 ; 정제규, 2013, 「中原高句麗碑의 研究史的 檢討」 『中原文物』 24, 한국교통
   대학교 박물관 ; 장창은, 2013, 「<忠州高句麗碑> 연구의 최근 동향」 『제7회 중
   원문화학술포럼 고구려의 재발견』, 한국고대학회·한국교통대학교 박물관. 이하
   비문연대에 대한 서술은 필자의 논문에서 발췌한 것이므로 별도의 각주를 제시하
   지 않는다. 이 책의 보론 「충주고구려비 연구의 현 단계」에 기왕의 연구사를 종합
   적으로 다루고 있으니 참고하기 바란다.

후반설이 우세했었다. 여기에는 연간지 신유년이 함께 고려되었다.[20] 이후 일본인 연구자들이 일간지를 '12월 25일 갑인' 또는 '11월 23일 갑인'으로 재판독하거나, 太子制가 광개토왕대에 존재한 데 주목해 5세기 초반설을 제기하였다.[21] 그런데 2000년 고구려연구회(지금의 고구려발해학회)의 新釋文에서 연간지 '신유년'의 판독이 유보되면서, '12월 23일 갑인'의 일간지와 고구려·신라 관계의 정황론적 측면에서 449년을 비문의 내용연대로 보는 5세기 중반설이 지지세를 확장해갔다.[22]

한편 비문의 내용과 비의 건립연대를 분리해서 내용연대는 5세기 중반으로, 건립연대는 5세기 후반으로 보는 견해도 제기되었다.[23] 필자는 「충주비」의 내용·건립연대는 판독에 진전이 없는 한 일간지 '12월 23일 갑인'을 존중하고, 비의 내용이 문헌기록과 부합하는 5세기 중반으로 파악하는 것이 타당하다고 생각한다. 특히 눌지왕 34년(450) 7월에 고구려 변방장수가 실직의 들에서 사냥하다가 하슬라 성주에게 살해당하는 사건이 벌어졌을 때, 장수왕이 이를 듣고 사신을 신라에 보내 눌지왕을 나무라면서 '孤與大王 修好至歡也'라고 한 발언[24]은 1년 전에 있었던 「충주비」의 會盟을 지칭한 것으로 이해된다.[25] 이를 감안하면 「충주비」 내용의 발생연대는 449년으로, 비의 건립연대는 450년으로 이해하는 것이 합리적이다.[26]

---

20) 대표적인 연구자로 이병도·변태섭·신형식·이호영·박진석 등이 있다. 반면에 김정배·임창순은 비문 발견 직후부터 5세기 중반설을 주장하였다.

21) 대표적인 연구자로 기무라 마코토(木村 誠)·키노시타 레이진(木下禮仁)·다나카 도시아키(田中俊明) 등이 있다.

22) 대표적인 연구자로 정운용·김창호·이도학·임기환·시노하라 히로카타(篠原啓方)·장창은·박찬홍 등이 있다.

23) 대표적인 연구자로 노중국·김현숙·이인철·최장열 등이 있다.

24) 『三國史記』 卷3, 新羅本紀3, 訥祇麻立干 34년.

25) 임기환과 시노하라 히로카타(篠原啓方)가 이러한 점을 지적하였다.

26) 5세기 중반설을 주장하는 연구자 중에서 정운용·이도학·임기환·박찬홍이 이러한

그렇다면 장수왕은 왜 449년에 國原에서 신라와의 우호를 도모하는
의식을 추진했고, 그 결과물로서 「충주비」를 세웠을까? 물론 '자국의 영
향권에서 이탈해가는 신라를 회유·포섭하기 위한 것'이라는 기왕의 해
석은 크게 볼 때 여전히 온당하다. 다만 『삼국사기』에서 나타난 450년
이후 고구려와 신라 관계의 변화가 고려된, 어찌 보면 결과에서 도출된
해석인 듯한 느낌도 없지 않다. 이에 필자는 고구려의 국원 진출과 「충
주비」의 건립을 연관시켜 해석하면 어떨까 제안해 본다.

고구려의 국원 진출시기에 대해서는 396~400년 광개토왕의 南征과
관련지어 살핀 연구가 많았다.[27] 고구려가 광개토왕대(391~412)에 죽
령로를 개통해 이후 신라의 내정에 간섭했으므로 죽령 방면에서 국원으
로 진출하는 것은 정황상 충분히 공감할 수 있다. 그러나 충주 장미산성
에서 나오는 고고학 성과는 이러한 추정에 의구심을 갖게 한다.

장미산성에서는 5세기대의 백제 유물이 다수 출토되었다. 특히 산성

입장에 있다.

27) 李道學, 1988a, 「高句麗의 洛東江流域進出과 新羅·伽倻 經營」『國學研究』2 :
2006,『고구려 광개토왕릉비문 연구』, 서경, 416~420쪽 및 1988b, 「永樂 6年 廣
開土王의 南征과 國原城」『孫寶基博士停年紀念 韓國史學論叢』, 知識産業社 :
2006, 같은 책, 376쪽 ; 金貞培, 1988, 「고구려와 신라의 영역문제」『韓國史研究』
61·62 : 2000,『韓國古代史와 考古學』, 신서원, 332~333쪽 ; 정운용, 1989, 앞의
논문, 8쪽 ; 田中俊明, 1996, 「新羅中原小京의 成立」『中原文化國際學術會議 結果
報告書』, 忠淸北道·忠北大學校 湖西文化研究所, 78쪽 ; 張俊植, 1998,『新羅中原
京研究』, 學研文化社, 33쪽 ; 朴京哲, 2000, 「中原文化圈의 歷史的 展開-그 地政學
的·戰略的 位相 變化를 中心으로-」『先史와 古代』15, 韓國古代學會, 282~284쪽 ;
梁起錫, 2002, 「高句麗의 忠州地域 進出과 經營」『中原文化論叢』6, 충북대 중원
문화연구소, 73~78쪽 ; 이도학, 2003, 「高句麗史에서의 國原城」『白山學報』67 :
2006, 앞의 책, 385~389쪽 ; 鄭雲龍, 2005, 「三國關係史에서 본 中原高句麗碑의
의미」『고구려의 국제 관계』(연구총서 5), 고구려연구재단, 118쪽 ; 박현숙, 2010,
「5~6세기 삼국의 접경에 대한 역사지리적 접근」『韓國古代史研究』58, 112쪽 ;
洪起聲, 2012, 「高句麗의 國原城 設置와 運營」, 한국교원대학교 석사학위논문,
10쪽.

의 축조연대와 주체를 시사하는 표식유물로 鳥足文土器가 출토되어 주
목받았다. 조족문토기는 이천 설봉산성·설성산성·음성 망이산성·청주
신봉동고분군 등 한성 백제의 유적에서 출토되는 징표로 알려져 있다.28)
조족문토기는 4세기 전반 경에 정형화되고 7세기 전반 경에 소멸된다고
하는데,29) 지역적으로는 경기·충청도 지방이 4~5세기, 전라도가 5세기
중엽~6세기 후반으로 구분하기도 한다.30) 장미산성에서 출토된 조족문
토기는 청주 신봉동 유적의 조족문토기와 유사한 면을 보여 4~5세기의
것으로 추정되었다.31) 이 밖에도 4세기 후반~5세기대에 걸치는 백제 타
날문 토기편 등 출토유물과 성벽 축조양식을 종합적으로 고려해 장미산
성의 축조연대를 4세기 후반~5세기 초반으로 추정하는 견해가 있다.32)

또한 충주 문성리 유물산포지에서는 백제 수혈주거지 29기가 확인되
었다. 주거지 간 2~3차례 중복되는 양상을 보이고 있어 장기간 점유한
마을유적으로 해석된다.33) 그 안에서 백제 토기와 구슬, 금동제 귀걸이,
철정, 철촉 등이 출토되었는데 5세기 전반의 것으로 추정하고 있다.34)

28) 車勇杰·李圭根, 2006, 『忠州 薔薇山城 -1차 發掘調査 報告書-』, 忠州市·中原文化
　　財硏究院, 132~133쪽.
29) 金鍾萬, 2008, 「鳥足文土器의 起源과 展開樣相」『韓國古代史硏究』52, 245쪽.
30) 이규근, 2008, 「장미산성 축조에 관한 검토」『중원문화재연구』2, 중원문화재연
　　구원, 136~137쪽.
31) 『충주 장미산성 -1차 발굴조사 보고서-』, 132쪽. 좀 더 구체적으로 4세 후반~5세
　　기 초반(徐榮一, 2003, 「漢城 百濟의 南漢江水路 開拓과 經營」『文化史學』20, 韓
　　國文化史學會, 35쪽) 내지 5세기 후반(김종만, 2008, 앞의 논문, 248쪽)으로 비정
　　하기도 한다.
32) 이규근, 2008, 앞의 논문, 137~141쪽.
33) 김경호·백영종, 2013, 「중원지역 발굴유적의 최근 성과」『제7회 중원문화 학술포
　　럼-고구려의 재발견』, 한국고대학회·한국교통대학교 박물관, 193쪽.
34) 국립중원문화재연구소, 2011, 『고대도시유적 中原京 -유물편-』, 25쪽. 김경호는
　　중원문화 학술포럼 발표회에서 문성리 유적의 백제 주거지의 존재시기를 5세기
　　전반~중반으로 비정했고, 주거지가 마치 사람들이 살던 모습 그대로 남겨진 양상
　　이어서 누군가의 급습을 받았던 것으로 추론하였다. 그렇다면 침입자는 고구려로

뿐만 아니라 탑평리 유적에서 발굴된 한성 백제 주거지 13기 중 3기의 '呂'자형 주거지에서는 세발토기, 장란형토기와 아궁이장식, 철정 등이 출토되었다. 이를 통해 유적의 조성시기를 4세기 중·후반~5세기 전반으로 비정하였다.[35)]

이와 같이 장미산성과 탑평리 유적 등에서 지속적으로 출토되는 4~5세기의 백제 유적과 유물의 양상을 고려하면, 고구려가 광개토왕의 남정 이후 국원을 지속적으로 차지했다는 기존의 이해는 재고의 여지가 있다. 다만 백제 유물·유적의 연대가 다소 광범위한 까닭에 백제가 충주를 영유한 기간의 하한을 단정할 수는 없었다. 그러나 「충주비」의 내용·건립 연대를 5세기 중반으로 볼 수 있다면, 백제의 충주 장악시기의 하한은 늦어도 449년 이전으로 제한할 수 있게 된다.

필자는 충주 지역에서 5세기대 백제 유물이 출토되는 상황을 감안할 때 고구려의 국원 진출이 5세기 초반보다는 중반에 가까울 것으로 생각한다.[36)] 이때 주목되는 것이 「충주비」이다. 곧 장수왕이 449년에 신라 눌지왕을 일부러 국원으로 불러들여 회맹의식을 치룬 까닭은, 고구려가 국원 지방을 장악한 것을 기념함으로써 고구려의 강성한 국력을 신라에 재환기시키고 이를 매개로 백제에게 경도되어 가는 신라를 회유·포섭하기 위한 것으로 추정된다.[37)]

해석될 여지가 많다.

35) 국립중원문화재연구소, 2011, 『고대도시유적 中原京 -유물편-』, 25쪽. 다만 탑평리유적 3차 시굴조사보고서에서는 백제문화층에서 확인된 수혈주거지 9기의 연대를 2009년 2차 시굴조사 출토 유물과 유사한 양상이라면서 4세기 중반부터 5세기대에 해당한다고 폭넓게 잡았다(國立中原文化財研究所, 2012, 『忠州 塔坪里遺蹟[中原京 추정지] 제3차 시굴조사보고서』, 115쪽).

36) 서영일도 원주 법천리고분군 출토 부장품의 출토양상에 주목해 5세기 초반까지는 남한강 수로가 백제의 통제를 받았고, 5세기 중반 고구려가 국원성을 설치하면서 백제가 퇴출된 것으로 이해하였다(서영일, 2003, 앞의 논문, 40쪽).

37) 시노하라 히로카타(篠原啓方)도 「충주비」의 역사적 의의를 '國原城의 성립'으로 생각하였다(篠原啓方, 2000, 「「中原高句麗碑」의 釋讀과 內容의 意義」 『史叢』 51,

그렇게 볼 때 449년 5월 고려태왕과 신라매금이 만난 이후 12월 23일
에 이르러 그 후속조치로서 于伐城[경북 영주시 순흥면]과 그 인근에서
추진된 고구려와 신라 측 관리의 공동 募人활동도 재음미가 가능하다.
좌측면에서 고구려 태고추가 공의 軍이 우벌성에 왔으므로 이때의 '募
人' 3백명은 군사를 모집한 것으로 해석된다. 고구려와 신라의 우호만을
도모하는 모임이었다면 굳이 군사를 모집할 이유가 없다. 따라서 고구려
와 신라가 공동으로 군사활동을 도모했다면 그 대상은 백제일 수밖에 없
다. 곧 고구려는 백제에 대비한 군사를 신라에 요청한 것이다.[38) 그것은
고구려가 백제로부터 국원을 빼앗은 후 이곳을 방어하거나 혹은 백제를
공격하기 위한 군사였을 것이다. 그래서 국원에서 가깝고 고구려와 신라
간 요충지로서 기존의 고구려 당주가 주둔해 있던 신라 영토인 우벌성에
서 군사를 모집한 것이다. 이로써 고구려는 백제를 고립시키고, 신라와
의 우호를 도모하면서 동시에 신라에 대한 영향력을 계속 유지해 나가려
했던 것이다.

그러나 고구려의 이러한 의도는 성공하지 못하였다. 신라는 사실 눌
지왕(417~458) 즉위 후 고구려에 대한 자립화 정책을 추구하였다. 때문
에 백제와의 관계도 점차 우호적으로 모색해 나갔다. 따라서 고구려가
백제로부터 국원을 차지한 것은 도리어 신라 입장에서는 눌지왕대 고구
려세력을 축출하는 분위기에서 상당한 압박으로 작용했을 법하다. 국원
이 차지하는 지리적 요충지로서의 성격을 감안할 때, 고구려의 국원 장
악은 백제와 신라에게 동시에 부담을 증대시키는 결과였던 것이다. 그런
데다가 고구려가 신라로 하여금 백제에 대한 군사활동을 종용하니 신라
로서는 곤혹스러울 수밖에 없었을 것이다. 결국 450년 「충주비」 건립

28쪽).
38) 박찬홍, 2013, 「중원고구려비의 건립 목적과 신라의 위상」 『韓國史學報』 51, 高
麗史學會, 154~155쪽.

후 고구려와 신라의 관계가 급속히 틀어지게 된 데는 이런 분위기도 일
조했을 것으로 추정된다.

2. 신라 왕경 주둔 고구려군의 퇴출

장수왕(413~491)이 449년에 국원 진출을 기념해서 눌지왕과 회맹하
고 화친을 도모했지만, 고구려와 신라의 관계는 급속히 이완되어 갔다.
다음 기록은 그러한 과정에서 벌어졌던 사건이다.

> 2. 가을 7월에 고구려의 변방장수가 悉直의 들에서 사냥하는 것을 何瑟羅
> 城主 三直이 병사를 내어 불시에 그를 죽였다. 고구려왕이 그것을 듣고
> 노하여 사신을 보내 말하였다. "내가 대왕과 우호를 닦은 것을 매우 기쁘
> 게 여기고 있었는데, 지금 출병하여 우리 변방장수를 죽였으니 이것이 어
> 찌 의리 있다 하겠는가" 이에 군사를 일으켜 우리의 서쪽 변경을 침입하
> 였다. 왕이 겸허한 말로 사과하자 물러갔다.[39]

위의 기록에 따르면, 450년 7월 고구려 변방장수가 悉直[강원도 삼척
시]의 들에서 사냥하다가 何瑟羅[강원도 강릉시] 城主에게 살해당하는
사건이 벌어졌다. 장수왕이 이를 듣고 사신을 신라에 보내 국원에서의
우호를 상기시키고 눌지왕을 나무라면서 군사를 파견하였다. 이 사건은
눌지왕이 사과를 하고서야 수습되었다.

신라 영토 안에서 이루어진 고구려 변방장수의 사냥은 두 나라의 우
호를 전제로 할 때 가능한 행위이다.[40] 사냥 자체를 군사적 도발행위라

---

39) 『三國史記』 卷3, 新羅本紀3, 訥祇麻立干 34년.
40) 金賢淑, 2002, 「4~6세기경 小白山脈 以東地域의 領域向方 -『三國史記』 地理志의
    慶北地域 '高句麗郡縣'을 중심으로-」 『韓國古代史硏究』 26 : 2005, 『고구려의 영
    역지배 방식 연구』, 도서출판 모시는 사람들, 235~236쪽.

고 볼 수 없기 때문이다. 아마도 삼척 내지 그 인근에 주둔하고 있던 고
구려 장수가[41] 일상적 차원에서 행한 사냥이 하슬라 성주에게 군사훈련
성격의 위협으로 비추어졌던 것이 아닌가 한다. 이 사건은 5세기 중반
기존의 우호관계가 이완되어 가는 고구려·신라 관계의 단면을 잘 보여
준다. 다만 눌지왕이 직접 나서 수습함으로써 극단적인 파국은 발생하지
않았다.

여기에서 하슬라 성주의 성격은 논란의 여지가 있다. 이는 신라의 강
릉 진출시기와 맞물려 있다. 이에 대해 고구려 邊將과 하슬라 城主가
구체적인 직명이나 관등을 갖지 않았으므로 재지세력 간의 충돌로 본 주
장이 제기되었다.[42] 하지만 두 나라 왕이 사태의 해결을 주도하는 것으
로 볼 때 재지적 성격을 감안한다고 해도 중앙과 무관한 존재로 파악하
기는 어려울 것 같다.

고고학적으로도 강릉 지역은 늦어도 4세기 후반부터는 신라의 통치권
에 들어왔고, 5세기부터는 신라 고분군이 확산되었다.[43] 강릉시 안현동·

---

41) 정운용은 고구려 변장이 중원에서 남한강 水系를 따라 영월-정선을 경유해 삼척
　　으로 온 것으로 보았고(鄭雲龍, 1989, 앞의 논문, 9쪽), 김덕원은 경북 일대에 주둔
　　해 있던 고구려 군사로 이해하였다(金德原, 2005, 「신라의 동해안 진출과 蔚珍鳳
　　坪碑」 『금석문을 통한 신라사연구』, 한국학중앙연구원, 38쪽).

42) 주보돈, 2011, 「울진봉평리 신라비와 신라의 동해안 경영」 『울진봉평리 신라비와
　　한국고대 금석문』, 울진군·한국고대사학회, 108~109쪽. 그는 강릉은 친신라, 삼
　　척은 친고구려세력의 기반으로 보았다.

43) 심현용, 2009, 「고고자료로 본 신라의 강릉지역 진출과 루트」 『大丘史學』 94, 大
　　丘史學會, 8~18쪽 및 2009, 「고고자료로 본 5~6세기 신라의 강릉지역 지배방식」
　　『文化財』 42권 3호, 국립문화재연구소, 17~23쪽 ; 李盛周·姜善旭, 2009, 「草堂洞
　　遺蹟에서 본 江陵地域의 新羅化過程」 『江陵 草堂洞 遺蹟』, 한국문화재조사연구기
　　관협회, 476~479쪽 ; 박수영, 2009, 「江陵 草堂洞 三國時代 遺構와 遺物에 대한
　　小考-강릉지역의 신라화과정과 관련하여-」 『江陵 草堂洞 遺蹟』, 497~503쪽,
　　517~521쪽 ; 洪永鎬, 2012, 「新羅의 何瑟羅 經營 硏究」, 고려대학교 박사학위논
　　문, 130~150쪽 ; 박성희, 2013, 「신라의 강원지역 진출의 제양상-강릉·원주·춘천
　　을 중심으로-」 『흙에서 깨어난 강원의 신라문화』, 국립춘천박물관, 179~182쪽.

초당동·하시동·병산동고분군이 그 대표적인 사례이다. 특히 초당동고분군에서 출토된 다수의 철제 무기류와 위세적 성격의 철모·철촉 등에 주목해 그 축조집단이 대고구려 관계에서 중요한 역할을 했다는 주장은 시사하는 바가 매우 크다.[44] 이는 나물왕 42년(397) 하슬라에서 가뭄이 들어 흉년이 되자 죄수를 사면하고 조세를 면제해 주었다는 기록과도[45] 부합한다. 4세기 말 강릉은 신라의 통치 범위 안에 들어와 있었던 것이다. 그렇다면 하슬라 성주는 신라 중앙에서 파견한 군사지휘관으로 파악하는 것이 옳을 것이다.[46]

고구려와 신라의 불안했던 우호관계가 파탄이 나는 데는 오랜 기간이 걸리지 않았다. 다음 기록이 그러한 내용을 담고 있다.

> 3. 신라국은…中國[日本]의 마음을 몹시 두려워하여 高麗[고구려]와 修好하였다. 이로 말미암아 고려왕이 精兵 100명을 보내 신라를 지켜주었다. 얼마 후 고려 군사 한 사람이 휴가를 얻어 귀국할 때 신라인을 典馬로 삼았는데, 돌아보면서 "너희 나라는 우리나라에게 패할 것이 오래지 않았다"고 하였다(다른 책에는 '너희나라가 우리 땅이 될 것이 오래지 않았다'라고 하였다). 그 전마가 그 말을 듣고 거짓으로 배가 아프다고 하여 물러가 뒤에 있었다. 드디어 도망하여 나라[신라]에 들어와 그[전마]가 말한 것을 설명하였다. 이에 신라왕은 이내 고려가 거짓으로 지켜주는 것을 알고 사신을 급히 보내 國人에게 말했다. "사람들이여 집안에서 기르는 수탉을 죽여라." 국인이 그 뜻을 알고 나라 안에

---

44) 우병철, 2009, 「신라 철제무기로 본 동해안 고분 축조집단의 군사적 성격」『4~6세기 영남 동해안 지역의 문화와 사회』, 동북아역사재단, 235~238쪽.

45) 『三國史記』 卷3, 新羅本紀3, 奈勿尼師今 42년.

46) 강종훈, 2000, 『신라상고사연구』, 서울대학교 출판부, 194쪽의 각주 85 ; 홍승우, 2009, 「4~6세기 신라의 동해안 지역 진출과 지방 지배방식」『4~6세기 영남 동해안 지역의 문화와 사회』, 동북아역사재단, 287~288쪽 ; 홍영호, 2010, 「삼국사기 지리지 溟州 영현 棟隄縣의 위치비정과 의미」『韓國史學報』 38, 高麗史學會, 27~28쪽 ; 홍영호, 2012, 앞의 박사학위논문, 144~145쪽 ; 박성희, 2013, 앞의 논문, 180쪽. 박성희는 또한 강문동토성이 하슬라성일 가능성이 높은 것으로 추정하였다.

있는 고려 사람들을 모두 죽였다. 그때 남아 있던 고려 군사 1명이 틈
을 타서 탈출해 그 나라[고구려]로 도망해 들어가서 모두 말했다.[47)]

　　사료 3은 고구려가 신라를 병탄할 야욕을 드러내자 신라가 王京에 주
둔해 있던 고구려 군사 100명을 誅殺했다는 내용을 생생하게 전한다. 이
어지는 내용을 보면 이 사건을 계기로 고구려가 신라를 쳐들어갔고, 이로
부터 두 나라의 원한이 생겨났다고 하고 있다. 이 기록은 『삼국사기』와
『삼국유사』에 남아 있는 나물왕~눌지왕대 고구려의 군사적 지원 결과
신라 영토 안에 고구려군 1백 명을 주둔시켜 고구려가 신라에 지속적인
영향력을 행사하려 했음을 실증해 준다. 또한 「충주비」에 나오는 '新羅
土內幢主'와도 부합하는 것이어서 일찍부터 주목을 받았다. 특히 신라
왕이 왕경에 있던 고구려 군사를 축출하는 내용은 이완되어 갔던 고구
려와 신라의 관계가 극단적으로 파탄나는 시점을 규명하는 데 중요한
단서를 제공한다. 그런데 그 시기에 대해서는 사료 비판의 여지가 남아
있다.

　　그동안에는 이 사건의 연대에 대해 464년이라는 시점을 과신하는 경
향이 강했다.[48)] 그러다보니 454년과 455년에 벌어졌던 고구려·신라 간
의 전쟁기사[43·45]를 온전히 이해하기가 어려웠다. 곧 455년 고구려가
백제를 침입하자 신라가 구원해 주었다. 이는 나·제동맹이 맺어진 후 최
초로 보이는 동맹군의 활동으로 상당한 의미가 있는 것이다. 그런데도

---

47) 『日本書紀』 卷14, 雄略天皇 8년(464) 2월.
48) 申瀅植, 1979, 「中原高句麗碑에 대한 考察」 『史學志』 13 ; 1984, 『韓國古代史의
　　新硏究』, 一潮閣, 406~407쪽 ; 鄭雲龍, 1994, 「5~6世紀 新羅 高句麗 關係의 推
　　移-遺蹟 遺物의 解釋과 關聯하여-」 『新羅의 對外關係史 硏究』(新羅文化祭學術發
　　表會論文集 15), 51쪽 ; 梁起錫, 1994, 「5~6世紀 前半 新羅와 百濟의 關係」 『新
　　羅의 對外關係史 硏究』, 84쪽 ; 朱甫暾, 2005, 「5세기 高句麗·新羅와 倭의 관계」
　　『왜5왕 문제와 한일관계』(한일관계사연구논집 2), 景仁文化社, 149~150쪽 ; 鄭雲
　　龍, 2006a, 「中原高句麗碑의 建立 年代」 『白山學報』 76, 白山學會, 155쪽.

신라본기에만 남아 있다는 이유로 국지전이라거나, 신라 원병의 규모가 미미해 464년까지 경주와 신라 외곽 지역에 고구려 군사가 주둔한 것으로 이해하였다.[49] 그러나 왕경과 주요 요충지에 고구려 군사가 주둔해 있던 상황에서 신라가 백제에 구원군을 파견하기란 불가능했을 것이다. 그것은 곧 고구려와의 우호관계를 끝내겠다는 선언과 같기 때문이다. 신라가 455년에 백제에 동맹군을 파견했음에도 불구하고, 고구려의 이에 대한 문책이 없었던 것은 불과 얼마 전에 벌어졌던 고구려 변장 살해사건에 장수왕이 기민하게 대응했던 점을 감안할 때 납득이 가지 않는다.

사실 이 기록을 전체적으로 살피면, '고구려·신라의 우호 → 고구려 군사의 신라 주둔과 주살과정 → 고구려의 신라 침입 → 임나일본부의 신라 구원'의 구조로 되어 있다. 따라서 464년 2월조에 수록되었다 해서 이렇듯 방대한 일련의 사건이 모두 같은 달에 일어났다고 보기는 어렵다. 아마도 수년 동안의 상황이 압축되어 정리된 것으로 보여진다.[50] 따라서 『日本書紀』雄略天皇 8년 2월조의 내용은 『삼국사기』에 남아 있는 고구려와 신라의 관계를 고려할 때 455년 이전으로 수정해서 이해하는 것이 합리적이다.[51]

---

49) 鄭雲龍, 2006b, 「『삼국사기』交聘記事를 통해 본 羅濟同盟 時期의 재검토」『百濟研究』44, 202쪽 및 2006a, 앞의 논문, 155쪽.

50) 김현구·박현숙·우재병·이재석 공저, 2002, 『일본서기 한국관계기사 연구』(Ⅰ), 일지사, 248쪽에서 이 기록을 4세기 말~5세기 중·후반의 양국관계사가 압축된 것으로 이해한 것도 이런 이유 때문일 것이다.

51) 김현숙, 2002, 앞의 논문 : 2005, 앞의 책, 236~237쪽 ; 張彰恩, 2004a, 「신라 訥祗王代 고구려세력의 축출과 그 배경」『韓國古代史硏究』33, 한국고대사학회 : 2008, 『신라 상고기 정치변동과 고구려 관계』, 신서원, 133~134쪽 ; 朴京哲, 2007, 「麗羅戰爭史의 再檢討」『韓國史學報』26, 62쪽 ; 李富五, 2007, 「5세기 후반 신라의 소백산맥 서록 진출과 지배형태」『新羅史學報』10, 新羅史學會, 12쪽. 이도학도 분명한 연대를 제시한 것은 아니지만 雄略天皇 8년 2월조의 내용을 464년으로 보는 데 반대하였다(李道學, 2000, 「中原高句麗碑의 建立 目的」『中原高句麗碑 硏究』[高句麗硏究 10], 학연문화사, 278~280쪽).

그렇다면 고구려 군사의 주살시기를 좀 더 분명히 할 수는 없을까? 이와 관련해서 453년 7월 이리떼가 始林에 들어온 사건이[52] 주목된다. 시림은 金氏 始祖인 閼智가 태어난 곳으로 김씨왕실에게 있어서는 聖所였을 것이다. 따라서 김씨왕실 중심의 권력강화를 지속적으로 추구했던 눌지왕대에[53] 이러한 기록은 '국가적 변고'에 대한 강한 암시라 할 만하다. 실제로 고구려 군사를 주살했던 계기는 고구려의 신라 병탄 야욕을 눌지왕이 사전에 간파했기 때문이었다. 곧 신라 왕경 안에 주둔했던 고구려 군사의 축출시점은 '453년 7월 이후 멀지 않은 때'로 추정된다. 그렇다면 454년 8월에 고구려가 신라 북변에 쳐들어온 것은 이에 대한 보복전으로 해석하는 것이 자연스럽다. 웅략 8년 2월조의 마지막에 "두 나라[고구려·신라]의 원한이 여기서부터 생겨났다"라고 한 것도 이와 어울린다.

결국 고구려와 신라의 관계는 454년에 이르러 대립적으로 변화되었음을 알 수 있다. 자연 경북 일대에 주둔했던 고구려 군사도 소백산맥 이북으로 급속히 축출되었을 것이다.[54] 장수왕은 신라가 자국의 영향권

---

52) 『三國史記』 卷3, 新羅本紀3, 訥祗麻立干 37년.

53) 433년 눌지왕의 동생 미사흔이 죽자 舒弗邯을 추증했는데, 이는 추모의 의미와 김씨왕족의 위상을 높이려는 의도였다(장창은, 2008, 『신라 상고기 정치변동과 고구려 관계』, 신서원, 110쪽). 또한 435년 역대 왕릉을 수리한 것은 김씨왕족들의 무덤에 대한 보수와 정화가 주된 목적이었다(강종훈, 2000, 앞의 책, 184쪽 ; 나희라, 2003, 『신라의 국가제사』, 지식산업사, 134~135쪽).

54) 5세기 중반까지 신라 왕경과 소백산맥 이남에 고구려 군사가 주둔했지만, 「충주비」에서 '太王國土'와 '新羅土內'·'寐錦土內'를 구분했으므로 이 지역은 고구려 '세력권'으로 이해된다. 또한 순흥읍내리고분과 경북 일대 고구려계 불교유적은 고구려 '영향권'의 산물일 것이다. 결국 경북 일대의 '高句麗故地'는 4세기 말~5세기 중반까지 고구려가 신라 내정에 간섭한 산물로서 역사성을 담보하고 있지만, 지리지 찬자가 확대해석한 결과로 판단된다(張彰恩, 2010, 「4~5世紀 高句麗의 南下와 三國의 領域向方-『三國史記』 地理志 '高句麗故地'의 實際(Ⅰ)-」 『한국학논총』 34, 국민대 한국학연구소, 46쪽).

에서 이탈해가고 숙적 백제와 공조하였음에도 불구하고 북위와의 관계 때문에 적극적인 남진정책을 펼칠 수 없었던 것이다. 454년과 455년에 신라와 백제에 쳐들어간 기사가 조촐하게 남겨진 까닭도 그러한 이유에서 비롯된 것으로 생각된다. 따라서 북위와의 긴장관계가 안정된 462년 이후 장수왕의 남방 진출은 어찌 보면 예견된 것이었는지도 모른다.

3. 고구려의 대신라 공격과 자비왕의 방어성 구축

고구려는 먼저 468년(장수왕 56) 봄에 靺鞨軍 1만을 거느리고 신라 북쪽의 悉直城을 빼앗았다. 신라는 같은 해 9월에 何瑟羅 사람을 동원해 泥河에 성을 쌓았다[46·47]. 그런데 이 기록은 일면 의아스럽다. 즉 신라가 강릉을 차지하고 있었는데 고구려가 어떻게 그 이남의 삼척에 진출할 수 있었는가 하는 의구심이 들 수 있다. 이 때문에 실직의 위치를 원래 강릉 북쪽의 양양이었는데 나중에 후퇴한 것으로 보거나,[55] 하슬라의 위치를 울진 일대로 비정하기도 했다.[56] 또한 신라 영역이 확장되는 과정에서 실직과 하슬라의 위치가 북쪽으로 옮겨갔다면서 실직과 하슬라를 포항시로 추정한 연구도 발표되었다.[57] 그러나 강릉과 삼척임이 분명한 하슬라·실직의 위치를 이동하는 것은 신중해야 한다.

그렇다면 이 기록을 어떻게 합리적으로 이해해야 할까? 관건은 泥河의 위치비정에 달려있다고 해도 과언이 아니다. 니하의 위치비정은 크게 강릉 일대설과 남한강 상류설로 구별된다.[58] 강릉 일대설의 논거는 니

---

55) 李丙燾, 1959, 『韓國史』(古代篇), 震檀學會, 乙酉文化社, 423쪽.
56) 리지린·강인숙, 1976, 『고구려사연구』, 사회과학출판사, 68~69쪽.
57) 박노석, 2009, 「삼국시대 실직과 하슬라의 위치 이동」 『全北史學』 35, 全北大學校 史學會, 48~56쪽.
58) 泥河의 위치비정에 대한 연구사 검토는 다음이 참고된다.

하성의 축조에 何瑟羅人이 동원됐다는 것이다. 거기에『與猶堂全書』에 "泥河者我江陵之北泥川水也"라고 한 것과『大東輿地圖』에 남아 있는 泥峴이 주목되었다. 반면 남한강 상류설의 논자들은 481년 고구려의 남진 때 신라·백제·가야의 연합군이 니하까지 추격한 기록[59]을 음미하였다. 또 496년 고구려가 牛山城을 공격했을 때 신라가 니하에서 고구려 군을 물리쳤는데,[60] 우산성이 540년에는 백제와 고구려의 교전지로 나옴에[61] 주목하였다. 말하자면 백제가 접근할 수 있어야 하므로 영동 지방은 불가능하다는 논리이다.

필자도 이전까지 니현에서 발원한 강릉 연곡천을 니하로 생각했었다.[62] 그 이유는 영동과 영서를 이어주는 교통로의 규명과 니하성으로 추정할 만한 고고학 성과가 미진했기 때문이었다. 그런데 이후 남한강 상류의 정선 지역을 중심으로 5세기 후반~6세기 중반의 신라 유물이 출토되는 산성 발굴 성과가 축적되었다.[63] 그리고 궁예의 東征路를 통해 강릉과 임계-정선으로 이어지는 고대 교통로의 단서를 찾는가 하면,『삼국사기』溟州 소속의 미상 지명이었던 棟隄縣을 정선군 임계 지역으로 실증함으로써 하슬라의 관내 범위도 윤곽이 드러났다.[64] 이는 니

　　　張彰恩, 2004b,「新羅 慈悲~炤知王代 築城·交戰地域의 검토와 그 의미」『新羅史學報』2 : 2008,『신라 상고기 정치변동과 고구려관계』, 신서원, 148~155쪽 ; 홍영호, 2010,「三國史記 所載 泥河의 위치비정」『韓國史硏究』150, 45~60쪽 및 2012, 앞의 박사학위논문, 29~39쪽.

59)『三國史記』卷3, 新羅本紀3, 炤知麻立干 3년.

60)『三國史記』卷3, 新羅本紀3, 炤知麻立干 16년.

61)『三國史記』卷19, 高句麗本紀7, 安原王 10년 및 卷26, 百濟本紀4, 聖王 18년.

62) 장창은, 2004b, 앞의 논문 : 2008, 앞의 책, 152~154쪽.

63) 강원문화재연구소·정선군, 2006,『旌善 古城里山城』; 강원문화재연구소·정선군, 2006,『旌善 松溪里山城 發掘調査報告書』. 니하성을 송계리산성으로 처음 본 연구자는 서영일이다(서영일, 1999,『신라 육상 교통로 연구』, 학연문화사, 52~53쪽 및 2005,「5~6世紀 新羅의 漢江流域 進出과 經營」『博物館紀要』20, 단국대 석주선기념박물관, 57쪽).

하의 위치추정에 시사하는 바 컸다. 이에 니하의 위치를 재검토해 보고
자 한다.

필자는 기왕에 니하의 위치추정에 大嶺과 長嶺을 활용할 것을 제안
하였다. 왜냐하면 신라 초기에 말갈이 '大嶺柵을 습격하고 泥河를 지났
다'고 되어 있고,[65] 말갈의 침입경로에 長嶺이 지속적으로 등장하기[66]
때문이다. 곧 신라 북변을 통한 말갈 침입경로의 도상에 대령과 장령이
있고, 니하가 그 인근에 있음을 시사해 준다. 물론 '큰고개'·'긴고개'라
는 이름은 아무 곳에나 쉽게 붙을 수 있다. 하지만 니하가 하슬라 관내
라는 단서가 있으므로 그 범위는 상당히 좁혀진다.

그렇게 보면 대령은 대관령임이 유력하다.[67] 보천과 효명이 河西府
[강릉]에서 하룻밤 머물고 다음날 大嶺을 지나갔다고 하므로[68] 신라시
대부터 대관령이 대령으로 불렸음을 알 수 있다. 장령은 두 가지 가능성
이 있다. 오대산의 서쪽을 長嶺이라 했고,[69] 『朝鮮地誌資料』에는 강릉
시 연곡면에 있는 泥峴도 長峴이라 했다.[70] 그렇다면 대관령 서북쪽에
있었던 장령을 경유해 동남쪽의 대령을 지나 니하에 이르렀음을 알 수

---

64) 홍영호, 2010a, 「삼국사기 지리지 溟州 영현 棟隄縣의 위치비정과 의미」『韓國史
   學報』38 및 2010b, 「『三國史記』所載 泥河의 위치비정」『韓國史硏究』150.

65) 『三國史記』卷1, 新羅本紀1, 祇摩尼師今 14년.

66) 『三國史記』卷1, 新羅本紀1, 逸聖尼師今 4년·6년·7년.

67) 『新增東國輿地勝覽』卷44, 江陵大都護府 山川 "大關嶺…府治五十里 俗號大嶺."
   大嶺을 竹嶺으로 보기도 한다(서영일, 2003, 「漢城 百濟의 南漢江水路 開拓과 經
   營」『文化史學』20, 25쪽의 각주 28 ; 金鎭光, 2009, 「『三國史記』本紀에 나타난
   靺鞨의 性格」『高句麗渤海硏究』35, 22쪽). 그러나 '대령책을 습격하고 니하를 지
   났다'고 했으므로 니하가 대령책의 북쪽에 있을 수 없다.

68) 『三國遺事』卷3, 塔像4, 臺山五萬眞身·溟州五臺山寶叱徒太子傳記.

69) 『新增東國輿地勝覽』卷44, 江陵大都護府 山川 "五臺山 在府西一百四十里 東滿月
   南麒麟 西長嶺 北象王 中智爐 五峯環列大小均敵故名之我."『三國遺事』卷3, 塔像
   4, 臺山五萬眞身과 溟州五臺山寶叱徒太子傳記에도 五臺山의 西臺를 長嶺山이라고
   하였다.

70) 홍영호, 2010b, 앞의 논문, 61쪽.

있다. 결국 교통로의 흐름상 니하는 대관령의 남쪽 내지 동쪽에 있어야
한다.71) 그런데 니하가 대관령 동쪽의 강릉에 있었다면, 앞서 제기한 모
순점이 해결되지 않는다. 결국 니하는 대관령 남쪽의 남한강 상류가 될
수밖에 없다.72)

이렇게 볼 때 468년에 고구려가 말갈과 함께 실직성을 침입할 수 있
었던 것이 이해될 수 있다. 곧 고구려는 하슬라가 신라에게 공고히 장악
되고 있었으므로 하슬라를 통하지 않는 우회로를 선택해 실직성을 공격
했던 것이다. 그 경로는 크게 두 가지가 상정된다. 먼저 동해안로를 통해
南下하다가 강릉 북쪽의 양양에서 강릉 서쪽으로 우회 남진해 정선군
임계면에서 동해안 방면의 삼척으로 나아가는 길이 있다.73) 다른 하나
는 고구려가 기존에 장악한 국원과 죽령로를 이용해 東進하는 경우이다.
곧 남한강 수로를 이용해서 충주-청풍-단양-영월-정선-삼척으로 진출할
수 있다.74) 어느 경우이든 간에 삼척 서북쪽에 있는 정선군 임계면 송계
리 일대에 다다르게 된다.

---

71) 때문에 대관령 북쪽에 있는 연곡천은 후보지가 될 수 없다. 홍영호는 조선시대
지리지와 고지도에서 강릉 북쪽의 '泥川水'가 발견되지 않는다면서 니하를 의식
한 가상의 하천으로 보았다(홍영호, 2010b, 앞의 논문, 48쪽).

72) 이곳의 니하 후보 하천으로는 송천, 임계천, 오대천을 꼽을 수 있는데 모두 조양
강으로 합류한다. 최근 이곳을 주목한 이들이 서영일·홍영호·박성현(2010, 「6세
기 초 고구려·신라의 화약과 정계」, 『역사와 현실』 76, 209~210쪽)이다. 『대동여
지도』를 참고하면, 이 하천들도 泥峴 서록에서 남하하므로 '泥河'로 불려도 어색
하지 않다.

73) 강릉 서쪽의 왕산면을 지나는 35번국도(강릉-삽당령-버들고개-송계)와 오대산에서
하진부로 남하하는 59번 및 42번국도로 동쪽의 삼척에 갈 수 있다. 『三國遺事』
慈藏定律에 따르면, 자장은 만년에 오대산에 들어가 평창군 진부면의 水多寺와
정선을 거쳐 태백산 淨岩寺를 세웠다. 후자의 교통로는 이것과 연관된다.

74) 정운용, 1989, 앞의 논문, 11쪽 ; 이인철, 1996, 「高句麗의 南進經營과 鞨鞨」, 『春州
文化』 11 ; 2000, 『고구려의 대외정복 연구』, 백산자료원, 307쪽 ; 박성현, 2011,
「5~6세기 고구려·신라의 경계와 그 양상」, 『역사와 현실』 82, 한국역사연구회,
68~69쪽.

결국 신라가 고구려의 실직성 공략 후 하슬라인을 동원해서 니하에
성을 쌓은 까닭은 삼척 지역을 방어하기 위한 것임을 알 수 있다. 곧 실
직성 서북쪽에서 쳐들어오는 세력의 방어를 위한 것이었다. 따라서 니하
성을 정선군의 송계리산성으로 비정한 최근 일련의 연구는 타당하다고
생각한다.75)

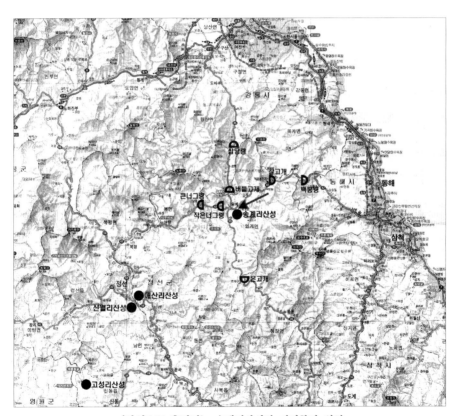

니하성으로 추정되는 송계리산성의 지정학적 위치
(강원문화재연구소·정선군, 2006, 『정선 송계리산성 발굴조사보고서』, 20쪽)

---

75) 송계리산성은 태백산맥 서쪽에 있지만 고갯길을 이용해 영동 지역으로 진출하기
  쉽다(강원문화재연구소·정선군, 2006, 『旌善 松溪里山城 發掘調査報告書』, 19쪽).

그런데 기록에서는 고구려가 실직성을 攻取하였다. 만일 이 상태에서 신라가 삼척의 서북쪽에 니하성을 쌓았다면 실직성의 고구려군은 고립된다. 아마도 고구려군은 실직성을 공취한 후 북쪽 하슬라의 신라군을 의식해 회군한 듯하다. 고구려군이 1만의 말갈을 용병으로 기용한 것도 실직성에 오래 머물기 어려운 요인이었을 것이다. 신라 입장에서도 실직성에 고구려군이 주둔한 상태라면 하슬라에서 대규모 민을 동원해 축성 사업을 벌이기는 무리였을 것이다. 따라서 신라는 고구려가 물러간 후 실직성을 방어하기 위해 니하성을 축조했을 가능성이 크다.

삼척 일대는 산악지대여서 북쪽에 있는 나라가 삼척을 장악하면 그 남쪽에 이르는 동해안에 쉽게 진출할 수 있었고, 남쪽에 있는 나라가 삼척을 장악하면 그 북쪽으로 원산에 이르는 지역을 점령할 수 있었다.[76] 삼척 지역의 지리적 중요성 때문에 실직의 非禮山은 新羅 中祀 四海 중 北海의 제장으로 편제되었다.[77] 삼척은 지형적 특징상 신라가 고구려의 남진을 저지하기에 적합하며, 최종 방어선 겸 전진거점이 될 만한 전략 지역이었다.[78] 곧 신라는 니하성을 축조함으로써 동해안로 북단의 요충지에 대한 방어체계를 구축한 셈이었다.

468년 이후 고구려의 신라 공격은 소강상태를 맞았다. 그것은 백제와의 관계에서 비롯되었다. 곧 469년 백제가 고구려의 남변을 공격하였다 [48]. 그리고 같은 해 10월 기존에 쌓았던 쌍현성을 수리하고 청목령[개성 북쪽 인근]에 목책을 설치했으며, 북한산성 군사들을 배치해 고구려

---

76) 차장섭, 2006,『고요한 아침의 땅 삼척』, 역사공간, 17쪽.

77) 金昌謙, 2007,「新羅 中祀의 '四海'와 海洋信仰」『韓國古代史硏究』47, 177~180쪽.

78) 윤명철, 2010,「삼척지역의 海港도시적 성격과 金異斯夫 선단의 출항지 검토」『이사부와 동해』2, 한국이사부학회 : 2012,『해양역사상과 항구도시들』(윤명철해양논문선집 5), 학연문화사, 243쪽. 삼척 지역의 지리적 조건은 육상뿐만 아니라 해상교통로 측면에서의 출항지로서도 고려할 필요가 있는데, 윤명철은 오십천 하구의 오화리산성과 오분항을 주목하였다.

의 침략에 대비하였다[49]. 이때부터 고구려가 백제 한성을 공략하는
475년까지의 교전양상이 남아 있지 않지만, 개로왕(455~475)이 472년
에 北魏 孝文帝에게 보낸 외교문서에 "추악한 무리들[고구려]이 점차
성해져서 드디어 [우리는] 능멸과 핍박을 당하게 되었으며, 원한을 맺고
병화가 이어진 지 30여 년에 재물도 다하고 힘도 고갈되어 점점 약해지
고 위축되었습니다"라고 호소한 것79)을 보면, 고구려의 백제에 대한 공
세와 그로 인해 백제가 느끼는 압박감이 컸음을 알 수 있다. 개로왕이
보낸 국서는 장수왕의 親征을 초래했는데, 고구려는 한성 공격을 위해
수년간 국방력을 집중시켰을 것이다. 신라로서는 고구려와의 관계에 있
어 유예기간을 벌은 셈이었다. 이는 곧 자비왕(458~479)이 고구려의 침
략에 대비한 방어성 구축에 주력할 수 있었던 배경이 되었다.80)

신라는 먼저 470년 충북 보은에 三年山城을 쌓았다. 이곳은 서쪽으
로는 금강 水系와 연결되고, 북쪽으로도 달천을 통해 남한강 유역과 가
까운 삼국의 군사력이 충돌하는 전략적 요충지였다.81) 신라로서는 계립
령로와 죽령로가 만나는 경북 상주에서 서쪽으로 화령만 넘어가면 다다
를 수 있다. 때문에 삼년산성은 신라가 소백산맥을 넘어 서북방으로 진
출하는데 중요한 거점성 역할을 하였다.

신라는 471년에는 芼老城을 쌓았고, 474년에는 一牟城[충북 청원군

---

79) 『三國史記』 卷25, 百濟本紀3, 蓋鹵王 18년.

80) 자비왕대 축성 지역의 위치비정은 필자가 기왕에 정리하였다(장창은, 2004b, 앞의
논문 : 2008, 앞의 책, 155~159쪽). 이때 확정하지 못한 위치비정은 전덕재의 연
구(전덕재, 2009, 「관산성전투에 대한 새로운 고찰」 『新羅文化』 34, 東國大學校
新羅文化硏究所, 35~41쪽)를 참고해 보완하였다. 이에 이하의 서술에서는 사료와
연구 성과 인용은 생략한다.

81) 삼년산성의 지리적 조건은 崔永俊, 1990, 『嶺南大路-韓國古道路의 歷史地理的 硏
究-』, 高麗大學校 民族文化硏究所 : 2004, 『한국의 옛길 嶺南大路』, 高麗大學校
民族文化硏究院, 83~85쪽과 중원문화재연구원·보은군, 2006, 『報恩 三年山城
-2004년도 발굴조사보고서』, 22~24쪽을 참고하기 바란다.

문의면]·沙尸城[충북 옥천군 이원면]·廣石城[충북 영동군]·沓達城[경
북 상주시 화서면]·仇禮城[옥천군 옥천읍]·坐羅城[영동군 황간면] 등에
집중적인 축성사업을 진행하였다. 거의 대부분의 성이 소백산맥 서록과
그 너머 금강 상류에 집중되어 있음을 알 수 있다.[82]

삼년산성의 서문에서 바라본 서벽과 치

  신라가 소백산맥 서북쪽 너머의 축성사업에 주력했던 까닭은 소백산
맥의 지형적 특성과 밀접한 관련이 있었다. 곧 소백산맥의 북사면이 남
사면보다 경사가 완만해서 고구려군이 군사작전 시에 신라군보다 유리
하기 때문이었다.[83] 그런데 고구려가 계립령으로 남진하기 위해서는 긴

82) 자비왕대 추진된 일련의 축성사업은 백제 입장에서도 부담되었을 것이다. 다만
    백제 측의 대응이 없는 것으로 보아 나·제동맹기라는 특수상황이 이러한 축성을
    가능케 했던 것 같다. 이 지역의 신라 산성은 5세기대 고구려와의 관계에서 축성
    되었지만, 나·제의 관계가 이완된 6세기부터는 대백제 방어성의 역할도 겸했을
    것이다.
83) 최영준, 2004, 앞의 책, 79~80쪽.

협곡지대를 통과해야 하므로 신라가 방어에 유리하였다.[84] 죽령로의 경우 양국의 우호기에는 활발히 이용되었지만 갈등기에 교전한 흔적이 남아 있지 않다.[85] 이렇게 보면 5세기 중반 이후 고구려와 신라는 소백산맥의 죽령과 계립령을 기점으로 삼아 대치했던 것으로 추정된다.[86] 6~7세기에 고구려가 신라로부터 빼앗긴 한강 유역의 영유권을 주장할 때 계립령과 죽령 이북의 연고권만을 주장했던[87] 까닭도 다름 아닌 이러한 이유 때문일 것이다.

5세기 중반 이후 계립령과 죽령 일대가 지리적인 조건상 고구려와 신라의 남북 간 국경의 기능을 유지하였음은 부정하기 어렵다. 하지만 고고학적으로 남한강 상류 유역에서 5세기 후반의 신라 산성과 주거지 유적이 지속적으로 발굴·조사되고 있는 점[88]을 감안하면 죽령 이북을 전부 고구려의 영역으로 생각해서는 곤란하다. 신라는 도리어 삼척[실직성]과 강릉[하슬라성]을 배후 거점으로 삼아 영서로 진출하여 니하성을

---

84) 서영일, 1999, 『신라 육상교통로 연구』, 학연문화사, 200쪽.

85) 신라가 이 지역에 산성 축조를 한 고고학 정황은 車勇杰, 1990,「竹嶺路와 그 부근 嶺路沿邊의 古城址 調査研究」『國史館論叢』16, 國史編纂委員會에 정리가 잘 되어 있다.

86) 이한상은 5세기대 고구려·신라가 죽령을 경계로 대치한 것으로 보았고(이한상, 2003,「읍내리분묘군의 편년을 통해 본 5세기대 순흥지역의 위상」『역사문화연구』19, 한국외국어대학교 역사문화연구소, 27쪽), 김현숙은 481~500년 사이 고구려세력이 경북 지역에서 물러가면서 550년까지 죽령을 경계로 대치한 것으로 이해하였다(김현숙, 2002, 앞의 논문, 107쪽). 이들의 주장은 죽령과 계립령 일대에서 이 기간에 고구려와 신라 간 교전의 흔적이 남아 있지 않는 데서 도출한 것이다.「충주비」에서 순흥으로 비정되는 우벌성이 '신라토내' 내지 '동이매금토'의 범주에 포함된 것은 비의 내용연대 시기[449~450년]에 죽령이 이미 국경으로 기능했을 가능성을 시사해 준다.

87)『三國史記』卷5, 新羅本紀5, 善德王 11년 ; 卷41, 列傳1, 金庾信 上 ; 卷45, 列傳5, 溫達.

88) 서영일, 2005,「5~6世紀 新羅의 漢江流域 進出과 經營」『博物館紀要』20, 檀國大學校 石宙善紀念博物館, 55~58쪽.

거점으로 서진하였다.[89] 이로 인해 국원을 최남단의 거점으로 삼아 동북진하여 영서 지역의 영역지배를 관철시키고자 한 고구려와의 치열한 영역쟁탈전이 불가피해졌다.

---

89) 서영일도 영서 지역 신라 산성과 주거지를 신라가 동해안 방면에서 남한강 유역으로 진출한 결과물로 보았다(서영일, 2005, 위의 논문, 59쪽).

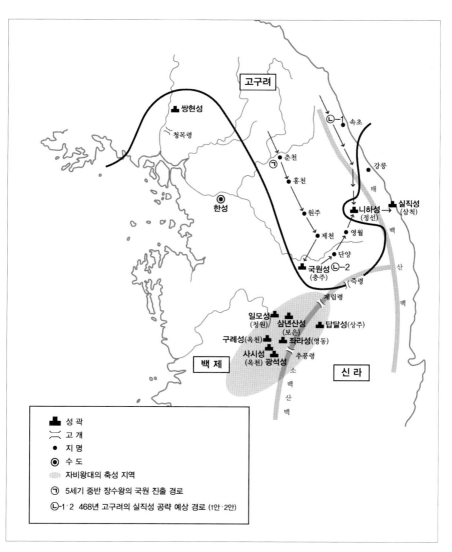

<지도 3> 5세기 중·후반 고구려의 남진과 자비왕의 방어성 구축

제2부

5세기 후반~6세기 중반 고구려의 남진과
삼국의 한강 유역 쟁탈전

한국 고대사에서 한강 유역이 차지하는 정치·경제·군사적인 의미는 각별하다고 할 수 있다. 비옥한 평야지대의 높은 토지생산성은 물론이거니와, 한반도의 지형적 특징으로 인해 동서 간의 이동이 원활치 않았던 때에 한강은 水運을 통하여 중요한 교통로의 역할을 하였다. 교통로로서 한강의 역할은 비단 국내에 국한한 것이 아니었다. 한강 하류의 항구를 통하여 중국과 직접 교류함으로써 중국의 선진문물을 수입해오는 창구이기도 했던 것이다.[1] 때문에 한강 유역의 확보가 삼국 간 쟁패의 주도권 차지와 동일시 된 것은 자연스러운 이해였다.

제2부에서는 한강 유역을 두고 벌어진 삼국 간 각축전의 양상을 두 시기로 나누어 고찰하고자 한다. 제1장에서는 고구려가 백제의 한성을 공략한 후 한강 유역을 둘러싸고 백제와 공방전을 벌였던 475~549년까지의 양상을 다루고자 한다. 물론 이 시기 고구려의 남하와 한강 유역 영역의 판도를 다루었던 연구 성과가 그동안에 적지 않았다.[2] 그 결과 고구려가 475~551년까지 한강 유역을 차지했다는 통설이 구축되었다. 이러한 통설의 밑바탕에는 『삼국사기』 지리지의 '고구려고지'와 『日本書紀』(卷19), 欽明天皇 12년(551)조에 "백제 聖明王[聖王 : 필자 주. 이하 생략]이 고구려를 정벌하여 漢城의 땅을 차지함으로써 마침내 故地를 회복했다"는 기록이 깔려 있다고 할 수 있다.

---

1) 한국고대사에서 한강 유역이 차지하는 의미는 申瀅植, 1983, 「韓國古代에 있어서 漢江流域의 政治·軍事的 性格」 『鄕土서울』 41, 서울特別市史編纂委員會 : 1984, 『韓國古代史의 新硏究』, 一潮閣, 260~282쪽이 참고된다.

2) 구체적인 연구 성과는 제1장 1절의 연구사 검토과정에서 소개하겠다.

그런데 백제본기에는 동성왕(479~501)과 무령왕대(501~523)에 麗·濟 간 전쟁과 백제의 축성·순행이 한강 유역을 넘어 황해도 일대에서까지 이루어진 것으로 남아 있다. 이것은 마치 고구려의 한성 함락 이후에도 백제가 여전히 이 지역을 점유한 듯한 인상을 준다. 때문에 백제본기를 근거로 통설에 대한 문제제기가 꾸준히 제기되어 왔다. 하지만 5세기 후반~6세기 중반으로 비정되는 고구려 유물·유적이 경기도와 충청도·강원도 일대에서 꾸준히 발굴되면서[3] 통설의 논리를 보강하는 재반론도 만만치 않다. 분분했던 논란만큼이나 5세기 후반에서 6세기 중반까지 한강 유역의 영역 변천양상에 대한 연구자들 간 이해의 차이는 여전히 크다고 할 수 있다.

기존의 연구 성과를 통해 고구려의 남하양상에 대한 이해에 진전을 이룬 것은 분명하다. 다만 사료를 보는 관점이나 연구방법적인 면에서 아쉬움이 없는 것은 아니다. 백제본기를 믿는 연구자들의 경우 고고학 자료를 외면하는 경향이 다분하고,[4] 고고학 자료를 신빙하는 연구자들은 논증과정 없이 백제본기를 불신하는 경향이 강하다. 또한 그동안의 연구에서는 한강 유역 영역 변천의 양상을 지나치게 고착화하거나 단선적으로 이해하는 데 그친 감이 있다. 한강 유역의 범위가 서울 및 경기 일원의 한강 하류 유역과 충청도와 강원도의 한강 중·상류 유역으로 넓어 지리적인 환경이 다름에도 불구하고 이에 대한 고려가 부족했던 것이다. 그러한 결과 고구려·백제가 한강 유역을 차지했다고 하면서도 어느

---

3) 1990년대까지 아차산 일대를 비롯해서 대전 월평동, 충북 청원 남성골 등 군사 유물·유적이 발굴되었다면 2000년대 이후에는 경기도 성남 판교, 용인 보정동, 화성 청계리와 강원도 홍천 철정·역내리, 원주 건등리, 충주 두정리 등에서 고분 및 주거지가 꾸준히 발굴되었다. 자세한 내용은 본문에서 다룰 것이다.

4) 물론 전부가 그렇다는 것은 아니고 대체적인 경향만을 지적하는 것이다. 고고학 자료의 경우도 연구자마다 연대와 유물·유적의 성격에 대한 이해는 각양각색이다. 세부적인 부분은 본문에서 다루겠다.

정도의 범위를 어떠한 형태로 지배했는지, 또 진출경로가 어디였는지에 대한 규명은 소홀할 수밖에 없었다. 나아가 각 나라의 대내외적인 상황을 종합적으로 고려하지 않고 사료를 이해하는 과정에서 각각 한 나라의 입장만이 반영되어 주관적으로 치우친 결과를 초래하기도 했다.

제2장에서는 한강 유역을 둘러싼 삼국 간 각축전이 가장 치열하게 전개된 6세기 중반을 다룬다. 백제 성왕(523~554)은 475년에 고구려 장수왕에게 빼앗긴 한강 하류를 되찾기 위해 절치부심했고, 신라와의 동맹을 통하여 고구려를 압박해 갔다. 그 결과 551년 백제와 신라는 공동 작전하에 각각 한강 하류와 중·상류를 공격하여 고구려로부터 한강 유역을 빼앗았다. 하지만 한강 하류를 차지한 지 불과 2년 만에 백제는 신라에게 한강 유역을 모두 내주고 말았다. 管山城 戰鬪는 곧 신라에게 한강 유역을 빼앗긴 백제가 주도면밀하게 준비한 보복전이었다. 그런데 잘 알려져 있는 것처럼 관산성 전투의 결과는 백제의 참패로 귀결되었고 급기야 성왕은 戰場에서 적군에게 어이없는 죽임까지 당했다. 신라는 관산성 전투의 승리를 계기로 한강 유역을 공고히 차지할 수 있었다. 말하자면 신라가 한강 유역을 영역으로 편입할 수 있었던 결정적인 분수령이 관산성 전투라고 할 수 있다.

6세기 중반 한강 유역을 둘러싼 삼국 간 각축과정과 영역 변천양상에 대해서도 그동안 꾸준히 연구 성과가 축적되었다.5) 관산성 전투에 대해

---

5) 대표적인 연구 성과를 꼽으면 다음과 같다.

盧泰敦, 1976, 「高句麗의 漢水流域 喪失의 原因에 대하여」 『韓國史硏究』 13, 韓國史硏究會 : 1999, 『고구려사 연구』, 사계절 ; 李昊榮, 1984, 「高句麗·新羅의 漢江流域 進出 問題」 『史學志』 18, 檀國大學校 史學會 : 2007, 『月山 李昊榮의 韓國史學 遍歷』, 서경문화사 ; 李道學, 1987, 「新羅의 北進經略에 관한 新考察」 『慶州史學』 6, 慶州史學會 ; 李仁哲, 1997, 「신라의 한강 유역 진출과정에 대한 고찰」 『鄕土서울』 57 : 2003, 『신라 정치경제사 연구』, 일지사 ; 金周成, 2000, 「聖王의 漢江流域 占領과 喪失」 『百濟史上의 戰爭』, 忠南大學校 百濟硏究所 編, 서경문화사 ; 임기환, 2002, 「고구려·신라의 한강 유역 경영과 서울」 『서울학연구』 18, 서

서도 최근 들어 집중적 조명이 이루어진 바 있다.[6] 그 결과 관산성 전투가 발생했던 시대적 배경, 전투의 전개과정과 영향 등에 대한 이해가 제고될 수 있었다. 특히 관산성 전투의 분석을 통해 당시 신라의 군사제도와 서북 지역 방어체계를 규명한 최근의 연구[7]는 여러 면에서 시사해 주는 바가 컸다고 생각한다.

그럼에도 불구하고 기존의 연구 성과에 미진함이 없는 것은 아니다. 신라가 한강 유역을 진출하는 과정에 대한 분석은 다소 소홀했던 것 같다. 게다가 신라가 차지했던 한강 유역의 영역적 범위도 연구자 간 이해의 차이가 커서 혼란스럽다. 실증적인 자료의 뒷받침보다는 정황적 측면에서 추론한 데 따른 결과였다고 생각한다. 그리고 가장 기본적이라고할 수 있는 관산성 전투의 시기가 분명하게 정리되지 못했다. 『三國史記』에 따르면 관산성 전투는 554년 7월 한 달 동안 발생한 것으로 되어있다.[8] 이와 달리 『日本書紀』에는 554년 12월에 관산성 전투 관련 기

울시립대부설 서울학연구소 ; 신형식, 2005, 「신라의 영토확장과 북한산주」『鄕土서울』66 : 2009, 『한국고대사의 새로운 이해』, 주류성 ; 徐榮一, 2005, 「5～6세기 신라의 한강유역 진출과 경영」『博物館紀要』20, 檀國大學校 石宙善紀念博物館 ; 盧重國, 2006, 「5～6세기 고구려와 백제의 관계-고구려의 한강유역 점령과 상실을 중심으로-」『北方史論叢』11, 동북아역사재단 ; 朱甫暾, 2006, 「5～6세기 중엽 高句麗와 新羅의 관계-신라의 漢江流域 진출과 관련하여-」『北方史論叢』11 ; 鄭雲龍, 2007, 「관산성 전투와 집권세력의 변화」『泗沘都邑期의 百濟』(백제문화사대계 연구총서 5) ; 전덕재, 2009a, 「신라의 한강유역 진출과 지배방식」『鄕土서울』73.

6) 관산성 전투를 전론으로 다룬 연구 성과는 다음과 같다.
金甲童, 1999, 「新羅와 百濟의 管山城 戰鬪」『白山學報』52, 白山學會 ; 김주성, 2008, 「管山城 戰鬪의 背景」『中原文化論叢』12, 충북대 중원문화연구소 ; 梁起錫, 2008, 「管山城 戰鬪의 樣相과 影響」『中原文化論叢』12 ; 전덕재, 2009b, 「관산성전투에 대한 새로운 고찰」『新羅文化』34, 東國大學校 新羅文化硏究所. 관산성이 있었던 옥천 지역의 역사지리적인 조건과 고고학적 연구도 출간되어 많은 참고가 된다. 沃川郡·忠北大學校 中原文化硏究所, 2003, 『新羅·百濟激戰地(管山城) 地表調査報告書』.

7) 전덕재, 2009b, 위의 논문.

록이 남아 있다.[9] 기왕의 연구자들은 별다른 논증과정 없이 둘 중 하나를 택하여 관산성 전투의 추이를 살피는 경우가 많았다. 관산성 전투가 일어났던 554년 9월에 백제가 신라의 珍城에 쳐들어가 대승한 기록이 남아 있다.[10] 또 10월에는 고구려가 백제의 熊川城을 공격했다가 실패하기도 했다.[11] 관산성 전투를 『삼국사기』에 따라 554년 7월에 개시·종결된 것으로 보면 백제가 관산성 전투의 패배를 딛고 珍城 전투에서 복수한 셈이 된다. 반대로 『일본서기』를 따르면 백제는 관산성 전투의 전초전으로써 진성 전투를 치룬 것이라고 할 수 있다. 어떤 기록을 취신하느냐에 따라서 관산성 전투 전후 삼국의 각축전 양상에 대한 이해의 차이로 귀결될 수 있는 것이다. 그것은 곧 관산성 전투의 전개과정에 대한 정확한 이해와도 맞물려 있는 문제이다.

　이와 같은 문제의식을 가지고 제2부에서는 다음과 같이 논지를 전개하고자 한다. 제1장에서는 475~449년 고구려의 남진과 그에 따른 한강 유역의 영역 변천양상에 대해서 계기적이면서도 입체적인 이해를 마련하는데 주력하고자 한다. 481~497년까지 고구려는 백제뿐만 아니라 신라에 대해서도 소백산맥 일대는 물론 영서 내륙과 동해안 일대에서 전방위적인 공세를 가했다. 이는 475년 고구려가 백제 한성을 차지한 후 한강 하류 유역의 영유권을 지속하는 데 있어 중요한 변수가 되었던 만큼 종합적인 안목을 가지고 접근하고자 한다. 백제는 무령왕(501~523)이 즉위한 후 국력을 회복했고, 이에 고구려에게 빼앗긴 한강 유역을 되찾고자 북진을 시도하였다. 따라서 이 무렵부터 6세기 중반까지 한강 유역을 둘러싼 고구려와 백제의 공방전 양상과 그에 따른 영역 판도의 변화

　8) 『三國史記』卷4, 新羅本紀4, 眞興王 15년 및 卷26, 百濟本紀4, 聖王 32년.
　9) 『日本書紀』卷19, 欽明天皇 15년(554).
10) 『三國遺事』卷1, 紀異2, 眞興王.
11) 『三國史記』卷19, 高句麗本紀7, 陽原王 10년 및 卷27, 百濟本紀5, 威德王 원년.

를 온전하게 그려내고자 한다. 이를 위해서 백제본기에 나오는 전쟁·축성·순행 지역에 대한 면밀한 위치비정을 기본으로 하겠다. 또한 지금까지 발굴된 남한 내 고구려 유물·유적도 적극적으로 활용할 것이다.

제2장에서는 먼저 백제가 120여 년 동안 유지해왔던 나·제동맹의 파기를 의미했던 관산성 전투를 왜 일으켰는지 그 배경에 대해서 살펴보고자 한다. 그것은 곧 신라의 한강 유역 진출과정과 긴밀히 연관되는 것이다. 자연 고구려가 빼앗긴, 바꾸어 말해서 백제와 신라가 차지한 한강 하류의 6郡과 한강 중·상류 10郡의 범위도 좀 더 구체적으로 드러날 것으로 생각한다. 그리고 기존에 연구자마다 이해의 차이가 컸던 관산성 전투의 개시와 종결시점에 대해서 선행 연구를 검토한 후 합리적인 대안을 제시하고자 한다. 그 과정에서 성왕이 사망한 시기 및 『삼국사기』와 『일본서기』에 다르게 기록되어 있는 위덕왕의 즉위연도[12)]에 대해서도 설명될 것이다. 관산성 전투의 시기가 규명되면 그것을 토대로 해서 관산성 전투의 전개과정을 새로운 관점에서 재구성해 보고자 한다. 이를 통해 475~554년까지 한강 유역을 둘러싼 삼국 간 영역의 변천양상을 좀 더 구체화하고, 관산성 전투를 시·공간적인 면에서 종합적으로 이해하는 데 도움이 되기를 기대한다.

---

12) 위덕왕은 『삼국사기』에는 성왕이 죽은 554년에 곧이어 즉위한 것으로 되어 있고, 『일본서기』에는 557년 3월에 즉위한 것으로 되어 있다.

제1장 5세기 후반 고구려의 한강 유역 진출과 영역 변천

1. 고구려의 한강 유역 장악과 백제의 반격

1) 관련 자료와 기존 연구의 검토

고구려는 5세기 들어 북중국에서 北魏가 등장함으로써 국력의 지향점이 요동 지역에 기울었다. 이에 따라 백제와의 국경선은 예성강~임진강 유역에서 소강상태를 유지하였다. 고구려의 남진은 북위와의 관계를 안정시킨 462년 이후에 본격적으로 추진되었다. 고구려의 우선적인 정벌의 대상은 숙적 백제였다. 5세기 중반 이후 두 나라가 충돌한 기사는 현재 455년(장수왕 43 ; 개로왕 1)과 469년(장수왕 57 ; 개로왕 15)에 고구려가 백제를 선제공격한 것으로 되어 있는 2건만이 남아 있다.[1] 그러나 개로왕이 재위 18년(472)에 북위 孝文帝에게 보낸 외교문서에 "馮氏의 운수가 다하여서 남은 사람들이 도망해 오자 추악한 무리들[고구려 : 필자주. 이하 생략]이 점차 성해져서 드디어 [우리는] 능멸과 핍박을 당하게 되었으며, 원한을 맺고 병화가 이어진 지 30여 년에 재물도 다하고 힘도 고갈되어 점점 약해지고 위축되었습니다"라고 호소한 것[2]을 보면, 고구려의 백제에 대한 공세와 그로 인해 백제가 느끼는 압박감이 상당했음을 짐작할 수 있다.

---

1) 『三國史記』 卷3, 新羅本紀3, 訥祇麻立干 39년 ; 卷18, 高句麗本紀6, 長壽王 56년 ; 卷25, 百濟本紀3, 蓋鹵王 15년.
2) 『三國史記』 卷25, 百濟本紀3, 蓋鹵王 18년.

고구려의 대백제 공략은 백제를 외교적으로 고립시키고 내부 분열을 획책하는 전략으로 추진되었다.3) 곧 고구려는 개로왕의 대북위 외교가 실패로 귀결된 472년 이후 북위와의 우호관계를 한층 더 공고히 했고,4) 그동안 소원했던 남조 宋에도 474년 7월에 사신을 보냄으로써 관계 복원을 도모하였다. 또한 승려로 위장시킨 간첩 道琳을 파견하여 백제 내부의 혼란을 가중시키고 대토목공사를 일으켜 국력을 고갈시켰다.5) 그리고 475년 9월 장수왕이 친히 3만군을 이끌고 백제의 수도 漢城을 기습 공격하였다.6) 고구려는 한성을 포위한 후 군사를 네 길로 나누어 北城을 火攻으로 7일 만에 함락시켰다. 개로왕은 南城으로 피신한 후 빠져나오다가 고구려군에 붙잡혀 阿且城으로 끌려가 죽임을 당했다. 장수왕은 포로 8천 명을 사로잡아서 고구려로 돌아갔다.7) 이로써 500여 년동안 유지되어 왔던 백제의 한성도읍기 시대가 종식되었다.

이하 5세기 후반부터 이루어진 고구려의 남하양상과 이것에 대응하는 신라와 백제의 상호관계 및 영역 변천을 살피기 위해 <표 1>을 작성하였다.8)

---

3) 金壽泰, 2000, 「百濟 蓋鹵王代의 對高句麗戰」 『百濟史上의 戰爭』, 忠南大學校 百濟研究所 編, 서경문화사, 235쪽.

4) 고구려는 472년 이후 북위에 거의 매년 봄·가을 2차례에 걸쳐 사신을 보내 조공하였다. 이때부터 공물의 양도 이전의 배가 되었고, 그 보답으로 받는 것도 늘었다. 그 결과 장수왕 72년(484)에는 위나라 사람들이 고구려를 강하다고 여겨 여러나라 사신의 숙소를 두는데, 고구려 사신을 齊나라 사신 다음으로 대우하였다(『三國史記』 卷18, 高句麗本紀6, 長壽王 60년·72년).

5) 『三國史記』 卷25, 百濟本紀3, 蓋鹵王 21년.

6) 이때 고구려군은 평산이나 배천에 집결해서 예성강을 건너 개성-장단-적성-양주-아단성(아차산)-한성으로 진격한 것으로 파악된다(朴京哲, 2006, 「麗·濟戰爭史의 再檢討」 『高句麗研究』 24, 高句麗研究會, 145쪽 ; 서영일, 2007, 「高句麗의 百濟 攻擊과 南進路」 『경기도의 고구려 문화유산』, 경기도박물관, 102쪽).

7) 『日本書紀』 卷14, 雄略天皇 20년(476) 겨울에도 "百濟記云 蓋鹵王乙卯年[475]冬 狛[고구려]大軍來 攻大城七日七夜 王城降陷 遂失尉禮 國王及大后王子等 皆沒敵手"라 하여 백제의 왕과 왕족들이 참살당했음을 전한다.

〈표 1〉 5세기 후반~6세기 중반 삼국의 상호관계와 영역 좌표[축성·전쟁·순행]

연번	연대				행위 주체	내용	경 과	전거	비 고
	서기년	각국 왕 재위년							
		고구려	백제	신라					
1	475	長壽王 63	蓋鹵王 21 文周王 1	慈悲王 18	고→백	전쟁	9월 장수왕 3만군으로 백제 친정, 漢城 함락, 개로왕 죽이고 8천명 사로잡아 귀환	고본 백본	나제동맹군○ 신본 474년조에 기술
2					백제	천도	10월 熊津으로 천도	백본	
3	476	64	2	19	백제	축성 [개축]	大豆山城 수리 후 漢北의 民戶 이주	백본	
4	480	68	東城王 2	炤知王 2	말→신	전쟁	말갈이 신라 북변에 침입	신본	나제동맹군×
5					신라	순행	2월 比列城에 가서 군사 위로	신본	
6	481	69	3	3	고↔신	전쟁	3월 고구려가 말갈과 함께 신라 북변 침입, 狐鳴城 등 7성 함락 후 彌秩夫에 진출. 나·제·가야 구원군 반격, 泥河까지 추격해서 1천명 죽임	신본	나제동맹군○
7	482	70	4	4	말→백	전쟁	말갈이 漢山城 습격해 3백여 호를 약탈해 돌아감	백본	나제동맹군×
8	483	71	5	5	백제	순행	봄 漢山城에 사냥가서 백성을 위문하고 10일 만에 귀환. 4월 熊津 북쪽에서 사냥함	백본	
9					신라	순행	10월 一善界에 행차해 백성들 위문	신본	
10	484	72	6	6	고→신	전쟁	고구려가 신라 북변 침입, 나·제 동맹군이 母山城에서 물리침	신본	나제동맹군○
11	485	73	7	7	신라	축성	2월 仇伐城	신본	
12					백→신	사신 파견	5월 예방함	백본 신본	
13	486	74	8	8	신라	축성 [개축]	정월 一善界 丁夫 3천명을 징발해 三年山城과 屈山城 개축	신본	
14					백제	축성	7월 牛頭城	백본	
15					신라	열병	8월 狼山 남쪽에서 크게 사열함	신본	
16					백제	열병	10월 궁궐 남쪽에서 크게 사열함	백본	
17	488	76	10	10	신라	순행	2월 일선군 순행해서 鰥·寡·孤·獨 위문	신본	
18					신라	축성	7월 刀那城	신본	

8) 이하의 본문에서는 〈표 1〉의 내용에 근거해 서술할 것이며, 이에 전거는 생략한다.

19	489	77	11	11	고→신	전쟁	9월 고구려가 신라 북변에 침입, 戈峴에 이름. 10월 狐山城 함락	고본 신본	나제동맹군×
20					신라	축성 [개축]	2월 鄙羅城	신본	
21	490	78	12	12	백제	축성	7월 北部人 15세 이상 징발해 沙峴城과 耳山城 축성	백본	
22					백제	순행	10월 泗沘 벌판에서 사냥함	백본	
23	492	文咨明王 1	14	14	백제	순행	10월 牛鳴谷에서 사냥함	백본	
24	493	2	15	15	백→신	사신 파견	동성왕이 혼인을 청하자 소지왕이 이찬 비지의 딸을 보냄	백본 신본	
25	494	3	16	16	고↔신	전쟁	薩水에서 교전, 신라가 패해 犬牙城으로 후퇴. 고구려가 포위했으니 동성왕이 3천군을 보내 구원	고본 백본 신본	나제동맹군○
26					고구려	순행	7월 남쪽으로 巡狩해 바다에 제사지내고[望海] 귀환	고본	
27	495	4	17	17	고→백	전쟁	8월 雉壤城 포위. 백제의 요청으로 소지왕 장군 덕지 보내 구원. 고구려 퇴각	고본 백본 신본	나제동맹군○
28					백→신	사신 파견	동성왕이 사신을 보내 치양성 전투의 지원에 사의 표시	신본	
29	496	5	18	18	가→신	사신 파견	2월 加耶에서 흰 꿩을 보냄	신본	
30					고→신	전쟁	7월 牛山城 공격. 장군 실죽이 출전해 泥河에서 승리	고본 신본	나제동맹군×
31	497	6	19	19	고→신	전쟁	牛山城 함락	고본 신본	나제동맹군×
32	498	7	20	20	백제	축성	沙井城을 쌓아 한솔 비타로 지키게 함	백본	
33	500	9	22	22	신라	순행	9월 소지왕 捺已郡에 순행. 파로의 딸 벽화와 혼인. 11월 의문의 죽음	신본	
34					백제	순행	牛頭城에서 사냥	백본	
35	501	10	23	智證王 2	백제	축성	7월 炭峴에 목책을 설치해 신라에 대비 8월 加林城 쌓고 위사좌평 백가 파견	백본	
36					백제	순행	10월 泗沘 동쪽 벌판에서 사냥. 11월 熊川 북쪽 벌판과 사비 서쪽 벌판에서 사냥	백본	
37	502	11	武寧王 2	3	백→고	전쟁	고구려의 변경을 침입	고본 백본	나제동맹군×

No.	서기				주체	유형	내용	전거	비고
38	503	12	3	4	말→백	전쟁	9월 말갈이 馬首柵을 불태우고 高木城에 침입. 무령왕 5천군으로 격퇴	백본	나제동맹군×
39					백→고	전쟁	11월 달솔 우영을 보내 水谷城 침입	고본 백본	나제동맹군× 백본 501년조에 기술
40	504	13	4	5	신라	축성	波里城, 彌實城, 珍德城, 骨火城 등 12성	신본	505년 悉直州 설치, 이사부 軍主 파견
41	506	15	6	7	말→백	전쟁	7월 高木城을 함락하고 6백여 명 노략질함	백본	나제동맹군×
42					고→백	전쟁	11월 백제에 침입. 큰 눈이 내려 회군	고본	나제동맹군×
43	507	16	7	8	백제	축성	5월 高木城의 남쪽에 2개의 목책을 세웠고, 長嶺城을 축조하여 말갈에 대비	백본	
44					고→백	전쟁	10월 장수 고노가 말갈과 함께 백제 漢城을 치고자 橫岳에 주둔. 무령왕 군사 보내 격퇴	고본 백본	나제동맹군×
45	512	21	12	13	고→백	전쟁	9월 加弗城·圓山城 함락하고 1천명 생포. 무령왕 3천 기병 보내 葦川 북쪽에서 격퇴	고본 백본	나제동맹군×
46	518	27	18	法興王 5	신라	축성	株山城	신본	
47	522	安臧王 4	22	9	가→신	사신 파견	3월 가야왕이 혼인을 청하자 법흥왕 이찬 비조부의 누이를 보냄	신본	521년 나제 공동으로 양나라에 사신 파견
48					백제	순행	9월 狐山의 들에서 사냥함	백본	
49	523	5	23 聖王 1	10	백제	순행 축성	2월 漢城으로 행차해 漢北 州郡의 백성을 동원해 雙峴城 축성. 3월에 漢城에서 귀환	백본	
50					고→백	전쟁	8월 고구려가 浿水에 도착. 성왕 좌장 지충에게 보기 1만 주어 격퇴	고본 백본	나제동맹군×
51	524	6	2	11	신라	순행	남쪽 변방의 신영토를 순행. 가야 국왕이 찾아와 만남	신본	
52	525	7	3	12	백↔신	사신 파견	서로 사신을 교환함	백본	
53	526	8	4	13	백제	축성 [개축]	熊津城을 수리하고 沙井柵을 세움	백본	
54	529	11	7	16	고→백	전쟁	안장왕 친정해 穴城 함락. 성왕 좌평 연모에게 보기 3만 주어 반격. 五谷 전투에서 패해 2천 여명 전사	고본 백본	나제동맹군×

55	532	安原王2	10	19	가→신	투항	金官國王 김구해가 가족을 이끌고 신라에 항복	신본	
56	538	8	16	25	백제	천도	泗沘로 천도하고 국호를 南扶餘로 바꿈	백본	
57	540	10	18	眞興王1	백→고	전쟁	장군 연회가 牛山城 공격했으나 실패	고본 백본	나제동맹군×
58	541	11	19	2	백→신	사신파견	화친을 청하므로 수용함	신본	
59	548	陽原王4	26	9	고→백	전쟁	濊의 군사 6천명으로 漢北의 獨山城 공격. 백제의 구원 요청으로 신라 장군 주령[주진]이 3천군으로 고구려군 격퇴	고본 백본 신본	나제동맹군○

【일러두기】
1. 내용은 『삼국사기』 본기를 중심으로 정리하였다.
2. 전거는 고구려본기→고본, 백제본기→백본, 신라본기→신본으로 약칭했다.

　　고구려가 475년에 한성을 공략한 다음 달 백제는 수도를 熊津[충남 공주시]으로 옮겼다. 이러한 정황 때문에 고구려가 이때부터 나·제동맹군에 한강 유역을 빼앗기는 551년까지 한강 유역의 영유권을 가졌다고 보는 것이 학계의 통설이다. 이것은 백제 성왕(523~554)이 고구려를 정벌하여 漢城의 땅을 차지하고 平壤으로 진군해 옛 땅을 회복하였다는 『일본서기』의 기록9)과 부합한다.

　　그런데 기록대로라면 고구려 장수왕은 한성 공략 후 이곳에 별다른 조치를 취하지 않고 포로만을 데리고 귀환했다. 또한 문주가 신라에 가서 구원군 1만을 얻어서 한성에 돌아왔을 때 고구려 군사가 물러갔고 성은 파괴되었으며 왕이 죽었기 때문에 왕위에 오른 것으로 되어 있다.10) 말하자면 문주왕의 즉위는 한성 내지 그 인근에서 이루어진 것이다. 웅진으로의 천도는 문주가 왕위에 오른 다음 달에 단행되었다. 게다

---

9)『日本書紀』卷19, 欽明天皇 12년(551) "百濟聖明王親率衆及二國兵(二國謂新羅任那也) 往伐高麗 獲漢城之地 又進軍討平壤 凡六郡之地 遂復故地."

10)『三國史記』卷25, 百濟本紀4, 文周王 즉위년 "蓋鹵在位二十一年 高句麗來侵圍漢城 蓋鹵城自固 使文周求救於新羅 得兵一萬廻 麗兵雖退 城破王死 遂卽位 性柔不斷 而亦愛民 百姓愛之 冬十月 移都於熊津."

가 동성왕대(479~501)와 무령왕대(501~523)의 축성·순행 지역과 대고
구려 교전 지역을 살펴보면, 백제의 활동이 한강 유역권을 넘어 예성강
유역에까지 나타난다. 지명의 비정이 불확실한 것은 차치하고서라도, 과
거 백제의 수도로서 한강 유역에 소재한 것이 분명한 '漢山'·'漢山城'·
'漢城' 등이 백제의 활동 지역으로 나오는 것은(<표 1>의 연번 7·8·4
4·49 : 이하는 번호만 표시) 분명히 475~551년에 고구려가 한강 유역
을 차지했다는 통설적 이해와 맞지 않는 부분이다. 이러한 이유 때문에
그동안 475년 이후 『삼국사기』 백제본기의 기록을 어떻게 보아야 하는
지에 대한 논란이 이어져 왔다. 그것은 곧 이 시기 한강 유역의 영역 변
천양상에 대한 이해의 차이로 귀결되었다. 이에 기존의 연구를 간단히
검토한 후[11] 논의를 진전시키고자 한다.

웅진 천도 후 백제본기의 기록에 대한 입장은 크게는 부정론과 긍정
론으로 나눌 수 있다. 부정론은 다시 ① 단순 부정설, ② 조작설, ③ 지
명이동설, ④ 기년조정설로 구분되며, 긍정론도 전면 긍정설과 부분 긍
정설로 나눌 수 있다. 그것은 곧 백제의 한강 유역 회복을 문주왕 또는
동성왕대부터로 볼 것이냐 무령왕대부터로 볼 것이냐의 차이였다.

먼저 단순 부정설은 백제의 웅진 천도와 『일본서기』에 소개된 성왕의
551년 한강 유역 회복이라는 대전제에 따라 백제본기의 기록을 믿지 않
았다.[12] 조작설은 백제 측 문헌에서 웅진시대의 한수 유역 상실을 의도
적으로 은폐시켰고, 웅진시대 왕실의 실추된 권위 회복을 위해 웅진시대
지명에 한성시대 지명을 의식적으로 대입시키는 조작을 행한 것으로 이

---

11) 보다 자세한 연구사 검토는 김현숙, 2009a, 「475년~551년 한강유역 領有國 論議
에 대한 검토」 『鄕土서울』 73, 서울특별시사편찬위원회를 참조하기 바란다.

12) 津田左右吉, 1913, 「長壽王征服地域考」 『朝鮮歷史地理』 1, 南滿洲鐵道株式會社 :
1986, 亞細亞文化社, 87~88쪽 ; 李丙燾, 1959, 『韓國史』(古代篇), 震檀學會, 乙酉
文化社, 429~431쪽 ; 노태돈, 2005, 「고구려의 한성지역 병탄과 그 지배양태」 『鄕
土서울』 66 : 2009, 『한국고대사의 이론과 쟁점』, 집문당, 194~198쪽.

해했다.13) 지명이동설은 웅진시대 한성 民戶의 사민과 함께 한성시대의
지명을 함께 옮겨왔다는 주장이다.14) 기년조정설은 백제가 한강 이북
지역을 확보하고 있던 4세기 후반의 사실이 거꾸로 내려가서 잘못 실렸
다는 주장과,15) 비슷한 입장에서 한성시기의 사실이 웅진시대에 분산
기술된 것으로 보는 입장이다.16)

　부정론이 주장하는 사료 비판이라는 입장에는 공감한다. 하지만
475~551년에 고구려가 한강 유역을 차지하고 있다는 선입관이 강하다
는 인상을 받는 것도 사실이다.『日本書紀』欽明天皇 12년조의 기록도
사료적 가치가 있지만 백제본기의 많은 내용을 부정할 정도로 절대적이
라고 생각하지는 않는다. 무엇보다도 70여 년이라는 장기간 동안 한강

---

13) 李道學, 1984,「漢城末 熊津時代 百濟王系의 검토」『韓國史硏究』45, 23~25쪽 ;
　　2009,「百濟 熊津期 漢江流域支配 問題와 그에 대한 認識」『鄕土서울』73 : 2010,
　　『백제 한성·웅진성 시대 연구』, 일지사.

14) 今西龍, 1934,「百濟史講話」『百濟史硏究』, 近澤書店, 280~281쪽 ; 李基白, 1978,
　　「熊津時代 百濟의 貴族勢力」『百濟硏究』9, 忠南大學校 百濟硏究所 : 1996,『韓
　　國古代政治社會史硏究』, 一潮閣, 176~178쪽 ; 김현숙, 2003,「熊津時期 百濟와
　　高句麗의 관계」『古代 東亞細亞와 百濟』, 충남대학교 백제연구소편, 서경, 157~
　　159쪽 ; 노중국, 2006,「5~6세기 고구려와 백제의 관계-고구려의 한강유역 점령
　　과 상실을 중심으로-」『北方史論叢』11, 동북아역사재단, 22~26쪽 ; 梁起錫,
　　2008,「475년 위례성 함락 직후 고구려와 백제의 국경선」『한국 고대 사국의 국
　　경선』, 서경문화사, 79~81쪽. 노중국은 지명이동설뿐만 아니라 475~551년 고구
　　려의 한강 영유권을 주장하고 있다. 김현숙과 양기석은 동성왕대에 한해서 지명
　　의 이동을 설정하여, 무령왕대 한강 유역 회복설을 주장하였다. 따라서 부정론의
　　지명이동설과 긍정론의 부분 긍정설로 동시에 분류하였다.

15) 강종훈, 2006,「『삼국사기』백제본기의 사료 계통과 그 성격」『韓國古代史硏究』
　　42, 한국고대사학회, 94~97쪽.

16) 임기환, 2007a,「5~6세기 고구려의 남진과 영역 범위」『경기도의 고구려 문화유
　　산』, 경기도박물관, 43~46쪽 ; 2007b,「웅진시기 백제와 고구려 대외관계 기사의
　　재검토」『百濟文化』37, 공주대 백제문화연구소, 15~17쪽. 임기환은 본기기록의
　　原典을 검토해 고구려와 백제 공유기사의 경우 백제본기가 원전이 많은 데에 주
　　목하였다. 곧 백제본기의 변개 가능성을 지적한 것이다.

유역의 영역 변천양상을 구체적인 분석도 하지 않은 채 너무 고착화해서 이해하고 있는 것이 아닌가 싶다.

긍정론은 『삼국사기』 백제본기에 충실하자는 논리에서 출발하였다. 이미 조선시대에 이러한 문제의식을 가진 주장이 제기되었다. 곧 安鼎福은 동성왕과 무령왕의 한성 행차와 성왕대 漢北의 獨山城 공격이나 [59] 湄水에서의 교전기록에 주목해 고구려와 백제가 서로 번갈아 침탈한 것으로 생각하였다.[17) 丁若鏞은 한발 더 나아가 무령왕 이후 고구려가 잠시 차지한 적은 있지만 한성 함락 이후 50년 동안 한성과 한강 이북의 州·郡이 모두 백제의 소유라고 하였다.[18) 韓鎭書도 동성왕대의 한산성 행차 기록에 주목해 고구려가 비록 한성을 공략했지만 한강 이남으로는 한 발자국도 넘어오지 못했다고 주장하였다. 그리고 무령왕대와 성왕대 대고구려 교전기록도 그대로 인정해 553년까지 백제가 한강 유역을 차지한 것으로 파악하였다.[19) 이후 이와 같은 긍정론은 백제가 문주왕 내지 동성왕대부터 한강 유역을 탈환했다는 전면 긍정론[20)과 무령왕대 이후 회복했다는 부분 긍정론[21)으로 나뉘어 논의가

---

17) 『東史綱目』 附卷下, 地理考 百濟疆域考.

18) 『與猶堂全書』 6集 3卷, 疆域考, 漢城考.

19) 『海東繹史續集』 卷8, 地理考8, 百濟. 조선 후기 학자들의 백제 강역에 대한 인식은 조성을, 2007, 「조선 중·후기 백제사 인식-수도와 강역관을 중심으로-」 『百濟史總論』(百濟文化史大系 研究叢書 1), 충청남도 역사문화연구원에 잘 정리되어 있다.

20) 대표적인 연구 성과를 발표연대 순으로 정리하면 다음과 같다. 부분적으로 언급한 경우 해당 쪽을 밝혀두었다.
千寬宇, 1976, 「三韓의 國家形成」 『韓國學報』 2·3, 一志社 : 1989, 『古朝鮮史·三韓史研究』, 一潮閣, 306쪽 ; 兪元載, 1979, 「三國史記 僞靺鞨考」 『史學研究』 29, 韓國史學會, 37쪽 ; 梁起錫, 1980, 「熊津時代의 百濟支配層研究-王權强化政策과 關聯하여-」 『史學志』 14, 檀國大學校 史學會 ; 손영종, 1990, 『고구려사』 1, 백산자료원, 360·361쪽 ; 朴燦圭, 1991, 「百濟 熊津初期 北境問題」 『史學志』 24 ; 金永上, 1992, 「阿旦城과 長漢城에 대한 고찰」 『鄕土서울』 51, 서울特別市史編纂委員會 ; 李南奭, 1997, 「熊津地域 百濟遺蹟의 存在意味-百濟의 熊津遷都와 관련하여-」 『百濟文化』 26, 29~31쪽 ; 金榮官, 1998, 「三國爭覇期 阿旦城의 위치와 영

진전되었다.

　긍정론은 475~551년에 고구려가 시종일관 한강 유역을 차지하였다
는 반성의 차원에서 제기되었고, 최근에는 통설에 필적할 정도로 연구
성과가 축적되었다. 다만 백제본기에만 매몰되어 최근에 꾸준히 발굴되
고 있는 고고학 자료에 대한 분석에 소홀하거나[22] 지명의 비정에 자의
적인 면이 일부 있는 등의 문제점도 있다.

　　유권」『高句麗研究』5 ; 이인철, 2000, 『고구려의 대외정복 연구』, 백산자료원,
　　299~304쪽 ; 金榮官, 2000, 「百濟의 熊津遷都 背景과 漢城經營」『忠北史學』11·
　　12, 忠北大學校 史學會 ; 朴賢淑, 2001, 「熊津 遷都와 熊津城」『百濟文化』30,
　　120~122쪽 ; 沈光注, 2001, 「南韓地域의 高句麗 유적」『高句麗研究』12(高句麗
　　遺蹟 發掘과 遺物), 483~490쪽 ; 임범식, 2002, 「5~6세기 한강유역사 再考-식민
　　사학의 병폐와 관련하여」『漢城史學』15, 漢城史學會 ; 김병남, 2003a, 「百濟 聖
　　王代의 북방 영역 변화」『韓國史研究』120 ; 2003b, 「百濟 東城王代의 대외 진출
　　과 영역의 확대」『韓國思想과 文化』22, 韓國思想文化學會 ; 2004, 「백제 웅진천
　　도 초기의 한강 유역 상황」『韓國思想과 文化』26 ; 신형식, 2005, 「신라의 영토
　　확장과 북한산주」『鄕土서울』66, 198~199쪽 ; 金樂起, 2005, 「京畿 남부 지역
　　소재 高句麗 郡縣의 의미」『高句麗研究』20, 105~109쪽 ; 서영일, 2005, 「5~6
　　世紀 新羅의 漢江流域 進出과 經營」『博物館紀要』20, 檀國大學校 石宙善紀念博
　　物館, 60~64쪽 ; 沈光注, 2005, 「南韓地域 高句麗 城郭研究」, 상명대학교 박사학
　　위논문 ; 김영관, 2006, 「고구려의 청주지역 진출 시기」『先史와 古代』25, 韓國
　　古代學會 ; 문안식, 2006, 『백제의 흥망과 전쟁』, 혜안, 259~266쪽, 273~292쪽,
　　329~338쪽 ; 정운용, 2007, 「한강 유역 회복과 관산성 전투」『泗沘都邑期의 百
　　濟』(百濟文化史大系 研究叢書 5), 충청남도 역사문화연구원 ; 서영일, 2008, 「한성
　　백제의 교통로 상실과 웅진천도」『鄕土서울』72, 60~68쪽 ; 심광주, 2008, 「고구
　　려의 관방체계와 경기지역의 고구려성곽」『경기도 고구려유적 종합정비 기본계
　　획』, 경기문화재단 경기문화재연구원 ; 문안식, 2010, 「고구려의 한강 유역 진출
　　과 서울지역의 동향」『서울학연구』39 ; 박현숙, 2010, 「5~6세기 삼국의 접경에
　　대한 역사지리적 접근」『韓國古代史研究』58, 116~117쪽.
21) 양기석, 2005, 「5~6세기 百濟의 北界-475~551년 百濟의 漢江流域 領有問題를
　　중심으로-」『博物館紀要』20 및 2008, 앞의 논문 ; 김현숙, 2003, 앞의 논문. 양기
　　석은 애초에는 동성왕대에 한강 유역을 회복한 것으로 보았으나 2005년에 입장을
　　수정하였다.
22) 물론 전부가 그렇다는 의미는 아니다. 대표적으로 김영관·양기석·서영일·김락기
　　등은 고고학 자료를 적극적으로 원용하여 자설을 주장하였다.

이와 같은 양상은 1980년대 후반 몽촌토성에서 고구려 건물지와 토기류가 발굴되고,[23] 1990년대 이후 임진강과 한강 유역에서 고구려성과 보루가 조사·발굴되면서[24] 논란이 한층 더 가중되고 있는 실정이다. 또한 충북 청원의 남성골[25]과 대전 월평동산성[26]에서 고구려 유물·유적

---

23) 서울특별시·서울대학교 박물관, 1988, 『夢村土城-東南地區發掘調査報告』 ; 1989, 『夢村土城-西南地區發掘調査報告』. 몽촌토성에서 출토된 고구려 토기는 15개 기종 343개체에 달한다(최종택, 2002, 「夢村土城 內 高句麗遺蹟 再考」『韓國史學報』 12, 高麗史學會, 17쪽).

24) 구체적인 발굴보고서는 생략한다. 다만 남한 내 고구려유적을 종합적으로 정리한 연구를 소개하면 다음과 같다.
沈光注, 2001, 「南韓地域의 高句麗 유적」『高句麗研究』 12(高句麗 遺蹟 發掘과 遺物) ; 정호섭, 2005, 「남한지역 고구려 유적·유물의 현황과 과제」『北方史論叢』 4 ; 백종오, 2005, 「最近 發見 京畿地域 高句麗 遺蹟-向後 課題와 展望을 제시하며-」『北方史論叢』 7 ; 백종오, 2006, 『남녘의 고구려 문화유산』, 서경 ; 백종오, 2008a, 「남한 내 고구려 유적 유물의 새로운 이해-최근 발굴 유적을 중심으로-」 『先史와 古代』 28 ; 백종오, 2008b, 「남한내 고구려유적 발굴 현황과 추이-경기도를 중심으로-」『경기도 고구려유적 종합정비 기본계획』 ; 백종오, 2009a, 「남한지역 고구려유적 발굴 추이와 과제」『21세기의 한국고고학 II』(希正 崔夢龍 敎授 停年退任論叢 II), 주류성 ; 백종오, 2009b, 「南韓內 高句麗 古墳의 檢討」『高句麗渤海研究』 35 ; 최종택, 2009, 「남한의 고구려고분」『고구려 유적의 어제와 오늘2-고분과 유물』, 동북아역사재단 ; 안신원, 2010, 「최근 한강 이남에서 발견된 고구려계 고분」『高句麗渤海研究』 36 ; 양시은, 2010a, 「남한 내 고구려 성곽의 구조와 성격」『高句麗渤海研究』 36 ; 양시은, 2010b, 「고구려의 한강유역 지배방식에 대한 검토」『고고학』 제9권 제1호, 중부고고학회 ; 崔鍾澤, 2011, 「南韓地域 高句麗古墳의 構造特徵과 歷史的 意味」『韓國考古學報』 81, 한국고고학회.
   이밖에 국립문화재연구소에서 2006, 『남한의 고구려유적-현황조사 및 보존정비 기본계획(안)』을 발간해 종합적으로 정리했고, 경기도박물관에서는 경기도의 고구려 문화유산에 대한 학술심포지엄을 개최한 후 2007년에 단행본으로 출간하였다. 게재된 논문 목록은 다음과 같다. 최몽룡, 「최근 경기도에서 발굴, 조사된 고구려 유적과 그 역사적 맥락」 ; 임기환, 「5~6세기 고구려의 남진과 영역 범위」 ; 서영일, 「고구려의 백제 공격과 남진로」 ; 최종택, 「남한 지역 고구려 토기의 성격」 ; 심광주, 「남한 지역 출토 고구려 기와의 특징」 ; 김성태, 「남한 지역 출토 고구려 무기의 고찰」 ; 정수일, 「고선지의 石國 원정 현장 고증」.

25) 차용걸, 2003, 「忠淸地域 高句麗系 遺物 出土遺蹟에 대한 小考-남성골 유적을 중

이 발굴된 후에는 고구려의 남방 한계선에 대한 통설[부정론]의 논리가 더욱 보강되고 있는 듯하다. 게다가 최근 성남 판교동·용인 보정동·화성 청계리 등 경기 남부일대에서 고구려 석실분이 꾸준히 발굴되는 양상이어서27) 475~551년 고구려의 한강 유역 영유설이 더욱 설득력을 얻고 있다. 실제로 고고학 자료를 통해서 백제가 웅진시대에 한강을 영유했다는 설을 반박한 일련의 연구가 발표된 바 있다.28)

심으로,『湖西地方史研究』(湖雲崔槿默教授 停年記念論叢), 호서사학회 편, 경인문화사 ; 차용걸·박중균·한선경·박은연, 2004,『淸原 南城谷 高句麗遺蹟』, 忠北大學校 博物館, 2004 ; 차용걸·박중균·한선경, 2008,『청원 I.C~부용간 도로공사구간 내 淸原 南城谷 高句麗遺蹟』(2006년도 추가발굴조사), 중원문화재연구원. 1차 발굴 결과 고구려식 집터와 고구려 토기류(130여 점), 철제 무기류가 다량 발굴되었고, 2차 발굴에서는 고구려 양식의 금제 귀걸이와 철제 鑣轡가 발굴되었다. 유적의 연대는 목책 구덩에서 나온 숯의 방사성 탄소연대 값이 5세기 후반 경으로 나오고, 시루의 형식 등을 감안해 5세기 후반~6세기 전반으로 보았다.

26) 국립공주박물관·충남대학교박물관, 1999,『大田 月坪洞遺蹟』; 李漢祥, 2000,「大田 月坪山城 出土 高句麗土器」『韓國 古代史와 考古學』(學山 金廷鶴博士 頌壽記念論叢), 學硏文化社 ; 충청문화재연구원, 2003,『大田 月坪洞山城』. 이곳에서 5세기 말경을 하한으로 하는 고구려 토기편 20여 점이 출토되었다.

27) 한국문화재보호재단, 2007.12.14,「성남 판교지구 문화유적 2차 발굴조사-5차 지도위원회의 자료-」; 한양대학교 문화재연구소, 2007.7,「경기도 용인시 기흥구 보정동 901-3번지 신축부지내 문화재 발굴조사 간략보고서」; 이한용·윤중현, 2007,「용인 보정동 고구려 석실묘 발굴조사」『계간 한국의 고고학』가을호, 104~111쪽 ; 한백문화재연구원, 2008.9,「화성 청계 택지개발지구 내 문화재 발굴조사 3차 지도위원 회의자료(가지구)」. 보정동에서는 抹角藻井의 천장구조를 가진 고구려 석실묘 2기와 고구려 양식으로 추정되는 흑색마연토기 호 1점이 출토되었다. 판교동과 청계리에서도 각각 고구려 석실묘 2기가 발굴되었고, 청계리 1호분에서는 흑색마연토기 호 1점이 출토되었다. 고분의 천장 구조와 토기의 양식을 참고하여 5세기 후반의 고구려 석실분으로 이해하는 것이 일반적이다.

28) 崔鍾澤, 1998,「고고학상으로 본 고구려의 한강 유역 진출과 백제」『百濟硏究』28 ; 최종택, 2002, 앞의 논문 ; 최종택, 2006,「南韓地域 高句麗 土器의 編年 硏究」『先史와 古代』24 ; 최종택, 2007,「웅진도읍기 한강유역의 상황」『熊津都邑期의 百濟』(百濟文化史大系 硏究叢書 4), 충청남도 역사문화연구원 ; 최종택, 2008,「고고자료를 통해 본 백제 웅진도읍기 한강유역 영유설 재고」『百濟硏究』47 ; 양시은, 2010b, 앞의 논문 ; 윤대준, 2010,「475-551년 한강 하류 유역 領有

따라서 문헌자료와 최근 발굴되고 있는 고고학 자료의 보완이 적절히 이루어져야만 475~551년까지의 한강 유역 영역 변천양상을 온전하게 그려낼 수 있을 것이다. 따라서 필자는 백제본기에 대한 선입관 없이 당시 백제의 축성·순행기록과 고구려와의 교전 지역의 엄정한 비정과 사료비판을 한 후 고고학 자료를 원용하여[29] 논리를 보강하고자 한다.

2) 475~500년 고구려와 백제 간 한강 유역의 영역 변천

고구려 장수왕은 475년 한성 공략 후 포로 8천을 거느리고 고구려로 돌아갔다. 당시 고구려군이 회군한 까닭에 대해서는 北魏의 동향, 고구려의 내부적 상황, 장기전에 따른 백제의 저항과 신라 및 왜군의 개입 우려, 한성 함락과 개로왕 주살이라는 소기의 목적 달성 등으로 정리되었다.[30] 그리고 이때의 '歸'에 대해 장수왕과 그 주력군의 귀환으로 보아,[31] 고구려군 일부가 한성에 주둔해 있었다고 보기도 한다. 특히 몽촌토성에서 출토된 고구려 유물·유적을 근거로 고구려가 이곳을 거점성으로 삼아 20여 년 동안 주둔하면서 백제를 추격해 압박한 것으로 이해하였다. 그러한 결과가 청원의 남성골과 대전의 월평동 유적이라는 것이다.[32]

國 문제에 관한 考察」『정신문화연구』제33권 제1호(통권 118).

29) 다만 그동안 출토되었던 고구려 유물·유적의 연대는 고구려가 475~551년 동안 한강을 차지했다는 통설에 힘입은 바 컸다. 때문에 고고학 자료의 활용에는 좀 더 엄정함이 요망된다.

30) 金希宣, 2003,「高句麗의 漢江流域 進出과 그 防禦體系-漢江流域의 高句麗 관방유적과 관련하여-」『서울학연구』20, 10~13쪽 ; 노태돈, 2005, 앞의 논문 : 2009, 앞의 책, 190~194쪽 ; 노중국, 2006, 앞의 논문, 14~15쪽 ; 양기석, 2008, 앞의 논문, 67~69쪽 ; 李富五, 2009,「5세기 말 금강 중·상류의 대치선 이동과 삼국의 전략」『軍史』70, 국방부 군사편찬연구소, 6쪽.

31) 이도학, 1984, 앞의 논문, 24쪽 및 2009, 앞의 논문, 56~59쪽 ; 노중국, 2004,「漢城百濟의 沒落과 首都 移轉」『鄕土서울』64, 68~69쪽.

32) 최종택, 2002, 앞의 논문, 28~35쪽 ; 최종택, 2004,「아차산 고구려 보루의 역사적 성격」『鄕土서울』64, 120쪽 ; 최종택, 2007, 앞의 논문, 399~407쪽 ; 양기석,

그러나 기록에는 문주가 신라에 가서 원군 1만을 얻어서 한성에 돌아
왔을 때 고구려 군사가 물러간 상태였고, 문주왕의 즉위가 한성에서 이
루어진 것으로 분명하게 남겨져 있다. 만일 당시 고구려군이 몽촌토성에
주둔하고 있었다면 신라에서 구원군 1만을 얻어서 한성으로 돌아온 문
주와 어떤 식으로든지 충돌이 불가피했을 것이다. 또한 문주왕의 즉위식
도 불가능했을 것이다.

아마도 고구려 입장에서는 신라의 구원군을 의식하지 않을 수 없었을
것이다. 일부의 주둔군으로는 신라의 1만군을 상대하기 부담스러웠을
것이고, 설사 몽촌토성을 방어성으로 삼더라도 장기전으로 갈 경우 고립
되어 보급로가 차단당할 위기에 빠질 수 있음을 사전에 간파했을 것이
다. 일반적으로 백제와 신라를 상대로 한 방어시설로서 고구려성은 강의
북쪽에 위치해 있다. 몽촌토성의 경우 한강 이남에 있어 북쪽으로부터의
침입을 방어하기에는 유리하지만 고구려가 남쪽에 있는 백제에 대비하
면서 장기간 영유하기에는 적절한 입지 조건이라 할 수 없다. 따라서 고
구려군은 일단 한강 이남의 한성에서는 퇴각했고, 그 이후 문주왕이 한
성에서 즉위한 것으로 이해하는 것이 사료의 문면에 충실한 것이다.[33]
실제로『일본서기』에는 고구려군이 백제가 다시 재기할 것을 염려해 추
격하자는 논의가 있었지만 그만둔 것으로 되어 있다.[34]

2008, 앞의 논문, 69~73쪽.

33) 물론 신라의 입장에서 고구려와의 정면 대결을 피했을 것이라거나 문주왕의 즉위
가 왕도가 아닌 임시 군영에서 이루어졌을 것으로 보기도 한다(최종택, 2007, 앞
의 논문, 401~402쪽). 하지만 이미 고구려와의 갈등기에 접어든 신라가 1만군이
나 동맹 지원군으로 파견하면서 군사적 활동을 자제했다는 것은 논리적으로 납득
하기 힘들다.

34)『日本書紀』卷14, 雄略天皇 20년(476) "高麗王大發軍兵 伐盡百濟 爰有少許遺衆
聚居倉下 兵粮旣盡 憂泣玆深 於是 高麗諸將言於王曰 百濟心許非常 臣每見之 不覺
自失 恐更蔓生 請遂除之 王曰 不可矣…遂止之(百濟記云 蓋鹵王乙卯年[475]冬 狛
大軍來 攻大城七日七夜 王城降陷 遂失尉禮 國王及大后 王子等 皆沒敵手)." 476년
의 기록이지만 부기되어 있는 百濟記 및『삼국사기』와의 비교를 통해 475년의 내

물론 고구려가 힘들게 빼앗은 한성을 완전히 방치했다는 것도 쉽게 납득이 가지 않는다. 아마도 고구려군의 일부가 주둔했던 곳은 한강 이남의 한성이 아닌 한강 이북의 아차산 일대였던 것 같다. 아차산 일대 보루 축조의 상한연대가 주로 5세기 말 이후로 편년되지만,[35] 개로왕이 아차산으로 끌려가 죽임을 당한 것을 감안하면 이곳에 고구려의 한성 공격을 위한 군사령부가 있었을 가능성이 크다.[36] 이는 곧 아차산에 있었던 백제 아단성이 475년 고구려의 한성 침공 이전에 이미 고구려에게 점령되어 그 기능을 다하지 못했음을 의미하는 것이기도 하다. 아마도 고구려가 한강 북안의 아단성을 기습적으로 제압하고 이곳을 전진거점으로 삼아 한강 도하작전을 실시한 것으로 파악된다.[37] 따라서 한성 공격 후 다시 이곳에 일부의 군사를 주둔시켜 백제의 동향을 살폈을 것으로 생각된다.[38]

용을 반영하는 것으로 보아도 무리가 없다.

35) 최종택, 2004, 앞의 논문, 121쪽. 그는 475년 이후 고구려군이 몽촌토성에 주둔하다가 500년을 전후한 시점에 한강 북안의 아차산 일원 보루로 철수한 것으로 논리를 완성하였다(최종택, 2004, 앞의 논문, 151~153쪽). 이와 달리 서영일은 아차산 일대의 고구려 보루는 6세기 중엽 경에 사용된 것으로 추정하였다(徐榮一, 2002, 「京畿北部地域 高句麗 堡壘 考察」『文化史學』17, 한국문화사학회, 68~73쪽).

36) 閔德植, 1994, 「百濟 阿旦城研究-百濟初期 都城研究를 위한 일환으로-」『韓國上古史學報』17, 韓國上古史學會, 171쪽 ; 李道學, 1994, 「고대」『아차산의 역사와 문화유산』, 구리시·구리문화원, 42쪽. 아차산 4보루의 석축 아래에서 목책렬이 확인되었다. 이것은 곧 木柵을 임시로 사용하다가 폐기한 후 석축 성벽이 구축되었음을 의미한다. 아차산 일대의 구의동, 홍련봉 1·2보루, 시루봉 보루에서도 목책이 확인되었다(양시은, 2010a, 앞의 논문, 107~108쪽). 석축 아차산 보루군의 축조연대가 5세기 말 이후라면 목책 유구는 고구려의 한성 침공 교두보 차원에서 주목할 필요가 있다.

37) 박경철, 2003, 「高句麗 ‘漢城强襲’의 再認識」『民族文化研究』38, 高麗大學校 民族文化研究所, 23~25쪽 ; 서영일, 2007, 앞의 논문, 102쪽.

38) 김수태도 고구려가 한성을 함락시킨 후 그곳을 점령하지 않고 한강 이북인 아단성으로 철수한 것으로 이해하였다. 이러한 상황이 백제의 웅진 천도를 불가피하

아차산 5보루에서 바라본 한강 유역

475년 고구려의 한성 공략 후 고구려의 한강 유역에 대한 영역지배는 원만하게 이루어지지 않은 것 같다. 이와 관련해서 476년 2월에 백제가 漢北의 民戶를 大豆山城으로 이주시켰다는 기록[3]은 백제의 관할권이 여전히 한강 유역에 미치고 있었음을 시사한다.[39] 대두산성의 위치가 분명하지는 않지만,[40] 한강 북쪽의 백제 주민을 한강 이남의 지역으로 사민시켜 고구려로부터 보호하려는 조치[41]임이 분명하기 때문이다.

게 만들었다는 것이다(김수태, 2000, 앞의 논문, 241쪽). 서영일은 475년 한성 함락 직후 고구려 주력군은 일단 임진강 이북으로 철수했고, 일부가 아차산 일대나 임진강에서 한강에 이르는 주요 요충지에 남은 것으로 이해하였다(서영일, 2007, 앞의 논문, 102쪽).

39) 정운용, 2007, 앞의 논문, 126쪽.

40) 온조왕대 湯井城[충남 온양시]을 쌓고 대두성의 민가들을 나누어 살게 했다는데 주목해 충남 아산 일대로 위치를 비정하기도 한다(이기백, 1978, 앞의 논문 ; 1996, 앞의 책, 174쪽 ; 양기석, 2008, 앞의 논문, 81쪽). 다만 분명한 근거가 있는 것은 아니다. 고구려로부터의 안전성을 도모한 것이라면 웅진에서 그리 멀지는 않았을 것이다.

41) 김영관, 2000, 앞의 논문, 87쪽.

그렇다고 해서 백제가 고구려로부터 한강 유역을 탈환했다고 속단할 수는 없다. 476년 3월 문주왕이 南宋에 사신을 보냈을 때 고구려에 길이 막혀 좌절되는 모습42)은 경기만 일대의 제해권이 여전히 고구려의 수중에 있었음을 의미한다. 또한 좌평 해구와 함께 대두성을 근거로 하여 반란을 일으킨 연신이 고구려로 달아났다는 기록43)은 당시 고구려와 백제의 국경선이 한강 이남의 경기 남부 내지 충청권 북부였음을 암시해 준다.

동성왕 4년(482)과 5년(483)에 말갈이 漢山城을 습격하여 백제의 3백 여 호를 약탈했다든가[7], 왕이 한산성에 직접 가서 사냥을 하고 순행했다는 기록[8]이 남아 있다. 이로써 보면 늦어도 482년 이전에 백제가 한산성을 되찾은 것을 알 수 있다.44) 다만 484년 7월에 동성왕이 南齊에 파견한 조공 사신이 여전히 서해 바다에서 고구려 군사에 막혀 가지 못했으므로,45) 동성왕의 한강 유역 회복도 한산성 유역을 중심으로 제한적이었을 가능성이 크다.

그렇다면 고구려군이 몽촌토성에 주둔한 기간을 언제로 이해해야 할까? 아마도 백제가 476년 2월 대두산성으로 한북 민호를 사민시킨 이후에서 백제가 한산성을 차지하는 482년 9월 사이가 아닐까 싶다. 왜냐하면 고구려가 몽촌토성에 여전히 주둔해 있었던 상태에서 백제가 한강 북쪽의 민호를 한강 남쪽으로 이주시킬 수는 없기 때문이다. 몽촌토성에서 출토된 고구려 토기는 15개 기종 339개체이다.46) 이것은 사실 소수의

---

42) 『三國史記』 卷26, 百濟本紀4, 文周王 2년.

43) 『三國史記』 卷26, 百濟本紀4, 三斤王 2년.

44) 지명이동설을 주장하는 연구자들은 이때의 한산성을 웅진 일대로 비정한다. 김현숙은 동성왕대의 한산을 충남 천안시 직산읍으로 비정했는데(김현숙, 2005, 『고구려의 영역지배방식 연구』, 도서출판 모시는 사람들, 228~229쪽) 최종택도 이를 따랐다(최종택, 2008, 앞의 논문, 145쪽).

45) 『三國史記』 卷26, 百濟本紀4, 東城王 6년.

46) 최종택, 2007, 앞의 논문, 132쪽의 <표 10> '남한 지역 출토 고구려 토기 기종 구성'에 의거하였다. 이하에 언급하는 구의동보루와 아차산 4보루도 마찬가

몽촌토성에서 출토된
고구려 네 귀 달린 나팔입항아리
(서울대학교 박물관 소장)

군사가 주둔했던 아차산 일대의 보루와 비교할 때 많다고 할 수 없는 수준이다. 10여 명이 주둔했던 구의동보루에 19개 기종 369개체, 100여 명이 있었던 것으로 추정되는 아차산 4보루의 경우도 23개 기종 538개체분의 고구려 토기가 출토되었다.[47]

말하자면 고구려군의 몽촌토성 주둔 기간은 수년 동안의 비교적 짧은 기간에 이루어졌던 것이 아닌가 싶다.[48] 이 시기는 백제의 입장에서도 문주왕(475~477)이 재위 3년 만에 병관좌평 해구에게 시해당하고, 삼근왕(477~479)도 재위 3년 만에 비명횡사하는 등 혼란스러웠다.[49] 아마도 고구려는 이 시기에 무주공산이었던 한강 유역을 차지하고 몽촌토성을 거점으로 삼아 남쪽으로 백제를 압박하였을 것이다.

이와 관련해서 경기 남부의 성남 판교동·용인 보정동·화성 청계리에

지이다.

47) 구의동보루와 아차산 4보루의 고구려군 주둔 규모는 崔鍾澤, 1999, 「京畿北部地域의 高句麗 關防體系」『高句麗山城研究』(高句麗研究 8), 275~278쪽을 참고하기 바란다.

48) 정운용은 고구려군의 몽촌토성 주둔 기간을 고구려가 한성을 함락한 후 문주가 신라에서 구원군을 얻어 돌아오기 이전까지의 한 달 이내로 상정했다(정운용, 2007, 앞의 논문, 128~130쪽). 김현숙은 475~500년 무렵까지 몽촌토성이 고구려의 남진 기지로 기능한 것으로 파악하였다(金賢淑, 2009b, 「高句麗의 漢江流域 領有와 支配」『百濟研究』 50, 32쪽). 사실 최종택이 고구려군의 몽촌토성 주둔기간을 20여 년으로 잡은 까닭은 토기 형식이 한 형식만 존재하기 때문이었다(경기도박물관, 2007, 『경기도의 고구려 문화유산』, 종합토론문 289~290쪽). 그렇다면 20여 년이라는 기간은 고고학적으로 최대 기간이라 할 수 있을 것이다.

49) 『三國史記』卷26, 百濟本紀4, 文周王 3년 ; 三斤王 2년·3년.

몽촌토성 전경 모형(한성백제박물관 소장)

서 발굴된 고구려 석실분은 주목할 만하다. 이들 지역은 몽촌토성에서
탄천을 따라 남하하는 교통로의 도상에 위치한다. 유적의 조성연대를 확
정할 수는 없지만, 용인 보정동과 화성 청계리에서 출토된 토기의 문양
과 기형상의 특징에 주목해 5세기 후반으로 추정한 연구가 발표되었
다.[50] 청원 남성골과 대전 월평동 유적도 조성연대가 5세기 중·후반대
임이 유력하다.[51] 이와 같은 유적과 유물은 연속선상에서 조성된 5세기
후반 고구려의 남하 흔적일 가능성이 다분하다.

   그렇다면 이 시기 고구려의 남진경로를 어떻게 이해해야 할까? 당시

---

50) 양시은, 2010b, 앞의 논문, 43~44쪽.

51) 앞의 각주 25·26 참조. 軍事史的으로도 남성골산성에서 출토된 철촉에 대해 형태
    와 촉두의 길이에 주목해 5세기 후반으로 본 연구가 있다(김성태, 2007, 「남한 지
    역 출토 고구려 무기의 고찰」, 『경기도의 고구려 문화유산』, 경기도박물관, 232
    쪽). 또한 토기를 근거로 남성골과 월평동 유적을 각각 5세기 중·후반과 5세기 후
    반으로 추정하였다(양시은, 2010b, 앞의 논문, 47~48쪽).

고구려의 남진경로는 두 가지 정도로 추정해 볼 수 있다. 먼저 고고학 자료의 분포 지역을 존중하는 입장에서 한성-성남-용인-안성-진천[52])에서 미호천을 경유해 금강 유역으로 진출하는 경우이다. 또 다른 경로로는 광개토왕의 400년 南征 이후 안정적으로 장악해 왔던 竹嶺路[53])를 이용하여 충주에서 달천을 거슬러 괴산-청천에서 청주를 우회하여 남성골 등으로 남진했을 가능성도 있다. 전자라면 고구려가 몽촌토성을 장악한 후 백제에게 한산성을 빼앗기는 476~482년 사이에 남진했을 가능성이 크다. 후자일 경우 이하에서 살피는 484년 이후 고구려가 소백산맥 서록에서 신라와 벌이는 각축전을 고려할 때 5세기 말까지 시기를 늘려서 생각할 수도 있다.[54])

어느 경우이더라도 지금까지 발견된 한강 이남의 고구려 석실분의 개체 수나 출토된 유물의 양이 미미하고,[55]) 금강 유역의 고구려 성곽 유구가 모두 목책 단계의 임시적 군영임을 유념해야 한다. 이것은 아차산 보루군과 호로고루에서 목책 단계의 성벽이 석축으로 전환된 것과 대조적이다. 말하자면 청원 남성골 유적 같은 경우는 방어체계를 목책에서 석축

---

52) 충북 진천 대모산성에서도 고구려 토기 1점이 출토되었다(忠北大學校 湖西文化研究所, 1996, 『鎭川 大母山城 地表調查 報告書』, 84쪽). 비록 미미하지만 지표조사 결과이고, '고구려고지'라든지 484년의 모산성 전투기록[10]을 감안할 때 고구려의 진천 진출을 알려주는 의미 있는 자료일 수 있다.

53) 이 책 제1부 1장의 2절 참조. 죽령로의 경로는 서흥-신계-평강-김화-화천-춘천-홍천-횡성-원주-제천-단양-(죽령)-영주-안동-의성-영천-경주이다(서영일, 2002, 「廣開土王代 高句麗와 新羅의 關係」『廣開土太王과 高句麗 南進政策』, 고구려연구회 편, 학연문화사, 51쪽).

54) 정운용은 청원 남성골산성을 「충주고구려비」가 건립된 5세기 중반 이후 고구려가 충주-괴산-보은 방면을 거쳐 청원 지역으로 진출한 후 5세기 중·후반에 일시적으로 축조·사용한 것으로 이해하였다(정운용, 2013, 「淸原 南城谷 高句麗 山城의 築造와 運用」『동북아역사논총』 39, 동북아역사재단, 81~82쪽).

55) 이 때문에 고구려 석실분을 단기간에 남겨진 군사적 활동의 산물로 보기도 한다(안신원, 2010, 앞의 논문, 88~91쪽).

단계로 전환하는 데 필요한 안정적인 기간이 담보되지 못했음을 시사한
다.56) 따라서 이런 점을 종합적으로 고려한다면, 현 단계에서는 고구려
의 금강 유역 영역지배가 교통로를 통한 군사적 거점지배[선·점지배]로
서, 領有한 시기도 수년 동안으로 제한되었을 가능성이 크다고 생각한다.

동성왕 6년(484)까지 한강 유역의 회복이 비록 경기만 일대의 제해권
장악 실패로 인해 한계를 가지고 있었지만, 이후 점차 극복이 되어 간
듯하다. 백제가 486년·490년·495년에 南齊에 조공사를 보내고 封爵까
지 받아오는 데 성공한 것이다.57) 동성왕대의 대남제 외교는 고구려와
의 역학관계를 염두에 둔 외교노선이었다.58) 그 때문에 고구려가 백제
의 대남제 사신 파견을 차단한 것이다. 백제가 이를 극복했다는 것은 고
구려에 대한 외교적 대응이 소기의 성과를 거둠과 동시에 경기만의 제해
권도 어느 정도 회복했음을 알려준다. 동성왕 21년(499)에 漢山人 2천
명이 고구려로 도망해 들어갔다는 기록59)은 한산 일대가 백제의 북쪽
변경임을 암시해 준다. 동시에 한강 유역에 대한 백제의 지배권도 공고
하지 못했음을 시사한다.

백제가 비록 동성왕대 한강 유역 일부를 회복했지만 전 지역을 영역
지배했다고 하기는 힘들다. 실제로 동성왕은 재위기간 내에 고구려에 선
제공격을 가한 적이 없다. 사실 동성왕대는 고구려와 직접 충돌한 기사
가 전하지 않는다. 당시 고구려가 신라와의 전쟁에 주력했기 때문이었
다.60) 결국 동성왕의 한강 유역 진출은 고구려의 영역 진출 지향점이 신

---

56) 양시은, 2010a, 앞의 논문, 120쪽.

57) 『三國史記』 卷26, 百濟本紀4, 東城王 8년 ; 『南齊書』 卷58, 列傳39, 東南夷(1997, 中華書局 點校本, 1011~1012쪽).

58) 朴眞淑, 2000, 「百濟 東城王代 對外政策의 變化」 『百濟硏究』 32, 84~89쪽.

59) 『三國史記』 卷26, 百濟本紀4, 東城王 21년.

60) 백제 동성왕대에 해당하는 480~500년까지 고구려와 신라의 각축양상에 대해서
는 다음 절에서 다룬다.

라로 기울어져 있는 틈을 이용한 제한적 영유로 이해하는 것이 옳겠다.

동성왕 초반의 한산 순행 이후 국왕의 활동 지역과 백제의 축성 지역을 보면 백제의 한강 유역에 대한 적극적인 진출 의지가 있었는지 의심이 들 정도이다. 곧 동성왕이 8년(486)에 쌓고[14] 22년에 사냥을 나간 牛頭城[34]은 그 위치가 분명하지는 않지만,[61] 무령왕 즉위 시 백가가 加林城[충남 부여군 임천면 성흥산성][62]에서 반란을 일으켰을 때 왕이 우두성에 이르러 해명에게 명하여 반란군을 토벌하게 한 기록[63]을 참고하면 공주와 부여 인근에 있었음이 유력하다. 동성왕 12년(490)에 축조한 沙峴城과 耳山城[21]도 각각 충남 공주시 정안면의 廣停里山城[64]과 충북 증평군 도안면의 尼聖山城(柹城山城)[65]으로 비정되었다.

동성왕은 이때부터 泗沘 지역에 대한 관심을 높여 갔다. 사현성과 이산성을 쌓은 지 3개월 후에 사비벌판에 가서 사냥을 했고[22], 말년인 재위 23년(501)에도 두 차례나 사비로 사냥을 나갔다[36]. 동성왕이 재위 20년(498)에 쌓은 沙井城이 대전 지역에 있었다면,[66] 이것은 중부 내륙지방을 통해 백제 東邊으로 압박해 왔던 고구려에 대한 방어 차원에서 마련된 것으로 생각된다.[67] 동성왕 23년(501)에 炭峴[68]에 목책을 설

---

61) 『大東地志』卷5, 忠淸道33邑 韓山 城池에는 "乾止山古城 卽牛頭城 周三千六十一尺 泉七池一古有倉"이라고 하여 지금의 서천군 한산면 일대로 비정하였다.

62) 『大東地志』卷5, 忠淸道33邑 林川 城池 "聖興山古城 古加林城 周二千七百五尺 井三舊有倉." 단정할 수는 없으나 백가가 항복했을 때 그의 목을 베어 白江에 던졌으므로 부여군 일대임은 분명하다.

63) 『三國史記』卷26, 百濟本紀4, 武寧王 즉위년.

64) 井上秀雄, 1982, 「朝鮮城郭一覽」, 『朝鮮學報』 104, 朝鮮學會, 150쪽.

65) 閔德植, 1983, 「高句麗의 道西縣城考」, 『史學研究』 36, 韓國史學會, 43쪽.

66) 成周鐸, 1974, 「大田地域 古代城池研究」, 『百濟研究』 5, 116쪽.

67) 496년부터 고구려의 신라 침입에 나·제동맹군의 활동이 보이지 않는다. 이것은 곧 백제와 신라의 관계가 변화되는 조짐이다. 501년에 백제가 炭峴에 목책을 쌓아 신라에 대비하였다는 기록을 감안하면, 백제는 사정성의 축조를 통해 신라에 대한 대비책도 마련한 것 같다.

치하거나 加林城을 쌓는 것[35]도 모두 부여의 외곽에 대한 방어망을 구축하려는 일환이었다.

말하자면 동성왕은 집권 후반기로 갈수록 북쪽으로 진출하고자 하는 의지보다는 사비 지역에 관심을 기울였다.[69] 그리고 차령산맥 이남의 주요 요충지에 성을 쌓음으로써 수도 웅진과 사비에 대한 방어망 구축에 주력하였다. 따라서 동성왕대에 한강 유역은 안정적으로 경영되었다고 볼 수 없다. 어찌 보면 남제로의 사신 파견을 위한 한강 하류 일부를 제외한 나머지는 방치되었다고 해도 과언이 아니다. 물론 그렇다고 해서 고구려가 이 지역을 차지했다는 의미도 아니다. 499년 한산 사람의 고구려 망명 기록을 존중한다면, 한강 유역의 영유권은 느슨하지만 고구려보다는 백제가 쥐고 있었다고 보는 것이 낫다.

결국 동성왕대 한강 유역은 백제가 군사적 거점지배[선·점지배]를 통해 영역으로 유지했지만, 집권 후반기로 갈수록 차령산맥 이북에서 한강 유역 사이가 고구려와 백제 간 완충지대화된 것이 아닌가 생각한다.[70]

---

68) 탄현의 위치는 옥천과 보은 사이(津田左右吉, 1913,「百濟戰役地理考」『朝鮮歷史地理』上 : 1986, 亞世亞文化社 刊, 248쪽), 대전 동쪽의 馬道嶺(池內 宏, 1932-1933,「白江及び炭峴について」『滿鮮地理歷史硏究報告』14 : 1960,『滿鮮史硏究』上世 第二冊, 吉川弘文館, 226~228쪽 ; 李丙燾, 1983,『삼국사기』하, 신장판, 을유문화사, 74쪽), 금산군 진산면 교촌리의 '숯고개'[炭峙](成周鐸, 1990,「百濟炭峴 小考」『百濟論叢』2, 百濟文化開發硏究院 : 2002,『百濟城址硏究』, 서경, 247~291쪽)로 비정되었다.

69) 그 이유에 대해 '금강을 통해 교통하는 지리적 이점이 외교를 중시한 동성왕에게 큰 매력으로 다가왔을 것'이라는 견해가 있다(김기섭, 2005,「百濟 東城王의 즉위와 정국 변화」『韓國上古史學報』50, 18쪽).

70) 박현숙도 475년 이후 한강 유역이 백제의 연고권이 더 강하게 작용한 채 백제·고구려 간 완충지대로 남은 것으로 파악하였다(박현숙, 2010, 앞의 논문, 117쪽). 한편 495년 고구려가 백제의 雉壤城을 포위했다가 신라의 구원으로 고구려군이 퇴각했는데[27], 치양성을 어디로 볼 것인지에 따라 두 나라의 국경선에 대한 인식이 크게 달라질 수 있다. 치양성은 근초고왕대에도 나오는데 이때는 황해도 白川으로 비정되었다. 그런데 동성왕대의 영역 지향점을 보면 이때 육상교통로로

이렇듯 한강 유역에서의 고구려·백제 사이 국경선이 분명하게 드러나지 않는 까닭은 고구려가 5세기 말까지 주된 공격의 대상을 신라로 삼았기 때문이었다.

2. 고구려의 대신라 공세와 교착

고구려는 475년 백제 한성을 공략한 이후 신라에 대한 공격을 본격적으로 전개하였다. 고구려는 먼저 481년 3월에 말갈군과 함께 신라 북변을 침입해 狐鳴城[경북 청송군 또는 영덕군]71) 등 7城을 빼앗고 彌秩夫[경북 포항시 흥해읍]까지 진군하였다[6]. 신라 입장에서는 수도 인근까지 위협당하는 위기상황에 봉착한 것이다. 하지만 신라·백제·가야의 동맹군이 길을 나누어 방어하면서 반전의 계기를 마련하였다. 결국 신라군은 퇴각하는 고구려군을 泥河[남한강 상류]72) 서쪽까지 추격해서 1천 명을 목 벰으로써 전쟁을 승리로 이끌었다[6].

이때 고구려군의 남진경로는 어디였을까? 일단 468년의 니하성[강원도 정선군 임계면 송계리산성] 축조로 삼척 이북의 방어체계가 안정적으

백제가 황해도까지 진출했다고 보기 어렵다. 또한 水軍의 교전으로 보기에도 신라의 신속한 구원군 파견이 불가능한 지역이다. 따라서 이 시기 백제가 점유한 치양성은 근초고왕대와는 다른 곳으로 파악되어야 할 것이다. 이에 치양성을 원주(김병남, 2003b, 앞의 논문, 227쪽 ; 문안식, 2006, 앞의 책, 290~291쪽) 또는 괴산 일대(양기석, 2008, 앞의 논문, 84쪽)로 보기도 한다. 당시 고구려와 나·제의 교전 지역을 감안하면 소백산맥 서록에서 찾는 것이 합리적이라고 생각한다. 그렇다면 백제의 치양성 차지는 죽령로의 거점을 차단하여 고구려가 자국의 동변을 압박했던 것에 대한 대응책일 수 있다. 이에 495년조의 치양성을 배천으로 본 기존의 견해(장창은, 2008, 앞의 책, 155쪽 및 171쪽)는 수정한다.

71) 소지왕대 축성 지역의 위치비정은 장창은, 2004b, 앞의 논문 : 2008, 앞의 책, 162~171쪽에 의거하였다. 이에 이하의 서술에서는 사료와 연구 성과 인용은 생략한다.

72) 니하의 위치비정은 이 책의 제1부 2장 3절을 참고하기 바란다.

로 기능하고 있었으므로 동해안로 일변도의 남진은 아닌 듯하다. 이는 백제·가야의 동맹군과 길을 나누어 방어했다는 것으로도 방증된다. 그렇다면 경북 내륙경로밖에 없는데, 죽령로 일대에는 신라군이 방어하고 있었으므로 그것을 우회하는 길이 유력하다. 기왕에 고구려군이 중원에서 '新羅土內幢主'가 있던 지역으로 進攻하고, 말갈은 신라의 하슬라와 실직의 거점을 고립시킨 채 동해안선을 따라 홍해에서 合軍, 경주를 압박한 것으로 본 적이 있다.[73] 또한 순흥·봉화·예안 등지에 잔존해 있던 고구려 군사가 임하-진보-청송-영덕-홍해를 통해 기습한 것으로도 이해했다.[74] 현 단계에서 고구려군의 남진경로를 분명히 하기는 힘들지만, 니하가 퇴로의 귀착지였다는 점을 감안하면 남한강 상류 정선에서 니하성을 우회해 태백산을 넘어 봉화-예안-진보(청송)-영해-영덕-홍해로 가면서 7성을 급습해 공략한 것으로 추정된다.[75] 하지만 전쟁의 결과는 백제·가야와의 적절한 공조로 신라의 승리로 끝이 났다.

481년 경북 내륙과 동해안을 통해 신라를 압박하려 했던 고구려의 의도는 좌절되었다. 이에 고구려는 작전선을 바꾸어 백제와 신라의 국경선이 맞닿아 있는 금강의 지류인 미호천 유역을 공격하였다. 곧 484년 母山城[충북 진천군 진천읍]을 공격한 것이다. 그러나 역시 나·제동맹군의 활약으로 고구려군이 크게 패했다[10]. 이때 고구려군이 진천에서 나·제

---

73) 鄭雲龍, 1989, 「5世紀 高句麗 勢力圈의 南限」『史叢』35, 高大史學會, 13쪽 ; 朴京哲, 2007, 「麗羅戰爭史의 再檢討」『韓國史學報』26, 高麗史學會, 64쪽.

74) 김현숙, 2002, 「4~6세기경 小白山脈 以東地域의 領域向方」『韓國古代史硏究』26, 103~105쪽. 홍영호는 중원-경북 북부-안동-영해-미질부로 진공한 것으로 파악하였다(홍영호, 2010, 「三國史記 所載 泥河의 위치비정」『韓國史硏究』150, 71~72쪽).

75) 필자는 정운용·김현숙이 경북 내륙경로를 주목한 것에 동조하지만, 이 시기까지 소백산맥 이남에 고구려 군사가 주둔했다고 생각하지 않는다. 이러한 위험상황이 잔존한 상태에서 신라가 소백산맥 너머 서북쪽 변경과 동해안로에 축성사업을 추진했겠는가 하는 의구심(李道學, 1987, 「新羅의 北進經略에 관한 新考察」『慶州史學』6, 慶州史學會, 26쪽) 때문이다.

동맹군과 교전할 수 있었던 것은 475년 한성 함락 후 지속된 남진의 결과와 관련이 깊었다. 곧 고구려는 한성 함락 이후 몽촌토성을 거점으로 삼아 웅진으로 천도한 백제를 압박해 남진을 지속하였다. 앞에서 살펴본 청원 남성골 유적과 대전 월평동산성은 5세기 후반 고구려의 남진양상을 잘 보여준다. 그런데 최근 성남 판교동·용인 보정동·화성 청계리 등 경기 남부에서 고구려 석실분이 발굴됨으로써 고구려의 남진경로에 단서를 제공해 주었다. 곧 고고학적 정황을 존중할 때 5세기 후반 고구려가 백제를 공략한 경로는 한성(몽촌토성)-성남-용인-안성-진천76)에서 미호천을 경유하여 금강 유역으로 진출한 것으로 추정된다.77)

소지왕(479~500)은 485년에 仇伐城[경북 의성군]을 쌓았다[11]. 다음해에는 一善界[경북 선산군] 丁夫 3천 명을 징발해 三年山城[충북 보은군 보은읍]과 屈山城[충북 옥천군 청산면]을 고쳐 쌓았다[13]. 그리고 488년과 490년에 각각 刀那城[경북 상주시 모동면]을 쌓고 鄙羅城을 증축하였다[18·20]. 소지왕은 자비왕대의 방어성 구축을 계승하면서도, 소백산맥 이남 교통로의 요충지에도 2차적인 방어체계를 구축하였다.

다만 소지왕대는 자비왕대와 달리 축성사업에만 몰두할 수 있는 상황이 아니었다. 고구려의 파상적인 공세가 이어졌기 때문이다. 고구려는 곧 489년 9월 신라 북변에 침입하여 戈峴을 경유한 후 10월에는 狐山城을 장악하였다[19]. 고구려가 475년 이후 신라와 치룬 교전 중 남진의 거점으로 공취한 성으로는 처음이었다. 다만 그 위치를 알 수 없다.78)

---

76) 진천 대모산성에서도 고구려토기 1점이 출토되었다(忠北大學校 湖西文化研究所, 1996, 『鎭川 大母山城 地表調査 報告書』, 84쪽).

77) 죽령로를 이용해 충주에서 달천을 따라 올라가 괴산-증평에서 미호천 유역으로 진출했을 가능성과 두 경로에서의 협공 가능성도 있다. 이부오는 아차산성 일대로부터 남한강 하류를 거쳐 망이산성 방면에서 미호천 유역으로 남하한 것으로 보았다(李富五, 2009,「5세기 말 금강 중·상류의 대치선 이동과 삼국의 전략」『軍史』 70, 19~20쪽).

78) 강민식은 戈峴을 충북 단양에서 문경으로 넘어오는 국도 59번이 지나는 벌재로

고구려는 文咨明王(491~519)이 즉위한 후에도 신라에 대한 공세를 이어갔다. 곧 494년 7월 薩水原[충북 괴산군 청천면)79)에서 신라군과 싸워 승리하였다. 신라는 이때 犬牙城[경북 상주시 화북면 견훤산성]으로 후퇴해 고구려군에 포위당했다가, 백제 동성왕이 3천군을 보내주어 간신히 포위를 풀 수 있었다[25].

그런데 고구려가 살수원으로 진출한 경로는 장수왕대와는 다른 인상을 준다. 왜냐하면 경기 남부와 진천 지역을 경유해서 미호천 서쪽으로 남하하는 교통로가 484년 모산성 전투의 패전으로 봉쇄되었기 때문이다. 실제로 살수원은 충주에서 달천을 따라 남진하면 쉽게 도달할 수 있다. 그렇다면 고구려는 國原[충북 충주시]에서 출발했을 가능성이 크다.80) 이것은 곧 고구려가 5세기 중반 국원을 장악한 이후 지속적으로 영역지배했음을 시사한다.

다만 그동안 「충주고구려비」 외에 고구려의 충주 지역 지배와 경영을 뒷받침해 주는 고고학 자료가 부족했었다. 그런 와중에 충주시 두정리에서 횡혈식석실분 6기가 발굴되어 주목받았다.81) 고고학계에서는 고분 구조의 특징상 1~4호분에서 모서리를 말각조정한 점과, 2호·4호분에서 출토된 短頸壺와 長胴壺가 고구려 토기라는 점, 그리고 4호분에서 출토된 은제 반지가 평양 대성산 출토품과 유사한 점에 착안해 두정리 고분군을 고구려 고분군으로 파악하였다. 유적의 조성연대는 토기 형식에 주목해 5세기 중·후반으로 보았다.82) 또한 최근 탑평리 유적에서 고구려

비정하였다(강민식, 2013, 「5세기 후반 삼국의 전투와 대치선」『軍史』 87, 225쪽의 각주 50). '伐'과 '戈'의 자형상 유사성에서 추론한 것인데, 당시 고구려와 신라의 각축 지역이 소백산맥 서록임을 감안할 때 따르기 어렵다.

79) 구체적으로 청천면의 후평리 벌판으로 비정하기도 한다(金榮官, 2008, 「古代 淸州 地域의 歷史的 動向」『白山學報』 82, 47쪽의 각주 46).

80) 이부오는 살수 전투에서 고구려가 미호천 방면에서 협공하지 못했던 까닭을 당시 백제가 미호천 유역을 회복했기 때문으로 보았다(이부오, 2009, 앞의 논문, 27~ 28쪽).

81) 중원문화재연구원·충주시, 2010, 『忠州 豆井里 遺蹟』.

구들시설과 토기·철촉 등 고구려계 유물이 출토되었다.[83] 이와 같은 충
주 지역의 고고학 성과는 국원이 5세기대 고구려의 남진거점으로서 중
요시되었음을 웅변해 준다.

　고구려가 국원을 거점 지역으로서 전략적 활용도를 유지하기 위해서
는 그것과 연결되어 있는 죽령로도 차지하고 있어야 한다. 이와 관련해
서도 최근 고고학 자료가 축적되고 있어 주목된다. 기존의 춘천 천전리·
방동리·신매리고분 외에 홍천 역내리·철정리 유적, 원주 건등리 유적에
서 고구려 유물·유적이 출토되었다. 철정리 유적에서는 생산유구로 추
정되는 수혈부 구상유구에서 고구려 토기가 출토되었고, 역내리 유적 4
호주거지에서도 帶狀把手가 부착된 長胴壺가 고구려 토기로 파악되었
다.[84] 특히 원주 건등리 유적은 생활유적으로서 주거지와 구상유구에서
고구려 토기가 출토되어[85] 그 의미가 배가된다. 비록 아직까지는 성과
가 미흡하지만 죽령로의 도상에서 발굴되는 고구려 유물·유적은 향후
더욱 증대될 것으로 기대가 된다.

　결국 5세기대 고구려의 남방 교전 지역과 고고학 발굴양상을 종합해

---

82) 최장열, 2009, 「고구려의 중원 경영」『중원의 새로운 문화재』Ⅱ, 중원문화재연
　　구원, 117~118쪽 ; 성정용, 2009, 「중부지역에서 백제와 고구려 석실묘의 확산과
　　그 의미」『횡혈식석실분의 수용과 고구려 사회의 변화』, 동북아역사재단, 146~
　　147쪽 ; 白種伍, 2009, 「南韓內 高句麗 古墳의 檢討」『高句麗渤海硏究』35, 231~
　　232쪽, 242~243쪽 ; 양시은, 2010b, 앞의 논문, 45~46쪽 ; 안신원, 2010, 「최근
　　한강 이남에서 발견된 고구려계 고분」『高句麗渤海硏究』36, 82~88쪽. 다만 발
　　굴보고서는 석실분 축조시기를 5세기 후반~6세기 초로 추정하였다(중원문화재연
　　구원·충주시, 『忠州 豆井里 遺蹟』, 159쪽).
83) 국립중원문화재연구소, 2011, 『고대도시유적 中原京 -유물편-』, 29쪽 ; 국립청주박
　　물관, 2012, 『국원성·국원소경·중원경』, 24쪽, 29쪽, 74~76쪽 ; 국립중원문화재연
　　구소, 2012, 『忠州 塔坪里 遺蹟[中原京 추정지] 제3차 시굴조사보고서』, 116쪽.
84) 강원문화재연구소, 2005, 『下花溪里·哲亭里·驛內里 遺蹟(Ⅰ)』, 286쪽, 378~381쪽.
85) 예맥문화재연구원, 2008, 『原州 建登里遺蹟 -원주 건등리 아파트신축부지 발굴조
　　사보고서』, 94~99쪽.

볼 때, 고구려는 광개토왕의 남정 이후 죽령로를 남진경로로 활용하였고, 장수왕대인 5세기 중반 국원을 차지한 뒤 이곳을 거점으로 삼아 백제와 신라를 압박했음을 알 수 있다. 말하자면 고구려가 동해안로와 소백산맥 서쪽 경로로 남진하는데 있어서 죽령로가 중심 매개 교통로의 역할을 했던 것이다.

고구려는 496~497년(문자명왕 5~6) 신라의 牛山城을 집중 공략하였다. 496년 7월 공격 때는 신라 장군 실죽의 활약으로 니하 상류에서 패하였다[30]. 하지만 다음해 8월 다시 공격하여 결국 우산성을 함락시켰다[31]. 우산성의 위치를 충청북도의 충주·보은 방면으로 비정하기도 하지만,[86) 분명한 논거가 뒷받침된 것은 아니었다. 고구려가 우산성을 공격했을 때 신라 장군 실죽이 나아가 泥河에서 반격해 이긴 것으로 되어 있으므로, 우산성은 니하성에 다다르기 이전의 서쪽 지역일 가능성이 크다. 따라서 우산성은 니하와 니하성의 서쪽 인근인 정선과 영월 정도로 위치를 비정하는 것이 합리적이다.[87) 그렇다면 고구려의 우산성 공략은 죽령로와 남진거점인 국원에서 남한강 상류를 경유해 신라를 압박한 것으로 해석된다. 그리고 그 결과 남한강 상류의 거점성인 우산성을 확보함으로써 신라에 대한 새로운 공세경로를 개척해나가는 교두보를

---

86) 津田左右吉, 1913, 「好太王征服地域考」『朝鮮歷史地理』上, 南滿洲鐵道株式會社 : 1986, 亞世亞文化社, 78~79쪽 및 「長壽王征服地域考」, 같은 책, 96~98쪽 ; 박성현, 2010, 「6세기 초 고구려·신라의 화약과 정계」『역사와 현실』76, 209~214쪽.

87) 이인철도 우산성의 위치를 중원군과 단양 일대로 비정하면서도, 우산성이 본래 신라의 소유였다는 점을 상기해 그보다 더 동쪽에 있을 가능성을 제기하였다(이인철, 1996, 「廣開土好太王碑를 통해 본 高句麗의 南方經營」『廣開土好太王碑 硏究 100年』[고구려연구 2] : 2000,『고구려의 대외정복 연구』, 백산자료원, 303쪽). 강민식도 우산성의 위치를 필자와 비슷한 문제의식에서 단양군 영춘면으로 보았고(강민식, 2013, 앞의 논문, 235~236쪽), 박성희는 니하에 성을 쌓은 이후 니하성이 사료에 보이지 않는 점에 착안해 우산성을 니하에 쌓은 성으로 추정하였다(박성희, 2013, 「신라의 강원지역 진출의 제양상-강릉·원주·춘천을 중심으로-」『흙에서 깨어난 강원의 신라문화』, 국립춘천박물관, 184쪽).

마련했다고 볼 수 있다.

그러나 이후 고구려와 신라의 교전기록이 남아 있지 않는 점을 감안해 보면, 문자명왕대 고구려의 신라에 대한 압박은 지속되지 못한 듯하다. 도리어 신라는 지증왕(500~514) 즉위 후인 504년에 波里城[강원도 삼척시], 彌實城[경북 포항시 홍해읍], 珍德城, 骨火城[경북 영천시] 등 12성을 축조하였다[40]. 골화성이 서북쪽에서 침입하는 세력[88]에 대한 경주 외곽의 최종 방어성이라면, 파리성과 미실성은 고구려의 침입에 대비한 동해안로의 방어성이라고 할 수 있다. 다음해에는 異斯夫를 悉直州의 軍主로 파견해 동해안로의 방어체계를 완비하였다.[89] 지증왕 13년(512)에는 하슬라주[강원도 강릉시]를 설치하여 이사부를 군주로 파견한 후 于山國[울릉도]까지 복속함으로써[90] 고구려의 對倭航路를 차단하고 동해안 일대의 제해권마저 장악하였다.[91] 결국 고구려의 대신라 남방 진출은 교착상태에 빠지고 말았다. 그에 따라 삼국관계도 새로운 국면으로 재설정되었다.

---

88) 이 시기 백제와의 관계를 고려할 때 골화성은 고구려뿐만 아니라 백제에 대한 방어성 기능을 하였을 것이다.

89) 張彰恩, 2007, 「新羅 智證王의 執權과 對高句麗 防衛體系의 확립」『韓國古代史研究』 45 : 2008, 『신라 상고기 정치변동과 고구려관계』, 신서원, 227~236쪽.

90) 『三國史記』 卷4, 新羅本紀4, 智證麻立干 13년 및 卷44, 列傳4, 異斯夫.

91) 金晧東, 2001, 「삼국시대 新羅의 東海岸 制海權 확보의 의미」『大丘史學』 65, 73~78쪽 ; 김정숙, 2005, 「古代 各國의 동해안 運營과 防禦體系」『전근대 동해안 지역사회의 운용과 양상』, 景仁文化社, 30쪽 ; 金昌錫, 2009, 「新羅의 于山國 복속과 異斯夫」『歷史教育』 111, 124~126쪽 ; 윤명철, 2010, 「울릉도·독도의 역사적 환경과 의미」『독도 학술세미나』, 한국문화원연합회 : 2012, 『해양역사와 미래의 만남』(윤명철해양논문선집 8), 학연문화사, 363~364쪽 ; 김창겸, 2011, 「신라의 東北方 진출과 異斯夫의 于山國 정복 출항지」『史學研究』 101, 58~59쪽 ; 李道學, 2012, 「高句麗의 東海 및 東海岸路 支配를 둘러싼 諸問題」『高句麗渤海研究』 44, 182~191쪽.

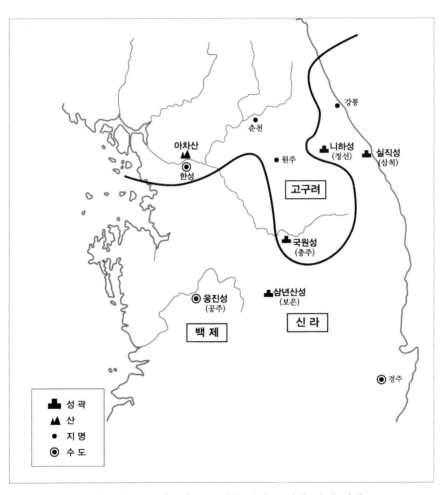

<지도 4> 475년 9월 고구려의 한성 공략과 남진 범위

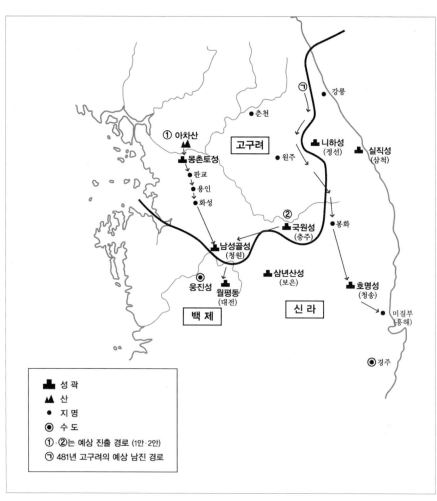

<지도 5> 476~482년 고구려의 남진 범위

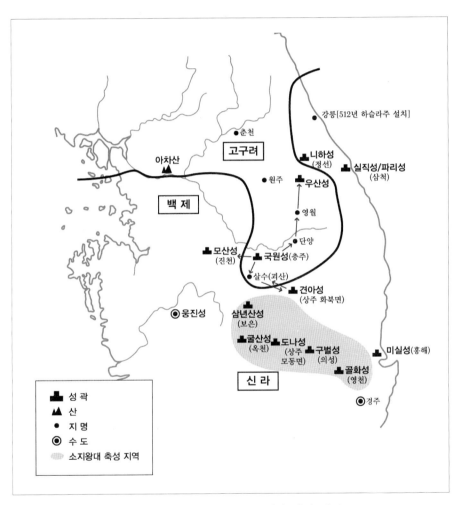

<지도 6> 482~500년 고구려의 남진 범위

3. 한강 유역을 둘러싼 고구려와 백제의 공방전

동성왕은 재위 23년 정변에 휩쓸려 시해당했다. 이때 백가가 동성왕
을 살인 교사한 것으로 기록되어 있지만,[92] 정변의 주도세력으로 유력
하게 거론되는 인물은 다름 아닌 무령왕(501~523)이다.[93] 그런데 무령
왕은 계보상 昆支의 아들임이 유력한 데도 불구하고[94] 개로왕의 아들로
도 설정되어 있다. 계보의 진위 여부를 떠나 무령왕을 의제적으로 개로
왕과 연결시킨 정치적 의도를 주목할 필요가 있다. 아마도 당시 백제 집
권세력은 개로왕이 475년에 아차성 아래로 끌려가 고구려군에 무참히
살해된 사건을 치욕적으로 기억하고 있었을 것이다. 특히 자신들 삶의
기반을 송두리째 잃은 채 한성 지역에서 내려온 귀족들은 고구려에게 빼
앗긴 영토에 대한 수복의 의지가 매우 강했을 것이다. 이에 무령왕은 개
로왕의 혈통을 이어받음으로써 한성시대의 옛 귀족들을 포용하려 했던
것 같다.[95] 동성왕이 집권 후반기에 지나치게 금강 유역의 방어에만 주
력한 것이 어쩌면 한성 고토의 회복을 바랐던 세력들에게는 불만이었을
것이고, 그것이 동성왕이 시해를 당한 원인 중 하나일 수도 있다. 무령왕
이 즉위 후 지속적으로 대고구려 강경책을 구사했던 까닭도 내부의 불만

---

92) 『三國史記』卷26, 百濟本紀4, 東城王 23년.

93) 盧重國, 1988, 『百濟政治史硏究』, 一潮閣, 163쪽 ; 鄭載潤, 1997, 「東城王 23년 政
    變과 武寧王의 執權」 『韓國史硏究』 99·100, 113~119쪽 ; 김기섭, 2005, 앞의 논
    문, 19쪽.

94) 무령왕의 아버지는 『三國史記』(卷26, 百濟本紀4, 武寧王 즉위년)에는 동성왕의 둘
    째 아들로, 『日本書紀』(卷16, 武烈天皇 4년)에는 곤지의 아들설과 개로왕의 아들
    설이 동시에 기록되어 있다. 생몰연대상 『삼국사기』의 기록은 부정되며, 곤지설
    과 개로왕설 중 곤지설이 우세하다(이도학, 1984, 앞의 논문, 11~15쪽 ; 노중국,
    1988, 앞의 책, 162쪽 ; 李基東, 1991, 「武寧王陵 出土 誌石과 百濟史硏究의 新展
    開」 『百濟文化』 21 : 1996, 『百濟史硏究』, 一潮閣, 263쪽 ; 김기섭, 2005, 앞의
    논문, 19쪽).

95) 정재윤, 1997, 앞의 논문, 119쪽.

을 없애고 집권세력을 결집시키기 위한 것이었을 가능성이 크다고 생각
한다.96)

6세기부터는 5세기 후반과는 여러 가지 면에서 사정이 달라졌다. 백
제와 신라의 관계도 이전과 달리 소원해졌다. 5세기 후반부터 보이던 이
러한 조짐은 6세기에 들어서서 본격화 되었다. 신라는 지증왕(500~514)
이 즉위한 후 대고구려 방어망을 완비하였다. 고구려의 신라에 대한 침
입 기사가 없으므로 신라는 지증왕대에 강릉 이남 지역을 안정적으로 영
역지배했음을 알 수 있다. 고구려 입장에서는 결국 남진의 방향을 백제
로 바꿀 수밖에 없었을 것이다. 결국 무령왕 즉위 후 두 나라는 한강 유
역을 놓고 진검 승부를 벌이게 된다.

먼저 공격을 개시한 것은 무령왕이었다. 곧 무령왕은 즉위한 지 2년
(502) 만에 군사를 보내 고구려의 국경을 선제공격하였다[37]. 이에 고구
려는 맞대응 차원에서 곧바로 다음해 9월에 부용세력이었던 말갈97)을
시켜 馬首柵을 불태우고 高木城을 공격하였다[38]. 그러나 무령왕이 군
사 5천을 보내 이를 물리쳤다. 마수책은 '馬忽'명 기와가 출토됨으로써
고구려 당시의 지명인 馬忽郡이 실증적으로 증명된 포천 반월산성에 있
었을 가능성이 있다.98) 고목성의 위치는 경기도 연천군에 비정하는 견
해가 있다.99) 단정할 수는 없지만 말갈의 침입경로를 추가령구조곡을
통한 남하로 생각한다면 경기 북부의 연천이나 강원도 철원 일대를 주목

---

96) 鄭載潤, 2001, 「熊津時代 百濟와 新羅의 關係에 대한 고찰」『湖西考古學』4·5, 湖
    西考古學會, 80~81쪽. 주보돈은 무령왕이 고구려에 빼앗긴 고토 회복에 관심이
    컸던 이유를 그가 개로왕의 아들이었기 때문으로 보았다. 곧 아버지의 실정에 의
    해 빼앗긴 땅을 수복함으로써 정통적 계승자로 자처했다는 것이다(朱甫暾, 2003,
    「熊津都邑期 百濟와 新羅의 關係」『古代 東亞細亞와 百濟』, 서경, 215~ 216쪽).
97) 李康來, 1985, 「『三國史記』에 보이는 靺鞨의 軍事活動」『領土問題研究』2, 高麗
    大 民族文化研究所, 64~65쪽.
98) 심광주, 2005, 앞의 논문, 222쪽.
99) 천관우, 1976, 앞의 논문 : 1989, 앞의 책, 311쪽.

해도 무리가 없을 듯하다.

그렇다면 무령왕은 동성왕이 제한적으로 회복했던 한강 유역을 넘어 임진강 유역까지 진출한 셈이 된다. 무령왕이 고목성 전투에서 승리한 후 두 달 만에 달솔 우영을 보내 수곡성[황해도 신계]을 습격한 것[39]은 백제가 내륙에서 임진강선을 넘어 예성강 상류까지도 넘봤던 정황을 알려준다. 연천과 신계는 방원령로100)의 요충지였으므로, 무령왕은 방원령로의 상당 부분을 회복했다고 볼 수 있다. 다만 고구려가 문자명왕 15년(506)에 말갈을 통해 고목성을 다시 함락했으므로[41] 방원령로를 둘러싼 두 나라 사이의 전선은 예성강 상류 유역에서 임진강 상류 유역으로 재조정되었다. 이에 무령왕은 507년 5월 말갈의 침략을 방어하기 위해 고목성 남쪽에 2개의 목책을 세웠고 長嶺城을 쌓아 대비하였다[43]. 같은 해 10월 고구려 장수 고노가 말갈과 함께 漢城을 공격하기 위해 橫岳[북한산]101) 아래에 주둔했지만 무령왕의 반격으로 퇴각했다[44].

고구려 문자명왕(491~519)의 백제에 대한 공세는 계속 이어졌다. 512년 9월에 백제로부터 加弗城과 圓山城을 빼앗고 포로 1천 명을 얻는 소기의 성과도 있었다. 하지만 곧바로 무령왕의 반격을 받아 葦川 북쪽에서 패하고 말았다[45]. 이들 지역의 위치를 추적할 만한 단서가 없지만 전후 사료의 맥락과 당시 고구려와 백제 간 교전 지역의 흐름을 감안할 때 적어도 한강 이북 지역이었을 것으로 추정된다.102) 결국 무령

---

100) 방원령로는 서울-양주-연천-삭녕-토산-신계-수안-방원령-연산-대동-평양에 이르는 교통로이다(서영일, 2007, 앞의 논문, 84쪽). 이하 소개되는 자비령로와 재령로도 서영일의 견해를 수용하였다.

101) 『大東地志』 卷1, 京都 漢城府 山水에 "三角山…百濟稱負兒岳 又云橫岳"이라고 하여 지금의 북한산으로 비정된다(김윤우, 1995, 『북한산 역사지리』, 범우사, 23~27쪽).

102) 문안식도 백제와 고구려·말갈의 전투가 연천·포천·의정부 일대를 중심으로 펼쳐친 데 주목해 이들 지역을 한강 이북 지역으로 추정하였다(문안식, 2006, 앞의 책, 314쪽). 정운용도 이 전쟁에서 백제가 고구려를 물리치면서 한강 북쪽 지역에 대한 장악을 점차 확실하게 굳힌 것으로 이해하였다(정운용, 2007, 앞의 논

왕 중반기까지 고구려와 백제 간 대립의 양상은 무령왕이 집권 초반에 공세를 가해 임진강 상류 유역까지 진출했고, 이후 고구려의 공격을 받았지만 반격에 성공함으로써 한강 이북에서 임진강선을 영역으로 삼았음을 알 수 있다. 이와 같은 고구려에 대한 자신감은 무령왕 21년(521)에 양나라에 사신을 보내 올린 표문에서 "여러 차례 고구려를 깨뜨려 비로소 우호를 통하였으며 다시 강한 나라가 되었다"는 것[103])으로 표출되기에 이르렀다.

   이와 같은 양상은 무령왕대 말년까지 유지된 것 같다. 곧 무령왕은 523년 9월에 한성에 순행을 가서 한달 동안 머물다가 돌아왔다. 이때 漢北 州·郡의 백성 중 15세 이상인 자를 징발하여 雙峴城을 쌓게 하였다[49]. 쌍현성의 위치는 앞에서 고증한 바와 같이[104]) 청목령[개성 북쪽 인근]과 가까운 마식령산맥의 중요한 교통로 비정된다. 그렇다면 무령왕은 한강에서 임진강 이남 지역을 州·郡이라는 지방통치제도에 편입하여 力役을 징발할 정도로 영역지배[면지배]하였고, 임진강 이북까지 진출해 요충지에 성을 쌓을 정도로 영유권[선·점지배]을 행사했음을 알 수 있다.[105]) 성왕(523~554)이 즉위하자마자 고구려군이 쳐들어와 浿水[예성강]에 이르렀으며 백제가 이를 물리쳤다는 기록[50]은 무령왕 후반~성왕 전반기 고구려와 백제의 국경선이 예성강 유역에서 형성되었음을 시사한다.

   무령왕 즉위 후 성왕 집권 전반기까지 유지되어 왔던 고구려에 대한

      문, 133쪽).

103) 『三國史記』卷26, 百濟本紀4, 武寧王 21년 "至是上表 稱 累破高句麗 始與通好 而
     更爲强國." 『梁書』卷54, 列傳48, 諸夷 百濟(808쪽)에도 같은 내용이 실려 있다.
104) 이 책의 제1부 1장의 2절을 참고하기 바란다.
105) 백제본기를 긍정적으로 보는 연구자들 사이에도 한강 유역 회복시기에 대한 입
     장이 각기 다른데, 무령왕 23년의 한성 순행을 한수 이북 지역의 회복으로 보는
     데에는 견해를 같이 한다.

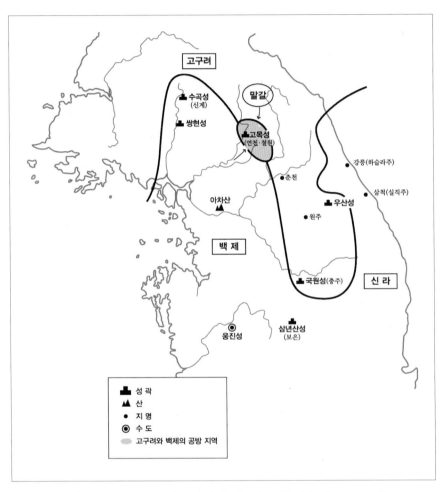

<지도 7> 501~528년 무령왕의 반격과 고구려와 백제 간 영역

백제의 우위는 529년(안장왕 11 ; 성왕 7)에 반전의 계기가 마련되었다. 곧 안장왕(519~531)이 몸소 군사를 거느리고 백제 북변의 穴城을 함락시킨 것이다. 성왕은 반격의 차원에서 좌평 연모에게 步騎 3만을 주어 五谷에서 고구려군과 맞서 싸웠지만 2천의 군사가 전사하는 대패를 당했다[54]. 혈성은 강화도에 있었던 것이 유력하다.106) 오곡도 관련 기록이 분명해서107) 황해도 서흥으로 비정하는데 이견이 없다. 백제는 무령왕 23년(523)에 쌍현성을 축조했고, 다음해 패수 전투에서 고구려를 물리침으로써 방원령로와 자비령로[서울-양주-파주(적성)-장단-개성-금천-평산-서흥-자비령-황주-평양]를 통한 고구려 남하에 방어선을 구축하고 있었다. 때문에 안장왕은 이들 내륙 지방의 교통로를 우회하여 재령로[서울-파주-개성-해주-신원-재령]를 통해 혈성을 기습 점거했던 것으로 추정된다.108) 『삼국사기』 지리지에 전해지는 지금의 경기도 고양시에 해당하는 王逢縣과 達乙省縣에서 漢氏 미녀가 안장왕을 만났다는 설화109)는 이러한 추론을 방증해 준다.

안장왕은 이후 자비령로의 핵심 요충지였던 오곡[황해도 서흥군]에서 벌어진 백제와의 전투에서 완승하였다. 안장왕이 몸소 군사를 이끌고 대백제 전쟁을 수행했고,110) 이에 대응하는 백제군의 규모도 3만 대군이었

---

106) 『三國史記』 卷35, 雜志4, 地理2, 漢州 "海口郡 本高句麗穴口郡 在海中 景德王改名 今江華縣." 이 기록에 의거해 혈성을 강화도로 비정하는데 대한 이견이 없다 (申采浩, 1931-1932, 『朝鮮上古史』: 2007, 『단재신채호전집』 제1권 역사-朝鮮上古史-, 독립기념관 한국독립운동사연구소, 754쪽 ; 김병남, 2003a, 앞의 논문, 66~67쪽 ; 양기석, 2005, 앞의 논문, 45쪽 ; 문안식, 2006, 앞의 책, 330쪽).

107) 『新增東國輿地勝覽』 卷41, 瑞興都護府 建置沿革 "本高句麗五谷郡(一云于次吞忽) 新羅改五關郡 高麗改洞州."

108) 안장왕이 수군을 보내 강화도의 혈성을 기습하여 함락한 후 육지로 상륙하여 백제의 배후를 공격한 것으로 보기도 한다(문안식, 2006, 앞의 책, 330쪽).

109) 『三國史記』 卷37, 雜志6, 地理4, 高句麗 "王逢縣(一云皆伯 漢氏美女迎安臧王之地 故名王逢)…達乙省縣(漢氏美女於高山頭點烽火迎安臧王之處 故後名高烽)."

110) 이것은 장수왕이 475년에 백제의 한성 공략에 親征한 이후 처음 있는 일이다.

으며 그 중 2천 명이 전사하였다. 이러한 점을 감안하면 529년의 전투가
고구려와 백제 두 나라에 미치는 영향은 매우 컸을 것이다. 그래서인지
고구려가 529년의 승전으로 인해 한강 유역을 다시 차지했다고 보는 것
이 일반적이다.111)

　　그런데 좀 더 세부적으로 들어가 보면 이후의 사료를 보는 관점에 따
라 고구려의 남방 한계선에 대한 연구자들 사이 견해 차이가 심하다는
것을 알 수 있다. 곧 이때 한강 유역을 넘어 청주 지역까지 진출했다는
견해도 있고,112) 이와 유사한 듯하면서도 영역의 진출로를 달리 생각해
아산만 일대로 진출했다는 주장도 있다.113) 반면에 고구려의 영유권을
한강 이북 지역으로 한정시키는가 하면,114) 무령왕~성왕대 백제의 한강
유역 진출을 水軍에 의한 것으로 보면서 오곡 전투의 패배로 백제의 한
강 유역 상실을 설명하기에는 한계가 있다는 지적도 있다.115)

　　그렇다면 529년 이후 한강 유역의 영유권을 어떻게 이해하는 것이 바
람직할까? 필자는 고구려가 529년부터 적어도 한강 이북 지역을 영역지
배[선·점지배]했다는 데에 동의한다. 그러한 증거가 아차산 일대의 고구

　　안장왕이 친정한 이유는 고구려 내부의 갈등을 봉합하고 왕권을 안정시키기 위
　　한 것이다(김현숙, 2003, 앞의 논문, 171~173쪽).

111) 김영관, 2000, 앞의 논문, 79~82쪽 ; 정운용, 2007, 앞의 논문, 136~137쪽 ; 박
　　현숙, 2010, 앞의 논문, 123쪽.

112) 김영관, 2006, 앞의 논문, 669~670쪽 및 2008, 앞의 논문, 42~53쪽. 청원 남성
　　골 유적과 대전 월평동 유적도 그 결과물로 이해하였다. 심광주는 고구려가 오
　　곡 전투 이후 남하하여 금강 상류 지역까지 진출했고, 그에 따라 위기의식을 느
　　낀 백제가 538년 사비 천도를 단행한 것으로 이해하였다(심광주, 2005, 앞의 박
　　사학위논문, 225~226쪽).

113) 548년조[59]에 나오는 獨山城을 충남 예산으로 비정한 결과이다. 손영종도 논증
　　과정은 자세하지 않지만 이때 고구려군이 승승장구하여 아산만까지 밀고 내려
　　왔고, 그 결과 백제가 538년에 사비로 천도한 것으로 이해하였다(손영종, 1990,
　　앞의 책, 374쪽).

114) 정운용, 2007, 앞의 논문, 137쪽.

115) 김수태, 2006, 앞의 논문, 133~135쪽.

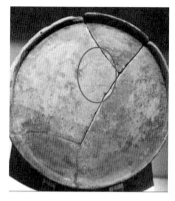
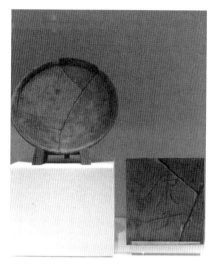

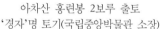
아차산 홍련봉 2보루 출토
'경자'명 토기(국립중앙박물관 소장)

려 보루군이라고 생각한다. 아차산 보루군의 연대에 대해 연구자들 사이
에 차이가 있기는 하지만[116] 그 상한선에 대해서는 6세기 이후라는 데
에 공감대가 형성되어 있는 듯하다.[117] 그런데 백제는 무령왕대(501~

---

116) 구체적인 연구사는 최종택, 2004, 「아차산 고구려 보루의 역사적 성격」『鄕土서
　　울』 64, 118~119쪽에 자세하다.

117) 국립문화재연구소, 2009, 『아차산 4보루 발굴조사보고서』, 148쪽.
　　2005년에 아차산 홍련봉 2보루에서 520년에 해당하는 '庚子'銘 토기편이 발견
　　되었다. 이것이 아차산 일원의 고구려 보루 사용연대를 500~551년으로 보는 주
　　요 논거로 이용되고 있다(최종택, 2008, 앞의 논문, 139쪽 ; 양시은, 2010a, 앞의
　　논문, 125쪽 및 2012, 「한강유역 고구려 보루의 구조와 성격」『古文化』 79, 한
　　국대학박물관협회, 51쪽). 이는 국립중앙박물관 고구려실에도 그대로 적용되어
　　전시중이다. 그러나 김현숙은 아차산 일대 고구려 보루에서 발굴된 토기에 기년
　　명이 적힌 그릇의 사례가 없었던 점에 착안, '庚'의 판독에 회의적인 견해를
　　보였다(김현숙, 2009b, 앞의 논문, 35~37쪽). 또한 토기편에 새겨진 글자가 이
　　동식 변기인 '虎子'라는 의견(제주대 사학과 김영관 교수와 연합뉴스 김태식 학
　　술전문기자의 교시)도 있다. 따라서 토기편의 명문 판독과 그 의미에 대해서는
　　향후 면밀한 검토가 수반된 후 아차산 보루군의 사용연대 추정에 활용해야 할
　　것이다.

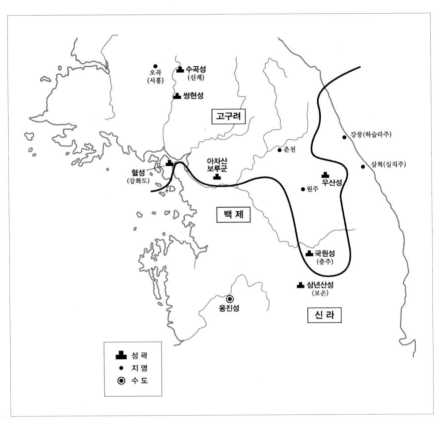

<지도 8> 529년 고구려의 재남진과 그 범위

523)에 한강 유역을 안정적으로 지배하고 있었다. 따라서 고구려가 아차산 일대에 보루를 축조한 시기는 적어도 성왕이 즉위한 이후라야 합리적으로 설명이 가능하다. 이에 필자는 아차산 보루가 529년에서 멀지 않은 이전 시기에 축조되었고, 529년부터는 백제의 북진을 주시·견제하는 기능을 했을 것으로 생각한다.[118]

　이제 529년 이후 한강 이남 지역의 영역 변천양상을 살펴보도록 하겠다. 그런데 540년에 백제가 고구려 牛山城을 공격할 때까지[57] 두 나라의 국경선을 알려줄 만한 단서가 남아 있지 않다.[119] 따라서 필자는 529년 이후 고구려가 한강 이남을 영역지배했다는 주장에 신중할 필요가 있다고 생각한다. 당시 고구려의 내부 사정을 살펴보면 이러한 생각이 틀리지 않았음을 알 수 있다. 곧 안장왕은 오곡 전투를 성공리에 이끈 지 2년 만인 531년에 피살되었다.[120] 이후 고구려 내부의 분열은 갈수록 심해져 안원왕(531~545) 말년에는 왕위 계승을 놓고 麤群과 細群으로 대표되는 세력 사이의 충돌로 세군 측 2천 명이 죽는 변란이 있었다.[121]

---

118) 양시은은 475년 이후 몽촌토성을 거점으로 금강 유역까지 남진을 계속했던 고구려가 백제의 반격으로 인해 6세기 들어 방어의 중심을 아차산 보루군으로 옮긴 것으로 이해하였다(양시은, 2010b, 앞의 논문, 54~58쪽).

119) 이 때 백제가 공격한 牛山城이 496~497년 고구려와 신라가 공방전을 벌여 결국 고구려가 차지한 牛山城과 같은 곳인 지는 분명하지 않다. 앞에서 고구려와 신라의 교전지로서의 우산성은 니하 서쪽 인근의 단양 내지 영월로 비정하였다. 그렇다면 고구려가 국원과 죽령로를 장악하고 있었던 상황에서 백제가 이를 돌파하고 남한강 상류 유역까지 진출하기는 어렵지 않을까 싶다. 6세기대 고구려와 백제의 교전이 주로 한강을 둘러싸고 진행된 점을 감안할 때 540년 백제가 공격한 고구려의 우산성은 5세기 말과는 별개의 장소로 보는 것이 나을 것 같다. 다만 현 단계에서 그 위치를 비정하기는 어려우므로 이를 근거로 고구려와 백제의 영역 변천양상을 추적하는 것은 추후의 과제로 삼고자 한다.

120) 『日本書紀』 卷17, 繼體天皇 25년(531) "冬十二月庚子…是月 高麗弑其王安."

121) 『日本書紀』 卷19, 欽明天皇 6년(545) 및 7년(546) "是歲[6년] 高麗大亂 被誅殺者 衆(百濟本記云 十二月甲午 高麗國細群與麤群 戰于宮門 伐鼓戰鬪 細群敗不解兵 三日 盡捕誅細群子孫 戊戌 狛國[고구려]香岡上王[안원왕]薨也)." "是歲[7년] 高

말하자면 고구려는 내부의 정치적 혼란 때문에 529년 이후 한강 유역의 지배에 대해 한동안 보루를 중심으로 한 방어망을 구축하는 정도에 그친 것이 아닌가 싶다. 고구려의 백제에 대한 선제공격이 양원왕(545~559) 즉위 후 정권이 어느 정도 안정된 재위 4년(548)에 나타나는 현상[59]은 이러한 추정이 무리가 아님을 말해준다.

548년에 고구려가 濊[말갈]의 군사 6천 명을 동원해서 漢北의 백제 獨山城을 공격했다는 기록은 오히려 그 이전 어느 시기에 백제가 한강 이북 지역의 독산성을 차지했다는 것을 반증해 준다. 독산성의 위치를 충남 예산군으로 보는 견해가 있지만[122] '한강 이북[漢北]'이라는 기본적인 전제[123]를 도외시하고 있어 동의하기 힘들다. 독산성은 濊의 침입 경로 상에 있었던 점으로 미루어 볼 때, 한강 하류 유역보다는 북한강이나 임진강 유역, 곧 경기 동북부나 강원도 철원 지역에 있었을 것으로 추정된다.[124] 독산성 전투에서 백제는 신라 장군 주진군의 도움을 받아

麗大亂 凡鬪死者二千餘(百濟本記云 高麗以正月丙午 立中夫人子爲王 年八歲 狛王有三夫人 正夫人無子 中夫人生世子 其舅氏麤群也 小夫人生子 其舅氏細群也 及狛王疾篤 細群麤群 各欲立其夫人之子 故細群死者二千餘人也)." 안장왕~양원왕대 고구려 귀족세력의 분열에 대해서는 임기환, 1992, 「6·7세기 고구려 정치세력의 동향」『韓國古代史硏究』5 : 2004, 『고구려 정치사 연구』, 한나래, 262~268쪽을 참고하기 바란다.

122) 金泰植, 1993, 『加耶聯盟史』, 一潮閣, 285쪽 ; 양기석, 2005, 앞의 논문, 45~46쪽 ; 문안식, 2006, 앞의 책, 342쪽 ; 朴省炫, 2010, 「新羅의 據點城 축조와 지방제도의 정비 과정」, 서울대학교 박사학위논문, 145쪽.
『日本書紀』卷19, 欽明天皇 9년(548) 4월조에 고구려가 침입한 것으로 나오는 馬津城을 백제가 멸망한 후 당이 설치한 현에 "馬津縣本孤山"이라고 한 것에서 착안하였다. '孤山'이 곧 '獨山'이라는 것인데, 『三國史記』卷36, 雜志5, 地理3, 熊州에 따르면 孤山縣은 충남 예산이다. '한북'은 지명이동설의 관점에서 아산으로 옮겨진 '한산 북쪽'의 뜻으로 해석하였다.

123) 이도학은 『삼국사기』에서의 용례 검토를 통해 '漢北'이 '한강 이북'임을 논증하였다(이도학, 2009, 앞의 논문, 71쪽). 다만 그는 백제의 한강 유역 영유를 인정하지 않은 채 웅진천도 후 백제가 아산만 이북을 고구려에 할양한 것으로 생각하였다.

고구려를 물리쳤다. 5세기 후반 두 나라의 관계가 소원해지면서 495년 이후 활동이 없었던 나·제동맹군이 비로소 다시 힘을 합친 것이다. 541 년(성왕 19 ; 진흥왕 2)에 백제가 신라에 사신을 보내 우호관계를 복원한 결과[58]가 구체화된 첫 결실이었다.

이와 같이 529년 혈성과 오곡 전투를 승리로 이끈 안장왕이 531년 피살된 이후 양원왕(545~559)이 즉위하기까지 내부의 정치적 변란이 이어지면서 고구려의 남진은 한동안 소강상태를 맞을 수밖에 없었다. 548년에 부용세력이었던 濊[말갈]를 동원해 한강 이북의 백제 독산성을 공격했지만 나·제동맹군의 재활약에 막혀 실패로 귀결되고 말았다. 고구려는 이제 새로운 작전을 도모해야 하는 시점에 다다랐다. 그러나 고구려와 백제가 전쟁에 주력하는 사이 신라는 법흥왕대(514~540)의 내부 체제정비를 토대로 하여 진흥왕대(540~576)의 대외적 영역 확대를 준비하고 있었다. 그동안에 한강 유역을 둘러싸고 고구려와 백제가 각축했던 분위기는 이제 신라가 가세함으로써 새로운 양상으로 변화되는 기로에 서게 되었다.

---

124) 정구복은 "마진성이 백제가 멸망한 후에 일시적으로 붙여진 기록인데 『일본서기』에 어떻게 마진성이란 기록이 나올 수 있는지, 더구나 백제가 멸망하기도 전에 마진성이란 칭호를 쓸 수 있는지 문제가 남아 있다"고 지적했다. 그는 '漢北'을 존중하는 입장에서 『高麗史』 卷103, 列傳16, 金就礪傳에 나오는 양주의 獨山을 주목했다(정구복, 2006, 「『삼국사기』의 원전 자료와 사료비판」『韓國古代史研究』 42 ; 2008, 『韓國古代史學史』, 景仁文化社, 238~240쪽). 그가 대안으로 제시한 고양시의 禿山烽燧가 설치된 산성에는 동의하지 않지만, '한북'이라는 전제에 충실하자면 양주에 나오는 '獨山'은 주목할 만한 가치가 있어 보인다. 김병남은 독산성을 포천에 있었던 것으로 보았다(김병남, 2003a, 앞의 논문, 69~70쪽).

제2장 6세기 중반 신라의 한강 유역 진출과 관산성 전투

1. 신라의 한강 유역 진출과정

1) 신라의 國原 장악

6세기대에 들어 삼국 간 대결은 고구려와 백제의 攻防戰 양상으로 전개되었다. 신라는 백제와의 동맹을 느슨하게 유지하면서 내부 체제정비에 주력하였다. 신라가 삼국 간 전쟁에 다시 나선 것은 548년에 이르러서였다. 고구려가 백제의 獨山城을 쳐들어왔을 때 구원군을 파견해 고구려군을 물리친 것이다.[1] 신라의 한강 유역 진출 기도가 구체적으로 실행된 것은 이 무렵부터였던 것 같다. 다음 기록은 이와 관련해 주목해 볼 만하다.

> 1-① 11년(550) 봄 정월에 백제가 고구려의 道薩城을 쳐서 빼앗았다. 3월에 고구려가 백제의 金峴城을 함락시켰다. 왕[진흥왕 : 필자주. 이하 생략]은 두 나라 군사의 피로한 틈을 타서 이찬 異斯夫에게 명하여 군사를 내어 이를 쳐 두 성을 빼앗아 증축하고 甲士 1천 명을 머물러 두게 하여 그곳을 지켰다.[2]
>
> ② 6년(550) 봄 정월에 백제가 쳐들어와서 道薩城을 함락시켰다. 3월에 백제의 金峴城을 공격하였는데, 신라 사람들이 틈을 타서 두 성을 차지하였다.[3]

---

1) 『三國史記』卷4, 新羅本紀4, 眞興王 9년.
2) 『三國史記』卷4, 新羅本紀4, 眞興王 11년.
3) 『三國史記』卷19, 高句麗本紀7, 陽原王 6년.

③ 28년(550) 봄 정월에 왕이 將軍 達己를 보내 군사 1만 명을 거느리고 고구려의 道薩城을 공격하여 빼앗았다. 3월에 고구려 군사가 金 峴城을 포위하였다.[4]

위의 기록을 종합해 보면, 백제 성왕(523~554)이 550년 정월에 장군 달이에게 군사 1만을 주어 고구려가 차지하고 있던 道薩城을 빼앗았다. 고구려는 두 달 후 이에 대한 보복 차원에서 백제의 金峴城을 함락시켰다. 말하자면 도살성과 금현성의 영유 주체가 두 달 사이에 서로 바뀐 셈이다. 그런데 고구려와 백제 군사가 피로한 틈을 타서 신라가 두 나라가 차지하고 있던 두 성을 급습해 모두 빼앗고 군사 1천 명을 주둔시켰다. 고구려가 다시 금현성을 공격하였지만 도리어 이사부의 추격군에게 대패하고 말았다.[5]

그런데 백제와의 동맹관계를 유지하고 있던 기간에, 그것도 불과 2년 전 고구려의 침입에 구원군을 보낸 신라가 백제의 성까지 차지했다는 것이 언뜻 납득이 가지 않는다. 신라가 두 성을 차지했다는 이 기록 자체를 부정하거나,[6] 백제에게 금현성을 다시 반환했을 것이라는 추정[7]은 이런 문제의식에서 비롯된 것이었다. 하지만 백제가 한강 유역 수복이라는 원대한 계획을 앞두고 신라와의 공조가 절실했던 상황에서 신라의 행위를 묵인했을 것이라거나,[8] 신라가 백제 군대의 전력 손실을 보완한다

---

4) 『三國史記』 卷26, 百濟本紀4, 聖王 28년.

5) 『三國史記』 卷44, 列傳4, 異斯夫.

6) 朱甫暾, 1984, 「丹陽新羅赤城碑의 再檢討-비문의 복원과 분석을 중심으로-」 『慶北史學』 7, 1984 ; (改題) 2002, 「丹陽新羅赤城碑의 복원과 내용분석」 『금석문과 신라사』, 지식산업사, 188~190쪽. 그는 신라가 550년에 차지한 두 성을 적성 지방의 赤城과 高頭林城으로 보고 신라의 단양 지역 진출시기와 관련지었다.

7) 金榮官, 2008, 「古代 清州地域의 歷史的 動向」 『白山學報』 82, 白山學會, 48~49쪽.

8) 盧重國, 2006, 「5~6세기 고구려와 백제의 관계-고구려의 한강유역 점령과 상실을 중심으로-」 『北方史論叢』 11, 동북아역사재단, 42~43쪽 ; 김영심, 2007, 「관산성전투 전후 시기 대가야·백제와 신라의 대립」 『5~6세기 동아시아의 국제정

는 명분으로 백제의 큰 반발 없이 두 성에 주둔했다고 보기도 한다.[9] 고구려와 백제가 대결하고 있는 상황에서 힘의 균형추 역할을 하고 있던 신라가 실리를 추구해 나가는 모습이라는 것이다. 필자는 이 기록을 후자의 입장에서 신라의 한강 유역 진출과 연속선상에서 파악하고자 한다. 이를 위해서는 道薩城과 金峴城의 위치를 분명히 할 필요가 있다.

도살성의 위치에 대해 일찍이 츠다 소오키치(津田左右吉)는 삼국의 접경지라는 데에 착안해 충주의 서남방으로 비정하였다. 보은 방면에서 군사를 내어 이곳을 공략한 것으로 이해한 것이다.[10] 이후 천안의 옛 이름 '東西兜率' 또는 '兜率'이 '道薩'과 음운이 비슷한 데서 주목을 받기도 했으나,[11] 音相似만을 고려한 것이고 당시의 역사지리적 대세와 어울리지 않아 지지를 받지 못했다. 같은 음운학적 측면이었지만 5세기 후반부터 삼국의 각축장이었던 지리적 조건을 감안하여 申采浩가 고구려의 道西縣이었던 淸安의 옛 이름이 '道薩'인 것에 주목한 것[12]은 시사하는 바 컸다. 이후 많은 연구자들이 이를 발전적으로 계승하여 도살성의 위치를 구체적으로 충북 증평군 도안면에 소재한 尼聖山城(杻城山城 내지 진천군 초평면의 頭陀山城으로 비정하였다.[13]

세와 대가야』, 고령군 대가야박물관·계명대학교 한국학연구원, 241~242쪽.

9) 鄭雲龍, 1996, 「羅濟同盟期 新羅와 百濟 關係」『白山學報』46, 124~125쪽.

10) 津田左右吉, 1913, 「眞興王征服地域考」『朝鮮歷史地理』1, 南滿洲鐵道株式會社 : 아세아문화사, 1986, 104~105쪽.

11) 李丙燾, 1983, 『三國史記』上(신장판), 을유문화사, 93쪽. 성주탁은 이를 계승해 천안시 목천읍의 목천토성을 도살성으로 보았다(成周鐸, 1990, 「百濟末期 國境線에 대한 考察」『百濟研究』21, 忠南大學校 百濟研究所 : 2004, 『百濟城址研究』[속편], 서경, 139쪽).

12) 申采浩, 1948, 『朝鮮上古史』, 鐘路書院 : 1972, 『丹齋申采浩全集』(改訂版)上, 단재신채호선생기념사업회, 239~240쪽. 酒井改藏도 충북 道安의 옛 이름이 道西임에 주목하였다(酒井改藏, 1970, 「三國史記의 地名考」『朝鮮學報』54, 朝鮮學會, 40쪽).

13) 閔德植, 1983, 「高句麗의 道西縣城考」『史學研究』36, 韓國史學會, 46~47쪽 ; 梁起錫, 1999, 「新羅의 淸州地域 進出」『文化史學』11·12·13, 韓國文化史學會 :

金峴城의 위치에 대해서는 사카이 가이조(酒井改藏)가 진천이 고구려의 今勿奴郡이었던 데 착안해 진천 서쪽으로 막연히 비정한 바 있다.[14) 다만 진천 지역은 백제의 영역이 아니어서 그보다 서쪽의 백제 영내를 주목할 필요가 있겠다. 그 결과 기왕에 주목을 받은 곳이 충남 연기군 전의면에 있는 金城山 일대였다.[15) 실제로 『新增東國輿地勝覽』에 따르면 全義縣 남쪽 8리에 있는 金城山에 돌로 쌓은 옛 성이 남아 있다고 기록되어 있다. 또한 현 남쪽 7리에 있는 雲住山에 돌로 쌓은 金伊城이 있었다고 한다.[16) 그리고 현재도 '금이고개'라는 지명이 남아 있다고 하니 곧 金(伊)峴으로 연결시켜도[17) 무리가 없어 보인다.

이렇게 보면 당시 고구려와 백제 간 영역의 변동이 심하다는 인상을 받는다. 왜냐하면 언뜻 볼 때 불과 2년 만에 戰線이 한강 북쪽[독산성]에서 충청도 내륙[도살성·금현성]으로 급변하기 때문이다. 하지만 548년 이후 고구려가 도살성과 금현성으로 진출하는 경로에 대해서 한강 하류, 곧 경기도를 경유했을 가능성이 낮다고 생각한다. 곧 475년 한성 함락 이후 남진해 금강 유역까지 백제를 압박했던 때와는 남진경로를 달리해 생각해 볼 필요가 있는 것이다. 경기 남부와 금강 중·상류에서 발굴된 고구려 유물·유적의 연대가 5세기 중·후반으로 비정되고 있는 것도

2001,『新羅 西原小京 硏究』, 서경, 72쪽 ; 문안식, 2006,『백제의 흥망과 전쟁』, 혜안, 344쪽 ; 김영관, 2008, 앞의 논문, 50쪽 ; 전덕재, 2009a,「신라의 한강유역 진출과 지배방식」『鄕土서울』73, 서울특별시사편찬위원회, 105~106쪽. 민덕식이 제기한 이후 양기석과 김영관은 이성산성으로 좀 더 좁혔다. 전덕재는 신라사에서 '薩'·'薛'·'西'가 음운상 서로 통할 수 있음을 논증해 기존설의 논리를 보강하였다.

14) 酒井改藏, 1970, 앞의 논문, 40쪽.

15) 이병도, 1983, 앞의 책 上, 93쪽 ; 양기석, 2001, 앞의 논문, 72쪽 ; 김영관, 2008, 앞의 논문, 51~52쪽 ; 전덕재, 2009a, 앞의 논문, 106쪽.

16) 『新增東國輿地勝覽』卷18, 全義縣 山川 및 古跡.

17) 김영관, 2008, 앞의 논문, 51쪽.

이러한 추정을 뒷받침해 준다. 고구려는 오히려 5세기 초부터 공고히 장악하고 있던 죽령로를 통해서 남하한 후 충주를 거점으로 해서 서남진함으로써 백제와 신라를 압박한 것이 아닌가 한다.[18]

앞 장에서 고구려가 548년 공격한 백제의 獨山城이 濊[말갈]의 침입경로 상에 있었던 점에 주목해 경기 동북부나 강원도 철원 지역에 있었을 것으로 추정했었다. 그렇게 보면 고구려가 백제 독산성을 공격한 까닭도 죽령로를 이용해 남하하기 위한 작전선의 배후를 안정시키기 위해서라고 볼 수 있다. 죽령로의 도상에 해당하는 춘천·홍천·원주와 고구려 남진의 가장 중요한 거점이자 교두보였던 충주에서 고구려 고분과 주거지 등이 지속적으로 발굴되고 있는 정황[19]은 이와 관련해서 주목할만한 가치가 있다. 실제로 도살성과 금현성은 미호천과 그 지류인 조천을 따라 이동하면 쉽게 도달할 수 있는 가까운 거리에 위치해 있다.[20] 그렇다면 고구려는 5세기 이후 남진의 가장 중요한 거점이었던 國原[충북 충주시]에서 달천 상류를 타고 괴산-증평에서 다시 미호천을 따라 내려가다가 조치원에서 조천을 경유해 금현성을 공격한 것으로 추정된다.

이러한 사실은 역으로 신라가 도살성과 금현성을 장악함으로써 고구려의 국원 지역으로 진출할 수 있는 교두보를 마련했음을 의미한다. 소백산맥 서록의 충북 일대는 5세기 중·후반부터 삼국의 각축전이 치열하게 전개된 곳이었다. 이때는 주로 고구려가 신라와 백제의 동맹을 와해시키려는 일환으로 이곳을 공략한 것이었다. 신라는 이에 자비왕~소지왕대 지속적으로 축성사업을 벌여 대고구려 방어망을 구축해 나갔다.[21]

---

18) 김락기도 475년 이후 고구려의 남진경로로 충주에서의 서남진길을 주목하였다(金樂起, 2005, 「京畿 남부 지역 소재 高句麗 郡縣의 의미」『高句麗研究』 20, 高句麗研究會, 115~116쪽).

19) 이에 대해서는 이 책의 제2부 1장 2절에서 다루었으니 참고하기 바란다.

20) 김영관, 2008, 앞의 논문, 52쪽.

21) 張彰恩, 2004, 「新羅 慈悲~炤知王代 築城·交戰地域의 검토와 그 의미-소백산맥

三年山城[충북 보은군 보은읍]은 그 중에서도 신라의 핵심 방어성이자 전진기지였다. 말하자면 신라는 6세기 중반 들어 기존의 수세적 방어라인을 공세적 공격루트로 전환하여 고구려와 백제를 압박했다고 할 수 있다.[22]

그렇다면 신라가 고구려의 국원을 장악한 시기는 언제일까? 다음 기록에서 그에 대한 단서를 찾을 수 있다.

> 2. 12년(551) 3월에 왕[진흥왕]이 娘城에 巡守를 갔다가 于勒과 그의 제자 尼文이 음악을 안다는 말을 듣고 그들을 특별히 불렀다. 왕이 河臨宮에 머무르며 그 樂을 연주케 하니, 두 사람이 각각 새로운 노래를 지어 연주하였다.[23]

진흥왕(540~576)은 도살성과 금현성을 차지한 다음해인 551년 3월 娘城에 巡幸을 갔다. 낭성은 최근 들어 충주에 있었던 것으로 보는 것이 대세이다. 그것은 진흥왕이 가야에서 망명해 온 于勒을 국원에 안치했다는 기록과[24] 충주 탄금대에 전해오는 우륵 관련 전설에서 기인한다.[25] 하지만 『신증동국여지승람』에는 淸州의 군명으로 '娘城'이 분명하게 남아 있다.[26] 안정복 이후 기존의 연구자들이 별도의 논증을 거친

일대 신라·고구려의 영역향방과 관련하어-」『新羅史學報』2, 新羅史學會 : 2008, 『신라 상고기 정치변동과 고구려관계』, 신서원.

22) 도살성과 금현성 함락이 있기 전까지 나·제동맹 기간이었기에 신라의 백제에 대한 침략이 실행되지 못했다. 그러나 백제 동성왕이 501년 炭峴에 목책을 설치하여 신라에 대비하였다는 기록(『三國史記』卷26, 百濟本紀4, 東城王 23년)은 백제의 東邊에 대한 위기의식을 잘 보여준다.

23) 『三國史記』卷4, 新羅本紀4, 眞興王 12년.

24) 『三國史記』卷32, 雜志1, 樂.

25) 신채호, 1948, 앞의 책 : 1972, 앞의 책, 242쪽 ; 徐榮一, 1997, 「6世紀 新羅의 北進路와 淸原 飛中里 石佛」『史學志』30, 檀國大學校 史學會, 96쪽 ; 양기석, 2001, 앞의 논문, 34~35쪽 ; 朴省炫, 2010, 「新羅의 據點城 축조와 지방 제도의 정비 과정」, 서울대학교 박사학위논문, 147쪽.

것은 아니었지만 낭성을 청주 일대로 비정한 것27)은 이 기록에 충실한
결과였다고 생각한다. 따라서 위의 기록은 문면 그대로 보아 진흥왕이
청주 일대의 낭성에 순수했을 때 국원 지역에 있던 우륵과 그의 제자
이문을 청주로 불러들여 하림궁에서 그들의 음악을 들었던 것으로 이해
하고자 한다.

　우륵의 가야금 12곡은 가야국 가실왕의 명령에 의해 만들어질 때부터
여러 나라의 차이 나는 방언을 음악으로써 통합하는 차원에서 만들어진
것이다.28) 따라서 진흥왕이 우륵을 부른 까닭도 단순한 유희 차원의 음
악이 아닌 고구려로부터 새롭게 편입한 지역의 이념적 통합을 위한 고도
의 정치적 행위였던 것으로 생각된다.29) 청주 지역은 신라가 이미 장악
했던 증평군 도안면[도살성]에서 미호천 유역으로 나아가는 교통로를 견

---

26) 『新增東國輿地勝覽』 卷15, 淸州牧 郡名.

27) 安鼎福, 『東史綱目』 第3上, 辛未年 春正月 ; 邊太燮, 1978, 「丹陽眞興王拓境碑의
　　建立年代와 性格」 『史學志』 12, 32쪽 ; 이병도, 1983, 앞의 책 上, 94쪽 ; 金甲童,
　　1999, 「新羅와 百濟의 管山城 戰鬪」 『白山學報』 52, 196쪽 ; 노중국, 2006, 앞의
　　논문, 46쪽. 민덕식은 娘城을 청주의 主城인 臥牛山城(牛岩山土城)으로 추정하였
　　다(민덕식, 1983, 앞의 논문, 48~49쪽).

28) 『三國史記』 卷32, 雜志1, 樂 新羅樂 加耶琴. 우륵 12곡의 정치적 의미에 대해서는
　　다음 논문이 참고된다.
　　田中俊明, 1990, 「于勒十二曲と大加耶聯盟」 『東洋史研究』 48-4 ; 白承忠, 1992,
　　「于勒十二曲의 해석문제」 『韓國古代史論叢』 3, 韓國古代社會研究所 編 및 1995,
　　「加羅國과 于勒十二曲」 『釜大史學』 19, 釜山大學校 史學會 ; 朱甫暾, 2006, 「于勒
　　의 삶과 가야금」 『악성 우륵의 생애와 대가야의 문화』(대가야학술총서 3), 고령군
　　대가야박물관·계명대학교 한국학연구원 ; 李泳鎬, 2006, 「于勒 12曲을 통해 본
　　大加耶의 정치체제」 『악성 우륵의 생애와 대가야의 문화』.

29) 이정숙, 2003, 「진흥왕대 우륵 망명의 사회 정치적 의미」 『梨花史學硏究』 30, 梨
　　花史學硏究所 : 2012, 『신라 중고기 정치사회 연구』, 혜안, 46~47쪽, 53~55쪽.
　　이것은 당연히 우륵의 망명과 국원 안치 배경에도 적용될 것이다. 양기석은 낭성
　　을 충주로 보는 입장에서 진흥왕이 고구려와의 전투를 앞두고 우륵의 음악을 통
　　해 국원 지역의 통합과 안정적 지배를 추구한 것으로 이해하였다(梁起錫, 2006,
　　「國原小京과 于勒」 『忠北史學』 16, 忠北大學校 史學會, 25~26쪽).

제·감시할 수 있는 요충지였다. 곧 진흥왕은 도살성과 금현성을 빼앗은
후 사후조처로서 이 지역의 안정적인 지배를 위해 직접 낭성에 순수를
왔던 것이다. 이것은 신라가 한강 중·상류를 공략하기 위한 사전 정지작
업이기도 했다.

사료 2는 또한 신라가 늦어도 551년 3월 이전에 고구려의 국원을 차
지했음을 시사해 준다. 국원에 안치해 두었던 우륵을 소환했기 때문이
다. 사실 「丹陽 赤城新羅碑」(이하 적성비로 약칭)의 발견으로 인하여
신라가 죽령을 넘어 적성 지역을 공략한 시기는 551년 이전으로 밝혀졌
다.[30] 일부 연구자들은 「적성비」 3행의 "□□夫智大阿干支"를 居柒夫
로 추독해 건립연대를 545년 이전까지 올려보기도 한다.[31] 다만 거칠부

「단양 적성신라비」(충북 단양군 단성면 하방리의 적성산성 내 소재)

---

30) 변태섭, 1978, 앞의 논문, 33쪽. 551년에 출정한 신라 장군 大阿湌[5위] 比次夫가
(이하의 사료 3-②) 「적성비」에는 阿干[阿湌 : 6위]으로 기록되어 있는 데서 착안
했다. 비문의 원문 및 해석은 朱甫暾, 1992, 「丹陽 赤城碑」 『譯註 韓國古代金石
文』(제2권), 韓國古代社會研究所 編, 駕洛國史蹟開發研究院을 참고하였다.

「적성비」의 탁본(성균관대학교 박물관 소장)

로 추정할 수 있는 적극적인 근거가 없어 신중한 접근이 요망된다.32)

고구려는 550년 정월까지 도살성을 차지하다가 백제에게 빼앗겼다. 그리고 금현성을 차지했다가 신라에게 빼앗긴 것이 550년 3월이다. 고구려가 550년 이전에 국원을 신라에 이미 내주었다면 도살성과 금현성의 공략경로가 나·제동맹군에게 노출되어 접근조차 쉽지 않았을 것이다. 한편 신라는 죽령을 넘어 적성 지역을 차지한 후 서남진하여 국원을 장악했을 것이다. 진흥왕이 우륵을 국원에 안치한 연대의 하한이 551년 3월이므로 적성 공략은 그보다는 약간 빨랐을 것이다. 결국 신라가 국원을 차지한 시기는 550년 3월에서 551년 3월 사이가 유력하다고 생각한다.33) 이와 관련해서 551년 봄 정월에 진흥왕이 연호를 開國으로 바꾼

---

31) 거칠부는 545년에 대아찬으로서 국사를 편찬해 그 공으로 波珍湌[4위]으로 승진하였다(『三國史記』 卷4, 新羅本紀4, 眞興王 6년 및 卷44, 列傳4, 居柒夫).

32) 주보돈, 1984, 앞의 논문 : 2002, 앞의 책, 187~188쪽.

33) 최근 고고학 자료를 근거로 신라의 남한강 유역 진출 시기를 5세기 후반~6세기

것이[34] 신라의 국원 장악과 관련 있다는 지적도 경청할 만하다.[35]

그리고 신라가 국원으로 진출할 수 있었던 요인은 그 진출경로를 한 곳으로 하지 않고 죽령로와 추풍령·화령로의 양쪽에서 협공했기 때문으로 볼 수 있다.[36]

전반으로 올려보려는 연구가 있다. 곧 단양 하방리고분과 정선 아우라지 유적에서 출토된 이단투창고배와 영월과 정선 일대의 신라 산성에 주목한 결과였다(서영일, 2005, 「5~6세기 신라의 한강유역 진출과 경영」,『博物館紀要』20, 檀國大學校 石宙善紀念博物館, 56쪽 ; 박성현, 2010, 「6세기 초 고구려·신라의 화약과 정계-「중원고구려비」와 양국 경계의 재검토-」,『역사와현실』76, 한국역사연구회 : 2010, 앞의 박사학위논문, 109~121쪽). 다만 서영일은 영서 지역 신라 산성과 주거지를 신라가 동해안 방면에서 남한강 유역으로 진출한 결과로 보았고, 박성현은 죽령을 넘어 진출한 것으로 이해하여 차이가 난다. 필자는 전자를 지지하는 입장이다. 또한 신라가 6세기 중반 이전에 남한강 상류, 곧 영서 지역으로 진출했다고 하더라도 그것이 곧 고구려의 남진경로였던 죽령로를 포함한 것이었는지는 신중할 필요가 있다고 생각한다. 왜냐하면 춘천 천전리고분·방동리고분·홍천 역내리·철정리 유적·원주 건등리 유적·충주 두정리고분 등 죽령로의 도상에서 지속적으로 발굴되는 고구려 유물·유적이 고구려가 죽령로를 장기간에 걸쳐 장악·활용했음을 시사해 주기 때문이다. 반면에 죽령로 일대에서 발견되는 신라 유적은 6세기 후반 이후에야 나타난다(이에 대해서는 이 책의 제3부 3장 참조). 따라서 필자는 고구려가 6세기 중엽까지 죽령로를 이용해서 남진했고, 그 최전방 거점으로 국원을 차지하고 있었던 것으로 생각한다.

죽령로 일대 고구려의 고고학 성과에 대해서는 아래의 보고서와 논문이 참고된다. 강원문화재연구소, 2005,『下花溪里·哲亭里·驛內里 遺蹟(Ⅰ)』, 286쪽, 378~381쪽 ; 예맥문화재연구원, 2008,『原州 建登里遺蹟-원주 건등리 아파트신축부지 발굴조사보고서』; 최장열, 2009, 「고구려의 중원 경영-지방제 시행을 중심으로-」,『중원의 새로운 문화재』Ⅱ, 중원문화재연구원 ; 중원문화재연구원·충주시, 2010,『忠州 豆井里 遺蹟-충주 클린에너지파크 조성부지 발굴조사 현장설명회 자료』; 양시은, 2010, 「고구려의 한강유역 지배방식에 대한 검토」,『고고학』제9권 제1호, 중부고고학회.

34)『三國史記』卷4, 新羅本紀4, 眞興王 12년.

35) 신형식, 2005, 「신라의 영토확장과 북한산주」,『鄕土서울』66 : 2009,『한국고대사의 새로운 이해』, 주류성, 463쪽. 물론 진흥왕의 즉위를 7세로 보고 18세가 되는 551년에 친정을 실시하면서 개국 연호를 사용하였을 것이라는 기존의 통설도 유효하다.

2) 나·제동맹군의 한강 유역 진출과 그 범위

신라는 국원을 차지한 후 곧이어 백제와 함께 고구려가 차지하고 있던 한강 유역 공략에 나섰다. 다음 기록에서 이를 살필 수 있다.

> 3-① [9월에][37] 왕이 居柒夫 등에게 명하여 고구려를 쳐들어갔다. 승세를 타서 10郡을 빼앗았다.[38]
>   ② 12년 辛未(551년)에 왕이 居柒夫와 大角湌 仇珍, 角湌 比台, 迊湌 耽知, 迊湌 非西, 波珍湌 奴夫, 波珍湌 西力夫, 大阿湌 比次夫, 阿湌 未珍夫 등 여덟 장군에게 명하여 백제와 더불어 고구려를 쳐들어갔다. 백제 사람들이 먼저 平壤을 쳐서 깨뜨리고 거칠부 등은 승세를 타서 竹嶺 바깥, 高峴 이내의 10郡을 빼앗았다.[39]
>   ③ 이 해(551년) 백제 聖明王[聖王]이 몸소 군사와 두 나라의 병사를 거느리고(두 나라는 新羅와 任那를 말한다.) 高麗[고구려]를 정벌하여 漢城의 땅을 차지하였다. 또 진군하여 平壤을 토벌했는데 무릇 6郡의 땅이다. 마침내 옛 땅을 회복하였다.[40]

한강 유역의 공략은 나·제동맹군의 공동 작전으로 결행되었는데 백제가 먼저 漢城과 平壤을 쳐서 깨뜨려 한강 하류의 6郡을 차지했고, 신라는 居柒夫를 주축으로 한강 중·상류를 공략함으로써 竹嶺과 高峴 사이의 10郡을 차지하였다. 고구려는 이 시기 내부적으로 왕위를 놓고 귀

---

36) 신라의 북진경로에 대해서는 서영일과 양기석의 견해를 참고하였다(서영일, 1997, 앞의 논문, 97쪽 및 1999, 『신라 육상 교통로 연구』, 학연문화사, 151쪽 ; 양기석, 2006, 앞의 논문, 14~17쪽).

37) 나·제동맹군의 한강 공략에 대해 백제본기에는 기록이 전해지지 않고 그 시점에 대해서도 신라본기에는 3월에 고구려본기에는 9월조에 기록되어 있어 차이가 난다. 신라본기의 경우 551년 3월에 진흥왕의 낭성 순수와 우륵의 소환과 귀의과정이 일괄 정리된 후에 부기된 것이어서 연월이 누락되었을 가능성이 있다. 이에 고구려본기를 따라 551년 9월에 신라의 한강 유역 공략이 이루어진 것으로 보고자 한다.

38) 『三國史記』 卷4, 新羅本紀4, 眞興王 12년.

39) 『三國史記』 卷44, 列傳4, 居柒夫.

40) 『日本書紀』 卷19, 欽明天皇 12년(551).

족세력 간의 다툼이 있었고, 대외적으로도 北齊와 돌궐의 압박이 심해
지는 내우외환의 위기 속에 결국 한강 유역을 상실하고 말았다.[41] 그렇
다면 이 시기 신라와 백제가 각각 차지한 한강 유역의 범위, 곧 10군과
6군의 구체적인 위치는 어디일까?

신라가 차지한 10군의 범위를 살피기 위해서는 高峴의 위치를 비정
하는 것이 중요해 보인다. '竹嶺 以外 高峴 以內 十郡'이라고 했는데,
죽령의 위치가 분명한 데 반해 고현의 위치에 대해서는 논란이 분분하기
때문이다. 고현의 위치를 경기도 이천과 광주의 경계에 있는 廣峴[42] 내
지 양평군 지평 용문산의 鳴峙에 비정한 견해가 있다.[43] 죽령 너머 가장
가까운 곳으로 추정한 것인데, 그 근거가 빈약하고 신라의 10군이 포함
되기에는 범위가 지나치게 좁다. 임진강 상류, 곧 경기도 연천군의 마전
리와 포천시 영평리 중간에 있는 高峴里를 주목하기도 했는데,[44] 『신증
동국여지승람』과 『大東輿地圖』 등의 지리지에서 '高峴' 지명이 찾아지
지 않는다. 또한 『海東地圖』를 근거로 하여 황해도 谷山으로 비정한 견
해[45]도 있다.

41) 당시 고구려의 대내외적 정세에 대한 자세한 내용은 다음 논문이 참고된다.
盧泰敦, 1976, 「高句麗의 漢水流域 喪失의 原因에 대하여」 『韓國史研究』 13 :
1999, 『고구려사 연구』, 사계절, 395~429쪽 ; 李成制, 2005, 「"北魏末 流人" 문
제를 통하여 본 高句麗의 西方政策」 『高句麗의 西方政策研究』, 국학자료원 ; 金
鎭漢, 2010, 「高句麗 後期 對外關係史 研究」, 한국학중앙연구원 박사학위논문,
89~108쪽.
42) 今西龍, 1933, 「新羅眞興王巡狩管境碑考」 『新羅史研究』, 近澤書店 : 이부오·하시
모토 시게루 옮김, 2008, 『이마니시 류今西龍의 신라사연구』, 서경문화사, 374~
375쪽. 광현 서남쪽 기슭에 高尺里가 있다고 한다.
43) 신채호, 1948, 앞의 책 : 1972, 앞의 책, 240쪽.
44) 津田左右吉, 1913, 앞의 책 : 1986, 앞의 책, 105쪽.
45) 鄭求福·盧重國·申東河·金泰植·權悳永, 1997, 『譯註 三國史記』 4(주석편 하), 韓
國精神文化研究院, 694쪽 ; 金泰植, 2006, 「5~6세기 高句麗와 加耶의 관계」 『北
方史論叢』 11, 동북아역사재단, 156쪽.

현재 고현의 위치에 대해서는 강원도 회양군과 고산군 사이에 있는
鐵嶺으로 비정하는 것이 대세이다.[46] 다만 진흥왕의 함경도 巡狩를 고
려해서 추정한 것이지 분명한 논거가 수반된 것은 아니었다. 이렇듯 고
현의 위치가 백가쟁명식으로 전개될 수밖에 없었던 데에는 분명한 근거
의 제시가 부족했던 원인도 있지만 '高峴' 자체가 '높은 고개'라는 일반
명사로서 곳곳에 지명으로 남아 있을 개연성이 다분하기 때문이었다. 따
라서 현 단계에서는 신라가 차지한 10군의 범위를 감안한 후 그 북쪽군
의 경계에서 고현의 위치를 추정하는 것이 좀 더 합리적으로 보인다.

그런 면에서 신라본기와 거칠부 열전에서 신라가 차지한 지역을 '10
郡'이라 한 것을 고구려본기에서 10城으로 남긴 점[47]은 시사해 주는 바
가 크다. 이것은 곧 고구려가 한강 유역 일대를 차지한 후 '城' 단위로
편제한 것을 신라가 나중에 '郡'으로 명명했을 가능성을 암시해 준다.[48]
『삼국사기』 지리지에는 이른바 '高句麗故地'라고 하여 고구려가 한때
지배했던 것으로 추정되는 지명이 남아 있다. 특히 고구려지(권37)는 신
라지(권35)보다 고구려시대의 지명을 좀 더 반영하고 있는 것으로 알려
져 있다.[49] 그렇다면 '고구려고지' 중에서 신라가 차지했던 죽령 이북의
지역을 추정할 만한 단서를 찾을 수 있지 않을까 싶다. 논의의 진전을
위해서 신라가 차지한 10군의 후보지 중 기존 연구자에 의해 언급된 지

---

46) 池內 宏, 1960,「眞興王の戊子巡境碑と新羅の東北境」『滿鮮史硏究』(上世 第二冊),
    吉川弘文館, 18쪽 ; 李丙燾, 1976,「眞興大王의 偉業」『韓國古代史硏究』(수정판),
    博英社, 671쪽 ; 李道學, 1987,「新羅의 北進經略에 관한 新考察」『慶州史學』6,
    慶州史學會, 33쪽 ; 千寬宇, 1982,「彡麥宗(眞興王)」『人物로 본 韓國古代史』, 正
    音文化社, 209쪽 ; 박성현, 2010, 앞의 박사학위논문, 150쪽.

47) 『三國史記』 卷19, 高句麗本紀7, 陽原王 7년.

48) 盧泰敦, 1996,「5~7세기 고구려의 지방제도」『韓國古代史論叢』8, 韓國古代社會
    硏究所 編 : 1999,『고구려사연구』, 사계절, 269~271쪽.

49) 金貞培, 1988,「고구려와 신라의 영역문제」『韓國史硏究』61·62 : 2000,『韓國古
    代史와 考古學』, 신서원, 318~319쪽 ; 梁起錫, 2002,「高句麗의 忠州地域 進出과
    經營」『中原文化論叢』6, 忠北大 中原文化硏究所, 70쪽.

역을 『삼국사기』 지리지 소재 '고구려고지'에서 정리해 보고자 한다.50)

〈표 1〉 '고구려고지' 중 신라의 10군 추정 후보지

州名	연번(군단위)	고구려 지명(지리4 고구려)	本高句麗名(지리2 신라)		景德王改名	고려 지명	현재 지명
			郡級 名	縣級 名			
漢州	1	國原城(未乙城,託長城)	國原城		中原京	忠州	충북 충주시
	2	仍斤內郡	仍斤內郡		槐壤郡	槐州	충북 괴산군 괴산읍
	3	述川郡(省知買)	述川郡2		沂(沂)川郡	川寧郡	경기 여주시 흥천면
		骨乃斤縣		骨乃斤縣	黃驍縣	黃驪縣	경기 여주시 여주읍
		楊根縣(去斯斬)		楊根縣	濱陽縣	楊根縣	경기 양평군 양평읍
	4	今勿內郡(萬弩)	今勿奴郡2		黑(黃壤郡)	鎭州	충북 진천군 진천읍
		道西縣(都盍)		道西縣	都西縣	道安縣	충북 괴산군 도안·청안면
		仍忽		仍忽縣	陰城縣	陰城縣	충북 음성군 음성읍
	5	皆次山郡	皆次山郡1		介山郡	竹州	경기 안성시 죽산면
		奴音竹縣		奴音竹縣	陰竹縣	陰竹縣	경기 이천시 충북 음성군
	6	鐵圓郡(毛乙冬非)	鐵圓郡2		鐵城郡	東州	강원 철원군 철원읍
		僧梁縣(非勿)		僧梁縣	㠉梁縣	僧嶺縣	경기 연천군 인목면
		功木達(熊閃山)		功木達縣	功成縣	獐州	경기 연천군 연천읍
	7	夫如郡	夫如郡1		富平郡	金化縣	강원 철원군 김화읍
		於斯內縣(斧壤)		斧壤縣	廣平縣	平康縣	강원 평강읍 평강(北)
朔州	1	牛首(頭)州(首次若,烏根乃)	貊의 땅3		朔州	春州	강원 춘천시
		伐力川縣		伐力川縣	綠驍縣	洪川縣	강원 홍천군 홍천읍
		橫川縣(於斯買)		橫川縣	潢川縣	橫川縣	강원 횡성군 횡성읍
		砥峴縣		砥峴縣	砥平縣	砥平縣	경기 양평군 지평면
	2	平原郡(北原)	平原郡		北原京	原州	강원 원주시
	3	奈吐郡(大堤)	奈吐郡2		奈隄郡	堤州	충북 제천시
		沙熱伊縣		沙熱伊縣	淸風縣	淸風縣	충북 제천시 청풍면
		赤山縣		赤山縣	赤山縣	丹山縣	충북 단양군 적성면 일대
	4	斤平郡(並平)	斤平郡1		嘉平郡	嘉平郡	경기 가평군 가평읍
		深川縣(伏斯買)		深川縣	浚水縣	朝宗縣	경기 가평군 하면 현리

50) 이하의 <표 1·2>는 필자가 작성한 기존의 표(이 책 서론 참조)에서 발췌하여 재정리한 것이다.

朔州		고구려명	군	현			현재 위치
朔州	5	楊口郡(要隱忽次)	楊口郡$_3$		楊麓郡	陽溝縣	강원 양구군 양구읍
		猪足縣(烏斯廻)		猪足縣	猯踶縣	麟蹄縣	강원 인제군 인제읍
		玉岐縣(皆次丁)		玉岐縣	馳道縣	瑞禾縣	강원 인제군 서화면
		三峴縣(密波兮)		三峴縣	三嶺縣	方山縣	강원 양구군 방산면
	6	狌川郡(也尸買)	狌川郡		狼川郡	狼川郡	강원 화천군 화천읍
	7	大楊菅郡(馬斤押)	大楊菅郡$_2$		大楊郡	長楊郡	강원 금강군 현리(北)
		藪狌川縣(藪川)		藪狌川縣	藪川縣	和川縣	강원 금강군 화천리(北)
		文峴縣(斤尸波兮)		文峴縣	文登縣	文登縣	강원 창도군 문등리 일대(北)
	8	母城郡(也次忽)	母城郡		益城郡	金城郡	강원 김화군 김화읍(北)
	9	冬斯忽	冬斯忽郡$_1$		岐城郡	岐城郡	강원 창도군 기성리(北)
		水入縣(買伊縣)		水入縣	通溝縣	通溝縣	강원 창도군 창도읍 부근(北)
	10	各(客)連郡(加兮牙)	各(客)連城郡$_3$		連城郡	交州	강원 회양군 회양읍(北)
		赤木縣(沙非斤乙)		赤木鎭	丹松縣	嵐谷縣	강원 세포군 현리(北)
		管述縣		管述縣	軼雲縣	미상	강원 회양군 신계리 추정(北)
		猪闌峴縣(烏生波衣,猪守)		猪守峴縣	豨嶺縣	미상	강원 금강군 금강읍 추정(北)
	11	奈生郡	奈生郡$_3$		奈城郡	寧越郡	강원 영월군 영월읍
		乙阿旦縣		乙阿旦縣	子春縣	永春縣	충북 단양군 영춘면
		于烏縣(郁烏)		郁烏縣	白烏縣	平昌縣	강원 평창군 평창읍
		酒淵縣		酒淵縣	酒泉縣	酒泉縣	강원 영월군 주천면

【일러두기】

1. 가로열은 지명 변천의 시대 순으로 했다.
2. 지명의 배열 순서는 권35 신라지를 기준으로 했다.
3. 본고구려명의 군급 명에 붙인 아래첨자 숫자는 領屬 縣의 개수를 의미한다.
4. 현재 지명의 위치비정은 鄭求福·盧重國·申東河·金泰植·權惠永, 『譯註 三國史記』4(주석편 하), 韓國精神文 化硏究院, 1997에 따르되, 행정구역명은 2013년을 기준으로 수정했다.

<표 1>은 그동안 연구자들이 신라가 장악한 10군의 위치를 추정하는 데 한 차례라도 언급한 지역을 모두 정리한 것이다. 기존 연구 성과의 특징은 단재 신채호[51] 이후 10군의 위치를 주로 朔州를 중심으로 하여 비정했다는 점이다. 다만 연구자들마다 미묘한 차이가 있어 한주를 포함해서 10군을 비정하는 경우가 있는가 하면,[52] 삭주 관내에서만 찾

---

51) 신채호, 1948, 앞의 책 : 1972, 앞의 책, 240~241쪽.
52) 이도학과 전덕재가 대표적이다. 이도학은 한주의 3개 지역(연번 1·6·7)과 삭주의

는 경우도 있다.[53]

사실 신라가 장악한 10군의 범위에 漢州의 동쪽과 북쪽 일부가 포함될 수 있는 개연성은 인정된다. 다만 고구려 地名格을 가장 충실히 담고 있는 鐵嶺 이남의 고구려 군현의 숫자가 10군과 거의 같다는 점은 충분히 주목할 만한 가치가 있어 보인다. 국원은 한강 공략 이전에 신라가 장악했으므로 10군에 포함되지 않았을 것이다.[54] 岐城郡(연번 9)이 죽령로의 도상에서 비교적 동쪽에 치우쳐 있어 삭주 관내에서 제외하면 꼭 10개의 군이 남는다. 결국 신라가 장악한 한강 중·상류의 10군을 신라의 北進路를 감안하여 재구성해 보면 바로 ① 奈城郡[奈生郡], ② 奈隄郡[奈吐郡], ③ 北原[平原郡], ④ 嘉平郡[斤平郡], ⑤ 朔州[牛頭州], ⑥ 狼川郡[狌川郡], ⑦ 楊麓郡[楊口郡], ⑧ 益城郡[母城郡], ⑨ 大楊郡[大楊菅郡], ⑩ 連城郡[各連城郡]으로 추정된다. 그렇다면 신라의 북진경로는 단양→제천→원주→홍천(또는 양평→가평)→춘천→화천(또는 양구·인제)→김화→금강→회양으로 이어지는 교통로가 아닐까

7개 지역(2·3·4·6·7·8·9·10)을 10군으로 추정했고(이도학, 1987, 앞의 논문, 34~35쪽), 전덕재는 한주의 4개 지역(2·3·4·5)과 삭주의 6개 지역(1·2·3·4·5·6)으로 10군을 비정했다. 다만 괴양군[괴산]과 모성군(8)도 포함될 수 있다고 하여 여지를 남겨두었다(전덕재, 2009a, 앞의 논문, 108~109쪽).

53) 연구자들 간에 차이는 있다. 이호영은 삭주 관내 중 표에 포함되어 있는 11개 지역에 泉井郡과 朔庭郡을 포함해 가장 폭넓게 보았다(李昊榮, 1984,「高句麗·新羅의 漢江流域 進出 問題」『史學志』18, 檀國大學校 史學會 : 2007,『月山 李昊榮의 韓國史學 遍歷』, 서경문화사, 105~106쪽). 이인철(연번 9를 제외한 10개 지역 ; 1997,「신라의 한강유역 진출과정에 대한 고찰」『향토서울』57 : 2003,「신라의 한강 유역 진출과 지배」『신라 정치경제사 연구』, 일지사, 108쪽)·서영일(연번 1을 제외한 10개 지역 ; 1999, 앞의 책, 177~178쪽)·박성현(연번 11을 제외한 10개 지역 ; 2010, 앞의 박사학위논문, 151~152쪽)은 모두 삭주 관내 10개 지역을 주목했지만 조금씩 차이가 있다. 임기환도 삭주 소속의 군현에서 9곳(1·2·3·4·5·6·7·8·10)을 주목했다(임기환, 2002,「고구려·신라의 한강 유역 경영과 서울」『서울학연구』18, 서울시립대부설 서울학연구소, 14쪽).

54) 전덕재, 2009a, 앞의 논문, 109쪽.

한다. 단양~김화까지는 죽령로에 해당한다. 이것은 곧 6세기 중반 신라
의 북진이 5세기 중반까지는 고구려와 신라 간 교섭의 경로였고, 이후
고구려의 핵심 남진경로였던 죽령로를 재활용했음을 시사한다.

　이제 백제가 차지했던 한강 하류의 6郡의 위치를 추적해 보도록 하
자. 가장 중요한 논거가 앞의 사료 3-③인데, 논의의 진전을 위해 원문을
제시하고자 한다.

> 百濟聖明王　親率衆及二國兵(二國謂新羅任那也) 往伐高麗　獲漢城之地
> 又進軍討平壤凡六郡之地遂復故地

　여기서 문제의 소재는 "獲漢城之地又進軍討平壤凡六郡之地遂復故
地"를 어떻게 끊어 읽느냐에 있다. 곧 "獲漢城之地 又進軍討平壤 / 凡
六郡之地 遂復故地"로 하면 "[성왕이 고구려를 정벌하여] 한성의 땅을
얻었다. 또 진군하여 평양을 토벌했다. 무릇 6군의 땅으로 마침내 옛 땅
을 회복했다"라고 해석된다. 반면에 중간을 끊지 않고 "獲漢城之地 又
進軍討平壤凡六郡之地 遂復故地"로 하면 "[성왕이 고구려를 정벌하
여] 한성의 땅을 얻었다. 또 진군하여 평양을 토벌했는데 무릇 6군의 땅
이다. 마침내 옛 땅을 회복했다"고 해석이 가능하다. 말하자면 전자가
6군에 한성과 평양이 포함되어 있는 셈인데 반해 후자는 6군에 한성이
포함되지 않은, 곧 백제가 회복한 옛 땅이 한성＋6군으로 해석될 수 있
다. 그동안 대부분의 연구자들은 전자의 관점에서 6군의 위치를 추적해
왔다.[55]

　일단 이 기록에서의 한성은 백제의 수도였던 풍납토성과 몽촌토성을
포함한 지역임이 유력하다. 그리고 평양[남평양]은 고구려의 北漢山郡

---

55) 후자의 관점에서 처음 해석을 시도한 것이 노중국(2006, 앞의 논문, 33~34쪽)
　　이다.

으로서 중심지는 楊州인데, 경기도 고양시 덕양구와 남양주시 일부를
포함하고 있다.56) 아차산과 양주 일대의 고구려 보루군과 『삼국사기』
지리지에 전해지는 지금의 고양시에 해당하는 王逢縣과 達乙省縣에서
漢氏 미녀가 고구려 안장왕(519~531)을 만났다는 설화57)를 고려할 때,
백제는 한성을 탈환한 후 한강을 건너 고구려가 기존에 장악하고 있던
북한산군 일대까지 진출했음을 알 수 있다. 그런데 문제는 6군의 범위가
한성과 평양을 넘어선다는 데에 있다. 또한 신라가 차지한 10군과 달리
6군의 南限과 北進線을 추정할 만한 단서가 부족하다. 이에 일부 연구
자가 주목한 자료가 다음의 것이다.

> 4. 이 해(552년)에 百濟가 漢城과 平壤을 버렸다. 新羅가 그로 인해 漢
> 城에 들어가 살았다. 지금 신라의 牛頭方·尼彌方이다(지명은 자세하
> 지 않다).58)

이 기록은 백제가 탈환한 한성과 평양을 신라가 다시 차지했다는 내
용을 담고 있다. 그리고 그 지역이 신라의 행정구역으로 牛頭方과 尼彌
方이라고 부기하였다. '方'은 백제 사비시대의 지방편제 단위로서 신라
의 州에 대응한다고 볼 수 있다.59) 그런데 '牛頭州'는 고구려 때의 지
명으로서 신라가 장악한 후 선덕왕 6년(637)에 牛首州로 삼고 경덕왕대
에 朔州로 개칭된 곳으로 지금의 강원도 춘천시이다.60) 신라가 차지한
10군이 삭주 관내와 거의 일치하므로 『일본서기』에 기록된 '우두방'은

---

56) 『三國史記』 卷35, 雜志4, 地理2, 漢州 漢陽郡 및 卷37, 雜志6, 地理4, 高句麗 漢山
　州. 북한산군 및 속현의 위치비정은 이하의 <표 2> 참조.
57) 『三國史記』 卷37, 雜志6, 地理4, 高句麗 漢山州 "王逢縣(一云皆伯 漢氏美女迎安藏
　王之地 故名王逢)…達乙省縣(漢氏美女於高山頭點烽火迎安藏王之處 故後名高烽)."
58) 『日本書紀』 卷19, 欽明天皇 13년(552).
59) 임기환, 2002, 앞의 논문, 13쪽.
60) 『三國史記』 卷35, 雜志4, 地理2, 朔州.

신라가 차지했던 10군에서 가장 핵심적인 지역을 지칭한 것으로 이해
된다.

그렇다면 尼彌方은 이와 대응되는 백제가 차지했던 6군과 관련된 지
명일 가능성이 크다. 니미방을 6군 범위 추정의 단서로 활용했던 연구는
이러한 문제의식을 가진 것이었으며 대체로 온당하다고 생각한다. 그 결
과 니미방의 위치에 대해 南川州[경기도 이천시],[61] 경기도 파주시의
臨津·臨江縣 일대,[62] 동두천시 송내동 일대[63]로 비정한 바 있다. 다만
분명한 논거가 뒷받침되지 않아 현 단계에서 그 위치를 추정하기는 어려
운 실정이다.

이와 같은 여러 가지 정황을 고려해 기존 연구자들은 6군의 위치를
한강 이남, 한강 이북으로 제한하거나, 한강 하류 유역을 모두 포괄하는
세 가지 주장을 펼쳤다. 먼저 임기환은 니미방의 위치를 고려하여 6군을
漢山郡과 北漢山郡을 기본으로 栗木郡[栗津郡 : 경기도 과천시]·主夫
吐郡[長堤郡 : 경기도 부천시]·皆次山郡[介山郡 : 경기도 안성시 죽산
면]·述川郡[沶川郡 : 경기도 여주시]으로 추정하였는데, 지리지 군현의
숫자에 얽매이지 않고 買忽郡[水城郡 : 경기도 수원시]과 唐城郡[唐恩
郡 : 경기도 화성시]도 포함시켰다.[64] 북한산군을 제외하고 한강 이남으
로 비정했다는 특징이 있다.

---

61) 임기환, 2002, 앞의 논문, 13쪽. 南川의 다른 이름이 '南買'인데 주목해 '買'와 尼
彌의 '彌'의 음운이 상통한다고 보았다.

62) 김현구·박현숙·우재병·이재석 공저, 2002, 『일본서기 한국관계기사 연구』(Ⅱ),
일지사, 258쪽.

63) 전덕재, 2009a, 앞의 논문, 109~110쪽. 馬忽郡 속현 沙川縣의 다른 이름이 '內尒
米'인데서 착안했다. 곧 '尼彌'와 音相似하다는 것이다.

64) 임기환, 2002, 앞의 논문, 14쪽. 지명은 '고구려고지'를 기준으로 작성했는데, 필
자가 이해의 편의를 위해 신라의 지명을 병기했다. 이하에서도 연구자의 견해대
로 지명을 사용하되 '고구려고지'와 신라 지명이 다를 경우에 한해 '고구려고지'
를 사용한 경우는 신라 지명을, 신라 지명을 사용한 경우는 '고구려고지'를 병기
하겠다.

이와 달리 한강 이북 지역으로 6군의 위치를 비정한 견해도 있다. 양기석은 황해도 일대의 五谷郡[五關郡 : 황해도 서흥군]·鵂巖郡[栖嵒郡 : 황해도 봉산군]·漢城郡[重盤郡 : 황해도 재령군]·獐塞縣[황해도 수안군]·池城[瀑池郡 : 황해도 해주시]·十谷縣[鎭湍縣 : 황해도 곡산군]으로 추정했고,65) 노중국은 交河郡[泉井口縣 : 경기도 파주시]·來蘇郡[買省郡 : 경기도 양주시]·堅城郡[臂城郡 : 경기도 포천시]·開城郡[冬比忽 : 경기도 개풍군]·松岳郡[扶蘇岬 : 개성시]·牛峯郡[牛岑郡 : 황해도 금천군]으로 비정하였다.66) 문안식은 노중국의 학설을 받아들이면서 송악군 대신 兎山郡[烏斯含達 : 황해도 금천군·신계군]으로 약간 조정하였다.67) 노중국과 문안식의 주장은 백제가 회복한 옛 땅을 한성＋6군으로 해석한 데서 도출된 것이었다.

6군에 대한 위치비정 중 가장 많은 지지를 받는 것은 역시 한강 이남과 이북을 포함하는 학설이다. 이들은 대체로 임진강 이남에서 한강 하류를 포함하는 경기 남부까지를 6군의 범위로 추정하였다.68) 먼저 이호영은 6군보다 다소 많은 皆次山郡[介山郡 : 경기도 안성시 죽산면]·述川郡[沂川郡 : 경기도 여주시]·栗木郡[栗津郡 : 경기도 과천시]·漢山郡[漢州 : 경기도 하남시·광주시]·主夫吐郡[長堤郡 : 경기도 부천시]·穴口郡[海口郡北 : 인천시 강화군]·漢山郡[漢陽郡 : 경기도 양주시]·富平郡[夫如郡 : 강원도 철원군]·堅城郡[臂城郡 : 경기도 포천시]의 9개 군을 백제 및 나중의 신라가 차지한 한강 유역으로 이해하였다.69) 전덕재는

---

65) 양기석, 2005, 「5~6세기 백제의 北界-475~551년 百濟의 漢江流域 領有問題를 중심으로-」『博物館紀要』20, 檀國大學校 石宙善紀念博物館, 48쪽. 漢城을 재령으로 보는 견해에 따라 설정된 것이다.

66) 노중국, 2006, 앞의 논문, 34쪽.

67) 문안식, 2006, 앞의 책, 348~349쪽.

68) 이도학(1987, 앞의 논문, 33쪽)과 서영일(2005, 「5~6세기 신라의 한강유역 진출과 경영」『博物館紀要』20, 63쪽)의 경우도 구체적인 군명을 제시한 것은 아니지만 이러한 입장을 표명하였다.

한산군과 북한산군을 기본으로 買忽郡[水城郡 : 경기도 수원시]·栗津郡 [栗木郡 : 과천시]·主夫吐郡[長堤郡 : 인천시 계산동·임학동 일대]·마홀 군[堅城郡 : 포천시 군내면]을 백제가 차지한 6군으로 파악하였다.[70] 한 강 하류 유역 兩岸을 모두 백제의 6군으로 분석한 연구는 곧 백제가 차 지한 한성[한산군]과 평양[북한산군] 지역을 중심으로 그 인근의 군을 6 군의 범위로 상정한 것이다. 551년 당시 백제가 차지한 한강 유역의 전 체 범위는 이들의 주장에서 크게 벗어나지 않을 것으로 생각한다.

필자는 사료 3-③을 해석하는 데 있어 노중국의 견해에 지지를 보내 고 싶다. 곧 백제가 차지한 한강 하류 유역이 한성 + 6군일 가능성이 크다는 것이다. 자연 평양[남평양 : 북한산군]은 6군의 하나에 포함시킬 수 있다. 그렇다면 6군의 범위는 한강 이북으로 한정해서 생각해 볼 필 요가 있다. 그리고 한강 북안에 연접한 군부터 포함시켜 헤아려 보면 될 것이다. 그 결과는 <표 2>와 같다.

<표 2>는 백제가 차지한 한강 이북의 6군 후보지를 『삼국사기』 지 리지에서 뽑아본 것이다. 그런데 놀라운 사실은 한강 이북~임진강 이남 이 6군의 범위와 꼭 맞아 떨어진다는 점이다. 이것은 한강 유역 양안을 6군의 범위로 이해한 연구자들이 설정한 북진선인 임진강 이남과도 부 합하는 것이어서 주목된다. 결국 백제가 차지한 한강 하류의 6군을 백제 의 북진로를 감안해 재구성해 보면 ① 漢陽郡[北漢山郡 : 平壤], ② 來 蘇郡[買省郡], ③ 交河郡[泉井口縣], ④ 堅城郡[臂城郡], ⑤ 鐵城郡 [鐵圓郡], ⑥ 富平郡[夫如郡]으로 그 범위를 추정할 수 있다.

이렇듯 6군의 범위가 한강 이북~임진강 이남이라고 할지라도 백제가 차지한 한강 하류 유역은 기본적으로 한강 이남의 한성 일대를 포함하고 있었음이 분명하다. 뿐만 아니라 이후 살피는 바와 같이 신라가 대중국

---

69) 이호영, 1984, 앞의 논문 : 2007, 앞의 책, 106~107쪽.

70) 전덕재, 2009a, 앞의 논문, 110쪽.

〈표 2〉 '고구려고지' 중 백제의 6군 추정 후보지

州名	연번(군단위)	고구려 지명(지리4 고구려)	本高句麗名(지리2 신라)		景德王 改名	고려 지명	현재 지명
			郡級 名	縣級 名			
漢州	1	北漢山郡(平壤)	北漢山郡(平壤)2		漢陽郡	楊州엣터	서울시
		骨衣內縣		骨衣奴縣	荒壤縣	豐壤縣	경기 남양주시 진전읍
		王逢縣(皆伯)		皆伯縣	遇王縣	幸州	경기 고양시 덕양구
	2	買省郡(馬忽)	買省郡2		來蘇郡	見州	경기 양주시 고읍동
		七重縣(難隱別)		七重縣	重城縣	積城縣	경기 파주시 적성면
		波害平史縣(頟蓬)		波害平史縣	波平縣	波平縣	경기 파주시 파평면
	3	泉井口縣(於乙買串)	泉井口縣2		交河郡	交河郡	경기 파주시 교하읍
		述尒忽縣(首泥忽)		述尒忽縣	峯城縣	峯城縣	경기 파주시 파주읍
		達乙省縣(高烽)		達乙省縣	高烽縣	高烽縣	경기 고양시 일산동구
	4	臂城郡(馬忽)	馬忽郡2		堅城郡	抱州	경기 포천시 군내면
		內乙買(內尒米)		內乙買縣	沙川縣	沙川縣	경기 동두천시 송내동 일대
		梁骨縣		梁骨縣	洞陰縣	洞陰縣	경기 포천시 영중면
	5	鐵圓郡(毛乙冬非)	鐵圓郡2		鐵城郡	東州	강원 철원군 철원읍
		僧梁縣(非勿)		僧梁縣	㠜梁縣	僧嶺縣	경기 연천군 인목면
		功木達(熊閃山)		功木達縣	功成縣	獐州	경기 연천군 연천읍
	6	夫如郡	夫如郡1		富平郡	金化縣	강원 철원군 김화읍
		於斯內縣(斧壤)		斧壤縣	廣平縣	平康縣	강원 평강군 평강읍(北)

직항로를 확보하기 위해 백제가 차지했던 한강 하류를 탈취한 후 설치한 新州의 범위를 고려하면, 551년 백제가 장악한 한강 하류 유역의 南限線은 경기 남부 일대를 망라했던 것으로 판단된다.

3) 신라의 한강 유역 장악과 백제의 대응

이제 한강 유역 전체가 신라에 귀속되는 과정을 추적해 보겠다. 『삼국사기』에 따르면, 553년 7월에 신라가 백제의 동북쪽 변방을 빼앗아 新州를 설치하고 아찬 김무력을 軍主로 삼았다고 한다.[71] 이 기록은 앞

---

71) 『三國史記』 卷4, 新羅本紀4, 眞興王 14년 ; 卷26, 百濟本紀4, 聖王 31년.

○ 신라 10군 □ 백제 6군

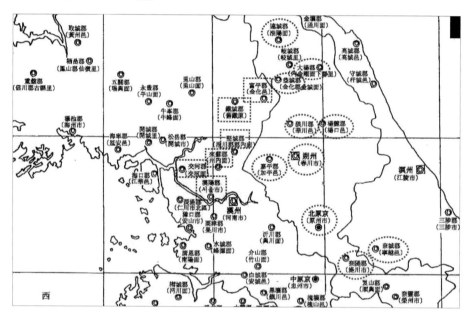

<지도 9> 551년 신라와 백제가 차지한 10군과 6군의 범위
(정구복·노중국·신동하·김태식·권덕영, 1997, 『역주 삼국사기』4,
한국정신문화연구원, 853쪽의 新羅州郡圖를 대본으로 함)

의 사료 4와 맥락이 닿는 것이다.[72] 다만 『일본서기』에는 백제가 漢城과 平壤을 스스로 포기한 것처럼 기록되어 있다. 과연 백제 성왕이 그토록 염원했고 오랜 기간 동안 절치부심한 결과 획득했던 한강 유역을 신라에 순순히 내주었을까? 상식적으로는 수긍하기 힘든 것이 사실이다.

그런 면에서 성왕의 정치적 입지를 고려할 때 전투도 치루지 않고 힘들게 확보한 故土를 포기하지는 않았을 것이라든가,[73] 백제와 우호적이었던 『일본서기』의 서술태도가 신라와의 상쟁에서 백제의 패배를 언급하지 않았을 것이라는 견해[74]는 경청할 만하다. 다만 한강 하류 유역에 해당하는 백제 동북변을 신라가 빼앗고 그 지역에 신주를 설치했다는 신라의 주도적 침탈행위는 분명히 드러나지만, 그에 따른 대규모의 전쟁이 수반되었다는 기록은 전하지 않는다. 만일 전쟁이 발발했다면 특히 신라의 입장에서는 전투를 승리로 이끈 장군의 이름이 반드시 기록에 남았을 법하다.[75] 551년에 신라가 한강 중·상류의 10군을 공략할 때 거칠부와 여덟 장군의 이름을 일일이 기록에 남긴 점이 참고가 된다. 따라서 백제가 차지했던 한강 하류 유역은 신라가 백제와의 동맹관계 파기를 감수하며 급습했고, 백제가 격렬한 저항 없이 방조 내지 묵인한 결과 신라에 귀속된 것으로 이해하는 것이 합리적이다.

---

72) 『日本書紀』卷19 欽明天皇 13년(552)조의 이 기록은 『삼국사기』를 감안해 553년으로 수정해 이해하는 것이 일반적이다(노중국, 2006, 앞의 논문, 51쪽 ; 朱甫暾, 2006, 「5~6세기 중엽 高句麗와 新羅의 관계-신라의 漢江流域 진출과 관련하여-」 『北方史論叢』11, 91쪽 ; 梁起錫, 2008, 「管山城 戰鬪의 樣相과 影響」 『中原文化論叢』12, 忠北大 中原文化研究所, 23~24쪽).

73) 李道學, 2009, 「百濟 熊津期 한강유역지배 문제와 그에 대한 認識」 『鄕土서울』 73 ; 2010, 『백제 한성·웅진성 시대 연구』, 일지사, 350~351쪽.

74) 鄭雲龍, 2007, 「관산성 전투와 집권세력의 변화」 『泗沘都邑期의 百濟』(백제문화사대계 연구총서 5), 143쪽.

75) 金周成, 2000, 「聖王의 漢江流域 占領과 喪失」 『百濟史上의 戰爭』(忠南大學校 百濟研究所 編), 서경문화사, 301~302쪽.

그렇다면 백제는 왜 그러한 선택을 할 수밖에 없었을까? 다음의 기록이 이와 관련해서 시사점을 던져준다.

5-① 承聖 3년(554) 9월에 백제 군사가 珍城에 쳐들어와서 남녀 3만 9천 명과 말 8천 필을 빼앗아갔다. 이보다 앞서 백제가 신라와 더불어 군사를 합하여 고구려를 정벌하려 했다. 진흥[왕]이 말하기를 "나라의 흥망은 하늘에 달렸으니, 만약 하늘이 고구려를 미워하지 않는다면 내가 어찌 감히 그것[고구려의 멸망]을 바라겠는가"라고 하였다. 이에 그 말이 고구려에 전해졌다. 고구려는 그 말에 감격하여 신라와 通好하였다. 이에 백제가 그것을 원망하여 [신라를] 침략해 온 것이다.[76]

② 13년(552) 5월 戊辰 초하루 乙亥. 百濟·加羅·安羅가 中部 德率 木刕今敦과 河內部阿斯比多 등을 보내어 아뢰기를 "<u>高麗[고구려]가 新羅와 더불어 通和하고</u> 세력을 합쳐 신의 나라와 任那를 멸하려고 도모합니다. 그러므로 삼가 구원병을 청해 먼저 불시에 공격하고자 합니다.…"라고 하였다.[77]

③ 14년(553) 8월 辛卯 초하루 丁酉. 백제가 上部 奈率 科野新羅와 下部 固德 汶休帶山 등을 보내 표를 올려 아뢰기를 "…올해 문득 들으니 <u>新羅와 狛國[고구려]이 함께 모의하기를</u> '百濟와 任那가 자주 日本에 나아가니, 생각건대 이것은 군사를 빌려 우리나라를 치려는 것인가? 이 일이 만약 사실이라면 나라의 패망을 발뒤꿈치 들고 기다리는 것과 같다. 바라건대 日本의 군대가 떠나기 전에 먼저 安羅를 쳐서 빼앗아 일본과의 통로를 끊자'라 하였다고 합니다. 그 계획이 이와 같으니, 신 등이 이를 듣고 두려운 마음을 깊이 품었습니다. [이에] 곧 빠른 배로 사신을 보내 표를 올려 아룁니다. 엎드려 바라건대 천황께서 빨리 前軍과 後軍을 보내 서로 이어 와서 구원해 주십시오.…"[78]

사료 5-①에서 말하는 나·제 공조의 고구려 정벌이란 곧 551년 9월에 있었던 나·제동맹군의 한강 유역 진격 작전에 다름 아닐 것이다. 기록에 따르면, 백제는 한강 하류의 6군을 차지한 것에 만족하지 않고 신라를

---

76) 『三國遺事』 卷1, 紀異2, 眞興王.
77) 『日本書紀』 卷19, 欽明天皇 13년(552).
78) 『日本書紀』 卷19, 欽明天皇 14년(553).

독려해 고구려를 정벌하려 했다. 그런데 신라가 백제 측의 의도대로 움직여주지 않았다. 도리어 고구려와의 通好를 추진하였다. 이른바 '麗·羅密約'이 맺어진 것이다.[79] '여·라밀약'을 통해 고구려는 나·제동맹군의 북진을 일시적이나마 지연시키는 동시에 나·제동맹을 와해시키는 효과를 기대했을 것이다. 신라로서도 고구려의 암묵적 지원 하에 한강 하류 유역을 공략할 수 있는 유리한 조건을 만든 셈이다.

신라와 고구려 간에 밀약이 맺어진 시기는 분명하게 알 수 없다. 다만 사료 5-②를 통해서 백제가 552년 5월에 '여·라밀약'을 인식했으며, 따라서 그 이전에 밀약이 체결됐음을 알 수 있다.[80] 백제가 먼저 한강 하류의 6군을 공략했고 뒤이어 신라가 551년 9월 한강 중·상류의 10군을 차지했으므로 551년 후반 내지 552년 전반에 밀약이 맺어진 것으로 추정된다.

신라와 고구려의 공조는 백제에 상당한 부담을 주었을 것이다. 삼국 간의 역학관계에서 두 나라의 동맹이 다른 한 나라에 가하는 압력이 배가되는 것은 당연하다. 백제는 475년에 고구려 장수왕에게 수도 한성을 빼앗겨 웅진으로 천도했고 개로왕이 죽는 치욕까지 당했다. 그러한 숙적 고구려에 맞서기 위해 신라와의 동맹관계를 120여 년 동안 유지해왔다.

---

79) '여라밀약'에 대한 개념의 사용과 선구적인 업적은 노태돈, 1976, 앞의 논문 ; 1999, 앞의 책, 429~434쪽이 참고된다. 다만 국가 간에는 비밀스러운 약속이 언제나 있기 마련이라면서 '밀약'이라는 용어보다는 '和好' 또는 '通好'가 적합하다는 주장이 있었다(노중국, 2006, 앞의 논문, 50쪽 ; 박윤선, 2010, 「6세기 중반 고구려와 신라의 通好와 移那斯·麻都」『역사와 현실』77, 216쪽). 일리가 있는 주장이지만 사료상으로 용어가 각각 다르므로 혼동을 방지하기 위해 이 책에서는 잠정적으로 '밀약'으로 쓰기로 한다.

80) 사료 5-②를 '여라밀약' 체결 시기의 상한으로 이해하는 것이 일반적이다(노중국, 2006, 앞의 논문, 50쪽 및 주보돈, 2006, 앞의 논문, 96쪽). 다만 전덕재는『일본서기』기사에 기년상의 착란이 많다면서 단정하기보다는 '552년의 어느 때'로 추정하였다(전덕재, 2009b, 「관산성전투에 대한 새로운 고찰」『新羅文化』34, 東國大學校 新羅文化研究所, 48쪽).

그 결과 고구려에 빼앗긴 한강 유역을 탈환할 수 있었던 것인데 그러한
구도가 일순간에 역전된 것이다. 백제는 이를 타개하고자 倭國에 다급
하게 군사 원조를 요청하였다. 5-②·③의 기록은 倭兵을 끌어들이기 위
한 과장과 외교적 修辭가 있기는 하지만, 신라와 고구려의 밀약을 인식
한 백제의 불안과 초초함을 잘 보여준다.[81]

따라서 553년 7월 신라의 한강 유역 급습에 대해 백제가 별다른 저항
을 할 수 없었던 까닭은 '여·라밀약'과 연관지어 해석하면 어떨까 한
다.[82] 곧 '여·라밀약'을 사전에 인지한 백제가 혹시 있을지 모를 고구려
의 개입을 두려워했던 것이 아닌가 싶은 것이다. 또한 신라의 급습에 대
비할 만한 군사적 여력이 없었던 상황에서[83] 구태여 드러내놓고 신라와

---

81) 『日本書紀』 卷19, 欽明天皇 15년(554)조에 "春正月 丙申 百濟遣中部木刕施德文次
前部施德曰佐分屋等於筑紫 諮內臣佐伯連等曰 德率次酒杆率塞敦等 以去年閏月四
日到來云 臣等臣等者謂內臣也 以來年正月到 如此遵而未審 來不也 又軍數幾何 願
聞若干 預治營壁 別諮 方聞 奉可畏天皇之詔 來詣筑紫 看送賜軍 聞之歡喜 無能比
者 此年之役 甚危於前 願遣賜軍 使逮正月 於是 內臣奉勅而答報曰 卽令遣助軍數一
千馬一百匹·船卌隻"라고 하여 백제가 倭의 군사 원조에 기대하는 바가 절실함을
알 수 있다.

82) 노중국과 주보돈은 여라밀약을 눈치 챈 백제가 큰 희생을 치루지 않고 후일을 도
모하는 차원에서 한성을 포기한 것으로 이해하였다(노중국, 2006, 앞의 논문,
50~51쪽 ; 주보돈, 2006, 앞의 논문, 92~96쪽). 필자도 이에 시사받은 바 크다.
다만 '여·라밀약'으로 고구려가 한강 이북을 다시 차지했고 신라는 한강 이남의
한성만 차지했다는 주장은 좀 더 신중한 접근이 요망된다고 생각한다. 왜냐하면
당시 고구려의 내부 사정이 여전히 안정되지 못했을 뿐 아니라 한강 이북 지역을
영역지배했다는 적극적인 증거가 없기 때문이다. 진흥왕이 재위 16년(555)에 북한
산에 순수를 갈 수 있었던 것(『三國史記』 卷4, 新羅本紀4, 眞興王 16년)은 이 지
역이 신라의 영향력 하에 있었음을 시사한다.

83) 백제가 倭에 지속적으로 군사 원조를 요청한 것이 이를 대변해 준다. 백제는 552
년 5월~554년 정월 사이 倭에 4차례에 걸쳐 청병사를 파견했다. 다만 그 결과는
미미해 553년 6월에 말 2필·배 2척·활과 화살 50개를 지원받았고, 554년 5월에
이르러서야 군사 1천 명과 말 1백 필·배 40척을 원조받을 수 있었다(『日本書紀』
卷19, 欽明天皇 14년·15년). 관산성 전투가 왜의 군사 원조 후에야 백제의 선공으
로 개시된 점은 백제의 군사적 상황과 왜의 청병에 거는 백제의 기대가 컸음을

의 동맹을 파기할 입장도 아니었던 듯하다. 말하자면 백제는 한강 유역을 어쩔 수 없이 포기한 채 신라에 반격을 가할 시간을 벌기 위해 나·제 동맹을 표면적으로 유지한 상태에서 은밀하게 倭에 군사 원조를 요청했다고 생각된다.[84] 다음의 기록이 이를 방증해 준다.

> 6-① 겨울 10월에 백제왕의 딸을 맞아들여 小妃로 삼았다.[85]
> ② 겨울 10월에 왕의 딸이 신라에 시집갔다.[86]

백제 성왕(523~554)은 553년 7월에 신라에게 한강 유역을 빼앗긴 뒤 불과 3개월 만에 자신의 딸을 신라에 시집보냈다. 성왕이 신라에 진흥왕의 正妃[87]도 아닌 小妃로 딸을 보낸 이유는 무엇일까? 사실 성왕이 한강 유역을 허망하게 신라에게 빼앗긴 뒤 딸을 보내는 행위 자체가 상식적으로 납득이 가지 않는다. 이 기록 자체를 杜撰으로 봤던 것[88]도 그런 면에서 이해가 간다.

기왕에 이에 대해서는 백제가 나·제동맹을 유지하고 관계를 회복하고자 하는 외교전술의 일환으로 보는 견해[89]가 우세하였다. 또한 한강

시사한다.

84) 김주성은 553년 백제의 한강 유역 상실 요인을 백제 내부의 사정에서 찾았다. 곧 새로 점령한 지역에 지방관을 파견해 통치하려는 왕실과 기존에 이 지역의 기득권을 가진 解氏·眞氏의 갈등에 주목한 것이다(김주성, 2008, 「管山城 戰鬪의 背景」 『中原文化論叢』 12, 忠北大 中原文化研究所, 12쪽). 입론 자체는 가능하지만 관련 자료의 뒷받침이 없는 것이 아쉽다.

85) 『三國史記』 卷4, 新羅本紀4, 眞興王 14년.

86) 『三國史記』 卷26, 百濟本紀4, 聖王 31년.

87) 진흥왕의 正妃는 각간 朴英失의 딸인 思道夫人(息途 : 色刀夫人)이었다(『三國史記』 卷4, 新羅本紀4, 眞興王 즉위년 및 『三國遺事』 卷1, 王曆1 참조).

88) 이병도, 1983, 앞의 책 下, 81쪽.

89) 盧重國, 1981, 「高句麗·百濟·新羅 사이의 力關係變化에 대한 一考察」 『東方學志』 28, 延世大學校 國學研究院, 84쪽 ; 김주성, 2000, 앞의 논문, 302~303쪽 ; 정운용, 2007, 앞의 논문, 303쪽.

하류의 반환을 요구하기 위한 고육지책이라고도 했다.[90] 하지만 이러한 해석에는 선뜻 이해되지 않는 면이 있다. 왜냐하면 백제는 552년 5월 이전에 이미 '여·라밀약'을 인지하고 신라와의 동맹관계를 내부적으로 정리했기 때문이다. 그랬기 때문에 왜에 지속적인 원병을 요청했던 것이다. 551년까지만 하더라도 백제는 475년에 고구려에게 빼앗긴 한강 유역을 되찾기 위해 어떻게든 신라와의 동맹관계를 유지하려 했었다. 5세기 후반 자국의 동쪽 국경지대에서 신라가 지속적으로 벌인 축성사업을 묵인해 주었던 것도, 550년에 애써 차지한 도살성을 신라가 그대로 차지하게 둔 것도 한강 유역 탈환이라는 원대한 목표가 있었기 때문이었다. 하지만 신라에게 한강 유역을 모두 빼앗긴 상황이라면 백제가 신라와의 관계 회복을 통해 얻을 수 있는 목표는 사라진 셈이다. 성왕이 외교적 노력으로 신라로부터 한강 유역을 다시 반환 받을 수 있지 않을까라는 생각은 지나치게 평면적인 해석이다. 성왕이 정말 신라와의 관계 회복에 미련이 남아 있었다면 다음해인 554년에 일어난 管山城 전투의 발생 배경은 설명이 되지 않는다. 말하자면 성왕이 신라와의 관계 개선을 추구하다가 강경 기조로 변화해 관산성 전투를 준비하는 과정이 논리적으로 맞지 않는 것이다. 따라서 성왕이 자신의 딸을 신라로 보낸 것은 신라를 안심시키면서 군비 증강에 시간을 벌어보려는 전술적 차원에서 이해할 필요가 있다. 곧 일종의 기만술 내지 위장전술이라고 할 수 있다.[91] 한편에서는 관산성 전투를 대비한 각종 고급 정보를 얻어내기 위한 포석일 수도 있다.[92]

　　요컨대 성왕은 '여·라밀약'을 알고 왜국에 원병을 요청하는 등 나름

---

90) 金秉柱, 1984, 「羅濟同盟에 관한 硏究」『韓國史硏究』 46, 38~39쪽.

91) 金泰植, 1993,『加耶聯盟史』, 一潮閣, 300쪽 ; 金甲童, 1999, 「新羅와 百濟의 管山城 戰鬪」『白山學報』 52, 196쪽 ; 주보돈, 2006, 앞의 논문, 101~102쪽.

92) 김주성, 2008, 앞의 논문, 14쪽.

대로 고구려와 신라에 대응하기 위한 준비에 박차를 가하고 있었다. 그
러던 중 뜻하지 않게 신라의 급습을 받아 한강 유역을 빼앗겼다. 하지
만 당시의 상황이 고구려와 신라에 맞서기에는 역부족임을 인식하고
대응을 최대한 자제한 채 한강 유역을 신라에 순순히 내주었다.[93] 그
리고 신라에 보복전을 준비하는 과정에서 나·제동맹이 여전히 유효하
다는 것을 보여주는 차원에서 성왕이 자신의 딸을 진흥왕과 혼인시켰
던 것이다.

2. 관산성 전투의 발발과 추이

1) 전투의 시기

553년 7월에 백제가 차지했던 한강 하류 유역을 신라가 탈취한 것은
그동안 유지되어 왔던 나·제동맹의 파기를 의미하는 것이었다. 다만 백
제의 내부 사정상 그것이 표출되지 못한 채 약간의 유예기간이 두어졌을
뿐이다. 성왕은 자신의 딸을 진흥왕에게 보냄으로써 겉으로 유화적인 입
장을 드러냈지만 내심 신라에 대한 보복전을 준비하고 있었다. 552년부
터 倭에 4차례에 걸쳐서 군사 원조를 요청했고, 결국 관산성 전투가 벌
어지기 직전인 554년 5월에 이르러 군사 1천 명과 말 1백 필 그리고 배
40척을 지원받았다. 뿐만 아니라 가야 세력까지 규합해 만반의 준비를

---

93) 백제가 '여·라밀약'을 의식해 신라가 한강 유역에 진출하기도 전에 회피했다는
   의미는 아니다. 곧 신라의 침탈행위를 전제로 그에 대한 직접적인 대응을 자제했
   거나 기록에 남을 정도의 대규모 전투가 없었다는 정도로 이해가 된다. 한편 김영
   심은 백제가 한강 하류 지역을 고구려로부터 탈환한 후 실질적인 지배력을 행사
   하지 못했기 때문에 신라의 공격에 힘없이 무너져버렸을 가능성이 높다고 했다
   (김영심, 2007, 「관산성전투 전후 시기 대가야·백제와 신라의 대립」, 『5~6세기
   동아시아의 국제정세와 대가야』, 고령군 대가야박물관·계명대학교 한국학연구원,
   248쪽).

갖추었다. 그리고 신라의 管山城으로 쳐들어갔다.[94]

우선 관산성 전투와 관련한 기록들을 정리해 보도록 하자.

> 7-① 15년(554) <u>가을 7월에</u> 明活城을 수리하여 쌓았다. 백제왕 明襛[聖王]
> 이 加良과 함께 <u>管山城</u>을 공격해왔다. 軍主 각간 于德과 이찬 耽知
> 등이 맞아 싸웠으나 전세가 불리하였다. 新州의 軍主 金武力이 州의
> 군사를 이끌고 나아가 교전함에, 裨將인 三年山郡의 高干 都刀가 급
> 히 쳐서 백제왕을 죽였다. 이에 모든 군사가 승세를 타고 크게 이겼다.
> 佐平 4명과 사졸 29,600명을 목 베었고 한 필의 말도 돌아간 것이 없
> 었다.[95]
>
> ② 32년(554) <u>가을 7월에</u> 왕은 신라를 습격하고자 하여 친히 보병과 기병
> 50명을 거느리고 밤에 <u>狗川</u>에 이르렀다. 신라의 伏兵이 일어나자 더불
> 어 싸웠으나 亂兵에게 해침을 당하여 죽었다.[96]

---

94) 『日本書紀』卷19, 欽明天皇 14년(553) 겨울 10월조에는 이른바 '百合野塞' 전투
관련기사가 실려 있다. 성왕의 아들 餘昌이 전군을 동원해 고구려로 나아가 百合
에서 고구려군을 크게 물리쳤고 東聖山까지 고구려왕을 추격했다는 내용이다. 이
에 대해 대부분의 연구자들은 기년을 그대로 신빙하여 관산성 전투에 앞서 백제
가 고구려를 침략한 것으로 이해하였다(盧重國, 1988, 『百濟政治史研究』, 一潮閣,
177쪽 및 2006, 앞의 논문, 53~55쪽 ; 李文基, 1998, 「泗沘時代 百濟의 軍事組織
과 그 運用」 『百濟研究』 28, 273쪽 ; 김수태, 2004, 「百濟 威德王의 정치와 외교」
『韓國人物史研究』 2, 한국인물사연구소, 155~156쪽 ; 문안식, 2006, 앞의 책,
352~354쪽 ; 김영심, 2007, 앞의 논문, 254~255쪽). 그러나 필자는 다음과 같은
두 가지 이유에서 이 기록의 기년에 회의적이다. 첫째, 553년 10월에는 한강 유역
이 신라에 의해 장악된 뒤였다. 그리고 이 시기 '여라밀약'은 여전히 유효하고 있
었다. 따라서 백제가 신라 영토를 경유하여 고구려를 침략한다는 것은 논리적으
로 불가능하다(김주성, 2000, 앞의 논문, 303쪽). 둘째, 백제는 '여라밀약'을 알면
서도 신라에 모른 척했고, 그 위장전술로 성왕의 딸을 진흥왕에게 시집보냈다. 그
리고 관산성 전투를 준비하고 있었다. 이런 상황에서 대규모의 군사를 파견해 고
구려를 공격한다는 것은 신라에 백제의 작전을 노출시키는 결과를 초래했을 것이
다. 따라서 이 기록은 백제가 고구려가 차지한 한강 유역을 공략했던 551년 전후
의 내용을 반영하는 것으로 파악하고자 한다(김현구·박현숙·우재병·이재석 공저,
2002, 『일본서기 한국관계기사 연구』(Ⅱ), 일지사, 268쪽 ; 김주성, 2000, 앞의 논
문, 304쪽).

95) 『三國史記』卷4, 新羅本紀4, 眞興王 15년.

③ [김유신의] 할아버지 武力은 新州道行軍摠管이 되어, 일찍이 군사를 거느리고 가서 백제왕과 그 장수 4명을 잡고 1만여 명의 머리를 베었다.[97]

④ "옛날에 백제의 明襛王[성왕]이 古利山에 있으면서 우리나라를 치려고 꾀하였을 때, 유신의 할아버지인 角干 武力이 장수가 되어 맞아서 그들을 쳤다. 승세를 타서 그 왕과 재상 4명과 사졸들을 사로잡아 그 침입을 좌절시켰다.…"[98]

⑤ 15년(554) 겨울 12월. ㉠ 백제가 下部의 杆率 汶斯干奴를 보내 표를 올려 말하기를 "백제왕 臣 明과 安羅에 있는 여러 倭臣들, 任那 여러 나라의 旱岐들이 아룁니다. 斯羅[신라]가 無道하여 천황을 두려워하지 않고 狛[고구려]과 마음을 함께 하여 바다 북쪽의 彌移居를 멸망시키려고 합니다. 신들이 함께 의논하여 有至臣 등을 보내 우러러 군사를 청해 斯羅를 정벌하려고 하였습니다. 이에 천황께서 有至臣을 보내시어, [그가] 군사를 거느리고 6월에 오니 신들은 매우 기뻤습니다. 12월 9일에 斯羅를 공격하러 보내면서, 신이 먼저 東方領인 物部莫奇武連을 보내 그 方의 군사를 거느리고 函山城을 공격하도록 했습니다. 有至臣이 데리고 온 백성 竹斯物部莫奇委沙奇가 불화살을 잘 쏘았습니다. 천황의 威靈의 도움을 받아 이 달 9일 酉時에 성을 불태우고 빼앗았습니다. 이에 한 사람의 사신을 보내 배를 달려 아룁니다"라고 하였다.

따로 아뢰기를 "만약 斯羅뿐이라면 유지신이 데리고 온 군사로도 충분할 것입니다. [그러나] 지금 狛[고구려]과 斯羅가 마음을 함께 하고 힘을 합하였으므로 성공하기 어렵습니다. 엎드려 바라옵건대 竹斯島에 있는 여러 군사들을 빨리 보내시어, [그들이] 와서 신의 나라를 돕고 또 임나를 돕는다면 곧 일을 이룰 수 있을 것입니다"라 하였다. 또 아뢰기를 "신이 따로 군사 1만 명을 보내 임나를 돕겠습니다. 아울러 아룁니다. 지금 일이 매우 급하여 한 척의 배를 보내 아룁니다. 단지 좋은 비단 2필, 毾㲪 1領, 도끼 300구, 사로잡은 城의 백성 남자 2명과 여자 5명을 바칩니다. [보낸 물건이] 적어 송구합니다"라고 하였다.

㉡ 餘昌이 新羅를 정벌할 것을 계획하였다. 耆老가 간하여 말하기를 "하늘이 함께 하지 않으니 화가 미칠까 두렵습니다"라고 했다. 여창이 말하기를 "늙었구려. 어찌 겁내시오. 우리는 大國을 섬기고 있으니

---

96) 『三國史記』卷26, 百濟本紀4, 聖王 32년.

97) 『三國史記』卷41, 列傳1, 金庾信 上.

98) 『三國史記』卷43, 列傳3, 金庾信 下.

어찌 겁낼 것이 있겠소"라 했다. 드디어 신라국에 들어가 **久陀牟羅**에
보루를 쌓았다. 그 아버지 明王[聖王]은 여창이 길고 고된 행군에 오랫
동안 잠자고 먹지 못했음을 걱정하였다. 아버지의 자애로움에 부족함이
많으면 아들의 효도가 이루어지기 어렵다고 여겨 스스로 가서 위로하
기를 바랐다. 신라는 명왕이 친히 왔음을 듣고 나라 안의 모든 군사를
내어 길을 끊고 격파하였다. 이 때 신라에서 佐知村의 飼馬奴 苦都
[다른 이름은 谷智이다.]에게 말하기를 "苦都는 천한 奴이고 명왕은
뛰어난 군주다. 지금 천한 奴를 시켜 뛰어난 군주를 죽이게 하여 후세
에 전해져 [사람들의] 입에서 잊혀지지 않기를 바란다"고 하였다. 이윽
고 고도가 이내 명왕을 사로잡아 두 번 절하고 말하기를 "왕의 머리를
베기를 청합니다"라고 하였다. 명왕이 답해 말하기를 "왕의 머리를 奴
의 손에 줄 수 없다"고 하니, 고도가 말하기를 "우리나라의 법에는 맹
세한 것을 어기면 비록 국왕이라 하더라도 奴의 손에 [죽어] 마땅합니
다"라 하였다.(다른 책에 이르기를 "명왕이 胡床에 걸터앉아 차고 있던
칼을 곡지에게 풀어주어 베게 했다"고 하였다.) 명왕이 하늘을 우러러
크게 탄식하고 눈물을 흘리며 허락해 말하기를 "과인이 생각할 때마다
항상 고통이 골수에 사무쳤다. 돌이켜 생각해 보아도 구차히 살 수는
없다"라 하고 이내 머리를 내밀어 참수 당했다. 고도는 머리를 베어 죽
이고 구덩이를 파서 묻었다.(다른 책에 이르기를 "신라가 명왕의 머리
뼈를 남겨두고 나머지 뼈는 예를 갖춰 백제에 보냈다. 지금 신라왕이
명왕의 뼈를 北廳 계단 아래에 묻었는데, 이 관청을 都堂이라 이름한
다"고 하였다.)

여창이 마침내 포위를 당해 빠져나오려 하였으나 그럴 수 없었다. 사
졸들이 놀라 어찌 할 줄 몰랐는데, 활을 잘 쏘는 사람인 筑紫國造가 있
어 [그가] 나아가 활을 당겨 신라의 말 탄 군졸 중 가장 용감하고 씩씩
한 사람을 헤아려 쏘아 떨어뜨렸다. 쏜 화살이 날카로워 타고 있던 안
장의 앞뒤를 가로지른 나무를 뚫었고, 입고 있던 갑옷의 옷깃을 맞추었
다. 다시 계속 화살을 비가 오듯이 날려 더욱 힘쓰고 게을리 하지 않아
포위군을 활로 물리쳤다. 이로 말미암아 여창과 여러 장수들이 샛길을
따라 도망하여 돌아왔다.[99]

⑥ 承聖 3년(554) 9월에 백제의 군사가 珍城을 쳐들어와서 남녀 3만 9천
   명과 말 8천 필을 빼앗아갔다.[100]

⑦ [554년] 겨울에 백제 熊川城을 공격했으나 이기지 못했다.[101]

---

99) 『日本書紀』 卷19, 欽明天皇 15년(554).

100) 『三國遺事』 卷1, 紀異2, 眞興王.

⑧ [554년] 겨울 10월에 고구려가 크게 군사를 일으켜 **熊川城**을 공격해
왔으나 패하여 돌아갔다.[102]

관산성 전투를 본격적으로 검토하기 위해서는 전투가 일어난 기간을
분명히 정리할 필요가 있다. 왜냐하면 사서 간에 관산성 전투의 시기에
대해 각기 다른 정보를 제공하고 있기 때문이다. 곧 『삼국사기』에 따르
면, 관산성 전투는 554년 7월 한 달 동안 발생한 것으로 되어 있다(사료
7-①·②). 반면에 『일본서기』에는 554년 12월에 관산성 전투 관련기록
이 남아 있다(사료 7-⑤). 그럼에도 불구하고 기존 연구자들은 치밀한 논
증을 시도하기보다는 편의적으로 둘 중 하나를 택하여 관산성 전투의 추
이를 살피는 경우가 많았다. 『일본서기』의 경우 기년 자체의 착란과 몇
년 동안의 사건을 한 해로 일괄 압축하여 기재하는 경우가 종종 있어[103]
연대비정에 엄밀한 검토가 필요한 것이 사실이다. 그래서 관산성 전투의
경우도 『삼국사기』의 기년을 믿는 경우가 더 우세했던 것 같다.[104] 하지
만 『일본서기』에서는 백제가 신라의 函山城(管山城)을 12월 9일 酉時
[오후 5~7시]에 점령한 것으로 되어 있어 『삼국사기』보다 훨씬 구체적
인 정보를 제공해주고 있다. 따라서 『일본서기』의 기록을 섣불리 부정
하기가 쉽지 않다.[105] 다만 『일본서기』도 관산성의 함락 일자 외에 전투

---

101) 『三國史記』 卷19, 高句麗本紀7, 陽原王 10년.
102) 『三國史記』 卷26, 百濟本紀5, 威德王 원년.
103) 예컨대 雄略天皇 8년 2월조에 실려 있는 신라 영토 안에 있던 고구려 군사의
　　 축출관련 기록은 '신라와 고구려의 우호→고구려 군사의 신라 주둔과 주살→고
　　 구려의 신라 침입→임나일본부의 신라 구원'이라는 4세기 말~5세기 중·후반의
　　 사실이 압축된 것이다(김현구·박현숙·우재병·이재석 공저, 2002, 앞의 책(Ⅰ),
　　 243~248쪽).
104) 김현구·박현숙·우재병·이재석 공저, 2002, 앞의 책(Ⅱ), 280쪽 ; 沃川郡·忠北大
　　 學校 中原文化研究所, 2003, 『新羅·百濟激戰地(管山城) 地表調查報告書』, 26쪽 ;
　　 김수태, 2004, 앞의 논문, 165~166쪽 ; 양기석, 2008, 앞의 논문, 33~34쪽.
105) 김태식(2006, 앞의 논문, 165쪽)과 전덕재(2009b, 앞의 논문, 52쪽)가 관산성 전

전후의 기간까지 정확하게 알려주는 것은 아니다.

관산성 전투의 기간을 어떻게 설정하느냐에 따라서 사료 7-⑥의 珍城 전투와 사료 7-⑦·⑧의 熊川城 전투는 완전히 다르게 이해가 된다. 곧 7-⑥의 기록에 따르면, 관산성 전투가 일어났던 554년 9월에 백제가 신라의 珍城에 쳐들어가 대승하였다. 또 7-⑦·⑧의 기록에는 554년 10월에 고구려가 백제의 熊川城을 공격했다가 실패한 것으로 되어 있다. 말하자면 관산성 전투를 『삼국사기』에 따라 554년 7월에 개시·종결된 것으로 보면, 백제가 관산성 전투의 패배를 딛고 진성 전투에서 신라에 복수한 셈이 된다. 반대로 『일본서기』를 따르면, 백제는 관산성 전투의 전초전으로서 진성 전투를 치룬 것이라고 할 수 있다. 웅천성 전투도 마찬가지이다. 『삼국사기』를 따르면, 신라와 밀약을 맺고 있던 고구려가 관산성에서 신라에 패한 백제의 불안정한 상황을 이용해 급습한 셈이 된다. 이와 달리 『일본서기』를 따르면, 관산성 전투에 앞서 백제를 배후에서 교란시키기 위해 침략한 것으로 해석할 수 있다. 어느 경우이든 간에 『삼국사기』와 『일본서기』 중 하나를 택하게 되면 관산성 전투와 진성·웅천성 전투를 별개로 파악할 수밖에 없다.

『삼국사기』를 따를 경우 관산성 전투에서 국왕이 죽고 좌평 4명과 29,600명이 전멸한 백제가 불과 2개월 만에 다시 군사를 일으켜 신라에 대승을 거둘 수 있었을지,[106] 웅천성 전투에서 고구려의 급습을 어

투의 개시를 554년 12월로 본 것도 이 때문이다.

106) 이로 인해 김주성은 진성 전투의 시기를 552년 9월 내지 553년 9월로 수정하여 이해하였다. 553년 7월 한강 하류 유역을 빼앗긴 백제의 신라에 대한 보복 전투로 생각한 것이다(김주성, 2000, 앞의 논문, 305~306쪽 및 2008, 앞의 논문, 7~10쪽). 필자는 진성 전투를 관산성 전투의 일환으로 보는 입장이어서 따르지 않는다. 한편 진성 전투의 기사를 문면 그대로 믿기보다는 백제의 보복에 의해 신라 역시 피해를 입었다는 사실을 부각시킴으로써 백제를 배신하고 한강 유역을 차지한 신라의 부도덕한 외교적 태도를 은폐시키려는 저의에서 비롯된 과장된 기록으로 이해하기도 한다(전우식, 2009, 「백제 위덕왕대 대신라 정책의 전

떻게 견뎌냈는지 의문이 든다. 물론 관산성 전투에서 전사한 백제의 군사 수가 과장되어 있고, 가야의 용병이 대부분을 차지하여 실제로 백제군은 1만 명 정도만 전사함으로써 그 손실이 크지 않았을 것이라는 주장도 있다.[107] 하지만 신라에 의한 백제 측 전사자 숫자의 과장을 감안하더라도, 주력군은 백제 군사였을 가능성이 크고[108] 국왕과 좌평 4명이 죽은 대패임이 분명하다. 따라서 백제가 입었을 군사적 손실은 물론이거니와, 耆老들의 반대를 무릅쓰고 전투를 주도했던 여창이 처한 정치적 위기상황에서[109] 단기간에 대규모의 군사를 일으키기란 불가능했을 것이다.

『일본서기』를 따를 경우에도 관산성 전투를 불과 3개월 앞두고 백제가 군이 珍城에 쳐들어갔을까 의문이다. 성왕은 관산성 전투를 준비하는 과정에서 진흥왕에게 딸을 小妃로 보내는 위장전술을 택해 신라의 긴장감을 느슨하게 하도록 했다. 그 결과 전투 초기에 승세를 잡을 수 있었고(사료 7-①), 관산성을 빼앗을 수 있었다(사료 7-⑤). 진성의 위치는 백제의 수도 사비에서 관산성으로 나아가는 주요 경로의 도상이었던

개와 결과」, 『한국학논총』 32, 국민대 한국학연구소, 141~142쪽).

107) 李熙眞, 1994, 「加耶의 消滅過程을 통해 본 加耶-百濟-新羅關係」 『歷史學報』 141, 歷史學會 ; 1998, 『加耶政治史研究』, 學研文化社, 195~200쪽 ; 김태식, 1993, 앞의 책, 301~303쪽. 김태식은 사료 7-⑤에서 백제가 군사 1만을 보내 임나를 돕겠다는 대목에 주목해 관산성 전투에 참전한 가야군을 18,600명으로 추론했다. 이는 관산성 전투에서 입은 가야군의 피해가 커 그것이 대가야의 멸망과 관련이 있음을 설명하기 위한 것이었다. 반면에 이희진은 백제군의 피해가 적었다는 주장을 하면서 가야군의 참전 규모 역시 크지 않았을 것이라며 관산성 전투와 가야의 멸망을 관련짓는데 반대하였다.

108) 김영심, 2007, 앞의 논문, 265쪽 ; 전덕재, 2009b, 앞의 논문, 59쪽 ; 양기석, 2008, 앞의 논문, 35~36쪽.

109) 여창이 관산성 전투의 패전에 대해 耆老들에게 추궁당하며 불교에 귀의한다는 발언을 하는 『日本書紀』(卷19, 欽明天皇 16년 8월)의 기록은 성왕이 죽은 후 위덕왕이 처한 상황을 잘 보여준다.

충남 금산군 진산면 일대임이 유력하다.[110] 만약에 진성 전투가 관산성
전투와 무관한 것이라면, 진성 전투에서 대규모 손실을 입은 신라가 백
제의 침략에 대비해 대대적인 방어체계를 구축했을 것이다. 그에 따라
백제가 관산성 전투 초기에 승세를 잡기란 쉽지 않았을 것이다.

『삼국사기』와 『일본서기』가 전하는 관산성 전투 기간의 진실을 추적
하기 위해서는 성왕이 죽은 시기가 중요한 단서가 될 수 있다. 물론 『삼
국사기』에는 성왕이 554년 7월에 죽은 것으로 되어 있다. 이와 달리 『일
본서기』에는 성왕이 554년 12월 9일 이후 아들 여창을 위로하러 관산성
에 갔다가 죽임을 당한 것으로 되어 있다. 과연 성왕은 언제 죽었을까
궁금해진다. 성왕의 죽음은 자연 위덕왕의 즉위시기와도 맞물려 있는 문
제이다.

위덕왕의 즉위에 대해 『삼국사기』[111]에는 554년 성왕이 죽은 이후
곧이어 왕위를 이은 것으로 되어 있다. 반면에 『일본서기』[112]는 557년
3월에서야 여창이 즉위한 것으로 되어 있어 『삼국사기』와 차이가 난다.
물론 부여 능산리에서 출토된 「百濟昌王銘石造舍利龕」의 발견으로 인
해 『삼국사기』가 좀 더 진실에 가까운 것으로 규명되었다.[113] 곧 사리감
명문[114]에 "百濟昌王十三季太歲在 丁亥妹兄公主供養舍利"라고 하여
丁亥年 곧 567년이 위덕왕 즉위 13년임을 알려주었다. 그런데 엄밀히

---

110) 위치비정은 다음 절에서 다룰 것이다.
111) 『三國史記』 卷26, 百濟本紀5, 威德王 즉위년 "諱昌 聖王之元子也 聖王在位三十
     二年薨 繼位."
112) 『日本書紀』 卷19, 欽明天皇 18년(557) "春三月庚子朔 百濟王子餘昌嗣立 是爲威
     德王."
113) 김주성, 2000, 앞의 논문, 314쪽 ; 梁起錫, 2003, 「百濟 威德王代의 對外關係-對
     中關係를 중심으로-」 『先史와 古代』 19, 韓國古代學會, 231쪽 ; 김수태, 2004,
     앞의 논문, 162쪽.
114) 명문은 국립부여박물관, 2010, 『백제중흥을 꿈꾸다 능산리사지』, 147쪽의 도판
     을 참고하였다.

「백제창왕명석조사리감」
(국립부여박물관 소장)

창왕명사리감의 탁본

말하면 사리감이 위덕왕의 즉위년을 555년으로 규정했으므로 『삼국사기』와는 1년의 차이가 난다. 흔히 이를 踰年稱元法으로 설명하지만[115] 卽位年稱元法이 일반적이었던 『삼국사기』의 편찬체제를 고려하면 수긍이 가지 않는 면이 있다. 어찌 되었건 당대 금석문 자료의 가치를 고려할 때 위덕왕의 즉위는 555년에 이루어진 것으로 보아야 할 것이다.

　그렇다면 『일본서기』의 기록은 단순한 오류로 치부해 버려야 할까? 기왕에 이에 대해 위덕왕이 557년 3월의 정사암회의에서 비로소 왕위의 즉위를 승인 받은 데 따른 것으로 이해한 바 있다.[116] 하지만 백제 집권층이 당시와 같은 국가적 위기상황에서 어떤 형식으로든지 국정의 공백을 초래하지는 않았을 것이다. 여창이 관산성 전투의 패전에 대한 책임을 지고 出家하여 수도한다고 했을 때 耆老들이 이를 만류한 것[117]은

---

115) 김주성, 2000, 앞의 논문, 314쪽 ; 김수태, 2004, 앞의 논문, 162쪽.
116) 김주성, 2000, 앞의 논문, 314~316쪽. 그렇다고 그가 성왕이 죽은 후 위덕왕이 곧바로 왕위를 계승했다는 것을 부정한 것은 아니다.
117) 『日本書紀』 卷19, 欽明天皇 16년(555) 8월.

비록 정치노선과 대외인식이 다를지라도 백제 국가의 안위라는 차원에
서 국왕의 권력 공백을 원하지 않았음을 시사해 준다.

그런데『일본서기』에서 위덕왕의 즉위연대로 언급하는 557년을 성왕
의 장례절차와 관련된 것으로 해석한 연구가 있어 주목된다. 실제로 557
년 3월에서 중국식 상장례의 전형인 27개월[118]을 역산하면 554년 12월
이 된다. 곧 이 기간을 성왕의 장례를 위한 殯의 기간으로 상정할 수 있
다는 것이다.[119] 이렇게 되면 성왕의 사망시기와 관련해서『일본서기』
의 기록을 재음미할 필요가 있다. 곧『일본서기』에 따르면, 관산성이 백
제에 함락된 날이 554년 12월 9일이다. 이후 성왕은 관산성에 있는 아들
을 위로하고자 몸소 나섰다가 신라의 복병에게 죽임을 당했다. 곧 성왕
은 554년 12월 중순 또는 말에 전사했을 가능성이 크다.[120] 위덕왕이
555년에 즉위할 수밖에 없었던 근본적인 이유가 바로 여기에 있었던 것
이다. 위덕왕은 즉위한 그 해 2월에 아우 惠를 倭에 보내 성왕의 죽음을

118) 權五榮, 2000,「고대 한국의 喪葬儀禮」『韓國古代史硏究』20, 한국고대사학회,
    14~15쪽.
119) 김수태, 2004, 앞의 논문, 165~167쪽 ; 조경철, 2009,「백제 왕실의 3년상-무령
    왕과 성왕을 중심으로-」『東方學志』145, 117~133쪽. 중국의 3년상과 그것이
    실제로 백제에 전래되어 운용된 실태에 대해서 조경철의 논문에 정리가 잘 되어
    있다. 한편 신라사에도 이와 비슷한 사례가 있다. 곧 지증왕은『삼국사기』에 따
    르면 500년에 즉위했는데「영일 냉수리신라비」에는 503년까지 왕호를 칭하지
    못하고 葛文王의 지위를 유지했다. 지증왕은 소지왕을 폐위시키고 즉위했는데
    소지왕은 폐위 후 곧바로 죽임을 당한 것이 아니라 502년 2월에 죽었다. 이에
    지증왕은 이때부터 소지왕을 가매장하는 '殯'을 27개월 동안 가졌다. 그리고
    504년 4월 소지왕을 정식으로 매장하면서 상복법을 제정·반포하였다(張彰恩,
    2007,「新羅 智證王의 執權과 對高句麗 防衛體系의 확립」『韓國古代史硏究』
    45 : 2008,『신라 상고기 정치변동과 고구려 관계』, 신서원, 221~224쪽).
120) 김수태와 조경철은 관산성 전투의 시기를 554년 7월로 보았다. 그 결과 554년
    9월의 진성 전투를 성왕의 시신을 찾아오기 위한 전투로 이해했고,『일본서기』의
    기록도 554년 12월에 성왕의 시신을 반환받은 데 따른 결과라고 생각하였다. 하
    지만 진성 전투는 백제가 신라에 대승을 거두어 3만 9천명의 포로와 말 8천 필을
    포획하는 성과가 있었음에도 불구하고 성왕의 시신 수습에 대한 언급은 없다.

알렸다.[121] 당시 긴밀했던 백제와 왜의 관계를 고려할 때『삼국사기』대로 성왕이 554년 7월에 죽었다면 백제는 수개월 간이나 이를 왜국에 알리지 않은 셈이다. 그보다는 역시 위덕왕이 555년 정월에 즉위한 후 곧바로 성왕의 죽음과 관산성 전투의 결과를 전했다고 보는 것이 더 자연스럽다.

그렇다면『삼국사기』는 관산성 전투의 시기를 왜 554년 7월로 기술했을까? 이 역시『일본서기』에서 단서를 찾을 수 있다. 곧 성왕이 관산성으로 가고자 했던 동기에 대해 '여창이 길고 고된 행군에 오랜 동안 잠자고 먹지 못했음을 걱정했기 때문'이라고 기록되어 있다. 12월 9일은 관산성이 백제에게 함락된 날이다. 따라서 백제 여창이 수도 사비에서 대규모의 군대를 이끌고 관산성까지 나아가는 데는 많은 시일이 소요되었을 것이다. 관산성에 도착해서도 진지를 구축하고 攻城 작전을 세우면서 신라군과 대치하는 기간이 분명 있었을 것이다. '길고 고된 행군'이란 이런 부분을 상징적으로 표현한 것으로 생각된다. 백제는 554년 5월에 倭로부터 군사 1천 명 등을 지원받았다. 그렇다면 관산성을 쳐들어갈 만반의 준비가 갖추어진 셈이다. 따라서 필자는『삼국사기』에서 전해지는 554년 7월은 관산성 전투가 시작된 시기를 의미하는 것으로,『일본서기』에 전해지는 554년 12월은 성왕이 사망하고 그에 따라 관산성 전투가 종식된 시기로 이해하고자 한다.[122]

이러한 입론을 가지고 관산성 전투의 전개과정을 재구성해 보고자 한다.

---

121)『日本書紀』卷19, 欽明天皇 16년(555) 2월.

122) 김영심도 여창이 오랜 행군에 고통을 겪었다는 표현에 주목해 관산성 전투의 시기를 554년 7월~12월로 이해했다(김영심, 2007, 앞의 논문, 263쪽). 노중국도 논증과정은 다르지만 관산성 전투의 시기를 이해하는 데 있어 필자와 입장이 같다(노중국, 2006, 앞의 논문, 59~60쪽 및 2012,「신라 진흥왕의 한강 유역 점령과 巡狩」『鄕土서울』81, 서울특별시 시사편찬위원회, 62쪽).

2) 전투의 전개과정

管山城이 있었던 충청북도 옥천군 지역은 백제와 경계를 이루던 신라의 서북 변경 지역의 요충지였다. 당시 신라의 서북 국경 지역에서 沙伐[경북 상주시] 지역을 연결하는 방어체계의 핵심적인 역할을 수행한 곳은 三年山城[충북 보은군 보은읍]이었고, 甘文[경북 김천시] 지역을 연결하는 방어체계의 최전방 요충지가 바로 관산성이었다.[123] 자연 옥천 지역은 신라와 백제 두 나라의 각축장으로 부각되었을 가능성이 크다. 이는 이 지역에 삼국시기에 축조된 산성이 밀집 분포되어 있는 것에서도 유추가 가능하다.[124]

그런데 삼년산성의 서쪽 전방에는 一牟城[충북 청원군 문의면][125]이 자리잡고 있어 공략을 하기가 쉽지 않았다. 때문에 백제는 또 다른 요충지인 관산성 공략을 택했던 것 같다.[126] 그 당시 백제의 공격경로는 『大東輿地圖』를 참고할 때 두 가지로 추정해 볼 수 있다. 먼저 사비에서 출발해 논산의 노성-연산을 거쳐 금산의 진산에서 동북방의 마전-추부를 경유해 서화천을 따라 옥천에 도달하는 경로이다. 그 다음으로는 사비에서 연산까지는 같으나 연산에서 동북방의 탄현[식장산]을 넘어 동쪽으로 옥천에 나아가는 경로이다.[127] 이 중에서 필자는 珍城 전투를 고려해 전자의 경로에 좀 더 비중을 두고 싶다.

---

123) 전덕재, 2009b, 앞의 논문, 54쪽. 전자가 화령로의 도상이라면 후자는 추풍령로의 요충지이다.
124) 옥천 지역 내 삼국시기 산성의 현황에 대해서는 옥천군·충북대학교 중원문화연구소, 앞의 보고서, 2003, 70~181쪽 및 車勇杰·趙順欽, 2008, 「管山城 關聯遺蹟의 現況과 保存方向」『中原文化論叢』 12에 자세하다.
125) 『新增東國輿地勝覽』 卷15, 文義縣 建置沿革 "本百濟一牟山郡 新羅改燕山郡 高麗屬淸州."
126) 전덕재, 2009b, 앞의 논문, 54~55쪽.
127) 양기석도 백제의 신라 공격로를 사비도성-황산벌-진산-마전-옥천[관산성]으로 추정하였다(양기석, 2008, 앞의 논문, 37쪽).

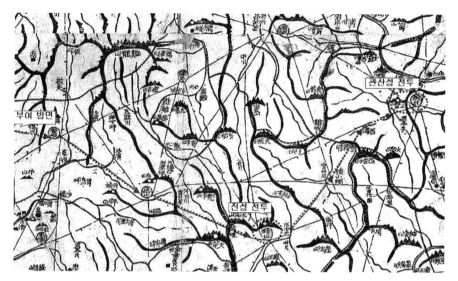

백제의 관산성 진격경로

관산성 전투의 전개과정을 본격적으로 살펴보기에 앞서 '관산성 전투'의 개념부터 정의를 하는 것이 필요할 듯하다. 왜냐하면 554년 7월~12월을 관산성 전투의 시기로 상정한다고 했을 때는 그 사이에 있는 진성 전투와 웅천성 전투도 관산성 전투와 밀접한 관련이 있을 가능성이 크기 때문이다. 이하에서 살피는 바와 같이 진성 전투는 그 위치를 고려해 관산성 전투와 연속선상에서 파악할 것이다. 따라서 이 글에서의 '관산성 전투'는 기존에 관산성 전투와 별개로 파악해 왔던 진성 전투를 포함하는 개념으로 사용하고자 한다. 또한 이해의 편의를 위해 관산성 전투의 시기를 크게 4단계로 나누어 고찰해 보고자 한다.[128] 그것은 곧

---

128) 김갑동은 ① 백제와 가야·왜군이 합동으로 신라를 침입하여 관산성을 함락한 1단계, ② 백제의 침입을 받고 신라가 전군을 동원하여 전투태세를 준비하는 2단계, ③ 백제의 성왕이 직접 온다는 정보를 입수하고 복병을 발하여 성왕을 살해하는 3단계, ④ 성왕의 죽음을 계기로 신라가 총력전을 벌여 백제군을 대피시킨 4단계로 나누었다(김갑동, 1999, 앞의 논문, 201쪽). 양기석은 김갑동의 2~3단

① 백제가 珍城 전투에서 승리하고 후방의 熊川城을 방어하는 1단계,
② 백제가 관산성을 함락하기까지의 2단계, ③ 신라가 전군을 동원하고
성왕을 살해하기까지의 3단계, ④ 성왕이 죽은 후 백제가 대패하고 여창
이 퇴각하는 4단계이다.

첫째, 백제가 珍城 전투에서 승리하고 후방의 熊川城을 방어하는 1
단계이다. 554년 9월에 백제는 신라의 珍城에 쳐들어가서 남녀 3만 9
천명과 말 8천 필을 빼앗는 큰 승리를 거두었다(사료 7-⑥). 진성에서의
전투가 '관산성 전투'의 일환으로 이해되기 위해서는 우선 진성의 위치
를 분명히 할 필요가 있다. 특히 신라가 백제 관산성으로 나아가는 교통
로 상에 그 위치가 있다면 필자의 주장에 설득력이 부여될 수 있을 것이
다.

지금까지 관산성 전투에 대한 연구에서는 진성 전투가 관산성 전투와
관련이 있을 것이라는 점을 인정하면서도 그 구체적인 위치비정은 시도
하지 않았다. 막연히 옥천 인근이 아닐까 추정하는 정도였다. 그것은 근
거자료가 쉽게 찾아지지 않았기 때문일 것이다. 그런데『삼국사기』지
리지와『신증동국여지승람』에서 지금의 금산군 珍山이 백제시대의 珍
同縣이라는 기록이 전한다.129) 이에 주목한 일부 연구자가 진성의 위치
를 이곳으로 비정하였다.130) 언뜻 보면 '珍' 한 글자를 가지고 위치를
추정한 것 같아 불합리하게 보일 수도 있다. 그러나 역사지리적 정황과
백제에서 관산성으로 나아가는 교통로를 고려할 때 진산 안에 진성이 소

계를 하나로 합쳐 모두 3단계로 파악했는데(양기석, 2008, 앞의 논문, 35~39
쪽), 필자는 양기석의 의견을 존중하면서 진성 전투를 1단계에 포함시켰다.

129)『三國史記』卷36, 雜志5, 地理3, 熊州 "黃山郡 本百濟黃等也山郡 景德王改名 今
連山縣 領縣二… 珍同縣 本百濟縣 景德王改州郡名及今 因之."『新增東國興地勝
覽』卷33, 珍山郡 建置沿革 "本百濟珍同縣(同一作洞) 新羅爲黃山郡領縣."

130) 신채호, 1948, 앞의 책 : 1972, 앞의 책, 241쪽 ; 三品彰英, 1975,『三國遺事考証』
(上), 塙書房, 565쪽 ; 양기석, 2008, 앞의 논문, 34쪽. 신채호는 다만 '於珍城'으
로 생각했다.

재할 가능성은 어느 정도 인정이 된다. 실제로 『신증동국여지승람』을 좀 더 찾아보면 진산군의 군명으로 '珍同'과 '珍州'가 남아 있다. 이것은 곧 이 지역의 지명에서 '珍'자가 공통적으로 사용되고 있음을 알려준다. 지방제 단위로서 '州'의 전신이 '城'일 가능성을 고려할 때 '珍城'이 이 지역에 있었을 것으로 추정된다.[131]

그런데 관산성을 공략하기 위한 전쟁의 개시 시점이 같은 해 7월임을 감안할 때 진성 전투 때까지 2개월 정도가 소요되었다는 점이 언뜻 이해되지 않는 면이 있다. 하지만 옥천의 관산성으로 진격하기 위해 가야군과 합류하는 시간을 감안할 필요가 있다.[132] 뿐만 아니라 554년 9월은 진성 전투가 백제의 승전으로 종식된 시점이므로 전투가 벌어졌던 기간을 산정해야 한다. 백제군이 획득한 신라포로 수와 군마의 규모로 미루어 보아 진성 전투는 대규모로 전개됐음을 추론해 볼 수 있다. 백제는 진성 전투에서 승리함으로써 신라의 기선을 제압할 수 있었을 뿐만 아니라 관산성으로 나아가는 교통로를 안정적으로 확보할 수 있었을 것이다. 관산성 전투에 대한 『삼국사기』의 기록(7-①)은 전투의 과정이 압축되어 있어 그 추이를 살피기가 쉽지 않다. 그럼에도 불구하고 전투 초기에 신라의 전세가 불리했음을 기록해 놓았다. 물론 기록상으로만 보면 그것은 관산성에서의 상황이다. 하지만 진성 전투를 관산성 전투와 계기적으로 보면 '관산성 전투' 초기 백제의 승세를 시사해 주는 것으로 보아도 큰 무리가 없어 보인다.[133]

한편 554년 10월에 고구려가 대군을 이끌고 백제의 熊川城을 공격해

---

131) 『新增東國輿地勝覽』 卷33, 珍山郡 郡名. 또한 고적조를 보면 진산군 북쪽 3리에 山城의 옛 터가 있다고 한다.
132) 전덕재는 백제의 본진과 가야군이 금산에서 합류해 옥천 지역으로 나아간 것으로 파악하였다(전덕재, 2009b, 앞의 논문, 55쪽).
133) 전덕재도 백제의 진성 침략기사의 내용을 백제가 관산성을 공격하여 함락시키고 얻은 전과와 관련지었다(전덕재, 2009b, 앞의 논문, 59쪽).

왔다. 결과는 백제의 승리였다. 웅천성은 공주에 있었던 것이 유력하다.[134] 당시 '여·라밀약'이 유효하고 있었던 점을 감안하면, 백제의 주력군이 신라로 출격한 틈을 타서 고구려가 그 배후를 노리고 침략했을 가능성이 크다. 고구려는 신라의 동의하에 신라 영토를 경유하여 백제로 진격했을 것이다.[135] 신라의 입장에서도 백제 군사력이 분산되는 효과를 기대했을 것이다. 진성 전투 승리 후 백제군이 '돌아갔다[去]'는 표현은 어쩌면 웅천성으로 쳐들어오는 고구려군의 동향을 파악한 백제가 일부 군사를 회군했기 때문일 수도 있다.

둘째, 백제가 관산성을 함락하기까지의 2단계이다. 웅천성 전투로 인해 백제군이 잠시 주춤했을지라도 그 주력부대는 관산성이 있는 옥천 지역으로 계속 진군했을 것이다. 관산성의 함락시점을 고려할 때, 554년 10월~11월경에는 백제군이 신라의 관산성 인근에 도착해 전열을 가다듬고 攻城 준비에 박차를 가했을 것이다. 백제가 관산성을 함락하기까지의 과정은 구체적인 날짜정보가 담겨 있는 『일본서기』를 꼼꼼하게 음미할 필요가 있다.

사료 7-⑤는 크게 두 부분으로 나누어져 있다. 먼저 ㉠ 부분은 백제가 왜의 군사 원조를 받은 후 관산성을 쳐들어가 빼앗는 과정이 묘사되어 있다. 그리고 ㉡ 부분에서는 여창이 전투를 주도하는 모습과 戰場에 있는 아들을 위로하고자 성왕이 직접 갔다가 신라군에 붙잡혀 죽임을 당하는 장면이 나온다. ㉠과 ㉡은 같은 관산성 전투를 묘사한 것이지만

---

134) 鄭求福·盧重國·申東河·金泰植·權悳永, 1997, 앞의 책(3), 524쪽 ; 전덕재, 2009b, 앞의 논문, 53쪽. 이는 『삼국사기』 지리지(권36, 지리3)에서 지금의 공주시를 熊州(熊川州)라 했고, 공주 내에 熊川이 있었기 때문이다. 이와 달리 安城川 일대에도 '곰'과 관련한 지명이 많이 남아 있음에 주목해 안성천을 熊川으로 보기도 한다(李丙燾, 1976, 「目支國의 位置와 그 地理」 『韓國古代史研究』[修訂版], 博英社, 248쪽 및 1983, 앞의 책 上, 441쪽).

135) 이와 달리 김주성은 고구려의 웅천성 공격이 해로를 통해 이루어졌을 것으로 추정하였다(김주성, 2000, 앞의 논문, 306쪽).

서술 내용의 시점이 꼭 같은 날을 의미하는 것은 아니다.[136] 그럼에도 불구하고 내용의 맥락에서 보면 두 기록은 부합하는 측면이 많아 상호 합리적인 보완이 가능하다.

사료 7-⑤의 ㉠에 따르면 백제는 554년 12월 9일에 신라의 函山城을 불태우고 빼앗았다. 이때의 전투는 東方領인 物部莫奇武連이 주도했다. 다만 일본에서 파견된 有至臣의 군사가 불화살을 잘 쏘아 성을 함락시킨 것으로 분석되어 있는 점은 『일본서기』 특유의 표현임을 감안하고 보아야 한다. 백제는 사비시대에 지방군을 5方軍으로 편제하였다.[137] 그 중 東方은 得安城이라 하여 지금의 논산에 있었다.[138] 이것은 곧 백제가 사비를 출발해 논산을 경유했을 것이라는 앞의 추정과도 부합한다. 1개 방에 소속되어 있는 군사의 수가 700~1200명으로 기록에 남아 있지만 그것은 상비군으로서의 숫자를 의미하며 전쟁 시에는 군사조직의 규모가 확대되었다고 한다.[139] 게다가 관산성 전투 같은 대규모 전투라면 특정 지방군단에게 작전을 일임하지는 않았을 것이다. 관산성 전투 이전까지 성왕대 출병의 규모는 1만 명에서 많게는 3만 명으로 확인된다.[140] 그렇다면 관산성 전투의 경우 백제 군사의 戰死者 규모를 감안

---

136) 新羅에 대해 ㉠에서는 '斯羅' ㉡에서는 '新羅'로 기록한 점을 참고하면 각각 다른 계통의 자료를 사서 편찬 시에 합친 것 같다.

137) 『周書』 卷49, 列傳41, 異域 上 百濟(886쪽). "其外更有五方…東方曰得安城…五方各有方領一人 以達率爲之 郡將三人 郡將三人 以德率爲之 方統兵一千二百人以下 七百人以上."

138) 『三國史記』 卷37, 雜志6, 地理4에 "[熊津]都督府一十三縣…得安縣 本德近支"라 했고, 卷36, 雜志5, 地理3, 全州에 "德殷郡 本百濟德近郡"이라 했다. 『新增東國輿地勝覽』 卷18, 恩津縣 건치연혁과 군명을 참고하면 덕근은 지금의 논산시에 소속되어 있다.

139) 李文基, 1998, 「泗沘時代 百濟의 軍事組織과 그 運用」 『百濟研究』 28, 299~303쪽. 그에 따르면 백제 지방군은 전시 출전의 상황에서는 方을 軍管區로 결집되어 方軍 혹은 方領軍을 형성하였다. 이때 方領은 최고 지휘권자이고 郡將이 군의 城兵으로서 구성된 소부대를 지휘하였다고 한다.

할 때 적어도 3만 명 이상은 파병된 것으로 추정된다. 따라서 관산성의
공격은 여창이 후방에서 본진을 지휘하면서 선봉군으로 삼은 동방령의
주도하에 이루어졌을 것이다. 이때 백제군에 맞선 신라의 장군으로는 軍
主 각간 于德과 이찬 耽知 등이 전한다(7-①). 이들이 백제군을 맞아 싸
웠으나 전세가 불리했다는 기록은 관산성에서 벌어진 전투 초기 백제의
승세와 어울린다. 다만 그들이 관산성을 지키다 빼앗긴 것인지, 관산성
을 백제에 함락당한 후 반격을 시도했는데 또 패배한 것인지는 분명하지
않다.141)

　여기서 백제군이 장악한 函山城과 『삼국사기』에 나오는 管山城의 관
계를 정리할 필요가 있다. 사료 7-④에서는 관산성 전투와 관련된 지명
으로 古利山도 나온다. 그런데 『신증동국여지승람』에는 옥천군에 環山
이 소재한 것으로 기록되어 있다.142) '環'은 곧 '고리'의 뜻을 빌려 표기
한 것이므로 '環山'은 곧 '고리산'으로 보아도 무방하다.143) 환산은 현
재 옥천군 군북면 일대에 있는데, 환산과 그 남북쪽의 산줄기를 따라 고
리 형태로 6개의 보루성이 발견되어 環山城으로 불리고 있다.144)

　또한 『삼국사기』 지리지에는 지금의 옥천군에 해당하는 管城郡이 본

---

140) 523년 고구려와의 浿水 전투에서 1만, 529년 五谷 전투에서 3만, 550년 도살성
　　전투에서 1만 명을 파병하였다(『三國史記』 卷26, 百濟本紀4, 聖王 즉위년·7년·
　　28년).

141) 전덕재는 후자로 보았다. 그는 또한 우덕과 탐지 두 군주가 지휘한 군단이 大幢
　　과 沙伐停軍團, 그리고 사벌 지역을 중심으로 편성된 外餘甲幢이었으며, 초기
　　관산성 전투에는 이들 외에도 삼년산성에서 사벌 지역 및 관산성에서 감문 지역
　　에 이르는 방어체계상에 존재하는 외여갑당들도 동원된 것으로 이해하였다(전덕
　　재, 2009b, 앞의 논문, 60~62쪽).

142) 『新增東國輿地勝覽』 卷15, 沃川郡 山川 "環山 在郡北十六里."

143) 鄭永鎬, 1972, 「金庾信의 百濟攻擊路 硏究」 『史學志』 6, 檀國大學校 史學會,
　　49~51쪽.

144) 옥천군·충북대학교 중원문화연구소, 2003, 『新羅·百濟激戰地(管山城) 地表調査
　　報告書』, 90~98쪽.

래 古尸山郡이었고, 그 속현 중에 利山縣이 있는데 본래 所利山縣이었다고 되어 있다.[145] 말하자면 '管城'='古尸山'이고, '所利山'에서 '所'자가 탈락되어 '利山'이 된 셈이다. 고대어에서 '尸'가 'ㄹ' 받침을 나타내어 古尸山과 古利山이 모두 '골산'으로 읽혔을 것이라는 주장이 있었다.[146] 자료의 분위기로 보아 설득력이 있다고 생각한다. '函山城'에서의 '函'은 화살을 넣는 동개에 화살이 들어있는 모양을 본 떠 '휩싸다'내지 '포함하다'의 뜻이 있고,[147] 管山城의 '管'은 동그란 구멍이 뚫려있는 관악기에서 만들어진 글자이다.[148] 결국 '函山城'과 '管山城' 그리고 '古利山'은 산성의 형태를 특징으로 붙여진 것으로서 적어도 같은 지역 내의 산성일 가능성이 크다. 다만 현 단계에서 그것이 모두 같은 산성을 지칭하는 것인지 단정할 수는 없다. 이 책에서는 잠정적으로『일본서기』에서 백제군이 장악한 함산성을 관산성으로 파악하고 논리를 전개하고자 한다.[149]

사료 7-⑤의 ㉡에 따르면 여창이 신라국에 들어가 久陀牟羅에 보루를 쌓았다고 한다. '牟羅'가 '城'의 의미이므로[150] 구타모라는 구타성으로 이해가 된다. 관산성과 구타성을 같은 성으로 보기도 하지만[151] 같은 사서 안에 나오는 다른 지명을 같은 곳으로 보기는 힘들다. 물론 사료의

---

145)『三國史記』卷34, 雜志3, 地理1, 尙州 "管城郡 本古尸山郡 景德王改名 今因之 領縣二 利山縣 本所利山縣 景德王改名 今因之."

146) 전덕재, 2009b, 앞의 논문, 36~38쪽.

147) 民衆書林, 1966,『漢韓大字典』(전면개정·증보판) : 1997, 279쪽.

148) 許愼 撰 段玉裁 注, 1981,『說文解字注』, 上海古籍出版社, 197쪽. "管如篪六孔."

149) 현재 옥천군에 소재한 環山城과 管山城을 별개로 보기도 한다. 곧 관산성을 환산 남쪽에 자리한 옥천읍 삼양리토성·서산성·삼성산성(월전리산성) 중 하나로 비정했다(옥천군·충북대학교 중원문화연구소, 2003, 앞의 보고서, 187쪽). 다만 향후 발굴 결과가 좀 더 뒷받침되어야 논증될 수 있을 것이다.

150)『梁書』卷54, 列傳48, 諸夷 新羅(805쪽). "其俗呼城健牟羅."

151) 전덕재, 2009b, 앞의 논문, 39쪽.

분위기상 관산성과 구타모라가 인근에 있었음은 분명하다. 앞의 자료
㉠과 ㉡을 조합해 보면, 동방령이 우선 관산성을 장악했고, 그 후 여창
이 그곳에 합류한 듯한 인상을 주기 때문이다. 그렇다면 여창은 관산성
을 차지한 신라에 대한 방어성으로서 久陀牟羅에 보루를 쌓은 것이 아
닐까 한다.[152]

　셋째, 신라가 전군을 동원하고 백제 성왕을 살해하기까지의 3단계이
다. 여창이 관산성을 차지하고 구타모라에 성을 쌓아 신라군의 침입에
대비하고 있던 차에 성왕이 직접 관산성에 있는 아들을 위로하고자 나섰
다(7-⑤-㉡). 그런데 성왕이 거느린 군사는 겨우 步騎 50명에 불과했다
(사료 ㉠-2). 이것은 곧 관산성이 백제군의 수중에 들어갔고 그 지역에서
의 승세를 잡고 있었음을 반증해 주는 것이기도 하다.[153] 그렇지 않고서
야 국왕이 군사 50명만 이끌고 전쟁터에 나아가는 무모한 행동을 합리
적으로 설명하기가 어렵다.[154]

　어쨌든 성왕이 관산성으로 접근한다는 정보를 신라가 사전에 입수하
였다. 이에 신라는 '나라 안의 모든 군사를 내어[悉發國中兵]'로 표현될
정도의 총력전을 준비하였다(7-⑤-㉡). 이때 新州의 군주 金武力이 新
州道行軍摠管으로서 관산성 전투에 참전하였다.[155] 그리고 김무력의

---

152) 김태식도 구타모라를 관산성 아래의 마을에 세운 임시 성채로 보았다(김태식,
　　2006, 앞의 논문, 164쪽). 이와 달리 문안식은 구타모라를 지금의 환산성에 비정
　　하였다(문안식, 2006, 앞의 책, 359쪽).

153) 이희진, 1994, 앞의 논문 : 1998, 앞의 책, 192~193쪽.

154) 이도학이 일본 宮內省本『三國史記』에는 '步騎五千'으로 되어 있다면서 전쟁의
　　규모로 볼 때 이것이 옳다고 한 것(李道學, 2006,「성왕의 생애와 정치」『백제
　　성왕과 그의 시대』, 부여군 : 2010,『백제 사비성 시대 연구』, 일지사, 37쪽)도
　　이러한 문제의식에서 비롯된 것이다.

155) 전덕재는 「창녕 진흥왕척경비」에서 軍主를 표기할 때 '~州軍主'라 하지 않고
　　州治를 관칭한 데 주목해 '新州軍主'가 부회된 표현이며 김무력은 실제로는 南
　　川軍主로서 남천정군단을 거느리고 참전하였을 것으로 이해하였다(전덕재,
　　2009a, 앞의 논문, 118~119쪽 및 2009b, 앞의 논문, 62~63쪽).

神將으로 삼년산군의 高干[外位 : 9위] 都刀가 함께하였다(7-①·③). 삼년산군은 당시 上州 예하의 군이었다. 따라서 신라는 관산성 전투의 패배를 만회하고자 신주뿐만 아니라 上州와 下州의 군사까지 총동원하는 말 그대로 '悉發國中兵'했음을 알 수 있다.[156] 신라는 관산성으로 들어가는 모든 경로를 차단하고 성왕이 오기를 기다렸다. 신라 측의 이러한 의도가 주효한 듯 결국 성왕은 매복된 신라군에 붙잡혀 어이없는 죽임을 당했다. 이때가 554년 12월 중순 전후였다.

그런데 성왕을 죽인 인물에 대해 『삼국사기』와 『일본서기』에 각각 다르게 기술되어 있다. 곧 『삼국사기』에는 神將 삼년산군의 高干 都刀가 백제왕을 죽인 것으로 되어 있다(7-①). 이와 달리 『일본서기』에는 佐知村의 말을 먹이던 奴인 苦都[일명 谷智]가 성왕을 죽인 것으로 되어 있고 그 과정 또한 자세히 묘사되어 있다(7-⑤-ⓛ). '都刀'와 '苦都'는 음운이 비슷해 같은 인물로 보기도 한다.[157] 다른 인물로 보는 경우에는 삼년산군 고간 도도가 노비 고도를 데리고 간 것으로 이해하였다.[158] 지방군단의 장군으로서 출정했다는 점을 감안하면 양자는 별개의 인물로 파악하는 것이 옳을 듯하다.

한편 고도가 성왕을 죽이면서 "우리나라의 법에는 맹세한 것을 어기면 비록 국왕이라 하더라도 奴의 손에 [죽어] 마땅합니다"라고 한 발언은 음미해 볼 필요가 있다. 554년 12월 신라 측의 입장에서 성왕이 기존에 신라에 한 맹세란 무엇일까? 필자는 앞에서 553년 7월 성왕이 자신의 딸을 진흥왕의 소비로 시집보낸 것을 관산성 전투를 준비하는 과정에서의 위장전술로 보았다. 신라로서도 한강 유역을 탈취당한 백제가 국혼을

---

156) 전덕재, 2009b, 앞의 논문, 63~64쪽.

157) 김갑동, 1999, 앞의 논문, 203쪽 ; 양기석, 2008, 앞의 논문, 41쪽. 奴인 고도가 성왕의 목을 벤 공으로 외위를 받았다고 이해한 것이다.

158) 전덕재, 2009b, 앞의 논문, 65~66쪽 ; 노중국, 2012, 앞의 논문, 60~61쪽.

제의해 온 데 대해 의구심을 가졌을 것이다. 이에 두 나라는 혼인관계를 맺으면서 '盟'에 해당하는 일종의 불가침조약 같은 것을 약속했을 가능성이 있다. 성왕이 어긴 맹세란 그것이 아닐까 추정해 본다.[159)

성왕이 죽임을 당한 곳은 狗川으로 기록되어 있다(7-②). 구천은 옥천군 일대였음이 유력하다.[160) 좀 더 구체적으로 옥천군 군서면 월전리의 서화천변에 있는 구진베루로 비정되기도 하였다.[161) 그렇다면 결국 성왕은 관산성을 목전에 두고 신라군에 붙잡혀 죽임을 당한 셈이 된다.

넷째, 성왕이 죽은 후 백제가 대패하고 여창이 퇴각하는 4단계이다. 성왕이 아들 여창을 위로하고자 시위군 50명만을 데리고 관산성에 나아간 것은 비참한 패착이 되고 말았다. 성왕의 뜻하지 않은 죽음으로 인해 관산성을 지키던 백제군의 사기는 급속히 떨어졌을 것이며 전열도 흩어졌을 것이다. 이에 관산성 전투의 전세는 급속히 신라에게로 기울어갔을 것이다. 신라는 이미 관산성 전투 초기의 열세를 반전시키기 위해 전군을 동원한 상태였다. 마침내 신라는 여창이 지키고 있던 관산성을 포위하였다(7-⑤-ㄴ). 여창은 간신히 몸만 빠져나와 퇴각할 수밖에 없었다. 결국 관산성 전투에서 백제는 국왕과 좌평 4명을 잃고, 사졸 29,600명이 전사하는 대패를 하고 말았다.[162)

관산성 전투에서 패한 백제는 대내외적인 위기상황에 봉착하였을 것

---

159) 김주성은 진성 전투를 553년 7월 한강 하류 유역을 빼앗긴 백제의 신라에 대한 보복 전투로 규정하고 성왕이 어긴 맹세를 진성 전투로 보았다(김주성, 2000, 앞의 논문, 306~307쪽).

160) 전덕재, 2009b, 앞의 논문, 64~65쪽.

161) 정영호, 1972, 앞의 논문, 55~57쪽 ; 옥천군·충북대학교 중원문화연구소, 2003, 앞의 보고서, 66~67쪽. 狗川과 狗津이 음가와 표기에서 관련이 있다고 보았다.

162) 사료 7-③에는 김무력이 백제왕과 그 장수 4명을 잡고 1만 명을 목 벤 것으로 되어 있다. 이에 대해 『일본서기』는 백제·가야·왜 연합군의 총 숫자를 나타낸 것이고, 김유신 열전은 김무력이 지휘하는 신주병의 전과를 기록한 것으로 이해한 연구(전덕재, 2009b, 앞의 논문, 66쪽)가 있다.

이다. 뿐만 아니라 백제와 공조했던 가야와 왜의 동향에도 커다란 영향을 미쳤을 것임을 예상해 볼 수 있다. 반면에 관산성 전투를 승리로 이끈 신라는 한강 유역을 안정적으로 지배할 수 있는 교두보를 마련할 수 있었다. 진흥왕이 이후 직접 순수를 나가며 북진해 영토를 넓힐 수 있었던 계기가 다름 아닌 관산성 전투의 승리에 있었다고 해도 과언이 아닐 것이다.163)

---

163) 관산성 전투의 영향에 대해서는 다음 논문에 정리가 잘 되어 있으니 참고하기 바란다.
    양기석, 2008, 앞의 논문, 39~43쪽 ; 전덕재, 2009b, 앞의 논문, 67~73쪽.

제3부
6세기 중반~7세기대 고구려와
신라의 공방전과 영역 변천

　6세기 중반 치열하게 전개된 삼국 간 한강 유역[1] 쟁탈전은 결국 신라
의 차지로 끝이 났다. 475년에 백제 개로왕으로부터 뺏은 한강 유역을
고구려가 領有하고 있었는데, 나·제동맹군이 551년에 공동 작전으로 각
각 한강 하류와 중·상류를 공격하여 탈취하였다. 그런데 신라가 동맹국
인 백제와의 약속을 파기하면서 553년 7월에 이르러 한강 유역 전체를
차지하였다. 신라는 新州를 설치하고 김무력을 軍主로 삼아[2] 한강 유역
에 대한 통치체제를 공고히 하는 후속 조치를 단행하였다. 그리고 554년
管山城 전투의 승리를 통해 백제로 하여금 당분간 한강 유역을 넘볼 수
없는 국면을 이끌어냈다.
　6세기 중반 한강 유역을 중심으로 한 삼국 간 각축과 그에 따른 영역
의 변천에 대해서는 기왕에 상당한 연구 성과가 축적되었다.[3] 그 결과

---

1) 한강 유역은 북한강 유역과 남한강 유역, 지금의 서울시를 관통하는 한강 하류(본
　류) 유역으로 나눌 수 있다. 이하에서는 전체를 포괄하는 의미로 '한강 유역'을,
　부분적인 의미로는 북한강·남한강·한강 하류 유역으로 지칭하고자 한다.
2) 『三國史記』卷4, 新羅本紀4, 眞興王 14년 및 卷26, 百濟本紀4, 聖王 31년.
3) 盧泰敦, 1976, 「高句麗의 漢水流域 喪失의 原因에 대하여」 『韓國史研究』13, 韓
　國史研究會 ; 1999, 『고구려사 연구』, 사계절 ; 李昊榮, 1984, 「高句麗·新羅의 漢
　江流域 進出 問題」 『史學志』18, 檀國大學校 史學會 ; 2007, 『月山 李昊榮의 韓
　國史學 遍歷』, 서경문화사 ; 李道學, 1987, 「新羅의 北進經略에 관한 新考察」 『慶
　州史學』6, 慶州史學會 ; 李仁哲, 1997, 「신라의 한강 유역 진출과정에 대한 고찰」
　『鄕土서울』57 ; 2003, 『신라 정치경제사 연구』, 일지사 ; 임기환, 2002, 「고구려·
　신라의 한강 유역 경영과 서울」 『서울학연구』18, 서울시립대부설 서울학연구소 ;
　신형식, 2005, 「신라의 영토확장과 북한산주」 『鄕土서울』66 ; 2009, 『한국고대
　사의 새로운 이해』, 주류성 ; 徐榮一, 2005, 「5~6세기 신라의 한강유역 진출과
　경영」 『博物館紀要』20, 檀國大學校 石宙善紀念博物館 ; 盧重國, 2006, 「5~6세
　기 고구려와 백제의 관계-고구려의 한강유역 점령과 상실을 중심으로-」 『北方史

고구려 한강 유역 상실의 배경 및 신라의 한강 유역 진출과정과 범위 등에 대한 이해가 제고될 수 있었다. 다만 고구려가 한강 유역을 나·제 동맹군에게 빼앗기고 신라가 차지하기까지에 연구가 집중되어 있었다. 곧 553년 이후 고구려 남방의 관계와 그에 따른 영역 변천양상에 대해서는 고구려 대외관계사를 다루면서 부분적으로 언급되었을 뿐 구체적인 검토가 미흡하였다. 막연하게 신라가 7세기대까지 한강 유역을 차지하고 있었고, 진흥왕 순수비를 통해 신라가 진흥왕대(540~576)에 함흥 일대까지 진출했다는 정도로 6세기 중·후반 고구려와 신라 간 국경선을 인식했다고 해도 과언이 아니다. 하지만『삼국사기』에는「북한산비」·「황초령비」·「마운령비」를 세웠던 같은 해 10월 각각 北漢山州와 比列忽州를 폐지하고 南川州와 達忽州를 설치했다는 기록이 전해진다.[4] 그것은 해당 州의 治所가 한강 이북과 강원도 안변에서 한강 이남의 경기도 이천과 강원도 고성으로 후퇴했다는 것을 의미한다. 그런데도 신라가 568년에 주치소를 후퇴하게 된 배경과 그 의미에 대한 검토는 부족했었다.

또한 6세기 후반부터 隋와 전쟁을 하는 614년까지의 고구려 남방관계와 영역에 대한 연구도 여전히 미진한 면이 많다. 그 결과 시시각각 변화한 삼국관계와 그에 따른 국경선의 변화를 계기적으로 설명하지 못했다고 할 수 있다. 물론 6세기 후반~7세기 전반의 고구려 남진사에 대한 연구가 전혀 없었던 것은 아니다. 6~7세기 고구려의 南境을 통시적으로 살피거나,[5] 6세기 고구려·신라의 영역 판도와 7세기 두 나라의 관계를 조명하면서 부분적으로 다루어졌다.[6] 특히 590년대에 벌어진 阿旦

論叢』11, 동북아역사재단 ; 朱甫暾, 2006,「5~6세기 중엽 高句麗와 新羅의 관계 -신라의 漢江流域 진출과 관련하여-」『北方史論叢』11, ; 전덕재, 2009,「신라의 한강유역 진출과 지배방식」『鄕土서울』73 ; 노중국, 2012,「신라 진흥왕의 한강 유역 점령과 巡狩」『鄕土서울』81, 서울特別市 市史編纂委員會.

4)『三國史記』卷4, 新羅本紀4, 眞興王 29년.

5) 徐榮一, 2001,「6~7世紀 高句麗 南境 考察」『高句麗研究』11, 高句麗研究會.

城 전투에 대한 연구는 꾸준한 진전을 이루어왔다. 그 결과 아단성의 위치와 아단성을 둘러싼 고구려와 신라 간 영유권 문제에 대한 이해가 제고될 수 있었다.[7] 최근에는 고구려가 아단성 전투를 전후로 倭와 連和했다고 보거나,[8] 아단성 전투의 패전에 대한 정국 돌파 차원에서 왜와 교섭했다고 이해하는 등[9] 연구 시각도 폭넓어졌다.

그러나 581년 이후 고구려의 대외관계에서 주요 변수였던 隋와의 관계를 고려할 때, 6세기 후반~7세기 전반의 고구려 남진사는 북방의 동태와 연동하여 계기적으로 파악할 필요가 있다. 기존 연구에서는 6~7세기를 편의적으로 나누어 살피는 과정에서 이 시기에 대한 분석이 소략하게 다루어지거나 계기적으로 고찰되지 못했다. 아단성 전투도 고립적 연구에서 나아가 6세기 후반~7세기 전반 고구려의 남진과정에서 살펴질 때 연구의 의의가 배가될 것이다. 아울러 여전히 논란이 분분한 아단성의 위치와 전투의 시기를 좀 더 분명하게 정리할 필요가 있고, 7세기 고구려의 남진과 계기적으로 파악한다는 면에서 그동안 소홀했던 아단성 전투의 영향과 의미도 살펴야 한다.

---

6) 朴省炫, 2011, 「5~6세기 고구려·신라의 경계와 그 양상」『역사와 현실』82, 한국역사연구회 ; 林起煥, 2011, 「7世紀 新羅와 高句麗의 關係」『2010 新羅學國際學術大會 論文集』, 慶州市·新羅文化遺産研究院.

7) 李道學, 1988, 「永樂 6年 廣開土王의 南征과 國原城」『孫寶基博士停年紀念 韓國史學論叢』, 知識産業社 : 2006, 『고구려 광개토왕릉비문 연구-광개토왕릉비문을 통한 고구려사-』, 서경, 371~374쪽 ; 金榮官, 1998, 「삼국쟁패기 阿旦城의 위치와 영유권」『高句麗研究』5, 1998 ; 金顯吉, 1999, 「溫達에 關한 研究-阿旦城과 阿旦城(峨嵯城)을 중심으로-」『中原文化論叢』2·3, 忠北大 中原文化研究所 ; 金珉秀, 1999, 『峨嵯山에서의 古代史의 諸問題』, 九里文化院 및 2013, 「온달장군의 전사지」『온달장군』, 광진구·광진문화원.

8) 서영교, 2011, 「高句麗 倭 連和와 阿旦城 전투」『軍史』81, 국방부 군사편찬연구소.

9) 이영재, 2012, 「6세기 말 고구려의 정국과 대왜 교섭 재개의 배경」『역사와 현실』83, 한국역사연구회.

6세기 중반~7세기 전반에 사용된 것으로 추정되는 경기 북부 양주분지의 보루는 고구려와 신라의 보루가 혼재되어 있는 양상을 보여준다.[10) 이는 이 시기 한강 이북~임진강 일대에서 고구려·신라 간 영역 변천양상이 유동적이었음을 시사한다. 또한 신라 산성에서 출토된 토기와 기단 보축의 축조양상을 검토해 한강 이남의 산성이 주로 6세기 후반~7세기까지, 한강 이북의 산성은 7세기 전반 이후 활용되었다고 한 연구도 발표되었다.[11) 이는 신라가 6세기 중반 고구려로부터 한강 유역을 빼앗은 이후 임진강 유역에서 고구려와 대치했다는 통설과 배치될 뿐만 아니라, 유동적인 국경선의 변화를 시기별로 세밀하게 검토해야 함을 환기해 준다.[12)

7세기 전반 이후 고구려와 신라의 영역 변천과 그에 따른 두 나라 사이 국경선의 변화양상은 이전까지와는 다르게 전개된다. 곧 7세기 전반까지만 하더라도 고구려의 공세에 대해 신라가 방어하는 형세였다면, 629년(진평왕 51 ; 영류왕 12)의 娘臂城 전투를 계기로 해서 신라의 북진이 가속화 되었다. 고구려와 신라가 임진강 유역을 기점으로 해서 남·북과 동·서로 대치하게 된 것은 그 결과였다. 그런데 종래에는 신라의

---

10) 徐榮一, 2002, 「京畿北部地域 高句麗 堡壘 考察」 『文化史學』 17, 韓國文化史學會, 73~75쪽.

11) 서영일, 2010, 「산성 분포로 본 신라의 한강유역 방어체계」 『고고학』 제9권 제1호, 중부고고학회, 128~132쪽. 박종익도 시기를 특정한 것은 아니지만 한강 이남과 이북 신라 산성의 기단보축 양상이 다름을 지적하였다. 한강 이남 지역의 기단보축은 단면이 삼각형의 모습이고, 한강 이북은 기단보축의 단면이 부채꼴 모습이라는 것이다(박종익, 2005, 「城郭遺蹟을 통해 본 新羅의 漢江流域 進出」 『畿甸考古』 5, 기전문화재연구원, 248~249쪽).

12) 서영일과 박성현은 고고학 성과를 고려해 6세기 중반 이후 양주와 북한산 이북~임진강에 이르는 지역을 고구려·신라 간 완충지대로 보았다(서영일, 2002, 앞의 논문, 34쪽 ; 박성현, 2011, 앞의 논문, 85~88쪽). 이는 6세기 중반 이후 고구려와 신라 간 영역의 대치선을 막연히 임진강으로 비정한 기존의 이해보다 진전된 것이다.

북진과정과 그에 따른 임진강 유역에서의 고구려와 신라 사이 대치시기 및 양상이 계기적으로 규명되지 못하였다. 주로 고구려성과 신라성의 개별적인 고고학 고찰에 그친 나머지 동태적인 영역 변천의 양상을 그려내지 못한 것이다. 이러한 문제의식을 가지고 제3부에서는 다음과 같이 논지를 전개하고자 한다.

제1장에서는 554년 관산성 전투를 승리로 이끌며 한강 유역을 공고히 차지한 진흥왕이 본격적으로 고구려를 압박해 북쪽으로 진출하는 과정과 고구려와 신라 사이 국경선의 변화양상을 검토하고자 한다. 먼저 6세기 중반 고구려의 대신라 관계와 영역을 분명히 하기 위해 자료가 충실히 남아 있는 진흥왕대 신라의 북진과 함흥 지역으로 진출하는 과정을 살펴보고자 한다. 그 과정에서 진흥왕의 함흥 진출경로와 그 당시 신라의 북진 범위가 제시될 것이다. 그리고 신라가 함흥까지 진출했으면서도 곧바로 州治所를 후퇴할 수밖에 없었던 배경과, 주치소 후퇴 후 변화된 고구려와 신라 간 영역 변천의 양상을 구체적으로 제시하고자 한다.

제2장에서는 대내외적인 시대적 배경으로 인해 신라에 열세국면을 면할 수 없었던 고구려가 6세기 후반 그것을 극복하면서 다시 남진해 신라를 압박하는 과정과 그에 따른 두 나라 간 공방전의 추이를 추적하고자 한다. 먼저 590년대에 고구려가 남진할 수 있었던 대내외적 배경을 고찰하고자 한다. 곧 고구려 평원왕(559~590)과 영양왕대(590~618)의 내부 정세와 체제정비를 살피고, 당시 고구려가 처한 대외적 조건을 고구려를 둘러싼 중국과 백제, 그리고 倭와의 관계까지 살펴 남진배경을 입체적으로 조명하고자 한다.

이를 토대로 하여 590년대 고구려 남방 진출의 분수령이었던 아단성 전투를 종합적으로 고찰하고자 한다. 기왕에 논란이 분분했던 아단성 전투의 시기와 고구려·신라 간 영역 변천양상을 분명하게 드러내기 위한 전제조건으로 아단성의 위치비정에 만전을 기할 것이다. 또한 단편적으

로 남아 있는 北漢山城과 牛鳴山城 전투를 검토하여 7세기 초반 고구
려와 신라의 각축 지역 및 전투의 결과에 따른 영역 변천양상을 부각하
고자 한다. 특히 연개소문이 고구려에 방문한 唐의 相里玄奬에게 말한
'고구려와 수나라 간 전쟁의 와중에 신라가 고구려 500리의 땅을 빼앗
고 城邑을 차지했다'는 기록[13]의 신빙성 여부 및 그 의미를 논증할 것
이다.

　제3장에서는 629년 낭비성 전투 승리 이후 신라가 한탄강 유역으로
북진하는 과정과, 고구려와 신라의 국경선이 임진강 유역에서 대치하는
국면으로 재편되는 모습을 계기적으로 담아내고자 한다. 기왕에 논란이
분분했던 낭비성의 위치는 고구려와 신라 간 영역 변천양상을 거시적 안
목으로 살피는 과정에서 합리적으로 비정될 것이다. 또한 고구려가
645~648년 국운을 건 唐과의 전쟁 이후 전열을 가다듬고 신라에 다시
공세를 가하는 과정과 그것이 좌절되는 모습을 살피도록 하겠다. 이를
통해 백제가 660년에 멸망한 이후 나·당 연합군의 공격 대상이 고구려
로 바뀌게 되고, 그에 따라 고구려가 멸망하는 과정과 계기적으로 이해
하는 디딤돌을 마련할 수 있을 것으로 기대된다.

---

13) 『三國史記』 卷5, 新羅本紀5, 善德王 13년 ; 卷21, 高句麗本紀9, 寶藏王 3년 ; 卷
49, 列傳9, 蓋蘇文.

제1장 진흥왕대 신라의 북방 진출과 고구려·신라 간 영역

1. 진흥왕의 북한산 巡狩

554년 7~12월에 벌어졌던 백제와 신라 간의 管山城 [충북 옥천군 옥천읍] 전투는 백제 성왕과 좌평 4명을 잃고 백제군 3만 여명이 전사함으로써 백제의 참패로 끝나고 말았다.[1] 이에 관산성 전투를 주도했던 백제 왕자 餘昌은 왕위에 오른 후[위덕왕 ; 555~598] 한동안 內治에 주력할 수밖에 없었다.[2] 이것은 신라에게는 백제와의 관계에 신경을 덜 쓰고 기존에 장악했던 영역에 대한 지배체제를 공고히 하며 북진할 수 있는 기회를 마련해 주었다.

곧 신라 진흥왕은 재위 16년(555) 10월에 몸소 北漢山에 巡幸하여 강역을 넓혀 정하였다. 그리고 다음달에 王京으로 돌아오면서 왕이 거처온 州·郡의 세금을 면제해 주고 사면을 단행함으로써 민심을 위무하였다.[3] 북한산 碑峰에 세워진 진흥왕 순수비를 고려할 때 이때 진흥왕이

---

1) 『三國史記』 卷4, 新羅本紀4, 眞興王 15년 ; 『三國史記』 卷26, 百濟本紀4, 聖王 32년 ; 『日本書紀』 卷19, 欽明天皇 15년(554). 관산성 전투의 시기와 전개과정은 이 책의 제2부 2장 2절에서 다루었다.

2) 『日本書紀』 卷19, 欽明天皇 16년(555) 8월조에 나타나는 여창의 出家 기도와 여창에 대한 백제 귀족세력[耆老]들의 책망은 즉위 이후 위덕왕의 정치적 입지에 문제가 있었음을 시사해 준다. 『삼국사기』 백제본기에 위덕왕 14년(567)까지의 기록이 소략한 까닭도 이런 연유에서 비롯되었을 것이다.

3) 『三國史記』 卷4, 新羅本紀4, 眞興王 16년. 신라시대 국왕 순수의 의미는 金瑛河, 1979, 「新羅時代 巡狩의 성격」 『民族文化研究』 14 ; 2002, 『韓國古代社會의 軍

순행한 북한산은 지금의 북한산 일대였음이 분명하다. 진흥왕은 다음해 7월 比列忽州를 설치하고 성종을 軍主로 파견하였다.[4] 비열홀주는 지금의 강원도 최북단 安邊에 비정된다.[5]

진흥왕은 또한 기존의 新州를 폐지하고 北漢山州를 설치하였다.[6] 신주의 위치는 경기도 하남시 춘궁동 또는 교산동 일대,[7] 경기도 이천시,[8] 충북 충주시[9]로 보는 등 다양한 견해가 있지만, 이성산성의 발굴 성과를 감안하면 하남시 일대가 유력해 보인다.[10] 북한산주는 고구려의 北漢山

事와 政治』, 고려대학교 민족문화연구원, 190~199쪽을 참고하기 바란다.

4) 『三國史記』 卷4, 新羅本紀4, 眞興王 17년.

5) 『三國史記』 卷35, 雜志4, 地理2 朔州 "朔庭郡 本高句麗比列忽郡 眞興王十七年梁太平元年爲比列州 置軍主." 『新增東國輿地勝覽』 卷49, 安邊都護府 建置沿革 "本高句麗比列忽郡 新羅眞興王十七年爲比列州 置軍主 景德王改朔庭郡."

   츠다 소오키치(津田左右吉)는 『三國史記』 祭祀志의 四鎭 중 북쪽의 熊谷岳이 比烈忽郡에 소재한 데 주목해 그 위치를 춘천 서남방으로 추정하였다(津田左右吉, 1913, 「眞興王征服地域考」 『朝鮮歷史地理』 1, 南滿洲鐵道株式會社 : 亞細亞文化社, 1986, 109~118쪽). 그러나 웅곡악의 위치비정이 분명하지 않을 뿐 아니라 「마운령비」가 발견되기 이전 「황초령비」의 위작설에 근거한 논리여서 받아들이기 어렵다. 이에 대한 비판은 김영하, 2008, 「일제시기의 진흥왕순수비론-'滿鮮'의 경역인식과 관련하여-」 『韓國古代史硏究』 52, 한국고대사학회, 445~447쪽에 자세하다.

6) 『三國史記』 卷4, 新羅本紀4, 眞興王 18년. 다만 新州停은 진흥왕 29년(568)에 혁파하였다(『三國史記』 卷40, 雜志9, 職官 下, 武官 六停).

7) 金秉模·沈光注, 1991, 『二聖山城 三次發掘調査報告書』, 漢陽大學校·京畿道, 29쪽 ; 皇甫 慶, 1999, 「新州 位置에 대한 硏究」 『白山學報』 53, 白山學會, 236~243쪽. 김병모·심광주가 춘궁동 일대를, 황보 경이 교산동 일대를 주목하였다.

8) 강봉룡, 1994, 「新羅 地方統治體制硏究」, 서울대학교 박사학위논문, 98~100쪽 ; 전덕재, 2009, 「신라의 한강유역 진출과 지배방식」 『鄕土서울』 73, 111~112쪽.

9) 임기환, 2002, 「고구려·신라의 한강 유역 경영과 서울」 『서울학연구』 18, 서울시립대부설 서울학연구소, 15쪽 ; 강경구, 2007, 「新羅 北漢山州의 新考察」 『신라의 북방영토와 김유신』, 학연문화사, 97~98쪽.

10) 신주가 폐지되어 군사적인 기능이 약화되었더라도 한강 유역을 관할하는 중심지역으로서의 기능적인 중요성은 유지되었을 것이다(황보 경, 1999, 앞의 논문, 227~228쪽 및 2009, 『신라 문화 연구』, 주류성, 296~297쪽).

郡에 설치한 州로서 그 범위는 고려시대의 楊州 옛터, 곧 한강 이북의 서울시를 중심으로 경기도 고양시 덕양구와 남양주시 일부를 포함한다.[11] 『삼국사기』 제사지에는 小祀의 제사처로 負兒岳이 전해지는데 북한산주 관내에 있었던 것으로 남아 있다.[12] 부아악은 곧 역대 사서와 지리지에서 북한산으로 비정하였다.[13] 또한 고려 태조가 지은 莊義寺 齋文에 따르면, 북한산은 고구려의 옛 땅인 남평양의 명산으로 남겨져 있다.[14] 그렇다면 진흥왕은 북한산주의 설치를 통해 군사적 거점을 한강 이남에서 이북으로 전진 배치했다고 볼 수 있다.[15]

진흥왕의 영역 확장과 그에 따른 통치체제 강화가 고구려를 상대로 한 북방 일변도로 추진된 것만은 아니었다. 진흥왕은 관산성 전투 직후인 재위 16년(555) 比斯伐에 完山州를 설치하였다. 비사벌은 지금의 경남 창녕으로 비정되며, 완산주는 下州의 별칭으로 이해된다.[16] 이것은 창녕 지역의 지리적 조건을 감안할 때 대가야 공략을 염두해 둔 사전정지작업으로 생각된다. 실제로 신라는 562년 대가야 복속 후 3년이 지나자 하주(완산주)의 치소를 창녕에서 합천으로 옮겼다.[17] 또한 557년 沙

---

11) 『三國史記』 卷35, 雜志4, 地理2, 漢州 漢陽郡 ; 卷37, 雜志6, 地理4, 高句麗 漢山州.

12) 『三國史記』 卷32, 雜志1, 祭祀 小祀.

13) 김윤우, 1995, 『북한산 역사지리』, 범우사, 19~23쪽.

14) 『三國史記』 卷10, 新羅本紀10, 憲德王 17년.

15) 이 시기 북한산주의 置·廢기사를 漢山州 치·폐기사의 杜撰으로 보기도 한다(李丙燾, 1976, 「(僞)北漢山州의 置廢問題」 『韓國古代史研究』[修訂版], 博英社, 705~709쪽).

16) 『三國史記』 卷34, 地理1, 良州 "火王郡 本比自火郡一云比斯伐 眞興王十六年置州 名下州 二十六年 州廢 景德王改名 今昌寧郡." 하주가 완산주로 표기된 이유는 찬자의 착오에 따른 것으로 보는 것이 일반적이다. 다만 이 지역에 있던 백제계 주민들이 완산[전북 전주시]으로 徙民되면서 비사벌 명칭을 완산에서도 그대로 사용한 결과로 분석한 연구도 있다(이강래, 1987, 「百濟 '比斯伐' 考」 『崔永禧先生華甲紀念韓國史學論叢』, 探求堂 : 2011, 『삼국사기 인식론』, 일지사).

17) 『三國史記』 卷4, 新羅本紀4, 眞興王 26년.

伐州[경북 상주시]를 폐지하고 甘文州[경북 김천시 개령면]를 설치한 것[18]도 같은 맥락에서 접근할 필요가 있다. 上州의 치소가 경북 尙州에서 김천시 개령으로 이동한 것인데,[19] 역시 대가야 병합을 위한 사전 준비 차원에서 이해가 되는 조치이다.[20] 신라가 이미 國原[충북 충주시]을 장악한 상태였으므로 소백산맥 이북으로 진출하는 요충지로서 사벌주의 기능은 약화되었을 것이다.[21] 때문에 신라는 군사 거점을 남쪽으로 이동시킴으로써 향후 백제 및 대가야와의 관계에서 우위를 점하고자 했을 것이다.

진흥왕은 557년 감문주와 북한산주를 설치한 것과 동시에 國原을 小京으로 삼고, 다음해 그곳에 귀족 자제와 6부의 豪民을 이주시켰다.[22] 국원은 고구려의 대남방 관계에서 백제와 신라를 동시에 견제할 수 있는 군사적 요충지였다.[23] 이에 신라도 한강 유역에 진출하기 위해 죽령로

---

18) 『三國史記』卷4, 新羅本紀4, 眞興王 18년.

19) 『三國史記』卷34, 地理1, 尙州 "法興王十一年梁普通六年 初置軍主爲上州 眞興王十八年 州廢…開寧郡 古甘文小國也 眞興王十八年梁永定元年 置軍主爲靑州." 주보돈은 지리지에서 525년에 上州가 두어진 것처럼 되어 있는 것은 사벌 지역에 대한 군주 파견을 의미하는 것이지 상주의 설치를 의미하는 것은 아니라고 했다. 그는 직관지에 따라 上州와 上州停의 설치를 진흥왕 15년(552)에 이루어진 것으로 이해하였다(朱甫暾, 1997, 「6世紀 新羅 地方統治體制의 整備過程」 『韓國古代史硏究』 11 : 1998, 『新羅 地方統治體制의 整備過程과 村落』, 신서원, 104~106쪽).

20) 申瀅植, 1975, 「新羅軍主考」 『白山學報』 19 : 1984, 『韓國古代史의 新硏究』, 一潮閣, 210쪽 ; 朱甫暾, 1982, 「加耶滅亡問題에 대한 一考察-新羅의 膨脹과 關聯하여-」 『慶北史學』 4, 179~180쪽, 185쪽 ; 徐榮一, 1999, 『신라 육상 교통로 연구』, 학연문화사, 312~313쪽. 김태식은 555년 하주 설치는 가야연맹제국과 백제의 연합군에 의한 보복공격에 대처하기 위한, 557년의 사벌주 폐지와 감문주 설치는 한강 하류 유역으로 나아가는 추풍령로를 보다 효과적으로 보호하기 위한 조치로 이해하였다(金泰植, 1993, 『加耶聯盟史』, 一潮閣, 303~304쪽).

21) 서영일, 1999, 앞의 책, 313쪽.

22) 『三國史記』卷4, 新羅本紀4, 眞興王 18년·19년.

23) 국원의 지리적인 조건은 梁起錫, 2002, 「高句麗의 忠州地域 進出과 經營」 『中原文化論叢』 6, 忠北大學校 中原文化硏究所, 59~60쪽을 참고하기 바란다.

와 추풍령로에서의 협공을 통해 551년 전후 국원을 장악했다.[24] 그리고
그 후속 조치를 이때 단행한 것이다. 이로써 국원은 신라가 소백산맥을
넘어 북진하는 데 있어 교두보이자 배후의 거점지로서 기능했을 것이다.
즉 『삼국사기』를 통해 보면, 555~557년에 진흥왕은 한강 이북에 北漢
山州를 설치해 한강 하류 유역의 영역지배를 공고히 했고, 比列忽州를
설치함으로써 북한강 상류와 임진강 상류 이북까지 진출했음을 알 수 있
다. 또한 경북 개령과 경남 창녕에 각각 上州와 下州를 설치하여 백제
및 가야와의 관계에도 만전을 기해 후방을 안정시켰다. 이러한 일련의
조처가 곧 진흥왕이 본격적으로 북방으로 진출할 수 있는 원동력이 되었
던 것이다.

그런데 『삼국사기』에 나타나 있는 550년대 진흥왕의 영역 확장양상
이 「昌寧 眞興王拓境碑」(이하 창녕비로 약칭)와 부합하는 측면이 있어
흥미롭다. 「창녕비」는 辛巳年 2월 1일, 곧 진흥왕 22년(561)에 건립되었
다.[25] 그런데 그 내용 중에 四方軍主로서 '比子伐軍主'·'漢城軍主'·
'碑利城軍主'·'甘文軍主'가 자세하게 소개되어 있다. 比子伐은 경남 창
녕이고, 碑利城은 比列忽과 같은 의미로서 강원도 안변으로 보는 데 이
견이 없다.[26] 甘文도 김천시 개령임이 분명하다. 말하자면 『삼국사기』
에 나타나 있는 555~557년 진흥왕대의 영역 확장 결과와 정확히 일치
하는 것이다. 마지막으로 남아 있는 문제의 소재는 「창녕비」의 '漢城'을
어디로 볼 것인가에 있다.

일반적으로 '漢城'은 백제의 수도인 한강 이남의 몽촌토성과 풍납토

---

24) 신라의 국원 진출과정과 시기는 이 책 제2부 2장의 1절-1)에서 다루었으니 참고하
기 바란다.

25) 비문의 원문 및 번역은 盧重國, 1992, 「昌寧 眞興王拓境碑」『譯註 韓國古代金石
文』(제2권, 신라1·가야 편), 韓國古代社會硏究所 編, 駕洛國史蹟開發硏究院을 참
고하였다.

26) 노중국, 1992, 「昌寧 眞興王拓境碑」, 위의 책, 64쪽.

「창녕 진흥왕척경비」(경남 창녕군 창녕읍 소재)

성 일대로 여겨지고 있다.27) 그렇다면 「창녕비」에서 군주가 파견된 漢
城도 마찬가지로 이곳일까? 그렇게 단정하기에는 석연치 않은 점이 있
다. 우선 『삼국사기』에 따르면, 「창녕비」가 세워진 561년 당시 신라 최
북단의 주는 北漢山州였다. 자연 州治所도 북한산주 관내에 있었을 것
이다. 「창녕비」의 사방군주 중 비자벌·비리성·감문 군주가 진흥왕 본기
의 州置 상황과 일치함을 감안하면, '漢城 軍主' 역시 북한산주에 파견
된 것으로 보는 것이 합리적이다.28) '漢城'의 위치를 추적하기 위해 다
음의 사료에 주목해보고자 한다.

---

27) 이병도는 백제 한성을 경기도 광주시로 보는 입장에서 「창녕비」의 '한성군주'도
    이곳에 부임한 것으로 본다(李丙燾, 1976, 「眞興大王의 偉業」 『韓國古代史硏究』
    [수정판], 博英社, 682쪽).
28) 전덕재도 "창녕비와 북한산비는 진흥왕대에 軍主가 파견된 지역의 지명을 冠稱하여
    '~軍主'라고 표기하는 것이 원칙"이라고 하였다(전덕재, 2009, 앞의 논문, 117쪽).

1-① 7년(511) 겨울 10월에 고구려 장수 高老가 말갈과 더불어 漢城을 공
격하고자 꾀하여 橫岳 아래에 진군하여 주둔하였다. 왕은 군사를 보
내 싸워 이를 물리쳤다.[29]

② … 路過漢城陟 …[30]

사료 1-①에 따르면, 고구려가 백제의 漢城을 공격하기 위해 橫岳 아
래에 주둔했다고 한다. 횡악의 위치는 분명하지 않지만 북한산으로 비정
하는 견해[31]가 있다. 실제로 횡악의 용례를 검토해 보면, 주로 말갈의
침입 기사에 뒤이어 국왕이 횡악 인근에서 사냥하는 것으로 되어 있
다.[32] 이러한 사료의 분위기는 횡악의 지리적 조건이 한강 이남보다는
이북이었을 가능성을 높여 준다. 그런데 한강 이남의 동쪽에 있던 백제
의 수도 한성을 공격하기 위해 한강 서북쪽의 북한산 일대에 주둔했다는
것은 논리적으로 어울리지 않는다. 따라서 이 기록에서의 '한성'은 백제
수도가 아닌 지금의 북한산 일대에 있었던 또 다른 '한성'일 가능성에
대해서 검토해 볼 필요가 있다.

사료 1-②는 568년에 건립된 「北漢山 眞興王巡狩碑」(이하 북한산비
로 약칭) 중 일부이다.[33] 비문의 마멸이 심해 정확한 판독이 어렵기는
하지만 위의 부분은 "…漢城을 지나는 길에 올라…" 정도로 해석된

---

29) 『三國史記』 卷26, 百濟本紀4, 武寧王 7년.

30) 「北漢山 眞興王巡狩碑」. 원문 및 번역은 盧重國, 1992, 「北漢山 眞興王巡狩碑」
    『譯註 韓國古代金石文』(제2권) 참조.

31) 『大東地志』 卷1, 京都 漢城府 山水 "三角山…百濟稱負兒岳 又云橫岳." 김윤우는
    '횡악'은 북한산의 '漢山' 곧 '큰 산[大山]'의 의미를 지닌 고구려어 계통이라고
    하였다(김윤우, 1995, 『북한산 역사지리』, 범우사, 23~27쪽). 여호규는 백제 도성
    이었던 풍납토성에서 바라보면 도봉산-북한산 일대가 동북-서남으로 '一'자처럼
    뻗은 곳으로 보인다면서, 횡악이 도봉산-북한산 일대 전체를 지칭한 것으로 보았
    다(여호규, 2012, 「4세기 후반~5세기 초엽 高句麗와 百濟의 국경 변천」『역사와
    현실』 84, 181쪽).

32) 『三國史記』 卷23, 百濟本紀1, 多婁王 4년 및 卷25, 百濟本紀3, 辰斯王 7년.

33) 「북한산비」의 건립연대에 대해서는 이하에서 다룬다.

다.34) 여기에서의 '한성'이 한강 이남 소재의 것이라면 비문에서 북한산
에 오르기 전에 '한강을 건너다'는 표현이 나오는 것이 자연스러울 법하
다. 「북한산비」가 있는 곳이 지금의 북한산 비봉이 분명한 만큼, 북한산
에 오르기 위해 지나가는 한성이라면 북한산 아래 인근에 존재할 가능성
이 크다고 생각한다.

이와 같은 정황들을 종합적으로 고려해 보면, 『삼국사기』에 기록되어
있는 '漢城'은 백제의 수도로서 한정하기보다는 좀 더 폭넓게 이해하는
것이 낫지 않을까 싶다. 이러한 추론과 557년의 북한산주의 설치 기록을
존중할 때, 「창녕비」의 '漢城 軍主'는 한강 이북의 북한산 일대에 파견
된 군주로 파악하는 것이 어떨까 한다.35) 말하자면 이것은 6세기 중반
북한산주의 중심 치소가 '한성'이었음을 의미하는 것에 다름 아닐 것이
다. 그랬을 때라야 진흥왕이 북한산 비봉에 순수비를 세운 까닭이 자연
스럽게 설명이 될 수 있다. 이하에서 살피는 바와 같이36) 7세기대 신라
의 북한산성임이 규명된 아차산성[서울시 광진구]의 축조연대가 6세기
후반 이전으로 소급하기 어려운 점도 557~568년 북한산주의 거점성을
북한산 일대로 볼 수밖에 없게 한다.

진흥왕의 巡狩는 568년에 이르러 본격적으로 진행되었다. 그러한 과
정과 내용은 자신이 세운 순수비문에 고스란히 남아 있다. 진흥왕은 먼
저 555년에 순수를 했던 북한산에 다시 갔다. 그리고 순수과정과 동행인

---

34) 노중국(1992, 「北漢山 眞興王巡狩碑」, 앞의 책, 72쪽)과 이우태(1999, 「北漢山碑
   의 新考察」『서울학연구』 12, 서울시립대부설 서울학연구소, 8쪽)가 이렇게 해석
   하였다. 노용필은 "(오는) 길에 漢城을 거쳐…에 올라서"로 해석했다(盧鏞弼,
   1996, 『新羅眞興王巡狩碑研究』, 一潮閣, 53쪽).
35) 今西龍, 1933, 「新羅眞興王巡狩管境碑考」『新羅史研究』, 近澤書店 : 이부오·하시
   모토 시게루 옮김, 2008, 『이마니시 류수西龍의 신라사연구』, 서경문화사, 398
   쪽)·강경구(2007, 앞의 책, 100~102쪽)·전덕재(2009, 앞의 논문, 114쪽)도 세부적
   인 논증은 필자와 다르지만 「창녕비」에서의 漢城을 북한산으로 파악하였다.
36) 이 책의 제3부 2장 3절 참조.

「북한산 진홍왕순수비」   「북한산비」 탁본
(국립중앙박물관 소장)   (성균관대학교 박물관 소장본)

원 등을 북한산 비봉 꼭대기에 비문으로 건립하였다. 그런데 「북한산비」
의 건립연대에 대해 연구자들 간의 논란이 심하다. 따라서 이를 분명히
한 후 논지를 전개할 필요가 있다.

 「북한산비」의 건립연대에 대해서는 크게 555년설,[37] 568년설,[38] 568
년 이후설[39]로 나눌 수 있다. 555년설을 주장하는 이들은 공통적으로

37) 韓鎭書,『海東繹史續』卷7, 地理考7, 新羅 ; 李丙燾, 1986,「北漢山 文殊寺 內의
   石窟」『震檀學報』61, 震檀學會, 1~3쪽 ; 노용필, 1995, 앞의 책, 1~7쪽 ; 신형
   식, 2005,「신라의 영토 확장과 북한산주」『鄕土서울』66 : 2009,『한국고대사의
   새로운 이해』, 주류성, 463쪽 ; 강경구, 2007, 앞의 논문, 93쪽.
38) 金昌鎬, 1992,「北漢山碑에 보이는 甲兵 문제」『文化財』25 : 2007,『고신라 금석
   문의 연구』, 서경문화사, 70쪽 ; 이우태, 1999, 앞의 논문, 10~15쪽 ; 강봉룡,
   2004,「순수비에 담긴 진홍왕의 꿈과 야망」『고대로부터의 통신』, 푸른역사, 235
   쪽 ; 김영하, 2008,「일제시기의 진홍왕순수비론-'滿鮮'의 경역인식과 관련하여-」
   『韓國古代史硏究』52, 443쪽 ; 朴省炫, 2010,「新羅의 據點城 축조와 지방 제도
   의 정비 과정」, 서울대학교 박사학위논문, 154쪽.

「북한산비」 탁본의 '南川 軍主' 부분

진홍왕 16년(555) 왕이 북한산에 순행하여 영토를 획정했다는『삼국사
기』의 기록에 주목하였다. 그리고 568년과 그 이후로 비문의 건립연대
를 추정한 이들은 비문의 隨駕人名에 나오는 '南川 軍主'를 중요 논거
로 삼았다. 『삼국사기』에 진홍왕 29년(568) 10월에 北漢山州를 폐지하
고 南川州를 설치했다고 나오므로,[40] 적어도 그 이후라야 비문에 '남천
군주'가 나올 수 있다는 것이다.[41]

「북한산비」의 건립연대를 좀 더 객관적으로 추구하기 위해서는 내용
과 형식이 비슷한「황초령 진홍왕순수비」(이하 황초령비로 약칭) 및「마
운령 진홍왕순수비」(이하 마운령비로 약칭)와의 비교·검토가 필요하다.

39) 金正喜,『阮堂先生全集』卷1, 攷, 眞興二碑攷 ; 今西龍, 1933, 앞의 책 : 2008, 앞
   의 책, 377~388쪽 ; 葛城末治, 1935,「揚州新羅眞興王巡狩碑」『朝鮮金石攷』:
   1979, 아세아문화사, 150~151쪽 ; 노중국, 1992,「北漢山 眞興王巡狩碑」, 앞의
   책, 68~69쪽.
40)『三國史記』卷4, 新羅本紀4, 眞興王 29년.
41) 555년설을 주장하는 논자들은 568년의 남천주 설치기사를 杜撰으로 보는 경향이
   강하다.

그런 면에서 세 비문에 공통적으로 나오는 인물의 관등을 비교·검토함
으로써 비문의 연대를 추정한 연구[42]는 시사하는 바가 크다. 곧 세 비문
에 공통적으로 나오는 인물인 內夫智(知)·另力智·比知夫智(知)·未知의
관등이 모두 동일한 데에 주목한 것이다. 물론 관등의 변화가 절대적인
기준이 되지 않을 수도 있다. 예컨대 居柒夫 같은 경우「창녕비」(561)에
서「북한산비」·「황초령비」·「마운령비」(568)까지 一尺干[伊干 : 2위]을
유지하고 있다. 하지만 거칠부는 고위 관등을 지니고 있어 상승의 폭이
제한되었을 가능성이 크다. 이와 달리 비지부지와 미지는 及干[9위]과
大奈末[10위]의 하위 관등을 지니고 있어,「북한산비」를 555년으로 볼
경우 진흥왕을 지속적으로 隨駕했음에도 불구하고 13년 동안이나 관등
의 상승이 없는 셈이 되어 부자연스럽다. 또한 진흥왕 순수비의 연도 표
기방식을 비교하여 뒤에 건립된 것일수록 표현이 다양화되고 문장이 길
어진다는 사실에 주목한 연구[43]도 수긍이 간다.

　이에 필자는「북한산비」에 보이는 '남천 군주'와「황초령비」·「마운
령비」에 같은 인물의 관등 변화가 없는 점, 그리고 연도의 표기방식 등
을 종합적으로 고려해「북한산비」의 건립연대[44]를「황초령비」·「마운령

---

42) 金昌鎬, 1983,「新羅 中古期 金石文의 人名表記(1)」『大丘史學』22, 大丘史學會 :
　　2009,『삼국시대 금석문 연구』, 서경문화사, 218~235쪽 및 1992, 앞의 논문 :
　　2007, 앞의 책, 70쪽.

43) 이우태, 1999, 앞의 논문, 13~14쪽.

44) 엄밀히 말하면 비문의 제작연대라고 해야 할 것이다. 비의 건립은 제작 이후 별도
　　의 기간을 상정한 이후가 될 수 있기 때문이다.「황초령비」와「마운령비」도 마찬
　　가지이다. 이와 관련해서 최근 노중국은「북한산비」의 재질 분석 결과를 토대로
　　하여 경주 돌을 북한산에 가지고 가서 제작한 것으로 규명하였다(노중국, 2012,
　　「신라 진흥왕의 한강 유역 점령과 巡狩」『鄕土서울』81, 70~71쪽). 이로써 비의
　　제작이 경주에서 이루어졌으며 진흥왕의 순수 때 세웠음을 유추할 수 있고, 그에
　　따라 제작 이후 건립까지 몇 개월의 기간이 소요되었음을 예상할 수 있다. 조범환
　　도 비석의 생김새와 재질에 주목하여 세 비가 모두 특정 장소에서 함께 제작된
　　후 해당 장소로 운반해 세운 것으로 파악하였다. 다만 진흥왕이 순수를 다녀온 후

비」와 같은 해로 보되, 그보다 몇 개월 빠른 시기로 비정하고자 한다.[45]
「황초령비」의 건립연대는 「마운령비」의 年干支 太昌 元年과 구체적인
월·일이 기재되어 있어 568년 8월 21일임에 의심의 여지가 없다. 「마운
령비」는 비문의 내용상 10월 2일을 포함하고 있고, 시작 부분에 '□□
21일'이라고 되어 있는데, 결락된 글자의 칸 수로 보았을 때 10월 21일
에 건립된 것으로 보인다. 신라 국왕의 순수시기를 분석한 연구에 따르
면, 음력 2월 이후 춘계와 10월에 가장 많았다고 한다.[46] 결국 이동거리
와 立碑 소요기간 등을 감안할 때, 진흥왕이 북한산에 순수한 시기는
568년 3~6월 정도로 추정하면 크게 무리가 없는 것으로 판단된다.

　진흥왕이 북한산주를 설치하고 북한산 일대를 그 중심지로 삼은 까닭
은 북한산이 위치한 지리적 조건 때문인 듯하다. 곧 북한산을 중심으로
서쪽과 동쪽에 고구려로 나아가는 교통로가 형성되어 있었다. 북한산 동
쪽으로는 양주를 기점으로 설마천로·간파천로·신천로·포천천로가 분기
한다.[47] 양주에서 중랑천변을 따라 남하하면 곧바로 아차산 일대에 다

에 제작·건립한 것으로 이해하였다(曹凡煥, 2013, 「眞興王 巡狩碑에 대한 몇 가지
疑問과 새로운 理解」『新羅史學報』29, 新羅史學會, 133~138쪽). 그러나 국왕의
순수란 뚜렷한 목적의식을 가지고 주요 신하들을 대동하여 감으로써 현장에서 일
반 민에게 왕의 행위를 의도적으로 노출시키는 일종의 이벤트이다. 그렇게 본다
면 입비 의식은 순수과정의 하이라이트라고 할 수 있는데 이것을 하지 않고 나중
에 사람을 보내 건립하였다는 것은 납득하기 어렵다.

45) 임기환도 「북한산비」·「황초령비」·「마운령비」가 정형화된 비신의 형식을 공통적
　　으로 갖추고 있어 거의 같은 시기에 제작된 후 세워진 것으로 보았다(임기환,
　　2011, 「울진 봉평리 신라비와 광개토왕비, 중원고구려비」『울진 봉평리 신라비와
　　한국고대 금석문』, 울진군·한국고대사학회, 247쪽).

46) 김영하, 1979, 앞의 논문 : 2002, 앞의 책, 180쪽.

47) 교통로의 분류와 경로는 백종오의 연구에 따른다(白種伍, 1999, 「京畿北部地域 高
　　句麗城郭의 分布와 性格」『京畿道博物館年報』2, 81쪽과 2005, 「남한지역의 고구
　　려 성곽」『한국 고대의 Global Pride 고구려』, 고려대학교 박물관·서울특별시,
　　42~46쪽). 설마천로와 간파천로는 감악산을 기점으로 각각 서쪽과 동쪽에 있어
　　감악산 서로와 동로로도 부른다(서영일, 1999, 『신라 육상 교통로 연구』, 학연문

다른다. 양주 분지의 삼국시대 보루군과 아차산에 남아 있는 고구려 보루 및 아차산성은 이곳이 지리적 요충지임을 웅변해 주는 결과물들이다. 북한산 서쪽으로는 고양-파주를 거쳐 임진강을 건너 장단-개성으로 가거나, 고양에서 한강변을 따라 교하를 거쳐 임진강을 건너 고구려로 나아갈 수 있다. 지금의 고양시에 해당하는 王逢縣과 達乙省縣에서 漢氏 미녀가 고구려 안장왕을 만났다는 설화[48]는 고구려가 북한산 서쪽의 교통로를 이용하여 남진했던 상황을 잘 알려준다. 진흥왕은 북한산 일대를 북한산주의 거점지역으로 삼으면서 북한산을 기점으로 양 방면의 교통로를 모두 감시·통제하는 효과를 기대했고, 그것을 유지하기 위해 북한산에 순수를 갔을 것이다.

북한산 일대에서도 진흥왕이 특히 북한산의 남서쪽에 해당하는 비봉에 올라 비문을 남긴 까닭을 좀 더 음미해 볼 필요가 있다. 「북한산비」의 건립목적을 서해를 통한 대중국 교통로의 확보에 대한 진흥왕의 염원과 야심이 표출된 것으로 보기도 한다.[49] 또한 비문 3행에 나오는 "□□□之所用高祀西[嶽]…"에서 '祀西'를 서쪽 방향이나 서쪽 하늘을 향해 제사를 지낸 것으로 이해하기도 한다.[50] 마지막 글자를 '嶽'으로 추독하는 것이 가능하다면 '북한산의 서악'에서 제사지낸 것으로도 해석이 가능하다. 따라서 진흥왕이 북한산에서도 특히 서남쪽 방면에 자취를 남긴 것은 한강 물길 내지 서해안의 제해권 장악 의도와 무관하지 않을 것이다. 이는 진흥왕대 북한산주의 통치 범위를 규명하는 과정에서 좀 더 부각될 소지가 크다.

화사, 298쪽).

48) 『三國史記』卷37, 雜志6, 地理4, 高句麗 漢山州 "王逢縣(一云皆伯 漢氏美女迎安藏王之地 故名王逢)…達乙省縣(漢氏美女於高山頭點烽火迎安藏王之處 故後名高烽)."

49) 이우태, 1999, 앞의 논문, 23쪽.

50) 노중국, 2012, 앞의 논문, 73쪽.

북한산 비봉에서 바라본 한강 일대의 모습

2. 진흥왕의 북진경로와 그 범위

그렇다면 진흥왕은 어떠한 경로를 거쳐 함흥 지역까지 순수할 수 있었을까? 신라의 동북방 진출은 상고기부터 주로 동해안로가 이용되었다. 때문에 동해안로는 신라와 고구려 간의 각축장이었고, 그에 따른 영역 변동의 폭도 클 수밖에 없었다. 「포항 중성리신라비」·「영일 냉수리신라비」·「울진 봉평리신라비」 같은 신라 금석문이 동해안 일대 교통의 요충지에서 지속적으로 발견되는 현상은 신라 왕실이 이 지역에 대한 지배체제를 공고히 하려는 결과물에 다름이 아닐 것이다. 그런데 신라는 지증왕대(500~514) 삼척과 강릉 지역에 州를 설치하고 軍主를 파견함으로써 동해안로의 방어망을 구축하였다.[51] 따라서 진흥왕대의 함흥 진출경로도 동해안로를 우선적으로 고려해 볼 수 있겠다.[52]

---

51) 『三國史記』 卷4, 新羅本紀4, 智證麻立干 6년·13년 ; 卷44, 列傳4, 異斯夫.

그런데 동해안 방면으로의 동북방 진출에는 비단 육상교통로만 활용된 것은 아니었다. 상고기의 경우이기는 하지만 박제상은 高城 水口를 중간 기착지로 삼아 육로와 '北海之路'로 표현된 바닷길을 이용하여 눌지왕의 동생 복호를 고구려로부터 탈출시켰다.[53] 또한 지증왕대 이사부는 于山國[울릉도]을 복속했는데, 이것은 대형 戰艦을 건조할 수 있는 造船術과 원양 항해가 가능할 정도의 항해술이 뒷받침되어 있음을 의미한다.[54] 따라서 진흥왕대의 함흥 진출경로에 대해 해로의 가능성을 제기했던 주장도 경청할 만하다.[55]

그럼에도 불구하고 적어도 568년에 진흥왕이 함흥 일대로 갔던 동북방 순수경로는 내륙의 육상교통로일 가능성이 크다고 생각한다. 왜냐하면 「북한산비」·「황초령비」·「마운령비」의 건립이 몇 개월의 차이를 두고 연속적으로 이루어지고 있기 때문이다. 그런 면에서 진흥왕의 함흥 진출을 同王 12년(551)에 이루어진 高峴 이내의 10군 공취를 계기로 해당 지역의 동옥저·말갈의 군사적 행동이 중단되었기 때문에 가능했을 것으로 본 연구[56]는 시사해 주는 바가 크다. 곧 진흥왕의 북한산 순수와

---

52) 노중국도 진흥왕이 육상교통로로써 동해안을 경유해 북진한 것으로 이해하였다(盧重國, 2006, 「5~6세기 고구려와 백제의 관계-고구려의 한강유역 점령과 상실을 중심으로-」『北方史論叢』 11, 61~62쪽) 박성현도 비열홀주가 하슬라주에서 이동한 것으로 보아 함흥평야 일대의 진출을 하슬라주의 연장으로 보았다(박성현, 2010, 앞의 박사학위논문, 156~157쪽).

53) 『三國史記』 卷45, 列傳5, 朴堤上 ; 『三國遺事』 卷1, 紀異2, 奈勿王 金堤上.

54) 權悳永, 1999, 「三國時代 新羅의 海洋進出과 國家發展」『STRATEGY』 21, 제2권 제2호(가을·겨울호), 210쪽. 『三國史記』 卷3, 新羅本紀3, 慈悲麻立干 10년조에 "春命有司修理戰艦"이라 하였고, 智證麻立干 6년조에 "冬十一月…又制舟楫之利"라고 했다. 이를 통해 신라의 해군력이 상고기에 이미 갖추어졌음을 알 수 있다.

55) 今西龍, 1933, 앞의 책 : 이부오·하시모토시게루 역, 2008, 앞의 책, 356쪽. 김창겸은 진흥왕이 울진-삼척-강릉-고성-안변까지는 육로를 이용했고, 원산만을 넘어 함경도 지역으로는 해로를 이용한 것으로 추정하였다(金昌謙, 2007, 「新羅 中祀의 '四海'와 海洋信仰」『韓國古代史研究』 47, 178쪽).

56) 김영하, 2008, 앞의 논문, 455쪽.

함흥 일대로의 진출은 그 이전에 이루어진 한강 하류의 6군과 상류의 10군 차지에 대한 영역지배를 유지하기 위한 차원에서 계기적으로 이해할 필요가 있다고 보는 것이다. 이에 필자는 진흥왕이 북한산을 거쳐 함흥으로 순수를 갔던 교통로로 철령 경로와 추가령구조곡 경로를 주목해 보고자 한다.

『대동여지도』를 통해서 보면, 서울에서 비열홀주의 중심 치소인 강원도 최북단의 안변으로 가는 경로는 두 가지 정도로 파악이 된다. 양주-포천-영평-김화-회양-철령을 넘어가는 길과 양주-연천-철원-평강-분수령(추가령)을 넘어 안변에 도달하는 길이 그것이다. 진흥왕은 안변에 도착한 후 동해안로를 이용하여 덕원-문천-고원-영흥-정평을 거쳐 함흥에 진출했을 것이다. 그리고 함흥을 전초기지로 삼아 國內城으로 나아가는 서북방 황초령과 동북방 마운령까지 진출하여 定界碑로서 순수비[57]를 세운 것으로 추정된다. 다만 진흥왕과 그 순수를 함께 한 일행이 내륙의 교통로를 이용해 안변까지 나아갔더라도, 신라군이 동해안로를 통해 합류해 함흥으로 진출했을 가능성은 배제할 수 없다. 왜냐하면 진흥왕이 함흥으로 순수한 직후 안변의 비열홀주가 폐지되어 고성의 달홀주로 남하하기 때문이다. 이로써 동해안로를 통한 신라의 북진과 대고구려 방어선 구축이 여전히 유효함을 알 수 있다.

이제 이 시기 신라와 고구려 간 영역의 판도는 어떠했을지 구체적으로 정리해 보겠다. 먼저 한강 하류 유역을 살펴보면, 진흥왕은 553년 이 지역을 백제로부터 빼앗은 후 555년 순행하여 영토를 획정했고, 557년에는 북한산주를 설치하여 군사적 중심지를 '漢城'으로 삼았다. 진흥왕이 568년에 북한산에 다시 巡狩를 할 수 있었던 것은 이 일대가 553년

---

57) 定界碑로서의 진흥왕 순수비에 대한 인식은 김정희·한진서·정약용의 글이 참고된다.
   金正喜, 『阮堂先生全集』 卷1, 攷, 眞興二碑攷 ; 韓鎭書, 『海東繹史續』 卷7, 地理考7, 新羅 ; 丁若鏞, 『與猶堂全書』 第六集 第一卷 『疆域考』 卷2, 沃沮考.

이후 지속적으로 신라의 영역으로 유지되었음을 의미한다.

그렇다면 좀 더 구체적인 신라의 북방 한계선을 추적해보자. 州의 置·廢가 영역의 변천과 일치하는 것은 아니지만,[58] 州로 편제하고 軍主를 파견해 군사적 거점지를 마련한 것은 안정적인 영역지배를 위한 조치임에는 분명하다. 북한산주가 진흥왕이 「북한산비」를 건립한 568년에 폐지되었으므로, 최소한 553~568년 사이 북한산주는 신라의 북방 영토로 존재했다고 판단된다. 북한산주의 범위는 앞서 살핀 바와 같이 고려시대의 楊州 옛터, 곧 한강 이북의 서울시를 중심으로 서쪽으로 경기도 고양시와 동쪽으로는 남양주시 일부를 포함하고 있다. 진흥왕이 북한산에 올라 비문을 세운 까닭도 북한산주의 영역 확인과 수호 의지를 천명한 것으로 볼 수 있다.[59] 북한산 비봉에 올라가면 한강 하류는 물론이고 멀게는 서해 바다까지 조망이 가능하다. 신라는 북한산주의 설치와 유지를 통하여 경기만 일대의 제해권까지 장악했을 것이다. 이것은 남양만과 더불어 신라가 대중국 출항지를 안정적으로 확보했음을 의미한다. 실제로 신라는 564년 처음 단독으로 北齊에 사신을 파견한 이후 지속적으로 남북조와 긴밀한 외교관계를 유지할 수 있었다.[60]

553년 이후 한강 중·상류에서의 신라와 고구려 간 국경선 역시 진흥왕대 州 置·廢의 변동과 연관지어 추구되어야 한다. 진흥왕은 551년 남한강과 북한강 중·상류의 10군을 공취한 후, 556년에는 비열홀주를 설

58) 이병도, 1976, 「眞興大王의 偉業」, 앞의 책, 672쪽.

59) 「북한산비」가 세워진 비봉은 험준한 곳이어서 일반인들의 접근이 쉽지 않다. 이에 비문 독자의 대상을 하늘로 보고 「북한산비」를 일반적인 순수비로서가 아닌 道敎의 封禪碑로 본 견해가 있다(김태식, 2004, 「封禪大典, 그 기념물로서의 진흥왕 '순수비'」 『白山學報』 68).

60) 『三國史記』 卷4, 新羅本紀4, 眞興王 25년·26년 ; 『北齊書』 卷7, 帝紀7, 武城 3년 (1997, 中華書局 點校本, 93쪽)·4년(94쪽). 사서를 통해 보면 신라는 565년 이후 6세기 말까지 566~568년[陳], 570~571년[陳], 572년[北齊], 578년[陳], 585년[陳], 589년[陳], 594년[隋], 596년[隋]에 걸쳐 지속적으로 중국과 교류하였다.

치하였다. 진홍왕이 568년에 철령 또는 추가령구조곡 경로를 통해서 함흥 지역까지 순수를 갈 수 있었던 것은 적어도 그 이남 지역이 신라의 영역으로 편제되어 있음을 말해준다.[61]

결국 553~568년 신라의 북진 국경선은 한강 하류 유역의 파주에서 북한산 일대 전역과 양주를 거쳐 동북쪽으로는 추가령구조곡 이남, 그리고 철령을 넘어 안변에서 황초령과 마운령 이남의 함흥 일대에 이르렀던 것으로 비정된다. 다만 신라의 북방 한계선이 곧 고구려의 남방 한계선은 아닐 수 있음에 유의해야 한다. 568년 진홍왕의 순수에도 불구하고 신라의 산성이 한강 이북에서 주로 7세기대에 들어서 축조되는 현상은[62] 신라가 북한산주의 설치를 통해 한강 이북 지역을 영역지배 했더라도 그것이 6세기 대까지는 여전히 불완전한 것이었음을 시사한다. 곧 6세기 중반 북한산주 이북에서 임진강 사이는 고구려와 신라 사이 일종의 완충지대였던 것으로 생각된다.[63]

---

61) 이케우찌 히로시(池內 宏)도 비열홀주의 존속기간 동안 신라가 비열홀 이남 강원도 동해안 유역을 차지한 것으로 이해하였다(池內 宏, 1929, 「眞興王の戊子巡境碑と新羅の東北境」『昭和四年度古蹟調査特別報告』, 朝鮮總督府 : 1960, 『滿鮮史研究』上世 第二册, 吉川弘文館, 18~23쪽). 다만 그는 「황초령비」가 후대에 移置된 것으로 보아 안변 이북의 영유권에 대해서는 부정적인데, 이는 최남선에 의해 「마운령비」가 발견됨으로써(崔南善, 1930, 「新羅眞興王の在來三碑と新出現の磨雲嶺碑」『靑丘學叢』2 : 2003, 『六堂 崔南善 全集』6, 역락) 논거를 상실하였다.

62) 서영일, 2010, 「산성 분포로 본 신라의 한강유역 방어체계」『고고학』제9권 제1호, 중부고고학회, 127~132쪽.

63) 박성현도 6세기 중·후반 신라의 북쪽 경계로 북한산 줄기를 주목했고, 그 거점으로 양주산성과 아차산성을 상정했다. 동시에 고구려의 최남단 거점은 임진강 북안의 호로고루로 보아 임진강 이남과 북한산 산줄기 사이를 두 나라 간 완충지대로 이해하였다(박성현, 2011, 「5~6세기 고구려·신라의 경계와 그 양상」『역사와 현실』82, 한국역사연구회, 85~90쪽).

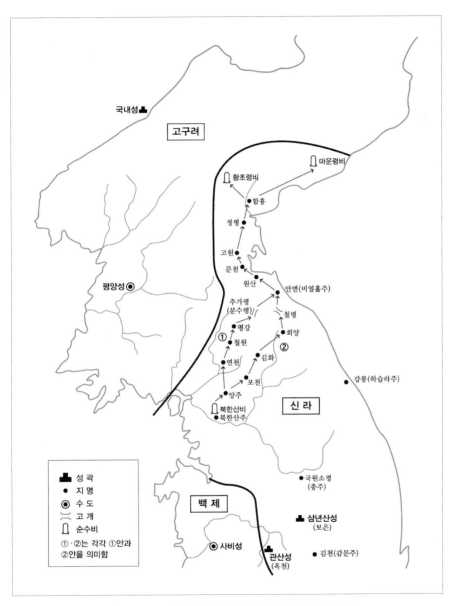

<지도 10> 568년 진흥왕의 북진경로와 영역 범위

3. 진흥왕의 州治所 후퇴와 고구려·신라 간 영역 변천

1) 주치소 후퇴의 배경

진흥왕은 568년에 이르러 한강 하류 유역의 북한산을 거쳐 철령 또는 추가령구조곡 경로를 경유해 함홍 지역까지 巡狩하였다. 이는 진흥왕이 통일 이전 신라 역사에서 최대의 영역 판도를 이끌어냈음을 의미한다. 「북한산비」·「황초령비」·「마운령비」에는 그러한 계기적 과정이 잘 드러나 있다. 「마운령비」에 따르면 진흥왕의 순수가 마무리된 시점은 568년 10월이었다. 그런데 『삼국사기』에는 바로 이때 北漢山州를 폐지하고 南川州를 설치했으며, 또 比列忽州를 없애고 達忽州를 둔 것으로 기록되어 있다.[64] 남천주와 달홀주의 치소는 각각 경기도 이천[65]과 강원도 고성[66] 지역으로 비정된다. 곧 州治所를 한강 이북에서 이남으로, 강원도 북단의 안변에서 고성으로 후퇴시킨 것이다. 주치소의 후퇴가 곧바로 영역적 퇴축을 의미하는 것은 아닐지라도, 영역 확인과 그러한 의지를 대내외에 표출하는 순수를 단행한 후 주치소를 남쪽으로 이동한 것은 상당한 의구심을 갖게 한다.

『삼국사기』에는 568년 10월에 북한산주와 비열홀주가 모두 폐지된 것으로 기록되어 있다. 여기에는 두 가지 가능성이 있다. 568년 10월 2일까지 진흥왕은 마운령에 있었다. 따라서 마운령에서 동해안로를 경유해 왕경인 경주로 돌아온 후 곧바로 두 州의 설치와 폐지를 동시에 단행

---

64) 『三國史記』卷4, 新羅本紀4, 眞興王 29년.

65) 『三國史記』卷35, 雜志4, 地理2 "漢州 本高句麗漢山郡 新羅取之 景德王改爲漢州 今廣州 領縣二. 黃武縣 本高句麗南川縣 新羅幷之 眞興王爲州 置軍主 景德王改名 今利川縣."『新增東國輿地勝覽』卷7, 利川都護府 建置沿革 "本高句麗南川縣(一云 南買) 新羅眞興王陞爲州置軍主 景德王改黃武爲漢州領縣."

66) 『三國史記』卷35, 雜志4, 地理2 "溟州…高城郡 本高句麗達忽 眞興王二十九年 爲 州 置軍主 景德王改名."『新增東國輿地勝覽』卷45, 高城郡 建置沿革 "本高句麗達 忽 新羅眞興王二十九年爲達忽州置軍主 景德王改今名爲郡."

했을 수 있다. 또 하나는 진흥왕이 북한산주를 순수하여 이 지역을 둘러보고 이를 폐지하고 남천주를 설치할 것을 명령한 다음, 마운령에 이른 후 비열홀주를 폐지하고 달홀주를 설치했을 가능성이다. 이 경우라면 『삼국사기』는 왕의 순수기간 중에 일어났던 일을 한꺼번에 기록하면서 북한산주·남천주의 置·廢시기를 비열홀주·달홀주 치·폐시기에 맞춘 것으로 이해된다.[67] 주치소의 이동이 진흥왕의 순수와 맞물려 있는 점을 고려할 때 후자의 입장이 좀 더 합리적이라고 생각한다.

그렇다면 진흥왕은 왜 주치소를 남쪽으로 이동해야만 했을까? 그 배경에 대한 단서가 쉽게 찾아지지 않아 학계의 논의도 지지부진한 편이다. 여기에서는 비열홀주·달홀주와 북한산주·남천주를 나누어 그 배경에 대해서 추적해 보겠다.

먼저 비열홀주를 폐지하고 달홀주를 설치한 까닭을 신라·고구려 간 '상호불가침 협약'의 결과로 이해한 연구가 있다. 진흥왕이 함흥까지 진출해 비문을 세울 수 있었던 것은 고구려의 공인 하에 가능했고, 신라는 고구려를 향해 배치한 최전방 군사기지를 후방으로 옮겨 더 이상 진군할 의사가 없음을 분명히 하는 선에서 타협을 보았다는 것이다.[68] 이러한 주장은 「마운령비」와 「황초령비」에 보이는 "四方託境 廣獲民土 隣國 誓信 和使交通"을 신라와 고구려의 우호관계를 나타내주는 표현으로 이해한 결과이다. 또한 고구려의 함흥 할양설[69]에서 진전된 논의이기도 하다.

---

67) 후자가 이우태의 논리이다(이우태, 1999, 앞의 논문, 15쪽).

68) 강봉룡, 2004, 「순수비에 담긴 진흥왕의 꿈과 야망」 『고대로부터의 통신』, 푸른역사, 243~246쪽.

69) 盧泰敦, 1976, 「高句麗의 漢水流域 喪失의 原因에 대하여」 『韓國史研究』 13 : 1999, 『고구려사 연구』, 사계절, 432~434쪽. 여기에는 550년대 초반에 맺어진 이른바 '여·라밀약'이 568년까지도 유지되었다는 전제가 깔려 있다. 하지만 '여·라밀약'과 관련한 『삼국유사』 및 『일본서기』의 기록이 554년 이후에는 더 이상 전해지지 않기 때문에 그 유효시기는 제한적으로 보아야 한다.

실제로 이 시기부터 590년 무렵까지 신라와 고구려 간의 전쟁 기록이
잘 드러나지 않아 두 나라가 이때 모종의 합의를 했을 가능성을 전혀
배제할 수는 없다. 그러나 다른 나라의 영토에 국왕이 순수를 간다는 것
은 사리에 맞지 않는다. 그리고 진흥왕이 정계비로서 황초령과 마운령에
비문을 세우고, 州의 치소를 그보다 훨씬 남쪽으로 이동해 불가침 협약
을 했다는 것에 괴리감이 들기도 한다. 궁극적으로는 고구려의 입장에서
신라에게 불가침이라는 막연한 약속 하에 자국의 배후 요충지를 제공했
다는 것이 정황상 쉽게 납득하기 어렵다.[70]

그런가 하면 안변과 그 이북의 동해안 일대가 2세기 이래 고구려에
복속되었던 濊人들의 주된 거주지여서 고구려와 이들의 반격이 만만치
않았기 때문에 주치소를 옮긴 것으로 보기도 한다.[71] 실제로 548년에
고구려가 예인을 동원해 백제의 獨山城을 공격하자, 진흥왕이 구원해
준 사례가 있다.[72] 이로써 보면 예인은 고구려의 부용세력으로서 신라
에 부담을 주었을 가능성이 있다. 다만 진흥왕대 비열홀주 설치와 동북
지역의 순수를 통해 토착 예인의 반발 역시 점차 무마되어 갔을 것이다.

필자는 신라가 비열홀주를 폐지하고 달홀주를 설치한 배경에 대해 함
흥 지역이 자리한 지리적 조건에 주목하고 싶다. 마운령과 황초령이 있
는 곳은 개마고원 동쪽 사면으로 이곳에 이르는 길은 바다와 개마고원
사이에 있는 좁은 회랑지대를 거쳐야 한다. 함흥 일대 역시 신라의 입장
에서 방어하기가 쉽지 않은 곳이다.[73] 함흥에서 황초령을 넘어 장진강
수계를 따라 장진과 강계로 서북진하면 고구려 국내성에 쉽게 접근할 수
있다. 또한 함흥에서 남쪽으로 정평에 이르러 용흥강을 따라 서남진하여

---

70) 노중국(2006, 앞의 논문, 60~61쪽)과 주보돈(2006, 앞의 논문, 105쪽)도 고구려의
    함흥 일대 할양설에 회의적이다.
71) 김희선, 2010, 『동아시아 도성제와 고구려 장안성』, 지식산업사, 77쪽.
72) 『三國史記』 卷4, 新羅本紀4, 眞興王 9년 ; 卷19, 高句麗本紀7, 陽原王 4년.
73) 노태돈, 1999, 앞의 책, 432~433쪽 ; 김희선, 2010, 앞의 책, 77쪽.

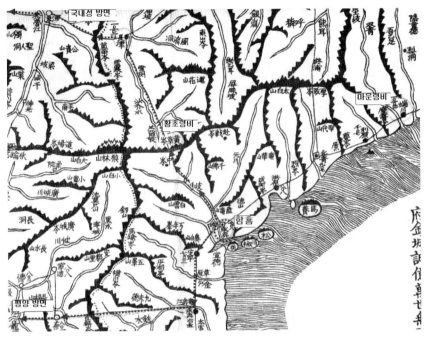

함흥의 지리적 조건(「대동여지전도」)

대동강 수계를 따라서는 고구려의 수도 평양으로 나아가는 교통로가 발달되어 있다.

　이와 같은 지리적인 조건은 역으로 신라가 함흥 지역을 차지한 후 이 일대가 고구려의 반격에 쉽게 노출될 수 있음을 의미한다. 더구나 고구려가 마식령을 넘어 동해안의 안변 지역을 차지하게 되면 그 이북에 있는 신라군은 고립될 수밖에 없다. 결국 진흥왕은 영역 확인의 의지를 가지고 황초령과 마운령까지 나아가 비문을 세웠지만, 현지답사 결과 이곳이 처한 지리적 수세의 불리한 점을 깨달았을 것이다. 때문에 서북쪽으로 광주산맥이라는 천연 방어망이 있어 방어에 유리하고, 하슬라[강원도 강릉시]를 거점으로 동해안로를 이용해 북진함으로써 군사적 지원이 가능한 고성군으로 주치소를 이동시킨 것이 아닌가 생각된다.[74] 그것은

다름 아닌 진흥왕이 551년에 차지한 高峴[鐵嶺] 이남의 10군[75]과 일치
하는 범위이다.

이제 북한산주를 폐지하고 남천주를 설치한 배경에 대해서 살펴보도
록 하겠다. 568년 당시「북한산비」에 '南川 軍主'가 나오는 것은 당시
의 주치가 남천임을 시사한다. 곧 진흥왕은 북한산주를 폐지하고 남천주
를 설치한 이후 비문을 건립했던 것이다. 이는 곧 주치의 범위가 영역의
상한선과 꼭 일치하는 것이 아니라는 의미이기도 하다. 그랬기 때문에
진흥왕이 남천주 설치 이후에도 북한산에 순수를 가고 순수비를 세우는
것이 가능했던 것이다. 그렇게 보면 북한산주 폐지 이후에도 신라는 한
강 이북에서 대고구려 방어선을 여전히 구축했을 가능성이 크다.

그렇다면 진흥왕은 왜 주치를 한강 이남의 남천주로 옮겼을까? 이에
대해 기왕에 백제에 대한 방어책으로 이해한 바 있어[76] 시사해 주는 바
크다. 다만 좀 더 구체적인 논의로 진전되지 못한 아쉬움이 있다. 이에
필자는 당시 백제 내부의 동향과 대외관계를 추적해 봄으로써 진흥왕의
북한산주 폐지와 남천주 설치 배경을 거시적 관점에서 모색해 보고자
한다.

『삼국사기』에는 560년대 신라에 대한 백제의 움직임이 거의 남아 있
지 않다. 위덕왕 8년(561)에 신라의 변경에 쳐들어갔다가 1천군이 전사

---

74) 천관우는 진흥왕의 함흥 지역 순수와 주치소 후퇴를 애초에 영역지배의 의도보다
는 시위적 군사행동으로써 옥저와 고구려에 대한 견제 차원에서 이해하였다(千寬
宇, 1982,「乡麥宗(眞興王)」『人物로 본 韓國古代史』, 正音文化社, 213쪽). 한편
이하에서 살피는 바와 같이 진흥왕의 비열홀주 폐지가 이 지역에 대한 영역 방기
를 의미하는 것은 아니었다. 신라는 568년 이후 비열성을 북방 진출의 최북단 거
점성으로 삼아 영역지배하였다.
75) 진흥왕대 신라가 차지한 10군의 범위는 이 책 제2부 2장의 1절-2)를 참고하기 바
란다.
76) 徐榮一, 1999,「利川 雪城山城에 대한 고찰」『史學志』32, 58~60쪽 및 2001,
「6~7世紀 高句麗 南境 考察」『高句麗研究』11, 32쪽 ; 황보 경, 1999, 앞의 논문,
226쪽 ; 신형식, 2005, 앞의 논문 : 2009, 앞의 책, 467쪽.

했다는 단편적인 기록이 있을 뿐이다.77) 위덕왕은 관산성 전투의 패전에 대한 후유증을 겪으며 집권 초기 내부의 국정 안정에 주력했을 것이다. 561년의 대신라 전투는 관산성 전투에 대한 보복전으로 추진되었을 것인데, 실패로 귀결되었으므로 위덕왕의 그와 같은 노력이 여전히 결실을 맺지 못하고 있음을 암시해 준다.

그런데 위덕왕 즉위 14년(567)에 이르러서는 대내외적으로 이전과 확연히 달라진 모습을 보여준다. 곧 567년에 위덕왕이 관산성 전투에서 신라군에게 사로잡혀 죽은 아버지 성왕을 추모하기 위해 陵寺78)를 창건한 것이다. 능사의 목탑지에서 출토된 「昌王銘石造舍利龕」에는 "백제 창왕 13년, 太歲로 丁亥가 되는 해에 [위덕왕의] 맏누이동생인 公主가 사리를 공양했다"는 내용79)이 남아 있다.80) 이로써 능사의 창건연대와 능사 창건의 의미가 분명해졌다.

「창왕명석조사리감」의 핵심 내용은 바로 위덕왕의 누이동생에 의해서 행해진 사리장엄 의식에 있다. 사리장엄 의식은 단순한 종교적 의미에 국한되지 않는다. 고도의 정치적 의도가 담겨 있는 것이다. 중국의 사례이기는 하지만, 陳 武帝는 557년에 자신의 건국을 정당화하고 민심

---

77) 『三國史記』 卷26, 百濟本紀5, 威德王 8년. 같은 내용이 신라본기에는 562년의 사실로 기록되어 있어 1년의 차이가 난다(『三國史記』 卷4, 新羅本紀4, 眞興王 23년).
78) 願刹로서의 성격을 강조해 '능사'라 하기도 하고, 지역의 이름을 따 '능산리 사원'으로도 부른다.
79) 「昌王銘石造舍利龕」 "百濟昌王十三季太歲在 丁亥妹兄公主供養舍利." 명문은 국립부여박물관, 2010, 『백제중흥을 꿈꾸다 능산리사지』, 147쪽의 도판을 참고하였다.
80) 『삼국사기』에는 567년이 위덕왕 14년이다. 그것은 554년을 위덕왕 즉위년으로 따른 결과이다. 이에 대해 「창왕명석조사리감」에 따라 위덕왕 즉위년을 555년으로 보고, 『삼국사기』가 踰年稱元法을 적용한 데 따른 결과로 이해하는 것이 일반적이다. 그러나 필자는 성왕이 관산성 전투에서 554년 12월에 죽으면서 자연스럽게 위덕왕의 즉위가 555년에 이루어졌고 『삼국사기』가 이것을 반영하지 못한 것으로 보았다(이 책의 제2부 2장 2절-1) 참조). 위덕왕 즉위년은 555년이지만 혼동을 방지하기 위해 재위년의 경우 『삼국사기』를 따르기로 한다.

「창왕명석조사리감」　　　　　사리감 탁본
(국립부여박물관 소장)

의 안정을 위해 대대적인 사리공양회를 열었다.[81] 562년 백제는 陳의
책봉을 받았고, 567년 9월에는 진에 사신을 보내 교섭하였다.[<표 1>
의 연번 13·18 참조. 이하는 연번만 표기함]. 따라서 진 무제가 정치적
의도를 가지고 추진한 사리공양회의 성과는 백제 위덕왕에게 영향을 주
었을 가능성이 크다. 아마도 위덕왕은 성왕의 뒤를 잇는 轉輪聖王으로
서의 의식을 가지고, 그러한 자신의 사상을 진신사리 공양과 탑의 건립
을 통해서 백성들에게 입증하고자 했을 것이다.[82]

2007년 부여 王興寺 목탑지에서 출토된 사리장엄구는 이러한 위덕왕
의 정치적 의도가 극대화된 결과물이었다. 당시 출토된 청동 사리합에는
577년 위덕왕이 죽은 왕자를 위해서 탑을 세우고 여기에 사리 2매를 묻

81) 주경미, 2003, 『중국 고대 불사리장엄 연구』, 일지사, 76~77쪽 ; 신광섭, 2007,
「능사 다시 찾은 백제의 마지막 모습」 『泗沘都邑期의 百濟』(百濟文化史大系 硏究
叢書 5), 충청남도 역사문화연구원, 233~234쪽.
82) 주경미, 2009, 「백제의 사리신앙과 미륵사지 출토 사리장엄구」 『대발견 사리장엄!
彌勒寺의 再照明』, 원광대 마한백제연구소 학술대회논문집, 164~165쪽.

부어 왕흥사터 목탑 출토 청동
사리함(국립부여박물관 소장)

사리함 안에 있던 금·은제 사리병

었는데 신묘한 변화로 3개가 되었다는 내용이 새겨져 있다.[83] 이와 같은
사리의 神異는 중국 남북조시대의 사리 神異故事 중 하나로 '自分'의
유형에 속한다.[84] 自分의 신이는 진신사리가 感應을 통해서 덕이 있는
사람에게 나타난다는 것을 보여주는 것인데, 이로써 보면 위덕왕은 사리
장엄 의식을 통해 자신이 진신사리를 공양했다는 것을 대내외에 과시했
을 것이다.[85] 577년의 사리장엄 의식은 567년과 달리 위덕왕 자신이 주
체가 되었음이 특히 눈에 띤다. 이것은 567년의 사리장엄 의식보다 진전
된 위덕왕의 왕권과 위상을 생각하게 한다. 그러나 567년의 사리장엄 의

---

83) 「王興寺 舍利器銘文」 "丁酉年二月十五日 百濟王昌爲亡子立刹 本舍利二枚葬時神
化爲三." '亡'자를 三으로 판독해 위덕왕의 아들 3명이 죽은 것으로 보기도 한다
(李道學, 2009, 「王興寺址 舍利器 銘文 分析을 통해서 본 百濟 威德王代의 政治와
佛敎」 『韓國史硏究』 142 : 2010, 『백제 사비성 시대 연구』, 일지사, 42~49쪽).

84) 남북조시대 불사리의 神異에 대해서는 주경미, 2003, 앞의 책, 60~80쪽에 자세
하다.

85) 주경미, 2009, 앞의 논문, 164쪽.

식을 위덕왕이 직접 나서지 않고 누이동생으로 하여금 주도하게 했더라
도 그것은 위덕왕의 정치적 의도 하에 추진된 것으로 보아야 한다.

따라서 567년의 능사 창건과 사리장엄 의식은 위덕왕의 본격적인 정
치적 행보와 밀접하게 관련이 있다고 생각한다. 이에 대해 위덕왕의 능
사 창건은 성왕계가 즉위초의 정치적 위기를 극복하고 그들이 추진한 왕
권강화가 이루어진 사실을 대내외에 공표한 상징물로 이해된 바 있다.[86]
위덕왕은 능사를 건립하고 사리장엄 의식을 행함으로써 성왕을 추모해
전체 왕실의 결속을 다지고,[87] 나아가 전쟁에서 돌아간 백성들의 영혼
까지 위로하면서 민심을 다졌을 것이다.[88] 이와 같은 위덕왕의 성왕 추
모사업을 통한 내부 결속 다지기는 곧 관산성 전투 패전 이후 성왕의
원수를 되갚기 위한 대신라 보복전을 추진할 수 있는 분위기를 마련해
주었을 것이다.[89]

신라 측이 백제 왕실의 이와 같은 움직임을 몰랐을 리가 없다. 신라도
549년에 梁으로부터 부처의 사리를 받았다.[90] 특히 陳과는 565년 이후
571년까지 거의 매해 사신을 파견해 진으로부터 불교의 선진문화를 도

86) 김수태, 1998, 「百濟 威德王代 扶餘 陵山里 寺院의 創建」『百濟文化』27, 공주대
　　백제문화연구소, 44쪽 ; 梁起錫, 2003, 「百濟 威德王代의 對外關係-對中關係를 중
　　심으로-」『先史와 古代』19, 韓國古代學會, 232쪽 ; 김수태, 2004, 「百濟 威德王
　　의 정치와 외교」『韓國人物史硏究』2, 한국인물사연구소, 168~173쪽 ; 김병남,
　　2004, 「百濟 威德王代 정치상황과 대외관계」『韓國上古史學報』43, 한국상고사
　　학회, 68~69쪽 ; 신광섭, 2007, 앞의 논문, 236쪽, 242~243쪽 ; 梁起錫, 2009,
　　「百濟 威德王代 王興寺의 創建과 背景」『文化史學』31, 17쪽.
87) 이도학, 2009, 앞의 논문 : 2010, 앞의 책, 60쪽.
88) 이용현, 2010, 「백제 중흥의 꿈, 능산리절」『백제 중흥을 꿈꾸다 능산리사지』, 국
　　립부여박물관, 222쪽. 그는 또한 남근 목간을 백제 국가의 재건과 부흥을 기원하
　　는 측면과 관련지었다.
89) 전우식은 위덕왕이 567년 전후 한강 하류 유역 수복을 위한 대신라 강경책을 국
　　론으로 확립한 것으로 보았다(田祐植, 2009, 「백제 위덕왕대 대신라 정책의 전개
　　와 결과」『한국학논총』32, 국민대 한국학연구소, 136쪽).
90)『三國史記』卷4, 新羅本紀4, 眞興王 10년.

〈표 1〉 6세기 중반 삼국과 중국 남북조 및 왜와의 교섭관계

연번	연대				고구려	백제	신라	비고	
	서기년	각국 왕 재위년							
		고구려	백제	신라					
1	550	陽原王 6	聖王 28	眞興王 11	(6)高→北齊 [조공] (9)北齊→高 [책봉][1]			[1]使持節 侍中 驃騎大將軍 領東夷校尉 遼東郡開國 公 高句麗王	東魏 멸망, 北齊 건국
2	551	7	29	12	(5)高→北齊 [조공]			돌궐의 고구려 침입	
3	552	8	30	13		(5)百 → 倭 [청병] (10)百 → 倭 [遺物]		북제, 고구려 내 북위 유민 5천호 쇄환	
4	553	9	31	14		(1)百 → 倭 [청병] (6)倭→百 [遺軍品] (8)百→倭 [청병]			
5	554	10	32 威德王 1	15		(1)百→倭 [청병] (2)百→倭 [청병·건물] (5)倭→百 [파병] (12)百→倭 [청병]	1천군	관산성 전투 (신라 승)	
6	555	11	2	16	(11)高→北齊 [조공]	(2)百→倭 [견사]	혜, 성왕의 전사 알림	돌궐, 유연 복속	
7	556	12	3	17		(1)倭→百 [파병]		왕자 惠의 귀국과 호위병 1천의 파병	
8	557	13	4	18				西魏 멸망. 北周 건국 梁 멸망. 陳 건국	
9	558	14	5	19					
10	559	15 平原王 1	6	20					
11	560	2	7	21	(2)北齊→高 [책봉][1]		(9)新→倭 [견물]	[1]使持節 領東夷校尉 遼東郡公 高句麗王	

	서기				고구려	백제	신라·왜	비고		
12	561	3	8	22	(11)高→陳 [조공]		新→倭 [견물]	왜의 대접 소홀로 신라·왜 관계 틀어짐		
13	562	4	9	23	(2)陳→高 [책봉][1]	(2)陳→百 [책봉][2]	(7)新→倭 [견물]? / (11)新→倭 [견물]?	寧東將軍[3품]	[2]撫東大將軍[2품] : 진의 일방적 책봉	대가야 멸망
14	563	5	10	24						
15	564	6	11	25	高→北齊 [조공]		新 → 北齊 [조공]			
16	565	7	12	26	(1)高→北齊 [조공]		(2)北齊→新 [책봉][1] / (9)陳→新 [불경줌]	[1]使持節 東夷校尉 樂浪郡公 新羅王		
17	566	8	13	27	(12)高→陳 [조공]		(2)新→陳 [진상]			
18	567	9	14	28		(9)百→陳 [조공] / (10)百→北齊 [조공]	(3)新→陳 [진상]	위덕왕, 陵寺 목탑 건립		
19	568	10	15	29			(6)新→陳 [진상]			
20	569	11	16	30						
21	570	12	17	31	(4)高→倭 [견사][1] / (11)高→陳 [조공] / 北齊→高 [견사][2]	(2)北齊→百 [책봉][3]	(6)新→陳 [진상]	[1]고구려 사신 572년 7월 귀환 / [2]전거 : 「襄遺業墓誌銘」 / [3]使持節 侍中 驃騎大將軍 帶方郡公		
22	571	13	18	32	(2)高→陳 [조공]	(1)北齊→百 [책봉][1]	新→陳 [진상] / (3)倭→新 [견사] / (8)新→倭 [조문]	[1]使持節 都督 東青州刺史	571년 4월 欽明天 皇 死	

【일러두기】

1. 이 표는 『삼국사기』『北齊書』「襄遺業墓誌銘」『陳書』『周書』『北史』『隋書』『日本書紀』를 참고하여 만들었다.
2. ( )안의 숫자는 해당 월을 의미한다.
3. 사신 파견의 목적을 [ ]에 표현했다. 일반적으로 交聘에 해당하는 '朝貢'·'進上'·'進調'는 성격이 같은 것인데, 특정 상대국가 간에 달리 표현되었다. 본 표에서는 사료 내용에 충실하도록 표기했으나, 특별한 목적이 남아 있지 않은 것은 '遣使'로 기술했다. 다만『일본서기』의 경우 한반도 국가와의 교빙관계에 대해 '貢'·'獻'으로 표기한 것을 '遣物'로 일괄 표기하였다.

입하였다[16·17·18·19·21·22]. 이는 곧 위덕왕이 행한 능사의 창건과 사리공양 의식이 가지는 의미를 신라 역시 충분히 감지할 수 있었을 것으로 보는 정황 근거가 된다.

위덕왕 14년(567)은 대외관계의 측면에서도 이전과 다른 양상을 보여 주목된다. 곧 위덕왕은 9월 南朝 陳에 사신을 파견함으로써[18] 진과의 관계 개선을 도모하였다. 이것은 아마도 고구려와 신라가 먼저 陳과 교섭한 것에[16·17·18] 자극을 받았기 때문으로 보인다.[91] 위덕왕은 같은 해 10월에는 北齊에 사신을 보내 우호관계를 모색하였다[18].

백제가 北朝에 사신을 파견한 건 472년 이래 처음인 만큼 상당한 의미를 부여할 수 있다. 그것은 곧 기존에 남조 위주의 제한된 외교에서 향후 남북조 등거리 외교를 추구함으로써 외교의 다변화를 꾀하려는 의지의 첫 발로라고 해도 과언이 아닐 것이다. 이러한 백제의 북제에 대한 접근은 결실을 맺어 위덕왕은 북제로부터 570년과 571년에 연속으로 책봉을 받았다[21·22]. 이때 위덕왕이 고구려 양원왕과 마찬가지로 '驃騎大將軍'에 책봉되었다는 것은 백제에 대한 북제의 인식을 단적으로 보여준다.[92] 백제가 이처럼 북제와의 우호를 모색한 이유는 한반도에서의 고립적인 상황을 극복하고 신라와 효과적으로 대적하기 위해서였을 것이다. 나아가 고구려까지 견제할 수 있는 효과도 노렸을 것이다.[93]

결국 진흥왕이 568년 北漢山州를 南川州로 옮긴 까닭은 백제 위덕왕의 대내외적 행보와 밀접한 관련을 가질 것으로 생각된다. 말하자면 위

---

91) 양기석, 2003, 앞의 논문, 237~238쪽.

92) 백제가 북조와 교섭한 결과 북조 문물이 백제에 유입된 흔적이 종종 발견된다. 곧 「창왕명석조사리감」에 있는 '兄'의 이체자가 북위·북제에서 사용된 글자라는 점, 능사에서 출토된 북조 계통의 소조불두와 와당 등이 대표적인 예이다. 자세한 사례는 양기석, 2003, 앞의 논문, 241쪽의 각주 50을 참고하기 바란다.

93) 박윤선, 2006, 「위덕왕대 백제와 남북조의 관계」 『역사와 현실』 61, 90~93쪽.

덕왕이 567년에 접어들어 정국을 안정시키고, 대중국 관계를 본격적으로 추진함에 따라 신라로 하여금 상당한 위기감을 조성하였을 것이다. 진흥왕은 곧 한강 유역 탈취와 관산성 전투에서 성왕 죽음에 대한 백제의 보복전을 염두해두고 만전을 기하고자 했을 것이다. 따라서 대백제 방어망에 대한 정비가 요구되었을 가능성이 크다.

남천주[경기도 이천시]의 방어체계와 관련해서는 기왕에 설봉산성과 설성산성이 주목을 받았다. 특히 설봉산성은 南川停으로 추정되기도 했다.94) 설성산성은 이천-서울 방면과 안성-아산만 방면으로 나누어지는 교통의 결절지에 위치하였다.95) 또한 용인의 할미산성은 백제에 대비해서 남천정의 외곽 방어를 담당했던 것으로 이해되었다.96)

고고학 자료가 축적되면 그 면모가 좀 더 밝혀질 테지만, 진흥왕은 남천주를 설치함으로써 궁극적으로 남양만으로 나아가는 길을 백제로부터 안정적으로 확보하려 했던 것 같다. 조금 후대의 사실이지만 『삼국사기』열전 素那傳을 보면, 선덕왕대(632~647)에 蛇山[충남 천안시 직산읍]을 기점으로 신라가 백제와 공방전을 벌여 신라가 백제의 북진을 막는 내용이 전해진다.97) 이것은 곧 신라가 대중국 출항지로서 확보한 남양만을 지키기 위한 필사적인 노력이 성공한 결과라고 생각된다. 그렇다면 6세기 중반의 남천주 설치와 방어체계의 구축 역시 그러한 것과 맥락을 함께 하는 것으로 믿어진다.

---

94) 서영일, 2010, 앞의 논문, 133쪽.
95) 徐榮一, 1999, 「利川 雪城山城에 대한 고찰」『史學志』32, 42~43쪽.
96) 姜眞周, 2007, 「附加口緣臺附長頸壺를 통해 본 新羅의 漢江流域 진출」『경기도의 고고학』, 주류성, 659쪽.
97) 『三國史記』卷47, 列傳7, 素那.

2) 주치소 후퇴에 따른 국경선의 변화

이제 진흥왕이 568년 州治所를 후퇴한 것이 그 당시 신라와 고구려 간의 영역 변천에 어떠한 영향을 미쳤는지 검토해 보겠다. 일반적으로 주치소의 후퇴는 곧 영역의 퇴축으로 이해하는 경향이 강하다.[98] 진흥왕의 주 置·廢가 고구려와의 군사적 대치관계가 변화됨에 따라 이루어진 것은 분명하다. 하지만 북한산주의 폐지와 남천주 설치의 경우는 백제 측을 고려한 측면이 다분하므로, 주의 폐지가 곧바로 영역지배의 포기를 의미하는 것으로 볼 수는 없다.[99] 다만 주치는 軍主가 머무는 6停 軍團의 주둔지이다.[100] 이는 곧 주치가 소재하지 않는 지역이 군사방어적인 측면에서 적국에게 빼앗길 우려가 상대적으로 클 수 있음을 의미한다. 따라서 주치의 이동 이후 영역의 변천양상과 판도를 좀 더 면밀하게 살필 필요가 있다.

그렇다면 비열홀주를 폐지하고 달홀주를 설치한 이후 신라 동북방의 영역은 어떻게 변화되었을까? 이에 대해 함경남도 일대에 소재한 신라 고분들의 연대를 6세기 중·후반으로 비정하여 진흥왕이 주치를 옮겼더라도 군대까지 철수시킨 것은 아니라는 주장이 있다.[101] 또한 함경도

---

98) 李成制, 2009, 「570年代 高句麗의 對倭交涉과 그 意味-새로운 對外戰略 추진 배경과 내용에 대한 재검토」『韓國古代史探究』2, 한국고대사탐구학회, 59쪽 ; 김희선, 2010, 앞의 책, 77~78쪽 ; 金鎭漢, 2010, 「高句麗 後期 對外關係史 硏究」, 한국학중앙연구원 박사학위논문, 115쪽.

99) 이병도는 "州의 廢置는 결코 領土의 退縮을 의미한 것이 아니라, 다만 행정상 혹은 군사상 필요로 때를 따라 州治를 他處에 옮기어 州名을 고친데 불과한 것이다"라고 하였다(이병도, 1976, 앞의 책, 672쪽). 박성현도 주치의 후퇴를 영역의 방기로 이해해서는 곤란하다고 지적했다(박성현, 2010, 앞의 박사학위논문, 160쪽).

100) 주보돈, 1997, 앞의 논문 : 1998, 앞의 책, 109쪽 ; 전덕재, 2009, 앞의 논문, 114쪽.

101) 박진욱, 1967, 「동해안 일대의 신라무덤에 대하여」『고고민속』1967-3, 사회과학원출판사, 17~19쪽.

동해안 지역의 신라 城址에 주목해 신라가 7세기 전반기까지 이 지역
에 거점성을 축조하여 영역지배한 것으로 파악하기도 했다.[102] 이 시기
함흥 일대의 영역 변천양상에 대한 직접적인 단서가 없는 실정에서 고
고학 자료를 이용한 접근방법은 타당하다. 다만 고분의 구조와 산성의
축조방식, 그리고 출토 유물을 토대로 해서 신라의 고분과 산성임을 규
명했다고 하더라도, 그것이 조성된 시기에 대해서는 신중한 접근이 요망
된다.

　　신라가 568년 이후 함흥 지역을 지속적으로 영역지배했는지의 여부
를 현 단계에서 확정하기는 힘든 면이 있다. 그럼에도 불구하고 적어도
비열성[강원도 안변군]은 신라가 동북방의 최북단 거점으로서 상당기간
점유했다는 단서가 남아 있어 주목된다.

　　　2. "또한 卑列의 城[비열성]은 본래 신라[의 땅]인데(㉠) 고구려가 쳐서
　　　얻은 지 30여 년 만에(㉡) 신라가 다시 이 성을 얻어 백성을 옮겨 살게
　　　하고 관리를 두어 지켰습니다(㉢). [그런데 또 唐이] 이 성을 빼앗아 고
　　　구려에 돌려주었습니다. 또한 신라는 백제를 평정할 때부터 고구려를
　　　평정할 때까지 충성을 다하고 힘을 다 바쳐 당을 배신하지 않았는데
　　　무슨 죄로 하루아침에 버림을 받게 되었는지 모르겠습니다."[103]

　　이 기록은 신라 문무왕(661~681)이 671년에 唐의 薛仁貴에게 보낸
답서 내용의 일부이다. 여기에서 문무왕은 당이 비열성을 신라로부터 빼
앗아 고구려에 준 것에 대해 항의하고 있다. 이는 당이 고구려 영역에
羈縻州를 설치하여 그것들을 안동도호부 예하에 두려고 한 조처와 연관
된 것이다.[104]

---

102) 박성현, 2010, 앞의 박사학위논문, 165~167쪽.

103) 『三國史記』 卷7, 新羅本紀7, 文武王 下 11년.

104) 盧泰敦, 1996, 「5~7세기 고구려의 지방제도」『韓國古代史論叢』8 : 1999, 『고
　　구려사 연구』, 사계절, 250쪽.

신라가 비열성을 다시 얻어 백성을 옮겨 살게 하고 관리를 두어 지켰다는 사료 2-ⓒ 부분은『삼국사기』문무왕 8년(668) 3월조의 내용[105]과 부합한다.[106] 따라서 고구려가 신라로부터 비열성을 빼앗아 領有한 기간은 30여 년을 역산하면 대체로 638~668년 정도로 산정이 가능하다.[107] 658년에 태종무열왕은 하슬라[강원도 강릉시]의 땅이 말갈과 맞닿아 있어 사람들이 불안해하자 北小京을 폐지하여 州로 삼고 都督을 두어 지키게 했다는 기록이 있다.[108] 이는 이 시기에 강릉 이북 지역이 고구려의 영역으로 유지되었으며, 그 부용세력이었던 말갈의 활동 범위였음을 시사한다. 곧 고구려가 638년 전후 신라로부터 안변 지역을 빼앗은 후 동해안로로 남진하여 658년 무렵에는 하슬라주가 동해안 일대 신라의 국경선으로 기능했음을 알 수 있다.

앞에서 살펴본 바와 같이 진흥왕은 556년에 비열홀주를 설치하였다가 568년에 폐지하였다. 이러한 정황은 신라가 안변 지역을 포기한 듯한 인상을 주는 것이 사실이다. 그럼에도 불구하고 고구려가 이 지역을 차

---

105)『三國史記』卷6, 新羅本紀6, 文武王 上 8년 "三月…置比列忽州 仍命波珍湌龍文 爲摠管."

106) 이러한 측면은 츠다 소오키치(津田左右吉)가 처음 지적하였다. 그러나 그는 비열성을 안변이 아닌 춘천 인근으로 파악했다(津田左右吉, 1913,「眞興王征服地域考」『朝鮮歷史地理』1, 南滿洲鐵道株式會社 : 이부오 譯, 2010,『新羅史學報』18, 366~367쪽). 노태돈은 666년 12월 고구려 淵淨土가 12성 763호 3543명을 이끌고 와서 항복한 것을(『三國史記』卷6, 新羅本紀6, 文武王 上 6년) 신라가 비열성을 차지한 계기와 연관지었다(노태돈, 1996, 앞의 논문 : 1999, 앞의 책, 249~252쪽).

107) 신라가 비열홀주를 다시 설치한 668년 3월은 고구려로부터 이 지역을 차지한 하한선일 뿐이다. 노태돈의 견해에 따라 신라가 666년 12월에 비열성을 차지했다면 고구려가 영유한 기간도 그에 따라 소급이 가능할 것이다. 한편 노태돈은 643년 신라가 당에 고구려와 백제가 신라의 30여 성을 빼앗아 갔다면서 구원을 요청한『舊唐書』新羅傳에 주목해 이 때 고구려가 신라의 비열성을 빼앗은 것으로 추정하였다(노태돈, 1996, 앞의 논문 : 1999, 앞의 책, 249쪽).

108)『三國史記』卷5, 新羅本紀5, 太宗武烈王 5년.

지했다는 적극적인 근거가 없고, 638년 전후 고구려가 차지한 비열성의 연고권이 사료 2-㉠에서처럼 '본래 신라의 땅'이라고 표현될 수 있었던 점을 감안하면, 568년 이후에도 신라가 안변 지역을 계속 영유하였다고 생각된다.

신라 동북방의 방어체계와 연관해서 비열성이 차지하는 위상은 각별한 것이었다. 이 지역은 추가령구조곡과 철령, 그리고 동해안 교통로가 만나는 요충지에 해당한다. 신라가 고구려에 이 지역을 내주게 되면 여러 방면에서 고구려의 남하를 방어해야 하는 부담이 증대된다. 곧 진흥왕은 예비적인 안정성 차원에서 주치소는 광주산맥이라는 천연적인 방어망 아래의 달홀주[강원도 고성군]에 둔 채, 비열성을 최북단 거점성으로 삼아[109) 고구려를 지속적으로 압박했던 것으로 추정된다. 이러한 양상은 7세기 전반기까지 유효하였다.

한편 568년 이후 한강 하류 유역에서의 영역 변천양상은 신라가 기존에 설치했던 북한산주의 범위 안에서 여전히 영역지배를 관철시켰던 것으로 생각된다. 왜냐하면 신라가 6세기 말까지 지속적으로 중국에 사신을 파견하고 있기 때문이다.[110) 이것은 신라가 기존에 장악하고 있던 남양만과 경기만의 대중국 출항지를 여전히 확보하고 있음을 전제로 하는 것이자, 한강 하류 유역의 영역이 568년 이후 상당기간 신라로 귀속되어 있음을 의미한다. 결국 6세기 중반 신라와 고구려는 한강 하류 유역에서는 북한산주를 기점으로 소강상태를 유지했고, 동북방으로는 신라가 비

---

109) 이마니시 류(今西龍)도 진흥왕이 568년 비열홀주를 폐지하고 달홀주를 설치해 동북 경영의 중심이 남쪽으로 물러나기는 했지만, 비열홀의 군대를 철수하지는 않은 것으로 생각하였다(今西龍, 1933, 「新羅眞興王巡狩管境碑考」『新羅史硏究』, 近澤書店 : 이부오·하시모토 시게루 옮김, 2008, 『이마니시 류今西龍의 신라사 연구』, 서경문화사, 357쪽).

110) <표 1>에서 정리된 571년 이후에도 신라는 572년에는 北齊에, 578년·585년· 589년에는 陳에, 594년·596년에는 隋에 사신을 파견하였다. 이러한 양상은 7세기 전반까지 이어졌다.

열성을 차지한 채 광주산맥 이남을 안정적으로 영역지배했던 것으로 결론지을 수 있다.[111]

---

111) 6세기 중·후반 신라와 고구려 간 직접적인 교전의 기록이 남아 있지는 않다. 하지만 그것이 두 나라 사이 평화를 의미하는 것은 아니었다. 『삼국사기』 진흥왕본기 33년(572)조에는 겨울 10월 20일에 전쟁에서 죽은 사졸을 위하여 外寺에서 八關筵會를 7일 동안 개최했다는 기록이 전해진다. 이는 이 무렵 전쟁이 빈번했음을 시사하는 것이며, 신라와 고구려 간에도 지속적인 교전과 그에 따른 영역의 변동이 수반되었음을 암시해 준다.

백제 위덕왕이 신라 서변을 본격적으로 압박하는 시기가 577년부터이다. 자연 한강 유역의 영역 역시 영향을 받았을 것이다. 또한 신라가 동해안에서 비열성을 지속적으로 차지하였더라도, 590년대 들어서 고구려는 온달을 필두로 단양 지역까지 신라를 압박하였다. 이는 진흥왕대 이후 영서 지역과 중부 내륙에서 신라와 고구려 간의 치열한 영역 다툼이 있었음을 시사한다.

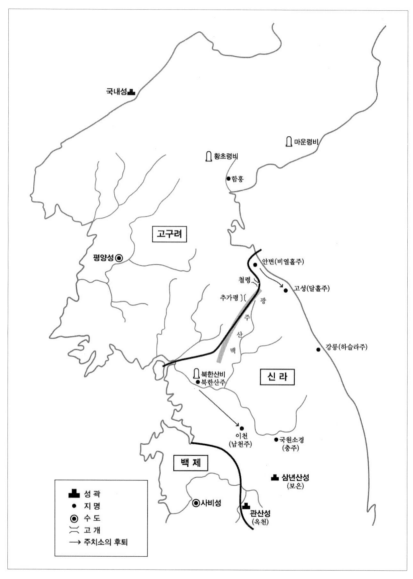

<지도 11> 568년 10월 진흥왕의 주치소 후퇴에 따른
고구려와 신라의 국경선

제2장 6세기 후반~7세기 전반 고구려의 남진과 신라의 반격

1. 고구려 남진의 시대적 배경

1) 대내적 배경

고구려는 6세기 중반 신라에 수세적 국면을 면할 수 없었다. 551년 한강 유역을 나·제동맹군에게 빼앗긴 데 이어 568년에는 함흥 지역까지 신라에 내주고 말았다. 진흥왕 순수비 중 「북한산비」·「황초령비」·「마운령비」에는 그러한 내용이 오롯이 담겨 있다. 그런데 고구려가 신라와의 관계에서 우위를 점하지 못한 데에는 대내외적인 배경이 작용하였다.

먼저 고구려의 내부 동향을 살펴보면, 6세기 중반 왕위계승 과정에서 이른바 細群과 麤群勢力 사이의 다툼이 있었고, 추군이 승리한 결과 양원왕(545~559)이 즉위하였다.[1] 일반적으로 이때 세군과 추군을 국내성계와 평양성계 귀족세력으로 나누어 이해한다. 곧 『삼국사기』 양원왕본기에 나타나는 丸都 지역과 평양 중앙정부의 갈등양상에 주목해 세군=국내(환도)계, 추군=평양계 귀족세력으로 파악한 연구가 있다.[2] 반면에 '麤'는 '멀다', '細'는 '가깝다'는 의미라면서 당시 수도인 평양으로부터 가까운 지역에 있었던 세군을 평양성계로, 추군을 국내성계로 비정하기도 한다.[3] 어느 경우이든지 6세기 중엽 고구려 정치사를 평양성계와

---

1) 『日本書紀』卷19, 欽明天皇 6년(545)·7년(546).
2) 林起煥, 1992, 「6·7세기 高句麗 귀족세력의 동향」 『韓國古代史研究』 5, 한국고대사학회 ; 2004, 『고구려 정치사 연구』, 한나래, 262~269쪽.

국내성계의 갈등구조로 본 것은 공통적이다. 양원왕 즉위 후에도 고구려 귀족세력 간의 정치적 갈등은 온존하였다. 고구려 승려 혜량이 551년에 신라로 망명을 요청하면서 "지금 우리나라는 政亂으로 멸망할 날이 얼마 남지 않았다"라고 한 발언[4]은 당시 고구려 내부의 정치동향을 잘 알려준다. 일찍이 이러한 고구려 내부의 사정은 551년 한강 유역 상실의 배경으로 설명되었다.[5]

그런데 고구려가 한강 유역을 상실한 이후에도 內政이 안정되기까지에는 상당한 시일이 걸린 듯하다. 양원왕 4년(548)에 '嘉禾'를 중앙정부에 바쳐 순종적 태도를 표현한 환도세력이[6] 557년에 반란을 일으켰다가 진압되었다는 기록[7]이 이를 암시한다. 양원왕 말기까지 여전히 평양의 중앙정권과 환도로 상징되는 國內세력 간의 정치적 갈등이 전개되고 있었던 것이다.[8] 平原王(559~590)이 재위 2년(560)에 국내성이 있는 졸본으로 순행을 가서 始祖廟에 제사하고 돌아오면서 지나는 주·군에 사면을 단행한 것은[9] 다름 아닌 불안했던 정국을 수습하기 위한 위무책으로 판단된다.[10] 당시 北齊와의 불안했던 대외관계를 고려할 때, 지리적으

---

3) 南武熙, 2007,「安原王·陽原王代 정치변동과 고구려 불교계 동향」『韓國古代史研究』45, 47~49쪽.

4)『三國史記』卷44, 列傳4, 居柒夫.

5) 盧泰敦, 1976,「高句麗 漢水流域 喪失의 原因에 대하여」『韓國史研究』13, 韓國史研究會 : 1999,『고구려사 연구』, 사계절, 397~401쪽.

6) 徐永大, 1981,「高句麗 平壤遷都의 動機-王權 및 中央集權的 支配體制의 强化과정과 관련하여-」『韓國文化』2, 서울大學校 韓國文化研究所 : 1995,『高句麗 南進經營史의 研究』(朴性鳳 編), 白山資料院, 356~357쪽.

7)『三國史記』卷19, 高句麗本紀7, 陽原王 4년·13년.

8) 임기환, 1992, 앞의 논문 : 2004, 앞의 책, 264~265쪽.

9)『三國史記』卷19, 高句麗本紀7, 平原王 2년.

10) 이때의 시조묘 제사는 즉위의례와 함께 특정한 목적을 가진 순행의 성격이 강했다(崔光植, 1989,『三國의 始祖廟와 그 祭祀』『大丘史學』38, 大丘史學會 : 1994,「시조묘제사」『고대한국의 국가와 제사』, 한길사, 182~183쪽). 임기환은 평원왕의 졸본 행차를 국내계 귀족세력에 대한 정치적 사면과 타협책으로 보았고(임기

로 대북방 요충지였던 국내성과 그 인근 지역의 안정과 귀족세력의 통합
은 중요했을 것이다. 평원왕 즉위 5년(563)까지 홍수와 가뭄 같은 자연
재해가 잇달아 발생하는 것으로 볼 때,[11] 민심이 이반될 수 있는 정국
불안의 잠재적 요소는 560년대까지 상존했던 것으로 보인다. 이러한 내
부 동향이 568년에 고구려가 신라에게 함흥 지방을 내주었던 요인으로
작용했을 것이다.

　그렇다면 고구려가 590년대에 다시 남진을 도모할 수 있었던 대내적
인 배경은 6세기 중반까지의 내부 갈등국면이 봉합되어 결속을 다지는
과정이 선결되었을 것이다. 실제로 평원왕 즉위 후 지속적인 왕권강화와
체제정비를 통해 고구려 내부는 안정되어 갔다. 평원왕은 우선 재위 7년
(565)에 왕자 元을 태자로 삼아[12] 왕위계승권을 둘러싼 국론의 분열을
차단하고 왕위계승을 안정시켰다. 이때 태자로 책봉된 원이 590년 평원
왕에게서 왕위를 이어받은 영양왕(590~618)이다. 영양왕은 곧 25년 동
안 태자로서 왕위계승 수업을 받은 셈이다. 그 기간 동안 고구려 내부의
정치적 갈등양상이 포착되지 않는 것은 565년 평원왕의 태자 책봉 이후
고구려의 정국이 안정되었음을 반증한다.

　신라는 568년에 함흥 지방까지 진출했지만, 같은 해 比列忽州[강원
도 안변군]를 폐지하고 남쪽의 達忽州[강원도 고성군]로 州治所를 후퇴
시켰다.[13] 그 배경은 함흥 일대가 고구려의 반격에 쉽게 노출되거나, 고
구려가 마식령을 넘어 안변 지역을 차지하게 되면 그 이북의 신라군이
고립되는 지리적 수세의 불리함을 가지고 있었기 때문이었다. 곧 서북쪽

환, 1992, 앞의 논문 : 2004, 앞의 책, 286쪽), 민철희는 왕위계승의 정당성 확보와
　분열되었던 귀족통합을 위한 행보로 이해했다(閔喆熙, 2002,「高句麗 陽原王·平
　原王代의 政局變化」『史學志』35, 檀國大學校 史學會, 80~81쪽).
11)『三國史記』卷19, 高句麗本紀7, 平原王 3년·5년.
12)『三國史記』卷19, 高句麗本紀7, 平原王 7년.
13)『三國史記』卷4, 新羅本紀4, 眞興王 29년.

으로 광주산맥이라는 자연 방
어선이 있고, 하슬라[강원도
강릉시]를 거점으로 동해안로
를 통해 신속한 군사지원이
가능했던 고성군으로 주치소
를 이동시킨 것이다.[14] 여기
에 더하여 평원왕 즉위 후 이
루어진 고구려 내부의 안정화
기조도 주치소 이동에 영향을
끼쳤을 가능성이 크다.

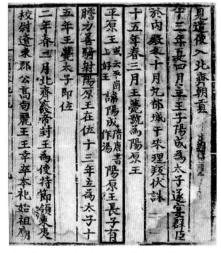

평원왕 즉위년의 인물 품평(『삼국사기』임신본)

565년 태자 책봉 이후 안
정된 고구려 내부 정세를 단
적으로 보여주는 것이 평원왕이 재위 13년(571)에 浿河의 벌판으로 사
냥 나갔다가 50일 만에 환궁했다는 기록이다.[15] 이때의 사냥이란 단순
한 유희 차원이 아닌 閱兵과 같은 맥락의 군사적 훈련이었을 것이다.[16]
패하의 위치는 고구려왕의 田獵이 주로 수도 인근에서 실시되었으므로
대동강으로 비정되기도 하지만,[17] 50일이라는 긴 기간을 감안할 때 예
성강으로 보는 것이 옳다.[18] 평원왕은 즉위년조에 '담력이 있고 말타기

---

14) 張彰恩, 2012a, 「眞興王代 新羅의 北方進出과 對高句麗 領域向方」『新羅史學報』
　　24, 新羅史學會, 28~29쪽 : 이 책의 제3부 1장 3절-1) 참조.

15)『三國史記』卷19, 高句麗本紀7, 平原王 13년.

16) 고구려사에서 田獵이 가지는 군사훈련으로서의 성격은 金瑛河, 1985, 「高句麗의
　　巡狩制」『歷史學報』106, 歷史學會 : 2002, 「高句麗王의 軍事訓鍊」『韓國古代社
　　會의 軍事와 政治』, 高麗大學校 民族文化研究院, 27~34쪽 참조.

17) 김영하, 1985, 위의 논문 : 2002, 위의 책, 14쪽.

18) 安鼎福,『東史綱目』附錄 卷下, 地理考 浿水考 ; 이병도 역주, 1983,『삼국사기』
　　(상), 신장판, 을유문화사, 443쪽.
　　패수는 시대상황에 따라 압록강·대동강·예성강으로 다르게 파악될 소지가 있다

와 활쏘기를 잘했다'는 군사적 역량이 강조된 품평이 남아 있다. 평원왕
은 패하에서의 사냥을 통해 국왕으로서의 군사적 능력을 과시하고 군사
권 장악을 공고히 하였을 것이다.[19] 평원왕이 50일 동안이나 궁궐을 비
우고 지방으로 사냥을 나갈 수 있었다는 것은 왕권에 대한 자신감이 전
제된 것이자[20] 그만큼 고구려 내정이 안정되어 있었음을 반증해 준다.
그렇게 보면 평원왕이 패하 사냥에서 돌아와 양원왕 8년(552)부터 축조
된 長安城과 별도로 궁실을 중수한 것[21]도 왕의 권위와 위엄을 드러내
기 위한 정치적 의도로 해석[22]될 여지가 있다. 다만 누리와 가뭄의 재해
로 인해 공사가 중단되면서 평원왕의 의도가 관철되지는 못하였다.[23]

　평원왕은 불교교단의 통제를 통한 체제정비도 추구하였다. 그것은
551년 惠亮이 신라로 망명해 감으로써 이완된 불교계에 대한 수습책의
성격이 짙었을 것이다. 평원왕대 활동한 승려로 주목받는 인물이 곧 義
淵이다. 의연은 평원왕 18년(576)에 北齊에서 法上을 만났다.[24] 이는 그

(『동사강목』 패수고 참조). 패수가 예성강 猪灘임은 『新增東國輿地勝覽』 卷41, 平
山都護府 山川조의 "猪灘 在府東二十五里 源出遂安郡 彦眞山 過新溪縣 至府北爲
歧灘 府東爲箭灘 至此灘其流始大下流 于江陰縣爲助邑浦 高麗史云猪淺 一云浿江"
에 의거한 것이다. 김영하도 "예성강일 경우에는 50일도 가능할 수 있다"고 하였
다(김영하, 2002, 위의 책, 14쪽). 다만 그는 전렵기간 50일을 5일이 잘못 표기된
것으로 보았는데, 분명한 기록이므로 임의로 바꾸는 데는 신중해야 한다.

19) 민철희, 2002, 앞의 논문, 82쪽.
20) 崔豪元, 2012, 「高句麗 嬰陽王代의 新羅攻擊과 國內政治」 『韓國史硏究』 157, 10쪽.
21) 『三國史記』 卷19, 高句麗本紀7, 平原王 13년.
22) 민철희, 2002, 앞의 논문, 82쪽.
23) 궁실 중수 중단을 평원왕 왕권강화책의 한계로 보아 집권 귀족세력의 반발을 수
용한 결과로 보기도 한다(이영재, 2012, 「6세기 말 고구려의 정국과 대왜 교섭 재
개의 배경」 『역사와 현실』 83, 한국역사연구회, 30쪽). 그러나 『삼국사기』에는 곳
곳에 유교의 天人相關說에 따라 재해 시에 국왕의 절검행위가 미덕처럼 소개되어
있으므로 이러한 차원에서 보면 될 것이다.
24) 『海東高僧傳』 卷1, 釋義淵. 이하 의연 관련 기록은 章輝玉, 1991, 『해동고승전-현
대적 풀이와 주석-』, 民族社에 의거한 것이다. 이에 별도의 전거는 생략한다.

이전에 의연이 북제에 갔음을 의미한다.[25] 그런데 의연의 북제 구법활
동은 大丞相 王高德의 파견으로 실행되었다. 왕고덕이 의연을 배에 태
워 북제의 수도 鄴에 보낸 것이다. 왕고덕은 낙랑군·대방군 이래 황해도
일대의 토착 호족세력인 왕씨계 인물로, 평양 천도 이후 중앙정계에 등
장한 평양계 신진귀족으로 추정된다.[26] 의연은 곧 개인적 차원이 아닌
왕고덕으로 대표되는 정치세력과 밀접한 관련을 가지고 그들의 후원 하
에 특정한 목적을 가지고 북제에 갔을 것이다.

　의연이 북제에서 만난 법상은 僧統으로서 북제 불교계를 총괄하는 역
할을 담당했던 인물이었다.[27] 그런데 북제를 비롯한 北朝의 僧官·僧政
制는 왕권을 바탕으로 하여 불교를 통제하려는 성격이 강해 국가적인
차원에서 운영되었다.[28] 그렇다면 의연은 북제 법상에게서 국가의 불교
통제에 관한 승관제의 정비와 운영법을 전수받았을 법하다.[29] 의연은
576~577년에 북제로부터 귀국하였다.[30] 의연의 귀국 후 활동에 대해
「석의연전」에는 "부처님의 큰 지혜를 찬양하고 어리석은 중생들을 이끌

---

25) 남무희는 평원왕 16년(574)에 北周 武帝가 廢佛을 단행하면서 北齊를 위협했고,
　　이때 평원왕이 南朝 陳에 사신을 파견한 정세를 고려해 574년을 의연의 북제 구
　　법시기로 파악하였다(南武熙, 2001, 「高句麗後期 佛敎思想硏究-義淵의 地論宗思
　　想 受容을 중심으로-」『國史館論叢』95, 國史編纂委員會, 108쪽).

26) 임기환, 1992, 앞의 논문 : 2004, 앞의 책, 271~274쪽. 임기환은 大丞相을 최고
　　관등인 大對盧에 비견하였다.

27) 鄭善如, 2000, 「高句麗 僧侶 義淵의 活動과 思想」『韓國古代史硏究』20 : 2007,
　　『고구려 불교사 연구』, 서경문화사, 68~69쪽.

28) 蔡尙植, 1995, 「慈藏의 교단정비와 僧官制」『佛敎文化硏究』4, 靈鷲佛敎文化硏究
　　院, 68쪽.

29) 정선여, 2000, 앞의 논문 : 2007, 앞의 책, 69~70쪽.

30) 남무희는 北周가 577년 1월에 멸망하는데 「석의연전」에 북주 관련기록이 없는
　　점에 착안, 북주 무제의 폐불과 고구려 침입을 감안해 의연의 귀국시기를 평원왕
　　18년(576)으로 보았다(남무희, 2001, 앞의 논문, 112쪽). 정선여는 평원왕 19년
　　(577) 북주에 파견된 조공 사신단을 따라 의연이 귀국한 것으로 이해하였다(정선
　　여, 2000, 앞의 논문 : 2007, 앞의 책, 70쪽).

어 지도하니, 그 이치는 고금을 꿰뚫었고 훌륭한 명성은 사방에 퍼졌다. 타고난 자질이 크게 뛰어나고 세상의 도리가 서로 돕지 않았다면 어찌 그와 같은 큰일을 이룰 수 있었겠는가?"라고 되어 있다. 이로써 의연이 북제에서 배운 불교이론과 승관제를 고구려 불교계에 전파해 상당한 성과를 거두었음을 알 수 있다. 결국 의연이 북제로부터 배워온 불교교단에 대한 통제책은 그 성격으로 볼 때 평원왕의 왕권강화와 체제정비의 틀 속에서 운용되었던 것으로 생각된다.[31]

  이렇듯 평원왕은 즉위 후 시조묘 제사와 사면책, 태자 책봉, 패하에서의 사냥행사, 불교교단 통제책 등 고구려가 봉착한 내부의 정치적 갈등을 종식하기 위한 왕권강화와 체제정비에 주력하였다.[32] 그런 면에서 평원왕이 이전의 국왕 근시조직인 中裏職制를 개편하여 새로운 근시조직으로서 莫離支로 대표되는 중리제를 설치·운영했음도 주목된다. 이것이 귀족연립적 정치운영을 견제·극복하기 위한 왕권을 뒷받침하는 제도적 장치라는 주장이 있었다.[33] 곧 평원왕에 의해서 지속적으로 추진된 일련의 체제정비 정책과 맥락을 함께하는 것으로 음미할 필요가 있다고 생각한다.

  평원왕이 추구한 정국안정과 체제정비는 새로운 도성으로서 長安城을 마련하고 그곳으로 거처를 옮기는 과정에서 극대화 되었다. 장안성은

---

31) 정선여, 2000, 앞의 논문 : 2007, 앞의 책, 71~73쪽. 의연은 또한 북제에서 地論 宗思想을 수용하였다. 그 의미에 대해 정선여는 지론종의 佛性論이 모든 중생이 成佛할 수 있다고 보는 것에 주목해 왕고덕으로 대표되는 신진귀족세력의 이해와 부합함을 지적했다(정선여, 2000, 앞의 논문 : 2007, 앞의 책, 80~82쪽). 남무희는 佛性의 문제에 대한 이해와 함께 당시 고구려 국내에서 세력을 얻어가고 있던 도교세력에 대한 평원왕의 견제 의도와 관련지었다(남무희, 2001, 앞의 논문, 116~ 120쪽).

32) 이때 평원왕이 등용한 신진귀족세력으로 왕고덕과 온달을 꼽을 수 있다. 기존 연구를 통해 충분히 고찰되었으므로 여기에서는 다루지 않는다.

33) 李文基, 2000, 「高句麗 莫離支의 官制的 性格과 機能」『白山學報』55, 白山學會, 93~94쪽.

『삼국사기』와 평양성에서 출토된 명문 성돌의 내용을 종합할 때, 양원왕 8년(552)에 공사를 시작하여 영양왕 4년(593)에 완공되었다는 데 이견이 없다.[34] 특히 내성 동벽에서 출토된 명문 성돌에 따르면, 평원왕 8년(566) 이후 내성을 시작으로 집중적으로 축성했음을 알 수 있다.[35] 이 시기는 평원왕이 元을 태자로 책봉한 후 본격적인 왕권강화와 체제정비를 추진했던 때였다. 대규모의 노동력 징발을 통해서만 가능했던 궁궐 役事는 강력한 왕권을 기반으로 하지 않고서는 불가능했을 것이다. 백제의 사례이지만 고구려에서 파견한 간첩승려 道琳은 백제 개로왕에게 성곽과 궁실의 수리를 통해 국왕의 존귀하고 고상한 위세와 부강한 업적을 드러내도록 종용하였다.[36] 개로왕의 경우 고구려의 노림수에 빠져 악수가 되었지만, 평원왕은 별다른 문제없이 장안성을 쌓았다. 그리고 재위 28년(586)에는 장안성으로 도읍을 옮기기까지 하였다.[37] 장안성

---

34) 평양성에서 출토된 명문 성돌의 내용 분석을 통한 장안성 축조시기는 다음 연구를 참고하였다.

정찬영, 1966, 「평양성에 대하여」『고고민속』1966-2, 13~14쪽 ; 関德植, 1989, 「高句麗의 後期都城」『韓國史論』19(韓國의 考古學Ⅴ), 國史編纂委員會, 191~200쪽, 206~211쪽 및 1992, 「高句麗 平壤城의 築城過程에 관한 연구」『國史館論叢』39, 38~48쪽 ; 東潮·田中俊明, 1995, 『高句麗의 歷史와 遺蹟』, 中央公論社 ; 박천수·이근우 번역, 2008, 『고구려의 역사와 유적』, 동북아역사재단, 330~336쪽 ; 심정보, 2005, 「高句麗 長安城 築造時期에 대한 問題點Ⅰ·Ⅱ」『북방사논총』6, 동북아역사재단, 373~378쪽 ; 金昌錫, 2006, 「長安城 축성의 배경과 공간 구성」『고고자료에서 찾은 고구려인의 삶과 문화』(연구총서 14), 고구려연구재단, 175~179쪽. 한편 579년에 장안성의 축조가 마무리 된 것으로 보기도 한다(최희림, 1967, 「평양성을 쌓은 년대와 규모」『고고민속』1967-2, 27~35쪽).

35) 명문 성돌의 간지 '丙戌'을 566년으로 파악한 결과다. 다만 이때를 내성 공사의 시작으로 보는 견해(최희림, 1967, 앞의 논문, 28~29쪽 ; 田中俊明, 1995 : 2008, 앞의 책, 335쪽)와 준공의 시점으로 보는 견해(민덕식, 1992, 앞의 논문, 41~42쪽)로 나뉜다. 필자는 다른 성돌의 내용 중에 공사의 시작을 의미하는 문투에 주목해 전자의 입장을 따른다.

36) 『三國史記』卷25, 百濟本紀3, 蓋鹵王 21년.

37) 『三國史記』卷19, 高句麗本紀7, 平原王 28년.

의 축조와 천도과정의 동력은 결국 평원왕의 왕권에서 도출되었으며, 그가 지속적으로 추진한 체제정비와 궤를 함께 했던 것으로 판단된다.

그렇게 보면 평원왕은 장안성이 완공되기도 전에 도읍을 옮긴 셈이된다. 평원왕은 왜 궁궐이 완성되기 이전에 급히 거처를 옮겨야 했을까? 장안성의 축성과 천도 배경에 대해서는 기왕에 고구려가 처한 대외관계와 관련해서 분석되었다.[38] 대체로 신라 진흥왕의 북방 진출에 대처하려는 방어성으로서의 성격에 초점이 맞추어졌다.[39] 551년 나·제동맹군의 한강 유역 장악 직후 공사가 시작되었고, 진흥왕에게 함흥 지역을 빼앗긴 568년 전후 내성을 집중적으로 축성함을 감안할 때 기왕의 주장은 온당했다고 생각된다. 또한 586년의 천도 배경은 隋의 압박에 대비한 측면이 많았을 것이다.[40] 동시에 신라에 대한 남진책을 추진하기 위한 사전정지작업의 의도도 내포되어 있었던 듯하다. 다음 장에서 아단성 전투의 시점을 논증하면서 선명해지겠지만, 장안성의 공사가 593년에 마무리 된 것은 고구려의 남진과 밀접하게 관련되어 있었을 개연성이 다분하다.[41]

---

38) 장안성의 초축과 천도시기에 34년이라는 차이가 있으므로 초축 배경과 천도 배경은 고구려가 처한 시대적 환경에 따라 별도로 분석해야 한다. 다만 여기에서는 평원왕대에 초점을 맞춰 서술하겠다.

39) 李成市, 1990, 「高句麗와 日隋 外交-이른바 國書 문제에 관한 일시론-」『碧史李佑成敎授 정년퇴직기념논총-民族史의 전개와 그 문화』上, 창비, 62쪽 ; 심정보, 2005, 앞의 논문, 372쪽 ; 김창석, 2006, 앞의 논문, 199쪽 ; 김희선, 2010, 『동아시아 도성제와 고구려 장안성』, 지식산업사, 76쪽 ; 이성제, 2010, 「고구려의 대왜외교 개시와 그 배경」『고대 환동해 교류사』(1부 고구려와 왜), 동북아역사재단, 24쪽.

40) 김창석과 김희선은 장안성 축성과 천도 배경으로 신라와의 관계를 상정하면서도 천도 배경으로 대수 방어책을 강조하였다(김창석, 2006, 앞의 논문, 182~183쪽 ; 김희선, 2010, 위의 책, 79~81쪽).

41) 다나카 도시아키(田中俊明)가 장안성 천도를 신라의 성장에 대항하고, 나아가 적극적으로 한반도 남부를 경영하려는 의도를 드러낸 것으로 본 것은 시사하는 바크다(田中俊明, 1995 : 2008, 앞의 책, 350쪽).

요컨대 평원왕은 급변하는 대외정세 속에서 혼란했던 정국을 수습한 후 신속한 태자 책봉을 통해 왕위계승 분쟁을 사전에 차단했으며, 莫離支로 대표되는 중리제를 개편하여 국왕 근시조직을 강화하였다. 또한 전렵활동을 통해 군사권을 공고히 했고, 승관제를 정비함으로써 왕권을 뒷받침할 수 있는 이념적 토대로 구축하였다. 이를 기반으로 하여 재위기간 내내 장안성을 축조했고, 완공 이전에 천도를 단행하여 수도 방어체계에 만전을 기할 수 있었다. 결국 이와 같은 평원왕대의 대내적 조건은 고구려가 영양왕(590~618)이 즉위한 후 본격적인 남진정책을 펼칠 수 있었던 원동력이 되었다.

2) 대외적 배경

고구려가 6세기 중반 신라에 수세적 국면을 면할 수 없었던 것은 대외적인 조건도 안정적이지 못한 데 있었다. 550년 이후 고구려는 突厥·北齊와 지속적으로 갈등하였다. 그 중에서도 돌궐과의 상쟁은 고구려에게 부담이 되었다. 돌궐은 551년 고구려의 신성과 백암성을 공격해왔다.[42] 이때 고구려 장군 고흘이 군사 1만을 거느리고 가서 돌궐의 군사 1천 명을 죽이거나 사로잡았다고 한 것으로 보아 적지 않는 규모의 침입이었음을 알 수 있다.[43] 돌궐은 555년 柔然을 멸망시킨 후[44] 고구려에

---

42) 『三國史記』 卷19, 高句麗本紀7, 陽原王 7년.

43) 돌궐이 유연을 격파한 것은 555년이다. 때문에 유연이 가로막고 있는 551년에 돌궐이 고구려를 침략할 수 없다면서 『삼국사기』에 전해지는 고구려 침략기사를 555년 이후의 사실로 이해하는 견해가 있다(李龍範, 1959, 「高句麗의 遼西 진출기도와 돌궐」 『史學硏究』 4, 韓國史學會 : 1989, 『韓滿交流史硏究』, 동화출판공사, 160~163쪽 ; 노태돈, 1976, 앞의 논문 : 1999, 앞의 책, 401~404쪽 ; 이재성, 2005, 「6세기 후반 突厥의 南進과 高句麗와의 충돌」 『북방사논총』 5, 111~115쪽). 그러나 고구려가 돌궐의 발흥을 감지해 547년에 이미 백암성과 신성을 수리했고, 유목민의 특성을 고려할 때 기습적인 공격이 가능하므로 돌궐이 유연의 복속에 앞서 배후세력인 고구려를 침입했을 가능성이 크다고 보아 인정하기도 한다

대한 압박의 강도를 높여 왔다. 553년 北齊 文宣帝(550~559)의 契丹 원정이 있은 이후 돌궐이 거란을 위협하자 거란인 1萬家가 고구려에 의탁해 왔다는 기록이 있다.[45] 그에 따라 고구려가 느끼는 위기감도 점차 팽배해갔을 것이다. 돌궐은 木汗可汗(553~572) 즉위 후 주변의 여러 나라를 복속해 늦어도 570년대에는 遼海[46] 지역으로 진출한 것으로 되어 있다.[47] 이런 정황을 고려해 학계에서는 고구려와 돌궐이 555년 이후 580년 무렵까지 지속적으로 대립했다고 보는 것이 중론이다.[48]

고구려와 北齊(550~577)의 관계 역시 출발이 순탄치 않았다. 552년에 북제 文宣帝(550~559)가 營州[中國 遼寧省 朝陽]에 이르러 崔柳를 고구려에 사신으로 보내 양원왕을 겁박해 流人 5千戶를 쇄환해 돌아간 것이[49] 그러한 정황을 시사한다. 다만 고구려는 서북방에서 밀려오는 돌궐의 위협과 북진해오는 신라에 대처하고자 북제와의 우호관계를 모색하였다.[50] 그럼에도 불구하고 550년대 고구려와 북제의 관계는 가시

(민철희, 2002, 앞의 논문, 71~73쪽 ; 朴元吉, 2002,「高句麗와 柔然·突厥의 관계」『高句麗 國際關係』(고구려연구 14), 고구려연구회 편, 학연문화사, 22쪽 ; 강선, 2006,「고구려와 突厥의 전쟁」『高句麗研究』24, 162~164쪽 ; 金鎭漢, 2010,「高句麗 後期 對外關係史 硏究」, 한국학중앙연구원 박사학위논문, 96~97쪽). 여기에서는 후자의 견해를 따라 논지를 전개한다.

44) 돌궐의 유연 복속과정은『周書』卷50, 列傳42, 異域 下 突厥(1997, 中華書局 點校本, 908~909쪽) 참조.

45)『北史』卷94, 列傳82, 契丹(3128쪽).

46) 遼海의 범위는 사서마다 다른데, 대체로 遼河 서부 상류지대인 내몽골자치구의 시라무렌 유역과 요하 동쪽의 바다와 같이 넓은 遼東平野를 가리킨다(이재성, 2005, 앞의 논문, 104쪽의 각주 81).

47)『周書』卷50, 列傳42, 異域 下 突厥(909쪽).

48) 노태돈, 1976, 앞의 논문 : 1999, 앞의 책, 426~429쪽 ; 김진한, 2010, 앞의 박사학위논문, 117~121쪽.

49)『北史』卷94, 列傳82, 高句麗(3115쪽).

50) 李成制, 2001,「高句麗와 北齊의 관계-552년 流人 送還의 문제를 중심으로-」『韓國古代史硏究』23 : 2005,『高句麗의 西方政策硏究』, 국학자료원, 161~166쪽.

적인 성과가 드러나지 않았다. 단지 555년에 한 차례 고구려가 북제에 사신을 파견했을 뿐이었다.51) 그러나 이것도 북제의 책봉이 수반된 것이 아니어서 고구려의 일방적 사신 파견에 그치고 말았다.

고구려와 북제의 관계가 실질적으로 진전된 것은 560년에 이르러서이다. 평원왕 2년(560)에 북제가 고구려왕을 '使持節領東夷校尉 遼東郡公 高句麗王'으로 책봉한 것이다[<표 2>의 연번 1 참조. 이하는 연번만 표기함].52) 여기서 '東夷校尉'란 칭호는 의미가 있다. '동이교위'는 고구려를 遼海 동쪽 지역의 패자로 인식하고 있고, 그것을 공인한다는 입장을 상징적으로 나타내 주는 것53)이기 때문이다. 그런데 560년 이후 순탄할 듯했던 고구려와 북제의 관계가 변화됨이 감지된다. 곧 564년과 565년에 연이어 고구려가 북제에 조공했음에도 불구하고 북제의 책봉과 같은 화답이 없었다[5·6].54) 반면에 신라가 한강 유역을 차지한 후 처음으로 북제에 사신을 파견한 것에 대해서는 다음해 곧바로 '使持節東夷校尉 樂浪郡公 新羅王'의 책봉호를 보내주었다[6].55) 말하자면 '동이교위' 칭호가 고구려에서 신라로 옮겨간 셈이다. 이것은 곧 동북아 방면에서 고구려만을 교섭대상으로 여겼던 북제의 인식이 변화됨을 의미하는 것이자,56) 북제의 외교적 파트너로 신라가 부상했음을 시사

---

51) 『三國史記』卷19, 高句麗本紀7, 陽原王 11년.

52) 『北齊書』卷5, 帝紀5, 廢帝 乾明 원년(560) 2월(75쪽) ; 『三國史記』卷19, 高句麗本紀7, 平原王 2년.

53) 盧泰敦, 1984, 「5~6世紀 東아시아의 國際秩序와 高句麗의 對外關係」『東方學志』44, 延世大學校 國學研究院 : 1999, 앞의 책, 350쪽. 중국 국가들의 고구려 동위교위 책봉상황과 그 의미는 김한규, 2004, 「고구려와 동위교위」『요동사』, 문학과지성사, 311~317쪽이 참고된다.

54) 『北齊書』卷7, 帝紀7, 武成 河淸 3년(564:93쪽) ; 『三國史記』卷19, 高句麗本紀7, 平原王 6년·7년.

55) 『北齊書』卷7, 帝紀7, 武成 河淸 3년(564:93쪽)·4년(565) 2월(94쪽) ; 『三國史記』卷4, 新羅本紀4, 眞興王 25년·26년.

56) 노태돈, 1984, 앞의 논문 : 1999, 앞의 책, 351쪽.

한다.57)

고구려가 566년부터 기존에 북조 위주로 교섭하던 것에서 벗어나 남
조 陳에 사신을 파견하여[7]58) 외교관계의 다변화를 추구한 것은 북제-
신라 관계에 대한 돌파구 마련의 차원이었을 것이다. 그러나 신라 역시
565년에 陳과 교섭한 이후 고구려보다 더 자주 진에 사신을 보냄으로써
[6·7·8·9·11·12]59) 고구려와 외교적으로 경쟁하였다. 이로써 對陳 관
계를 통해 신라에 외교적으로 대응하려고 했던 고구려의 의도는 한계에
봉착했던 것 같다. 고구려가 568년 무렵까지 신라에 함흥 지역을 빼앗기
는 위기상황에 적극적으로 대처하지 못했던 까닭은 이 같은 대외관계가
중요한 배경이 되었을 법하다. 그렇다면 590년대 고구려의 남진 배경 역
시 교착되었던 고구려의 대북방 관계가 568년 이후 어떻게 변화되어 갔
는지를 살피는 과정에서 자연스럽게 규명될 것이다.

먼저 565년 이후 고구려와 북제의 관계를 살펴보겠다. 565년 고구려
의 사신 파견에 별다른 화답이 없었던 고구려와 북제의 관계는 사서에
따르면 573년 고구려가 북제에 조공할 때까지[14]60) 단절된 것으로 되
어 있다. 그런데 최근 소개된 「裵遺業墓誌銘」에는 570년에 북제의 배
유업이 사신으로서 고구려에 갔고[11], 573년에는 '建節將軍'을 제수받
은 것으로 되어 있다.61) 이에 대해 배유업이 당시 긴장국면이었던 고구

---

57) 井上直樹, 2013, 「570년대의 고구려의 對倭외교와 고구려·북제 관계」 『高句麗渤
海硏究』 45, 高句麗渤海學會, 155쪽, 160쪽.

58) 『陳書』 卷4, 本紀4, 廢帝 天康 원년(566) 12월(66쪽) ; 卷5, 本紀5, 宣帝 太建 2년
(570) 11월(79쪽) ; 『三國史記』 卷19, 高句麗本紀7, 平原王 8년·12년·13년.

59) 『陳書』 卷5, 本紀5, 宣帝 太建 2년(570) 6월(78쪽) ; 太建 3년(571) 5월(79쪽) ; 『三
國史記』 卷4, 新羅本紀4, 眞興王 27년·28년·29년·31년·32년.

60) 『北齊書』 卷8, 帝紀8, 後主 武平 4년(573:107쪽) ; 『三國史記』 卷19, 高句麗本紀7,
平原王 15년.

61) 묘지명의 탁본과 석문은 이노우에 나오키(井上直樹), 2013, 앞의 논문, 163~164
쪽을 참고하였다.

〈표 2〉 6세기 중·후반~7세기 초반 삼국과 중국 남북조 및 왜와의 교섭관계

연번	연대				고구려	백제	신라	비고	
	서기년	각국 왕 재위년							
		고구려	백제	신라					
1	560	平原王 2	威德王 7	眞興王 21	(2)北齊→高 [책봉]①		(9)新→倭 [견물]	①使持節 領東夷校尉 遼東郡公 高句麗王	
2	561	3	8	22	(11)高→陳 [조공]		新→倭 [견물]	왜의 대접 소홀로 신라·왜 관계 틀어짐	
3	562	4	9	23	(2)陳→高 [책봉]①	(2)陳→百 [책봉]②	(7)新→倭 [견물?] / (11)新→倭 [견물?]	①寧東將軍 [3품] / ②撫東大將軍 [2품] : 진의 일방적 책봉	대가야 멸망
4	563	5	10	24					
5	564	6	11	25	高→北齊 [조공]		新→北齊 [조공]		
6	565	7	12	26	(1)高→北齊 [조공]		(2)北齊→新 [책봉]① / (9)陳→新 [불경줌]	① 使持節 東夷校尉 樂浪郡公 新羅王	
7	566	8	13	27	(12)高→陳 [조공]		(2)新→陳 [진상]		
8	567	9	14	28		(9)百→陳 [조공] / (10)百→北齊 [조공]	(3)新→陳 [진상]	위덕왕, 陵寺 목탑 건립	
9	568	10	15	29			(6)新→陳 [진상]		
10	569	11	16	30					
11	570	12	17	31	(4)高→倭 [견사]① / (11)高→陳 [조공] / 北齊→高 [견사]②	(2)北齊→百 [책봉]③	(6)新→陳 [진상]	①고구려 사신 572년 7월 귀환 / ②전거:「裵遺業墓誌銘」 / ③使持節 侍中 驃騎大將軍 帶方郡公	
12	571	13	18	32	(2)高→陳 [조공]	(1)北齊→百 [책봉]①	新→陳 [진상] / (3)倭→新 [견사] / (8)新→倭 [조문]	①使持節 都督 東青州刺史	571년 4월 欽明天皇 死
13	572	14	19	33		百→北齊 [조공]	(3)新→北齊 [조공]		

14	573	15	20	34	高→北齊 [조공] (5)高→倭 [견사]					
15	574	16	21	35	(1)高→陳 [조공] (5)高→倭 [견사]		(11)新→倭 [견사]			
16	575	17	22	36		(2)百→倭 [견사]	(4)倭→新 [견사] (6)新→倭 [견사]	백제 20년 만에 대왜외교 재개		
17	576	18	23	眞智王 1	高→北齊 [求法][1]			[1]義淵과 法上의 만남. 의연의 실제 구법시기는 그 이전. 전거:『海東高僧傳』釋義淵傳		
18	577	19	24	2	高→北周 [조공] 北周→高 [책봉][1]	(7)百→陳 [조공] (11)百→北周 [조공] (11)百→倭 [견물]		[1]開府儀同三司 大將軍 遼東郡開國 公 高句麗王	위덕왕, 王興寺 목탑 건립	577. 1 북주, 북제 멸망 시킴
19	578	20	25	3		(10)百→北周 [조공]	(7)新→陳 [진상]			
20	579	21	26	眞平王 1			(10)新→倭 [견물]			
21	580	22	27	2			(6)新→倭 [견사]	왜에서 받아들이지 않음· 북주 멸망		
22	581	23	28	3	(12)高→隋 [조공] 隋→高 [책봉][1]	(10)百→隋 [조공] 隋→百 [책봉][2]		[1] 大將軍 遼東郡公[정3] [2] 上開府儀同三司 帶方郡公[종3]		隋 건국
23	582	24	29	4	(1)高→隋 [조공] (11)高→隋 [조공]	(1)百→隋 [조공]	(10)新→倭 [견사][1]	[1]왜에서 받아들이지 않음	돌궐, 수를 대규모로 침입함	
24	583	25	30	5	(1)高→隋 [조공] (4)高→隋 [조공] (겨울)高→隋 [조공]			수의 요서 진출: 高寶寧의 반란 진압	수의 돌궐 공격과 수 문제의 이간책 에 따른 동·서돌 궐의 분열	
25	584	26	31	6	(봄)高→隋 [조공] (4)隋→高[1]	(7)倭→百 [견사] (11)百→陳 [견물]		왜계 백제관료 日羅의 소환 요청 [1]대흥전에서 잔치를 베풂		

26	585	27	32	7	(12)高→陳 [조공]	(9)百→倭 [견물]	(2)倭→新 [견사] / (7)新→陳 [求法][1]	[1]智明의 入陳
27	586	28	33	8		百→陳 [조공]		고구려, 長安城으로 천도
28	587	29	34	9	倭→高 [견사]	百→倭 [견물]		
29	588	30	35	10				
30	589	31	36	11		百→隋 [進賀] / 隋→百 [조서]	(3)新→陳 [구법][1]	[1]圓光의 入陳 ‖ 陳의 멸망과 隋의 통일
31	590	32 嬰陽王 1	37	12	隋→高 [조서][1] / 高→隋 [조공] / (10)隋→高 [책봉][2]			[1]고구려 평원왕 책망 / [2]上開府儀同三司 遼東郡公[종3]
32	591	2	38	13	(1)高→隋 [조공] / (3)隋→高 [책봉][1] / (5)高→隋 [사은]		(11)倭→新 [견사]	[1]高句麗王 / 왜가 筑紫에 2만군 주둔(~595.7)
33	592	3	39	14	(1)高→隋 [조공]			
34	593	4	40	15				
35	594	5	41	16			新→隋 [견물] / 隋→新 [책봉][1]	[1]上開府 樂浪郡公 新羅王[종3]
36	595	6	42	17	(5)高→倭 [귀화][1]	百→倭 [견승][2]		[1]고구려승려 慧慈의 귀화 ‖ [2]慧聰
37	596	7	43	18			(3)新→隋 [구법·진상][1]	[1]曇育의 入隋
38	597	8	44	19	(5)高→隋 [조공]	(4)百→倭 [견사][1]	(11)倭→新 [견사]	[1]王子 阿佐가 파견
39	598	9	45 惠王 1	20	(2)高→隋 [전쟁] / (6)隋→高 [전쟁]	(9)百→隋 [조공]	(4)新→倭 [견물] / (8)新→倭 [견물][2]	[1]難波吉士 磐金이 신라에서 돌아와 까치 2마리를 바침 / [2]공작 1마리
40	599	10	2 法王 1	21		(9)百→倭 [견물][1]		[1]낙타, 나귀 1마리, 양 2마리 흰꿩 1쌍
41	600	11	2 武王 1	22	(1)高→隋 [조공]		(2)倭→新 [전쟁][1]	[1]왜국이 임나를 구원하고자 신라에 출병해 6성을 받았다는 내용. 그러나 사실로 보기 어려움

42	601	12	2	23	(3)倭→高 [견사]①	(3)倭→百 [견사]②	(9)新→倭 [견간첩]③	①②고구려와 백제에 임나 구원 조칙을 내렸다고 하나 믿기 어려움	③신라 간첩을 대마도에서 잡음. 이에 11월 신라 정벌을 논의
43	602	13	3	24	(10)高→倭 [견승]①	(6)百→倭 [사신귀국] / (10)百→倭 [견승]②	新→隋 [진상]	①觀勒이 曆本과 천문지리서를 가지고 옴 ②僧隆, 雲聰	2~6월 왜군 2만5천 신라 정벌 차 축자 주둔. 장군 來目皇子가 죽어 좌절
44	603	14	4	25					
45	604	15	5	26			(7)新→隋 [조공]		
46	605	16	6	27	(4)高→倭 [건물]①			①불상용 황금 300냥	隋 煬帝 즉위
47	606	17	7	28					
48	607	18	8	29		(3)百→隋 [조공]①		①고구려 칠것을 요청	(8)돌궐 계민가한의 장막에서 수양제와 고구려 사신 만남
49	608	19	9	30		(3)百→隋 [조공]	新→隋 [請兵]	원광의 걸사표	
50	609	20	10	31				수, 토욕혼 평정	
51	610	21	11	32	(3)高→倭 [견승]①		(7)新→倭 [견사]	①曇徵, 法定. 담징이 종이·먹과 연자방아 만드는 기술을 전함	
52	611	22	12	33		(2)百→隋 [조공]①	新→隋 [청병] / 新→倭 [견사]	①수의 고구려 정벌에 도울 것을 청함(실제로는 兩端策)	
53	612	23	13	34	(1)隋→高 [전쟁]			612.1~7월까지 고·수 전쟁	
54	613	24	14	35	(4)隋→高 [전쟁]		(7)隋→新 [견사]	수 본국 양현감의 반란으로 회군	
55	614	25	15	36	(7)隋→高 [전쟁]			2차 전투 때 수에서 귀순한 곡사정 소환하자 8월에 수군 회군	

【일러두기】
1. 이 표는 『三國史記』『北齊書』「裵遺業墓誌銘」『周書』『北史』『隋書』『日本書紀』『續日本記』 『海東高僧傳』을 참고하였다. 연대기 자료 외에는 비고에 전거를 표시하였다.
2. ( )안의 숫자는 해당 월을 의미한다.
3. 사신 파견의 목적을 [ ]에 표현했다. 일반적으로 交聘에 해당하는 '朝貢'·'進上'·'進調'는 성격 이 같은 것인데, 특정 상대국가 간에 달리 표현되었다. 본 표에서는 사료 내용에 충실하도록 표 기 했으나, 특별한 목적이 남아있지 않은 것은 '遣使'로 기술했다. 다만 『일본서기』의 경우 한반 도 국가와의 교빙관계에 대해 '貢'·'獻'으로 표기한 것을 '遣物'로 일괄 표기하였다.

려와의 관계를 개선하기 위해 고구려에 갔고, 573년 고구려의 사절단 파견으로 성과를 달성하자 배유업에게 관작을 준 것으로 이해한 견해가 있다.[62] 따라서 고구려와 북제의 관계는 570년 이후 미약하나마 개선된 것으로 보인다. 고구려 승려 의연이 574년을 전후한 시기에 북제로 구법 활동을 떠날 수 있었던 배경도 이러한 시대적 분위기와 관련되어 있을 것이다.

그렇게 보면 대북제 관계로 인한 고구려의 남진 저해요소는 더 이상 유효하지 않은 셈이 되었다. 북제는 武成帝(561~564) 즉위 후 북주의 파상적인 공세 속에 이미 쇠퇴의 길을 가고 있었다. 그나마 명장 斛律光의 활약 덕에 국세를 이어갔는데, 後主(565~576)가 참언을 믿고 곡률광을 죽이면서 급격히 붕괴되었다.[63] 결국 577년 1월 북제는 북주에 멸망당했고, 북주도 581년 2월에 隋가 건국되면서 역사의 무대에서 자취를 감추었다. 자연 고구려의 북방관계에서 수가 급속히 부각되었고, 589년 남조 陳이 수에 의해 멸망하면서 삼국의 대중국 관계는 수로 단일화되어 치열한 외교전을 전개하게 되었다.

고구려는 수 건국 직후인 581년 12월에 사신을 파견하여 조공하였다. 그 결과 隋 高祖는 평원왕을 '大將軍 遼東郡公 高句麗王'[정3품]으로 책봉하였다[22].[64] 백제는 이보다 앞선 10월에 수에 사신을 파견하여 위덕왕이 '上開府儀同三司 帶方郡公 百濟王'[종3품]을 책봉받았다[22].[65] 말하자면 수의 외교적 상대로 백제보다 고구려가 높게 공인

---

62) 井上直樹, 2013, 앞의 논문, 162~170쪽.

63) 宮崎市定, 1989, 『大唐帝國』, 河出書房新社 : 임중혁·박선희 옮김, 1996, 『中國中世史』, 신서원, 254~256쪽.

64) 『隋書』 卷1, 帝紀1, 高祖上 開皇 元年(581) 12월(16쪽) ; 卷81, 列傳46, 東夷 高麗 (1814쪽) ; 『三國史記』 卷19, 高句麗本紀7, 平原王 23년.

65) 『隋書』 卷1, 帝紀1, 高祖上 開皇 元年(581) 10월(15쪽) ; 卷81, 列傳46, 東夷 百濟 (1818쪽) ; 『三國史記』 卷27, 百濟本紀5, 威德王 28년.

을 받은 셈이다.66) 고구려와 수의 관계는 이렇듯 우호적으로 시작되었다. 그런데 그 이면에는 갈등으로 비화될 만한 요소가 잠재되어 있었다.

581년 12월에 돌궐의 沙鉢略可汗이 수 고조가 박대한다는 이유로 북제 때 營州刺史를 지낸 高寶寧과 함께 수의 臨渝鎭[河北城 撫寧縣]67)을 공격해 함락하였다.68) 그런데 이것이 도리어 수의 요서 진출을 촉발시키는 계기가 되었다. 수는 583년에 幽州總管 陰壽를 앞세워 契丹·靺鞨과 합세한 고보령의 반란군을 격퇴하였다.69) 돌궐도 이 시기 내부 분열에 휩싸여 동돌궐과 서돌궐로 나뉘었고, 동돌궐 내에서도 사발략가한과 阿波可汗이 대립해 아파가한이 서돌궐의 達頭可汗에게 달아나면서 동·서돌궐이 충돌하는 양상이었다.70) 이에 사발략가한은 수와 강화를 도모하면서 584년 9월에는 수 문제의 사위임을 강조하며 굽신거렸고, 585년 7월에는 신하를 칭하며 부용국을 자청하였다.71)

고구려는 582~583년 연이어 6차례나 수에 조공사를 보냈다[23·24].72)

66) 堀敏一, 1993, 『中國と古代東アジア-中華的世界と諸民族』, 岩波書店 : 정병준·이원석·채지혜 옮김, 2012, 『중국과 고대 동아시아세계-중화적 세계와 여러 민족들』, 동국대학교 출판부, 239쪽 ; 여호규, 2002, 「6세기 말~7세기 초 동아시아 국제질서와 고구려 대외정책의 변화」 『역사와 현실』 46, 한국역사연구회, 22쪽.

67) 동북아역사재단 편, 2010, 『周書·隋書 外國傳 譯註』(譯註 中國正史 外國傳 8), 279쪽의 각주 102.

68) 『隋書』 卷84, 列傳49, 北狄 突厥(1865~1866쪽).

69) 『隋書』 卷39, 列傳4, 陰壽(1148쪽).

70) 『隋書』 卷84, 列傳49, 北狄 突厥(1868쪽). 堀敏一, 1993, 앞의 책 : 2012, 233~234쪽.

71) 『隋書』 卷84, 列傳49, 北狄 突厥(1869~1870쪽) ; 卷1, 帝紀1, 高祖上 開皇 5년 (585) 7월(23쪽). 호리 도시카즈(堀敏一)는 이때 사발략가한이 수 문제에게 보낸 국서의 내용 '臣攝圖言'에 착안해 臣 아래에 성을 칭하지 않고 이름을 말하는 것이 신하가 황제에게 아뢸 때 사용하는 형식임에 주목하였다(堀敏一, 1993, 앞의 책 ; 2012, 235~236쪽).

72) 『隋書』 卷1, 帝紀1, 高祖上 開皇 2년(582) 정월(16쪽)·11월(18쪽) ; 開皇 3년(583) 1월(18쪽)·4월·5월(19쪽) ; 『三國史記』 卷19, 高句麗本紀7, 平原王 24년·25년.

이 시기에 고구려가 수에 집중적으로 사신을 파견한 까닭은 수의 요서
진출에 대한 대비차원에서 우호적인 모습을 수에 각인시키려 한 데 있었
던 것 같다. 그런데 584년 봄 고구려가 수에 다시 한 번 사신을 파견하
고[25],[73] 4월에 수 문제가 고구려와 돌궐·土谷渾의 사신을 불러 大興
殿에서 잔치를 베푼 이후[74] 590년까지 두 나라 사이의 교류는 중단되었
다. 그것은 고구려의 수에 대한 정책이 변화되었음을 시사한다.[75] 그래
서 이 시기 고구려와 수가 요서 일대에서 거란과 말갈을 둘러싼 쟁탈을
벌인 것으로 이해하기도 한다.[76] 실제로 590년에 수 문제가 평원왕에게
보낸 璽書[77]에서 "왕은 매번 사신을 보내 해마다 조공을 바치며, 비록
藩附라고 칭하면서도 정성과 예절을 다하지는 않소. 왕이 이미 남의 신
하로서 모름지기 짐의 덕을 입거늘 그러나 靺鞨을 몰아 핍박하고, 契丹
을 가로 막아 가두어두었소"라고 평원왕을 나무란 것을 보면 기왕의 주
장은 옳았던 것으로 생각한다.

새서의 내용에는 평원왕이 수에서 弩手 기술자를 빼내 들이고 병장기
를 수리한 사실, 고구려에 파견된 수의 사신을 客館에 가두어 놓고 감시
한 것, 기마병을 보내어 변경의 사람을 죽인 일에 대해 나무라며 이를
시정하지 않을 경우 정벌할 것임을 경고하고 있다. 이에 평원왕은 표

---

73) 『三國史記』卷19, 高句麗本紀7, 平原王 26년.

74) 『隋書』卷1, 帝紀1, 高祖上 開皇 4년(584) 4월(21쪽).

75) 여호규는 584년 4월 대흥전 연회에서 수가 고구려 등에게 군사적 성과를 과시하
며 위협하자 고구려가 말갈·거란에 대한 세력확장을 추진한 것으로 이해하였다
(여호규, 2002, 앞의 논문, 24쪽).

76) 여호규, 2002, 앞의 논문, 25쪽 ; 김진한, 2010, 앞의 박사학위논문, 128~129쪽 ;
尹秉模, 2011, 『高句麗의 遼西進出 硏究』, 景仁文化社, 129~132쪽.

77) 『隋書』卷81, 列傳46, 東夷 高麗(1815쪽). 『隋書』열전에는 새서의 시점을 597년
으로 보았으나 『三國史記』卷19, 高句麗本紀7, 平原王 32년조 김부식의 논찬에
따라 590년으로 보는 것이 옳다(李成制, 2000, 「嬰陽王 9年 高句麗의 遼西攻擊」
『震檀學報』90 : 2005, 「高句麗의 遼西 攻擊과 對隋戰爭의 開始」 『高句麗의 西方
政策 硏究』, 국학자료원, 175쪽 ; 김진한, 2010, 앞의 박사학위논문, 134쪽).

문을 올려 사죄해 무마하려했으나 그 해 10월에 죽게 되어 이루어지지 못했다.[78]

　평원왕에 이어 영양왕(590~618)이 즉위하자 수 문제는 고구려에 사신을 보내 영양왕을 '上開府儀同三司 遼東郡公'[종3품]으로 책봉하였다[31].[79] 이것은 581년에 백제 위덕왕이 받았던 품계와 같은 것으로 고구려로서는 기존보다 등급이 떨어진 것이었다. 특히 '高句麗王'이 빠져 있어, 고구려의 독자적인 세력권을 인정하지 않는다는 의미로 해석이 가능하다.[80] 이에 영양왕은 591년 정월에 謝恩使를 보내 祥瑞를 축하하면서 '고구려왕'으로 봉해줄 것을 청했고, 그제서야 수 문제가 이를 허락하였다. 영양왕은 5월에 다시 수에 사신을 보내 감사의 표시를 하였다[32].[81] 그리고 592년 정월에도 수에 사신을 보내 조공하였다[33].[82] 그렇게 보면 고구려는 590~591년 수로부터 책봉호를 받는 과정에서 수 문제가 590년 새서에서 지적했던 문제에 대해 수가 만족할 만한 수준의 행보나 개선책을 제시했을 가능성이 크다.[83] 이로써 592년 무렵 고구려와 수의 관계는 우호적인 분위기로 전환되는 국면을 맞았다. 이러한 북방에서의 안정된 국면은 고구려가 남진할 수 있는 분위기를 마련해 주었을 것이다.[84]

---

78)『隋書』卷81, 列傳46, 東夷 高麗(1816쪽).

79)『隋書』卷81, 列傳46, 東夷 高麗(1816쪽) ;『三國史記』卷20, 高句麗本紀8, 嬰陽王 즉위년.

80) 李昊榮, 1996,「수·당과의 전쟁」『한국사』5(삼국의 정치와 사회 1-고구려), 국사편찬위원회, 113쪽 ; 윤성환, 2011,「6세기 말~7세기 고구려 지배세력의 대외인식과 대외정책」『民族文化』37, 한국고전번역원, 174쪽.

81)『隋書』卷81, 列傳46, 東夷 高麗(1816쪽) ; 卷2, 帝紀2, 高祖下 開皇 11년(591) 정월·5월(36쪽) ;『三國史記』卷20, 高句麗本紀8, 嬰陽王 2년.

82)『三國史記』卷20, 高句麗本紀8, 嬰陽王 3년.

83) 이성제, 2000, 앞의 논문 : 2005, 앞의 책, 178~179쪽. 여호규는 591년 12월부터 말갈이 다시 견수사를 파견한 데 주목해 이를 수 문제 새서의 주문에 대한 화답으로 파악하였다(여호규, 2002, 앞의 논문, 26~27쪽).

북방의 동향이 고구려의 남진에 유리한 배경을 제공해 준 것처럼, 남방에서 백제와 신라의 관계도 6세기 중반과는 다르게 전개되어 갔다. 곧 554년 관산성 전투 이후 내부의 국정 안정에 주력하던 백제 위덕왕(554~598)이 567년 아버지 성왕을 추모하기 위해 능사를 창건한 것을 필두로 본격적인 정치행보를 시작한 것이다. 특히 577년에 이르러 자신이 주체가 되어 왕흥사에서 사리장엄의식을 거행[85]한 후 신라에 대한 보복전을 감행하였다.

백제는 먼저 577년 10월에 신라 서쪽 변방의 주·군을 침입하였다. 이에 신라는 이찬 세종에게 군사를 주어 一善[경북 구미시 선산읍]의 북쪽에서 백제군을 격파하고 3700여 명을 목 베었다. 그리고 백제의 침략에 대비해 內利西城을 쌓았다.[86] 다음해 신라는 백제에게 閼也山城을 내주었다.[87] 579년 2월에는 백제가 熊峴城과 松述城을 쌓음으로써 蒜山

---

84) 580년 무렵까지 갈등국면을 이어갔던 고구려와 돌궐의 관계도 580년대 초나(김진한, 2010, 앞의 박사학위논문, 129~130쪽) 580년대 후반(노태돈, 1976, 앞의 논문 : 1999, 앞의 책, 426~429쪽)에 이르러 우호관계로 전환되었다.

85) 부여 王興寺 목탑지에서 출토된 청동 사리합에는 "丁酉年二月十五日 百濟王昌爲 亡子立刹 本舍利二枚葬時神化爲三"라고 하여 577년 위덕왕이 죽은 왕자를 위해서 탑을 세우고 여기에 사리 2매를 묻었는데 신묘한 변화로 3개가 되었다는 내용이 남아 있다. 사리장엄 의식에는 고도의 정치적 의도가 담겨 있으므로, 이 의식은 이후 전개되는 대신라 전투를 앞둔 내부 결속의 차원으로 이해된다.

86) 『三國史記』 卷4, 新羅本紀4, 眞智王 2년 ; 卷27, 百濟本紀5, 威德王 24년.

87) 『三國史記』 卷4, 新羅本紀4, 眞智王 3년. 중종 임신본에 "與百濟閼也山城"이라고 되어 있는데, 알야산성이 전북 익산시 여산면 내지 낭산면에 있는 것으로 보고 '與'를 '侵'으로 바꾸어 신라가 백제 알야산성을 침입한 것으로 보기도 한다(이병도 역주, 1983, 앞의 책(상), 99쪽 ; 鄭求福·盧重國·申東河·金泰植·權悳永, 1997, 『譯註 三國史記』3, 韓國精神文化研究院, 126쪽. 다만 『역주 삼국사기』의 본문에서는 "백제에게 알야산성을 주었다"로 해석하였다). 그러나 알야산성의 위치는 익산시로 비정하기 어려우며(津田左右吉, 1913, 「羅濟境界考」『朝鮮歷史地理』1, 南滿洲鐵道株式會社 : 1986, 亞細亞文化社 : 이부오·장의수 역, 2009, 『新羅史學報』16, 350쪽 ; 田祐植, 2009, 「백제 위덕왕대 대신라 정책의 전개와 결과」『한국학논총』32, 국민대 한국학연구소, 143쪽), 글자를 자의적으로 바꾸는 데도 동조할

城·麻知峴城·內利西城의 길을 막았다.[88]

이들 성 중에서 위치를 비정할 수 있는 것으로 웅현성이 있다. 곧『신증동국여지승람』보은현 산천조에 현 북쪽 27리에 熊峴이 있다고 기록해 놓았다.[89] 이 때문에 많은 연구자들이 웅현성의 위치를 이곳으로 보았다.[90] 다만『대동여지도』에는 熊峴이 보은 동남쪽 방면의 경북 상주와 충북 청산을 연결하는 고갯길로 표시되어 있다. 이곳은 상주에서 보은으로 넘어가는 化嶺의 남쪽 첫 번째 고개이다. 내리서성이 선산 북쪽 방면에서 쳐들어오는 백제에 대한 방어성으로 축조된 것이라면 상주에서 서쪽 보은으로 나아가는 교통로의 요충지에 위치를 비정하는 것이 합리적이다. 또한 백제가 웅현성과 송술성을 쌓아 산산성·마지현성·내리서성의 길을 막았다는 것은 신라가 소백산맥 동쪽에 있었던 산산성·마지현성·내리서성을 교두보로 하여 서쪽으로 진출하는 것을 막기 위한 문면으로 해석이 가능하다. 그렇다면 웅현성은 속리산의 서쪽 기슭보다는 상주에서 서쪽 방면을 오가는 교통로의 도상에서 위치를 찾는 것이 옳다고 생각된다.

577~579년 백제의 신라에 대한 공세는 추풍령로를 봉쇄하기 위한 의도로 해석된다.[91] 이후 6세기 말까지 신라와 백제 간 전쟁관련 기록이 없어 단정할 수 없겠지만, 백제의 서변 압박으로 인한 긴장국면은 상당 기간 지속되었을 가능성이 크다. 이것은 곧 신라가 처한 대외적 조건이

수 없다. 이에 필자는 원문대로 해석한다.

88) 『三國史記』卷4, 新羅本紀4, 眞智王 4년.

89) 『新增東國輿地勝覽』卷16, 報恩縣 山川.

90) 酒井改藏, 1970,「三國史記の地名考」『朝鮮學報』54, 朝鮮學會, 41쪽 ; 이병도 역주, 1983, 앞의 책(上), 99쪽 ; 서영일, 1999,『신라 육상교통로 연구』, 학연문화사, 124쪽 ; 전우식, 2009, 앞의 논문, 143쪽.

91) 서영일, 1999, 앞의 책, 124~125쪽 ; 김병남, 2004,「百濟 威德王代의 정치상황과 대외관계」『韓國上古史學報』43, 韓國上古史學會, 69~70쪽 ; 전우식, 2009, 앞의 논문, 142~144쪽.

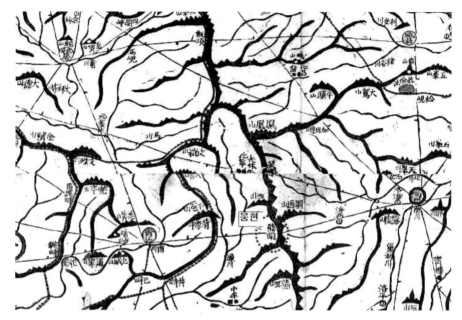

『대동여지도』의 熊峴

6세기 중반 이후 고구려만을 상대하면서 북방 진출을 도모했던 상황과
달라졌음을 의미한다. 곧 6세기 후반의 신라는 고구려와 백제를 동시에
상대해야 하는 입장에 봉착한 것이다. 戰線의 확대는 신라에게 군사를
운용하는 데 있어 부담을 가중시켰을 것이다. 고구려에게는 이것이 남진
정책을 펼쳐 신라를 압박할 수 있었던 또 하나의 배경이 되었을 것이다.

　고구려는 570년대 들어 3차례에 걸쳐 倭國과의 통교를 시도하였다.
첫 번째는 570년 4월의 일이었다[11].92) 이때 고구려의 대왜외교는 공
식적인 사절단으로서는 첫 사례로 인정된다.93) 왜국도 고구려 사신을

---

92) 『日本書紀』 卷19, 欽明天皇 31년(570) 4월.

93) 李成市, 1990, 앞의 논문, 59쪽 ; 이영식, 2006, 「5~6세기 고구려와 왜의 관계」
　　『북방사논총』 11, 215~216쪽 ; 연민수, 2007, 「6~7세기 高句麗의 對倭關係」
　　『韓日關係史研究』 26, 韓日關係史學會, 10쪽. 이와 달리 고구려 對陳 사신의 귀환
　　과정에서 표류한 것으로 보기도 한다(金善民, 2005, 「六世기 후반 倭의 高句麗 인

환대해 相樂郡에 客館을 세워 연회를 베풀면서 극진히 대접하였다.[94] 그런데 고구려 사절단과 천황의 만남은 쉽게 성사되지 않았다. 571년 3월에도 여전히 좋은 날을 점치며 물품과 표문을 천황에게 전달하지 못하였다.[95] 그러다가 흠명천황은 죽었고, 敏達天皇이 즉위한 후 572년 5월에 이르러서야 직접 대면하지 못한 채 국서와 물품만을 전달하였다.[96] 이후 572년 6월 사신으로 온 고구려 大使와 副使 간의 다툼으로 대사가 죽고, 7월에 고구려로 돌아간다.[97]

고구려가 왜국에 사신을 파견한 배경은 무엇일까? 기본적으로 신라의 군사·외교적 공세에 대한 대응책으로 보는 데 별다른 이견이 없다.[98] 568년 최고조였던 진흥왕의 북진과 北齊·陳과의 지속적인 교섭을 감안할 때 기왕의 주장은 일리가 있다. 이를 더 실증할 수 있는 내용이 『일본서기』에 남아 있다. 곧 왜가 고구려 사신을 맞이하는 동안이었던 571년 3월에 왜가 신라에 사신을 파견한 것이다[12].[99] 기록에는 任那를 멸망

식-「『日本書紀』 기사 분석을 중심으로-」 『日本歷史研究』 22, 日本史學會 : 한일관계사학회 편, 2007, 『동아시아 속에서의 高句麗와 倭』, 景仁文化社, 176~178쪽). 그러나 사절단이 國書를 지니고 있었고, 이후 2차례 파견한 대왜외교와 계기적으로 볼 때 이때를 최초의 공식사절로 이해해도 무방하다.

94) 『日本書紀』 卷19, 欽明天皇 31년(570) 5월·7월.

95) 『日本書紀』 卷19, 欽明天皇 32년(571) 3월.

96) 『日本書紀』 卷20, 敏達天皇 원년(572) 5월.

97) 『日本書紀』 卷20, 敏達天皇 원년(572) 6월·7월.

98) 李弘稙, 1954·1957, 「日本書紀所載 高句麗關係記事考」 『東方學志』 1·3 : 1971, 『韓國古代史의 硏究』, 新丘文化社, 188쪽 ; 李成市, 1990, 앞의 논문, 61~63쪽 ; 金恩淑, 1994, 「6세기 후반 신라와 왜국의 국교 성립과정」 『新羅文化祭學術發表論文集』 15, 206쪽 ; 延敏洙, 2002, 「古代 韓日外交史-三國과 倭를 중심으로-」 『韓國古代史研究』 27 : 2004, 『古代韓日交流史』, 혜안, 194쪽 ; 이영식, 2006, 앞의 논문, 217~219쪽 ; 정효운, 2006, 「高句麗·倭의 전쟁과 외교」 『高句麗研究』 24, 185쪽. 이노우에 나오키(井上直樹)는 570년대 고구려 대왜외교의 대전제로 신라와의 대립을 상정하면서 근본적으로는 고구려가 백제와의 관계 악화에 대한 모색 차원으로 이해하였다(井上直樹, 2008, 「570年代の高句麗の對倭外交について」 『年報 朝鮮學』, 九州大學 朝鮮學研究會, 17~20쪽 및 2013, 앞의 논문, 156~157쪽).

시킨 이유를 묻기 위한 목적으로 되어 있지만, 이는 야마토 정권의 임나 지배를 전제로 한 것이어서 믿기 어렵다. 오히려 그 당시 고구려와 신라의 관계를 알고 있었던 왜가 고구려 사신이 오자 이를 신라에 가서 알리면서 모종의 제안을 했을 것이다.[100] 이는 역설적으로 고구려 대왜외교의 배경이 신라와 밀접한 관련이 있음을 시사한다. 실제로 이때 왜의 신라 외교는 성공을 거둔 것 같다. 562년 이후 단절되었던 두 나라의 교섭이 이때를 계기로 활발해졌기 때문이다.[101]

고구려는 573년 5월과 574년 5월에 2~3차 사절단을 왜에 파견하였다[14·15].[102] 그러나 1차 때와는 달리 2차 사절단은 왜 조정의 의심을 받고 바로 되돌려 보내졌다. 이때 送使로 파견된 難波는 고구려로 가는 파도를 두려워해 고구려인을 바다에 빠뜨려 죽였다. 이에 다른 배에 탔던 고구려 사신만이 귀국하였다. 그런데 고구려 사신과 함께 간 송사 뱃사람에 대해 고구려왕은 使人의 예에 준하여 극진히 대접했다고 한다. 이를 통해 평원왕이 왜국과의 통교를 함으로써 기대한 바가 적지 않았음을 알 수 있다. 574년 5월에 파견된 3차 사절단은 2차 때 사신이 귀국하지 못한 것에 대한 조사를 목적으로 왜에 입국하였다. 다만 난파가 처벌되었을 뿐 고구려 사신의 활동은 남아 있지 않다. 따라서 570~574년 고구려의 대왜외교는 평원왕의 의도에 부합할 정도의 성과를 거두었다고 보기는 어렵다.[103]

---

99) 『日本書紀』 卷19, 欽明天皇 32년(571) 3월.

100) 이성제는 이를 신라 압박용으로 해석하였다(이성제, 2010, 앞의 논문, 37쪽).

101) 『일본서기』에 따르면, 590년대 신라와 왜의 관계가 경색국면으로 되기까지 571년 8월[12], 574년 11월[15], 575년 4월·6월[16], 579년 10월[20], 580년 6월 [21], 582년 10월[23], 585년 2월[26]에 교섭하였다.

102) 『日本書紀』 卷20, 敏達天皇 2년(573) 5월·3년(574) 5월.

103) 570년대 고구려의 대왜외교가 성과를 내지 못한 이유를 왜국 내부 정치세력 간의 다툼과 그로 인한 대고구려 인식의 차이에서 비롯된 것으로 보는 견해가 있다(平野卓治, 2004, 「日本 古代史料에 보이는 倭王權·日本律令國家와 高句麗」

그런데 585~587년에 왜국에서 고구려에 사신을 파견하였다[28·29].104) 왜에서 고구려에 먼저 사절단을 파견한 것은 이례적인 사건이었다.105) 그렇게 보면 574년 이후 고구려와 왜의 관계는 파탄이 날 정도의 경색 관계는 아니었던 것 같다. 이는 570년대 초 개시된 두 나라의 관계에서 비록 가시적인 성과가 드러나지 않았을지라도, 이후 우호관계를 이어갈 수 있는 토대를 마련했다는 면에서는 의미가 있었음을 시사한다.

이때 왜가 고구려에 사신을 파견한 배경은 불교의 興隆과 관련한 기술자 내지 선진 불교문화의 수입과 관련이 있는 것으로 추정되었다.106) 587년 4월 用明天皇이 불교에 귀의할 것을 천명하자 이를 두고 불교 수용에 찬성한 蘇我馬子와 이를 반대했던 物部守屋 간의 논쟁이 붙었다. 그 와중에 용명천황은 두창이 악화되어 사망하였다. 蘇我氏와 物部氏의 다툼은 587년 7월 物部守屋이 주살됨으로써 소가씨가 정권을 잡는 것으로 귀결되었다.107) 이후 소가씨에 의해 불교가 홍포되었고, 595년에

『高句麗 正體性』(高句麗研究 18), 127쪽 ; 서영교, 2012a, 앞의 논문, 26~27쪽).

104) 『續日本紀』卷5, 元明天皇 和銅 4년(711) 12월조에 "壬子 從五位下狛朝臣秋麿 言 本姓是阿倍也 但當石村池邊宮御宇聖朝 秋麻呂二世祖比等古臣使高麗國 因卽 號狛 實非眞姓 請復本姓 許之"라 하여 石村池邊宮[用明天皇 : 585~587]대에 阿 倍比等古臣이 고구려에 사신으로 갔음을 알 수 있다. 구체적인 파견시기를 587 년 4월 用明天皇 사망 후 8월 崇峻天皇이 즉위하기 이전으로 보는 견해가 있다. 587년 7월 蘇我氏와 物部氏의 대결에서 불교문화 수입을 원하던 소가씨가 승리 한 것을 고려한 것이다(徐榮敎, 2012b, 「遣高句麗使 阿倍狛比等古臣-『續日本紀』 에 보이는 阿倍狛秋麻呂의 請本姓과 관련하여-」『韓國古代史探究』12, 韓國古 代史探究學會, 221~226쪽).

105) 서영교는 평원왕의 대왜외교 의지를 강조하는 입장에서 고구려가 먼저 왜국에 사절단을 보냈고, 그것을 따라 왜가 고구려에 온 것으로 이해하였다(서영교, 2011, 앞의 논문, 16쪽). 다만 기록상 논증이 되지는 않는다.

106) 연민수, 2002, 앞의 논문 : 2004, 앞의 책, 195쪽 ; 김은숙, 2007, 「7세기 동아시 아의 국제 관계」『韓日關係史研究』26, 50~51쪽 ; 정선여, 2007, 앞의 책, 91 쪽. 김은숙은 587년 蘇我馬子가 정적 物部守屋을 제거하고 崇峻을 즉위시킨 후 氏寺인 法興寺(飛鳥寺)를 건립했는데, 이와 관련한 기술자의 요청이었을 것으로 추정하였다.

고구려 승려 慧慈가 왜국에 와서 聖德太子의 스승으로서 영향력을 행
사하였다.108) 그렇다면 용명천황대 왜의 고구려 사신 파견 배경에 관한
기왕의 주장은 일리가 있으며, 595년 이후 활발해지는 두 나라의 관계와
계기적으로 연결된다는 점에서도 의미가 있다고 생각한다.

왜국은 591년 11월에 2만군을 筑紫[규슈 북부의 쓰쿠시]에 파견하여
595년 7월까지 주둔시켰다. 그리고 축자에 군을 파견한 직후 吉士 金을
신라에 사신으로 보냈다.109) 왜의 축자 주둔 배경에 대해 백제의 요청에
따라 백제를 측면에서 지원하기 위한 것으로 보는 견해가 있다.110) 이와
달리 蘇我氏가 고구려와의 관계를 긴밀히 유지하기 위해 신라에 가한
군사적 압박책으로 보기도 한다. 나아가 왜국의 축자 출병으로 신라의
병력이 남쪽에 묶이면서 고구려가 아단성까지 진출할 수 있었다고 이해
하였다.111) 두 견해는 왜국의 매개 역할에 대한 차이는 있지만 궁극적으
로 왜국의 축자 주둔이 신라에 영향을 미치기 위한 것이라는 점에서 상
통한다.

倭가 축자에 군을 주둔시킨 직후 吉士 金을 신라로 파견한 것도 왜가
신라에 전하고자 하는 메시지가 있었음을 시사한다. 그런 면에서 신라가
591년 2월에 倭典에 令 2인을 두고,112) 591~593년 신라 왕경에 南山

---

107) 『日本書紀』 卷21, 用明天皇 2년(587) 4월 ; 崇峻天皇 원년 5~7월.

108) 『日本書紀』 卷22, 推古天皇 3년(595) 5월. 혜자의 활동은 정선여, 2007, 앞의 책,
88~100쪽이 참고된다.

109) 『日本書紀』 卷21, 崇峻天皇 4년(591) 11월 ; 卷22, 推古天皇 3년(595) 7월.

110) 金鉉球, 1985, 『大和朝廷の對外關係硏究』, 吉川弘文館, 273~278쪽 ; 김현구·박
현숙·우재병·이재석 공저, 2004, 『일본서기 한국관계기사연구』(Ⅲ), 일지사,
35~36쪽 ; 이재석, 2005, 「6세기 야마토 정권의 對韓政策」『임나 문제와 한일
관계』(한일관계사연구논집 3), 景仁文化社, 172~173쪽. 내부적으로는 物部氏가
과거 축자 지역에 세력을 구축하고 있었으므로 蘇我氏가 이곳에 세력을 부식하
기 위한 측면도 지적되었다.

111) 서영교, 2011, 앞의 논문, 19~27쪽.

112) 『三國史記』 卷4, 新羅本紀4, 眞平王 13년 ; 卷38, 雜志7, 職官 上, 領客府. 본기

城·明活城·西兄山城을 쌓거나 보수한 것도[113] 왜와의 관계를 염두해 둔 것으로 볼 수 있다.[114] 결국 591년 11월~595년 7월까지의 왜군의 축자 주둔이 고구려 남진에 유리한 국면을 제공해 주는 측면이 있었음을 부인할 수 없다.[115]

2. 고구려의 남한강 유역 진출과 阿旦城 전투

앞 장에서 살핀 바와 같이 고구려는 568년 신라에게 함흥 지역을 빼앗겼던 위기상황을 570~80년대 내부의 체제정비와 대외관계의 개선을 통해서 수습해 나갔다. 이는 곧 고구려가 590년대 이르러 남진하여 신라를 압박할 수 있는 조건을 만들어 주었다. 다음은 嬰陽王代(590~618) 고구려의 남진과 대신라 영역 변천양상을 가늠케 해주는 기록으로 주목된다.

> 1. 陽岡王[필자주 : 嬰陽王의 誤記[116]]이 즉위하자 溫達이 아뢰어 말했다. "생각건대 신라가 우리 한강 이북의 땅을 빼앗아 군현을 삼아서 백성들이 몹시 한탄해 일찍이 부모의 나라를 잊은 적이 없습니다. 원컨대

에 따르면 591년 영객부에 令 2인을 두었다고 했다. 직관지에 영객부의 본래 명칭이 왜전이고 621년에 領客典으로 고쳤다고 했으므로 591년 令을 둔 관청은 왜전으로 판단된다.

113) 『三國史記』卷4, 新羅本紀4, 眞平王 13년·15년.

114) 井上光貞, 1976,「推古朝外交政策の展開」『聖德太子論集』, 平樂寺書店, 30~31쪽 ; 서영교, 2011, 앞의 논문, 20~23쪽.

115) 다만 왜군의 축자 주둔이 고구려와 직접 관련되어 있는지는 알 수 없다. 아단성 전투와 연관된다고 보는 데에도 신중할 필요가 있다.

116) 李丙燾, 1959, 『韓國史』(古代篇), 震檀學會, 乙酉文化社, 457~458쪽 ; 李基白, 1967,「溫達傳의 檢討-高句麗 貴族社會의 身分秩序에 대한 瞥見-」『白山學報』 3 ; 1996, 『韓國古代政治社會史研究』, 一潮閣, 107쪽.

대왕께서는 [저를] 어리석고 불초하다 여기지 마시고 군사를 주신다면 한 번 가서 반드시 우리 땅을 되찾아 오겠습니다." [이에] 왕이 허락하였다.

　[온달이] 출정에 임해 맹세하며 말하였다. "鷄立峴과 竹嶺 서쪽을 우리에게 귀속시키지 않으면 돌아오지 않겠다." 마침내 떠나 신라군과 阿旦城 아래에서 싸우다 날아오는 화살을 가슴에 맞고 넘어져 죽었다. 장사를 지내려 하는데 관이 움직이지 않았다. 공주가 와서 관을 어루만지며 "죽고 사는 것이　결정되었으니 아! 돌아가시지요!"라고 하니, 드디어 [관을] 들어서 땅에 묻었다. 대왕이 이를 듣고 몹시 슬퍼하였다.117)

　이 기록을 통하여 영양왕 즉위 후 온달이 신라에게 빼앗긴 한강 유역을 되찾고자 鷄立峴과 竹嶺 서쪽의 탈환을 목표로 출정하여 阿旦城 아래에서 신라군과 교전하다 전사했음을 알 수 있다. 여기에는 또한 설화적이기는 하지만 계립령·죽령 서쪽 지역에 대한 고구려의 영유권 의식과 탈환에 대한 고구려인의 염원이 간절했음이 잘 드러나 있다.『삼국사기』본기에 6세기 후반 고구려와 신라의 전쟁 관련 기록이 없는 지금 상황에서, 열전에 남아 있는 이 기록은 고구려와 신라 간 영역 변천양상을 살피는 데 절대적이라 할 만하다. 그러나 아단성의 위치비정과 전투의 시기에 대한 학계의 논란이 분분하고, 자연 그에 따라 고구려와 신라간 영역 판도를 이해하는 편차가 크다. 따라서 여기에서는 선행 연구에 대한 면밀한 검토를 통해 필자의 입장을 제시하고자 한다.

　우선 아단성 전투의 시기에 대한 문제이다. 아단성 전투의 시기에 대한 기존 연구는 크게 590년 무렵, 590~595년 사이, 603년의 세 가지로 나누어 볼 수 있다.

　첫째, 조선 초기의 관찬사서로서 편년체 서술방식으로 편찬된『三國史節要』와『東國通鑑』은 590년조에 아단성 전투를 삽입하였다.118) 이

---

117)『三國史記』卷45, 列傳5, 溫達.
118)『三國史節要』卷7, 庚戌年(590) ;『東國通鑑』卷5, 庚戌年(590).

들 사서는 온달전 전체를 590년조에 실었지만, 앞부분에 고구려의 신라 침공과 온달의 전사를 소개하였다. 이는 곧 편찬자가 아단성 전투의 시점을 590년으로 인식하고 있었음을 말해준다. 또한 조선 후기의 대표적인 사찬사서인 안정복의 『東史綱目』에서도 아단성 전투를 590년의 사실로 기술하였다.[119] 조선시대 주요 사서가 아단성 전투를 590년에 발생한 것으로 이해한 것은 '及嬰陽王卽位'에 충실한 결과였다고 생각된다.[120]

둘째, 아단성 전투의 시기를 590~595년 사이로 추정하는 연구는 세부 시점이 엇갈린다. 먼저 '영양왕 즉위 초'라는 사료의 문면대로 590년대 초[121] 내지 중반[122]으로 이해하는 견해가 있었다. 이들이 막연한 추론에 그친 데 반해 최근에는 나름대로의 논증을 거쳐 아단성 전투의 시기를 구체화하려는 노력이 이어지고 있다. 즉 서영교는 591년 11월 왜가 九州[筑紫]에 병력을 집중시킴으로써 신라를 견제하는 효과가 있었고, 고구려가 이 틈에 아단성까지 진출한 것으로 보았다. 전투의 시점은 '591년 11월 전후'로 파악하였다.[123] 왜의 축자 주둔이 삼국의 정세에 미친 영향력에 주목한 것은 의미가 있지만, 아단성 전투와 직접적으로 관련짓기에는 주저되는 면이 많다.

이영재는 장안성의 役事 이전에 고구려가 대규모 병력을 동원하기는 무리였을 것이라며, 아단성 전투는 장안성이 완공된 593년 이후라야 가능했을 것으로 보았다. 또한 594년에 비로소 신라와 수의 외교관계가 성립된 것에 주목해, 신라가 아단성 전투의 승리를 계기로 고구려의 압박

---

119) 『東史綱目』 第三上, 庚戌年.
120) 연구자로는 김진한이 아단성 전투의 시기를 590년 무렵으로 이해하였다(김진한, 2010, 앞의 박사학위논문, 146쪽).
121) 노태돈, 1976, 앞의 논문 : 1999, 앞의 책, 431쪽.
122) 서영일, 2001, 앞의 논문, 33쪽.
123) 서영교, 2011, 앞의 논문, 27쪽.

을 극복하고 수와 교섭할 수 있었던 것으로 생각하였다. 곧 아단성 전투
의 시기는 '593년 장안성 완공 이후~594년 신라·수 교섭 이전'으로 파
악하였다.[124] 고구려의 남진 배경과 수의 동향을 관련지은 것은 의미가
있다. 그러나 신라가 대중국 출항지로써 한강 하류 유역을 장악하고 있
었으므로, 고구려의 압박 때문에 수와 교섭하지 못했다는 논리는 성립하
기 어렵다고 본다. 다만 장안성의 완공 이후 고구려가 남진했다는 문제
의식은 시사하는 바 크다.

최호원은 『삼국유사』의 김유신 탄생 설화와 관련된 '楸南 사건(595
년)'에서 추남이 고구려를 멸망시키겠다고 맹세하면서 그의 혼령이 신라
서현공 부인의 품속으로 들어간 것에 주목해, 영양왕이 이를 통해 신라
에 대한 위험성을 인식하고 온달을 출정시킨 것으로 추정하였다.[125] 추
남 사건을 고구려 내정과 관련해 분석한 것은 타당하다. 하지만 추남 사
건과 김유신의 관련성 자체가 후대의 부회로 생각되고 내용 또한 설화적
이어서 온달의 출정 동기와 관련짓는 데는 신중해야 할 듯하다.

셋째, 아단성 전투의 시기를 603년으로 파악한 연구이다.[126] 이들은
아단성 전투를 603년 고구려와 신라 간 벌어졌던 북한산성 전투와 동일
시하였다. 자연 온달은 북한산성 전투에 나오는 고구려 장군 高勝과 같
은 인물로 파악했고,[127] 아단성의 위치도 한강 이북 서울시 광진구에 소
재한 아차산성으로 비정하였다. 아단성 전투와 같이 중요한 기록이 본기
에 누락되지 않았을 것이라는 관점에서, 이를 비슷한 시기 본기에 남아

---

124) 이영재, 2012, 앞의 논문, 42~43쪽.

125) 최호원, 2012, 앞의 논문, 20~23쪽.

126) 閔德植, 1994, 「百濟 阿旦城研究-百濟初期 都城研究를 위한 일환으로-」 『韓國上
古史學報』 17, 韓國上古史學會, 178쪽 ; 김민수, 1999, 앞의 논문, 13~19쪽 ;
여호규, 2002, 앞의 논문, 31~32쪽.

127) 민덕식, 1994, 위의 논문, 178~179쪽 ; 김민수, 1999, 앞의 논문, 16~19쪽. 다
만 민덕식은 온달이 고승과 같은 인물이었거나 고승 휘하의 장군이었을 가능성
을 동시에 상정하였다.

있는 북한산성 전투와 관련시킨 문제의식 자체는 공감할 수 있다. 그러나 603년이라는 시점은 '及嬰陽王卽位'의 문면과 시기적으로 차이가 크다.[128] 또한 온달과 고승을 같은 인물로 보는 근거가 자의적일 뿐 아니라, 이하에서 다루는 바와 같이 온달이 출정한 아단성을 북한산성으로 보는 것도 동의할 수 없다.

아단성 전투의 시기는 사료의 문면과 부합한다는 측면에서 영양왕이 즉위한 후 오래되지 않은 시점으로 국한할 필요가 있다. 여기에 고구려가 신라와의 전쟁에 주력하기 위한 대외적 조건, 곧 隋와의 관계를 고려해야 한다. 고구려는 590년 수 文帝의 경고성 새서를 받은 후 591년 3월 '고구려왕'이 포함된 책봉호를 받을 때까지 대수 관계가 불안정하였다. 고구려는 591년 5월과 592년 1월에 재차 사신을 파견한 연후에야[32·33] 수와 우호적인 분위기를 조성할 수 있었다. 즉 고구려의 남진은 북방에서 수와의 관계가 어느 정도 안정된 592년 이후라야 가능했을 것이다. 그런데 고구려와 수의 우호관계는 오래 지속되지 못하였다. 595년 4월 수 문제가 韋冲을 營州總管에 임명[129]한 이후 요서를 둘러싼 고구려와 수의 긴장관계가 고조되었던 것이다.[130] 이러한 분위기 속에서 결국 598년 고구려와 수나라 간 전쟁이 발발하므로[39],[131] 고구려의 남진은 595년 이전에 단행되었을 가능성이 크다. 결국 40여 년의 大役事였던 장안성의 축조가 마무리 된 후 영양왕의 주도로 온달이 출정했을 것이라는 견해를 지지하는 입장에서, 필자는 아단성 전투의 시기를 593~594년경으로 이해하고자 한다.

이제 아단성의 위치비정에 대한 그동안의 연구를 검토해 보겠다. 아

---

128) 서영교, 2011, 앞의 논문, 10쪽 ; 이영재, 2012, 앞의 논문, 42쪽.

129) 『隋書』卷2, 帝紀2, 高祖下 開皇 15년(595) 4월(40쪽).

130) 윤병모, 2011, 앞의 책, 133~137쪽.

131) 『三國史記』卷20, 高句麗本紀8, 嬰陽王 9년.

단성의 위치는 서울 광진구 소재의 아차산성설과 충북 단양군 영춘면 소
재의 온달산성설로 나눌 수 있다.[132)]

먼저 아차산성을 온달이 출정한 아단성으로 보는 견해이다.[133)] 이들
의 주요 논거는 『삼국사기』 개로왕 21년(475)조에 나오는 '阿旦城'과
「광개토왕비」 永樂 6년(396)조에서 광개토왕이 공취한 '阿旦城'을 온달
이 출정한 '阿旦城'과 같은 장소로 본 것이었다. 그러나 5세기 이전의
백제 阿旦城과 6세기 이후의 신라 阿旦城은 명칭의 동일 여부와 상관없
이 역사지리적 조건을 고려할 때 별개로 파악해야 한다.[134)] 따라서 백제
아단성의 위치를 논거로 해 신라 아단성의 위치를 비정하는 연구방법
에는 동의하기 힘들다. 아마도 이들은 6세기 중반 신라가 한강 유역을
장악했으므로, 고구려와 신라 간 교전과정 없이 590년대 남한강 상류

---

132) 일본인 연구자들이 임진강 유역의 파주시 적성과 강원도 안협으로 비정하기도
했다. 그러나 논증과정이 없거나 音相似만을 근거로 한 것이어서 신뢰하기 어렵
다. 자세한 내용은 김영관, 1998, 앞의 논문, 112쪽과 김현길, 1999, 앞의 논문,
33쪽을 참고하기 바란다.

133) 池內 宏, 1929, 「眞興王の戊子巡境碑と新羅の東北境」 『昭和四年度古蹟調査特別
報告』, 朝鮮總督府 : 1960, 『滿鮮史硏究』 上世 第二册, 吉川弘文館, 26쪽 ; 이병
도, 1959, 앞의 책, 458쪽 및 1976, 「廣開土王의 雄略」 『韓國古代史硏究』(수정
판), 博英社, 381쪽 ; 노태돈, 1976, 앞의 논문 : 1999, 앞의 책, 431쪽 ; 민덕식,
1994, 앞의 논문, 176~178쪽 ; 김민수, 1999, 앞의 논문, 13~19쪽 ; 여호규,
2002, 앞의 논문, 31~32쪽.

134) 필자는 '阿旦城'과 '阿且城' 명칭의 문제를 『삼국사기』 내에서 상호 비교하고, 또
『삼국사기』의 해당 기록이 『삼국사절요』·『동국통감』·『동사강목』에서 어떻게
표기되었는지 비교·검토하였다. 그 결과 '阿旦城'과 '阿且城'은 사서 간 표기가
착종되어 있어 표기 차이만을 가지고 위치비정하는 데에 신중해야 한다는 결론
을 내렸다. 또한 개로왕 21년조의 '阿且城'과 「광개토왕비」의 '阿旦城'은 서울
시 광진구 소재의 아차산에 있었던 백제성으로 규정하였다. 다만 현재 고고학적
으로 백제 아단성의 흔적이 발견되지 않아 7세기대 신라 북한산성으로 비정되
는 아차산성과 같은 성인지는 단정할 수 없다(장창은, 2013, 「아차산성을 둘러
싼 삼국의 역관계」 『아차산성과 삼국의 상호관계』, 광진구·가경고고학연구소·
고려대학교 한국사연구소, 69~81쪽).

유역인 단양까지 고구려군이 진출하기 어려웠을 것이라고 생각했던 것 같다.[135)

그러나 6세기 후반 당시 신라가 두물머리 서쪽 한강 본류 유역을 장악하고 있었을지라도, 강원도 영서 내륙 지역까지 영역지배했는지의 여부는 분명하지 않다. 한강 본류의 경우도 그 이북의 신라 산성이 7세기대 들어와서야 축조되었다는 견해를 참고할 때,[136) 한강 상류인 북한강과 남한강 유역에 대한 신라의 영역지배는 느슨한 형태였을 가능성이 높다. 6세기 중반 이후 신라와 고구려는 한강 본류 유역에서 北漢山州를 기점으로 소강상태를 유지했고, 동북방으로는 신라가 比列城[강원도 안변군]을 차지한 채 광주산맥 이남을 영역지배하였다.[137) 그러나 6세기 후반에 이르러 백제의 압박 등 신라를 둘러싼 역관계가 변화되었다. 자연 대중국 출항지가 있는 한강 하류와 南川州와 북한산주의 중심 치소가 있는 남한강과 한강 본류보다는 그보다 동쪽의 지형이 험준한 영서 지역에 대한 신라의 지배력이 먼저 이완되었을 것이다. 고구려가 그 틈새를 공략했을 가능성이 있다. 그렇다면 광역의 면지배가 아닌 주요 교통로 위주의 거점지배를 통한 고구려의 남한강 상류 진출 가능성마저 배제할 필요는 없다. 아단성 전투를 603년의 북한산성 전투와 관련지어 그 위치를 아차산성으로 비정한 견해들도 이미 언급한대로 두 전투가 시기적으로 어울리지 않아 따르기 어렵다. 북한산성[아차산성]은 7세기대 북한산주의 중심 치소로서 별개로 고찰될 부분이다.

다음으로 단양 온달산성을 아단성으로 보는 견해이다. 이에 대한 선구적 연구는 이도학에 의해서 이루어졌다. 그는 「광개토왕비」 영락 6년 조에 나오는 58성의 위치를 규명하는 논거로 아단성을 주목하였다. 곧

135) 민덕식이 이러한 문제의식을 가지고 있다(민덕식, 1994, 앞의 논문, 178쪽).
136) 서영일, 2010, 앞의 논문, 128~132쪽.
137) 장창은, 2012a, 앞의 논문, 38~42쪽 : 이 책의 제3부 1장 3절-2) 참조.

58성의 소재지를 한강 이북으로 국한하기에 협소하다는 문제의식 하에 阿旦城이 한강 상·하류에 2개가 있었는데, 그것을 구별하기 위해 상류의 것은 '위(上)'를 뜻하는 '乙'을 붙여 '乙阿旦城'으로 불렸던 것으로 보았다. 그리고 을아단성은 단양의 온달산성으로, 한강 하류의 아단성은 아차산성으로 비정하였다. 온달이 출정한 아단성은 출정 당시 失地 회복 목표 지역이 '계립현과 죽령 이서 지역'임을 감안해 온달산성으로 비정하였다.[138] 이도학의 연구는 명칭에서 혼란을 주었던 아단성과 아차성의 관계에 대한 합리적인 대안을 제시하였고, 영락 6년에 광개토왕이 공취한 58성의 소재지를 남한강 유역으로 확장해 보려는 이후의 연구에 미치는 영향이 컸다. 다만 영락 6년조의 아단성과 온달이 출정한 아단성을 같은 곳으로 볼 것인지는 논란의 여지가 남아 있다.

이후 아단성의 위치를 단양 온달산성으로 보는 연구 성과는 꾸준히 축적되었다.[139] 이들의 공통된 논거는 온달이 고토 회복을 목표로 한 지역이 '계립현과 죽령 서쪽'이라는 것이었다. 여기에 계립령과 온달산성 주위에 온달과 관련한 설화와 전설이 서울의 아차산성보다 더 많다는 점도 고려되었다.[140] 또한 아차산성 시굴조사 결과 '北'·'北漢'·'漢山

---

138) 이도학, 1988, 앞의 논문 : 2006, 앞의 책, 371~374쪽.

139) 車勇杰·朴泰祐 편, 1989,『溫達山城-地表調査報告書』, 忠淸北道 丹陽郡·忠北大學校 湖西文化硏究所, 105~106쪽 ; 金永上, 1992,「阿旦城과 長漢城에 대한 고찰」『鄕土서울』51, 서울特別市史編纂委員會, 28~31쪽 ; 김영관, 1998, 앞의 논문, 116~118쪽 ; 김현길, 1999, 앞의 논문, 37~39쪽 ; 서영일, 2001, 앞의 논문, 35쪽 ; 김진한, 2010, 앞의 박사학위논문, 147쪽 ; 서영교, 2011, 앞의 논문, 9~10쪽 ; 차용걸·조순흠, 2011,『온달산성』(한국성곽학회 편), 충청북도, 205~207쪽 ; 이영재, 2012, 앞의 논문, 41~42쪽 ; 최호원, 2012, 앞의 논문, 13~14쪽. 김영관은 이도학의 견해를 수용해 同名 아단성 2개로 파악했고, 김현길은 서울은 '阿旦城', 단양은 '阿旦城'으로 이해하였다.

140) 김영관과 김현길이 이러한 연구방법을 사용하였다. 온달산성 주변에 남아 있는 온달 관련 지명 및 전설은 차용걸·박태우 편, 1989, 앞의 보고서, 51~54쪽, 70~89쪽 및 차용걸·조순흠, 2011, 앞의 보고서, 157~160쪽을 참고하기 바란다.

□'의 글자가 새겨진 기와가 출토되어 이곳이 7세기대 신라의 北漢山城임이 유력해진 점도[141] 논거가 되었다.[142]

필자 역시 온달이 최종 탈환을 목표로 설정한 '鷄立峴과 竹嶺 以西'가 시사하는 바가 핵심이라고 생각한다. 鷄立峴은 '鷄立嶺'·'麻木峴'·'麻骨山'·'麻骨岾'·'大院嶺'·'寒喧嶺'으로 불리던 고개로 충북 충주시 상모면 미륵리와 경북 문경시 문경읍 관음리를 이어주는 지금의 하늘재이다.[143] 그렇다면 온달이 신라로부터 탈환하고자 한 지역은 곧 소백산맥 서쪽과 북쪽에 해당함을 알 수 있다. 이는 6세기 중반 고구려가 백제와 신라에게 빼앗긴 '6郡'과 '10郡'을 포괄하는 광범위한 지역이다. 이중 신라에게 빼앗겼던 10군은 통일신라시기 朔州 관내의 奈城郡[奈生郡 : 영월], 奈隄郡[奈吐郡 : 제천], 北原[平原郡 : 원주], 嘉平郡[斤平郡 : 가평], 朔州[牛頭州 : 춘천], 狼川郡[狌川郡 : 화천], 楊麓郡[楊口郡 : 양구], 益城郡[母城郡 : 김화], 大楊郡[大楊菅郡 : 금강], 連城郡[各連城郡 : 회양]으로 추정된다.[144] 國原[충주시]과 단양 지역은 『삼국사기』와 「단양적성신라비」를 통해서 볼 때, 551년 신라의 북진 이전에 신라의 영유권에 속했으므로 10군에 포함되지 않았을 것이다. 그런데 신라가 차지한 10군이 영서 내륙 전체를 포괄한다기보다 주요 교통로의 도상에 위치한다는 점이 눈에 띈다. 그리고 이것이 고구려가 광개토왕 이후 6세기 중

---

141) 임효재·최종택·윤상덕·장은정, 2000, 『아차산성-시굴조사보고서』, 서울시 광진구·서울대학교 인문학연구소·서울대학교 박물관, 205~207쪽, 212쪽.

142) 서영일과 최호원이 이를 논거로 삼았다.

143) 金顯吉, 1997, 「鷄立嶺考」『竹堂李炫熙敎授華甲紀念 韓國史學論叢』, 東方圖書, 45~53쪽 ; 서영일, 2002, 「신라 육상 교통로 계립령」『문경의 길과 고개-길위의 역사, 고개의 문화』, 실천문학사, 130~136쪽.

144) 張彰恩, 2011, 「6세기 중반 한강 유역 쟁탈전과 管山城 戰鬪」『震檀學報』111, 10~14쪽 ; 이 책의 제2부 2장 1절-2) 참조. 왼쪽 지명은 景德王 改名이고, 오른쪽 [ ]안의 지명은 고구려 지명(지리4)이다. 이는 신라본기와 거칠부 열전에서 신라가 차지한 지역을 '10郡'이라 한 것을 고구려본기에서는 '10城'으로 남긴데 주목해 '高句麗故地'의 10성과 신라가 차지한 10군을 비교한 것이다.

반 신라에게 빼앗길 때까지 주요 남진경로로 이용했던 竹嶺路[145]의 경유지와 일치한다는 면에서 주목된다. 말하자면 온달이 탈환하고자 했던 신라에게 빼앗겼던 영토는 죽령로를 위주로 한 영서 내륙의 요충지였을 가능성이 크다. 계립령과 죽령이 그 최종 목적지였던 것이다. 여기에는 당연히 고구려의 최남단 거점이었던 국원의 수복이 포함되었을 것이다.

이미 살핀 바와 같이 아차산성은 603년 이전에 축조되어 北漢山城으로 불리었다. 성벽의 다짐층 출토 토기와 다짐층 및 생활면 바닥에서 채취한 시료의 방사성탄소연대 측정 결과를 통해 성벽 축조연대의 범위를 6세기 후반으로 추정함을 참고할 때,[146] 593~594년 무렵 이 성이 신라의 '阿旦城'으로 존재했을 가능성은 낮다. 교통로상으로 보아도 고구려가 아차산성으로 진출하기 위해서는 임진강·한탄강 유역에서 동두천·포천-양주·의정부와 중랑천을 경유해 남하하는 것이 최단 경로인데, 온달이 목표로 했던 계립령·죽령 방면의 남진경로와 어울리지 않는다. 결국 아단성의 위치는 여러 정황상 단양의 온달산성으로 비정하는 것이 옳다고 생각한다.

온달이 단양의 아단성까지 진출했던 경로 역시 죽령로를 주목하는 것이 자연스럽다.[147] 그렇다면 아단성 전투 전후 고구려와 신라 간 영역은 어떻게 이해하는 것이 바람직할까? 우선 고구려가 593~594년 무렵 아

---

145) 평양에서 경주까지의 죽령로 경로는 평양-서흥-신계-평강-김화-화천-춘천-홍천-횡성-원주-제천-단양-죽령-영주-안동-의성-영천-경주이다(徐榮一, 2002, 「廣開土太王代 高句麗와 新羅의 關係」『廣開土太王과 高句麗 南進政策』, 高句麗研究會 編, 學研文化社, 51쪽). 4~5세기 고구려의 남진과 죽령로의 관계는 張彰恩, 2012b, 「4~5世紀 高句麗의 南方進出과 對新羅 關係」『高句麗渤海研究』44, 21~24쪽, 43~46쪽을 참고하기 바란다.

146) 임효재·윤상덕, 2002, 「峨嵯山城의 築造年代에 대하여」『清溪史學』16·17, 清溪史學會, 213쪽.

147) 서영일, 2001, 앞의 논문, 35쪽 ; 김진한, 2010, 앞의 박사학위논문, 147쪽 ; 서영교, 2011, 앞의 논문, 28쪽.

아단성으로 추정되는 단양 온달산성(충북 단양군 영춘면 하리 소재)

단성이 있었던 단양군 영춘면 일대까지 진출한 것은 분명하다. 이것은 곧 단양 이북 영서 내륙의 영유권이 고구려에 귀속되었음을 전제로 한다. 다만 험준한 산악지형으로 이루어진 지리적인 특성상 광역의 면지배보다는 죽령로 위주의 군사적 거점지배[선·점지배]였을 것이다. 또한 점유기간도 아단성과 국원 지방을 되찾아오기 위한 군사 교통로 장악의 측면에서 본다면 일시적이었을 가능성이 높다. 죽령로의 도상에서 5세기 후반까지의 고구려 유물·유적이 꾸준히 출토되는 데 반해[148] 6세기 중반 이후의 것은 출토 사례가 없는 점이 이를 방증해 준다.

아단성으로의 진출이 곧 고구려의 이 지역에 대한 영역지배를 의미하

---

148) 죽령로에서 5세기대 고구려 유물이 출토된 곳으로 홍천 역내리·철정리 유적, 원주 건등리 유적이 있다(강원문화재연구소, 2005, 『下花溪里·哲亭里·驛內里 遺蹟(Ⅰ)』, 286쪽, 378~381쪽 ; 예맥문화재연구원, 2008, 『原州 建登里遺蹟 -원주 건등리 아파트신축부지 발굴조사보고서』, 94~99쪽).

는지에 대해서도 신중할 필요가 있다. 기록대로라면 온달은 신라군과 '阿旦城 아래'에서 싸우다가 전사하였다. 다만 사료의 내용상 아단성을 영유한 주체가 분명하게 드러나지는 않는다. 그런데 온달산성은 남한강 남쪽에서 북쪽을 감시·통제하기 유리한 구조와 지리적 조건을 가지고 있다. 발굴 결과에 따르더라도 기단보축의 축성방식, 懸門式 門址, 高杯를 비롯한 출토 유물 등으로 볼 때 온달산성은 신라성이었던 것으로 판단된다.[149] 따라서 기록의 문면은 온달이 아단성까지 진출해서 신라군과 싸우다가 성을 차지하지 못한 채 전사했던 것으로 해석된다.[150] 온달은 아단성 전투를 승리로 이끌고 궁극적으로는 國原 지방의 탈환을 목표로 했을 것이다.[151] 이것은 소백산맥 이북 죽령로의 완전한 복원을 의미한다. 고구려가 죽령로를 안정적으로 차지하게 되면 이를 이용하여 서쪽으로 진출해 한강 본류 방면의 신라를 압박할 수 있게 된다. 곧 한강 이북 지역에서 교착된 신라와의 대치국면을 타개할 수 있는 교통로와 군사적 거점을 마련할 수 있었던 것이다. 그러나 온달이 아단성 전투에서 패배하고 전사함으로써 고구려의 의도는 좌절되고 말았다.

---

149) 차용걸·박태우 편, 1989, 앞의 보고서 ; 車勇杰·趙順欽·金珠美, 2003, 『溫達山城-北門址·北雉城·水口 試掘調査 報告書』, 忠北大學校 博物館·丹陽郡. 이후 2010년 서쪽 성벽 수습조사, 2011년 추정 서문지 주변 발굴조사, 2012년 북벽 수구지 주변 발굴조사가 실시되었다. 발굴을 토대로 한 연구 모두 온달산성을 신라성으로 규정하였다. 국립중원문화재연구소, 2008, 『중원의 산성』, 100쪽 ; 백영종, 2009, 「소백산맥 북부일원의 신라산성 이해」『中原文化財研究』3, 中原文化財研究院 ; 차용걸·조순흠, 2011, 『온달산성』(한국성곽학회 편), 충청북도, 202~207쪽 ; 조순흠, 2013, 「남한강상류 유역 고구려유적」『온달장군』, 광진구·광진문화원 ; 백종오·오강석·강진주·최진호, 『단양 溫達山城 서문지일원 발굴조사보고서』, 단양군·한국교통대학교 박물관, 2013, 240~247쪽.

150) 온달산성에서 고구려 계통의 끌형(鑿頭形) 화살촉이 몇 점 발굴되었다(국립중원문화재연구소, 2008, 위의 책, 100쪽). 이것은 아단성을 둘러싼 고구려와 신라군의 전투에 따른 결과물로 해석될 수 있다.

151) 김현길, 1999, 앞의 논문, 31~32쪽.

아단성 전투를 승리로 이끈 신라 입장에서는 고구려에게 일시적으로 빼앗긴 죽령로를 되찾고, 이를 통해 북진할 수 있는 기회를 맞이한 셈이었다. 아단성 전투 이후 죽령로를 경유한 신라의 북진 범위를 분명히 하기는 힘들다. 다만 홍천 역내리 신라 고분군의 경우 축조시기가 6세기 후반~7세기 초반으로 비정되어[152] 주목된다. 또한 인근에 있는 역내리 신라 주거지에서 출토된 생활용기 토기편들의 탄소연대 측정결과도 6세기 중반~7세기 후반으로 나왔다. 이것을 진흥왕대 북한강 상류 유역에 대한 진출을 알려주는 표식주거지로 보기도 한다.[153] 그러나 고고학 자료를 문헌과 대응시키는 과정에서 진흥왕대의 북방 진출에 주목한 것일 뿐 적극적인 근거가 있는 것은 아니다. 필자는 진흥왕의 巡狩경로를 한강 하류 유역[「북한산비」]과 추가령구조곡을 통한 동북방 진출[「황초령비」·「마운령비」]로 이해하고 있다.[154] 따라서 역내리 신라 주거지도 진흥왕의 북진보다는 아단성 전투 이후 죽령로를 통한 신라의 북진과 관련된 유적지임을 배제할 수 없다.

신라가 죽령로로 북진하면서 노렸던 1차 목표는 춘천 지역의 영역지배를 공고히 하려는 것인 듯하다. 춘천은 죽령로와 북한강 수계를 통해 한강 본류로 나갈 수 있는 군사 요충지였다. 신라가 이곳을 장악하게 되면 고구려의 남진은 임진강과 한탄강 유역을 통해서만 가능해진다. 곧 작전선의 범위가 좁아질 수밖에 없는 것이다. 자연 신라 입장에서 춘천 지역은 대고구려 방어체계의 핵심 거점으로 부각되었을 법하다. 신라가 춘천에 진출한 시기를 단정하기는 어렵지만 아단성 전투 이후 죽령로를

---

152) 심재연, 2008, 「6~7세기 신라의 북한강 중상류지역 진출양상」, 『新羅文化』 31, 東國大學校 新羅文化硏究所, 70쪽 ; 황보 경, 2010, 「4~6세기 북한강 유역 고분의 특징과 축조배경 고찰」 『高句麗渤海硏究』 37, 103쪽, 109쪽. 고분 중 12호에서 출토된 토기(蓋)의 연대에 따른 것이다.

153) 심재연, 2008, 위의 논문, 74쪽.

154) 장창은, 2012a, 앞의 논문, 20~25쪽 : 이 책의 제3부 1장 2절 참조.

통한 북진 성과와 관련되지 않았나 싶다. 춘천 봉의산성에서 출토된 신
라 토기의 연대가 6세기 후반~7세기 초반으로 비정되는 것은 그 방증
의 한 사례라 할 만하다.[155] 608년에 춘천에 있었던 것으로 추정되는 牛
鳴山城에서 고구려와 신라가 각축전을 전개하였다.[156] 이때 우명산성이
신라 소유로 되어 있는 것을 보면, 아단성 전투 이후 죽령로를 통한 신
라의 춘천 지역 진출은 소기의 성과를 거두었음을 알 수 있다. 아단성
전투 승리의 신라사적 의미는 여기에 있었던 것이다.[157]

---

155) 지현병·김강남·김경범·이경기, 2005, 『春川 鳳儀山城 發掘調査 報告書』, 江原
   文化財硏究所·春川市, 166쪽. 심재연도 봉의산성의 축성이 牛首州가 설치된
   637년 이전에 이루어진 것으로 보았다(심재연, 2008, 앞의 논문, 69쪽).
156) 우명산성의 위치비정 및 전쟁의 경과는 다음 장에서 다룬다.
157) 신라의 춘천 진출경로가 죽령로에 한정되는 것은 아니다. 북한강 수계를 통해서
   도 추진될 수 있기 때문이다. 다만 현 단계에서 고고학적 물증이 확인되지 않았
   다. 가평 대성리에서 신라 횡구식 석실분 2기가 발굴되었지만 축조시기를 확정
   하지 못했다. 따라서 향후 고고학 발굴성과에 따라 논리를 보강할 수 있다.

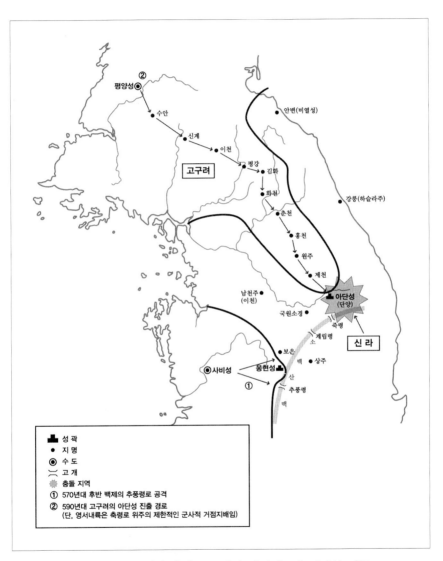

<지도 12> 6세기 후반 고구려의 남진경로와 아단성 전투

3. 신라의 반격과 북한강 유역에서의 공방전

593~594년 아단성 전투에서의 패전 이후 고구려의 남진은 소강상태를 맞았다. 그것은 고구려를 둘러싼 대외적 조건이 변화되었기 때문이었다. 즉 595년 이후 요서를 둘러싼 수와의 갈등이 고조되어 갔고, 급기야 598년에는 영양왕이 말갈군 1만을 이끌고 요서를 침략하였다. 그런데 영양왕의 요서 공격은 營州總管 위충에게 격퇴되었고, 수 문제의 30만 고구려 원정군 파병을 촉발시켰다. 다만 隋軍이 전염병과 자연재해를 만나 회군했고, 영양왕이 표문을 보내 사죄하면서 수습되었다.158) 고구려의 요서 공격 배경은 말갈·거란을 둘러싼 주도권 다툼과 수의 공격에 대비한 요충지 확보 차원으로 이해되었다.159) 그 본질은 수의 요서 진출로 인해 요서 지역을 둘러싼 수와의 세력균형이 깨지게 되면서 돌궐과의 연결마저 차단될 위기에 놓인 고구려의 타개책으로 볼 수 있다.160) 고구려 내부적으로는 아단성 전투의 패전으로 이완된 정국 분위기를 다잡고, 실추된 왕의 위상을 높이기 위한 측면도 있었을 것이다. 영양왕이 親征했다는 데서 이러한 의도를 엿볼 수 있다.

고구려가 신라에 다시 공세를 가한 것은 603년에 이르러서였다. 고구려가 7세기 초 남진을 재개할 수 있었던 배경은 두 가지 측면에서 살필 수 있다.

첫째, 수와의 관계가 표면적이지만 우호관계로 복구되었다. 이것은 598년 高·隋 전쟁 후 영양왕의 수습책에 따른 성과였다. 실제로 이때 백제 위덕왕이 수에 사신을 파견해 고구려를 정벌하는 데 隋軍의 앞잡

---

158) 『隋書』 卷81, 列傳46, 東夷 高麗(1816쪽) ; 『三國史記』 卷20, 高句麗本紀8, 嬰陽王 9년.
159) 이성제, 2000, 앞의 논문 : 앞의 책, 2005, 171~172쪽에 기존 연구사가 잘 정리되어 있다.
160) 이성제, 2000, 앞의 논문 : 앞의 책, 2005, 193~197쪽.

이가 되겠다고 자청한 데 대해, 文帝는 영양왕을 이미 용서하여 토벌할
수 없다면서 백제 사신을 돌려보냈다.[161] 고구려가 이 사실을 알고 백제
를 침략한 것으로 보면 수에서 이를 고구려에 통보했던지, 수에 있던 고
구려 측 사신에게 알려졌을 것이다. 598년 이후 고구려는 수에 해마다
사신을 파견하여 조공했으므로,[162] 고구려와 수의 관계는 한동안 우호
적인 국면을 이어갔을 것이다.

　수를 둘러싼 국제관계도 변화되었다. 598년 고·수 전쟁 직후 突厥이
수를 침공한 것이다.[163] 수 문제는 돌궐의 분열을 획책하는 이간책을 썼
는데, 突利可汗만을 후하게 대하자 都藍可汗 雍虞閭가 이에 불만을 품
고 수를 공격하였다. 도람가한은 또한 서돌궐의 達頭可汗과 함께 染干
을 공격했는데, 이를 계기로 염간은 수에 귀순해 啓民可汗(599~609)의
칭호를 받고 수군의 앞잡이가 되었다. 599년 10월 도람가한이 부하에게
살해되고, 달두가한이 자립해 602년 수군에 토벌될 때까지 돌궐과 수의
전쟁은 계속되었다.[164] 말하자면 돌궐의 수 침입으로 인해 수의 군사력
은 돌궐의 토벌에 주력할 수밖에 없었을 테고, 이것은 고구려에게 남진
할 수 있는 조건을 마련해 주었을 것이다.[165]

　둘째, 백제 및 왜와의 관계이다. 6세기 후반 백제의 신라 서변 압박이
고구려 남진에 유리한 조건을 제공해 주었는데, 이러한 기조가 7세기대

---

161) 『隋書』卷81, 列傳46, 東夷 百濟(1819쪽) ; 『三國史記』卷27, 百濟本紀5, 威德王
　　45년.
162) 『隋書』卷81, 列傳46, 東夷 高麗(1816쪽). 다만 『三國史記』에는 600년 1월 한
　　차례만 조공한 것으로 되어 있다(卷20, 高句麗本紀8, 嬰陽王 11년).『隋書』가 원
　　전이므로 기록대로 몇 년 동안은 고구려가 사신을 파견했을 것이다.
163) 『隋書』卷48, 列傳13, 楊素(1285쪽).
164) 『隋書』卷84, 列傳49, 北狄 突厥(1872~1873쪽).
165) 여호규는 돌궐 방면에 대한 수의 지배력 강화로 서북 방면의 상황이 교착되자
　　고구려가 이에 대한 돌파구 차원에서 603년부터 남방에 대한 군사작전을 전개
　　한 것으로 이해하였다(여호규, 2002, 앞의 논문, 30~32쪽).

에도 지속되었다. 603년 고구려의 북한산성 침공을 앞둔 602년 8월 백
제는 신라의 阿莫城[전북 남원시 운봉읍]을 선제공격한 후 인근의 小陀
城・畏石城・泉山城・甕岑城의 4성을 공취하기 위해 4만 대군을 파병하
였다.[166) 전쟁은 신라의 승리로 귀결되었지만, 이로 인해 신라의 대백제
戰線은 6세기 후반보다 더 광범위해졌다. 실제로 605년 8월에 신라가
백제 동변을 침입하였고,[167) 611년에는 백제가 신라의 椵岑城을 침입해
城主 찬덕을 전사시키고 성을 함락시켰다.[168) 고구려를 상대해야 하는
신라로서는 백제와의 공방전이 군사력의 운용 면에서 상당한 부담으로
작용했을 법하다.

　고구려는 왜와의 관계도 강화하였다. 595년에 고구려 승려 慧慈가 왜
국에 가서 聖德太子의 스승이 되었다. 혜자는 615년에 귀국할 때까지
왜국 내 불교계는 물론 국정 전반에 관여하면서 고구려의 이익을 대변하
였을 것이다.[169) 실제로 혜자가 왜국에 있던 시기 고구려와 왜의 사신파
견은 지속적으로 이루어졌다.[170) 한편 602년 2~4월 왜는 신라를 정벌
하기 위해 來目皇子에게 25,000명의 군사를 주어 筑紫에 주둔시켰
다.[171) 이때 왜군 파병의 주체를 백제로 보는 견해[172)와 고구려로 보는

---

166) 『三國史記』卷4, 新羅本紀4, 眞平王 24년 ; 卷27, 百濟本紀5, 武王 3년 ; 卷45,
　　 列傳5, 貴山. 아막성 전투의 경과와 의미는 다음 논문이 참고된다.
　　 김병남, 2004, 「百濟 武王代의 阿莫城 전투과정과 그 결과」『全南史學』22, 全
　　 南史學會 ; 서영교, 2012c, 「阿莫城 전투와 倭」『歷史學報』216 ; 허중권・정덕
　　 기, 2012, 「602년 阿莫城 戰鬪의 전개과정에 대한 고찰」『軍史』85 ; 박종욱,
　　 2013, 「602년 阿莫城 戰鬪의 배경과 성격」『韓國古代史研究』69.
167) 『三國史記』卷4, 新羅本紀4, 眞平王 27년 ; 卷27, 百濟本紀5, 武王 6년.
168) 『三國史記』卷4, 新羅本紀4, 眞平王 33년 ; 卷27, 百濟本紀5, 武王 12년 ; 卷47,
　　 列傳7, 奚論.
169) 『日本書紀』卷22, 推古天皇 3년(595) 5월・23년(615) 11월. 李成市, 1990, 앞의
　　 논문, 68~75쪽 ; 정선여, 2007, 앞의 책, 91~95쪽.
170) 『日本書紀』에 따르면, 601년・602년・605년・610년에 걸쳐 4차례 사신을 교환하
　　 였다. 주로 고구려의 선진 문물과 승려 파견에 관련되어 있다.

견해[173]가 양립한다. 특히 후자와 함께『日本書紀』推古 9년(601) 3월
과 10년(602) 6월조에서 왜가 고구려·백제에 동시에 사신을 파견했고,
이때 고구려에 간 사신이 백제를 경유해 두 사람이 함께 귀국한 데 주목
해 고구려-백제-왜가 연합해서 신라를 견제했다는 주장도 있다.[174] 이들
은 아막성 전투의 국제적 성격과 한반도 정국에 미치는 倭의 영향력을
강조하였다. 그리고 603년 고구려의 북한산성 침공도 그 연장선상에서
이해하였다.

　　그러나 고구려와 백제의 관계는 598년 백제가 隋軍의 앞잡이 역할을
자처한 후 고구려의 침략을 받았고, 607년에도 고구려가 백제를 침공했
으므로[175] 아직까지 ‘연합’으로 규정될 만한 단계는 아니었다. 다만 왜
군이 신라를 침입하기 위해 축자에 군대를 파견한 것은 그 의도의 사실
여부를 떠나 신라에게는 부담으로 작용했을 것이다. 601년 9월 신라가
對馬島에 파견한 간첩이 왜에게 붙잡힌 것이 왜군에게 신라 정벌의 동
기를 부여한 것처럼 되어 있다.[176] 역시 문맥에는 윤색이 있겠지만, 간
첩 파견을 사실로 볼 수 있다면 신라가 왜의 동향을 의식하고 지속적으
로 감시했다는 것은 의미가 있다. 곧 왜군의 축자 주둔이 백제의 아막성
전투 및 고구려의 북한산성 전투에 유리한 조건을 제공해 준 측면이 있
는 것이다. 그러나 결과적으로 왜의 신라 출병은 來目皇子가 병들어 죽
자 좌절되었다.[177] 단지 수장의 죽음 때문에 대규모 군을 파병한 원정이

---

171)『日本書紀』卷22, 推古天皇 10년(602) 2월·4월.

172) 鈴木英夫, 1996,『古代の倭國と朝鮮諸國』, 靑木書店, 256~258쪽 ; 김현구·박현
　　숙·우재병·이재석 공저, 2004, 앞의 책, 59~60쪽 ; 박종욱, 2013, 앞의 논문,
　　174~175쪽.

173) 李成市, 1990, 앞의 논문, 78~79쪽 ; 서영교, 2012c, 앞의 논문, 262쪽.

174) 연민수, 2007, 앞의 논문, 22~23쪽

175)『三國史記』卷20, 高句麗本紀8, 嬰陽王 18년 ; 卷27, 百濟本紀5, 武王 8년.

176)『日本書紀』卷22, 推古天皇 9년(601) 9월·11월.

177)『日本書紀』卷22, 推古天皇 10년(602) 6월.

철회되었다는 것은 과연 왜군이 신라를 쳐들어갈 적극적인 의지가 있었는지 의구심이 든다. 따라서 7세기 초반 삼국 간 전쟁에서 왜가 한반도에 미치는 영향력은 제한적으로 판단하는 것이 옳다고 생각한다.[178]

이제 본격적으로 7세기 초 고구려와 신라의 각축 및 영역 변천양상을 살펴보도록 하자.

> 2-① 가을 8월에 고구려가 北漢山城을 쳐들어왔다. 왕이 몸소 군사 1만을 이끌고 [가서] 그들을 막았다.[179]
> ② 왕이 장군 高勝을 보내 신라의 北漢山城을 공격하였다. 신라왕이 군사를 이끌고 한강을 건너오니, 성 안에서는 북치고 소리 지르며 서로 호응하였다. [고]승은 저들이 많고 우리가 적다고 여겨 이기지 못할 것을 두려워하여 물러갔다.[180]

사료 2-①·②는 고구려가 7세기대에 신라를 본격적으로 공략하는 첫 기록이다. 고구려 영양왕이 장군 고승을 보내 신라의 북한산성을 기습하였고, 이에 맞서 신라 진평왕(579~632)이 구원군 1만을 이끌고 몸소 전투에 참여하여 고구려군을 물리쳤다는 내용이다. 그런데 2-② 기록에는 북한산성의 지리적 조건에 대한 정보가 담겨 있다. 곧 성이 한강 이북에 있었고, 성 안에서 한강을 건너오는 장면을 볼 수 있을 정도의 조망권이 담보되어 있는 위치이다. 이는 현재 서울시 광진구에 있는 아차산성의 지리적 조건과 부합한다. 이런 이유 때문인지 기왕에 이 기록의 북한산성을 아차산성으로 추정하였다.[181]

---

178) 고구려와 백제가 왜에 선진문물을 주면서 기대한 바는 왜의 군사적 지원이었을 것이다. 그러나 두 나라의 의도가 실현되었다는 근거자료가 남아 있지 않다. 따라서 현 단계에서 왜의 역할은 고구려·백제 대외관계의 상대국으로서 신라를 간접적으로 견제하는 정도로 의미를 부여하는 것이 낫다.

179) 『三國史記』卷4, 新羅本紀4, 眞平王 25년.

180) 『三國史記』卷20, 高句麗本紀8, 嬰陽王 14년.

181) 김영상, 1992, 앞의 논문, 21~23쪽 ; 김민수, 1999, 앞의 논문, 15~20쪽 ; 이우

더구나 아차산성 시굴조사 결과 '北'·'北漢'·'漢山□'의 글자가 새겨진 기와가 출토되었다. 발굴보고서에서는 기와편을 같은 문장의 다른 부분으로 생각해 '北漢山□'으로 해석하였고, 이것을 『삼국사기』에 나오는 신라의 북한산성으로 비정하였다.[182] 7세기대 신라의 북한산성이 지금의 아차산성임이 유력해진 셈이다. 사료 2-①·②를 참고할 때 북한산성은 603년 이전에 이미 축성되었음을 알 수 있다. 성벽의 다짐층 출토 토기와 다짐층 및 생활면 바닥에서 채취한 시료의 방사성탄소연대 측정 결과를 통해 성벽 축조연대의 범위를 6세기 후반으로 추정한 것도[183] 이와 부합한다.

신라는 568년에 北漢山州를 폐지하고 南川州[경기도 이천시]를 설치했었다. 이것은 위덕왕이 567년에 이르러 정국을 안정시키고 대중국 외교를 본격화하자, 대백제 방어체계에 대한 정비차원에서 단행된 것이었다.[184] 북한산주를 폐지했다고 해서 신라가 한강 이북지역의 영역지배를 방기한 것은 아니었다.[185] 568년 이후 고구려와 신라 간 별다른 교전이 없었던 점을 감안할 때, 신라는 한강 본류 방면에서 북한산주 관내[186]

태, 1999, 「北漢山碑의 新考察」『서울학연구』 12, 서울시립대 서울학연구소, 21~22쪽.

182) 임효재·최종택·윤상덕·장은정, 2000, 『아차산성-시굴조사보고서』, 205~207쪽, 212쪽.

183) 임효재·윤상덕, 2002, 「峨嵯山城의 築造年代에 대하여」『淸溪史學』 16·17, 213쪽.

184) 장창은, 2012a, 앞의 논문, 29~38쪽 : 이 책의 제3부 1장 3절-1) 참조. 이천 설봉산성은 南川停으로(서영일, 2010, 앞의 논문, 133쪽), 설성산성과 용인 할미산성은 남천정의 외곽 방어성으로 추정된다(徐榮一, 1999, 「利川 雪城山城에 대한 고찰」『史學志』 32, 42~43쪽 ; 姜眞周, 2007, 「附加口緣臺附長頸壺를 통해 본 新羅의 漢江流域 진출」『경기도의 고고학』, 주류성, 659쪽).

185) 州의 폐지를 영역의 퇴축 내지 방기로 치환하는 것은 단선적인 이해이다(李丙燾, 1976, 「眞興大王의 偉業」『韓國古代史研究』, 博英社, 672쪽 ; 朴省炫, 2010, 「新羅의 據點城 축조와 지방 제도의 정비 과정」, 서울대학교 박사학위논문, 160쪽). 다만 州治는 軍主가 머무는 6停軍團의 주둔지여서, 주치가 소재하지 않은 지역은 군사방어적인 측면에서 주치보다 취약할 수 있다.

를 중심으로 영역지배를 유지했던 것 같다. 그런데 고구려군이 603년에 신라군과의 충돌 없이 북한산성까지 쳐들어왔다. 이것은 6세기 후반~7세기 초까지 한강 이북에 고구려에 대비한 신라의 방어성 구축이 완비되지 않았음을 시사한다.[187) 또한 진평왕이 1만군을 이끌고 신속하게 북한산성에 구원한 것에서 한강 이남의 州治였던 南川州의 군사적 지원 능력이 원만하게 수행되었음을 알 수 있다.

신라는 604년에 남천주를 폐지하고 다시 북한산주를 설치하였다.[188) 당연히 그 계기는 북한산성 전투에서 비롯되었을 것이다. 곧 북한산주의 재설치는 한강 이북 지역에 대한 신라의 영역 수호 의지가 발현된 것이었다. 이로써 신라는 한강 유역 방어의 거점을 한강 이남에서 이북으로 전진 배치하고 방어체계 구축에 박차를 가했을 것이다. 고고학적으로 한강 이북의 신라 산성이 7세기 전반 이후 축조·활용되었다는 연구는[189) 이러한 정황과 부합한다.

그런데 진흥왕대 북한산주의 중심치소가 북한산 일대였다면, 604년에 다시 설치한 북한산주의 중심지는 이것과 다른 인상을 준다. '북한산'의 관련지명이 아차산성에서 출토되었고, 이곳이 북한산성이라면 북한산주의 중심치소도 아차산성으로 보는 것이 자연스럽다. 곧 7세기 초반 고구려가 아차산에 있었던 북한산성을 공략해오면서 이 일대가 방어상의 거점으로 부각되었고,[190) 그에 따라 북한산주의 치소가 기존의 북한산에

---

186) 북한산주는 고구려의 北漢山郡에 설치한 州로서 그 범위는 고려시대의 楊州 옛터, 곧 한강 이북의 서울시를 중심으로 경기도 고양시 덕양구와 남양주시 일부를 포함한다(『三國史記』 卷35, 雜志4, 地理2, 漢州 漢陽郡 ; 卷37, 雜志6, 地理4, 高句麗 漢山州).

187) 장창은, 2013, 앞의 논문, 84~85쪽.

188)『三國史記』 卷4, 新羅本紀4, 眞平王 26년.

189) 서영일, 2010, 앞의 논문, 128~132쪽.

190) 서영일도 604년 북한산주의 설치를 한강 유역 방어거점이 한강 이남에서 이북으로 전진 배치된 조치로 이해하였다. 또 신라의 한강 이북 지역 방어체계 구축시

서191) 아차산으로 옮겨진 것이 아닌가 생각된다.192)

한편 경기도 하남시 춘궁동에 자리한 이성산성의 3차 발굴조사 결과 A지구 1차 저수지에서 '戊辰年'의 간지가 묵서된 목간이 출토되었다.193) 목간에는 전면과 측면 두 차례에 걸쳐 '南漢城'이 나온다. 목간의 제작연대는 608년으로 보는 견해가 대세이다.194) 또한 남한성은 이성산성을 지칭한 것으로 판단된다.195) 이성산성에서는 다량의 목간과 벼루

기를 604년 이후로 보았다(서영일, 2010, 앞의 논문, 132쪽).

191) 6세기 중반 진흥왕대 북한산주의 중심치소가 북한산 일대였음은 이 책의 제3부 1장 1절 참조.

192) 임기환, 2002, 앞의 논문, 25쪽. 아차산성의 축조연대가 6세기 후반 이전으로 소급하기 어려운 점도 557~568년 북한산주의 거점성을 북한산 일대로 볼 수밖에 없게 한다.

193) 金秉模·沈光注, 1991, 『二聖山城 三次發掘調査報告書』, 漢陽大學校·京畿道, 441~444쪽. 발굴보고서에 소개된 목간의 명문은 다음과 같다. "(전면) 戊辰年正月十二日朋南漢城道使…결락 / (측면) 須城道使村主前南漢城□□…결락 / (후면) □□蒲□□□□□□…결락." 이 목간에 대한 연구는 다음이 참고된다. 朱甫暾, 1991, 「二聖山城 출토 木簡과 道使」 『慶北史學』 14 ; 2002, 『금석문과 신라사』, 지식산업사 ; 金昌鎬, 1992, 「二聖山城 출토의 木簡 年代 問題」 『韓國上古史學報』 10 ; 李道學, 1993, 「二聖山城 出土 木簡의 검토」 『韓國上古史學報』 12 ; 李成市, 1997, 「韓國出土の木簡について」 『木簡研究』 19 ; 이경섭, 2011, 「二聖山城 출토 문자유물을 통해서 본 신라 지방사회의 문서행정」 『역사와 현실』 81.

194) 이도학, 1993, 앞의 논문, 191~193쪽 ; 李成市, 1999, 앞의 논문, 244~246쪽 ; 이경섭, 2011, 앞의 논문, 77쪽. 주보돈도 608년과 668년의 두 가지 가능성을 상정하면서도 608년에 비중을 두었다(주보돈, 1991, 앞의 논문 ; 2002, 앞의 책, 298~306쪽).

195) 이도학, 1993, 앞의 논문, 190~191쪽 ; 皇甫 慶, 1999, 「新州 位置에 대한 研究」 『白山學報』 53, 241~242쪽 및 2009, 『신라 문화 연구』, 주류성, 299쪽 ; 이경섭, 2011, 앞의 논문, 88쪽. 황보 경은 광주 대쌍령리고분에서 출토된 '南漢山助舍'銘 청동제 방울을 통해 '남한산' 지역을 남한산성이 있는 청량산을 포함한 경기도 하남시와 송파구 일원으로 보고, 춘궁동·교산동 일대를 그 중심지로 생각하였다(황보 경, 2009, 「광주 대쌍령리 고분 출토 '南漢山助舍'銘 청동제 방울 고찰」 『文化史學』 32, 95~100쪽).

이성산성의 다각형 건물터

가 출토되었다. 이것은 곧 이곳에서 정치·외교·군사에 관한 중요한 사실을 문서로 작성하여 중앙에 보고하는 상황이 자주 발생하였음을 시사한다. 제사와 관련된 것으로 추정되는 다각형 건물지가 이성산성 안에 있는 것은 이성산성의 위상이 다른 성들에 비해 높았음을 시사한다.[196] 이로써 보면 이성산성은 신라가 한강 유역을 차지한 후 군사·행정의 중심 거점 역할을 수행하였을 것이다.[197] 결국 7세기에 들어서서 아차산성과 이성산성은 한강을 사이에 두고 북한(산)성과 남한성으로서 각각 한강 이북과 이남의 거점성 역할을 하였을 것으로 추정된다. 그러한 과정에서 아차산성은 북한산주의 중심치소로서 신라가 북방으로 본격적으로 진출하는 데 있어 거점 지역으로 부상하였을 것이다.

북한산성 전투에서의 패전에도 불구하고 고구려의 남진정책은 지속적으로 추진되었다. 곧 고구려는 608년 2월에 신라 북쪽 변방을 침략해

---

196) 황보 경, 2009, 앞의 책, 300~301쪽.
197) 洪潽植, 2008, 「考古資料로 본 新羅의 漢江流域 支配 方式」『百濟硏究』 50, 125
   쪽 ; 이경섭, 2011, 앞의 논문, 91쪽.

8천 명을 포로로 잡아 돌아갔다. 그리고 같은 해 4월 牛鳴山城을 신라로부터 빼앗았다.[198] 우명산성의 위치는 강원도 최북단의 안변[199] 또는 춘천[200]으로 비정하는 견해가 있다. 안변설은『신증동국여지승람』(권49 안변도호부 고적)에 나오는 '鐵垣成'가 '牛鳴'과 '쇠울'을 공통적으로 訓借한 데서 착안하였다. 하지만 안변은 신라가 556년에 비열홀주를 설치한 후 638년 무렵까지 차지하고 있었다.[201] 또한 608년 2월조와 4월조를 계기적으로 파악할 때, 우명산성이 안변이라면 그 이전 작전 범위였던 신라 북변을 광주산맥 이북의 추가령구조곡 일대에서 찾아야 하는데 당시 신라 북방의 한계선이 광주산맥 이남이어서 어울리지 않는다.

다만 춘천설도 확실한 논거가 뒷받침된 것은 아니다. 608년 당시 신라와 고구려의 경계를 서울 북쪽에서 춘천으로 연결되는 북한강 선으로 파악한 역사지리적 대세에서 도출한 것이다. 현 단계에서 우명산성의 위치를 확정하는 것은 불가능하다. 다만 7세기 초반 북한산성[아차산성]을 중심으로 한 북한산주 관내에서 신라의 영역지배가 유지되고 있었고, 동해안의 요충지였던 비열성[강원도 안변군]을 신라가 차지한 형세라면, 당시 신라 북변과 우명산성은 광주산맥 이남의 경기 동북부 내지 춘천 일대에서 찾는 것이 합리적이다.[202]

신라는 아단성 전투 이후 죽령로를 경유해서 북한강 유역으로의 진출을 가속화했고, 지리적 조건으로 볼 때 그 핵심 거점으로 춘천 지역의

---

198)『三國史記』卷4, 新羅本紀4, 眞平王 30년 ; 卷20, 高句麗本紀8, 嬰陽王 19년.

199) 酒井改藏, 1970, 앞의 논문, 41쪽 ; 鄭求福·盧重國·申東河·金泰植·權悳永, 1997, 앞의 책(3), 532쪽 주석 38. 강종훈도 우명산성의 위치를 안변으로 비정하는데 비중을 두었다(강종훈, 2004,「7세기 삼국통일전쟁과 신라의 군사활동-660년 이전 대고구려전을 중심으로-」『新羅文化』24, 233쪽).

200) 서영일, 2001, 앞의 논문, 37쪽 ; 박종서, 2010,「高句麗 娘臂城 위치에 대한 검토」『국학연구』17, 한국국학진흥원, 127쪽.

201) 장창은, 2012a, 앞의 논문, 40~41쪽 : 이 책의 제3부 1장 3절-2) 참조.

202) 장창은, 2013, 앞의 논문, 86쪽.

영역지배에 주력하였다. 신라가 안변 지역을 장악하고 있었으므로 동해
안 방면에서 추가령구조곡을 통한 고구려의 남진은 불가능했을 것이다.
그렇다면 고구려는 신계-이천-평강-김화-화천-춘천 방면으로 진출해 우
명산성을 장악했을 가능성이 크다. 이는 곧 아단성 전투로 인해 신라에
게 빼앗겼던 죽령로 영유의 주도권을 고구려가 되찾았음을 의미한다. 결
국 죽령로를 둘러싼 고구려와 신라의 각축전이 6세기 후반에는 남한강
상류에서, 7세기 초반에 이르러서는 북한강 유역으로 옮겨져 치열하게
전개되었음을 알 수 있다.

우명산성 전투 이후 고구려와 신라는 629년 娘臂城 전투 이전까지
교전기록이 없어 영역 변천양상의 단서를 찾는 것이 쉽지 않다. 일단 고
구려가 북한강 유역에서의 주도권을 장악했음에도 불구하고, 신라를 더
이상 공격한 정황이 포착되지 않는다.203) 그것은 아마도 隋와의 긴장국
면이 고조된 데 따른 불가피한 결과였다고 생각된다. 다음 기록은 이와
관련해서 608년 이후 고구려와 신라 간 영역 변천양상을 살피는 데 도
움을 줄 수 있는 것으로 주목된다.

> 3. [淵]蓋蘇文이 [相里]玄奬에게 말했다. "고구려와 신라가 원한으로 사
> 이가 벌어진 것은 이미 오래되었다. 예전에 隋와 서로 침략하였을 때
> 신라가 그 틈을 타서 고구려 500리의 땅을 빼앗고 城邑을 모두 차지하
> 였으니, 땅을 돌려주고 성을 반환하지 않으면 이 전쟁은 아마 그치지
> 않을 것이다."204)

---

203) 다만 608년 원광이 고구려의 침략에 걱정하며 수에 군사를 청하는 乞師表를 짓
고 611년에 보낸 것을 보면(『三國史記』 卷4, 新羅本紀4, 眞平王 30년·33년) 신
라가 느끼는 압박감이 상당했음을 알 수 있다.

204) 『三國史記』 卷5, 新羅本紀5, 善德王 13년. "蓋蘇文謂玄奬曰 高句麗新羅怨隙已
久 往者隋室相侵 新羅乘釁奪高句麗五百里之地 城邑皆據有之 非返地還城 此兵
恐未能已." 같은 내용이 고구려본기와 열전에도 실려 있다. 『三國史記』 卷21,
高句麗本紀9, 寶藏王 3년 "往者隋人入寇 新羅乘釁奪我地五百里 其城邑皆據有
之 自非歸我侵地 兵恐未能已." 『三國史記』 卷49, 列傳9, 蓋蘇文 "往者隋人侵我

위 기록에 따르면, 고구려 연개소문이 唐의 상리현장에게 '예전에 [고구려와] 수가 서로 침략하였을 때 신라가 그 틈을 타서 고구려 500리의 땅을 빼앗아 城邑을 모두 차지하였고, 그것이 지금(644년)까지 유지되고 있음'을 환기시키고 있다. 물론 이 기록에서 의미하는 고구려가 신라에게 빼앗긴 땅이란 551년 신라가 차지한 10군으로서 기사 자체가 오류라든지 과장되었다는 지적이 있었다.[205] 하지만 이와 달리 기록 자체의 사실성을 그대로 인정하는 견해도 있다.[206] 다른 사료에 이와 관련된 것이 나오지 않는다고 해서 분명하게 기록되어 있는 연개소문과 상리현장 간의 외교적 발언을 섣불리 부정할 필요는 없을 듯하다. 발언 내용의 성격도 과장 내지 기억의 착오가 개재되어 있을 가능성이 낮다. 따라서 이 기록은 역사성을 추구해 볼만한 가치가 있다고 생각한다.

중요한 것은 신라가 고구려 500리의 땅을 빼앗은 시기가 언제인가 하는 데 있다. 『구당서』와 『삼국사기』 신라본기는 그것을 '예전에 수가 [고구려와] 서로 침략하였을 때(往者隋室相侵)'라고 했고, 『신당서』· 『자치통감』과 『삼국사기』 고구려본기·열전에는 '예전에 수가 [고구려

新羅乘釁 奪我城邑五百里 自此怨隙已久 若非還我侵地 兵未能已."
　　추후 본문의 논리전개와 관련되므로 원전에 해당하는 중국 사서의 원문도 제시한다.
　『舊唐書』卷199, 列傳149, 東夷 高麗(5322쪽) "往者隋室相侵 新羅乘釁奪高麗五百里之地 城邑新羅皆有之 自非反地還我 此兵恐未能已." 『新唐書』卷220, 列傳145, 東夷 高麗(6188쪽) "往隋見侵 新羅乘釁奪我地五百里 今非盡反地 兵不止." 『資治通鑑』卷197, 唐紀13, 貞觀 18년(1997, 中華書局 點校本, 6206쪽) "昔隋人入寇 新羅乘釁侵我地五百里(謂隋煬帝伐高麗時) 自非歸我侵地 兵恐未能已."
205) 津田左右吉, 1913,「眞興王 征服地域考」『朝鮮歷史地理』1, 南滿洲鐵道株式會社 : 1986, 亞細亞文化社 : 이부오 역, 2010,『新羅史學報』18, 369쪽 ; 이병도 역주, 1983, 앞의 책(上), 477쪽의 각주 8 ; 노태돈, 2009,『삼국통일전쟁사』, 서울대학교 출판부, 76쪽 ; 임기환, 2011, 앞의 논문, 106쪽.
206) 서영일, 2001, 앞의 논문, 36쪽 ; 서영교, 2011, 앞의 논문, 2~4쪽 ; 최호원, 2012, 앞의 논문, 26~27쪽. 주된 논리는 당시 고구려 집권자인 연개소문과 당 사신 상리현장의 외교담판에서의 발언인 만큼 신뢰할 만하다는 것이다.

를] 침입해 왔을 때(昔隋人入寇[高句麗]·往隋見侵[高句麗])'라고 하여
미묘한 차이가 있다. 곧 전자는 '고구려와 수 사이 쌍방 침략'을, 후자는
'수의 일방적 침입'을 시사한다. 고구려와 수는 598년에 영양왕이 요서
를 선제공격하였고, 이에 대응해 隋 文帝가 30만군을 고구려에 파병하
는 전쟁을 벌였다. 그리고 612~614년에는 隋 煬帝의 잇따른 고구려 遠征
이 단행되었다.207) 따라서 『구당서』와 신라본기는 598년의 상황에, 『신당
서』·『자치통감』과 『삼국사기』 고구려본기·열전은 612~614년의 상황
에 부합한다.

  편찬시기로 보면 『구당서』의 기록이 原典일 가능성이 있다. 하지만
司馬光은 '수 양제가 고구려를 쳐들어갔을 때'라고 주석을 달아놓아 논
란의 여지를 남겨두었다. 이에 대한 기왕의 이해는 598~614년까지 광
범위한 시기에 신라가 고구려 영토를 침략한 기술로 보기도 하고,208)
612~614년으로 좁혀서 보기도 했다.209) 그런데 598년 영양왕의 요서
공격은 국지적·단발적이었다. 수군 30만의 고구려 공격도 전염병과 자
연재해로 인해 실제 전쟁으로 이어지지 못했다. 또한 영양왕이 곧바로
화친 사신을 보내 수습하였다. 한편 598년 고·수 전쟁 후 고구려가 수군
의 앞잡이를 자처했던 백제에 보복전을 결행하였는데, 신라에 대규모 영
토를 내주었다면 이에 대한 대응 없이 백제와 전쟁을 벌이는 것도 어색
하다. 따라서 598년 고구려와 수의 전쟁을 틈타 신라가 500리라는 광역
의 고구려 영토를 차지했을 가능성은 희박하다고 생각한다. 결국 고구려
가 612~614년 3차례에 걸쳐 수와 국운을 건 총력전을 벌였던 틈을 타
서 신라가 고구려의 남쪽 영토를 차지했다고 보는 것이 합리적이다.

  신라가 차지한 고구려 500리 성읍의 범위를 분명히 하기는 어렵다.

---

207) 『三國史記』 卷20, 高句麗本紀8, 嬰陽王 9년·23년~25년.
208) 서영일, 2001, 앞의 논문, 36쪽.
209) 최호원, 2012, 앞의 논문, 27쪽.

다만 612년 이전까지의 고구려와 신라 간 각축 지역을 감안할 때 북한
강 유역이 그 중심지에 포함되었을 가능성이 크다. 그렇다면 고구려가
608년에 차지한 우명산성도 신라에 다시 귀속되었을 것이다. 또한 북한
산주 관내 위주로 북방한계선이 유지되어 온 한강 본류도 북한산성을 교
두보로 북방 진출을 가속화했을 것이다.

신라의 임진강 유역 진출시기를 속단할 수는 없다. 그런데 629년 낭
비성 전투 이후 신라가 포천천로를 경유해 북진하면서 고구려와 신라 간
국경선이 임진강과 한탄강이 만나는 도감포 상류의 임진강 위주로 재편
되었다.[210] 그렇다면 신라는 612~614년 무렵에 임진강까지 진출하여
임진강 본류에서 고구려와 대치했던 것으로 추정된다. 이 시기 호로고루
와 당포성 등이 임진강 이북에서 신라의 북진을 저지하는 고구려 거점성
으로 존재한 듯하다.[211] 신라도 이에 맞서 임진강 이남의 요충지에 오두
산성·봉서산성·칠중성 등을 쌓아 고구려의 남하에 대비했을 것이다.[212]
결국 612~614년 '고·수 전쟁'은 신라가 한강 이북의 방어성을 구축하
면서 임진강 유역으로 진출하는 계기와 북한강 유역에서 주도권을 장악
할 수 있는 기회를 제공해 주었다는 측면에서 의미가 있었던 것으로 결
론지을 수 있다.

---

210) 장창은, 2013, 앞의 논문, 87~89쪽.
211) 임진강 일대에 남아 있는 고구려성과 보루는 축조와 영유시기를 단정하기 어렵
    다. 다만 발굴이 이루어진 석축단계의 호로고루와 당포성·무등리 1·2보루는 6
    세기 중반 이후 7세기대까지 존속한 것으로 판단하고 있다(심광주, 2008, 「고구
    려의 관방체계와 경기지역의 고구려성곽」 『경기도 고구려유적 종합정리 기본계
    획』, 경기문화재단 경기문화재연구원, 368쪽). 임진강 일대 고구려의 방어체계
    는 다음 논문이 주목된다.
    백종오, 2007, 「南韓地域 高句麗 關防體系-臨津江流域을 중심으로-」 『先史와
    古代』 26, 韓國古代學會 ; 양시은, 2010, 「남한 내 고구려 성곽의 구조와 성격」
    『高句麗渤海研究』 36.
212) 7세기 한강 이북의 신라 산성과 방어체계는 서영일, 2010, 앞의 논문, 136~138
    쪽을 참고하기 바란다.

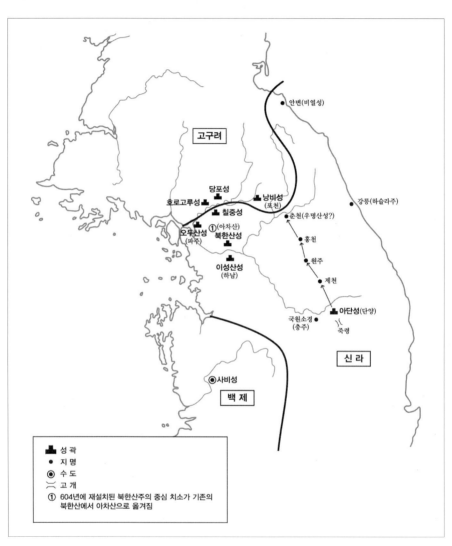

<지도 13> 7세기 전반 신라의 북진과 고구려와의 국경선

제3장 7세기대 신라의 북진과 임진강 유역에서의 麗·羅 간 대치

1. 신라의 한탄강 유역 진출과 임진강 유역에서의 려·라 간 대치

7세기 전반인 612~614년 고구려는 3차례에 걸쳐 隋와 국운을 걸고 총력전으로써 동북아시아의 패권을 다투었다. 신라는 이 틈을 이용해 고구려 남쪽의 500여리 성읍을 차지하였다. 이로써 6세기 후반부터 지속된 남한강과 북한강 상류 유역에서의 고구려와 신라의 각축전은 신라가 주도권을 빼앗는 국면으로 전환되었다. 자연 한강 이북의 북한산주 관내 위주로 유지되어 온 신라의 국경선은 신라의 북방 진출에 따라 점점 더 북쪽으로 올라갔을 것이고, 7세기 전반 어느 시점에 이르러서는 임진강까지 진출하여 임진강 본류에서 고구려와 대치했을 것이다.

7세기대 신라의 북방 진출과 그에 따른 고구려와의 공방전에서 분수령이 되었던 전쟁이 바로 娘臂城 전투이다. 관련 기록을 살펴보면 다음과 같다.

> 1-① 가을 8월에 왕이 대장군 용춘과 서현, 부장군 유신을 보내 고구려 娘臂城을 쳐들어갔다. 고구려인이 성을 나와 陣을 벌이니 군의 기세가 매우 성하여 우리 군이 그것을 보고 두려워서 싸울 마음이 없었다. 유신이 말하였다.
> "내가 듣건대 '옷깃을 잡고 흔들면 가죽옷이 바로 펴지고, 벼리를 끌어당기면 그물이 펴진다'고 했으니, 내가 그 벼리와 옷깃이 되겠다."

이내 말을 타고 칼을 빼들고 적진으로 곧장 나아가 세 번 들어가고 세
번 나오니, 매번 들어갈 때마다 혹은 장수를 베고 혹은 깃발을 뽑았다.
[이에] 여러 군사들이 승기를 타서 북을 치며 진격하여 5천 여 급을 목
베니, 그 성이 이내 항복하였다.[1]

② 建福 46년 기축 가을 8월에 왕이 이찬 임말리, 파진찬 용춘과 백룡, 소
판 대인과 서현 등을 보내 군사를 거느리고 고구려 낭비성을 공격하였
다. 고구려인이 군사를 내어 맞아 치니, 우리 사람이 불리해져 죽은 사
람이 매우 많았다. 여러 사람들의 마음이 꺾여 다시 싸울 마음이 없었
다. 유신이 이때에 中幢幢主가 되어 아버지[김서현 : 필자주. 이하 생
략] 앞에 나아가 투구를 벗고 아뢰어 말했다.

"우리 군사가 패했습니다. 제가 평생 충효로써 스스로 기약하였으니,
전쟁에 임하여 용감하지 않을 수 없습니다. 들건대 '옷깃을 들면 가죽옷
이 바로 펴지고. 벼리를 당기면 그물이 펼쳐진다'고 합니다. 제가 그 벼
리와 옷깃이 되겠습니다."

이내 말을 타고 칼을 빼들고 구덩이를 뛰어 넘어 적진에 들낙날락하
면서 장군을 베어 그 머리를 가지고 돌아왔다. 우리 군이 그것을 보고
승세를 타서 맹렬히 공격하여, 5천 여 급을 목 베고 1천 명을 사로잡으
니 성 안의 사람들이 두려워하여 감히 저항하지 못하고 모두 나와 항복
하였다.[2]

위 기록에 따르면, 629년(영류왕 12 ; 진평왕 51) 8월에 신라 진평왕
(579~632)의 명을 받아 폐위된 진지왕(576~579)의 아들인 김용춘과 가
야계 김서현·김유신 부자 등이 낭비성을 쳐들어갔다. 이때 김유신의 결
정적인 활약이 계기가 되어 고구려군 5천 명을 목 베고 1천 명을 사로잡
으며 낭비성을 고구려로부터 빼앗았다.[3] 그런데 낭비성 전투는 7세기대

---

1) 『三國史記』卷4, 新羅本紀4, 眞平王 51년.

2) 『三國史記』卷41, 列傳1, 金庾信 上.

3) 낭비성 전투의 신라 정치사적 의미는 김덕원에 의해 사륜계와 가야계의 정치적
결합을 상징적으로 보여주는 것으로 부각되었다. 곧 이 전투에서 승리함으로써
두 가문이 군사적으로 확고한 입지를 다지게 되었고, 이후 새로운 시대의 기반을
마련하는 계기가 되었다는 것이다(金德原, 2007, 『新羅中古政治史硏究』, 景仁文
化社, 138쪽 및 2011, 「신라 진평왕대 김유신의 활동」『흥무대왕 김유신 연구』,
신라사학회 편, 景仁文化社, 61~62쪽). 이에 대해서는 공감하는 입장에서 별도의

고구려와 신라 간 전투양상의 흐름을 감안할 때 상당히 이색적이다. 곧 대부분의 경우 고구려의 공세에 대해 신라가 이를 방어하는 형국인데, 이에 반해 낭비성 전투에서는 신라가 고구려에 선제공격을 가한 것이다. 신라는 왜 기존의 수세적 방어 국면에서 낭비성에 대한 적극적인 공략을 시도한 것일까? 그 이유를 살피기 위해서는 낭비성의 위치를 밝히는 것이 선행되어야 한다.

낭비성의 위치에 대해서는 그동안에 논란이 분분했었다. 충북 청주로 비정한 것이 통설이었다면,[4] 이후 파주의 칠중성[5]과 포천의 반월산성[6]을 낭비성으로 비정하는 주장이 제기되었다. 또한 함경남도 덕원[7]과 임진강·강원도 방면[8]으로 추정한 연구도 있었다.

먼저 청주설은 『삼국사기』에 西原을 일명 '臂城'이라 한 것과 『신증동국여지승람』에서 청주에 해당하는 백제 상당현을 '娘臂城'으로 남긴 데서[9] 착안하였다. 그러나 당시 고구려와 신라 간 영역과 낭비성의 후보

고찰이 필요하다고 판단하지만, 이 책에서는 고구려와 신라 간 전쟁사적 입장에서 낭비성 전투를 분석하고자 한다.

4) 李元根, 1976, 「百濟 娘臂城考」 『史學志』 10, 檀國大學校 史學會 ; 閔德植, 1983, 「高句麗의 道西縣城考」 『史學志』 36, 19~21쪽 ; 이병도 역주, 1983, 『삼국사기』 상(신장판), 을유문화사, 105쪽. 이원근·민덕식은 청원군 북이면 토성리산성으로 비정하였다.

5) 金正浩, 『大東地志』 卷3, 京畿道13邑, 積城 沿革 ; 金侖禹, 1987, 「娘臂城과 娘子谷城考-娘臂城의 位置를 中心으로-」 『史學志』 21, 275~283쪽 ; 임기환, 2012, 「삼국의 각축과 통일전쟁의 격화」 『한국군사사』 2, 육군본부, 70쪽.

6) 徐榮一, 1995, 「高句麗 娘臂城考」 『史學志』 28 및 1999, 『신라 육상 교통로 연구』, 학연문화사, 243~249쪽 ; 박종서, 2010, 「高句麗 娘臂城 위치에 대한 검토」 『국학연구』 17, 한국국학진흥원 ; 權純珍, 2007, 「경기지역 新羅 '北進期城郭'에 관한 일고찰」 『新羅史學報』 9, 新羅史學會, 35쪽 ; 서영교, 2011, 「高句麗 倭 連和와 阿旦城 전투」 『軍史』 81, 국방부 군사편찬연구소, 34~35쪽.

7) 池內 宏, 1929, 「眞興王の戊子巡境碑と新羅の東北境」 『昭和四年度古蹟調査特別報告』, 朝鮮總督府 : 1960, 『滿鮮史研究』 上世 第二册, 吉川弘文館, 28쪽.

8) 津田左右吉, 1913, 「羅濟境界考」 『朝鮮歷史地理』 上, 南滿洲鐵道株式會社 : 1986, 亞世亞文化社 : 이부오·장익수 번역, 2009, 『新羅史學報』 16, 335~336쪽.

로 추정되는 각종 성들의 축성 및 신라의 점유시기를 검토한 결과에 의하면[10] 청주설은 따르기 어렵다. 그 당시의 역사지리적 대세 때문에 낭비성 전투의 주체를 백제로 바꾸어 이해하기도 한다.[11] 하지만 해석이 자의적일 뿐만 아니라 분석의 근본적 준거라고 할 수 있는 역사지리적 대세 또한 동의하기가 힘들다.

파주 칠중성설은 삼국시대 七重縣의 별칭이 難隱別인데,[12] 이것이 낭비성과 음운상 상통하고 또한 ‘七重’의 ‘七’이 일본어로 ‘nana’이므로 난은별＝낭비성＝칠중성이라는 논리이다. 이 주장은 청주설과 달리 일단 고구려와 신라 간 역사지리적 대세와 어울린다. 그러나 같은 시대에 서로 상관성이 없는 ‘칠중성’과 ‘낭비성’이라는 호칭이 동시에 사용되었을지 의문이다.[13] 또한 고구려본기에 낭비성이 고구려 ‘東邊’에 있었다고 하는[14] 지리적 조건과도 어울리지 않는다.

포천 반월산성설 논거의 출발은 포천의 옛 지명이 ‘臂城郡’(또는 馬忽)이라는 것이다.[15] 곧 논거의 출발은 청주설과 같다.[16] 여기에 더하여 역사지리적 조건과 고고학적 발굴 성과를 고려하여 낭비성을 현재의 반

---

9) 『三國史記』 卷37, 雜志6, 地理4, 百濟 熊川州 "西原(一云臂城 一云子谷)." 『新增東國輿地勝覽』 卷15, 淸州牧 建置沿革 "本百濟上黨縣(一云娘臂城 一云娘子谷) 神文王五年初置西原小京 景德王陞西原京."
10) 서영일, 1995, 앞의 논문, 22~23쪽 ; 박종서, 2010, 앞의 논문, 116~119쪽.
11) 申景濬, 『旅菴全書』 卷5, 疆界考 娘臂城 ; 강종훈, 2004, 「7세기 삼국통일전쟁과 신라의 군사활동-660년 이전 대고구려전을 중심으로-」 『新羅文化』 24, 東國大學校 新羅文化研究所, 231~232쪽.
12) 『三國史記』 卷37, 雜志6, 地理4, 高句麗 漢山州.
13) 서영일, 1995, 앞의 논문, 23쪽.
14) 『三國史記』 卷20, 高句麗本紀8, 榮留王 12년 "秋八月 新羅將軍金庾信 來侵東邊 破娘臂城."
15) 『三國史記』 卷37, 雜志6, 地理4, 高句麗 漢山州.
16) 『신증동국여지승람』을 비롯한 후대 사서에서 청주의 원지명인 ‘臂城’에 ‘娘’자를 보입했을 가능성이 있다.

포천 반월산성 북벽과 북문지(경기도 포천시 군내면 구읍리 소재)

반월산성 남벽

월산성으로 비정하였다.

실제로 반월산성은 6차에 걸친 발굴 결과 6세기 후반 이후 7세기대 단각고배를 대표로 하는 신라 유물이 대거 발굴되었다.[17] 특히 개체수가 적기는 하지만 고구려 토기가 출토된 것은[18] 고구려가 한때 낭비성을 영유했던 정황과도 어울린다. 따라서 현 단계에서 낭비성의 위치는 포천 반월산성으로 비정하는 것이 온당하고 생각한다. 이는 반월산성이 처한 지리적 조건과 그로 인해 신라가 낭비성을 먼저 공격했던 이유를 살피는 과정에서 더욱 보완될 여지가 많다.

포천 지역의 교통로는 남쪽으로 축석령 등을 통해 양주·의정부와 서울로 연결되고, 서쪽으로는 영평천을 따라 경기 북부의 연천으로 이어진다. 북쪽으로는 한탄강을 건너 철원으로 나아갈 수 있다. 반월산성은 포천분지 북쪽에 자리잡고 있는데, 이곳은 철원에서 포천분지로 들어서는 입구에 해당한다. 반월산성을 중심으로 동·서·남·북 방향의 교통로가 교차한다. 산성에 오르면 남쪽으로는 포천분지 일대가, 북쪽으로는 포천천과 영평천이 교차하는 포천시 영중면 일대까지 조망이 가능하다.[19] 지금도 포천천을 따라 43번 국도가 의정부-양주와 철원 일대를 연결해주는데, 반월산성이 그 중심부에 자리한다.

고구려 입장에서 낭비성을 장악하면 포천천로[20]를 따라 남쪽의 양주

---

17) 박경식·서영일·김호준·방유리·전복량, 2004, 『포천 반월산성-종합보고서(Ⅰ)-』, 포천시·단국대학교 매장문화재연구소, 514~515쪽, 518쪽, 523쪽, 535쪽 ; 방유리, 2009, 「포천 반월산성 출토 신라유물 연구」『史學志』41.

18) 박경식·서영일·김호준·방유리·전복량, 2004, 위의 보고서, 514쪽, 530~534쪽.

19) 반월산성의 지리적 조건은 서영일, 1999, 앞의 책, 284쪽과 박경식·서영일·김호준·방유리·전복량, 2004, 앞의 보고서, 101~103쪽을 참고하기 바란다.

20) 경기북부의 교통로의 분류와 경로는 하천의 흐름에 주목한 백종오의 연구를 따랐다(白種伍, 1999,「京畿北部地域 高句麗城郭의 分布와 性格」『京畿道博物館年報』2, 81쪽과 2005,「남한지역의 고구려 성곽」『한국 고대의 Global Pride 고구려』, 고려대학교 박물관·서울특별시, 42~46쪽).

반월산성 북벽에서 바라본 포천시 일대

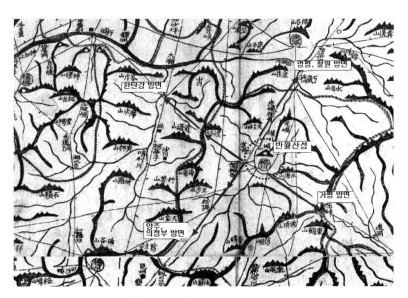

반월산성의 지리적 조건(『대동여지도』)

에 쉽게 나아갈 수 있고, 양주에서 중랑천을 경유해 남하하면 북한산주의 핵심 거점성인 북한산성[서울시 광진구 소재의 아차산성]까지 공략이 가능하다. 그런데 629년 당시 낭비성의 영유권은 고구려가 가지고 있었다. 말하자면 신라로서는 북한산성이 위협받을 수 있는 위기에 봉착한셈이라 할 만하다. 결국 신라가 기존의 방어전술과 달리 낭비성을 먼저 공격하여 차지한 까닭은, 신라 북진의 거점인 북한산성을 안정적으로 유지하고 포천천로를 이용해 북진할 수 있는 거점성에 대한 확보차원으로 이해하는 것이 합리적이다.[21]

이와 관련해서 양주 동쪽에 소재하면서 포천 반월산성으로 나아가는 교통로의 도상을 감시·통제했던 것으로 추정되는 천보산 보루를 주목할 필요가 있다. 최근 감시권역의 분석을 통해서 천보산 3~5보루의 사용주체를 신라로 본 연구가 있다.[22] 지리적 위치로 보았을 때 천보산 3~5보루는 신라가 낭비성으로 진출하는 과정 또는 낭비성 진출 이후에 북한산성과 낭비성을 이어주는 중간 보루의 기능을 하였을 가능성이 있다. 다만 천보산 3~5보루의 사용시기가 분명하지 않아 추후의 발굴 성과가 축적된 연후라야 본 가설의 논리가 좀 더 설득력 있게 보완될 수 있을 것이다.

고구려가 620년대 들어 낭비성 방면으로 진출할 수 있었던 배경은 대당 관계의 안정에 있었던 것 같다. 곧 618년 당 건국 이후 고구려와 당은 631년 무렵까지 사신을 지속적으로 교환하면서 일시적으로 안정된 국면을 유지하였다.[23] 그렇다면 고구려가 포천천로를 남진경로로 선택한 까닭은 무엇일까? 그것은 아마도 임진강 남안의 요충지에 신라의 방

---

21) 서영일, 1995, 앞의 논문, 31쪽.

22) 이정범, 2010, 「감시권역 분석을 통해 본 경기북부지역 보루의 사용주체와 기능」 『高句麗渤海研究』 37, 高句麗渤海學會, 147~148쪽.

23) 『三國史記』 卷20, 高句麗本紀8, 榮留王 2년·4년·5년·6년·7년·8년·9년·11년·12년·14년.

어체계가 마련되어 있었기 때문에 돌파구를 찾기 어려웠던 데 요인이 있지 않을까 싶다. 말하자면 612~614년 신라의 북진으로 이후 임진강을 국경선 삼아 고구려와 신라가 대치하고 있던 상황에서, 고구려가 임진강 동쪽의 한탄강 유역을 새로운 남진경로로 주목했고, 그 결과 한탄강 유역에서 남하하는 포천천로의 요충지에 자리한 낭비성을 공략했던 것으로 판단된다. 그렇게 보면 629년 전후 고구려와 신라는 포천천로를 남진과 북진의 핵심경로로 삼아 충돌했던 셈이 된다.

따라서 신라는 고구려로부터 낭비성을 빼앗은 이후 낭비성을 북진의 거점성으로 삼아 한탄강 유역으로의 진출에 박차를 가했을 법하다. 이와 관련해서 철원의 孤石亭에 진평왕이 건립한 것으로 되어 있는 古碑가 있었다는『신증동국여지승람』의 기록[24]은 이 시기 신라의 북진 범위를 시사하는 것으로 주목할 만하다.[25] 또한 철원군 소재의 東州山城과 城山城은 이 시기 신라의 북진과 관련해 주목된다. 지표조사 결과 동주산성에서는 신라 단각고배가 발견되었고, 성산성도 체성 하단부의 기저부 보축과 수습 유물의 양상이 파주 칠중성, 양주 대모산성, 포천 반월산성과 닮았다.[26] 향후 발굴조사에 따라 신라의 한탄강 유역 북진 범위가 좀 더 선명하게 드러날 것으로 기대된다.

신라가 한탄강 유역으로 고구려를 압박함에 따라 고구려와 신라의 국경선은 임진강과 한탄강이 만나는 도감포 상류의 임진강 위주로 재편되

---

24)『新增東國輿地勝覽』卷47, 鐵原都護府 樓亭 "孤石亭 在府東南三十里 岩石竦立東臨淵水 世傳新羅眞平王高麗忠肅王嘗遊此亭 高麗僧無畏記 鐵圓郡南萬餘步有孤石亭 巨岩斗起僅三百尺周十餘丈 緣岩而上有一穴蒲伏而入如屋宇 層臺可坐十許人 傍有新羅眞平王所留碑."

25)『신증동국여지승람』의 기록을 근거로 하여 신라가 낭비성 전투 이후 철원까지 진출했다고 보는 견해가 많다(서영일, 1999, 앞의 책, 249쪽 및 2001,「6~7世紀 高句麗 南境 考察」『高句麗研究』11, 高句麗硏究會, 38~39쪽 ; 박종서, 2010, 앞의 논문, 143쪽 ; 서영교, 2011, 앞의 논문, 35~36쪽).

26) 철원문화원, 2006,『철원의 성곽과 봉수』, 78~91쪽, 154~164쪽.

었을 가능성이 크다.[27] 임진강 동쪽에 있었던 고구려 은대리성이 당포
성이나 호로고루와 달리 6세기 초반 이후 활용된 흔적이 보이지 않는
점은[28] 이러한 추정을 뒷받침한다. 도감포 상류 임진강을 기점으로 서
쪽으로는 고구려의 당포성·우정리보루·무등리 1·2보루·고성산보루·강
서리보루가 남북으로 배치되어 있다. 그에 대칭하는 임진강 동쪽으로는
옥계리산성과 군자산성이 있으며, 한탄강 유역에도 신라성으로 확인된
대전리산성·고소성·주원리보루·성동리산성이 자리잡고 있다.[29]

물론 임진강 일대의 성과 보루에 대한 발굴 성과가 아직까지 충분하
지 않아 이러한 추정은 검증과정에 시일이 요구된다. 다만 발굴이 이루
어진 연천 무등리 2보루에서는 다량의 탄화곡물과[30] 고구려 찰갑이[31]
출토되었다. 이것은 곧 무등리 2보루가 전쟁에 필요한 군수물자를 비축
한 대규모 군량미 창고를 보유한 곳이자,[32] 이곳이 철갑옷을 소지할 만
한 지휘관이 주둔해 있는 핵심 거점임을 시사한다. 무등리 1·2보루는 기

---

27) 심광주가 6세기 중반~7세기까지 고구려와 신라의 대치국면을 이런 입장에서 정
  리하였다(심광주, 2008, 「고구려의 관방체계와 경기지역의 고구려성곽」『경기도
  고구려유적 종합정비 기본계획』, 경기문화재단 경기문화재연구원, 368쪽과 2009a,
  「임진강 유역의 역사와 관방유적」『임진강』, 경기도박물관, 181~182쪽). 필자는
  이를 낭비성 전투 이후 신라의 한탄강 유역 진출과 관련지어 시기적 범위를 좁혀
  서 이해하고자 한다. 권순진도 낭비성 전투 이후 고구려와 신라가 임진강·한탄강
  및 철원·김화 일대를 중심으로 북동-남서 방향을 연하는 선에서 대치한 것으로
  보았다(권순진, 2007, 앞의 논문, 35쪽).
28) 서영일, 2009, 「연천 은대리성 축조공법과 성격 고찰」『文化史學』31, 韓國文化
  史學會, 49~55쪽.
29) 한탄강 유역의 신라성에 대해서는 서영일, 1999, 앞의 책, 274~284쪽에 정리되어
  있으니 참고하기 바란다.
30) 심광주·김주홍·정나리, 1999, 『漣川 瓠蘆古壘 精密地表調査報告書』, 한국토지공
  사토지박물관·연천군, 167~169쪽. 탄화미의 연대를 국립문화재연구소는 534~
  685년, 미국 BETA 연구소는 685~865년으로 파악하였다.
31) 주류성, 2011, 『계간 한국의 고고학』17, 21쪽.
32) 심광주, 2009a, 앞의 논문, 181~182쪽.

존 편년안에 따르면 6세기 후반에서 7세기 후반으로[33] 다소 폭이 커 7세기 신라의 한탄강 유역 진출과 관련짓기에 주저되는 면도 있다. 하지만 무등리 2보루에서 출토된 대형 철촉의 제작연대를 7세기로 추정한 연구도 있으므로[34] 향후 이 일대 보루의 발굴 성과에 따라 무등리 보루의 운영시기도 더 분명해질 것이다.

신라가 한탄강 유역으로 진출했던 데에는 고구려의 영유권을 임진강 서쪽으로 한정함으로써 고구려의 주요 남진경로였던 죽령로[35]를 차단하려는 의도가 있었던 것으로 생각된다. 신라는 608년에 이미 고구려에게 우명산성[춘천 일대]을 함락당했던 경험이 있었다. 그 당시 신라가 비열성[강원도 안변군]을 장악하고 있었으므로 고구려는 추가령구조곡을 경유하기보다는 신계-이천-평강-김화-화천-춘천의 죽령로를 통해 신라를 압박했을 가능성이 크다.[36] 고구려가 춘천 일대를 장악한다면 북한강 수계를 따라 남하해 북한산성[아차산성]에 진출하는 것은 쉬운 일이다. 따라서 신라는 한탄강 유역을 따라 북상하여 고구려의 죽령로를 차단하는 데 주력했을 것이다. 동시에 북한강 수계를 따라 춘천 지역에 대한 영역지배력도 강화해 나갔을 것이다.

신라가 637년(선덕왕 6) 춘천에 牛首州를 두고 軍主를 파견[37]한 까

---

33) 심광주, 2008, 앞의 논문, 368쪽, 371쪽.

34) 김성태, 2007, 「남한 지역 출토 고구려 무기의 고찰」 『경기도의 고구려 문화유산』, 경기도박물관, 221~222쪽.

35) 고구려 평양에서 신라의 경주까지 이어지는 죽령로의 경로는 평양-서흥-신계-평강-김화-화천-춘천-홍천-횡성-원주-제천-단양-죽령-영주-안동-의성-영천-경주이다 (서영일, 2002, 「廣開土王代 高句麗와 新羅의 關係」 『廣開土太王과 高句麗 南進政策』, 고구려연구회 편, 학연문화사, 51쪽).

36) 608년 우명산성 전투의 내용과 의미에 대해서는 이 책의 제3부 2장 3절 참조.

37) 『三國史記』 卷35, 雜志4, 地理2, 朔州 "賈耽古今郡國志云 [高]句麗之東南濊之西古貊地 盖今新羅北朔州 善德王六年 唐貞觀十一年爲牛首州置軍主(一云 文武王十三年 唐咸亨四年置首若州) 景德王改爲朔州 今春州."

닭은 이러한 관점에서 접근할 때 온당한 이해가 가능하다.[38] 그렇다면 고구려가 638년(영류왕 21) 무렵에 그동안 신라가 차지했던 비열성을 빼앗은 것도[39] 신라가 우수주를 설치한 것에 대한 반발로써 추진된 결과로 해석할 수 있다. 안변 지역은 추가령구조곡과 철령, 그리고 동해안 교통로가 합류하는 요충지이다. 따라서 신라가 우수주를 영유하면서 기존의 안변 지역까지 계속 차지한다면 고구려는 동쪽 방면에서 신라로부터 다양한 경로를 통한 공세를 감내해야 했을 것이다. 642년 김춘추가 고구려에 가서 군사요청을 했을 때 보장왕(642~668)이 죽령 서북 땅의 반환을 요구한 것도[40] 근본적으로는 6세기 중반 한강 유역 상실에 대한 것이겠지만, 가깝게는 630년대 신라의 한탄강 유역 진출에 따른 죽령로 압박에 대한 항의 차원이 내포되어 있었을 것으로 생각된다.

2. 고구려의 재남진과 좌절

629년 낭비성 전투 이후 이루어진 신라의 한탄강 유역 진출과 우수주[강원도 춘천시] 설치는 곧 고구려가 기존에 주요 남진경로로 삼았던 죽령로와 포천천로·신천로 방면이 더 이상 남진경로로 활용될 수 없었음을 의미한다. 이에 따라 고구려는 신라 공격의 작전선을 바꿀 수밖에 없었을 것이다. 638년(영류왕 21)에 고구려가 신라의 七重城[경기도 파주

---

38) 신라의 북한강 유역 진출과 관련한 고고학 성과는 심재연, 2008, 「6~7세기 신라의 북한강 중상류지역 진출양상」『新羅文化』31, 62~77쪽에 정리가 잘 되어 있다. 신라의 춘천 지역 진출과 관련한 고고학 발굴보고서로는 江原文化財研究所, 2005, 『春川 鳳儀山城 發掘調査 報告書』와 2011, 『春川 牛頭洞遺蹟 I』이 주목된다.

39) 盧泰敦, 1996, 「5~7세기 고구려의 지방제도」『韓國古代史論叢』8 : 1999, 『고구려사 연구』, 사계절, 250쪽 ; 張彰恩, 2012a, 「眞興王代 新羅의 北方進出과 對高句麗 領域向方」『新羅史學報』24, 40~41쪽 : 이 책의 제3부 1장 3절-2) 참조.

40) 『三國史記』卷5, 新羅本紀5, 善德王 11년 ; 卷41, 列傳1, 金庾信 上.

시 적성면]을 공격한 것은 그 서막이라 할 만하다. 관련 자료를 살펴보
면 다음과 같다.

> 2. 봄 3월에 七重城 남쪽의 큰 돌이 스스로 35보 옮겨갔다. 겨울 10월에
> 고구려가 북쪽 변경의 칠중성을 쳐들어와 백성들이 놀라고 동요하여
> 산골짜기로 들어갔다. 왕이 대장군 알천에게 명하여 [그들을] 안정시켰
> 다. 11월에 알천이 고구려 군사와 칠중성 밖에서 싸워서 이겼다. 죽이
> 고 사로잡은 사람이 매우 많았다.[41]

  신라가 7세기 전반 임진강 유역으로 진출해 고구려와 대치한 국면에
서 칠중성은 임진강 남쪽에 있었던 신라의 핵심 거점성 역할을 하였다.
고구려 입장에서 칠중성은 신라의 한강 이북 지역 방어와 북진의 거점이
었던 북한산성[아차산성]을 최단 거리로 남진해 공격할 수 있는 요충지
였다. 실제로 칠중성에서 설마치고개를 넘어 불곡산과 도락산 방면으로
남하하여 양주에 이른 후 중랑천을 경유하면 북한산성에 쉽게 다다를 수
있다. 따라서 고구려가 칠중성을 공략하면서 노린 최종 목적은 북한산성
으로의 진출과 그에 따른 한강 유역 회복이라 할 수 있다.[42] 그러나 고
구려의 칠중성에 대한 첫 번째 공략은 신라 장군 알천의 활약으로 실패
하고 말았다.
  638년 칠중성 공략이 실패하면서 이후 고구려의 남방 진출은 한동안
소강상태를 맞았다. 그것은 唐과의 긴장관계가 고조되었던 서북방에서
의 분위기 때문인 듯하다. 한편 백제 의자왕(641~660)이 즉위한 후 신
라에 파상적인 공세를 가했고, 신라가 이를 타개하고자 643년 당에 군사
원조를 요청하였다.[43] 자연스럽게 동아시아의 세력관계는 고구려·백제

---

41) 『三國史記』 卷5, 新羅本紀5, 善德王 7년.
42) 서영일, 2001, 앞의 논문, 39쪽의 각주 57.
43) 『三國史記』 卷5, 新羅本紀5, 善德王 11년·12년 ; 卷27, 百濟本紀6, 義慈王 2년·3년.

의 연합 대 신라·당 동맹의 대결구도로 재편되어 갔다.

644년 당의 사신 相里玄奬이 唐 太宗의 조서를 가지고 고구려에 와서 백제와 함께 신라를 공격하지 말라고 권고하였다. 이때 연개소문은 이미 군사를 거느리고 신라를 쳐들어가 두 개의 성을 차지했었다. 보장왕(642~668)의 부름을 받은 연개소문은 평양성으로 급히 돌아와 상리현장과 회담하였다. 그러나 연개소문은 고구려가 수와 전쟁을 벌였던 612~614년에 신라가 빼앗은 고구려 영토 500리를 돌려주지 않으면 전쟁이 그칠 수 없다면서 당의 제안을 거절하였다.44) 당 태종이 자신의 충고를 듣지 않으면 다음해 군사를 내어 고구려를 정벌할 것이라고 한 예고는 곧바로 실행으로 옮겨졌다. 결국 고구려와 당은 645~648년까지 3차례에 걸쳐 두 나라의 국운을 건 전쟁을 치루었다.45) 이후로도 고구려와 당의 긴장관계는 고구려가 멸망할 때까지 큰 기조의 변화 없이 이어졌다. 따라서 고구려는 당과의 관계에 유념하면서46) 동시에 남방으로의 진출을 모색해야만 했다.

---

44) 『三國史記』 卷21, 高句麗本紀9, 寶藏王 3년 ; 卷49, 列傳9, 蓋蘇文. 연개소문의 발언 중 고구려와 수가 전쟁을 벌였던 시기가 612~614년을 지칭하는 것과, 신라가 빼앗은 고구려 영토 500리의 범위는 이 책의 제3부 2장 3절에서 논증하였다.

45) 『三國史記』 卷21, 高句麗本紀9, 寶藏王 4년·6년·7년.

46) 영류왕대(618~642)와 보장왕대(642~668) 고구려와 당의 관계에 대해서는 최근 주목할 만한 연구가 지속적으로 발표되었다. 소개하면 다음과 같다.
여호규, 2006, 「책봉호 수수를 통해 본 수·당의 동방정책과 삼국의 대응」『역사와 현실』 61, 한국역사연구회 ; 方香淑, 2008, 「7세기 중엽 唐 太宗의 對高句麗戰 전략 수립과정」『中國古中世史研究』 19, 中國古中世史學會 ; 김진한, 2009, 「榮留王代 高句麗의 對唐關係와 西北方情勢」『정신문화연구』 117, 한국학중앙연구원 : 2010, 「高句麗 後期 對外關係史 研究」, 한국학중앙연구원 박사학위논문 및 2011, 「보장왕대 고구려의 대당관계 변화와 그 배경」『高句麗渤海研究』 39, 고구려발해학회 ; 방용철, 2011, 「高句麗 榮留王代의 정치동향과 對唐 관계」『大丘史學』 102, 大丘史學會 ; 정원주, 2011, 「榮留王의 對外政策과 政局運營」『高句麗渤海研究』 40 ; 윤성환, 2012, 「고구려 영류왕의 對唐 조공책봉관계 수립정책의 의미」『동북아역사논총』 39, 동북아역사재단.

고구려가 대당전쟁의 후유증을 추스르고 신라에 대한 남진정책을 다시 추진한 것은 655년(보장왕 15)에 이르러서였다. 곧 고구려가 655년에 백제·말갈과 연합하여 신라 북쪽 변경의 33성을 빼앗는 성과를 거둔 것이다.[47] 그렇다면 이때 고구려가 신라에게 빼앗은 북변 33성의 위치는 어디일까?

이에 대해 충주·보은 일대,[48] 한강 하류의 당항성 인근,[49] 한강 이북을 포함한 동해안 방면이라는[50] 주장이 있었다. 그러나 충주·보은은 33성을 포괄하기에는 그 범위가 지나치게 좁을 뿐만 아니라 당시 고구려와 신라의 국경선과는 어울리지 않는다. 또한 신라가 고구려의 침략을 신속하게 알린 데 착안해 한강 하류 유역을 주목했지만, 이것은 도리어 신라가 대중국 출항지로서 한강 하류 유역을 여전히 장악하고 있음을 반증한다. 따라서 33성의 위치는 별개의 지역에서 찾아야 한다. 동해안 방면도 백제와의 공동작전을 수행하기는 곤란한 지역이어서 33성의 일부가 될 수는 있어도 주요 지역은 아닐 것이다.

이와 관련해서 최근 33성의 위치를 북한강 유역을 중심으로 한 영서 내륙 지역과 강릉 이북의 동해안 방면으로 논증한 연구가 발표되어 주목된다.[51] 7세기 중반 고구려와 신라의 대치국면을 고려할 때 임진강 유역을 배제한 채 충돌 가능성이 큰 지역으로 죽령로를 포함한 영서 지역을 주목한 것은 자연스럽다. 또한 윤성환이 658년 하슬라[강원도 강릉시] 땅이 말갈과 맞닿아 있어 사람들이 편하지 못하다고 여겨 北小京을 폐

---

47) 『三國史記』卷5, 新羅本紀5, 太宗武烈王 2년 ; 卷22, 高句麗本紀10, 寶藏王 14년 ; 卷28, 百濟本紀6, 義慈王 15년.

48) 津田左右吉, 1913, 「羅濟境界考」, 앞의 책 : 1986, 앞의 책 : 이부오·장익수 번역, 2009, 『新羅史學報』 16, 359쪽.

49) 金周成, 1995, 「지배세력의 분열과 왕권의 약화」 『한국사』 6, 국사편찬위원회, 105쪽.

50) 강종훈, 2004, 앞의 논문, 234쪽.

51) 윤성환, 2010, 「650년대 중반 고구려의 대외전략과 대신라공세의 배경」 『국학연구』 17, 한국국학진흥원, 161~166쪽.

지하고 州로 삼아 도독을 두어 지키게 했다는 기록을[52] 655년 고구려의 33성 공취와 인과관계로 연결시킨 것은 타당하다. 이로써 보면 신라가 고구려에 638년 비열성[강원도 안변군]을 빼앗긴 후 658년 무렵에는 동해안에서의 국경선이 강릉 일대까지 남하한 것을 알 수 있다.

655년에 고구려가 신라로부터 빼앗은 33성의 지역과 그것이 가지는 의미는 다음 기록을 통해 좀 더 부각이 가능하다.

> 3-① 5월 9일에(또는 11일이라고도 한다.) 고구려 장군 뇌음신이 말갈 장군 생해와 함께 군사를 합하여 述川城을 공격해왔다. [고구려군이] 이기지 못하자 北漢山城으로 옮겨가 공격하였는데, 抛車를 벌여놓고 돌을 날리니 그것에 맞는 성가퀴와 집이 쉽게 무너졌다. 城主인 大舍 동타천이 사람을 시켜 마름쇠를 성 바깥에 던져서 사람과 말이 다닐 수 없게 하였다. 또 安養寺의 창고를 헐어 그 재료를 실어서 성의 무너진 곳을 따라 곧 망루를 만들고, 밧줄을 그물같이 엮어 소말가죽과 솜옷으로 걸치고 안에다가 弩砲를 설치해 지켰다. 이때 성 안에는 단지 남녀 2800인 만이 있었는데 성주 동타천은 어린이와 노약자를 능히 격려하여 강대한 적과 대적하기를 무릇 20여 일 동안 하였다. 그러나 식량이 떨어지고 힘이 지쳐서 지극한 정성으로 하늘에 고하였더니 갑자기 큰 별이 적의 진영에 떨어지고 또 천둥과 비가 내리며 벼락이 쳤다. [이에] 적이 의심을 품고 두려워하여 포위를 풀고 돌아갔다.[53]
> ② 여름 5월에 왕이 장군 뇌음신을 보내 말갈의 무리를 이끌고 신라의 북한산성을 포위하여 10일 동안 풀어주지 않자, 신라는 군량 보급로가 끊어져 성 안 사람들이 두려워하였다. [이때] 갑자기 큰 별이 우리 진영에 떨어지고 또 천둥과 비가 내리며 벼락이 쳐서 뇌음신 등이 의심하고 놀라 [군사를] 이끌고 퇴각하였다.[54]
> ③ 용삭 원년[661] 봄에 왕이 "백제의 남은 세력이 여전히 있으므로 이를 멸하지 않을 수 없다"고 하며, 이찬 품일, 소판 문왕, 대아찬 양도 등을 장군으로 삼아 가서 치게 하였으나 이기지 못하였다. 또 이찬 흠순(또는 흠춘), 진흠, 천존, 소판 죽지 등을 보내 군사를 이끌었다. 고구려와 말갈

---

52) 『三國史記』 卷5, 新羅本紀5, 太宗武烈王 5년.

53) 『三國史記』 卷5, 新羅本紀5, 太宗武烈王 8년.

54) 『三國史記』 卷22, 高句麗本紀10, 寶藏王 20년.

이 신라의 정예병이 모두 백제에 있어 [나라] 안이 비어 있으므로 칠 수 있을 것으로 여기고 군사를 동원하여 수륙으로 함께 진군시켜 북한산성을 포위하였다. 고구려 군영은 그 서쪽에, 말갈은 그 동쪽에 주둔하여 10일 동안 공격하자 성 안 사람들이 두려워하였다. 갑자기 큰 별이 적의 진영에 떨어지고 또 천둥과 비가 내리며 벼락이 쳐서 적들이 의심하고 놀라 포위를 풀고 달아났다.[55]

사료 3-①~③은 661년에 고구려가 신라의 북한산성[아차산성]까지 진출해 총공세를 가하는 내용이다. 여기에는 고구려가 신라를 공격할 수 있었던 배경, 북한산성의 구조와 규모 등에 관한 구체적인 정보가 담겨 있다.

그런데 필자가 주목하려는 것은 고구려군의 북한산성 진출경로이다. 사료 3-①에 따르면, 고구려군이 말갈과 함께 먼저 공략한 곳은 述川城[경기도 여주시][56]이었다. 고구려가 이때 임진강 유역과 한강 하류 유역을 경유했다면 이렇듯 신라의 아무런 저항을 받지 않으면서 경기 동남부의 여주 일대까지 진출할 수는 없었을 것이다. 고구려에서 여주 일대로 진출하는 최단경로로 자연 죽령로를 주목하지 않을 수 없다. 고구려군은 곧 죽령로를 이용하여 춘천-홍천-원주까지 내려온 후 서진하여 여주의 술천성으로 나아갔을 것이다.[57] 이러한 진출경로는 고구려가 655년에

---

55) 『三國史記』卷42, 列傳2, 金庾信 中.

56) 『三國史記』卷35, 雜志4, 地理2, 漢州 "泝川郡 本高句麗述川郡 景德王改名今 川寧郡."『新增東國輿地勝覽』卷7, 驪州牧, 古蹟 "川寧廢縣…在州西二十五里." 김정호는 『대동여지도』에 川寧을 여주시 홍천면 일대에 표기했는데, 이에 의거해 술천성을 이곳으로 보는 견해가 있다(千寬宇, 1976, 「三韓의 國家形成」『韓國學報』 2·3, 一志社 : 1989, 『古朝鮮史·三韓史硏究』, 一潮閣, 310쪽 ; 鄭求福·盧重國·申東河·金泰植·權悳永, 1997, 『譯註 三國史記』4[주석편 하], 韓國精神文化硏究院, 236쪽). 다만 이포나루 태봉산 소재의 술천성으로 알려진 곳에서 아직까지 신라나 백제의 축성 흔적이 나오지 않았다. 그렇다면 술천성의 구체적인 위치는 여주 관내의 다른 곳에서 찾을 수밖에 없다. 추후 발굴 성과가 축적되면 밝혀질 것으로 기대한다.

661년 고구려의 북한산성 예상 공략경로

신라 북변의 33성을 장악한 것과 계기적으로 파악할 때라야 합리적인 이
해가 가능하다. 결국 655년 고구려가 차지한 신라 33성의 중심은 역시
죽령로를 중심으로 한 영서 내륙 지역으로 비정하는 것이 온당하다.[58]

고구려는 660년에 신라의 칠중성을 다시 공격하였다. 이때 칠중성 縣
슈이었던 필부가 필사적으로 싸우며 20일 동안 저항했지만 결국 칠중성
은 고구려의 수중에 넘어갔다.[59] 이후 칠중성의 영유권은 「答薛仁貴書」
에 667년 무렵 칠중성이 여전히 고구려성으로 묘사되어 있어[60] 660년

---

57) 서영일, 1999, 앞의 책, 242쪽. 여호규도 화천-춘천을 경유해 홍천까지 도달한 다
    음 양평 방면으로 나아가 술천성을 공격한 것으로 이해하였다(여호규, 2012, 「4세
    기 후반~5세기 초엽 高句麗와 百濟의 국경 변천」 『역사와 현실』 84, 196쪽).

58) 이로써 보면 637년 우수주 설치에도 불구하고 신라의 이 지역에 대한 영역지배가
    얼마나 공고했는지 의문이 든다. 다만 고구려군이 북한산성을 공격하는 경로가
    여주 술천성에서 남한강을 따라 북상했으므로, 춘천 이서의 북한강 수계에 대한
    신라의 방어체계는 마련된 듯하다.

59) 『三國史記』 卷5, 新羅本紀5, 太宗武烈王 7년 ; 卷47, 列傳7, 匹夫.

60) 『三國史記』 卷7, 新羅本紀7, 文武王 下 11년.

부터 667년까지 고구려가 차지했던 것으로 보는 견해가 일반적이다.[61]

그러나 662년 김유신이 평양 지역에 주둔해 있던 唐軍에 군량미를 전달하러 갈 때의 상황을 묘사한 기록을 살피면,[62] 그 당시 칠중성의 영유권에 대해 재고의 여지가 있는 듯하다. 곧 김유신 부대가 七重河[임진강]에 이르자 사람들이 두려워하여 감히 먼저 배에 오르지 않았고 김유신이 먼저 배에 올라탄 후에야 강을 건너 고구려 강역 안으로 들어갔다는 내용이 남아 있다. 신라군은 칠중성 근처의 임진강까지 아무런 저항없이 도착하였다. 또한 이들은 임진강의 도강을 두려워하였다. 이는 662년 당시 임진강 이남이 신라의 영토임을 시사한다. 자연 칠중성 역시 신라의 영유 하에 있었다고 보아야 한다. 그렇다면 고구려가 660년에 칠중성을 차지했음에도 불구하고 662년 이전에 칠중성에서 퇴각한 것으로 판단된다.[63] 사실 고구려가 660년 이후에도 칠중성을 장악하고 있었다면 661년 북한산성을 공격할 때 설마천로를 이용해 최단경로로 압박했을 것이다. 굳이 죽령로를 경유해 여주 방면으로 우회할 필요가 없었던 것이다.

고구려가 660년에 칠중성을 함락했지만 그에 대한 영유를 길게 하지 않고 퇴각한 까닭은 칠중성의 입지조건 때문인 듯하다. 곧 칠중성은 북쪽에서 내려오는 적을 방어하기에 유리하지만, 남쪽에서 올라오는 적을 방어하기에는 적합하지 않다. 고구려의 입장에서 칠중성은 배후에 임진강이 있기 때문에 물자와 병력의 수송·보급에 불편이 따랐을 것이다.[64]

---

61) 서영일, 2001, 앞의 논문, 40쪽 ; 백종오, 2007, 「南韓地域 高句麗 關防體系-臨津江流域을 중심으로-」 『先史와 古代』 26, 韓國古代學會, 281쪽.

62) 『三國史記』 卷42, 列傳2, 金庾信 中.

63) 심광주, 2009a, 앞의 논문, 184~185쪽 및 2009b, 「삼국의 쟁투지 칠중성」 『파주시지』 2, 파주시, 75~77쪽. 「답설인귀서」에 따르면, 662년~667년 사이에 다시 고구려가 칠중성을 차지하였다.

64) 서영일, 1995, 앞의 논문, 32쪽 ; 심광주, 2009b, 위의 논문, 71쪽 ; 박종서, 2010, 앞의 논문, 136쪽.

칠중성에서 북쪽으로 바라본 임진강 유역의 모습

그럼에도 불구하고 고구려가 칠중성을 지속적으로 공략한 이유는 무엇일까? 그것은 곧 칠중성이 임진강 이남의 신라 방어체계에서 차지하는 비중이 컸기 때문이었다. 칠중성을 중심으로 서쪽으로 오두산성·봉서산성 등 신라의 해안 방어성이 있었고, 동쪽으로도 수철성·대전리산성 등이 있어 칠중성이 이들 성을 매개하는 역할을 하였다. 고구려가 칠중성에 대한 공세를 이어간 것은 신라 방어체계를 효율적으로 무력화시키려는 의도였던 것이다.[65] 삼국시대에 小祀의 제장은 지역 방호를 위한 목적으로 배치된 것으로 분석되었다.[66] 따라서 칠중성이 신라 祀典體制에서 소사로 편제되어 있는 것은[67] 칠중성이 고구려와의 관계에서

65) 서영일, 2010, 「산성 분포로 본 신라의 한강유역 방어체계」『고고학』제9권 제1호, 중부고고학회, 137쪽.
66) 최광식, 1994, 『고대한국의 국가와 제사』, 한길사, 317~419쪽.
67) 『三國史記』卷32, 雜志1, 祭祀 小祀 "鉗岳(七重城)."

차지하는 국방상의 위상을 잘 말해준다.

한편 당시 고구려가 칠중성을 공격하는 과정에서 임진강 유역 남진 거점성으로서 호로고루가 주목된다. 호로고루에서는 연화문와당, 치미, 착고기와 등 다량의 기와는 물론 호자·벼루와 '相鼓' 명문이 새겨진 토기가 출토되었다. 이러한 유물은 건물의 위계와 그 안에 주둔했던 행정 관료의 존재, 그리고 儀禮와 관련될 여지가 있다.[68] 이때의 의례란 전쟁에서의 승리를 점치거나 기원하는 차원일 것이다. 『三國志』魏書 부여전에서 전쟁을 할 때 하늘에 제사를 지내고, 소를 잡아 길흉을 점쳤던 풍속[69]과 맥락이 닿는다. 지금까지의 고고학 성과에 따르면, 호로고루가 고구려 남쪽의 국경을 총괄하는 사령부 기능을 한 것으로 보아도[70] 무리가 없을 것으로 판단된다.

요컨대 신라는 7세기에 이르러 북한산주의 중심지로서 북한산성을 안정적으로 영유하면서 북진하여 고구려를 압박하였다. 특히 629년 낭비성 전투 이후 한탄강 유역으로 진출하면서 임진강을 기점으로 고구려와 대치하는 국면을 이끌어냈다. 그러한 과정에서 임진강과 한탄강 일대 신라의 방어체계는 점차 완비되어 갔다. 고구려가 공략하려 했던 한강 이북의 최종 목표물은 북한산성이었다. 이를 통해 궁극적으로 신라에게 빼앗긴 '계립령과 죽령 이서의 땅' 한강 유역을 되찾고자 하였다.

고구려는 북한산성 공략을 위해 남진의 최단경로에서 핵심 거점이었던 칠중성에 지속적으로 공세를 가했다. 661년 죽령로로 우회해서는 결국 북한산성까지 이르러 공취 직전까지 갔었다. 그러나 7세기 신라의 북

---

68) 양시은, 2010, 「남한 내 고구려 성곽의 구조와 성격」『高句麗渤海研究』36, 117쪽, 123쪽.

69) 『三國志』卷30, 魏書30, 烏丸鮮卑東夷列傳30, 夫餘(1997, 中華書局 點校本, 841쪽) "有軍事亦祭天 殺牛觀蹄以占吉凶 蹄解者爲凶 合者爲吉."

70) 심광주, 2009a, 앞의 논문, 182쪽.

호로고루 동벽(경기도 연천군 장남면 원당리 소재)

호로고루 동벽 끝단과 목책

호로고루에서 바라본 임진강과 고랑포 나루

한산성은 고구려의 남진을 저지하는 한강 이북의 거점성 역할을 충실히 수행하였다. 결국 신라에 대한 고구려의 북한산성 공략과 궁극적으로 목표로 한 한강 유역의 회복은 좌절되고 말았다. 삼국의 관계는 660년 나·당 동맹군에게 백제가 멸망한 이후 자연스럽게 재편될 수밖에 없었다. 나·당 동맹군의 공세는 점점 고구려를 향해가고 있었다. 고구려 남방 진출의 대서사는 끝났고, 멸망기의 혼란만이 예고되었다.

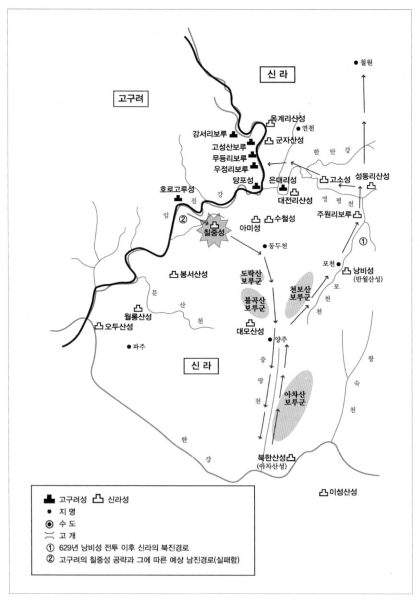

<지도 14> 7세기 전반~중반 임진강 유역에서의 고구려와 신라 간 대치양상

결 론

  고구려와 백제가 영역을 맞댄 것은 두 나라 사이에서 완충지대 역할
을 했던 樂浪郡과 帶方郡이 한반도에서 축출된 이후인 4세기 전반에 들
어서였다. 다만 고구려가 요동 지방에서 慕容燕 세력과의 관계에 주력
하고, 백제 역시 국내 정치 안정을 도모하면서 두 나라의 직접적인 충돌
은 4세기 중반에 이르러서야 본격적으로 전개되었다. 곧 고구려와 백제
는 4세기 중·후반부터 예성강 유역을 놓고 치열한 공방전을 전개하였다.
그 결과 백제는 雉壤城[황해도 배천군]을 차지함으로써 예성강 중·하류
를 확보했고, 고구려는 水谷城[황해도 신계군]을 교두보로 삼아 예성강
상류의 동북쪽에서 백제를 지속적으로 압박하였다. 결국 4세기 후반까
지 두 나라의 국경선은 예성강 중류를 기점으로 대치하는 형국을 이어
갔다.

  이와 같은 일진일퇴의 양상은 광개토왕(391~412)이 즉위한 후 고구
려의 일방적인 승세국면으로 변화되었다. 광개토왕은 392년에 4만의 대
군을 이끌고 친히 원정에 나서 石峴城[황해도 개풍군 청석동 또는 경기
도 파주시 파평면]과 천혜의 요지였던 關彌城[예성강 남안 또는 파주시
오두산성]을 함락시켰다. 이것은 곧 예성강 하류는 물론 경기만 일대의
제해권이 고구려에게 귀속됨을 의미하는 것이었다. 광개토왕은 이어
396년에 백제의 수도 漢城까지 함락하였다. 아신왕(392~405)은 광개토
왕에게 老客임을 자칭하면서 항복했고, 광개토왕은 그 대가로 남한강
상류 지역을 포함한 58城 700村을 획득하였다. 이로써 고구려는 영서와
중부 내륙 지방을 남북으로 연결하는 죽령로를 확보할 수 있었다. 이는
향후 고구려가 백제를 동쪽에서 압박할 수 있는 것은 물론 신라 진출의

교두보를 마련했다는 차원에서도 의미가 큰 것이었다.

다만 광개토왕이 勝戰의 결과물을 가지고 회군하면서 적어도 한강 유역에서 임진강 유역 사이에 대한 고구려의 영역지배는 관철되지 못하였다. 오히려 5세기대 들어 북중국에서 북위가 등장하면서 고구려 국력의 지향점이 요동 지역에 기울었고, 그에 따라 고구려의 남하도 실행되지 못했다. 그리하여 고구려와 백제의 국경선은 장수왕(413~491)이 백제 한성시대를 종식시키는 475년까지 대체로 예성강~임진강 선을 유지하였다.

광개토왕의 남정이 백제의 영역을 적극적으로 편입하는 데는 일정한 한계에 부닥쳤지만, 장수왕대에 죽령로를 통해서 신라에 대한 영향력을 증대시키는 데는 소기의 성과를 거두었다. 장수왕은 실성왕이 고구려의 감시가 소홀한 틈을 타 모색한 자립화 행보를 빌미로 신라 왕경에 고구려 군사단을 주둔시켰고, 신라에게 공납의 부담도 가중시켰다. 이에 눌지왕(417~458)은 고구려세력을 배제시키는 방향으로 정책을 선회하였다. 눌지왕은 먼저 425년에 고구려에 볼모로 가 있던 동생 복호를 탈출시켰다. 그리고 백제의 제안을 받아들이는 형태로 433~434년에 이른바 '羅·濟同盟'을 체결해 고구려와 일정한 거리를 두겠다는 메시지를 표방하였다.

하지만 고구려는 427년 평양 천도를 전후해 복잡했던 내부사정과, 430년대 이후 증폭된 북위와의 갈등국면으로 인해 신라에 적극적인 대응을 할 수 없었다. 장수왕은 오히려 고구려의 영향권에서 이탈해가는 신라를 회유하는 방향으로 정책을 구사하였다. 그 결과물이 450년에 건립된 「충주고구려비」였다. 장수왕은 곧 國原[충북 충주시] 진출을 기념하고 고구려 국력을 과시하여 신라를 회유하고자 눌지왕을 국원으로 불러 형제관계임을 천명하는 의식을 거행하였다. 하지만 이러한 노력에도 불구하고 고구려와 신라의 관계는 급속히 이완되어 갔다. 450년 7월에

고구려 변방장수가 悉直[강원도 삼척시]의 들에서 사냥하다가 何瑟羅
[강원도 강릉시] 城主에게 살해당하는 사건은 그 서막이었다. 이때 장수
왕은 국원에서의 우호를 상기시키며 눌지왕을 나무라면서 군사를 파견
했고, 이에 눌지왕이 사과하면서 사태가 일시적으로 수습되었다. 고구려
와 신라의 불안했던 우호관계는 453년 7월 신라가 왕경에 주둔해 있던
고구려 군사 100명을 몰살시키면서 파국으로 치달았다. 급기야 고구려
가 이에 대응해 다음해 신라를 쳐들어오면서 두 나라의 관계는 대립국면
으로 변화되었다. 455년에 이르러 나·제동맹군의 활동이 본격적으로 보
이는 것은 이러한 삼국관계의 변화가 반영된 결과였다.

고구려는 이후 신라에 대한 공세의 수위를 높여갔다. 먼저 468년(장
수왕 56) 봄에 말갈군 1만을 거느리고 신라 북변의 悉直城을 공취하였
다. 이때 고구려군은 신라가 장악하고 있던 何瑟羅를 통하지 않는 영서
내륙의 우회로를 이용해 남진하였다. 그런데 고구려군은 군단의 구성이
용병 위주였고, 하슬라에 주둔해 있던 신라군의 반격에 고립될 것을 우
려해 실직성에 오래 머물지 않고 회군하였다. 신라는 이에 468년 9월에
하슬라인을 동원해 泥河[남한강 상류]에 성을 쌓았다. 이것은 고구려 남
진의 최종 방어선이자 전진거점이었던 삼척의 실직성을 방어하기 위한
조처였다.

468년 이후 고구려의 신라에 대한 공격은 백제와의 관계로 인해 소강
상태를 맞았다. 이에 자비왕(458~479)은 고구려의 침략에 대비한 방어
성을 구축하였다. 특히 소백산맥의 지형적 특성상 북사면이 남사면보다
경사가 완만해서 고구려군이 군사작전 시에 신라군보다 유리했기 때문
에, 신라의 축성사업은 소백산맥 서록과 금강 상류에 집중되었다. 신라
는 470년 三年山城[충북 보은군 보은읍] 축조를 시작으로 471년 芼老
城, 474년에는 一牟城[충북 청원군 문의면]·沙尸城[충북 옥천군 이원
면]·廣石城[충북 영동군]·沓達城[경북 상주시 화서면]·仇禮城[옥천군

옥천읍]·坐羅城[영동군 황간면] 등을 쌓아 방어체계를 마련해 나갔다.

고구려는 400년 무렵부터 5세기 중반까지 신라의 영토에 자국 군대를 주둔시키면서 경북 일대를 '세력권'으로 삼았다. 하지만 그것이 고구려의 신라에 대한 영역지배를 의미하는 것은 아니었다. 곧 고구려의 영역은 소백산맥을 넘지 못했다. 그나마 신라 눌지왕이 집권 후반기 고구려세력을 축출하면서 '高句麗故地'로 남게 된 경북 일대의 세력권마저 급속히 소멸되어 갔다. 이에 따라 고구려와 신라는 5세기 중반 이후 소백산맥과 동해안의 강릉을 국경선으로 삼아 대치하였다. 신라는 도리어 삼척과 강릉을 배후 거점으로 삼아 영서로 진출하여 니하성[강원도 정선군 임계면 송계리산성]을 거점으로 서진하였다. 이로 인해 국원을 최남단의 거점으로 삼아 동북진하여 영서 지역의 영역지배를 관철시키고자 한 고구려와의 치열한 영역 쟁탈전이 불가피해졌다.

고구려 장수왕(413~491)은 475년에 백제 漢城을 급습해 함락시켰다. 이로써 백제는 수도를 熊津[충남 공주시]으로 천도했고, 자연 고구려가 한강 유역 장악에 유리한 고지를 선점하였다. 그럼에도 불구하고 고구려의 한강 유역에 대한 영역지배는 백제 동성왕(479~501)의 반격으로 원만하게 이루어지지 못했다. 다만 동성왕의 한강 유역 진출은 고구려의 영역 진출 지향점이 신라로 기울어져 있는 틈을 이용한 제한적 영유였다. 결국 동성왕대 한강 유역은 백제가 군사적 거점지배[선·점지배]를 통해 영역으로 유지했지만, 동성왕이 집권 후반기 泗沘[충남 부여군] 지역에 관심을 기울이면서 차령산맥 이북에서 한강 유역 사이가 고구려와 백제의 완충지대로 되어 갔다.

고구려는 475년 백제 한성을 공략한 이후 신라에 대한 남방 진출을 본격화 하였다. 먼저 481년에 말갈군과 함께 북변을 침입해 狐鳴城[경북 청송군 또는 영덕군] 등 7城을 빼앗고 彌秩夫[경북 포항시 흥해읍]까지 진군하였다. 이때 고구려군은 남한강 상류 정선에서 니하성을 우회해 태백산을 넘어 봉화-예안-진보(청송)-영해-영덕-흥해로 진격하였다. 하지만 전쟁의 결과는 백제·가야와의 공조가 뒷받침된 신라의 승리로 귀결되었다.

고구려는 경북 내륙과 동해안을 통해 신라를 압박하려 했던 의도가 좌절되자, 작전선을 바꾸어 백제와 신라의 국경이 맞닿아 있는 금강의 지류 미호천 유역을 공략하였다. 그것은 고구려가 백제의 한성 공략 후 몽촌토성을 거점으로 삼아 성남-용인-안성-진천을 거쳐 미호천을 경유하여 금강 유역까지 백제를 압박했던 데서 가능한 것이었다. 그러나 484년에 발생한 母山城[충북 진천군 진천읍] 전투 역시 나·제동맹군의 활약으로 고구려가 대패하였다. 이때의 패전으로 인해 고구려는 미호천 서쪽의 남진교통로를 상실하였다. 이 때문에 문자명왕(491~519) 즉위 후의 신라에 대한 공세는 주로 국원을 거점으로 파병되었다. 그것은 곧 5세기 중반 이후 국원과 죽령로가 고구려에 의해 안정적으로 영역지배[거점지배]됐음을 전제로 하였다. 충주 두정리고분군과 죽령로 도상의 홍천 역내리 유적·철정리 유적, 원주 건등리 유적에서 출토된 고구려 유물·유적은 이를 뒷받침해 준다.

고구려는 494년(문자명왕 3) 7월에 薩水原[충북 괴산군 청천면]에서 신라군과 싸워 승리하였다. 신라는 이때 犬牙城[경북 상주시 화북면 견훤산성]으로 후퇴해 고구려군에 포위당했다가, 백제 동성왕이 3천군을 보내 간신히 포위를 풀 수 있었다. 고구려는 또한 496~497년 신라의 牛山城을 집중 공략해 장악하였다. 고구려는 남한강 상류의 거점성인 우산성을 확보함으로써 신라에 대한 새로운 남진경로를 개척해 나가는 교두보를 마련하였다. 그러나 문자명왕대 고구려의 신라에 대한 압박은 지속되지 못했다. 도리어 신라가 지증왕(500~514) 즉위 후 504년에 波里城 등 12성을 축성하는가 하면, 다음해 이사부를 悉直州 軍主로 파견해 동해안로의 방어체계를 완비하였다. 512년에는 于山國[울릉도]까지 복속하여 고구려의 對倭航路를 차단하고 동해안 일대의 제해권마저 장악하였다. 결국 고구려의 대신라 남방 진출은 교착상태에 빠졌고, 그에 따라 삼국관계는 새로운 국면으로 재설정되었다.

6세기 들어 신라 지증왕이 소백산맥과 동해안로의 요충지에 대고구려 방어성을 구축함에 따라 고구려는 남진경로를 백제로 선회하였다. 백제 역시 무령왕(501~523) 즉위 후 대고구려 강경책을 구사하였다. 이에 따라 고구려와 백제의 맞대결 구도가 전개되었다. 무령왕은 고구려에 공세를 가해 한강 유역을 영역지배[면지배]했고, 임진강 이북까지 진출하여 대고구려 방어성을 구축하였다. 무령왕 후반~성왕(523~554) 전반기까지 고구려와 백제의 국경선은 예성강 유역에서 형성되었다. 그런데 529년 성왕이 穴城[강화도]과 五谷[황해도 서흥군] 전투에서 연패하면서 상황이 반전되었다. 고구려는 이후 한강 이북 지역을 다시 차지하여 영역지배[선·점지배]하였다. 아차산 일대에 남겨진 고구려 보루군은 그러한 결과물이었다.

그런데 혈성과 오곡 전투를 승리로 이끈 안장왕(519~531)이 피살되고 이후 양원왕(545~559)이 즉위하기까지 고구려 내부의 정치적 변란이 이어졌다. 자연 고구려의 남진은 한동안 소강상태를 맞이하였다. 고구려는 548년부터 충주를 거점으로 서남진해서 백제와 신라를 동시에 압박하였다. 그러나 도리어 신라는 기존의 수세적 방어체계를 공세적 공격루트로 전환하여 고구려와 백제를 압박해 나갔다. 550년에 고구려와 백제가 장악하고 있던 道薩城[충북 증평군 도안면]과 金峴城[충남 연기군 전의면]을 급습해 빼앗은 것은 그 서막이었다. 신라는 두 성을 차지함으로써 고구려의 國原[충북 충주시]으로 진출할 수 있는 교두보를 마련하였다. 신라 진흥왕(540~576)이 이듬해 娘城[충북 청주시]으로 巡狩를 온 것은 도살성과 금현성을 빼앗은 사후조처이자 한강 중·상류로 나아가기 위한 사전정지작업이었다. 신라의 국원 진출은 550년 3월~551

년 3월 사이에 이루어졌다. 그것은 추풍령·화령로와 죽령로의 양쪽에서 협공하는 전략 하에 가능할 수 있었다.

신라는 국원을 차지한 후 곧바로 백제와 함께 고구려가 차지하고 있던 한강 유역의 공략에 나섰다. 백제가 먼저 漢城과 平壤을 쳐서 깨뜨려 한강 하류의 6郡을 차지했고, 신라는 거칠부를 주축으로 한강 중·상류를 공략함으로써 竹嶺과 高峴 사이의 10郡을 차지하였다. 고구려는 내부의 정치적 갈등과 북제·돌궐의 압박이 심해지는 위기 속에 결국 한강 유역을 상실하고 말았다.

신라와 백제가 차지한 10군의 범위는 종래 논란이 분분했다. 이 책에서는 고구려가 한강 유역 일대를 차지한 후 '城' 단위로 편제한 것을 신라가 '郡'으로 다시 편제했다는 점에 주목하여 『삼국사기』 지리지에 소재한 '고구려고지'를 통해 그 위치 추적에 나섰다. 그 결과 신라가 진출한 한강 중·상류의 10군은 朔州 관내의 ① 奈城郡[奈生郡], ② 奈隄郡[奈吐郡], ③ 北原[平原郡], ④ 嘉平郡[斤平郡], ⑤ 朔州[牛頭州], ⑥ 狼川郡[狌川郡], ⑦ 楊麓郡[楊口郡], ⑧ 益城郡[母城郡], ⑨ 大楊郡[大楊菅郡], ⑩ 連城郡[各連城郡]으로 추정하였다. 그에 따른 신라의 북진경로는 단양→제천→원주→홍천(또는 양평→가평)→춘천→화천(또는 양구·인제)→김화→금강→회양으로 이어지는 교통로로 상정하였다. 또한 백제가 차지한 한강 하류의 6군은 임진강 이남의 ① 漢陽郡[北漢山郡:平壤], ② 來蘇郡[買省郡], ③ 交河郡[泉井口縣], ④ 堅城郡[臂城郡], ⑤ 鐵城郡[鐵圓郡], ⑥ 富平郡[夫如郡]으로 추정하였다. 백제가 차지한 한강 하류 유역은 6군에다가 한강 이남의 한성 일대를 포함해 경기 남부 일대를 망라했던 것으로 판단된다.

그런데 백제가 차지했던 한강 하류 유역은 553년 7월에 신라에게 귀속되었다. 그럼에도 불구하고 이에 대한 백제의 대응은 미온적일 수밖에 없었다. 551년 후반~552년 전반에 고구려와 신라 간에 맺어진 이른바

'麗·羅密約'이 백제로 하여금 고구려의 군사 개입을 우려하게 만들었기 때문이었다. 성왕(523~554)은 신라에 반격을 가할 시간을 벌기 위해 표면적으로 나·제동맹을 유지하는 척 하며 은밀하게 倭에 사신을 보내 군사 원조를 요청하였다. 그리고 자신의 딸을 진흥왕의 小妃로 보내는 위장전술을 사용해 신라의 경계심을 느슨하게 하면서 관산성 전투를 준비하였다.

554년 5월에 이르러 왜국으로부터 군사 1천 명 등을 지원받은 백제는 가야군까지 규합하여 드디어 554년 7월에 신라로 쳐들어갔다. 관산성 전투는 성왕의 아들 餘昌[후의 위덕왕]이 총책임을 맡아 주도하였다. 백제는 먼저 사비에서 관산성이 있는 옥천으로 나아가는 요충지에 있었던 珍城[충남 금산군 진산면] 전투에서 큰 승리를 거두었다. 그런데 이때 신라와 밀약을 유지하고 있던 고구려가 백제의 熊川城[충남 공주시]을 쳐들어왔다. 백제의 군사력을 분산시키고 관산성으로의 진격을 늦추어 보려는 전략이었지만 결과는 백제의 승리로 귀결되었다.

백제의 승세는 관산성에서도 그대로 이어졌다. 결국 12월 9일에 관산성은 백제에게 함락되었다. 여창은 관산성을 장악한 후 久陀牟羅에 보루를 쌓아 방어성을 구축하였다. 그런데 이때 성왕이 여창의 길고 고된 행군에 따른 노고를 위로하고자 군사 50명만을 거느리고 관산성으로 나아갔다. 이 무렵 신라는 관산성 전투의 패전을 만회하고자 新州 軍主 김무력을 필두로 전군을 동원한 상태였다. 신라는 성왕이 관산성으로 온다는 정보를 사전에 입수하여 관산성으로 들어가는 길을 차단하였다. 성왕은 결국 신라의 복병에게 사로잡혀 죽임을 당했다. 성왕의 뜻하지 않은 죽음으로 인해 관산성 전투의 전세는 급속히 신라에게 기울어갔다. 마침내 신라는 관산성을 포위하였고, 이에 여창은 간신히 몸만 빠져 나와 퇴각하였다. 결국 관산성 전투는 성왕과 좌평 4명을 잃고 백제군 3만여 명이 전사하는 백제의 참패로 끝나고 말았다. 관산성 전투를 승리로 이끈 신라 진흥왕은 향후 한강 유역을 안정적으로 지배할 수 있는 토대를 마련하였다.

신라 진흥왕(540~576)은 553년에 백제로부터 한강 유역을 탈취한 후 영역지배를 공고히 하기 위한 巡狩를 추진하였다. 먼저 555년 10월에 북한산에 巡幸하여 영토를 획정한 후 왕경으로 돌아오는 길에 세금을 면제해주고 사면을 단행함으로써 지역 내 민심을 위무하였다. 556년 7월에는 比列忽州[강원도 안변군]를 설치했고, 다음해에는 기존의 新州를 폐지하고 北漢山州를 두었다. 이를 통해 진흥왕은 군사적 거점을 한강 이남에서 이북으로 전진 배치하였다. 이로써 진흥왕은 한강 하류 유역의 영역지배는 물론이고 광주산맥 이북의 동북방으로 진출할 수 있는 토대를 마련하였다. 뿐만 아니라 경북 개령과 경남 창녕에 각각 上州와 下州를 설치하여 가야 및 백제와의 관계에도 만전을 기함으로써 후방을 안정시켰다.

진흥왕의 북방 순수는 568년부터 본격적으로 추진되었다. 진흥왕은 곧 568년 3~6월에 북한산 비봉에 올라 비문을 세웠고, 철령 경로[양주-포천-영평-김화-회양-철령] 또는 추가령구조곡[양주-연천-철원-평강-분수령(추가령)]을 경유하여 8월에는 황초령, 10월에는 마운령까지 巡狩를 갔다. 진흥왕의 이러한 순수과정과 내용은 「북한산비」·「황초령비」·「마운령비」에 고스란히 남아 있다. 결국 553~568년 신라의 북진선은 한강 하류 유역의 파주에서 북한산 일대의 전역과 양주를 거쳐 동북쪽으로 추가령구조곡 이남, 그리고 철령을 넘어 안변에서 황초령과 마운령 이남의 함흥 일대에 이르렀다. 이것은 통일 이전 신라 역사상 최대의 영역 확장이었다.

진흥왕은 568년에 북한산을 거쳐 함흥 일대까지 진출했음에도 불구하고 순수 후 곧바로 北漢山州를 폐지하고 南川州[경기도 이천시]를 설치했고, 比列忽州를 없애고 達忽州[강원도 고성군]를 두었다. 이것은 곧

州治所를 남쪽으로 후퇴시킨 것이어서 그 배경에 궁금증을 자아냈다. 진흥왕이 함흥 지역을 포기할 수밖에 없었던 이유는 이 지역이 가지는 지리적 수세의 불리함 때문이었다. 곧 함흥 일대는 고구려 국내성과 평양에 이르는 교통로가 발달되어 있어 고구려의 반격에 쉽게 노출될 수 있었다. 고구려군이 마식령을 넘어 안변을 차지하게 되면 그 이북에 있는 신라군이 고립될 우려가 컸다. 진흥왕은 황초령과 마운령을 순수하면서 이러한 점을 깨달았다. 이에 서북쪽으로 광주산맥이 있어 방어에 유리하고, 하슬라[강원도 강릉시]를 거점으로 동해안로를 경유해 북진할 수 있는 고성군으로 주치소를 옮겼던 것이다.

또한 남천주를 설치한 배경은 백제에 대한 방어체계 정비와 연관이 있었다. 곧 567년에 이르자 위덕왕(554~598)은 관산성 전투에서 전사한 성왕을 추모하는 陵寺를 창건하고 사리장엄 의식을 행함으로써 내부의 결속을 다져 대신라 보복전 준비에 만전을 기하였다. 나아가 기존에 남조 위주로 추진하던 대중국 외교를 北齊에 사신을 파견하면서 다변화시켰다. 이것은 한반도에서의 고립상황을 극복하고 고구려와 신라에 효과적으로 대적하기 위한 조처였다. 위덕왕의 이와 같은 행보는 진흥왕으로 하여금 상당한 위기감을 조성하였다. 때문에 대백제 방어체계의 정비 차원에서 북한산주를 폐지하고 남천주를 설치했던 것이다.

진흥왕이 568년 주치소를 후퇴시킨 후 신라와 고구려 간의 영역은 변화될 수밖에 없었다. 다만 그것은 주로 신라 동북방 방면에서 이루어졌다. 곧 진흥왕은 예비적인 안정성 차원에서 주치소는 광주산맥이라는 천연적인 방어선 아래의 달홀주[고성군]에 두었지만, 비열성[강원도 안변군]을 최북단 거점성으로 삼아 고구려를 지속적으로 압박하였다. 이러한 양상은 7세기 전반기까지 유효하였다. 한강 하류 유역은 신라가 기존에 설치했던 북한산주의 범위 안에서 신라의 영역지배가 유지되었다. 이로써 신라는 대중국 출항지를 지속적으로 확보할 수 있었다. 결국 6세기 중반 신라와 고구려는 한강 하류 유역에서는 북한산주를 기점으로 소강 상태를 유지했고, 동북방으로는 신라가 비열성을 차지한 채 광주산맥 이남을 안정적으로 영역지배하였다.

고구려는 568년 신라에게 함흥 지역을 빼앗겼던 위기상황을 570~80년대 내부 체제정비와 대외관계의 개선을 통해서 수습해 나갔다. 대내적으로 평원왕(559~590)은 급변하는 대외정세 속에서 혼란했던 정국을 수습한 후 신속한 태자 책봉을 통해 왕위계승 분쟁을 사전에 차단했으며, 莫離支로 대표되는 중리제를 개편하여 국왕 근시조직을 강화하였다. 또한 전렵 활동을 통해 군사권을 공고히 했고, 승관제를 정비함으로써 왕권을 뒷받침할 수 있는 이념적 토대로 구축하였다. 이러한 것을 기반으로 하여 재위기간 내내 長安城을 축조했고, 완공 이전에 천도를 단행하여 방어체계에 만전을 기하였다.

고구려를 둘러싼 대외적 조건도 6세기 중반과는 달라졌다. 곧 6세기 중반 고구려의 남진에 발목을 잡았던 突厥과 北齊의 관계가 570~80년대에 이르러 개선되었다. 결국 북제가 577년 北周에게 멸망되고 581년 隋가 건국되면서 고구려의 북방관계에서 수가 급격히 부각되었다. 고구려와 수는 내재적으로 갈등요소를 안고 있었지만, 590년 隋 文帝의 새서와 그에 대한 고구려 영양왕(590~618)의 화답이 이어지면서 592년 무렵 우호적인 분위기로 전환되었다.

북방의 동향이 고구려의 남진에 유리한 배경을 제공해 준 것처럼, 남방에서 백제와 신라의 관계도 6세기 중반과 다르게 전개되었다. 곧 577년 이후 위덕왕이 대신라 보복전을 전개하여 신라 서변의 추풍령로를 압박하였다. 이것은 곧 6세기 중반 고구려만을 상대하면서 북방 진출을 도모했던 상황과 다른 戰線의 확대를 초래해 신라의 군사운용에 부담을 가중시켰다. 고구려는 570년대 이후 왜와의 관계 개선도 추진하였다. 그러한 와중에 591년 11월~595년 7월까지 왜는 九州[筑紫]에 2만군을 파견하여 주둔시켰다. 왜군의 축자 주둔은 신라의 군을 남쪽 방면에 묶어두는 효과를 거두었을 것이다. 고구려가 590년대 들어 남진하여 신라를 압박할 수 있는 조건이 마련된 셈이었다.

영양왕은 온달을 보내 신라에게 빼앗겼던 鷄立嶺과 竹嶺 서쪽의 땅을 되찾고자 했다. 온달 南征軍과 신라군의 최대 격전지는 阿旦城이었다. 아단성의 위치는 종래 서울 광진구 소재의 아차산성과 충북 단양군 영춘면의 온달산성으로 이해하는 견해로 나뉘었는데, 이 책에서는 온달산성이 역사지리적 조건에 부합함을 논증하였다. 또한 전투의 시기는 장안성 공사 완공 이후와 수와의 우호관계 시기를 고려해 593~594년으로 추정하였다. 온달은 영서와 중부 내륙을 남북으로 이어주던 죽령로를 경유해 단양까지 진출하였다. 그러나 아단성 전투의 패배로 인해 도리어 신라가 죽령로를 통해 북진하는 기회를 맞았다. 신라는 아단성 전투 승리 이후 7세기 초반까지 북한강 유역으로 진출하여 핵심 거점인 춘천 지역까지 장악하는 성과를 거두었다.

고구려가 신라를 다시 압박한 것은 603년(영양왕 14)에 이르러서였다. 고구려가 이때 다시 남진을 재개할 수 있었던 배경 역시 고구려를 둘러싼 국제관계가 뒷받침되었기 때문이었다. 먼저 598년 高·隋 전쟁 후 영양왕의 수습책에 따른 성과로 수와의 관계가 우호적으로 복구되었다. 수의 대외적 조건도 602년까지 돌궐과의 전쟁에 주력하면서 고구려와의 갈등을 최대한 자제하였다. 백제도 602년 阿莫城[전북 남원시 운봉읍] 전투를 필두로 신라에 대한 공세를 이어갔다. 고구려와 왜의 관계는 595년 혜자가 왜국에 가서 聖德太子의 스승이 되면서 615년에 귀국할 때까지 왜국의 국정운영에 관여하면서 고구려의 이익을 대변하였다. 그러한 와중에 602년 2~4월 왜가 신라 정벌을 위해 九州[筑紫]에 25,000명의 군사를 파병하면서 신라에게 부담을 가중시켰다.

이러한 분위기를 타고 고구려는 603년 8월 신라의 北漢山城[서울시 광진구 소재의 아차산성]을 공격하였다. 다만 진평왕이 1만의 군사를 이끌고 구원하면서 전쟁은 신라의 승리로 귀결되었다. 신라는 북한산성 전투의 승리를 계기로 604년 南川州를 폐지하고 北漢山州를 다시 설치하면서 한강 이북의 방어체계를 본격적으로 마련해 나갔다. 그러나 608년 2월에 고구려군의 반격을 받고 牛鳴山城[춘천 일대]을 내주고 말았다. 죽령로를 둘러싼 고구려와 신라의 각축전이 6세기 후반에는 남한강 상류에서, 7세기 초반에 이르러서는 북한강 유역으로 옮겨져 치열하게 전개되었음을 알 수 있다.

우명산성 전투로 되찾은 고구려의 죽령로 영유에 대한 주도권은 지속되지 못하였다. 612~614년 고구려가 수와 국운을 건 전쟁을 치루는 틈에 신라가 고구려의 영토 500여 리를 차지했던 것이다. 이로써 고구려가 608년에 차지한 우명산성은 신라에 다시 귀속되었고, 신라는 한강 본류 방면에서도 북한산성을 교두보로 하여 북방 진출을 가속화했다. 그 결과 고구려와 신라는 임진강을 국경으로 삼아 대치하는 형국을 맞았고, 이에 신라는 포천천로를 통해 한탄강 유역으로의 북진을 모색하였다.

신라는 629년(영류왕 12) 8월에 고구려 娘臂城을 선제공격하여 빼앗았다. 낭비성의 위치는 충북 청주, 경기 북부의 파주 칠중성 등 논란이 분분하지만 포천의 반월산성으로 비정하는 것이 타당하다. 반월산성은 포천 일대의 핵심 요충지에 자리하였다. 고구려 입장에서 낭비성을 장악하면 포천천로를 따라 양주로 나아갈 수 있고, 양주에서 중랑천을 경유해 남하하면 북한산주의 핵심 거점지인 북한산성까지 공략이 가능하다. 그런데 629년 낭비성의 영유권은 고구려가 가지고 있었다. 곧 신라로서는 북한산성이 위협받을 수 있는 위기에 봉착한 셈이다. 신라가 낭비성을 공격한 까닭은 신라 북진의 거점인 북한산성을 안정적으로 유지하고 포천천로를 이용해 북진할 수 있는 거점성에 대한 확보 차원이었다.

신라는 낭비성 공략 이후 한탄강 유역으로의 진출에 주력하였다. 그에 따라 고구려와 신라의 국경선은 임진강과 한탄강이 만나는 도감포 상류의 임진강 중심으로 재편되었다. 도감포 상류 임진강을 기점으로 서쪽으로는 고구려의 당포성·우정리보루·무등리 1·2보루·고성산보루·강서리보루가 남북으로 배치되어 있다. 특히 무등리 2보루에서는 다량의 탄화곡물과 찰갑이 출토되어 이 일대의 핵심거점으로 추정된다. 그에 대칭하는 임진강 동쪽으로는 옥계리산성과 군자산성이 있으며, 한탄강 유역에도 신라성으로서 대전리산성·고소성·주원리보루·성동리산성이 자리잡고 있다. 신라가 한탄강 유역으로 진출했던 의도는 고구려의 영유권을 임진강 서쪽으로 한정함으로써 고구려의 남진경로였던 죽령로를 차단하는 데 있었다. 638년 신라가 牛首州[강원도 춘천시]를 두고 軍主를 파견한 것도 그 연장선상에 있었다.

고구려는 신라의 한탄강 유역 진출과 우수주의 설치로 인하여 죽령로와 포천천로·신천로 방면이 교착되자 작전선을 바꾸었다. 638년(영류왕 21)에 고구려가 七重城[경기도 파주시 적성면]을 공격한 것이 그 시작이었다. 칠중성은 고구려가 한강 이북 지역의 방어거점인 북한산성을 최단거리로 공격할 수 있는 요충지였다. 고구려가 칠중성을 공략하면서 노린 최종 목적은 북한산성으로의 진출과 한강 유역 회복이었다. 다만 고구려의 칠중성에 대한 첫 번째 공략은 신라 장군 알천의 활약으로 실패하였다.

고구려는 655년(보장왕 14)에 백제·말갈과 연합하여 신라 북쪽 변경의 33성을 빼앗았다. 이때 33성의 위치는 북한강 유역을 중심으로 한 영서 내륙과 강릉 이북의 동해안 일대로 파악된다. 655년 작전의 결과 고구려는 죽령로를 회복하였다. 그래서 661년에는 죽령로를 경유해 述川城[경기도 여주시]을 공격하였고, 다시 남한강을 따라 북상해 북한산성까지 진출하였다. 하지만 북한산성의 攻城戰은 실패로 귀결되었다.

고구려는 660년(보장왕 19)에 신라의 칠중성을 다시 공격하였다. 결국 칠중성은 고구려의 수중에 넘어갔다. 그러나 고구려는 칠중성을 지속적으로 영유하지 않은 채 662년 이전에 퇴각하였다. 그것은 칠중성의 입지 조건이 북쪽에서 내려오는 적을 방어하기에 유리하지만, 남쪽에서 올라오는 적을 방어하기에는 적합하지 않기 때문이었다. 그럼에도 불구하고 고구려가 칠중성을 지속적으로 공략한 이유는 칠중성이 임진강 이남의 신라 방어체계에서 차지하는 비중이 컸기 때문이었다. 칠중성을 중심으로 서쪽으로 오두산성·봉서산성 등 신라의 해안방어성이 있었고, 동쪽으로도 수철성·대전리산성 등이 있어 칠중성이 이들 성을 매개하는 역할을 하였다.

고구려가 공략하려 했던 한강 이북의 최종 목표물은 북한산성[아차산성]이었다. 이를 통해 궁극적으로 신라에게 빼앗긴 '계립령과 죽령 서쪽의 땅' 한강 유역을 되찾고자 한 것이었다. 그러나 7세기 신라의 북한산성은 고구려의 남진을 저지하는 한강 이북 거점성의 역할을 충실히 수행하였다. 결국 신라에 대한 고구려의 북한산성 공략과 궁극적으로 목표로 한 한강 유역의 회복은 좌절되고 말았다. 삼국의 관계는 660년 나·당 동맹군에게 백제가 멸망하면서 자연스럽게 재편될 수밖에 없었다. 나·당 동맹군의 공세는 점점 고구려를 향해가고 있었다. 멸망기의 혼란만이 예고된 채 고구려 남방 진출의 대서사는 막을 내렸다.

보 론

「忠州高句麗碑」 연구의 현 단계

　「忠州高句麗碑」[1](이하 「충주비」로 약칭함)는 1979년 4월 5일 충청
북도 충주시(발견 당시 중원군) 가금면 용전리 입석부락에서 발견되었
다. 4월 8일 단국대학교 박물관 학술조사단에 의해 조사되었고, 이후 7
차례의 추가 조사를 거쳐 6월 9일에는 같은 기관의 주도로 공동학술회
의를 개최하였다.[2] 같은 해 11월 학술회의의 연구 성과를 논문집으로
묶어 간행함으로써 「충주비」 연구에 대한 종합적인 이해의 단초를 마련
하였다.[3] 「충주비」는 비문의 마멸로 인해 판독과 해석상의 논란이 분분
했음에도 불구하고, 한반도 유일의 고구려비로서 5~6세기 고구려와 신
라의 관계를 이해하는 데 있어 기존의 문헌에서 살필 수 없는 내용이
담겨 있음에 재언을 요하지 않는다. 이에 1981년 3월 18일에 국보 제
205호로 지정되어 비각에서 보호받다가, 2012년 7월 19일에 '충주고구

---

1) 「中原高句麗碑」로 부르다가 2010년 11월 1일자로 문화재청에 의해 「충주고구려
　비」로 명칭이 변경되었다. 이에 이 책에서는 새로운 명칭에 따른다.
2) 「충주비」의 발견 및 조사경위는 鄭永鎬, 1979, 「中原高句麗碑의 發見調査와 硏究
　展望」 『史學志』 13, 檀國大學校 史學會 및 2000, 「中原高句麗碑의 發見調査와
　意義」 『中原高句麗碑 硏究』(高句麗硏究 10), 高句麗硏究會, 학연문화사를 참고하
　기 바란다.
3) 학술지에 실린 논문을 게재된 순서대로 소개하면 다음과 같다.
　鄭永鎬, 「中原高句麗碑의 發見調査와 硏究展望」 ; 李丙燾, 「中原高句麗碑에 대하
　여」 ; 李基白, 「中原高句麗碑의 몇 가지 問題」 : 1996, 『韓國古代政治社會史硏究』,
　一潮閣, 邊太燮, 「中原高句麗碑의 內容과 年代에 대한 檢討」 ; 任昌淳, 「中原高
　句麗古碑小考」 ; 申瀅植, 「中原高句麗碑에 대한 考察」 : 1984, 『韓國古代史의 新
　硏究』, 一潮閣 ; 金貞培, 「中原高句麗碑의 몇 가지 問題點」 ; 李昊榮, 「中原高句
　麗碑 題額의 新讀」.

충주고구려비 역사전시관(충북 충주시 가금면 용전리 280-11)

려비 역사전시관'이 개관하여 오늘에 이르고 있다.

「충주비」에 대한 연구는 1979년 공동 연구 이후 개별적으로 이어져 오다가[4] 2000년 고구려연구회(지금의 고구려발해학회)의 공동 판독과 국제학술회의를 통해 도약의 계기를 맞이하였다. 곧 고구려연구회는 2

---

4) 田中俊明, 1981,「高句麗の金石文」『朝鮮史硏究會論文集』18, 朝鮮史硏究會 : 1987,『國外韓國史關係論文選集』(古代 1), 韓國人文科學院 ; 木下禮仁, 1981,「中原高句麗碑-その建立年次を中心として-」『村上四男博士 和歌山大學退官記念 朝鮮史論文集』, 開明書店 ; 木下禮仁, 1984,「中原高句麗碑-建立年代를 중심으로-」『素軒南都泳博士華甲紀念史學論叢』, 太學社 : 1993,『日本書紀と古代朝鮮』, 塙書房 ; 金英夏·韓相俊, 1983,「中原高句麗碑의 建碑 年代」『敎育硏究誌』25, 慶北大學校 師範大學 ; 손영종, 1985,「중원고구려비에 대하여」『력사과학』85-2, 과학백과사전출판사 ; 金昌鎬, 1987,「中原高句麗碑의 재검토」『韓國學報』47, 一志社 ; 田中俊明, 1996,「新羅中原小京の成立」『中原文化國際學術會議 結果報告書』, 忠淸北道·忠北大學校 湖西文化硏究所 ; 木村 誠, 1997,「中原高句麗碑立碑年次の再檢討」『朝鮮社會の史的展開と東アジア』(武田幸男 編), 山川出版社 : 2004,『古代朝鮮の國家と社會』, 吉川弘文館 ; 篠原啓方, 2000,「「中原高句麗碑」의 釋讀과 內容의 意義」『史叢』51, 高大史學會.

월 22~25일까지 '中原高句麗碑 新釋文 國際워크샵'을 개최하여 19글
자를 새롭게 읽어 냈고, 논란이 되었던 6글자를 결정하는 성과를 거두었
다.[5] 이후 같은 해 10월 13~14일 양일 간 국제학술회의를 개최하였고,
그 성과를 연말에 간행된 논문집 『中原高句麗碑 研究』에 담아냈다.[6]
고구려연구회 주관의 공동 연구로 인해 「충주비」가 4면비임을 확정했
고, 그동안 판독에 논란이 있었던 전면 1행의 '高麗太王祖王令'과 7행
의 日干支 '十二月卄三日甲寅'이 유력해졌다. 반면에 1979년 발견 이
후 좌측면 3행에 있었던 것으로 주장된 年干支 '辛酉年'에 대해서는
회의적인 견해가 많았다. 이와 같은 성과를 토대로 「충주비」에 대한 연
구는 지속적으로 성과를 축적했으며,[7] 그에 따른 연구사 검토도 이루어

---

5) 신석문 국제워크샵의 경과는 徐吉洙, 2000, 「중원고구려비 신석문 국제워크샵과
　국제학술회의」 『中原高句麗碑 研究』(高句麗研究 10), 학연문화사에 자세하며, 같
　은 책, 167~267쪽에 판독과정과 내용의 녹취문이 실려 있다.
6) 논문집에 실린 것을 게재된 순서로 소개하면 다음과 같다.
　李道學, 「中原高句麗碑의 建立 目的」 ; 木村 誠, 「中原高句麗碑の立碑年について」 ;
　朴眞奭, 「中原高句麗碑 建立年代 考証」 ; 金昌鎬, 「中原高句麗碑의 建立 年代」 :
　2009, 『삼국시대 금석문 연구』, 서경문화사 ; 南豊鉉, 「中原高句麗碑의 解讀과 吏
　讀的 性格」 ; 李殿福, 「中原郡의 高麗碑를 通해 본 高句麗 國名의 變遷」 ; 林起煥,
　「中原高句麗碑를 통해 본 高句麗와 新羅의 關係」 ; 李鎔賢, 「中原高句麗碑와 新
　羅 碑와의 比較」 ; 徐榮一, 「中原高句麗碑에 나타난 高句麗 城과 關防體系」 ; 耿
　鐵華, 「冉牟墓誌와 中原高句麗碑」 ; 金洋東, 「中原高句麗碑와 高句麗 金石文의
　書體에 대하여」 ; 張俊植, 「中原高句麗碑 附近의 高句麗 遺蹟과 遺物」.
7) 2000년 이후 「충주비」를 전론으로 한 연구는 다음과 같다.
　최장열, 2004, 「중원고구려비, 선돌에서 한반도 유일의 고구려비로」 『고대로부터
　의 통신』, 푸른역사 ; 鄭雲龍, 2005a, 「三國關係史에서 본 中原高句麗碑의 의미」
　『고구려의 국제관계』(연구총서 5), 고구려연구재단 ; 鄭雲龍, 2006, 「中原高句麗
　碑의 建立年代」 『白山學報』 76, 白山學會 ; 金永旭, 2007, 「中原高句麗碑의 國語
　學的 研究」 『口訣研究』 18, 구결학회 ; 박성현, 2010, 「6세기 초 고구려·신라의
　화약과 정계-「중원고구려비」와 양국 경계의 재검토-」 『역사와 현실』 76, 한국역
　사연구회 ; 서지영, 2012, 「5세기 羅·麗 관계변화와 「中原高句麗碑」의 建立」 『韓
　國古代史研究』 68, 한국고대사학회 ; 박찬흥, 2013, 「중원고구려비의 건립 목적과
　신라의 위상」 『韓國史學報』 51, 高麗史學會.

졌다.8)

　「충주비」에 대한 꾸준한 연구로 인해 비문의 해석에 대해서는 상당한
진전이 있었다. 하지만 비문의 건립 목적과 비문 내용이 반영하는 연대
및 비의 건립연대에 대해서는 여전히 논란이 가라앉지 않고 있는 듯하
다.9) 애초에 비문 발견 직후 5세기 후반설이 우세한 가운데10) 김정배와
임창순만이 5세기 중반설을 주장했었다.11) 5세기 후반설이 일간지 '十
二月卄三日甲寅'과 연간지 '辛酉年'의 조합을 중요시 하거나, 전면 10
행의 '盖盧'를 백제 蓋鹵王(455~475)과 관련지었다면,12) 5세기 중반설
의 연구자들은 '十二月卄三日甲寅'만을 신뢰한 채 비문의 내용과『삼
국사기』에 나타난 고구려와 신라의 관계 정황을 고려하였다. 일본인 연
구자들에 의해 5세기 초반설이 제기되었지만13) 국내 연구자들의 지지를

---

8) 徐永大, 1992,「中原高句麗碑」『譯註 韓國古代金石文』(제1권), 韓國古代社會研究
　所 編, 駕洛國史蹟開發研究院, 36~43쪽 ; 鄭雲龍, 2005b,「中原高句麗碑 研究의
　몇 가지 問題」『국제고려학회 서울지회 논문집』6, 국제고려학회 서울지회 ; 張彰
　恩, 2006,「中原高句麗碑의 연구동향과 주요 쟁점」『歷史學報』189, 歷史學會 ;
　정제규, 2013,「中原高句麗碑의 研究史的 檢討」『中原文物』24, 한국교통대학교
　박물관.

9) 자세한 연구사 검토는 이하 제1장에서 다루며, 여기에서는 문제제기를 이끌어내
　는 차원의 간단한 경향만을 서술하겠다.

10) 이병도는 475년(장수왕 63)을 비의 내용연대로, 문자명왕 초년을 비의 건립연대로
　추정하였다(이병도, 1979, 앞의 논문, 22~26쪽) 변태섭은 480년과 481년을 비의
　내용·건립연대로 삼았고(변태섭, 1979, 앞의 논문, 47~50쪽), 신형식이 이에 동조
　하였다(신형식, 1979, 앞의 논문 : 1984, 앞의 책, 406~409쪽). 이호영도 논리는
　다르지만 481년설을 주장하였다(이호영, 1979, 앞의 논문, 98~103쪽).

11) 임창순과 김정배는 449년(장수왕 39)을 비의 내용·건립연대로 추정하였다(임창순,
　1979, 앞의 논문, 56~57쪽 ; 김정배, 1979, 앞의 논문, 90~92쪽).

12) 전자가 변태섭의 논리이고, 후자는 이병도의 논리이다.

13) 키노시타 레이진(木下禮仁)은 일간지를 '12월 25일 갑인'으로 판독해 403년을 이
　끌어냈고, 연간지 '辛酉年'으로부터 421년을 찾아내 비의 건립연대를 '421년을
　크게 벗어나지 않는 시기'로 추정하였다(木下禮仁, 1984, 앞의 논문, 80~87쪽).
　기무라 마코토(木村 誠)는 장수왕대에 태자 임명 기사가 없는 데 주목한 후, 일간

받지는 못하였다. 이후 2000년 고구려연구회에서 '辛酉年'에 대한 판독
이 유보되면서 '12월 23일 갑인'과 고구려·신라 관계의 정황론에 근거
한 5세기 중반설이 지지세를 확장해갔다.[14]

그런데 최근 기존의 5세기 후반설과 다른 새로운 논리를 가지고 5세
기 후반의 496~497년과 506년을 비의 내용 및 건립연대로 보는 주장이
제기되었다.[15] 이는 곧 기왕에 제기되었던 문자명왕대(491~519) 「충주
비」 건립설을 발전적으로 계승한 것이다. 이로써 「충주비」의 내용·건립
연대에 대한 논란의 불씨는 다시 점화된 듯한 인상을 준다. 사실 「충주

지를 '12월 25일 갑인' 또는 '11월 23일 갑인'의 두 가지 가능성을 상정하여 403
년(광개토왕 13)과 408년을 비의 내용·건립연대로 생각하였다(木村 誠, 2000, 앞
의 논문, 302~307쪽). 다나카 도시아키(田中俊明)는 高句麗曆과 魏曆의 오차가
있으므로 간지를 이용한 비의 연대추적에 반대하였다. 그리고 기무라 마코토의
태자론에 따라 403년과 423년을 주목하였다(田中俊明, 1981, 앞의 논문 : 1987,
앞의 책, 188쪽 및 1996, 앞의 논문, 75~78쪽).

14) 5세기 중반설은 임창순과 김정배 이후 김창호(1987, 앞의 논문, 145~147쪽)·정운
용(1989, 「5世紀 高句麗 勢力圈의 南限」 『史叢』 35, 高大史學會, 3~8쪽)·篠原啓
方(2000, 앞의 논문, 28~36쪽)에 의해 주장되었고, 2000년 학술회의에서도 이도
학(2000, 앞의 논문, 427~430쪽)·김창호(2000, 앞의 논문, 354쪽)·임기환(2000,
앞의 논문, 427~430쪽)에 의해 논리가 보강되었다. 이후 장창은(2006, 앞의 논문,
313쪽)과 박찬흥(2013, 앞의 논문, 147~149쪽)이 이를 수용하여 고구려와 신라
관계 이해의 주요 논거로 삼았고, 정운용은 기존 주장을 보강하는 연구를 지속적
으로 발표하였다(정운용, 2005a, 앞의 논문 및 2006). 한편 최장열과 김현숙은
비문 내용은 449년의 상황을 반영하는 것으로 보면서도 비의 건립은 문자명왕
대에 이루어진 것으로 보았다(최장열, 2004, 앞의 글, 224~226쪽 ; 金賢淑,
2002, 「4~6세기경 小白山脈 以東地域의 領域向方·『三國史記』地理志의 慶北地
域 '高句麗郡縣'을 중심으로」 『韓國古代史研究』 26 : 2005, 『고구려의 영역지배
방식 연구』, 도서출판 모시는 사람들, 335~336쪽).

15) 박성현, 2010, 앞의 논문 ; 서지영, 2012, 앞의 논문. 박성현은 이를 근거로 5~6세
기 고구려와 신라의 관계 및 영역을 고찰하였다(박성현, 2011, 「5~6세기 고구려·
신라의 경계와 그 양상」 『역사와 현실』 82). 우선정도 서지영과 비슷한 논리를
근거로 「충주비」의 내용·건립연대를 496년 전후로 보았다(禹宣汀, 2011, 「新羅
麻立干時代의 成立과 展開」, 경북대학교 박사학위논문, 166~170쪽).

비」의 내용연대와 건립연대를 어떻게 이해하느냐는 고구려와 신라의 관
계는 물론 5~6세기 삼국관계를 바라보는 관점의 차이로 나타날 수 있
는 중요한 문제이다. 필자가 기왕에 「충주비」에 대한 연구동향과 주요
쟁점을 검토했음에도 불구하고 다시 최근의 연구동향에 주목하게 된 까
닭은 바로 여기에 있다.

　제1장에서는 「충주비」의 연구동향과 주요 쟁점을 비문의 내용 요소,
비의 내용연대와 건립연대, 비의 건립 목적으로 나누어 검토해 보고자
한다. 우선 내용 요소를 인명·용어·지명으로 분류해 기왕의 성과를 정
리할 것이다. 또한 기존 연구에서 논란이 분분했던 비의 내용연대와 건
립연대는 5세기 초·중·후반설로 구분해 살펴본 후 필자의 입장을 밝혀
보겠다. 이는 정리의 편의를 반영한 것이므로, 전체적인 연구사의 흐름
을 아울러 제시할 것이다. 마지막으로 가장 본질적인 문제이면서도 기왕
에 소홀했던 비의 건립 목적에 대한 성과와 전망을 덧붙이고자 한다.

　2장에서는 먼저 「충주비」의 내용·건립연대를 이해하는 주요한 논거
에 해당하는 일간지의 판독 여부('十二月卅三日甲寅' 또는 '十二月卅
五日甲寅')에 대한 연구사를 정리하고자 한다. 이를 토대로 하여 「충주
비」의 건립연대를 문자명왕대로 보았던 기존 연구의 논리와 문제점을
진단하고자 한다. 여기에는 비문 내용은 장수왕대로 보고 비의 건립을
문자명왕대로 나누어 이해하는 연구를 포함한다. 이렇듯 문자명왕대 연
구사를 별도로 검토하는 이유는 최근에 제기된 신설의 뿌리가 여기에서
기인한 것으로 생각되기 때문이다. 다음으로 「충주비」의 내용과 건립연
대를 모두 문자명왕대로 이해하고 그것을 고구려와 신라 관계에 활용한
최신 연구를 검토하고자 한다.

　기존의 연구사를 소개·검토하는 과정에서 서술 내용이 본의 아니게
비판적으로 표현될 수도 있겠다. 학계의 발전적인 논의를 위한 것이니
너그러운 마음으로 이해해 주기를 바란다. 혹시라도 기존 연구의 논지를

왜곡한 것이 있다면 비판해주기 바라며, 그러한 사항에 대해서는 차후 수정·보완할 것을 약속드린다. 이 글을 통해 「충주비」에 대한 현재 학계의 성과를 객관적으로 진단함으로써 향후 이 분야 연구가 진전될 수 있기를 기대한다.

제1장 「충주고구려비」 연구의 주요 쟁점

1. 비문의 판독과 해석

우선 본문의 논리 전개를 위하여 필자의 「충주비」 판독문을 제시해 보면 <표 1>과 같다.

〈표 1〉 충주비문의 판독1)

좌 측 면							행/열	전 면										행/열
7	6	5	4	3	2	1		10	9	8	7	6	5	4	3	2	1	
[伐]	□	□	□	□	□	□	1	□	[德]	夷	大	[夷]	用	向	奴	上	五	1
[城]	□	□	人	□	□	□	2	[疏]	□	寐	位	寐	者	[堅]	主	下	月	2
[去]	□	□	□	□	□	□	3	奴	□	錦	諸	錦	賜	上	簿	相	中	3
于	□	□	□	□	□	[忠]	4	□	[境]	位	運	之	共	貴	□	和	高	4
□	□	□	□	□	□	□	5	□	下	上	位	還	隨	看	[德]	守	麗	5
古	□	□	□	□	□	□	6	□	募	至	下	來	節	卌	類	天	太	6
车	[方]	□	[辛]?	□	□	[于]	7	鬼	人	于	衣	節	節	賜	類	東	王	7
娄	[祖]	□	[酉]?	□	□	伐	8	盖	三	伐	服	教	節	太	[王]	來	祖	8
城	[故]	□	□	刺	□	城	9	盧	百	城	[來]	賜	□	霍	[安]	之	王	9
守	□	上	□	功	不	□	10	共	新	教	受	寐	奴	鄒	[聡]	寐	令	10
事	沙	[右]	□	□	□	□	11	□	羅	來	教	錦	客	[教]	□	錦	□	11
下	□	□	□	□	□	□	12	募	土	前	跪	土	人	食	[去]	忌	新	12
部	斯	辛	黃	□	射	村	13	人	內	部	營	內	□	[在]	□	太	羅	13
大	色	酉	□	□	□	舍	14	新	幢	大	之	諸	教	東	□	子	寐	14
兄	□	□	□	□	□	□	15	羅	主	使	十	衆	諸	夷	到	共	錦	15
耶	太	□	□	□	□	□	16	土	下	者	二	人	位	寐	至	前	世	16
□	古	□	□	□	□	□	17	內	部	多	月	□	賜	錦	跪	部	世	17
	鄒	□	□	□	□	□	18	衆	[拔]	□	廿	□	上	之	大	□	爲	18
	加	東	□	太	節	胜	19	人	位	桓	三	□	下	衣	太	使	顧	19
	共	夷	□	王	人	□	20	跓	使	奴	[日]	[太]	衣	服	太	者	如	20
	軍	寐	[安]	國	刺	[沙]	21	[動]	者	主	甲	[王]	服	建	子	多	兄	21
	至	錦	□	土	□	□	22	□	補	簿	寅	國	教	立	共	亏	如	22
	于	土	□	□	□	□	23	□	奴	貴	東	土	東	處	[語]	東	弟	23

판독문을 내용상의 흐름에 따라 구분해서 정리한 후 해석문을 제시하면 다음과 같다.[2]

  <전면>
  1. 五月中高麗太王祖王令□新羅寐錦世世爲願如兄如弟上下相和守天東來之
  【5월에 高麗太王이 祖王의 令으로써 新羅寐錦과 형제처럼 위아래가 서로 화목하고 守天할 것을 세세토록 원하여 동쪽으로 왔다.】

  2-① 寐錦忌太子共前部大使者多亏桓奴主簿貴德?+田[類][王][安][聰]□[去]□□到至跪營□ ② 太子共[語]向[墅]上共看節賜太霍鄒[敎]食[在]東夷寐錦之衣服 建立處用者賜之 ③ 隨□節□□奴客人□敎諸位賜上下[衣]服 ④ 敎東[夷]寐錦遝還來 節敎賜寐錦土內諸衆人□□□[太][王]國土大位諸位上下衣服 [來]受敎跪營之
  【① [신라 : 필자주. 이하 생략]寐錦 忌와 [고구려] 太子 共, 그리고 前部大使者 多亏桓奴, 主簿 貴德 [등이…] 가서 … 跪營[3]에 이르렀다. ② 태자 공이 墅上을 향하라고 말하니 함께 바라볼 때에 [고려 태왕이] 太霍鄒[4]와 敎食[5] 동이매금의 의복을 내려주었다. 건립한 곳은

----

1) □는 마멸자, [ ]는 추독자를 의미한다. 우측면에도 일부 판독되는 글자가 있지만 논의 전개와 관련되지 않아 생략하였다. 釋文은 고구려연구회 편, 2000, 앞의 책, 147~150쪽을 기준으로 기존 연구자들의 판독안을 참고하였다. 기존 연구자들의 판독대비표는 張彰恩, 2005, 「中原高句麗碑의 판독과 해석」『新羅史學報』 5, 新羅史學會를 참고하기 바란다.
2) 필자는 기왕에 「충주비」의 판독과 해석을 시도했었다(장창은, 2005, 위의 논문). 여기에서는 이를 토대로 선행 연구를 두루 참고해 새로운 해석문을 제시하고자 한다. 비문 용어에 대한 주석은 해석을 매끄럽게 하기 위해 최소한의 내용만을 다루었다. 좀 더 자세한 내용은 2절의 비문 내용 요소의 쟁점을 참고하기 바란다.
3) 跪營 다음에 마멸자가 있어 '궤영'을 독립명사로 볼 지 주저되지만, 전면 7행 12~14열에 跪營 다음에 종결사인 之로 마무리 된 것을 참조할 때 궤영을 명사로 파악해도 무방하다. '跪營'은 고구려 태왕이 머물러 있었던 行營(변태섭, 1979, 앞의 논문, 45쪽), 고구려가 남진을 위해 설치한 군사령부(김창호, 1987, 앞의 논문, 148쪽), 고구려와 신라 양국을 이어주는 연락소 격의 정치·경제적 성격을 띤 최일선 軍營(이도학, 2000, 앞의 논문, 279쪽)으로 이해되었다.
4) 太霍鄒의 실체가 분명하지 않지만 '콩잎 모양의 촉을 가진 화살'(임기환, 2000,

[墊堂] 사용자에게 주었다. ③ 따라온 … 이때에 … 奴客人 … [태왕이] [고구려] 諸位에게 교하여 [신라매금의] 上下[신하6)]에게 의복을 내려주었다. ④ [태왕이] 교하여 동이매금을 불러7) 돌아오게 하였고, 이때에 매금토내 여러 衆人과 … 태왕국토의 大位 諸位 신하들에게도 의복을 내려줄 것을 교하니, [그들이] 교를 받들고자 跪營에 왔다.】

전시관 안에 있는 「충주고구려비」

3-① 十二月卄三[日]甲寅東夷寐錦上下至于伐城 ② 敎來前部大使者多亏桓奴主簿貴[德]□□[境]□募人三百 ③ 新羅土內幢主下部[拔]位使者補奴□[疏]奴□□□鬼盖盧共□募人 ④ 新羅土內衆人跓[動]□□ <좌측면> …于伐城 … ⑤ [辛?][酉?] … 太王國土 … 辛酉…東夷寐錦土…[方][袒][故]□沙□斯色□ ⑥ 太古鄒加共軍

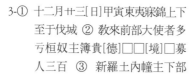

앞의 논문, 421쪽 ; 김영욱, 2007, 앞의 논문, 58쪽) 내지 '꿩 깃털 장식의 冠帽'(篠原啓方, 2000, 앞의 논문, 17쪽의 각주 36)라는 견해가 있다. 관모가 의복 세트에 포함될 가능성이 있으므로 고구려 무기의 대표성을 가진 화살로 보는 것이 낫겠다(장창은, 2008,『신라 상고기 정치변동과 고구려 관계』, 신서원, 276쪽).

5) 敎食은 중국 고대의 會盟 절차 중 있었던 供食儀禮 차원(高木智見, 1985,『春秋時代の結盟習俗について』『史林』68-6, 57쪽 : 篠原啓方, 2000, 앞의 논문, 18쪽에서 재인용)에서 이해하면 될 듯하다.

6)『書經』周官條 "治神人 和上下"의 注에 "上下 君臣也"라고 하였다. 곧 엄격히 말하면 상하는 군신을 모두 지칭한다. 이도학은 전면 1행에 보이는 상하는 문맥상 고구려와 신라를 가리키지만, 비문 나머지에 나오는 '上下'는 신하에 대한 통칭으로 이해하였다(이도학, 2000, 앞의 논문, 272~273쪽).

7)『廣雅』釋言을 참고하면 迺에는 '召'의 의미가 있다(篠原啓方, 2000, 앞의 논문, 9쪽). 또한『爾雅注疏』卷3, 釋言 第二에는 "逮, 迺也"라고 하여 '이르다'·'이르게 하다'의 뜻이 있다. 그렇다면 '迺迺來'의 의미는 '고려태왕이 신라매금에게 태왕이 있는 곳으로 오게 하였다' 정도의 문맥으로 이해된다.

至于[伐][城][去]于□古牟婁城守事下部大兄耶□

【① 12월 23일 갑인일에 동이매금의 신하가 于伐城에 이르렀다. ②
[태왕이] 교하여 前部大使者 多亏桓奴와 主簿 貴德을 오게 하여 …
境에서 300명을 모으도록 하였다. ③ [이에] 新羅土內 幢主인 下部
의 拔位使者 補奴가 疏奴…鬼盖盧와 함께 사람을 모았다. 新羅土內
의 衆人이 머뭇거리면서 움직여 … [<좌측면>의 于伐城부터 東夷
寐錦土…[方][祖][故]□沙□斯色□까지는 결락이 심해 해석이 불가
능함] ⑥ 太古鄒加 共의 軍이 于伐城에 이르러 古牟婁城의 守事인
下部 大兄 耶□에게 갔다.】

2. 내용 요소의 쟁점

1) 인명

「충주비」의 인명 중 쟁점으로 부각되는 것은 세 가지 정도로 꼽을 수
있다.

첫째, 전면 1행에 있는 '高麗太王祖王令'[1 : 해석문의 분류 번호. 이
하 생략]의 해석 문제다. '高麗太王祖王令'은 高麗太王과 祖王의 실체
및 양자 간의 관계, 그에 따른 해석에 대해 논란이 분분하다. 결과에 따
라 비의 건립연대를 밝힐 수 있는 결정적 단서로 주목받는 부분이다. 사
실 '祖王令'은 「충주비」 발견 직후 '相王公'으로 판독하는 견해가 많았
다. 곧 변태섭은 高麗太王과 相王公을 별개로 보고, 중국의 경우 재상
으로서 王에 봉해지면 '相王'이라 하고 公에 봉해지면 '相公'이라 한다
면서, 相王公을 재상으로 王公에 봉해진 사람으로 이해했다.[8] 신형식도
양자를 별개로 보고, 相王公을 相加의 후신으로 추측한 후 신라의 葛文

---

8) 변태섭, 1979, 앞의 논문, 46쪽의 각주 10. 서영대(1992, 앞의 책, 49쪽)와 여호규
(1997, 「1~4世紀 高句麗 政治體制硏究」, 서울대학교 박사학위논문, 162쪽)가 이
를 받아들였다.

王에 비견되는 존재로 파악하였다.9) 이와 달리 김창호는 '高麗太王의 相王公'으로 해석한 후, '고려태왕'을 장수왕으로 '상왕공'은 장수왕을 제외한 왕족으로 보았다.10) 다만 2000년 고구려연구회의 판독에서 '祖王令'이 유력해진 만큼 '相王公'을 판독근거로 한 주장은 입지가 좁아지고 말았다.11)

'고려태왕'과 '조왕'의 관계는 ① '고려태왕의 조왕', ② '고려태왕=조왕', ③ '고려태왕과 조왕'의 세 가지로 나눌 수 있다.

① '고려태왕의 조왕'으로 이해하는 경우는 '祖王'을 '할아버지왕'으로 이해하는 경우와, '祖上王(先祖王)'으로 이해하는 견해로 구별된다. 또한 '祖王'을 '할아버지왕'으로 이해하는 경우에도 '고려태왕'과 '조왕'의 실체는 비문의 내용 및 비의 건립연대를 어떻게 이해하느냐에 따라 다양한 주장이 제기되었다. 곧 '祖王'을 '할아버지왕'으로 해석하는 연구자 중 상당수는 손자로서 왕위를 계승한 장수왕과 문자명왕의 관계를 고려하여, '고려태왕'=문자명왕, '조왕'=장수왕으로 비정하였다.12) 이들은 모두 「충주비」의 건립연대를 문자명왕대(491~519)로 보는 공통점을 가지고 있다.13) 비문의 내용·건립연대를 449~450년으로 비정한 연

---

9) 신형식, 1979, 앞의 논문 : 1984, 앞의 책, 400쪽.

10) 김창호, 1987, 앞의 논문, 139쪽.

11) 木下禮仁(1981, 앞의 논문 : 1993, 앞의 책, 202쪽)과 木村 誠(1997, 앞의 논문 : 2004, 앞의 책, 336쪽)은 '祖王公'으로 판독하였다.

12) 이병도, 1979, 앞의 논문, 24쪽 ; 손영종, 1985, 앞의 논문, 29쪽 ; 노중국, 고구려 연구회 편, 2000, 앞의 책, 木村 誠에 대한 토론문, 311쪽 ; 남풍현, 2000, 앞의 논문, 371쪽 ; 최장열, 2004, 앞의 글, 222~223쪽 ; 김현숙, 2002, 앞의 논문 : 2005, 앞의 책, 232~233쪽 ; 박성현, 2010, 앞의 논문, 217~218쪽 ; 서지영, 2012, 앞의 논문, 110~111쪽.

13) 이병도·손영종과 남풍현·최장열·김현숙은 비문의 내용연대를 장수왕대로 보았고(이병도 475년, 손영종 475~484년, 그 외 449년), 박성현과 서지영은 내용·건립연대를 모두 문자명왕대로 보았다. 세부적인 연도의 차이와 논리는 이하에서 다룬다.

구자들은 '고려태왕'＝장수왕으로 보았다. 다만 '조왕'의 실체에 대해서는 구체적인 언급을 하지 않았다.[14] 기무라 마코토(木村 誠)은 장수왕대 태자 책립기사가 없다는 점에 주목해 '고려태왕'을 광개토왕, '조왕'을 고국원왕으로 비정하였다.[15] 이들과 달리 '祖王'을 특정한 '할아버지왕'으로 이해하지 않고 '祖上王(先祖王)'으로 해석한 후, '고려태왕'＝장수왕, '조왕'은 소수림왕으로 파악한 견해도 있다.[16]

② '고려태왕＝조왕'으로 해석하는 연구도 있다. 김철준은 장수왕이 오래 재위하였으므로 '祖王'으로 불릴 수 있다면서 高麗太王＝祖王으로 파악하였다.[17] 박진석도 '고려태왕'과 '조왕'을 모두 장수왕으로 보고 '太王祖王'이 왕에 대한 존칭으로서 '王中王'의 뜻이 포함되어 있다고 하였다.[18]

③ '고려태왕과 조왕'으로 해석한 임기환은 '조왕'을 '할아버지왕'이 아닌 태왕 아래에 있는 신료 내지 하위의 왕으로 이해하는 독특한 주장을 펼쳤다. 그에 따라 '令'도 기존 연구자들이 '명령'의 의미로 파악한 것과 달리 '조왕'의 이름으로 보았다.[19]

'高麗太王祖王令'의 해석은 일단 '고려태왕의 조왕'의 관점에서 해석하는 것이 타당할 듯하다. 장수왕이 오래 재위했으므로 '祖王'으로 불릴 수 있다지만 이 경우 비의 내용·건립연대를 481년으로 전제할 경우에만 가능한 표현이다. 449년의 경우 장수왕이 '할아버지왕'으로 불리기

---

14) 정운용은 '조왕'은 당시의 국왕인 '고려태왕'[장수왕]의 할아버지에 해당하는 인물로서 그때까지 생존해 있었던 것으로 이해하였다(정운용, 2006, 앞의 논문, 146쪽).

15) 木村 誠, 1997, 앞의 논문 : 2004, 앞의 책, 343~359쪽 및 2000, 앞의 논문, 304~307쪽.

16) 이도학, 2000, 앞의 논문, 275~276쪽.

17) 김철준, 『史學志』 13, 1979, 학술좌담회록, 117쪽.

18) 박진석, 2000, 앞의 논문, 323~325쪽 및 2011, 「中原高句麗碑의 '高麗太王祖王'에 대한 의견」『高句麗史諸問題』, 景仁文化社, 530~543쪽.

19) 임기환, 2000, 앞의 논문, 419~420쪽.

에는 이르다. 무엇보다도 현재의 왕에 대한 표현인 '高麗太王' 옆에 별
도의 '祖王'이란 명칭을 붙이는 것이 어색하다. 임기환이 「광개토왕비」
나 「모두루묘지」에서 先代의 왕을 諡號로 기록한 데에 주목해 '祖王'을
'할아버지왕'의 뜻으로 새기는 것에 매몰되지 않은 점은 타당해 보인다.
그렇지만 고려태왕의 명령을 수행하기 위해 온 태자 공 및 전부대사자
다우환노 이하 신료들의 인명이 1행 이하에서 제시되고 있는 만큼 '祖
王令'을 또 다른 신료의 인명으로 보기는 어려울 것 같다.

　'고려태왕의 조왕'으로 볼 경우 다수의 연구자들이 손자로서 왕위를
계승한 문자명왕과 그 '할아버지왕'으로서 장수왕을 주목한 것은 자연스
럽게 보일 수 있다. 다만 '祖王'을 '할아버지왕'으로 새긴다고 해서 이들
을 문자명왕과 장수왕의 관계로 한정해서 이해할 필요는 없다. 말하자면
'고려태왕조왕령'의 해석에서 '고려태왕'=문자명왕, '조왕'=장수왕이
라는 선입관을 가지고 비의 건립연대를 추적하는 데는 신중해야 할 것이
다. 오히려 비문 전체의 맥락을 감안하면서 '고려태왕'과 '조왕'의 실체
를 추적하는 것이 옳은 방법이다.

　임기환의 문제의식대로 시호법이 정착된 당시 고구려 사회에서 先代
의 왕을 '祖王'으로 지칭하는 것은 어색해 보인다. 특히 대외관계 차원
에서 제작된 비문 내용의 독자가 고구려 신료 및 백성은 물론 신라 측도
염두해 둔 것이어서 실체가 분명하지 않은 '祖王'을 '할아버지왕'으로
해석하기는 어려울 것 같다. 따라서 현 단계에서는 「광개토왕비」와 「모
두루묘지」에서 용례가 확인된 '祖上王'의 개념을 적용할 수밖에 없지
않을까 싶다.

　또한 '高麗太王祖王令'의 '令'도 단순한 '명령'으로 해석해서는 곤란
하다. 지금의 '고려태왕'이 죽은 '할아버지왕'의 명령을 받는 것도 논리
적으로 성립할 수 없다.[20] 이와 관련해서 최근 발견·조사된 「集安高句

---

20) 때문에 박성현은 '祖王令'을 장수왕의 遺詔로 파악하였다(박성현, 2010, 앞의 논

麗碑」의 내용(7행) 중에서 "戊[子]年[388년]에 律을 제정한 이래 朝廷에 敎하여 令을 발포하여 다시 修復하였다[21])"는 대목이 주목된다. 이것은 고국양왕이 제정한 律을 근거로 광개토왕이 敎를 내려 令을 발포하여 守墓制를 다시 수복한 사실을 기술한 것이다.[22]) 그렇다면 「충주비」의 '令'도 律令의 범주에서 이해하는 것이 온당하지 않을까 생각된다.[23])

둘째, 전면 2행에 나오는 '寐錦 忌'[2-①]와 2~3행에 나오는 '太子共'[2-①~②]의 해석 및 태자 공과 좌측면에 나오는 '古鄒加 共'[3-⑥]의 관계이다. 먼저 '寐錦 忌'의 '忌'를 동사로 보는 견해가 있다. 곧 '꺼리다'로 해석하여 '5월에는 신라매금이 고구려의 명령에 불복하여 跪營에 오지 않았고, 12월에 이르러 고려태왕이 신라매금을 다시 오도록 했다는 것이다.[24]) 비문의 내용연대를 506년(문자명왕 15)으로 이해한 박성현은 이러한 관점에서 교전상태에서 왕이 적지에 나가는 것이 힘든 결정이라며, 신라매금이 5월 중에는 고구려가 차지하고 있었던 충주 지역에 가는 것을 꺼려했고, 7개월 후인 12월 23일에 이르러 고구려와 신라 간에 和約이 있었던 것으로 판단하였다.[25]) 이와 반대로 '공경하다'로 해석하여 '신라매금이 공손히 응했다'고 보기도 했다.[26])

　　문, 218쪽).

21) 비문 판독 및 해석은 여호규의 견해를 따른다(여호규, 2013, 「신발견 集安高句麗碑의 구성과 내용 고찰」『韓國古代史研究』70, 77쪽).

22) 여호규, 2013, 위의 논문, 83쪽.

23) 기왕에 이도학이 '祖王令'의 令을 소수림왕대 율령의 령을 상기한 것으로 파악하였다(이도학, 2000, 앞의 논문, 275쪽). '고려태왕'을 장수왕으로 보면, '祖王'은 '할아버지왕'으로 해석해도 소수림왕으로 그 실체가 귀착될 수 있다.

24) 변태섭, 1979, 앞의 논문, 45쪽 ; 신형식, 1979, 앞의 논문 : 1984, 앞의 책, 408쪽. 남풍현은 2행 7~9자를 '東夷之'로 판독하여 "동이의 매금이 태자 공을 꺼렸다(기피하였다)"로 해석했고(남풍현, 2000, 앞의 논문, 371~372쪽), 이도학과 김영욱도 '忌'를 '꺼리다'·'두려워하다'로 해석하였다(이도학, 2000, 앞의 논문, 277쪽의 각주 36 ; 김영욱, 2007, 앞의 논문, 49쪽).

25) 박성현, 2010, 앞의 논문, 219쪽.

  그러나 고구려 우위의 논조와 이해가 적극적으로 반영되어 있는 비문의 성격상 '신라매금이 꺼려서 고려태왕의 명령을 따르지 않았다'는 내용은 문면상 어울리지 않는다. 뿐만 아니라 설령 그러한 사실이 있었다고 하더라도 비문에 남겨지지 않았을 법하다. 앞의 해석문처럼 5월에 고려태왕이 동쪽[國原]에 와서 신라매금과 형제관계임을 하늘에 맹세하는 의식을 치루었고, 이때 고려태왕이 신라매금과 신하들에게 의복 등을 내려준 것으로 이해하는 것이 타당하다. 매금 기 이하의 이어지는 문장구조를 전체적으로 살피면, 人名 앞에 관등 또는 그에 상응할 만한 지위가 부여된 칭호가 붙는 규칙을 감지할 수 있다. 따라서 '忌'는 신라매금의 인명으로 보는 것이 옳겠다.[27]

  그렇게 보면 太子 共의 '共' 역시 인명으로 보는 것이 자연스럽다.[28] 다만 太子의 실체 및 古鄒加 共과의 동일인 여부에 대해서는 견해 차이가 있다. 손영종은 장수왕대 아들 助多가 일찍 죽어 문자명왕을 太孫으로 봉했다는 기록만이 있을 뿐 태자 책립기사가 없으므로, 共을 신라 태자로 이해하였다.[29] 그러나 고구려 우위의 내용을 과시하고자 하는 비문에서 신라 왕자를 태자로 표현하지는 않았을 것이다.[30] 자연 태자는 고구려의 태자로 이해하는 것이 타당하다.

---

26) 이병도, 1979, 앞의 논문, 28쪽 및 같은 책 학술좌담회록, 114쪽.
27) 김창호, 1987, 앞의 논문, 140~141쪽 ; 임기환, 2000, 앞의 논문, 420쪽 ; 장창은, 2006, 앞의 논문, 298~299쪽. 시노하라 히로카타(篠原啓方)도 '忌'에 대한 판독을 유보했지만 인명으로 보았다(篠原啓方, 2000, 앞의 논문, 10쪽).
28) 이병도, 1979, 앞의 논문, 28쪽 ; 서영대, 1992, 앞의 책, 50쪽의 주석 5 ; 篠原啓方, 2000, 앞의 논문, 9쪽. 이와 달리 이도학과 기무라 마코토(木村 誠)는 '共'이 인명일 경우 같은 비문에서 '太子 共'과 '古鄒加 共'으로 다르게 표기되는 것이 자연스럽지 못하다면서 '함께'라는 뜻으로 해석하였다(이도학, 2000, 앞의 논문, 273쪽 ; 木村 誠, 2000, 앞 논문의 노중국 토론에 대한 답변문, 312~313쪽).
29) 손영종, 1985, 앞의 논문, 30쪽.
30) 임창순, 1979, 앞의 논문, 55쪽.

'태자 공'과 '고추가 공'의 관련성에 대해서는 양자의 직위가 다르기 때문에 별개로 보는 견해가 있다.31) 그러나 共을 인명으로 본다면 양자를 같은 인물에 대한 다른 표현으로 볼 수밖에 없다.32) 실제로 장수왕의 아들 助多는 古雛大加였다.33) 고추대가는 『後漢書』고구려전의 주석에 따르면 賓客을 접대하는 관직으로서 당의 鴻臚卿과 같다고 그 소임을 설명하였다.34) '古雛大加'와 「충주비」의 '太古鄒加'는 의미상 상통한다고 봐도 무방하다. '고추대가' 본연의 업무와 「충주비」에서 태자이자 태고추가인 共이 국원에 와서 신라매금을 접견하는 행위는 맥락이 통한다. 또한 장수왕의 왕자 '助多'의 字句的 의미는 태자로서 아버지를 보좌해 신라매금과의 회맹의식에 참여하고 그 후속조치인 군사활동을 주도한 「충주비」에서의 共의 활약과 어울린다. 따라서 생존시의 이름은 共이었는데 죽은 다음에 助多라는 美稱으로 불린 것으로 보아도 무리가 없어 보인다.35)

셋째, 전면 10행에 나오는 '盖盧'[3-③]를 어떻게 보느냐의 문제다. '盖盧'는 일찍이 이병도에 의해 백제 蓋鹵王(455~475)에 비정되었다.

---

31) 임기환, 2000, 앞의 논문, 425~426쪽.

32) 김영하·한상준, 1983, 앞의 논문, 40~42쪽 ; 김창호, 1987, 앞의 논문, 139쪽 및 2000, 앞의 논문, 348쪽 ; 박진석, 2000, 앞의 논문, 320쪽 및 2011, 앞의 책, 570~571쪽 ; 김현숙, 2005, 앞의 책, 233~234쪽 ; 최장열, 2004, 앞의 글, 224쪽. 다만 박진석은 태자가 助多 외의 다른 아들일 가능성을 상정하였다.

33) 『三國史記』卷19, 高句麗本紀7, 文咨明王 즉위년.

34) 『後漢書』卷85, 東夷列傳75, 高句驪(1997, 中華書局 點校本, 2813쪽) "古雛大加 高驪掌賓客之官 如鴻臚也."

35) 김현숙, 2005, 앞의 책, 234쪽. 『삼국사기』문자명왕 즉위년조에는 조다가 일찍 죽어 장수왕이 손자인 羅運[문자명왕]을 궁중에서 길러 大孫으로 삼았다고 되어 있다. 이 때문에 449~450년 당시 조다가 활동할 수 있었겠는가 의구심을 가질 수도 있다. 그러나 조다의 '早死'는 어린 나이에 죽었다기보다는 장수왕의 오랜 재위기간 때문에 왕위에 오르지 못하고 일찍 죽었다는 상대적인 의미로 해석될 수도 있다(김현숙, 2005, 앞의 책, 234쪽).

곧 고구려 당주가 백제 개로왕과 공모하여 신라 경내에서 사람을 모으는 반동행위를 했다는 논지다.36) 이를 수용한 연구자가 상당한데,37) 문제 는 이것이 이들로 하여금 비문의 내용·건립연대를 개로왕대와 연결시키 는 근거로 작용했다는 점이다. 하지만 흡만 같다는 이유로 '盖盧'를 蓋 鹵王으로 연결시키는 것은 자칫 섣부를 수 있다.38) 「광개토왕비」에서 백제의 왕을 '殘主'로 격하시켜 표현하거나, 「충주비」 내에서 시종 '東 夷'·'寐錦土' 등 신라를 낮추려는 서술태도39)를 감안할 때 백제 왕명을 그대로 썼을지도 의문이다.40) 무엇보다도 고구려와 신라의 관계를 나타 내주는 「충주비」의 내용에서 백제 개로왕의 갑작스러운 출현은 어색하 며, 개로왕 재위기에 고구려와 신라의 관계가 비문에서 형제관계를 천명 할 만큼 우호적이지 못하다는 근본적인 문제가 있다. '盖盧'는 고구려관 리로서 新羅土內幢主의 인명으로 보는 것41)이 낫다고 생각한다.

2) 용어

비문의 내용을 올바르게 이해하기 위해서는 용어에 대한 정확한 이해 가 중요하다. 먼저 전면 2행에 나오는 守天[1]에 대해서는 『莊子』 達生 篇에 나오는 '天守'와 같은 말로 天理, 즉 자연의 도리를 保守한다는 뜻으로 살펴졌다.42) 시노하라 히로카타(篠原啓方)는 더 나아가 고구려

---

36) 이병도, 1979, 앞의 논문, 23~29쪽.
37) 손영종, 1985, 앞의 논문, 31쪽 ; 남풍현, 2000, 앞의 논문, 375~376쪽. 변태섭도 건립연대 추정의 논리는 다르지만 盖盧를 개로왕과 연결하였다(변태섭, 1979, 앞 의 논문, 47쪽).
38) 임창순, 1979, 앞의 논문, 57쪽.
39) 「충주비」 내에 고구려의 우월성을 나타내려는 표현방식에 대해서는 篠原啓方, 2000, 앞의 논문, 10쪽이 참고된다.
40) 김정배, 1979, 앞의 논문, 89쪽 ; 박진석, 2000, 앞의 논문, 318~319쪽.
41) 이호영, 1979, 앞의 논문, 97쪽 ; 김창호, 1987, 앞의 논문, 141쪽 ; 임기환, 2000, 앞의 논문, 425쪽 ; 篠原啓方, 2000, 앞의 논문, 20쪽.

에서 일찍부터 존재한 祭天儀禮와 天관념이 4~5세기에 이르러 고구려
왕계의 정통성을 뒷받침해주는 개념으로 등장한데 주목하였다. 곧 '守
天'은 중국적인 개념이 아니라 고구려에서 찾아야하며, 天의 직계 자손
이 고구려왕이므로 '고려태왕을 받들어 고구려를 위해 협조한다'는 의미
의 군신관계로 파악하였다.[43]

　'上下'는 비문의 전면에 모두 4차례 나온다[1·2-③·④·3-①]. 먼저 1
에서의 '上下'는 고구려와 신라의 관계를 형제관계에 비유한 것과 같은
맥락에서 각각 고구려와 신라를 가리킨다.[44] 『書經』周官條의 "治神人
和上下"의 注에서 "上下 君臣也"라고 하였다. 엄밀히 말하면 '上下'는
君臣을 가리키는 말이다. 다만 비문의 문면상 2-③·④·3-①의 '上下'는
신하에 대한 통칭으로 봐도 무리가 없다.[45] 좀 더 구체적으로 신라
측 신료인 上下를 6부를 대표하는 귀족관료로 추정한 연구도 발표되
었다.[46]

　전면 3행과 7행에 나오는 '跪營'[2-①·④]에 대해서는 고구려대왕이
머물러 있었던 行營,[47] 고구려가 남진을 위해 설치한 군사령부,[48] 고
려와 신라 양국을 이어주는 일종의 연락소 격의 정치·경제적 성격을 띤
최일선 軍營[49]으로 이해되었다. '跪(꿇어앉다)'의 행위는 고구려의
전통적인 혼례의식에서 신랑이 신부집에 혼인을 청하는 과정이나,[50]

42) 이병도, 1979, 앞의 논문, 28쪽.
43) 篠原啓方, 2000, 앞의 논문, 15~16쪽.
44) 이기백, 1979, 앞의 논문 : 1996, 앞의 책, 120쪽.
45) 이도학, 2000, 앞의 논문, 272~273쪽.
46) 임기환, 2011, 「울진봉평리 신라비와 광개토왕비, 중원고구려비」『울진봉평리 신
　　라비와 한국고대 금석문』, 울진군·한국고대사학회, 279~280쪽. 이때 '新羅土內
　　衆人'[3-④]의 '衆人'을 敎를 집행하는 실무 관료들로 이해하였다.
47) 변태섭, 1979, 앞의 논문, 1979, 45쪽의 각주 8. 위치는 于伐城 부근으로 보았다.
48) 김창호, 1987, 앞의 논문, 148쪽.
49) 이도학, 2000, 앞의 논문, 279쪽.

「광개토왕비」에서 백제왕이 고구려왕에게 항복할 때의 표현('跪王自
誓') 등을 감안할 때 일종의 服屬儀禮라고 할 수 있겠다.[51]

　전면 4행에 나오는 고려태왕이 하사한 '太霍鄒'[2-②]가 무엇인지는
확실치 않다. 다만 '콩잎 모양의 촉을 갖는 화살'[52] 내지 '꿩 깃털 장식
의 冠帽'[53]라는 견해가 참고된다. 고려태왕은 신라왕과 형제관계를 천
명하는 의식을 치루면서 신라왕과 그 신하들에게 의복과 太霍鄒를 내려
주었다. 그렇다면 관모는 의복세트에 포함될 가능성이 크다. 따라서 태
곽추는 고구려 무기의 상징과 대표성을 가진 화살[54]로 보는 것이 나을
것으로 판단된다.[55]

　마지막으로 전면 9행과 10행에 나오는 '募人'[3-②·③]은 글자 그대
로 '사람을 모으다'로 해석하면 무리가 없다. 곧 비문에서의 '募人'은 고
구려·신라 관인의 공동 활동으로, 고구려의 필요에 따라 신라가 협조하
여 사람을 징발한 것으로 이해된다.[56] 이도학은 '사람을 모집한다'에는
전면 9행의 경우 '募人三百'보다는 '募三百人'이 맞다면서 '募人'을
'군사 관련 집단'으로 파악하였다.[57] 하지만 비문이 세련된 한문 투가

---

50) 『三國志』 卷30, 魏書30, 烏丸鮮卑東夷傳30, 高句麗(844쪽) "其俗作婚姻 言語已定
　　女家作小屋於大屋後 名婿屋 壻暮至女家戶外 自名跪拜 乞得就女宿如是者再三 女
　　父母乃聽使就小屋中宿 傍頓錢帛 至生子已長大 乃將婦歸家."
51) 篠原啓方, 2000, 앞의 논문, 17쪽.
52) 임기환, 2000, 앞의 논문, 421쪽 ; 김영욱, 2007, 앞의 논문, 58쪽. 임기환의 견해
　　에 따르면, '霍'은 '藿'과 통하여 '콩잎'이란 뜻이 있고, '鄒' 역시 좋은 화살이라
　　는 뜻의 '騶'와 통한다고 한다.
53) 篠原啓方, 2000, 앞의 논문, 17쪽의 각주 36. 그는 '□翟鄒'로 판독했다.
54) 고구려 시조 朱蒙의 이름은 '활을 잘 쏘는 것'이라는 부여의 속어에서 붙여졌다.
　　그런데 주몽을 鄒牟[王]이라고도 불렀다(『三國史記』 卷13, 高句麗本紀1, 始祖 東
　　明聖王 즉위년 및 「광개토왕비」 참조). 주몽 이외에도 영양왕대 온달의 출세과정
　　에서도 활을 잘 쏘는 능력이 지도자의 우선적 조건으로 강조되었다. 따라서 활과
　　화살은 고구려 무기의 대표성을 가지는 것으로 볼 수 있다.
55) 장창은, 2008, 『신라 상고기 정치변동과 고구려 관계』, 신서원, 276쪽.
56) 篠原啓方, 2000, 앞의 논문, 20~21쪽.

아니므로 어순에 연연한 필요는 없다고 생각한다.

한편 비문 내용에서 5월에 고려태왕과 신라매금이 만난 이후 12월 23일에 이르러 그 후속조치로서 于伐城과 그 인근에서 고구려와 신라 측 관리가 공동으로 3백 명을 모집한 것을 군사활동으로 규정하고, 그 대상을 백제로 파악한 견해가 있다. 곧 고구려가 백제에 대비한 군사를 신라에 요청했다는 것이다.58) 이는 「충주비」의 건립 목적과 고구려가 백제에게 國原[충북 충주시]을 빼앗은 시기를 추적하는데 있어 시사하는 바가 크다.59)

3) 지명

비문에는 전면 8행 및 좌측면 6~7행에 있는 '于伐城'[3-①·⑥]과 좌측면 7행에 있는 '古牟婁城'[3-⑥]의 두 가지 고유 지명이 나온다.

于伐城은 신라매금과 고구려 관리들이 만나서 募人행위 등을 하는 장소인데, 그 위치에 대한 기왕의 견해는 세 가지로 나뉜다. 먼저 于伐城에서의 '于'를 처소격으로 보아 '伐城', 곧 '徐羅伐城'의 약칭으로 본 견해가 있다.60) 또한 특별한 논증 없이 정황에 근거해 「충주비」가 서 있는 中原 地方으로도 보았다.61) 그러나 우벌성 앞에 이미 '至'가 있으

---

57) 이도학, 2000, 앞의 논문, 273~274쪽.

58) 박찬홍, 2013, 앞의 논문, 154~155쪽.

59) 이 책의 제1부 2장 1절에서는 이러한 관점을 적극적으로 수용하여 고구려의 국원 진출시기와 「충주비」의 건립을 관련지었다.

60) 이병도, 1979, 앞의 논문, 25쪽 및 같은 책 학술좌담회록, 121쪽. '伐(火)'字가 붙은 지명이 영남 지방에 많다는 점에 착안한 것인데, 지명비정에는 동의할 수 없지만 이 점은 시사하는 바 크다. 이도학도 '于'를 처소격으로 보았다. 다만 '伐城'의 위치비정은 시도하지 않았다(이도학, 2000, 앞의 논문, 273쪽).

61) 변태섭, 1979, 앞의 논문, 43쪽 ; 서영대, 1992, 앞의 책, 51쪽 ; 박진석, 2000, 앞의 논문, 322쪽 및 2011, 앞의 책, 560쪽 ; 강종훈, 2011, 「5세기 후반 고구려와 신라의 국경선」『한국 고대 사국의 국경선』(김태식·양기석·강종훈·이동희·조효식·송기호·이근우 지음), 서경문화사, 117쪽. 다만 변태섭은 같은 논문 47쪽에서

므로 굳이 '于'를 처소의 의미로 집어넣을 필요는 없으며, 비문 내용상
우벌성의 위치는 비가 세워진 장소에서 멀지 않은 고구려·신라의 접경
지대가 유력하다고 생각한다. 중원 지역 역시 '伐'이 들어간 지명을 찾
을 수 없고,[62] 문헌에 '우벌성'으로 유추할 만한 근거가 발견되지 않으
므로[63] 동의할 수 없다.

　이들과 달리 손영종은 경북 순흥에 속했던 '高句麗故地' 중 伊伐支
縣을 주목한 후, '于'와 '伊'가 통한다면서 우벌성의 위치를 순흥에 비정
하였다.[64] '伐(火)'이 들어가는 지명이 신라계로서 소백산맥 以東에 국
한된다는 통설과,[65] 순흥 지방이 죽령로의[66] 도상에서 5세기대 신라와
고구려 간 요충지로서 이곳에 순흥 읍내리고분 등 고구려계 유물·유적
이 다수 존재함을 감안할 때 타당한 견해로 생각된다.[67] 또한 「충주비」

경북 상주로도 비정하였다.

62) 서영일, 2000, 앞의 논문, 500쪽.

63) 『三國史記』卷35, 雜志4, 地理2, 漢州條에는 "中原京 本高句麗國原城 新羅平之 眞
　　興王置小京…景德王改爲中原京 今忠州"라 했고, 『新增東國輿地勝覽』卷14, 忠州
　　牧 建置沿革에도 국원성을 '未乙省' 혹은 '亂長城'이라 했다는 내용 외에는 『三國
　　史記』와 같다.

64) 손영종, 1985, 앞의 논문, 30쪽. 『三國史記』卷35, 雜志4, 地理2, 朔州條에 "岌山
　　郡 本高句麗及伐山郡 景德王改名 今興州 領縣一 鄰豊縣 本高句麗伊伐支縣 景德王
　　改名 今未詳"이라 했는데, 『新增東國輿地勝覽』卷25, 豊基郡 古蹟條를 참고하면
　　급산군이 順興임을 알 수 있다. 또한 『三國史記』卷38, 雜志7, 職官 上에 따르면
　　'伊伐湌'을 '于伐湌'이라고도 해 '伊'와 '于'가 상통했을 가능성이 크다.

65) 다케다 유키오(武田幸男)도 이에 착안해 于伐城의 후보지로 于火縣(울산), 伊伐支
　　縣(풍기), 伊火兮縣(안동)을 꼽았다(武田幸男, 1980, 「序說 5~6世紀東アジア史の一
　　視點-高句麗中原碑から新羅赤城碑へ」 『古代東アジアにおける日本古代史講座』 4 :
　　1989, 「長壽王の東アジア認識」 『高句麗史と東アジア』, 岩波書店, 244쪽의 미주 60).

66) 죽령로는 경주-영천-의성-안동-영주-죽령-단양-제천-원주-횡성-홍천-춘천-화천-김
　　화-회양으로 연결된다(서영일, 1999, 『신라육상 교통로 연구』, 학연문화사, 54~
　　55쪽 및 337~338쪽).

67) 김창호, 1987, 앞의 논문, 148~149쪽 ; 篠原啓方, 2000, 앞의 논문, 26~27쪽 ;
　　임기환, 2000, 앞의 논문, 424쪽 ; 서영일, 2000, 앞의 논문, 499~501쪽 ; 양기석,

가 건립된 지역에서 그리 멀지도 않아 비문의 내용을 합리적으로 이해하
는 데 문제가 없다.

古牟婁城은 「광개토왕비」에서 永樂 6년(396) 광개토왕이 백제를 공
략해 뺏은 58城에도 나오는 지명이다. 고모루성의 위치에 대해서는 명
확한 근거가 없어 논란만이 분분하다. 먼저 음운학적 분석방법을 통해
충남 덕산설,[68] 충북 음성의 高山城설,[69] 포천의 古毛里山城[70] 또는
반월산성설[71]이 제기되었다. 하지만 논증과정이 자의적이어서 받아들이
기 어렵다. 또한 396년 광개토왕의 작전 범위를 보는 시각에 따라 한강
하류 강북 지역과,[72] 남한강 상류 지역[73]으로 비정되기도 했다. 그리고
396년 이전 백제의 동북경이면서, 중부내륙 방면의 고구려 남진교통로
로써 원주와 춘천을 주목한 연구도 발표되었다.[74]

2002, 「高句麗의 忠州地域 進出과 經營」 『中原文化論叢』 6, 충북대학교 중원문화
연구소, 66쪽 ; 김현숙, 2005, 앞의 책, 290쪽.

68) 酒井改藏, 1955, 「好太王碑文の地名について」 『朝鮮學報』 8, 朝鮮學會, 51쪽 ; 朴
性鳳, 1979, 「광개토호태왕기 고구려 남진의 성격」 『韓國史硏究』 27, 韓國史硏究
會 : 1995, 『高句麗 南進 經營史의 硏究』(朴性鳳 編), 白山資料院, 187~188쪽.

69) 손영종, 1985, 앞의 논문, 31쪽 ; 김영황, 2011, 『고구려의 언어유산』, 역락, 139
쪽. '모루'·'모로'를 '산'으로 보고, 『新增東國興地勝覽』 卷14, 陰城縣 古蹟條의
高山城을 주목한 것이다. 그러나 '모루'·'모로'·'모르'는 『梁書』 新羅傳에 신라
왕성을 '健牟羅'라고 했으므로 '마을'의 뜻과 어울린다(李丙燾, 1954, 「古代南堂
考」 『人文社會科學』 1 : 1976, 『韓國古代史硏究』[修訂版], 博英社, 619~620쪽).
또한 고산성 지표조사에서 산성 내 백제나 고구려의 유물이 수습되지 않았다(서
영일, 2000, 앞의 논문, 504쪽).

70) 閔德植, 1992, 「百濟 漢城期의 漢江 以北 交通路에 관한 試考-百濟 初期 都城 硏
究를 위한 일환으로-」(上) 『先史와 古代』 2, 韓國古代學會, 100쪽.

71) 李仁哲, 1996, 「廣開土好太王碑를 통해 본 高句麗의 南方經營」 『廣開土好太王碑
硏究 100年』(고구려연구 2) : 2000, 『고구려의 대외정복 연구』, 백산자료원, 149~
151쪽.

72) 김현숙, 2005, 앞의 책, 289쪽.

73) 李道學, 1988, 「永樂 6年 廣開土王의 南征과 國原城」 『孫寶基博士 停年紀念 韓國
史學論叢』, 지식산업사, 98쪽.

비문 내용에 따르면, 고모루성 守事가 순흥으로 비정되는 于伐城에까지 와서 군사활동을 하였다. 수사가 다수의 군·현급 행정단위를 포괄한 광역의 지방을 관할했던 지방관이어서[75] 고모루성의 위치를 파악하는 것이 쉽지는 않다. 다만 소백산맥 이남의 우벌성에 오기 위해서는 5세기 고구려와 신라 간의 주요 교통로였던 죽령로를 이용했을 개연성이 다분하다. 자연 고모루성의 위치도 죽령로의 도상에서 찾는 것이 합리적이다. 따라서 고모루성의 위치로 원주와 춘천을 주목한 견해가 타당하다고 생각한다.

3. 비문의 내용과 비의 건립연대

「충주비」의 내용연대와 건립연대[76]에 대한 기왕의 연구는 5세기 초반설, 5세기 중반설, 5세기 후반설의 세 가지로 나누어 볼 수 있는데, 세부적으로는 논자들마다 연대와 논증과정에 차이가 많다. 이 글에서는 논리전개의 편의와 연구사적 흐름을 감안해 5세기 후반설, 5세기 초반

---

74) 변태섭, 1979, 『史學志』 13(中原高句麗碑 特輯號), 檀國大學校 史學會, 학술좌담 회록 133쪽 ; 서영일, 2000, 앞의 논문, 505~507쪽 ; 林起煥, 2005, 「廣開土王碑에 보이는 百濟관련 記事의 檢討-永樂 6년조 기사의 역사지리적 검토를 중심으로-」 『漢城百濟 史料研究』, 경기도 경기문화재단 기전문화재연구원, 145쪽. 변태섭·서영일은 원주·춘천을, 임기환은 원주를 주목하였다. 여호규는 고모루성이 북한강 수계에 위치한 것으로 추정하였다(여호규, 2012, 「4세기 후반~5세기 초엽 高句麗와 百濟의 국경 변천」 『역사와 현실』 84, 198~199쪽).

75) 김현숙, 2005, 앞의 책, 291~295쪽. 수사를 군의 장관으로도 이해한다(盧泰敦, 1996, 「5~7세기 고구려의 지방제도」 『韓國古代史論叢』 8, 韓國古代社會研究所 編 : 1999, 『고구려사 연구』, 사계절, 274쪽, 285쪽).

76) 기존 연구에서는 내용연대와 건립연대를 구별하지 않은 채 주로 건립연대로 표현하였다. 이 책에서는 내용연대를 기준으로 5세기 초·중·후반설로 분류했으며, 기존의 연구는 필자가 분석 후 용어를 재조정하였다.

설, 5세기 중반설의 순서로 검토해 보겠다.

1) 5세기 후반설

　5세기 후반설은 「충주비」 발견 직후 가장 많은 지지를 받았는데, 최초의 제안자는 이병도였다. 이병도는 우선 비석 전면의 상단에 "高麗建興四年"이라는 題額이 있음을 주장하였다. 그는 '建興'을 고구려 연호로 보고, 「건홍오년명금동불광배」의 "建興五年歲在丙辰"에서 건흥 4년이 乙卯年임을 유추하였다. 여기에 비문의 내용연대를 알려주는 단서로써 전면 10행 8·9열에 나오는 '盖盧'를 백제 盖鹵王(455~475)으로 확신하면서, 개로왕의 재위년에서 을묘년에 해당하는 475년(장수왕 63)을 비의 내용연대로 삼았다. 또한 '高麗太王祖王'에서 '祖王'을 장수왕으로, '高麗太王'을 문자명왕(491~519)으로 보아 문자명왕 초년 경에 비가 건립된 것으로 추측하였다.[77] 이병도가 '盖盧'를 백제 개로왕에 연결시킨 논리는 손영종·耿鐵華·남풍현이 계승해 내용·건립연대 추정에 원용했으며,[78] 고려태왕과 조왕의 실체는 남풍현·김현숙·최장열이 받아들여 비의 건립연대를 문자명왕대로 이해하였다.[79]

---

77) 이병도, 1979, 앞의 논문, 22~24쪽.

78) 손영종, 1985, 앞의 논문, 29~32쪽 ; 남풍현, 2000, 앞의 논문, 366쪽. 손영종은 제액의 판독도 신뢰해, 전면의 12월 기사를 11월의 오기로 수정하면서 475년의 일로 보았다. 또한 좌측면의 '辛酉年'과 7행 3·4열 글자를 '丙子'로 판독해 비문의 내용연대를 475~484년으로 파악하였다. 耿鐵華도 제액과 '盖盧'를 근거로 장수왕 후기 475~491년을 비문의 내용·건립연대로 비정하였다(耿鐵華, 2000, 앞의 논문, 566~599쪽). 남풍현은 내용연대를 장수왕대(413~491)로만 추정하였다.

79) 남풍현, 2000, 앞의 논문, 366쪽 ; 김현숙, 2005, 앞의 책, 335~336쪽 ; 최장열, 2004, 앞의 글, 224~225쪽. 남풍현과 최장열은 『三國史記』卷19, 高句麗本紀7, 文咨明王 4년(495)조의 "秋七月 南巡狩 望海而還"에 주목해 비의 건립연대를 구체화했다. 노중국(木村 誠, 2000, 앞의 논문에 대한 토론문, 311~314쪽)도 같은 의견을 개진했는데, 김현숙·최장열과 함께 비문의 내용연대는 5세기 중엽으로 보았다.

비문의 내용연대를 475년으로 추정하는 논거의 출발점이 된 제액의 판독에는 회의적인 견해가 지배적이다.[80] 또한 고구려 우위의 표현이 비문 곳곳에 사용되는 상황에서, 백제 개로왕의 왕명을 그대로 쓴다는 것도 납득하기 어려울 뿐만 아니라[81] 내용의 흐름상 개로왕의 등장도 어색하다.

비의 건립연대를 문자명왕대로 본 견해도 역사적 대세를 감안할 때 동의하기 어렵다. 곧 문자명왕 재위에 해당하는 5세기 말~6세기 초 고구려와 신라는 소백산맥 以西의 추풍령로 일대와 동해안로에서 각축했을 뿐, 계립령과 죽령을 국경 삼아 교전 없이 대치하는 형국이었다.[82] 비의 내용에서 순흥으로 비정되는 우벌성이 '신라토내' 내지 '동이매금토'의 범주에 포함된 것은 비의 내용연대 시기에 죽령이 이미 국경으로 기능했을 가능성을 시사한다. 신라가 소백산맥을 넘어 한강을 차지하는 것은 주지하듯이 6세기 중엽에 이르러서야 가능했다.[83] 이는 곧 문자명왕대 중원 지역이 고구려의 영토에 포함되어 있음을 의미한다. 따라서 이미 신라와의 갈등기에 접어든 문자명왕대에, 신라를 회유·포섭하는 장수왕대의 사건을 회고하면서 충주에 비를 세울 까닭이 없다고 생각한

---

80) 2000년 고구려연구회의 신석문을 통해 '年'자가 읽혀 제액은 확인됐지만 더 이상의 판독은 이루어지지 못했다(고구려연구회 편, 2000, 앞의 책, 144쪽).

81) 김정배, 1979, 앞의 논문, 89쪽.

82) 張彰恩, 2004, 「新羅 慈悲~炤知王代 築城·交戰地域의 검토와 그 의미」『新羅史學報』2 : 2008, 『신라 상고기 정치변동과 고구려 관계』, 신서원, 177~188쪽. 이한상도 5세기대 고구려·신라가 죽령을 경계로 대치한 것으로 보았고(이한상, 2003, 「읍내리분묘군의 편년을 통해 본 5세기대 순흥지역의 위상」『역사문화연구』19, 한국외국어대학교 역사문화연구소, 27쪽), 김현숙은 481~500년 사이 고구려세력이 경북 지역에서 물러가면서 550년까지 죽령을 경계로 대치한 것으로 이해하였다(김현숙, 2002, 앞의 논문, 107쪽).

83) 『三國史記』卷4, 新羅本紀4, 眞興王 11년·12년 및 같은 책, 卷44, 列傳4, 居柒夫. 신라의 한강 유역 진출과정과 시기는 이 책의 제2부 2장 1절에서 다루었으니 참고하기 바란다.

다.84) 또한 신라의 입장에서도 국왕이 전쟁의 와중에 중립 지역이 아닌 적진의 핵심 요충지에 위험을 감수하면서까지 會盟을 하러 가기는 어려웠을 것이다.

5세기 후반설 중 폭넓은 지지를 받고 있는 것이 변태섭이 주장한 481년(장수왕 69)설이다. 그는 전면 7행에 나오는 日干支 '十二月卄三日甲寅'과 좌측면 3행에 나오는 年干支 '辛酉年'을 모두 믿어 『三正綜覽』과 『二十史朔閏表』에서 '12월 23일 갑인'에 해당하는 449년·480년·506년과, '辛酉年'에 해당하는 421년·481년·541년을 찾아냈다. 그리고 이 둘을 조합하여 480년을 비문의 내용연대로, 481년을 비의 건립연대로 파악하였다.85) 변태섭의 학설은 신형식·다케다 유키오(武田幸男)·여호규·강민식 등에게 수용되었다.86)

변태섭과 논증과정은 다르지만 「충주비」의 건립연대를 481년으로 보는 연구자로 이호영이 있다. 이호영은 '□熙七年歲辛□□'을 제액으로 새롭게 판독하였다. 그는 「서봉총출토은합명문」의 "延壽元年辛卯"에서 '延壽'를 장수왕의 연호로, '辛卯年'은 451년으로 비정하였다. 나아가 '□熙'를 장수왕이 63년(475)에 한성을 함락한 후 改元한 연호로 보고, □熙七年을 481년으로 파악하였다.87) 이밖에도 「충주비」의 건립연대를 5세기 후반, 특히 480년과 481년으로 추정한 연구 성과가 많다.88)

---

84) 문자명왕 4년조의 순수기록도 「충주비」의 입지 조건과 맞지 않으므로(이병도, 1979, 앞의 논문, 30~31쪽), 건립연대와 관련짓기에 무리가 따른다.
85) 변태섭, 1979, 앞의 논문, 47~50쪽.
86) 신형식, 1984, 앞의 책, 406~409쪽 ; 武田幸男, 1980, 앞의 논문 : 1989, 앞의 책, 243쪽의 미주 53 ; 여호규, 1997, 앞의 박사학위논문, 161~162쪽 ; 강민식, 2013, 「5세기 후반 삼국의 전투와 대치선」『軍史』87, 국방부 군사편찬연구소, 218~219쪽. 盧泰敦(1997, 「『삼국사기』 신라본기의 고구려관계 기사 검토」『慶州史學』16, 慶州史學會, 81쪽)과 金瑛河(1997, 「高句麗의 發展과 전쟁」『大東文化研究』32, 성균관대학교 대동문화연구원, 27~28쪽)도 481년설을 따랐다.
87) 이호영, 1979, 앞의 논문, 98~103쪽.

변태섭의 학설은 '十二月卅三日甲寅'과 '辛酉年'을 모두 존중한 가운데 도출된 것이어서 일면 진전되어 보인다. 다만 '辛酉年'에 대한 판독이 인정받지 못하는 한[89] 입론이 흔들릴 수밖에 없다. 이호영의 견해도 독창적이기는 하지만 제액의 판독과 논증과정이 자의적이다.

사실 5세기 후반설의 기저에는 고구려가 475년 백제 한성시대를 종식시킨 후에야 중원 지방에 진출할 수 있다는 전제가 깔려 있다.[90] 그러나『광개토왕비』를 통해 396~400년 고구려의 남방 진출 이후 고구려가 중부 내륙을 남북으로 관통하는 죽령로를 확보하였고, 이를 통해 신라와 교류했음이 밝혀졌으므로[91] 이러한 입론에는 문제가 있다. 5세기 후반

---

88) 박성봉도「충주비」의 건립연대를 481년으로 보았고(朴性鳳, 1997,「高句麗 金石文의 연구현황과 과제-廣開土好太王碑와 中原高句麗碑를 중심으로-」『國史館論叢』78, 國史編纂委員會, 11쪽), 이인철은 '辛酉年을 믿어 481년경 중원 지역에 진출한 고구려군이 백제와 신라의 연합세력에 부딪치자 양국 사이를 이간시키기 위해 과거에 신라와 고구려가 형제같이 지내기로 약속했다는 내용의 비를 세운 것으로 이해하였다. 내용연대는 450년 이전으로 보았다(이인철, 2000,『고구려의 대외정복 연구』, 백산자료원, 304~305쪽). 이명식은 '十二月卅三日甲寅'의 日干支만을 믿고 역사적 흐름 속에서 480년을 비문의 내용연대로 삼았다(李明植, 2002,「5세기 新羅의 對高句麗關係」『大丘史學』69, 大丘史學會, 227~228쪽). 주보돈도 481년 고구려의 신라 공격과「충주비」를 연결시킨 것으로 볼 때 비의 내용연대를 481년으로 전제하고 있는 듯하다(朱甫暾, 2005,「5세기 高句麗·新羅와 倭의 관계」『왜5왕 문제와 한일관계』(한일관계사연구논집 2), 경인문화사, 150~151쪽). 손환일은 비의 書體를 분석해「광개토왕비」보다「단양 적성신라비」의 서체에 가깝다면서 비의 건립연대를 5세기 후반으로 이해하였다(孫煥一, 2000,「中原高句麗碑의 書體」『高句麗研究』9, 127쪽).

89) 기왕에도 판독에 부정적인 견해가 많았지만(김정배, 1979, 앞의 논문, 92쪽 ; 篠原啓方, 2000, 앞의 논문, 29쪽) 2000년 고구려연구회의 新釋文에서도 '辛酉年'은 확인되지 않았다.

90) 이병도, 1979, 앞의 논문, 30쪽 및 같은 책, 학술좌담회록, 116쪽 및 128쪽.

91) 金貞培, 1988,「고구려와 신라의 영역문제」『韓國史研究』60·61 : 2000,『韓國古代史와 考古學』, 신서원 ; 李道學, 1988,「高句麗의 洛東江流域進出과 新羅·伽倻經營」『國學研究』2, 國學研究所 : 2006,『고구려 광개토왕릉비문 연구』, 서경 ; 鄭雲龍, 1989,「5世紀 高句麗 勢力圈의 南限」『史叢』35, 高大史學會 ; 徐榮一,

설의 가장 기본적인 문제는 '간지'나 특정 용어의 분석에 치우친 나머지,
「충주비」전체의 내용 파악과 문헌기록과의 비교·검토에 소홀한 데 있
다.92) 『삼국사기』에 따르는 한 고구려와 신라는 5세기 중엽 이후 이전
의 우호관계에서 대립관계로 변했다.93)「충주비」의 내용 중 고려태왕이
신라매금에게 의복 등을 하사하거나, 신라 영토 내에 고구려 당주가 존
재하고, 양국 관리가 만나 募人活動을 하는 것은 두 나라의 우호가 전제
되지 않는 상황에서는 불가능하다. 결국「충주비」의 내용·건립연대는 5
세기 중엽 이전으로 올라갈 가능성이 큰 것이다.

2) 5세기 초반설

5세기 초반설은 비의 발견 직후에는 제기되지 않다가 이후 일본인 연
구자들에 의해 꾸준히 논리가 보강되었다. 먼저 키노시타 레이진(木下
禮仁)은 4~5세기 삼국관계의 정황을 분석해 비문의 내용이 신라의 대
고구려 종속시기에 가능한 것임을 전제로 했다. 그리고 두 나라의 화친
관계는 눌지왕이 고구려에 인질로 간 동생 卜好를 귀환시키는 425년에
틀어진 것으로 보았다. 결국 비의 내용연대를 425년 이전으로 국한하였
다. '盖盧'를 백제의 개로왕으로 보는 데에도 동의하지 않았다. 그가 주

1991,「5~6世紀 高句麗 東南境 考察」『史學志』24 ; 鄭雲龍, 2004,「5~6세기
新羅 高句麗 關係의 推移 - 遺蹟 遺物의 解釋과 關聯하여 -」『新羅文化祭學術發表
會論文集』15 ; 張彰恩, 2012,「4~5世紀 高句麗의 南方進出과 對新羅 關係」『高
句麗渤海研究』44, 高句麗渤海學會.

92) 5세기 후반설 중에서 특히「충주비」의 건립이 문자명왕대 이루어진 것으로 보는
견해에 대한 검토는 다음 장에서 자세히 다룬다.

93) 눌지왕 34년(450) 悉直에서의 고구려 변방장수 살해사건 이후, 신라는 경주에 주
둔해 있던 고구려 군사를 살해했다. 고구려는 이에 대한 보복 차원에서 454년 신
라를 침입하였다. 곧 눌지왕이 즉위 후 고구려에 대한 자립화를 추구한 결과 고구
려세력을 축출했으며, 이에 따라 454년 이후 두 나라의 관계는 대립적으로 변했
다(張彰恩, 2004,「신라 訥祇王代 고구려세력의 축출과 그 배경」『韓國古代史研
究』33 : 2008, 『신라 상고기 정치변동과 고구려 관계』, 신서원, 117~134쪽).

목한 것은 干支인데, 정면의 일간지를 '12월 25일 갑인'으로 판독해 403
년으로, 좌측면의 연간지 '辛酉年'을 믿어 421년으로 추정한 후, 이 둘
을 조합해 비의 내용연대를 421년에서 크게 벗어나지 않은 시기로 추정
하였다.[94] 키노시타 레이진이 비문의 내용을 문헌자료와 대응해 보려는
노력에는 공감이 간다. 그러나 '12월 23일 甲寅'에 대한 판독이 분명해
졌고, '辛酉年'의 판독이 유보된 현재로서 그의 주장을 받아들이기는 힘
들 것 같다.

　기무라 마코토(木村 誠)는 기존 연구자들이 「충주비」의 干支나 신라
와 고구려 관계 추이에서 비문의 내용연대를 찾은 것에 대해, 부정은 안
했지만 결정적 근거로 삼는 데는 반대하였다. 그가 주목한 것은 太子인
데, 장수왕대 그의 아들 古雛大加 助多에 대한 태자 책립기사가 없으므
로 비의 내용연대에서 장수왕대를 제외했다. 나아가 비의 내용이 고구
려의 위압적 태도임을 존중해 5세기 중엽 이후가 될 수 없다는 전제 아
래, 광개토왕대의 태자 책봉제도를 주목했다. 결국 일간지를 '12월 25
일 甲寅'으로 판독해 비의 내용연대를 403년(광개토왕 13)으로 보거나,
'11월 23일 갑인'의 오기일 가능성을 상정해 408년(광개토왕 18년)으로
도 비정하였다.[95]

　기무라 마코토가 판독이 불분명한 '辛酉年'을 취신하지 않거나, 기존
에 干支와 정세론에 매몰되어 있음을 지적한 것은 온당하다. 다만 장수
왕대 助多가 태자가 아닌 것을 의식한 나머지, 판독이 확실한 '12월 23
일 갑인'의 일간지를 자의적으로 판독해 광개토왕의 태자책봉에 끼워 맞
춘 듯한 느낌이 든다. 『삼국사기』의 기록대로라면 광개토왕 18년(408)에
태자를 책봉했는데, 이를 기년 오차로 얼버무린 채 403년 설을 주장함은

---

94) 木下禮仁, 1981, 앞의 논문 : 1993, 앞의 책, 202~222쪽.
95) 木村 誠, 1997, 앞의 논문 및 2000, 앞의 논문, 302~307쪽. 이용현도 이러한 연구
　　방법을 지지하였다(이용현, 2000, 앞의 논문, 456쪽).

무리라는 지적96)은 정곡을 찌른 것이었다.

　다나카 도시아키(田中俊明)는 간지를 이용해서 내용연대를 추정하는 것에 문제를 제기하였다. 곧 고구려 「덕흥리고분묵서명」에 "永樂十八年歲在戊申十二月辛酉朔廿五日乙酉"라고 하였는데, 魏曆에는 12월 朔이 庚申이고 辛酉는 2일이어서 1일이 차이난다고 한다. 요컨대 高句麗曆과 魏曆(景初曆)은 서로 다른 달력을 사용할 가능성이 있어,『이십사삭윤표』와『삼정종람』에 의한 연대 추정은 불확실하다는 것이다.97) 그는 기무라 마코토가 고증한 세부적 간지는 반대하면서도 태자를 주목한 데에는 동조하였다. 결국 장수왕의 아들 助多가 비록 立太子 이전이라도 長子였기에 태자로 취급하였을 수 있다며, '12월 23일 甲寅'에서 고구려 달력의 하루 늦을 가능성을 상정해 423년과, 기무라 마코토의 403년설을 받아들여 5세기 초로 비의 내용연대를 삼았다.98)

　그러나『魏書』天象志와『二十史朔閏表』를 비교·분석한 연구에 따르면, 魏曆과 高句麗曆이 차이가 없다.99) 논증과정에 문제가 있는 기무라 마코토의 견해를 그대로 수용한 것도 동조할 수 없다. 또한 「충주비」의 전면 1행에 나오는 '高麗' 국호에 착안해 이를 비판한 연구도 참고가 된다. 곧 고구려가 국호를 '고려'로 개칭한 시기를 423~435년 사이로 보고, 이에 따라 「충주비」 서술 내용의 발생연대와 건립연대는 적어도 423년 이후로 보아야 한다는 것이다.100)

　이즈음 비문 내의 용어 중 '東夷'에 주목한 이기백의 연구는 비의 내

96) 노중국, 木村 誠, 2000, 앞의 논문에 대한 토론문, 309~310쪽.
97) 田中俊明, 1981, 앞의 논문 : 1987, 앞의 논문집, 188쪽 및 1996, 앞의 논문, 75~78쪽.
98) 田中俊明, 1996, 앞의 논문, 75~78쪽. 그도『二十史朔閏表』·『三正綜覽』에서 413년·423년·434년·460년을 후보로 뽑았다.
99) 김영하·한상준, 1983, 앞의 논문, 36~38쪽.
100) 정운용, 2006, 앞의 논문, 144~145쪽.

용연대 추적에 유력한 단서를 제공해 준다. 곧 그는 고구려가 중국으로
부터 받은 관작명에서 '東夷'의 용례를 검토했고, 그 결과 435년(장수왕
23)이 가장 빠른 시기임이 밝혀졌다. 비문에 '동이'란 용어를 고구려가
신라에 대해 사용한 것은, 고구려가 스스로를 중국과 같은 위치에 놓고
신라를 자기 주변에 있는 미개한 국가로 낮추어보려는 관념의 산물이
다.[101] 따라서 중국으로부터 차용한 동이관념은 435년 이후에나 나올
수 있으며, 이 점은 비의 내용연대를 435년 이후로 생각하는데 도움을
준다.[102] 이로써 보면 「충주비」의 내용연대는 435년 이후~5세기 중엽
으로 좁혀지는 셈이다.

3) 5세기 중반설

5세기 중반설은 비의 발견 직후에는 5세기 후반설에 밀려 지지를 얻
지 못한 채, 임창순과 김정배만이 제기하였다. 먼저 임창순은 비문 판독
에 신중을 기하며 제액과 '辛酉年'의 판독을 유보하였다. 그는 비문의
'12월 23일 甲寅'을 신빙해『삼정종람』에서 연대를 추출한 후, 고구려
우위에서 신라와 和好하는 비문의 내용을『삼국사기』에 견주어 449년
(장수왕 39)을 비의 내용·건립연대로 추정하였다.[103] 김정배 역시 '盖
盧'를 개로왕과 연결시킨다든지 '신유년'의 판독에 회의적인 입장을 보
였다. 곧 임창순과 같이 '12월 23일 갑인'과『삼국사기』의 기록, 나아가
「광개토왕비」·「호우총출토호우명」과 부합하는 449년을 비의 내용·건

---

101) 이기백, 1979, 앞의 논문 : 1996, 앞의 책, 118~119쪽.

102) 박진석도 이러한 연구방법에 동조하였다(박진석, 2011, 「中原高句麗碑文을 통해
    본 5세기 高句麗와 新羅의 관계」,『高句麗史諸問題』, 景仁文化社, 552~554쪽).

103) 임창순, 1979, 앞의 논문, 56~57쪽. 그는『三國史記』卷3, 新羅本紀3, 訥祇麻立
    干 34년(450)조("秋七月 高句麗邊將 獵於悉直之原 何瑟羅城主三直 出兵掩殺之
    麗王聞之怒 使來告曰 孤與大王 修好至歡也 今出兵殺我邊將 是何義耶 乃興師侵
    我西邊 王卑辭謝之 乃歸")에서 '修好至歡'이라 했으므로 이때까지는 서로 알력
    이 없다가 이후 서로 侵伐했음에 주목하였다.

립연대로 생각했다.[104]

5세기 중엽설은 이후 김창호·정운용·시노하라 히로카타(篠原啓方)에 의해 발전적으로 계승되었다. 김창호는 寐錦 '忌'가 訥祇麻立干의 '祇'와 음운상 같다는 데 착안, 눌지왕의 재위년인 417~458년 중 '12월 23일 갑인'에 해당하는 449년을 비의 내용연대로 삼았다.[105] 정운용은 비문에 고구려와 신라의 관계를 '如兄如弟'로 표현한 데 주목하였다. 그리고 5세기 초 신라의 대고구려 의존도가 일방적이었던 것에서 변화되어 감을 지적한 후, 비의 내용연대를 449년으로 이해하였다.[106] 비의 건립은 450년 7월에 悉直[강원도 삼척시]에서 사냥하던 고구려 변방장수를 신라 하슬라 성주가 살해한 사건과 비의 건립을 관련지어 450년으로 비정하였다.[107] 시노하라 히로카타는 판독이 불분명한 '신유년'이나 '태자'와 같은 특정 용어만으로 연대 추정하는 방식을 지양하면서 문헌에 의거한 정황론적 접근을 시도하였다. 특히 그는 눌지마립간 34년(450)조에서 '修好至歡'이 가리키는 것을 「충주비」의 내용으로 보고, '12월 23일 갑인'에 따라 449년을 비의 내용연대로 파악하였다.[108]

5세기 중엽설은 2000년 고구려연구회의 新釋文이 제시되어 '12월 23

---

104) 김정배, 1979, 앞의 논문, 89~92쪽.

105) 김창호, 1987, 앞의 논문, 145~147쪽 및 2000, 앞의 논문, 354쪽. 건립연대는 '449년 이후 멀지 않은 시기'로 보았다.

106) 정운용, 1989, 앞의 논문, 4~7쪽 ; 1994, 앞의 논문, 45~46쪽 ; 2005a, 앞의 논문, 108~110쪽 ; 2005b, 앞의 논문, 163~165쪽 ; 2006, 앞의 논문, 150~155쪽.

107) 정운용, 2005b, 앞의 논문, 165쪽 ; 2006, 앞의 논문, 156~160쪽.

108) 篠原啓方, 2000, 앞의 논문, 28~36쪽. 梁起錫(1994, 「5~6世紀 前半 新羅와 百濟의 關係」『新羅文化祭學術發表會論文集』 15, 84쪽의 각주 22)과 朴京哲(2000, 「中原文化圈의 歷史的 展開 -그 地政學的·戰略的 位相 變化를 중심으로-」『先史와 古代』15, 283쪽)도 비문의 내용연대를 449년으로 보는데 동조하였다. 이인철도 정황론적 측면에서 비문의 내용이 450년 이전의 상황을 반영하는 것으로 보았다. 다만 건립연대는 '辛酉年'을 믿어 481년으로 파악하였다(이인철, 2000, 앞의 책, 304~305쪽).

일 갑인'이 확정되고, '辛酉年'이 미확인되면서 이도학·임기환·김현숙
에 의해 논리가 좀 더 보강되었다.[109] 먼저 이도학은 '高麗太王祖王令'
에서 '高麗太王'을 장수왕, '祖王'은 조상왕(소수림왕)에 비정하였다.
'12월 23일 갑인'과 고구려가 신라를 회유·포섭하는 비문의 내용을 문
헌기록과 대비해 비의 내용연대는 449년, 건립연대는 450년으로 결론지
었다.[110] 임기환도 일간지와 문헌자료의 분위기를 중요시했다. 특히 시
노하라 히로카타(篠原啓方)가 주목한 눌지마립간 34년(450)의 기록에서
'孤與大王修好'를 전 해인 449년 중원 지방에서의 회맹 사실로 이해하
였다. 결국 449년을 비의 내용연대로, 450년을 건립연대로 삼았다.[111]
김현숙도 이를 존중해 비의 내용연대를 449년으로 보았다. 다만 비의 건
립은 문자명왕대(491~519)에 과거의 사건을 회고하면서 이루어진 것으
로 파악하였다.[112]

　한편 김영하와 한상준은 「충주비」의 기사를 두 시기로 나누어 보는
독특한 주장을 펼쳤다. 곧 太子 共과 古鄒加 共을 모두 장수왕의 아들
助多로 보았는데, 같은 인물이 비문 내에서 다른 관직으로 기록된 것은
시간적 차이 때문이라는 것이다. 결국 태자 공은 '12월 23일 甲寅'에서
도출하여 449년의 직함으로, 고추가 공은 '辛酉年'을 믿어 481년의 관
직으로 여겨 각각의 내용연대로 추정하였다.[113] 하지만 본 비의 내용에

---

109) 금경숙과 박찬홍도 삼국 간의 역학관계를 존중해 449년을 비문의 내용연대, 450
　　년을 비의 건립연대로 보았다(琴京淑, 2001, 「高句麗 領域으로서의 北漢江 流域
　　-鞅鞨문제와 관련하여-」『韓國史學報』11, 高麗史學會, 42쪽의 각주 4 ; 박찬홍,
　　2013, 앞의 논문, 147~149쪽).

110) 이도학, 2000, 앞의 논문, 274~279쪽.

111) 임기환, 2000, 앞의 논문, 427~430쪽.

112) 김현숙, 2005, 앞의 책, 233쪽, 335~336쪽. 최장열도 김현숙과 같은 입장이다
　　(최장열, 2004, 앞의 글, 224~225쪽).

113) 金英夏·韓相俊, 1983, 앞의 논문, 40~42쪽. 건립연대는 '481년 이후 수년 내'로
　　상정하였다.

40년이라는 간극을 두는 데에는
동의할 수 없다. 왜냐하면 비문의
전면과 좌측면에 같은 인물로 생
각되는 신라매금이 지속적으로 나
올 뿐만 아니라,114) 于伐城이 주
요 배경무대로 부각되어 있기 때
문이다. 비문 내용의 흐름상 5월
과 12월 기사는 같은 해일 가능성
이 크며, 좌측면의 기록도 연속선
상에서 보아야 할 것이다.

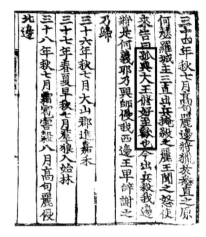

『삼국사기』 눌지왕 34년(450) 7월조의
‘孤與大王 修好至歡也’

　　결국 「충주비」의 내용·건립연
대는 판독에 진전이 없는 한 확실
한 일간지인 ‘12월 23일 갑인’을 존중하고, 비의 전체 내용을 문헌기록
과 대비해보는 정황론적 측면에서 5세기 중엽으로 파악하는 것이 타당
하다고 생각한다. 특히 임창순이 제기한 이해 시노하라 히로카타와 임기
환이 「충주비」의 會盟을 지칭한 것으로 이해한 눌지왕 34년(450) 7월조
에서의 ‘孤與大王 修好至歡也’는 「충주비」의 내용·건립연대를 추적하
는데 유력한 단서로 주목된다. 곧 전면의 5월과 12월 기사는 449년의
내용으로, 좌측면은 그에 대한 연속선상에서 449년 내지 450년의 사실
을 반영하는 것으로 생각된다. 자연 「충주비」의 건립도 450년 7월을 전
후한 시기에 이루어졌을 것이다.115)

---

114) 김창호, 1987, 앞의 논문, 146~147쪽.

115) 「충주비」의 건립시기를 450년 7월 이전으로 볼 것인지 이후로 보는 지는 연구
　　자 간 차이가 있다. 박찬홍은 고구려가 비를 세움으로써 드러낼 수 있는 우월성
　　과 과시의 효과적인 면에서 7월 이전이 낫다고 보았다(박찬홍, 2013, 앞의 논문,
　　149쪽). 이와 달리 임기환과 정운용은 7월 사건이 계기가 되어 그 이후에 비를
　　세운 것으로 파악하였다(임기환, 2000, 앞의 논문, 430쪽 ; 정운용, 2006, 앞의

4. 비의 건립목적과 성격

「충주비」 건립의 목적과 배경은 비문 내용의 성격을 규정하는 것으로, 가장 본질적이면서 중요한 문제이다. 이에 대한 기존의 연구경향은 다섯 가지로 나눌 수 있다.

첫째, 개인의 功績碑나 紀功碑로 보는 견해가 있다. 太子 共이 신라와 싸워 于伐城의 재정복에 세운 무훈을 기념한 태자 공의 공적비로 보는가 하면,116) 多亏桓奴의 紀功碑,117) 장수왕의 공적기념비118)로도 파악하였다. 임기환도 고려태왕과 신라매금의 만남을 '會盟'으로 표현했지만, 회맹을 기념하기 위한 목적에서 건립된 것이 아닌, 회맹 이후 450년 7월의 사건과 관련해 고구려가 과거 신라와 맺고 있던 우월한 지위를 과시하고자 비를 세운 기공비로 이해하였다.119) 비문에서 태자 공과 다우환노의 역할이 두드러지는 것은 사실이다. 특히 다우환노는 고구려관리 중 관등이 가장 높은 大使者로서 5월 기사와 12월 기사에 모두 등장해 활약하였다. 그러나 중요한 건 고려태왕과 신라매금이 만났다는 사실이며, 이들의 행위는 그에 따라 왕의 명령에 의해 이루어진 부속적 성격이 강하다. 따라서 비문의 전체 내용을 특정 개인의 공적비로 의미를 한정시키기는 곤란하다고 생각한다. 장수왕의 공적비라는 의견도 크게 보아 틀린 것은 아니지만, 1~2년 동안 국원 지방에서 이루어진 특정 사실에 대한 비문 성격 규정으로는 적합하지 않다.

둘째, 定界碑 혹은 拓境碑로 규정한 경우이다.120) 곧 고구려가 국원

논문, 159~160쪽).

116) 김창호, 1987, 앞의 논문, 150쪽 ; 양기석, 2002, 앞의 논문, 78쪽.

117) 손영종, 1985, 앞의 논문, 32쪽. '多亏桓奴'로 판독했지만 혼란을 방지하기 위해 필자가 임의로 바꾸었다.

118) 차문섭, 2000,『中原高句麗碑研究』, 고구려연구회 편, 234쪽의 신석문 녹취 발언.

119) 임기환, 2000, 앞의 논문, 429~430쪽 및 2011, 앞의 논문, 257~258쪽.

지방 진출 후 신라와 국경을 확정하면서 세운 비라는 것이다. 그러나 비문 내용의 핵심은 고려태왕이 신라매금과 만나 의복 등을 사여하면서 친선관계를 도모하거나, 이후 신라 영토인 우벌성에서 이루어지는 募人활동이므로, 定界碑로 보기에 주저함이 따른다. 또한 앞서 설명한대로 비가 세워진 국원 지역은 5세기 내내 고구려의 영토였다. 5세기 중엽 이후 고구려와 신라는 계립령과 죽령을 국경 삼아 대치했으므로, 정계비라면 오히려 이 일대에 건립함이 나았을 것이다.[121)

셋째, 국왕의 巡狩碑·巡幸碑로 이해하는 견해가 있다.[122) 이들은 특히 비의 건립연대를 문자명왕대로 보고 문자명왕 4년의 '南巡狩 望海而還'과 관련지었다. 물론 5월 기사에 고려태왕이 국원 지방에 직접 와서 통치행위를 했으므로 巡狩의 범주[123)에 포함될 수는 있다.[124) 그렇더라도 5월 기사를 문자명왕 4년의 순수와 직접 연결시키기는 「충주비」가 자리한 지리적 조건과 차이가 나므로 곤란하다.[125) 순수의 시기도 문자

---

120) 이병도, 1979, 앞의 논문, 30쪽 및 같은 책 학술좌담회록, 139~142쪽 ; 변태섭, 1979, 같은 책 학술좌담회록, 139쪽 ; 김현숙, 2005, 앞의 책, 331쪽 ; 박성현, 2010, 앞의 논문, 219~225쪽 및 2011, 앞의 논문, 74~77쪽. 이병도가 정계비와 척경비의 성격을 모두 상정했고, 변태섭은 척경비, 김현숙과 박성현은 정계비로 파악하였다.

121) 최근 정계비로서 「충주비」를 재조명한 박성현 연구의 검토는 다음 장에서 자세히 다루므로 여기에서는 생략한다.

122) 남풍현, 2000, 앞의 논문, 366~367쪽 ; 최장열, 2004, 앞의 글, 224~228쪽. 시노하라 히로카타는 순수비라는 관점에서 5월 기사를 '守天' 儀禮로, 12월 기사를 그 실행으로 이해하였다. 또한 비문의 역사적 의의를 '國原城의 성립'으로 부여하였다(篠原啓方, 2000, 앞의 논문, 14~28쪽).

123) 巡狩의 개념에 대해서는 金瑛河, 1979, 「新羅時代 巡狩의 性格」『民族文化研究』 14, 201~212쪽이 참고된다.

124) 2000년 고구려연구회의 신석문에서 뒷면에 '巡'자로 보이는 글자가 판독된 것도 이러한 가능성을 뒷받침한다.

125) 이병도, 1979, 앞의 논문, 30~31쪽. 김정배도 순수의 개념 남용을 지적하며 순수비로 보는데 반대하였다(김정배, 1979, 앞의 논문, 93쪽 및 같은 책 학술좌담회록, 142쪽).

명왕 4년의 경우 7월이어서 비문의 5월과 맞지 않는다. 또한 12월 기사
와 좌측면에 국왕의 행차가 드러나지 않아 비문 전체를 순수비로 보기에
는 무리가 있다.

넷째, 고구려와 신라 간의 會盟碑로 파악하기도 했다.126) 고려태왕과
신라매금이 만났고, 두 나라의 대외관계가 드러나는 비문의 내용을 감안
할 때 타당한 견해일 수 있다. 다만 '會盟'은 대등한 사이의 만남을 의미
한다든지,127) 비문에 '盟'·'約'·'誓' 등의 용어나 犧牲·歃血 등 盟을 규
정하는 의례가 확인되지 않아 회맹 본래의 개념과 부합되지 않는다는 지
적이 있었다.128) 이에 대해 중국식 회맹 의례와는 차이가 있지만 고려태
왕과 신라매금이 함께 형제관계를 하늘에 약속하는 의식이 거행되었고,
敎食과 의복하사 등 고구려 나름대로의 맹약 의례가 수반되었으므로 회
맹비로 보아도 무방하다는 주장도 있다.129)

다섯째, 정확한 개념규정은 하지 않고 비의 내용 분석과 건립 목적을
다룬 연구가 있다. 곧 비문에서 고구려와 신라의 관계를 '兄弟'로 인식
한 데 주목, 5세기 전반과 달리 두 나라의 관계가 점차 소원해졌고, 그에
따라 기존 양국관계의 재확인과 유지를 위한 노력의 산물이라는 것이
다.130) 같은 맥락에서 고구려 영향권에서 이탈해간 신라를 회유·포섭하
여 예전 관계로의 회복을 호소하고자 추진된 회동, 즉 장수왕의 정치적
의지의 산물로도 파악하였다. 곧 신라에 대한 회유와 포섭을 통한 나·제
동맹의 해체, 다시 말해 고구려의 숙적인 백제를 고립시키려는 전략적

---

126) 김정배, 1979, 앞의 논문, 93쪽.
127) 서영수, 2000, 『中原高句麗碑研究』, 고구려연구회 편, 임기환의 논문에 대한 발
    언문, 448쪽.
128) 篠原啓方, 2000, 앞의 논문, 17~18쪽. 전해종도 周代 봉건적인 본래 의미의 회
    맹으로 보기 어렵다는 지적을 하였다(1979, 『史學志』 13, 학술좌담회록, 143쪽).
129) 박찬흥, 2013, 앞의 논문, 156~158쪽.
130) 정운용, 1989, 앞의 논문, 6~8쪽.

차원에서 추진된 결과물로 이해하였다.[131] 「충주비」의 성격을 회맹비로
규정한 박찬흥도 백제와의 전쟁을 수행하고 있던 고구려가 신라에 군사
적 지원을 요청할 목적으로 두 나라의 왕이 만난 것을 기념하기 위해
세운 비로 이해하였다.[132]

　「충주비」의 성격과 건립 목적은 기존에 논의되어 왔던 하나의 개념으
로 규정하기 어려운 측면이 있다. 상대적으로 개인의 공적비 내지 정계
비·척경비의 가능성이 적다는 점을 지적할 수 있는 정도이다. 5월 기사
의 경우 순수의 내용적 요소와, 중국 본래의 개념과 부합하지는 않더라
도 고구려왕과 신라왕의 회맹적 성격이 내포되어 있음을 부인하기 어렵
다. 다만 12월 기사와 좌측면은 고구려왕이 나타나지 않아 같은 개념으
로 적용될 수 없다. 12월 기사와 좌측면은 연속적으로 이해되는데, 주로
신라 영토 안에서 고구려 관리들의 주도로 이루어지는 募人活動이 주된
내용이다. 아마도 앞선 5월 기사에서 고구려와 신라왕의 만남에 따른 후
속 조치 내지 결과로 판단된다. 비문의 마멸이 심해 전면 외에 나머지
면의 내용을 살필 수 없는 지금 상황에서, 비문 내의 특정 내용만을 주
목해 전체 성격을 규정하는 것은 선부를 수 있다. 결국 「충주비」는 5세
기 중엽 고구려와 신라의 관계 추이를 고려할 때, 이완되어 가는 두 나
라의 관계를 회복하기 위한 고구려 측 마지막 노력의 산물 정도로 보는
것이 타당하다고 생각한다.

---

131) 이도학, 2000, 앞의 논문, 280~282쪽.
132) 박찬흥, 2013, 앞의 논문, 153~155쪽.

제2장 「충주고구려비」연구의 최근 동향

1. 日干支 판독의 문제

「충주비」의 내용 연대를 알려주는 결정적인 단서로써 전면 7행 15~
22열에 있는 日干支가 발견 직후부터 주목을 받아 왔다. 이것을 어떻게
판독하는가에 따라 비문의 내용과 비의 건립연대를 바라보는 관점이 완
전히 달라질 수 있다. 최근 기존에 통설처럼 여겨온 '十二月卄三日甲
寅'을 '十二月卄五日甲寅'으로 재판독해 신설을 제기한 것은 그 대표적
인 사례에 해당한다. 따라서 일단 일간지 판독에 대한 그동안의 연구사
를 검토할 필요가 있다.

전면 7행에 있는 일간지에 대해서는 비문 발견 직후부터 '十二月卄
三日甲寅'으로 판독하는 견해가 많았다(이하의 <표 2> 참조). 다만 이
병도는 '12월 23일 갑인'이 개로왕대(455~475)로 설정한 비의 내용연대
와 맞지 않자 '11월 23일 갑인'의 誤刻일 가능성을 상정하였다.[1] 손영
종도 이를 수용해 '11월 23일 갑인'을 475년으로 이해하였다.[2] 하지만
이것은 전면 10행 8·9열에 나오는 '盖盧'를 백제 蓋鹵王과 관련짓는 과
정에서 나온 자의적 판단이다.[3] 또 '오각'이라면 도리어 지금 비문에 보
이는 글자가 '12월'임을 반증하는 것이다. 김정배는 글자 자체로 볼 때

---

1) 이병도, 1979, 앞의 논문, 25쪽.
2) 손영종, 1985, 앞의 논문, 29쪽.
3) 이에 대한 비판은 다음 절에서 다룬다.

'三'과 '五'의 두 가지 가능성을 모두 인정하여 '12월 23일 갑인'과 '12월 25일 갑인'의 일간지를 『三正綜覽』에서 추출하였다. 그 결과 비문에 나와 있는 고구려와 신라의 우호적인 분위기와 어울리는 '12월 23일 갑인'에 해당하는 449년(장수왕 37)을 비의 내용·건립연대로 삼았다.[4]

이후에도 '12월 23일 갑인'으로 보는 연구자가 우세한 가운데, 키노시타 레이진(木下禮仁)은 『書體字典』에서 敦煌의 「樓蘭漢簡」이나 「居然漢簡」의 서체에 주목하여 '12월 25일 갑인'으로 판독될 가능성에 비중을 두었다.[5] 기무라 마코토(木村 誠)도 간지론에 회의적이면서도 '12월 23일'과 '12월 25일' 심지어 '11월 23일'의 오기일 가능성까지 열어두었다.[6] 2000년 고구려연구회의 신석문 작성과정에서도 '12월 23일 갑인'으로 판독하는 견해가 우세했지만, 논의과정에서 서영수와 서길수는 '五'자의 가능성을 제기하였다.[7] 그 결과 신석문 표에서 '12월 23일 갑인'을 공식적으로 채택하면서 '五'자도 보조안으로 병기하여 '12월 25일 갑인'의 판독 가능성을 남겨두었다. 최근 서지영은 키노시타 레이진의 견해를 발전적으로 계승하여 「居然漢簡」외 「張猛龍碑」·「울진 봉평리신라

충주비 전면 7행의 일간지

4) 김정배, 1979, 앞의 논문, 90~91쪽.
5) 木下禮仁, 1981, 앞의 논문 : 1984, 앞의 논문, 80~82쪽.
6) 木村 誠, 1997, 앞의 논문, 68~73쪽 및 2000, 앞의 논문, 302~307쪽.
7) 고구려연구회 편, 2000, 「중원고구려비 신석문 국제워크샵 녹취문」, 앞의 책, 203쪽, 251쪽.

비」에 나오는 '五'자의 필체를 비교하여 '12월 25일 갑인'으로 판독하였
다.[8] 이것은 「충주비」의 내용·건립연대를 496~497년(문자명왕 15~16)
으로 보는 주요 논거가 되었다.

이와 같이 일간지의 판독은 '12월 23일 갑인'설이 우세한 가운데 '11
월 23일 갑인' 혹은 '12월 25일 갑인'으로 보는 견해도 상존함을 알 수
있다. '11월'의 경우 자설에 끼워 맞추기 위해 오각의 가능성을 제기한
것이므로 판독에 있어서는 논란의 여지가 없다고 보인다. 그러나 '12월
25일'의 경우 다른 금석문과의 비교·검토를 통한 실증과정이 수반된 것
이어서 소홀히 대할 수 없는 면이 있다. 다만 '卄五日'의 '五'자가 탁본
상에서는 '五'처럼 보이지만 원 비문에서 볼 때, '五'자의 제2획(종획)과
제3획 중 아래로 내려 그은 부분을 획으로 보기 어렵다는 지적도 있다.[9]
그렇다면 일간지 판독의 검증은 역시 비문의 전체적인 내용과 그에 따른
내용·건립연대를 추구하는 과정에서 자연스럽게 드러날 것으로 생각한다.

〈표 2〉 日干支에 대한 기존 연구자들의 판독대비표[10]

연구자 7행열↓	이병도	임창순	황수영	田中俊明	木下禮仁	김한상하준	허흥식	손영종	김창호	서영대	木村誠	篠原啓方	손환일	고연구구려회	이도학	남풍현	이전복	임기환	이용현	耿鐵華	김영욱	서지영
15	十	十	十	十	十	十	十	十	十	十	十	十	十	十	十	十	十	十	十	十	十	十
16	一	二	二	二	二	二	二	一	二	二	二	二	二	二	二	二	二	二	二	二	二	二
17	月	月	月	月	月	月	月	月	月	月	月	月	月	月	月	月	月	月	月	月	月	月
18	卄	卄	卄	卄	卄	卄	卄	卄	卄	卄	卄	卄	卄	卄	卄	卄	卄	卄	卄	卄	卄	卄
19	三	三	三?	[三]	五	三	三	三	三	三	三/五	三	三	三(五)	三	三	三	三	三	三	三	五
20	日	日	日	日	日	日	日	日	日	日	[日]	日	日	□	日	日	[日]	日	日	日	日	日
21	甲	甲	甲	甲	甲	甲	甲	甲	甲	甲	甲	甲	甲	甲	甲	甲	甲	甲	甲	甲	甲	甲
22	寅	寅	寅	寅	寅	寅	寅	寅	寅	寅	寅	寅	寅	寅	寅	寅	寅	寅	寅	寅	寅	寅
23	東	東	東	東	東	東	東	東	東	東	東	東	東	東	東	東	東	東	東	東	東	東

8) 서지영, 2013, 앞의 논문, 106~113쪽.

9) 篠原啓方, 2000, 앞의 논문, 29쪽.

10) 「충주비」에 대한 전체적인 판독문을 제시한 연구를 왼쪽부터 발표 순으로 정리하
였다. 앞의 연구 성과에 따랐으며, 이병도·임창순의 판독문은 1995, 『韓國古代金
石文資料集』1, 國史編纂委員會를 참고하였다. 앞에서 소개하지 않은 연구목록은
다음과 같다. 黃壽永 編著, 1981, 『韓國金石遺文』(第三版), 一志社, 507쪽 ; 許興植

2. 문자명왕대 건립설의 비판적 검토

1) 기존 연구의 검토

「충주비」의 문자명왕대(491~519) 건립설을 처음 제기한 연구자는 이병도였다. 그의 학설은 이후 비의 건립을 문자명왕대로 이해하는 연구자들의 기준 논거로 이용되었으므로 논증과정을 자세하게 검토할 필요가 있다. 이병도가 비의 건립을 문자명왕대 초년으로 생각한 것은 비문의 내용이 장수왕 후반기에 해당한다고 여겼기 때문이었다. 여기에는 몇 가지 이유가 있었다.

그는 우선 비문 전면의 상단에 "高麗建興四年"이라는 題額이 있음을 주장하였다. 곧 '建興'을 고구려 연호로 보고, 충주시 노은면에서 발견된 「건흥오년명금동불광배」의 "建興五年歲在丙辰"에서 건흥 4년이 乙卯年임을 유추해냈다. 그리고 비문의 내용연대를 알려주는 결정적인 단서로써 전면 10행 8·9열의 '盖盧'를 백제 蓋鹵王(455~475)과 같은 인물로 보았다. 곧 비문의 문면을 신라토내의 고구려 당주였던 하부 발위사자 보노 등이 개로왕과 공모하여 신라 경내에서 사람들을 모으는 반동행위를 한 것으로 파악하였다. 따라서 비문의 내용연대는 개로왕의 재위년에서 을묘년에 해당하는 475년(장수왕 63)을 주목하였다.[11] 이를 토대로 하여 문자명왕의 아버지 조다가 일찍 죽었으므로, 전면 1행의 '高麗太王祖王令'에서 '高麗太王'을 문자명왕, '祖王'을 장수왕으로 해석하였다. 말하자면 이병도의 논리는 문자명왕이 즉위 후 할아버지인 장수왕대의 일을 회고하면서 비를 건립했다는 것이다.

編著, 1984, 『韓國金石全文』(古代), 亞世亞文化社, 15쪽 ; 孫煥一, 2000, 「中原高句麗碑의 書體」 『高句麗研究』 9. 이외에도 변태섭·김정배·정운용·박성현 등이 '12월 23일 갑인'을 입론으로 하여 「충주비」의 내용·건립연대를 추정하였다.

11) 이병도, 1979, 앞의 논문, 22~26쪽, 28~29쪽. 『사학지』 13(1979), 학술좌담회록, 137쪽 등에서도 시종일관 이를 강조하였다.

이병도가 비문 내용연대 추정의 중요 논거로 삼은 '盖盧'=蓋鹵王이라는 논리는 이후 많은 영향을 미쳤다. 민덕식은 충주 지방에 개로왕 관련 口傳이 전해온다면서 이병도의 주장을 받아들였고,[12] 손영종은 이러한 논리와 제액의 판독, 심지어 일간지의 '11월 23일 갑인' 오기설까지 그대로 수용해 비문 내용연대의 출발시기를 475년으로 비정하였다.[13] 남풍현은 '盖盧' 앞의 두 글자를 '凶鬼'로 판독해 비문의 내용연대를 장수왕대로 이해하였다.[14] 耿鐵華도 제액과 '盖盧'=蓋鹵王의 논리에 따라 비의 내용·건립연대를 장수왕 후기인 475~491년으로 추정하였다.[15]

또한 '고려태왕'과 '조왕'의 관계를 문자명왕과 장수왕으로 파악한 후 비문의 내용과 건립연대를 분리해서 이해하는 연구도 지속적으로 발표되었다. 먼저 남풍현은 이병도의 '盖盧'=蓋鹵王 논리를 수용해 비문의 내용은 장수왕대의 사실로 다소 막연하게 추정했지만, 비의 건립연대는 문자명왕 4년(495)으로 이해하였다. 그것은 문자명왕이 이때 남쪽으로 巡狩했다는 『삼국사기』의 기록[16]에 주목한 결과였다. 김현숙도 '12월 23일 갑인' 일간지와 비문에 나타난 고구려와 신라의 우호관계를 고려하여 비문 전면의 내용은 장수왕대인 449년으로 보았지만, 비의 건립은 문자명왕대로 보았다. 곧 문자명왕이 당대 목적에 따라 비를 세우면서 할아버지왕 때의 일을 회고하는 차원에서 서술했다는 것이다.[17] 최장열도 김현숙과 같은 논리로 비문 내용연대는 449년으로 보았다. 다만 비의 건립연대는 남풍현과 같이 문자명왕의 순수기록을 존중해 495년으로 비

---

12) 閔德植, 1980, 「鎭川 大母山城의 分析的 硏究」『韓國史硏究』 29, 42~43쪽.

13) 손영종, 1985, 앞의 논문, 29~32쪽. 다만 그는 좌측면의 '辛酉年'과 7행 3·4열 글자를 '丙子'로 판독한 후 비문 1~2면의 내용연대를 475~484년으로 파악하였다.

14) 남풍현, 2000, 앞의 논문, 366쪽, 375~376쪽.

15) 耿鐵華, 2000, 앞의 논문, 566~569쪽.

16) 『三國史記』 卷19, 高句麗本紀7, 文咨明王 4년 "秋七月 南巡狩 望海而還."

17) 김현숙, 2002, 앞의 논문 : 2005, 앞의 책, 232~233쪽, 335~336쪽.

정하였다.[18) 이들은 모두 전면 1행의 '高麗太王'과 '祖王'을 각각 문자
명왕과 장수왕으로 이해했다는 공통점을 가지고 있다.[19)

　이와 같이 「충주비」의 내용연대와 건립시기에 대해 연구자마다 세부
적인 차이가 있기는 하지만, 비의 건립시기를 문자명왕대로 보고 장수왕
대의 사실을 회고한 것으로 보는 연구는 발전적으로 계승되어 왔다. 그
러나 이들의 논리가 과연 타당한 것인지는 검토할 여지가 남아 있다고
생각한다.

　먼저 이병도 논거의 출발이라고 할 수 있는 "高麗建興四年"이라는
제액의 판독은 현 단계에서는 회의적인 견해가 지배적이다. 2000년 고
구려연구회의 신석문 워크샵에서도 비면 상단에 '年'자를 읽어내어 제
액의 존재 가능성에 대해서는 인정되었지만, 나머지 글자는 확인할 수
없었다.[20) 따라서 건흥 4년 을묘년(475년)을 비의 내용연대로 추정하는
데는 신중해야 할 것이다.

　전면 10행의 '盖盧'를 백제 蓋鹵王과 같은 인물로 본 것도 설득력이
떨어진다. 글자가 다른 상태에서 음이 같다는 이유만으로 '盖盧'를 개로
왕과 등치시키는 것은 섣부를 수 있다.[21) 물론 그 가능성 자체마저 부정
하는 것은 아니다. 다만 그것이 타당성을 담보하기 위해서는 다른 정황
들과의 비교·검토라든지 비문 전체의 맥락에서 합리적인 해석이 수반되
어야 할 것이다. 잘 알려진 바와 같이 「광개토왕비」에서 백제왕은 '殘

18) 최장열, 2004, 앞의 글, 224~226쪽.
19) 노중국도 '고려태왕'을 문자명왕, '조왕'을 장수왕으로 보고 비문 내용은 장수왕
　　대 조다의 활동을 기록한 것이고, 그 건립시기는 문자명왕대로 이해하였다(노중
　　국, 木村 誠, 2000, 앞의 논문에 대한 토론문, 311쪽, 314쪽).
20) 서길수, 2000, 앞의 논문, 144쪽. 다만 전면에 제액이 있다면 비의 시작면과 관련
　　해서 논란의 소지가 있다. 일반적으로 비의 뒷면을 1면으로 보고 우면, 전면, 좌측
　　면으로 내용이 전개되는 것으로 보는데, 이는 전면에 제액이 없다는 것을 전제로
　　하는 것이기 때문이다.
21) 임창순, 1979, 앞의 논문, 57쪽.

主'로 격하된 채 표현되었다. 「충주비」 안에서도 시종 '東夷'·'寐錦土'
등 고구려와 대비해 신라를 낮추려는 서술태도를 감안할 때 '盖盧'라는
백제 왕명을 그대로 썼을 가능성은 낮다.[22] 또한 개로왕의 재위기간인
455~475년은 일간지를 '12월 23일 갑인'으로 판독할 경우 해당되는 연
대가 검출되지 않는다.[23] 근본적으로는 개로왕 재위기간에 고구려와 신
라의 관계가 비문의 내용처럼 우호적이지 않다는 문제가 있다.[24] 신라
토내당주가 개로왕과 공모하여 신라 경내에서 반동행위를 한 것으로 파
악한 내용도 비문의 문면상 어울리지 않는다. 盖盧는 고구려 관리인 新
羅土內幢主의 인명으로 보는 것[25]이 옳다. 결국 '盖盧'=蓋鹵王의 논리
에 매몰되어 비의 내용연대를 장수왕 후반기인 475년으로 상정하고, 그
것에서 비의 건립을 문자명왕대로 유추한 논리는 동의하기 어렵다.

　문자명왕 4년(495)의 南巡 기록을 「충주비」의 건립시기와 관련짓는
연구방법도 신중해야 한다. 왜냐하면 문자명왕 4년조의 기록은 "秋七月
南巡狩 望海而還"라고 되어 있어 「충주비」가 자리한 지리적 조건과 어
울리지 않기 때문이다.[26] 최장열이 이를 인정하면서도 문자명왕의 순수
지를 한강 하류 일대로 비정한 후 그것이 남한강의 水運과 연결된다고
보기도 했지만,[27] 사료의 맥락에서 그것을 유추하기는 쉽지 않다. 뿐만

---

22) 김정배, 1979, 앞의 논문, 89쪽 ; 박진석, 2000, 앞의 논문, 318~319쪽 및 2011,
　　앞의 책, 566쪽.
23) 이병도가 일간지를 '11월 23일 갑인'으로 판독한 것도 이 때문이었다. 그러나 이
　　는 475년에 맞추기 위한 자의적인 판독이었다.
24) 고구려와 신라의 관계는 454년 고구려가 신라를 침략한 이후 5세기 말까지 지속
　　적으로 전쟁을 벌이는 갈등관계였다. 자세한 내용은 장창은, 2008, 앞의 책,
　　107~241쪽을 참고하기 바란다.
25) 이호영, 1979, 앞의 논문, 97쪽 ; 김창호, 1987, 앞의 논문, 141쪽 ; 임기환, 2000,
　　앞의 논문, 425쪽 ; 篠原啓方, 2000, 앞의 논문, 20쪽.
26) 이병도도 이러한 이유 때문에 문자왕 4년의 순수기록을 비의 건립과 관련짓지 않
　　았다(이병도, 1979, 앞의 논문, 30~31쪽).
27) 최장열, 2004, 앞의 글, 225쪽.

아니라 순수의 시기도 가을 7월이어서「충주비」에서 고려태왕이 국원지
방에 온 5월과는 맞지 않는다.

한편 비문의 내용연대를 장수왕대로 보고 문자명왕대 그것을 회고하
면서 비를 건립했다는 논리도 수긍하기 어려운 면이 많다. 이미 시호법이
정착된 고구려 사회임을 감안할 때, '고려태왕'으로 비문에 남겨진 것은
그 '고려태왕'이「충주비」에 전하는 내용의 발생시기뿐만 아니라 비를
건립할 당시까지도 재위하고 있었음을 시사한다.[28) 또한 수십 년 전의
사실을 회고하면서 굳이 구체적인 월·일까지 쓸 필요가 있었을까 하는
의문도 따른다. 보통 비문에 월·일까지 명기하는 것은 비석 건립과 가까
운 시기에 있었던 중요하고 결정적인 사건을 표시하는 때라고 한다.[29)

「충주비」가 기념물로서 당대인들에게 그 상징적인 의미를 극대화하
여 보여주기 위해 세워졌다면, 두 나라 왕의 만남 직후에 건립된 것으로
보는 것이 훨씬 합리적이라는 주장[30)도 경청할 만하다. 이미 신라와의
갈등기에 들어선 문자명왕이 만약에 장수왕대 신라와의 우호관계를 회
고하며 비를 건립했다면, 그것은 교착된 대신라 관계에 대한 국면 전환
책으로 해석될 수 있다. 그러나「충주비」외 다른 자료 어디에도 문자명
왕대 고구려와 신라가 우호적으로 교류한 흔적이 남아 있지 않다. 결국
비의 내용연대와 건립연대를 수년 이상으로 분리해보거나 그것을 문자
명왕대와 관련짓기에는 무리가 따른다고 밖에 볼 수 없다.

2) 최근의 신설과 그 문제점

「충주비」의 건립연대를 문자명왕대(491~519)로 추정한 기왕의 연구

---

28) 정운용, 1989, 앞의 논문, 4쪽 및 2006, 앞의 논문, 146쪽.

29) 변태섭, 1979, 앞의 논문, 42쪽. 비의 내용·건립연대를 모두 문자명왕대로 파악한
   우선정도 이러한 문제의식은 공감하고 있다(우선정, 2011, 앞의 박사학위논문,
   167쪽).

30) 박찬홍, 2013, 앞의 논문, 149쪽.

는 대부분 내용연대만은 장수왕대(413~491)를 주목했었다. 그런데 최근에는 비문의 내용과 비의 건립연대를 모두 문자명왕대로 비정한 연구가 발표되었다.[31] 이들은 기존의 문자명왕대 건립설의 논리를 일정하게 계승하면서도 새로운 연구방법으로 분석한 결과여서 그 타당성 여부를 검토해 볼 필요가 있다.

먼저「충주비」의 내용·건립연대를 재검토한 후 그것을 토대로 기존과 다른 고구려와 신라의 국경선 복원을 추구한 박성현의 연구를 살펴보도록 하겠다. 박성현은 우선『삼국사기』의 고구려와 신라 간 전투양상에서 597년에 고구려가 신라의 牛山城을 함락한 이후 6세기 중반까지 두 나라가 충돌한 흔적이 없음에 주목하였다. 이것을 곧 500년 전후 고구려와 신라 사이에 일종의 和約이 성립되었다는 정황근거로 삼은 후, 화약에는 반드시 定界가 수반되었을 것이라면서 그 증거물로서「충주비」를 재검토하였다.[32] 그는 종래 비의 건립연대를 문자명왕대로 보는 견해에 주목하면서도 비의 내용연대를 장수왕대로 이해하는 데는 반대하였다. 그리고 일간지 '12월 23일 갑인'을 근거로 506년(문자명왕 15)[33]에 고구려와 신라가 교전상태를 종식시키는 화약을 하고, 그 후속조치로서 정계한 것으로 파악하였다. 자연 비문에 나오는 고구려 태자 共은 문자명왕 7년(498)에 태자로 책봉된 興安으로,[34] 화약 및 정계가 이루어진 장소는 비문에 나오는 于伐城으로 이해하였다.[35]

---

31) 박성현, 2010,「6세기 초 고구려·신라의 화약과 정계-「중원고구려비」와 양국 경계의 재검토-」『역사와 현실』76, ; 우선정, 2011, 앞의 박사학위논문, 164~170쪽 ; 서지영, 2012,「5세기 羅·麗 관계변화와「中原高句麗碑」의 建立」『韓國古代史研究』68.

32) 박성현, 2010, 앞의 논문, 204~205쪽.

33) 박성현은『삼정종람』에서 12월 23일 갑인일에 해당하는 507년을 찾았다고 했는데, 실제 해당년은 506년이다. 이에 506년으로 수정해 표기한다.

34)『三國史記』卷19, 高句麗本紀7, 文咨明王 7년.

35) 박성현, 2010, 앞의 논문, 216~220쪽.

그는 또한 「충주비」가 정계비의 기능을 했다면 고구려와 신라의 경계 부근에 건립되었을 것이라면서 6세기 전반 고구려와 신라의 영역 대치선을 추적하였다. 그 결과 달천을 기점으로 충주 서북쪽은 고구려가 차지하였고, 남한강 남쪽과 달천 동쪽은 신라에 속한 채 대치한 것으로 파악하였다. 그리고 기존에 鷄立嶺과 같은 곳으로 파악한 麻木峴의 위치를 충주산성이 있는 남산에서 계명산으로 이어지는 산줄기에 소재한 마즈막재[心項峴]로 보고 이곳을 신라의 북쪽 경계로 설정하였다.36) 여기에는 충주산성 성벽의 축조방식이 삼년산성과 유사하다는 점에 착안, 축조연대를 통설과 달리 6세기 전반으로 올려본 것이 논거가 되었다.

「충주비」의 성격을 이처럼 정계비로 파악하고 내용·건립연대를 6세기 초반으로 본다는 것은 곧 고구려의 國原 진출시기를 5세기 후반 이후로 이해할 때라야 가능한 논리이다. 실제로 박성현은 고구려가 백제 한성을 공략하는 475년 이전까지는 국원에 진출하지 못했고, 백제가 장악하고 있었던 것으로 이해하였다. 장미산성에서 출토된 다수의 백제 토기가 4~5세기 것이라는 게 그 이유였다. 그는 이천 설봉산성과 설성산성에서도 백제 토기가 출토된 데 주목해, 이들 산성에서 장미산성으로 이어지는 교통로가 475년까지 한성 백제와 신라 간 간선교통로로 기능했고, 그로 인해 475년에 백제 문주의 신라 청병이 가능했던 것으로 보았다.37) 그는 고구려의 국원 진출시기를 497년으로 파악하였는데, 이는 고구려가 신라로부터 빼앗은 牛山城 전투38)에 주목한 것이다. 여기에는 우산성이 충주 일대에 있었음을 전제로 하였다.39)

박성현이 장미산성 안에서 다량의 백제 토기가 출토된 양상을 주목한

---

36) 박성현, 2010, 앞의 논문, 223~225쪽 및 2011, 앞의 논문, 75~77쪽.
37) 박성현, 2010, 앞의 논문, 212~213쪽.
38) 『三國史記』卷3, 新羅本紀3, 炤知麻立干 19년 ; 卷19, 高句麗本紀7, 文咨明王 5년.
39) 박성현, 2010, 앞의 논문, 209~211쪽, 214쪽 및 2011, 앞의 논문, 72~73쪽.

것은 상당한 의미가 있다. 왜냐하면 고구려의 국원 진출시기에 대한 이
해를 제고시킬 수 있는 단서가 될 수 있기 때문이다. 다만 4~5세기로
광범위하게 설정되어 있는 토기 연대를 근거로 장미산성의 운영주체를
5세기 후반까지 백제로 규정하는 데는 신중해야 한다.[40] 사실 고구려의
국원 진출시기를 475년 이후로 이해한 것은 「충주비」의 내용·건립연대
를 481년으로 이해하는 기존 연구의 전제였다.[41] 이들은 아마도 고구려
의 국원 진출경로를 백제 한성에서 광주-이천-여주(또는 장호원)-충주로
생각한 듯하다. 그러나 이미 「광개토왕비」를 통해 396~400년 고구려의
南征 이후 고구려가 중부 내륙을 남북으로 관통하는 죽령로를 확보하였
고, 이를 통해 신라와 교류했음이 밝혀졌다.[42] 이것은 고구려가 백제 한
성 공략 이전이라도 죽령로를 통해 국원에 진출할 수 있었음을 시사한
다. 또한 백제 문주의 신라 구원군 청병경로도 국원을 경유하지 않는 추
풍령로[43]로도 가능할 수 있으므로, 고구려의 국원 진출시기를 475년 이
후로 늦추어보는 결정적인 단서가 될 수 없다.

　고구려의 국원 진출시기를 우산성 장악과 관련해서 497년으로 본 것
도 논란의 여지가 있다. 우선 우산성의 위치를 충주로 볼 수 있을지[44]
의문이 든다. 『삼국사기』 소지왕 18년조에 따르면, '고구려가 신라의 우

---

40) 장미산성 출토 백제 토기의 의미는 이 책의 제1부 2장의 1절을 참고하기 바란다.
41) 이병도, 1979, 앞의 논문, 30쪽 및 같은 책 학술좌담회록 116쪽, 128쪽 ; 변태섭,
　　1979, 앞의 논문, 51쪽 ; 신형식, 1979, 앞의 논문 : 1984, 앞의 책, 407~409쪽 ;
　　박진석, 2000, 앞의 논문, 322쪽 ; 이명식, 2002, 앞의 논문, 232쪽.
42) 앞 장의 각주 91에 소개한 연구 성과 참조.
43) 추풍령로는 경북 상주에서 추풍령 또는 화령을 넘어 보은-청산·문의 방면으로 연
　　결된다(서영일, 1999, 『신라 육상 교통로 연구』, 학연문화사, 57쪽).
44) 박성현은 우산성의 위치를 충주·보은 방면으로 본 츠다 소오키치(津田左右吉)의
　　견해를 따랐다(津田左右吉, 1913, 「好太王征服地域考」『朝鮮歷史地理』上, 南滿洲
　　鐵道株式會社 : 亞世亞文化社, 1986, 78~79쪽 및 「長壽王征服地域考」, 같은 책,
　　96~98쪽). 서지영도 이를 수용해 우산성의 위치를 충주 일대로 보았다(서지영,
　　2012, 앞의 논문, 128~129쪽).

산성을 공격하였고, 이에 신라 장군 실죽이 나아가 泥河에서 반격해 이긴 것'으로 되어 있다. 최근 니하의 위치가 남한강 상류 방면으로 재조명되고 니하성은 정선의 송계리산성임이 유력해졌다.[45] 고구려의 우산성 공격에 대해 신라가 니하에서 교전했다는 것은 우산성이 니하성에 다다르기 이전의 서쪽 인근에 있었을 가능성을 시사한다. 따라서 우산성의 위치는 니하와 니하성 서쪽 인근의 정선 내지 영월 정도로 위치를 비정하는 것이 합리적이다.[46] 만일 우산성이 충주에 있었다면 「충주비」에 어떠한 형태로든지 언급되었을 가능성이 크다. 이 때문인지 박성현은 牛山城과 于伐城을 같은 곳으로 볼 여지를 남겨두었다.[47] 그러나 우벌성은 경북 순흥에 소재했음이 유력한 만큼[48] 이러한 논리도 성립하기 쉽지 않다.

설령 우산성의 위치를 충주로 볼 수 있다고 하더라도, 이는 신라가 497년 이전에 충주 지역을 장악했다는 전제가 있을 때라야 가능한 입론이다.[49] 박성현은 이를 입증하기 위해 통설과 달리 6세기 중엽 이전인 5세기 후반 신라가 남한강 상류 유역에 진출했음을 논증하였다. 이것은 분명 별도의 연구사적 의미를 가지는 것으로 주목할 만하다. 다만 신라

---

45) 서영일, 1999, 앞의 책, 52~53쪽 및 2005, 「5~6世紀 新羅의 漢江流域 進出과 經營」『博物館紀要』20, 단국대 석주선기념박물관, 57쪽 ; 洪永鎬, 2010, 「三國史記 所載 泥河의 위치비정」『韓國史硏究』150 및 2012, 「新羅의 何瑟羅 經營 硏究」, 고려대학교 박사학위논문, 40~48쪽 ; 박성현, 2010, 앞의 논문, 205쪽, 227쪽. 필자도 기존에 강릉 일대설을 주장했다가 남한강 상류설로 입장을 바꾸었다(張彰恩, 2012, 「4~5世紀 高句麗의 南方進出과 對新羅 關係」『高句麗渤海硏究』44, 39~40쪽).

46) 장창은, 2012, 앞의 논문, 46쪽 ; 강민식, 2013, 「5세기 후반 삼국의 전투와 대치선」『軍史』87, 235쪽.

47) 박성현, 2010, 앞의 논문, 219쪽의 각주 55.

48) 손영종, 1985, 앞의 논문, 30쪽. 주요 논거 및 이를 따르는 연구자는 앞 장의 2절 '내용요소의 쟁점' 중 3) 지명 참조.

49) 강민식, 2013, 앞의 논문, 234~235쪽.

의 남한강 유역 영유가 신라의 충주 진출에 있어 교두보 마련이 될 수는 있을지라도 충주 진출 그 자체를 입증하는 것은 아니다. 신라의 남한강 유역 진출은 계립령과 죽령을 통한 것이라기보다는 하슬라[강릉]와 실직 [삼척]을 거점으로 해서 영서로 진출한 듯한 인상을 주기 때문이다. 5세기 후반 우산성을 둘러싼 고구려와 신라의 각축전은 國原을 교두보로 동북진하는 고구려와, 영서의 니하를 차지한 채 이를 방어하는 신라 간의 전쟁상황으로 이해하는 것이 합리적이라고 생각한다.[50]

그가 5세기대 신라의 충주 영유를 증명하기 위해 충주산성의 축조연대를 6세기 전반까지 올려본 것도 쉽게 수긍할 수 없는 대목이다. 성벽의 양식이 삼년산성과 유사한 점을 근거로 삼았지만, 충주산성 발굴보고서에 따르면, 충주산성 북문지 주변의 성벽 조사에서 기단보축성벽이 확인되지 않았다. 이는 5세기 후반에 축성된 삼년산성과 고모산성에서 전형적으로 나타나는 기단보축성벽이 어느 시점에 이르러 그 효용성과 축성 공력의 문제 등으로 축소되거나 사라진 것으로 해석되었다.[51] 발굴보고서에서는 북문지에서 출토된 확쇠의 형태 변화 등을 종합적으로 고려해 충주산성의 축조·활용시기를 6세기 중반에서 7세기로 비정하였다.[52] 이는 『삼국사기』에 남아 있는 6세기 중반 신라의 충주 지역 진출과 부합한다.

「충주비」를 과연 定界碑로 볼 수 있을지도[53] 여전히 의문이 따른다. 우선 비문의 내용에 '定界'라고 할 만한 구체적인 대목을 찾을 수 없다.

---

50) 5세기 후반 고구려의 남방 진출경로와 고구려와 신라 간 전쟁양상에 대해서는 장창은, 2012, 앞의 논문, 38~47쪽을 참고하기 바란다.

51) 車勇杰·趙順欽·趙錄桂·崔寬鎬, 2008, 『忠州山城-北門址 發掘調査 報告書-』, 中原文化財研究院·忠州市, 96~97쪽.

52) 『충주산성-북문지 발굴조사 보고서-』, 97~100쪽.

53) 기왕에도 이러한 견해가 있었다(이병도, 1979, 앞의 논문, 30쪽 ; 김현숙, 2005, 앞의 책, 331쪽). 다만 이병도는 拓境碑의 성격을 함께 상정하였다.

'太王國土'와 '東夷寐錦土'·'新羅土內'가 비문에서 고구려와 신라의
영토를 구별 짓는 용어로 사용된 것은 맞지만 그것을 내용상 정계라고
볼 수는 없다. 만약에 정계비라면 두 나라 사이의 경계에 세워야 할 텐
데 지금의 비가 자리한 입지조건과도 어울리지 않는다.54) 「충주비」가
정계비로서 기능했다면 지리적 조건으로 보았을 때, 고구려와 신라가 5
세기 중반 이후 주요 기점으로 삼아 대치했던 계립령과 죽령 일대에55)
건립되었어야 논리적으로 설명이 가능하다.56)

　박성현의 주장대로 6세기 초반 고구려와 신라가 국원에서 和約을 맺
고 定界했다면57) 신라와의 동맹을 유지해 온 백제로서는 상당한 위기감

---

54) 「충주비」의 원래 위치를 알 수 없어 이 논리가 완전한 것은 아니다. 다만 지금의
　　위치에서 그리 멀지 않은 곳에 있었을 것이라는 데에는 연구자들이 공감하고 있다.

55) 이한상은 5세기대 고구려·신라가 죽령을 경계로 대치한 것으로 보았고(이한상,
　　2003, 「읍내리분묘군의 편년을 통해 본 5세기대 순흥지역의 위상」『역사문화연
　　구』19, 27쪽), 김현숙은 481~500년 사이 고구려세력이 경북 지역에서 물러가면
　　서 550년까지 죽령을 경계로 대치한 것으로 이해하였다(김현숙, 2002, 앞의 논문,
　　107쪽). 서영일은 계립령에 한해 5~6세기 중엽 고구려와 신라 사이의 완충지대
　　로 존재한 것으로 보았다(서영일, 1999, 앞의 책, 201쪽). 이들의 주장은 죽령과
　　계립령 일대에서 이 기간에 고구려와 신라 간 교전의 흔적이 남아 있지 않는 데서
　　도출한 것이다. 하지만 박성현의 지적대로 고고학적으로 남한강 상류 유역에서 5
　　세기 후반의 신라 산성이 발굴·조사되고 있는 점을 감안하면 죽령 이북을 전부
　　고구려의 영역으로 생각해서는 곤란하다. 다만 필자는 신라가 동해안 방면에서
　　남한강 유역으로 진출한 것으로 보는 입장에서, 5세기 중반~6세기 중반까지 계
　　립령과 죽령 일대가 지리적 조건상 여전히 국경의 기능을 유지하고 있었을 것으
　　로 생각한다. 「충주비」에서 순흥으로 비정되는 우벌성이 '신라토내' 내지 '동이매
　　금토'의 범주에 포함된 것은 비의 내용연대 시기에 죽령이 이미 국경으로 기능했
　　을 가능성을 시사해 준다.

56) 박찬홍도 「충주비」의 성격을 정계비로 보는 데에 반대하였다(박찬홍, 2013, 앞의
　　논문, 157~158쪽).

57) 『魏書』卷8, 世宗紀8, 景明 3년(502)과 永平 元年(508)조에 '斯羅'가 北魏에 조공
　　한 것에 주목해 6세기 초 고구려와 신라의 우호를 주장하는 견해도 있다. 이때
　　신라가 고구려의 도움을 받아 북위에 사신을 파견했다는 것이다(梁起錫, 1994,
　　「5~6世紀 前半 新羅와 百濟의 關係」『新羅의 對外關係史 硏究』, 新羅文化祭學術

에 빠졌을 것이 분명하다. 그럼에도 불구하고 백제 측이 고구려와 신라의 화약에 대응한 흔적은 남아 있지 않다. 도리어 521년에 이르러 신라가 梁에 사신을 파견한 기록은58) 6세기 초반 비록 동맹군의 활동이 미미하지만 느슨하나마 신라와 백제의 우호관계가 이어지고 있음을 시사한다. 당시 백제의 양해 하에 백제 영토를 경유하지 않고 신라가 양에 사신을 가기란 불가능했을 것이기 때문이다.59) 이와 같은 여러 정황들로 미루어 볼 때, 고구려의 국원 진출시기를 5세기 후반 이후로 생각한 후, 그로부터 「충주비」의 내용·건립연대를 추구하고 6세기 초반 고구려와 신라가 화약 후 정계했다는 주장은 재고해야 할 것으로 판단된다.

박성현과 같이 「충주비」의 내용·건립연대를 문자명왕대로 본 우선정과 서지영은 연구방법과 결론이 또 다르다. 이들 논리의 출발은 일간지를 '12월 25일 갑인'으로 판독한 것이었다.60) 이들은 5세기 말 신라와

發表會論文集 15, 86~89쪽). 그러나 『위서』의 '斯羅'는 西域의 국가이므로(李文基, 1988, 「6세기 新羅 '大王'의 成立과 그 國際的 契機」『新羅文化祭學術發表會論文集』9, 333쪽의 각주 46 ; 井上直樹, 2000, 「高句麗의 對北魏外交와 朝鮮半島情勢」『朝鮮史硏究會論文集』38, 189~191쪽), 6세기 초 고구려와 신라의 連和說은 성립할 수 없다(朱甫暾, 2003, 「熊津都邑期 百濟와 新羅의 關係」『古代 東亞細亞와 百濟』, 서경, 217쪽).

58) 『三國史記』卷4, 新羅本紀4, 法興王 8년.

59) 장창은, 2012, 앞의 논문, 33쪽. 혹자는 5세기 후반 동맹군의 활동이 보이지 않고 신라와 백제의 관계가 변화하는 데 주목해 496년 내지 5세기 초반에 나제동맹이 해체된 것으로 이해하기도 한다(朴眞淑, 2000, 「百濟 東城王代 對外政策의 變化」『百濟硏究』32, 忠南大學校 百濟硏究所, 89쪽 ; 양기석, 1994, 앞의 논문, 86~89쪽). 5세기 후반 이후 신라와 백제의 집권세력이 바뀌면서 두 나라의 관계가 소원해진 것은 맞다. 그러나 521년 두 나라가 함께 양에 사신을 파견한 것과, 548년에 고구려가 백제를 침략했을 때 신라가 구원군을 파견했으므로 고구려를 主敵으로 둔 두 나라는 느슨하지만 동맹의 관계를 554년 관산성 전투까지 이어간 것으로 생각된다.

60) 서지영은 석사학위논문에서는 일간지의 판독을 '12월 25일 갑인'으로 확신한 채 논리를 전개하였다(徐志榮, 2011, 「中原高句麗碑를 통해 본 5세기 말~6세기 초 新羅의 對高句麗 關係」, 경북대학교 석사학위논문, 6~8쪽). 이후 한국고대사학회

백제의 관계가 변화되는 것에 주목하였다. 곧 496~497년의 牛山城 전투에서 신라가 고구려에 우산성을 함락당하는 위기를 당했음에도 불구하고, 백제가 구원군을 파견하지 않았으므로 두 나라의 관계가 소원해진 것으로 생각하였다. 이 틈을 노린 고구려가 '12월 25일 갑인'에 해당하는 496년(문자명왕 5)에 신라와 和議한 결과물이 「충주비」라는 것이다. 그리고 「충주비」 건립으로 고구려와 신라가 우호관계로 전환하자, 이에 위기의식을 느낀 백제가 炭峴에 목책을 세워 신라에 대비한 것[61]으로 이해하였다.[62]

우선정과 서지영이 5세기 말~6세기 초 신라와 백제의 관계가 변화되었음에 주목한 것은 타당하다. 그러나 이미 언급한 바와 같이 이 시기에 고구려가 기존의 나·제동맹 관계를 깨뜨리면서 신라에 접근했다고 보는 것은 신중해야 한다. 이들이 「충주비」의 내용연대로 파악한 496년 7월 고구려는 신라의 우산성을 공격하였다. 그러나 이때는 신라 장군 실죽의 활약으로 고구려의 우산성 함락이 좌절되었다. 고구려는 다음해 8월에 다시 우산성을 공격하여 결국 함락시켰다. 말하자면 496년 7월~497년 8월 사이는 고구려와 신라가 우산성을 두고 각축전을 벌이던 때였다. 이러한 전쟁의 시기에 신라 소지왕이 위험을 감수하고 적진의 핵심 군사 지역에 나아가 고구려와 우호를 도모하는 의식을 치른다는 것은 논리적으로 받아들이기 힘들다.[63] 물론 전쟁기에도 휴전을 이끌어내기 위한

의 정기발표회와 학회지 수록과정에서 '12월 23일 갑인'과 '12월 25일 갑인'의 두 가지 가능성을 모두 상정하는 것으로 입장을 선회한 듯하다(서지영, 2012, 앞의 논문, 107~113쪽). 하지만 비의 건립연대를 496년으로 결론짓고 있으므로 '12월 25일 갑인'으로 판독하는 기존 안을 고수한 것으로 보아도 무방하다.

61) 『三國史記』卷26, 百濟本紀4, 東城王 23년.

62) 우선정, 2011, 앞의 박사학위논문, 166~169쪽 ; 서지영, 2012, 앞의 논문, 122~130쪽. 고구려와 신라 간 우호를 도모한 시기는 다르지만 서지영은 박성현의 연구를 주목하여 논리를 전개하였다.

63) 시노하라 히로카타(篠原啓方)도 「충주비」의 481년설을 반대하면서 "이미 고구려

화의를 도모할 수는 있다. 그렇다고 하더라도 496년에 신라와의 화의를 주도하고 그것을 기념하는 비석을 세운 고구려가 다음해 8월에 곧바로 그것의 파기를 의미하는 우산성을 공격해 함락시켰다는 것은 의구심이 들 수밖에 없는 대목이다.[64]

이런 모순 때문인지 우선정은 고구려가 497년 신라의 우산성을 빼앗은 이후 신라에 대한 입장을 바꾸어 우호하고 「충주비」를 건립한 것으로 설명하였다.[65] 하지만 이것은 본인이 설정한 일간지 '12월 25일 갑인'을 근거로 도출한 비의 내용연대인 506년과 맞지 않는다. 이 때문에 서지영도 금석문과 문헌자료 사이에 종종 있는 1년의 오차라고 치부했지만 논리가 궁색하게 느껴진다. 사실 「충주비」에서 고려태왕과 신라매금이 만난 시점인 5월과, 그 후속조치로서 우벌성과 그 인근에서 군사활동을 하는 12월 23일은 『삼국사기』에 남아 있는 우산성 전투의 시점과도 맞지 않는다.

「충주비」의 내용·건립연대를 496~497년으로 이해할 경우 근본적으로 설명할 수 없는 점은 바로 비문에 나오는 고구려 태자의 실체 문제이다. 왜냐하면 문자명왕은 재위 7년(498)에 이르러서야 왕자 흥안을 태자로 삼았기[66] 때문이다. 이런 부분이 합리적으로 설명되지 않는다면 우선정과 서지영의 주장은 설득력을 얻기 힘들 것이다.

「충주비」의 내용·건립시기를 문자명왕대로 보는 견해가 가지는 근본적인 한계는 그 당시 고구려와 신라의 관계가 좋지 않았다는 데 있었다. 박성현은 이를 상쇄하기 위해 매금 기의 '忌'를 '꺼리다'로 해석하여 '교

에 대항할 수 있는 세력으로서 성장한 신라의 군주(매금)가 죽임을 당할 예상이 큰 시기에 중원에 가서 고려태왕을 만났을 가능성은 희박하다"고 하였다(篠原啓方, 2000, 앞의 논문, 33쪽).

64) 장창은, 2012, 앞의 논문, 32쪽.
65) 우선정, 2011, 앞의 박사학위논문, 168쪽.
66) 『三國史記』 卷19, 高句麗本紀7, 文咨明王 7년.

전상태에서 적지에 나가는 것이 힘든 결정'이라고 하였다.[67] 그는 고구려와 신라가 전쟁의 와중에 和約했다고 하지만, 비문의 내용은 전쟁의 와중에 갑자기 우호를 모색하는 분위기가 아니라 기존의 우호를 전제로 하여 만난다는 문면이다. 신라 영토 안에 주둔해 있는 '고구려 당주'의 존재, 신라 영토인 우벌성에서 고구려와 신라의 관리가 모이고 사람을 모으는 등 군사활동을 하는 모습은 두 나라의 우호가 전제되지 않고서는 도저히 불가능한 일이다.[68]

그래서인지 서지영은 '신라토내당주'를 기존에 신라에 파견되어 있던 고구려 당주가 아닌 12월에 募人활동을 하면서 일시적으로 파견된 것으로 의미를 축소하였다.[69] 하지만 일시적으로 파견된 당주에게 '신라토내당주'란 호칭을 붙일 수 있었을 지 의문이다. 고구려 당주가 '신라 토내'에서 활동할 수 있는 분위기는 전쟁의 와중보다는 고구려의 신라에 대한 영향력이 행사되었던 5세기 중엽 이전이 더 잘 어울린다. 결국 '12월 25일 갑인'의 판독을 근거로 한「충주비」의 내용·건립연대 추정 역시 현 단계에서는 지지를 받기 어렵다고 생각한다.

3.「충주고구려비」연구의 방향

지금까지「충주비」발견 이후 논란이 분분했던 연구사적 쟁점을 비문 내의 인명·용어·지명, 비문의 내용·건립연대, 건립 목적으로 나누어 검토하였다. 또한「충주비」가 문자명왕대에 건립되었다는 기존의 설과 그것을 발전적으로 계승한 최근의 신설을 비판적으로 살펴보았다. 이상의

---

67) 박성현, 2010, 앞의 논문, 219쪽.
68) 장창은, 2006, 앞의 논문, 308쪽.
69) 서지영, 2012, 앞의 논문, 112쪽.

내용을 간단히 정리하고 향후 「충주고구려비」에 대한 연구방향을 제시하는 것으로 이 글을 맺고자 한다.

　비문의 인명 중 논란이 심했던 부분은 단연 '高麗太王祖王令'의 해석과 실체 문제였다. 기왕에 '고려태왕의 조왕', '고려태왕＝조왕', '고려태왕과 조왕'으로 해석되었고, 실체의 규명도 제각각이었다. 필자는 '고려태왕'인 장수왕이 선대왕의 律令에 따라 신라왕과 會盟을 주도하기 위해 國原에 온 것으로 생각하였다. '매금 기'의 '忌'와 '태자 공'의 '共'은 인명으로 파악하였고, 태자 공은 고추가 공과 같은 인물로서 장수왕의 아들 助多로 이해하였다. 종래 백제 蓋鹵王과 연결시켰던 蓋盧는 신라 영토 내 고구려 당주의 인명으로 보았다. 또한 '守天', '上下', '跪營', '太霍鄒', '募人' 용어에 대한 기존 견해를 소개함으로써 비문의 정확한 이해를 도모하였다. 한편 비문의 주 배경 중 하나인 于伐城은 고구려와 신라 간 군사요충지였던 경북 순흥으로 확정하였고, 古牟婁城의 위치는 단정하기는 어렵지만 죽령로의 도상인 원주와 춘천이 유력한 것으로 추정하였다.

　비문의 내용연대와 건립연대에 대해서는 연구사적 흐름을 반영해 5세기 후반설, 5세기 초반설, 5세기 중반설의 순서로 그 타당성 여부를 검토하였다. 그에 따라 제액의 존재, '蓋盧', '辛酉年' 등을 입론으로 한 5세기 후반설의 한계를 지적할 수 있었다. 일본인 학자들에 의해 주도된 5세기 초반설도 干支의 자의적 판독, '太子論'에 대한 집착을 문제점으로 지적하였다. 따라서 확실한 日干支인 '12월 23일 갑인'과 고구려와 신라의 관계변화가 반영되어 있는 문헌기록과의 비교·검토를 통해 도출된 5세기 중반설이 유력함을 주장하였다. 결국 전면과 좌측면에 남아 있는 「충주비」 내용의 발생연대는 449년으로, 비의 건립연대는 450년 7월을 전후한 시기로 파악하였다.

　비석의 건립 목적과 비문 내용의 성격에 대해서는 그동안에 개인 功

績碑, 定界碑·拓境碑, 巡狩碑, 會盟碑 등으로 규정이 되어 왔다. 이를
살핀 결과 개인 공적비와 정계비·척경비로 보는 견해의 한계를 알 수
있었다. 비문의 마멸이 심한 현재 상태에서 특정 내용만을 가지고 비의
성격을 단정하는 것에 신중해야 함을 제기하였다. 다만 5월 기사에 한정
해 순수비·회맹비적 성격을 부여할 수는 있다고 생각하였다. 결국 「충
주비」는 고구려 측이 자국 세력권 내에서 이탈해가는 신라를 회유·포섭
했던 노력의 산물로 파악하였다.

한편 문자명왕대 비문 건립설을 주장하는 연구 성과를 기존 견해와
신설로 나누어 검토하였다. 먼저 문자명왕대에 장수왕대를 회고하면서
비를 건립했다는 기존 연구의 한계를 지적하였다. 그리고 고구려의 국원
진출을 497년으로 이해하면서 506년(문자명왕 15)에 고구려와 신라 간
和約 및 定界했다는 견해와, 일간지를 '12월 25일 갑인'으로 판독한 후
496~497년에 고구려와 신라가 和議한 결과물로서 「충주비」를 이해한
최근 연구에 무리가 있음을 논증하였다.

2013년 「집안고구려비」가 발견되면서 고구려 금석문과 그것을 토대
로 한 고구려사 연구는 점차 활기를 띠어 가고 있다. 한반도 유일의 고
구려비로서 「충주비」에 대한 관심과 위상도 점점 더 고조될 것이다.
2012년 7월에 <충주고구려비 역사전시관>이 비석이 있던 그 자리에
개관하면서 비석의 보존과 관람 환경이 개선되었다. 「충주비」가 발견된
지 30여 년이 지난 시점이라 만시지탄의 느낌이 없지는 않지만 환영할
만한 일이다.

「충주비」 연구의 향후 과제로 몇 가지 유념할 사항이 있다. 우선 금석
문 연구에서 아무리 강조해도 지나치지 않을 비문의 정확한 판독에 과학
적인 방법을 적극 동원할 필요가 있다. 실제로 지난 2000년 고구려연구회
의 주도로 실시된 비문 판독에는 적외선 투시와 컴퓨터를 이용한 기존
탁본들의 비교·검토를 통해 19글자를 새롭게 읽어내는 성과를 거두었

다. 최근에는 3D 스캔의 기술력도 개발되었으니 활용하면 좋을 것 같다.

연구방법상의 과제로 금석문 자료의 특성에 유념하고, 비문 자체 내에 지나치게 매몰되어서는 곤란하다는 지적을 하고 싶다. 금석문은 자료의 특성상 글자를 새기거나 비문을 건립한 사람의 의도와 이해가 반영되어 있다. 따라서 표현이 과장되거나 나아가 사실을 왜곡할 가능성을 고려해야 한다. 「광개토왕비」에서 백제를 '百殘'으로, 백제왕을 '百殘主'로 낮추어 부르거나, 심지어 屬民으로서 조공까지 했다는 기록은 단적인 왜곡의 사례로 꼽힌다. 이는 곧 문헌기록과의 대비를 소홀한 채 비문 내의 특정 용어에 집착하면 자칫 전체적인 역사상과 동떨어진 결과가 도출될 수 있음을 잘 보여준다. 기왕의 「충주비」 연구에서도 이 같은 문제로 인해 혼란이 가중된 측면이 있었다. 「충주비」의 핵심내용은 고구려·신라 관계가 분명하므로, 이에 대한 문헌, 금석문, 고고학 자료와의 충분한 비교·검토가 수반되어야만 객관적 연구로 거듭날 수 있겠다.

비문의 내용과 함께 독자가 누구인지, 왜 거기에 세웠는지를 환기할 필요가 있다. 비문은 그것이 세워진 지역의 民이 주된 독자라는 현장성 강한 자료임을 명심해야 한다. 곧 비가 자리한 지역의 역사·지리적 조건은 비문 연구에서 가장 기초적이면서 본질적인 부분이다. 「충주비」 건립연대를 규명하는 단서도 사실 고구려 國原 진출시기, 곧 국원 지역의 영유권 변천양상과 맞물려 있는 것이다. 필자가 기존의 통설과 달리 「충주비」의 건립을 5세기 중반 고구려의 국원 진출과 관련지어 해석한 것은 이러한 문제의식에서 비롯된 것이었다. 충주에서 지속적으로 발견되고 있는 고구려 유물·유적은 이러한 가설에 힘을 실어주고 있다.

「충주비」는 또한 내용적으로나 지리적으로 무관할 것 같은 「포항 중성리신라비」·「영일 냉수리신라비」·「울진 봉평리신라비」·「단양 적성신라비」 등과도 고구려·신라 관계에서 중요한 교통로상에 위치한다는 공통점이 있다. 결국 고구려와 신라 관계에 대한 입체적이면서도 종합적인

분석과정에서「충주비」의 사료적 가치는 올바르게 자리매김 될 것으로
믿는다.

〈표 3〉「충주고구려비」의 내용·건립연대 연구동향 분류

연대	국왕(서기년)	내용 연대	연구자 (발표연도)	주요 논거	비 고
5 세 기 초 반 설	광개토왕 13년(403)	내용	木村 誠 (1997)	태자론, 十二月卄五日甲寅	辛酉年× 403년 또는 408년이라는 입장
	광개토왕 18년(408)			태자론, 十一月卄三日甲寅	
	광개토왕 13년(403)	내용	木下禮仁 (1981·1984)	十二月卄五日甲寅, 정황론	'盖盧'×
	장수왕 9년(421)	내용		辛酉年, 정황론	
	광개토왕 13년(403)	내용	田中俊明 (1981·1996)	木村 誠설 수용	
	장수왕 11년(423)	내용		十二月卄三日甲寅에서 하루 늦음	간지론×
	장수왕 전반기	내용	朴眞奭 (2011)	高麗 국호 개칭 시기, 十二月卄三日甲寅, 高麗太王과 祖王을 장수왕으로 추정, 정황론	기존(2000)에 480년과 481년을 내용·건립 연대로 본 것을 수정함
5 세 기 중 반 설	장수왕 39년(449)	내용· 건립	임창순 (1979)	十二月卄三日甲寅, 정황론	辛酉年×, '盖盧'×
		내용· 건립	김정배 (1979)	十二月卄三日甲寅, 정황론	辛酉年×, '盖盧'×
		내용	김창호 (1987·2000)	寐錦忌=訥祇, 十二月卄三日甲寅	辛酉年×, 건립은 449년 이후 근방
		내용	정운용 (1989·2006)	十二月卄三日甲寅, 정황론(麗·羅 如兄如弟관계 주목)	건립은 450년(7월~)
		내용	篠原啓方 (2000)	정황론(孤與大王修好至歡), 十二月卄三日甲寅	辛酉年×, 태자론×
		내용	이도학 (2000)	高麗太王(장수왕)祖王(소수림왕), 정황론, 十二月卄三日甲寅	辛酉年×, 건립은 450년 경
		내용	임기환 (2000)	十二月卄三日甲寅, 정황론(孤與大王修好至歡)	辛酉年×, 건립은 450년(7월~)
		내용	노중국 (2000)	정황론	건립은 문자명왕 초
		내용	김현숙 (2002·2005)	정황론, 十二月卄三日甲寅	辛酉年×, 건립은 문자명왕대
		내용	최장열 (2004)	정황론, 十二月卄三日甲寅	건립은 문자명왕 4년
		내용	장창은 (2006·2013)	十二月卄三日甲寅, 정황론(孤與大王修好至歡)	건립은 450년 7월 전후
		내용	박찬흥 (2013)	十二月卄三日甲寅, 정황론(孤與大王修好至歡)	건립은 450년 7월 이전

5세기 후반설	장수왕대	장수왕 63년(475)	내용	이병도(1979)	제액(高麗建興四年), '盖盧'=蓋鹵王, 高麗太王(문자명왕)祖王(장수왕)	건립은 문자명왕 초
		장수왕 63년(475)~72년(484)	내용	손영종(1985)	제액, '盖盧', 十一月卅三日甲寅(475), 辛酉年(481), 丙子(484)	10년 동안의 내용으로 이해
		장수왕 후기(475~491)	내용·건립	耿鐵華(2000)	제액(高麗建興四年), '盖盧'=蓋鹵王	
		장수왕 68년(480)	건립	강민식(2013)	응략천황 8년(464)조 연대 신빙, 十二月卅三日甲寅	
		장수왕 69년(481)	건립	변태섭(1979)	十二月卅三日甲寅, 辛酉年의 조합	내용연대는 480년
			건립	신형식(1979)	응략천황 8년(464)조 연대 신빙, 변태섭 학설 수용	
			건립	이호영(1979)	제액을 '□熙七年歲辛□□'으로 판독	
	문자명왕대	문자명왕 초년	건립	노중국(2000)	高麗太王(문자명왕)祖王(장수왕)	내용연대는 449년
			건립	김현숙(2002·2005)	高麗太王(문자명왕)祖王(장수왕)	내용연대는 449년
		문자명왕 4년(495)	건립	남풍현(2000)	高麗太王(문자명왕)祖王(장수왕), 문자명왕 4년의 巡狩기록	내용연대는 장수왕대
			건립	최장열(2004)	高麗太王(문자명왕)祖王(장수왕), 문자명왕 4년의 巡狩기록	내용연대는 449년
		문자명왕 5년(496)	내용·건립	우선정(2011)	十二月卅五日甲寅, 496~497년 우산성 전투와, 나·제 관계의 변화 주목	
			내용·건립	서지영(2011·2012)	十二月卅五日甲寅, 496~497년 우산성 전투와, 나·제 관계의 변화 주목	
6세기설		문자명왕 15년(506)	내용·건립	박성현(2010·2011)	十二月卅三日甲寅, 고구려의 국원 진출 시기를 497년으로 파악	장미산성 출토 백제 토기 연대를 5세기 후반으로 비정
	평원왕대	평원왕대(559~590)	내용·건립	李殿福(2000)	高麗 국호 개칭시기, 정황론	
기타설		장수왕 39년(449)과 69년(481)	내용	김영하 한상준(1983)	太子 共=古雛加 共, 같은 인물의 관직 변화에 주목	비문 내 시간 차 상정 건립은 481년 이후 근방

【일러두기】
1. 앞에서 검토한 연구 성과를 발표연도 순으로 정리하되, 같은 연도에서는 발표 순으로 배열하였다.
2. '정황론'은 고구려와 신라 관계의 정황을, '태자론'은 고구려 태자 책봉시기에 의한 접근법을 약칭한 것이다.
3. × 표시는 믿지 않음을 의미한다.

수록 논문 출처

이 책에 수록된 글의 내용은 학술지와 발표논문집에 실렸던 것이다. 다만 단행본을 구성하는 과정에서 기존의 내용과 체재를 수정·보완하였다. 특히 게재 이후 발표된 관련 연구 성과를 반영하였다. 아래에 이 책의 각 장과 그에 해당하는 기존 발표 논문의 제목과 게재된 학술지를 밝혀 둔다.

서론 : 「『三國史記』 地理志 '高句麗故地'의 이해방향」(2010, 『한국학논총』 33, 국민대 한국학연구소)

제1부

제1장 : 「4~5世紀 高句麗의 南下와 三國의 領域向方」(2010, 『한국학논총』 34) ; 「아차산성을 둘러싼 삼국의 영역 변천」(2014, 『史叢』 81, 고려대학교 역사연구소)

제2장 : 「<忠州高句麗碑> 연구의 최근 동향」(2013, 『제7회 중원문화학술포럼-고구려의 재발견-』, 한국고대학회·한국교통대학교 박물관) ; 「4~5世紀 高句麗의 南方進出과 對新羅 關係」(2012, 『高句麗渤海研究』 44, 고구려발해학회)

제2부

제1장 : 「5~6世紀 高句麗의 南下와 漢江 流域의 領域向方」(2010, 『白山學報』 88, 백산학회) ; 「4~5世紀 高句麗의 南方進出과 對新羅 關係」(2012, 『高句麗渤海研究』 44)

제2장 : 「6세기 중반 한강 유역 쟁탈전과 管山城 戰鬪」(2011, 『震檀學報』 111, 진단학회)

참고문헌

1. 사료

[국내]

『三國史記』, 『三國遺事』, 『海東高僧傳』, 『三國史節要』, 『東國通鑑』, 『新增東國輿地勝覽』, 『東史綱目』, 『與猶堂全書』, 『海東繹史續集』, 『旅菴全書』, 『大東輿地圖』, 『大東地志』.

[국외]

중국 : 『爾雅注疏』, 『說文解字注』, 『三國志』, 『後漢書』, 『南齊書』, 『陳書』, 『梁書』, 『北齊書』, 『周書』, 『北史』, 『隋書』, 『舊唐書』, 『新唐書』, 『資治通鑑』, 『二十史朔閏表』.

일본 : 『日本書紀』, 『續日本紀』.

[번역본 및 역주서]

李丙燾, 1983, 『삼국사기』(상·하), 신장판, 을유문화사.

章輝玉, 1991, 『해동고승전-현대적 풀이와 주석-』, 民族社.

韓國古代社會研究所 編, 1992, 『譯註 韓國古代金石文』(Ⅰ~Ⅲ), 駕洛國史蹟開發研究院.

崔根泳·崔源植·金英美·朴南守·權悳永·田美姬, 1994, 『日本 六國史 韓國關係記事 譯註』, 駕洛國史蹟開發研究院.

鄭求福·盧重國·申東河·金泰植·權悳永, 1997, 『譯註 三國史記』(1~5), 韓國精神文化研究院.

姜仁求·金杜珍·金相鉉·張忠植·黃浿江, 2002, 『譯註 三國遺事』(Ⅰ~Ⅴ), 韓國精神文化研究院, 이회문화사.

김현구·박현숙·우재병·이재석 공저, 2002~2004, 『일본서기 한국관계기사 연구』(Ⅰ~Ⅲ), 일지사.

동북아역사재단 편, 2010, 『周書·隋書 外國傳 譯註』(譯註 中國正史 外國傳 8).

2. 저서

[국내]

강경구, 2007, 『신라의 북방영토와 김유신』, 학연문화사.

강종원, 2002, 『4세기 백제사 연구』, 서경.

강종원, 2012, 『백제 국가권력의 확산과 지방』, 서경문화사.

강종훈, 2000, 『신라상고사연구』, 서울대학교 출판부.

강종훈, 2011, 『삼국사기 사료비판론』, 여유당.

공석구, 1998, 『高句麗 領域擴張史 硏究』, 書景文化社.

金德原, 2007, 『新羅中古政治史硏究』, 景仁文化社.

金珉秀, 1999, 『峨嵯山에서의 古代史의 諸問題』, 구리문화원.

金瑛河, 2002, 『韓國古代社會의 軍事와 政治』, 고려대학교 민족문화연구원.

김영하, 2012, 『한국고대사의 인식과 논리』, 성균관대학교 출판부.

金泰植, 1993, 『加耶聯盟史』, 一潮閣.

김태식·양기석·강종훈·이동희·조효식·송기호·이근우 지음, 2011, 『한국 고대
    사국의 국경선』, 서경문화사.

김영황, 2011, 『고구려의 언어유산』, 역락.

김윤우, 1995, 『북한산 역사지리』, 범우사.

김정배, 2000, 『韓國古代史와 考古學』, 신서원.

김창호, 2007, 『고신라 금석문의 연구』, 서경문화사.

김창호, 2009, 『삼국시대 금석문 연구』, 서경문화사.

김한규, 2004, 『요동사』, 문학과 지성사.

김현숙, 2005, 『고구려의 영역지배방식 연구』, 도서출판 모시는 사람들.

김희선, 2010, 『동아시아 도성제와 고구려 장안성』, 지식산업사.

나희라, 2003, 『신라의 국가제사』, 지식산업사.

노용필, 1996, 『新羅眞興王巡狩碑硏究』, 一潮閣.

盧重國, 1988, 『百濟政治史硏究』, 一潮閣.

노중국, 2012, 『백제의 대외교섭과 교류』, 지식산업사.

노태돈, 1999, 『고구려사 연구』, 사계절.

노태돈, 2009, 『삼국통일전쟁사』, 서울대학교 출판부.

노태돈, 2009, 『한국고대사의 이론과 쟁점』, 집문당.

도수희, 2003, 『한국의 지명』(대우학술총서 553), 아카넷.

리지린·강인숙, 1976, 『고구려사연구』, 사회과학출판사.

문안식, 2006, 『백제의 흥망과 전쟁』, 혜안.

박성봉 편, 1995, 『高句麗 南進 經營史의 研究』, 白山資料院.

박시형, 1966, 『광개토왕릉비』, 사회과학출판사 : 2007, 푸른나무.

朴眞奭, 2011, 『高句麗歷史諸問題』, 景仁文化社.

백종오, 2006, 『남녘의 고구려 문화유산』, 서경.

백종오, 2006, 『고구려 남진정책 연구』, 서경.

山本孝文, 2006, 『三國時代 律令의 考古學的 研究』, 서경.

서영일, 1999, 『신라 육상 교통로 연구』, 학연문화사.

成周鐸, 2002, 『百濟城址研究』, 서경.

成周鐸, 2004, 『百濟城址研究』[속편], 서경.

손영종, 1990, 『고구려사』 1, 백산자료원.

손영종, 2001, 『광개토왕릉비문 연구』, 중심.

申采浩, 1931-1932, 『朝鮮上古史』 : 2007, 『단재신채호전집』(제1권 역사), 독
       립기념관 한국독립운동사연구소.

申采浩, 1948, 『朝鮮上古史』, 鐘路書院 : 1972, 『丹齋申采浩全集』(改訂版)上,
       단재신채호선생기념사업회.

申瀅植, 1984, 『韓國古代史의 新研究』, 一潮閣.

신형식, 2009, 『한국고대사의 새로운 이해』, 주류성.

안주섭·이부오·이영화 공저, 2006, 『영토 한국사』, 소나무.

연민수, 2004, 『古代韓日交流史』, 혜안.

윤명철, 2003, 『고구려 해양사 연구』, 사계절.

尹秉模, 2011, 『高句麗의 遼西進出 研究』, 景仁文化社.

이강래, 2011, 『삼국사기 인식론』, 일지사.

李基白, 1996, 『韓國古代政治社會史研究』, 一潮閣.

李基白·李基東 共著, 1982, 『韓國史講座』(古代篇), 一潮閣.

이도학, 2006, 『고구려 광개토왕릉비문 연구-광개토왕릉비문을 통한 고구려
       사-』, 서경.

이도학, 2010, 『백제 한성·웅진성 시대 연구』, 일지사.

이도학, 2010, 『백제 사비성 시대 연구』, 일지사.

李丙燾, 1959, 『韓國史』(古代篇), 震檀學會, 乙酉文化社.

李丙燾, 1976, 『韓國古代史硏究』(修訂版), 博英社.

이부오·하시모토 시게루 옮김, 2008, 『이마니시 류우西龍의 신라사연구』, 서경문화사.

이성제, 2005, 『高句麗의 西方政策硏究』, 국학자료원.

李龍範, 1989, 『韓滿交流史硏究』, 동화출판공사.

이인철, 2000, 『고구려의 대외정복 연구』, 백산자료원.

이정숙, 2012, 『신라 중고기 정치사회 연구』, 혜안.

이정용, 2002, 『韓國 古地名 借字表記 硏究』, 景仁文化社.

李昊榮, 2007, 『月山 李昊榮의 韓國史學 遍歷』, 서경문화사.

李弘稙, 1971, 『韓國古代史의 硏究』, 新丘文化社.

임기환, 2004, 『고구려 정치사 연구』, 한나래.

張俊植, 1998, 『新羅中原京硏究』, 學硏文化社.

장창은, 2008, 『신라 상고기 정치변동과 고구려 관계』, 신서원.

정구복, 2008, 『韓國古代史學史』, 景仁文化社.

정선여, 2007, 『고구려 불교사 연구』, 서경문화사.

주경미, 2003, 『중국 고대 불사리장엄 연구』, 일지사.

주보돈, 1998, 『新羅 地方統治體制의 整備過程과 村落』, 신서원.

주보돈, 2002, 『금석문과 신라사』, 지식산업사.

池培善, 1986, 『中世東北亞史硏究-慕容王國史-』, 一潮閣, 1986.

차장섭, 2006, 『고요한 아침의 땅 삼척』, 역사공간.

千寬宇, 1982, 『人物로 본 韓國古代史』, 正音文化社.

천관우, 1989, 『古朝鮮史·三韓史硏究』, 一潮閣.

최광식, 1994, 『고대한국의 국가와 제사』, 한길사.

崔永俊, 1990, 『嶺南大路-韓國古道路의 歷史地理的 硏究-』, 高麗大學校 民族文化硏究所 : (개정판) 2004, 『한국의 옛길 嶺南大路』, 高麗大學校 民族文化硏究院.

황보 경, 2009, 『신라 문화 연구』, 주류성.

[국외]

葛城末治, 1935, 『朝鮮金石攷』 : 1979, 아세아문화사.

高寬敏, 1996, 『『三國史記』原典的硏究』, 雄山閣.

堀敏一, 1993, 『中國と古代東アジア-中華的世界と諸民族』, 岩波書店 : 정병
　　준·이원석·채지혜 옮김, 2012, 『중국과 고대 동아시아세계-중화적 세
　　계와 여러 민족들』, 동국대학교 출판부.

宮崎市定, 1989, 『大唐帝國』, 河出書房新社 : 임중혁·박선희 옮김, 1996, 『中
　　國中世史』, 신서원.

今西龍, 1934, 『百濟史研究』, 近澤書店.

金鉉球, 1985, 「大和朝廷の對外關係研究』, 吉川弘文館.

東潮·田中俊明, 1995, 『高句麗の歷史と遺蹟』, 中央公論社 : 박천수·이근우
　　번역, 2008, 『고구려의 역사와 유적』, 동북아역사재단.

藤田亮策, 1963, 『朝鮮學論考』.

木下禮仁, 1993, 『日本書紀と古代朝鮮』, 塙書房.

武田幸男, 1989, 『高句麗史と東アジア』, 岩波書店.

三品彰英, 1975, 『三國遺事考証』(上), 塙書房.

鈴木英夫, 1996, 『古代の倭國と朝鮮諸國』, 靑木書店.

井上秀雄, 1974, 『新羅史基礎硏究』, 東出版.

池內宏, 1960, 『滿鮮史研究』 上世 第二冊, 吉川弘文館.

津田左右吉, 1913, 『朝鮮歷史地理』 1, 南滿洲鐵道株式會社 : 1986, 亞細亞文化社.

王健群, 1984, 『好太王碑研究』, 吉林人民出版社 : 2004, 『廣開土王碑 研究』
　　(林東錫 譯), 한국학술정보.

3. 발굴보고서 및 도록

[발굴보고서]

강원문화재연구소, 2005, 『春川 鳳儀山城 發掘調査報告書』.

강원문화재연구소, 2005, 『下花溪里·哲亭里·驛內里 遺蹟(Ⅰ)』.

강원문화재연구소·정선군, 2006, 『旌善 古城里山城』.

강원문화재연구소·정선군, 2006, 『旌善 松溪里山城 發掘調査報告書』.

강원문화재연구소, 2011, 『春川 牛頭洞遺蹟Ⅰ』.

구리시·구리문화원, 1994, 『아차산의 역사와 문화유산』.

국립공주박물관·충남대학교 박물관, 1999, 『大田 月坪洞遺蹟』.

국립문화재연구소, 2009, 『아차산 4보루 발굴조사보고서』.

국립중원문화재연구소, 2012, 『忠州 塔坪里 遺蹟[中原京 추정지] 제3차 시굴 조사보고서』.

김병모·심광주, 1991, 『二聖山城 三次發掘調査報告書』, 한양대학교 · 경기도.

박경식·서영일·김호준·방유리·전복량, 2004, 『포천 반월산성-종합보고서(Ⅰ)-』, 포천시·단국대학교 매장문화재연구소.

백종오·오강석·강진주·최진호, 『단양 溫達山城 서문지일원 발굴조사보고서』, 단양군·한국교통대학교 박물관, 2013.

서울특별시·서울대학교 박물관, 1988, 『夢村土城-東南地區發掘調査報告』.

서울특별시·서울대학교 박물관, 1989, 『夢村土城-西南地區發掘調査報告』.

심광주·김주홍·정나리, 1999, 『漣川 瓠蘆古壘 精密地表調査報告書』, 한국토지공사 토지박물관·연천군.

예맥문화재연구원, 2008, 『原州 建登里遺蹟 -원주 건등리 아파트신축부지 발굴조사보고서』.

옥천군·충북대학교 중원문화연구소, 2003, 『新羅·百濟激戰地(管山城) 地表調査報告書』.

임효재·최종택·윤상덕·장은정, 2000, 『아차산성-시굴조사보고서』.

중원문화재연구원·보은군, 2006, 『報恩 三年山城-2004년도 발굴조사보고서』.

중원문화재연구원·충주시, 2010, 『忠州 豆井里 遺蹟』.

차용걸·박중균·한선경·박은연, 2004, 『淸原 南城谷 高句麗遺蹟』, 충북대학교 박물관.

차용걸·박중균·한선경, 2008, 『청원 I.C~부용간 도로공사구간 내 淸原 南城谷 高句麗遺蹟』(2006년도 추가발굴조사), 중원문화재연구원.

차용걸·박태우 편, 1989, 『溫達山城-地表調査報告書』, 충청북도 단양군·충북대학교 호서문화연구소.

차용걸·조순흠·김주미, 2003, 『溫達山城-北門址·北雉城·水口 試掘調査 報告書』, 충북대학교 박물관·단양군.

차용걸·조순흠, 2011, 『온달산성』(한국성곽학회 편), 충청북도.

차용걸·이규근, 2006, 『忠州 薔薇山城 -1차 發掘調査報告書-』, 충주시·중원문화재연구원.

차용걸·조순흠·조록계·최관호, 2008, 『忠州山城-北門址 發掘調査報告書-』, 중원문화재연구원·충주시.

철원문화원, 2006, 『철원의 성곽과 봉수』.

충북대학교 호서문화연구소, 1996, 『鎭川 大母山城 地表調査 報告書』.

충청문화재연구원, 2003, 『大田 月坪洞山城』.

한국문화재보호재단, 2007.12.14, 「성남 판교지구 문화유적 2차 발굴조사-5차
　　　　지도위원회의 자료-」.

한백문화재연구원, 2008.9, 「화성 청계 택지개발지구 내 문화재 발굴조사 3차
　　　　지도위원 회의자료(가지구)」.

한양대학교 문화재연구소, 2007.7, 「경기도 용인시 기흥구 보정동 901-3번지
　　　　신축부지내 문화재 발굴조사 간략보고서」.

　　　[도록]

경기도박물관, 2009, 『임진강』.

국립부여박물관, 2010, 『백제중흥을 꿈꾸다 능산리사지』.

국립중원문화재연구소, 2008, 『중원의 산성』.

국립중원문화재연구소, 2009, 『중원의 고분』.

국립중원문화재연구소, 2011, 『고대도시유적 中原京 -유물편-』.

국립청주박물관, 2012, 『국원성·국원소경·중원경』.

국립춘천박물관, 2013, 『흙에서 깨어난 강원의 신라문화』.

한성백제박물관, 2013, 『백제, 마한과 하나되다』.

　　4. 논문

　　　[국내]

강경구, 2007, 「新羅 北漢山州의 新考察」 『신라의 북방영토와 김유신』, 학연
　　　　문화사.

강민식, 2013, 「5세기 후반 삼국의 전투와 대치선」 『軍史』 87, 국방부 군사편
　　　　찬연구소.

강봉룡, 1994, 「新羅 地方統治體制研究」, 서울대학교 박사학위논문.

강봉룡, 2004, 「순수비에 담긴 진흥왕의 꿈과 야망」 『고대로부터의 통신』, 푸

른역사.

강선, 2006, 「고구려와 突厥의 전쟁」 『高句麗硏究』 24, 高句麗硏究會.

강종훈, 2004, 「7세기 삼국통일전쟁과 신라의 군사활동-660년 이전 대고구려전을 중심으로-」 『新羅文化』 24, 동국대학교 신라문화연구소.

강종훈, 2006, 「『삼국사기』 백제본기의 사료 계통과 그 성격」 『韓國古代史硏究』 42 : 2011, 「『삼국사기』 백제본기의 사료 계통」 『삼국사기 사료 비판론』, 여유당.

강종훈, 2008, 「5세기 후반 고구려와 신라의 국경선」 『한국 고대 사국의 국경선』, 서경문화사.

강종훈, 2011, 「羅濟同盟의 結成 背景과 高句麗의 對外關係」 『大丘史學』 105, 大丘史學會.

姜眞周, 2007, 「附加口緣臺附長頸壺를 통해 본 新羅의 漢江流域 진출」 『경기도의 고고학』, 주류성.

耿鐵華, 2000, 「冉牟墓誌와 中原高句麗碑」 『中原高句麗碑 硏究』(高句麗硏究 10), 학연문화사.

孔錫龜, 1988, 「平安·黃海道 地方 出土 紀年銘塼에 대한 연구」 『震檀學報』 65, 震檀學會.

공석구, 1989, 「安岳3號墳의 墨書銘에 관한 考察」 『歷史學報』 121, 歷史學會.

공석구, 1990, 「德興里 壁畵古墳의 主人公과 그 性格」 『百濟硏究』 21, 忠南大學校 百濟硏究所.

공석구, 2003, 「高句麗와 慕容'燕'의 갈등 그리고 교류」 『강좌 한국고대사』 4, 가락국사적개발연구원.

權惠永, 1999, 「三國時代 新羅의 海洋進出과 國家發展」 『STRATEGY』 21, 제2권 제2호(가을·겨울호).

權純珍, 2007, 「경기지역 新羅 '北進期城郭'에 관한 일고찰」 『新羅史學報』 9, 新羅史學會.

權五榮, 2000, 「고대 한국의 喪葬儀禮」 『韓國古代史硏究』 20, 한국고대사학회.

金甲童, 1999, 「新羅와 百濟의 管山城 戰鬪」 『白山學報』 52, 白山學會.

琴京淑, 2001, 「高句麗 領域으로서의 北漢江 流域-靺鞨문제와 관련하여-」 『韓國史學報』 11, 高麗史學會.

금경숙, 2006, 「교통로를 통해서 본 강원도의 고구려」 『강원도와 고구려』(금경숙·임기환·공석구 편저), 집문당.

김경호·백영종, 2013,「중원지역 발굴유적의 최근 성과」『제7회 중원문화 학
　　술포럼-고구려의 재발견』, 한국고대학회·한국교통대학교 박물관.

김기섭, 2005,「百濟 東城王의 즉위와 정국 변화」『韓國上古史學報』50, 韓國
　　上古史學會.

金樂起, 2005,「京畿 남부 지역 소재 高句麗 郡縣의 의미」『高句麗研究』20,
　　高句麗研究會.

金德原, 2005,「신라의 동해안 진출과 蔚珍鳳坪碑」『금석문을 통한 신라사연구』,
　　한국학중앙연구원.

金德原, 2011,「신라 진평왕대 김유신의 활동」『흥무대왕 김유신 연구』, 신라
　　사학회 편, 景仁文化社.

김병곤, 2011,「고구려의 평양 천도 기획 시점과 남진」『高句麗渤海研究』39,
　　高句麗渤海學會.

김병곤, 2011,「고구려의 평양 천도에 대한 신라의 양단책」『史林』40, 首善
　　史學會.

김병남, 1997,「高句麗 平壤遷都의 原因에 대하여」『全北史學』19·20, 全北
　　大學校 史學會.

김병남, 2003,「百濟 東城王代의 대외진출과 영역의 확대」『韓國思想과 文化』
　　22, 韓國思想文化學會.

김병남, 2003,「百濟 聖王代의 북방 영역 변화」『韓國史研究』120, 韓國史研
　　究會.

김병남, 2004,「百濟 武王代의 阿莫城 전투과정과 그 결과」『全南史學』22,
　　全南史學會.

김병남, 2004,「백제 웅진천도 초기의 한강 유역 상황」『韓國思想과 文化』26.

김병남, 2004,「百濟 威德王代의 정치상황과 대외관계」『韓國上古史學報』
　　43, 韓國上古史學會.

金侖禹, 1987,「娘臂城과 娘子谷城考-娘臂城의 位置를 中心으로-」『史學志』
　　21, 檀國大學校 史學會.

金侖禹, 1989,「廣開土王의 南下征服地에 대한 一考-關彌城의 위치를 중심으
　　로-」『龍巖 車文燮教授 華甲記念論叢』: 1995,『高句麗 南進 經營史
　　의 研究』(朴性鳳 編), 白山資料院.

金珉秀, 2013,「온달장군의 전사지」『온달장군』, 광진구·광진문화원.

金秉柱, 1984,「羅濟同盟에 관한 研究」『韓國史研究』46, 韓國史研究會.

金善民, 2005, 「六世紀 후반 倭의 高句麗 인식-『日本書紀』기사 분석을 중심으로-」『日本歷史硏究』22, 日本史學會 : 한일관계사학회 편, 2007, 『동아시아 속에서의 高句麗와 倭』, 景仁文化社.

김성태, 2007, 「남한 지역 출토 고구려 무기의 고찰」『경기도의 고구려 문화유산』, 경기도박물관.

金壽泰, 1998, 「百濟 威德王代 扶餘 陵山里 寺院의 創建」『百濟文化』27, 공주대 백제문화연구소.

김수태, 2000, 「百濟 蓋鹵王代의 對高句麗戰」『百濟史上의 戰爭』, 忠南大學校 百濟硏究所 編, 서경문화사.

김수태, 2004, 「百濟 威德王의 정치와 외교」『韓國人物史硏究』2, 한국인물사연구소.

金洋東, 2000, 「中原高句麗碑와 高句麗 金石文의 書體에 대하여」『中原高句麗碑 硏究』(高句麗硏究 10), 학연문화사.

金榮官, 1998, 「삼국쟁패기 阿旦城의 위치와 영유권」『高句麗硏究』5, 高句麗硏究會.

金榮官, 2000, 「百濟의 熊津遷都 背景과 漢城經營」『忠北史學』11·12, 忠北大學校 史學會.

金榮官, 2006, 「고구려의 청주지역 진출 시기」『先史와 古代』25, 韓國古代學會.

金榮官, 2008, 「古代 淸州地域의 歷史的 動向」『白山學報』82, 白山學會.

김영심, 2003, 「웅진·사비시기 百濟의 領域」『古代 東亞細亞와 百濟』, 충남대학교 백제연구소 편, 서경.

김영심, 2007, 「관산성전투 전후 시기 대가야·백제와 신라의 대립」『5~6세기 동아시아의 국제정세와 대가야』, 고령군 대가야박물관·계명대학교 한국학연구원.

金永上, 1992, 「阿旦城과 長漢城에 대한 고찰」『鄕土서울』51, 서울特別市史編纂委員會.

金永旭, 2007, 「中原高句麗碑의 國語學的 硏究」『口訣硏究』18, 구결학회.

金英珠, 1997, 「高句麗 故國原王代의 對前燕關係」『北岳史論』4, 國民大 國史學科.

金英夏·韓相俊, 1983, 「中原高句麗碑의 建碑 年代」『敎育硏究誌』25, 慶北大學校 師範大學.

金瑛河, 1979, 「新羅時代 巡狩의 성격」『民族文化研究』 14 : 2002, 『韓國古代社會의 軍事와 政治』, 고려대학교 민족문화연구원.

김영하, 1985, 「高句麗의 巡狩制」『歷史學報』106, 歷史學會 : 2002, 「高句麗王의 軍事訓鍊」『韓國古代社會의 軍事와 政治』, 高麗大學校 民族文化研究院.

김영하, 1997, 「高句麗의 發展과 전쟁」『大東文化研究』32, 성균관대학교 대동문화연구원.

김영하, 2008, 「일제시기의 진흥왕순수비론-'滿鮮'의 경역인식과 관련하여-」『韓國古代史研究』52, 한국고대사학회.

金恩淑, 1994, 「6세기 후반 신라와 왜국의 국교 성립과정」『新羅文化祭學術發表論文集』15, 新羅文化宣揚會.

김은숙, 2007, 「7세기 동아시아의 국제 관계」『韓日關係史研究』26, 韓日關係史學會.

金貞培, 1979, 「中原高句麗碑의 몇 가지 問題點」『史學志』13, 檀國大學校 史學會.

金貞培, 1988, 「고구려와 신라의 영역문제」『韓國史研究』61·62, 韓國史研究會 : 2000, 『韓國古代史와 考古學』, 신서원.

김정숙, 2005, 「古代 各國의 동해안 運營과 防禦體系」『전근대 동해안 지역사회의 운용과 양상』, 景仁文化社.

金鍾萬, 2008, 「鳥足文土器의 起源과 展開樣相」『韓國古代史研究』52, 한국고대사학회.

金周成, 1995, 「지배세력의 분열과 왕권의 약화」『한국사』6, 국사편찬위원회.

金周成, 2000, 「聖王의 漢江流域 占領과 喪失」『百濟史上의 戰爭』, 忠南大學校 百濟研究所 編, 서경문화사.

김주성, 2008, 「管山城 戰鬪의 背景」『中原文化論叢』12, 忠北大 中原文化研究所.

金鎭光, 2009, 「『三國史記』本紀에 나타난 靺鞨의 性格」『高句麗渤海研究』35, 高句麗渤海學會.

金鎭漢, 2009, 「榮留王代 高句麗의 對唐關係와 西北方情勢」『정신문화연구』117, 한국학중앙연구원.

김진한, 2010, 「高句麗 後期 對外關係史 研究」, 한국학중앙연구원 박사학위논문.

김진한, 2011, 「보장왕대 고구려의 대당관계 변화와 그 배경」『高句麗渤海研究』 39, 高句麗渤海學會.

金昌謙, 2007, 「新羅 中祀의 '四海'와 海洋信仰」『韓國古代史研究』 47, 한국고대사학회.

김창겸, 2011, 「신라의 東北方 진출과 異斯夫의 于山國 정복 출항지」『史學研究』 101, 韓國史學會.

金昌錫, 2005, 「古代 領域 관념의 형성과 王土意識」『韓國史研究』 129, 韓國史研究會.

김창석, 2006, 「長安城 축성의 배경과 공간 구성」『고고자료에서 찾은 고구려인의 삶과 문화』(연구총서 14), 고구려연구재단.

김창석, 2009, 「新羅의 于山國 복속과 異斯夫」『歷史教育』 111, 歷史教育學會.

金昌鎬, 1983, 「新羅 中古期 金石文의 人名表記(1)」『大丘史學』 22, 大丘史學會 : 2009, 『삼국시대 금석문 연구』, 서경문화사.

김창호, 1987, 「中原高句麗碑의 재검토」『韓國學報』 47, 一志社.

김창호, 1992, 「北漢山碑에 보이는 甲兵 문제」『文化財』 25 : 2007, 『고신라금석문의 연구』, 서경문화사.

김창호, 1992, 「二聖山城 출토의 木簡 年代 問題」『韓國上古史學報』 10, 韓國上古史學會.

김창호, 2000, 「中原高句麗碑의 建立 年代」『中原高句麗碑 研究』(高句麗研究 10), 학연문화사 : 2009, 『삼국시대 금석문 연구』, 서경문화사.

金泰植, 1995, 「『三國史記』地理志 新羅條의 史料的 檢討」『三國史記의 原典檢討』, 韓國精神文化研究院.

김태식, 1997, 「『三國史記』地理志 高句麗條의 史料的 檢討」『歷史學報』 154, 歷史學會.

김태식, 2006, 「5~6세기 高句麗와 加耶의 관계」『北方史論叢』 11, 동북아역사재단.

김태식, 2008, 「한국 고대 사국의 국경선-5세기 후반을 중심으로-」『한국 고대 사국의 국경선』, 서경문화사.

金台植, 2004, 「封禪大典, 그 기념물로서의 진흥왕 '순수비'」『白山學報』 68, 白山學會.

김한규, 2004, 「고구려와 동위교위」『요동사』, 문학과 지성사.

金顯吉, 1997, 「鷄立嶺考」『竹堂李炫熙教授華甲紀念 韓國史學論叢』, 東方圖書.

김현길, 1999, 「溫達에 關한 硏究-阿旦城과 阿且城(峨嵯城)을 중심으로-」『中原文化論叢』 2·3, 忠北大 中原文化硏究所.

金賢淑, 2002, 「4~6세기경 小白山脈 以東地域의 領域向方-『三國史記』 地理志의 慶北地域 '高句麗郡縣'을 중심으로-」『韓國古代史硏究』 26, 한국고대사학회 : 2005, 『고구려의 영역지배방식 연구』, 도서출판 모시는 사람들.

김현숙, 2003, 「熊津時期 百濟와 高句麗의 관계」『古代 東亞細亞와 百濟』(충남대학교 백제연구소편), 서경.

김현숙, 2009, 「475년~551년 한강유역 領有國 論議에 대한 검토」『鄕土서울』 73, 서울특별시 시사편찬위원회.

김현숙, 2009, 「高句麗의 漢江流域 領有와 支配」『百濟硏究』 50, 忠南大學校 百濟硏究所.

金晧東, 2001, 「삼국시대 新羅의 東海岸 制海權 확보의 의미」『大丘史學』 65, 大丘史學會.

金希宣, 2003, 「高句麗의 漢江流域 進出과 그 防禦體系-漢江流域의 高句麗 관방유적과 관련하여-」『서울학연구』 20, 서울시립대학교 서울학연구소.

南武熙, 2001, 「高句麗後期 佛敎思想硏究-義淵의 地論宗思想 受容을 중심으로-」『國史館論叢』 95, 國史編纂委員會.

남무희, 2007, 「安原王·陽原王代 정치변동과 고구려 불교계 동향」『韓國古代史硏究』 45, 한국고대사학회.

南豊鉉, 2000, 「中原高句麗碑의 解讀과 吏讀的 性格」『中原高句麗碑 硏究』 (高句麗硏究 10), 학연문화사.

盧重國, 1981, 「高句麗·百濟·新羅 사이의 力關係變化에 대한 一考察」『東方學志』 28, 延世大學校 國學硏究院.

노중국, 1994, 「4~5世紀 百濟의 政治運營」『韓國古代史論叢』 6, 韓國古代社會硏究所 編.

노중국, 1995, 「『三國史記』의 百濟 地理關係 記事 檢討」『三國史記의 原典 檢討』, 韓國精神文化硏究院.

노중국, 1999, 「신라 통일기 九誓幢의 성립과 그 성격」『韓國史論』 41·42, 서울대학교 국사학과.

노중국, 2004, 「漢城百濟의 沒落과 首都 移轉」『鄕土서울』 64, 서울특별시 시사편찬위원회.

노중국, 2006,「5~6세기 고구려와 백제의 관계-고구려의 한강유역 점령과 상실을 중심으로-」『北方史論叢』11, 동북아역사재단,

노중국, 2012,「신라 진흥왕의 한강 유역 점령과 巡狩」『鄕土서울』81, 서울특별시 시사편찬위원회.

盧泰敦, 1976,「高句麗의 漢水流域 喪失의 原因에 대하여」『韓國史研究』13, 韓國史研究會 : 1999,『고구려사 연구』, 사계절.

노태돈, 1984,「5~6世紀 東아시아의 國際秩序와 高句麗의 對外關係」『東方學志』44, 延世大學校 國學研究院 : 1999,『고구려사 연구』, 사계절.

노태돈, 1988,「5세기 高句麗人의 天下觀」『韓國史 市民講座』3, 一潮閣 : 1999,『고구려사 연구』, 사계절.

노태돈, 1996,「5~7세기 고구려의 지방제도」『韓國古代史論叢』8, 韓國古代社會研究所 編 : 1999,『고구려사 연구』, 사계절.

노태돈, 1997,「『삼국사기』 신라본기의 고구려관계 기사 검토」『慶州史學』16, 慶州史學會.

노태돈, 2005,「고구려의 한성지역 병탄과 그 지배양태」『鄕土서울』66, 서울특별시 시사편찬위원회 : 2009,『한국고대사의 이론과 쟁점』, 집문당.

木村 誠, 2000,「中原高句麗碑の立碑年について」『中原高句麗碑 研究』(高句麗研究 10), 학연문화사.

木下禮仁, 1984,「中原高句麗碑-建立年代를 중심으로-」『素軒南都泳博士華甲紀念史學論叢』, 太學社.

文安植, 2006,「백제 한성기 北界와 東界의 변천」『百濟研究』44, 忠南大學校百濟研究所.

문안식, 2010,「고구려의 한강 유역 진출과 서울지역의 동향」『서울학연구』39.

文銀順, 2007,「高句麗의 平壤遷都 研究」, 한국학중앙연구원 박사학위논문.

閔德植, 1980,「鎭川 大母山城의 分析的 研究」『韓國史研究』29.

민덕식, 1983,「高句麗의 道西縣城考」『史學研究』36, 韓國史學會.

민덕식, 1989,「高句麗의 後期都城」『韓國史論』19(韓國의 考古學Ⅴ), 國史編纂委員會.

민덕식, 1992,「高句麗 平壤城의 築城過程에 관한 연구」『國史館論叢』39, 國史編纂委員會.

민덕식, 1992,「百濟 漢城期의 漢江 以北 交通路에 관한 試考-百濟 初期 都城研究를 위한 일환으로-」(上)『先史와 古代』2, 韓國古代學會.

민덕식, 1994,「百濟 阿旦城研究-百濟初期 都城研究를 위한 일환으로-」『韓國 上古史學報』17, 韓國上古史學會.

閔喆熙, 2002,「高句麗 陽原王·平原王代의 政局變化」『史學志』35, 檀國大學 校 史學會.

朴京哲, 2000,「中原文化圈의 歷史的 展開-그 地政學的·戰略的 位相 變化를 中心으로-」『先史와 古代』15, 韓國古代學會.

박경철, 2003,「高句麗 '漢城强襲'의 再認識」『民族文化研究』38, 高麗大學校 民族文化研究所.

박경철, 2006,「麗·濟戰爭史의 再檢討」『高句麗研究』24, 高句麗研究會.

박경철, 2007,「麗·羅戰爭史의 再檢討」『韓國史學報』26, 高麗史學會.

박노석, 2009,「삼국시대 실직과 하슬라의 위치 이동」『全北史學』35, 全北大 學校 史學會.

朴性鳳, 1979,「광개토호태왕기 고구려 남진의 성격」『韓國史研究』27, 韓國 史研究會 : 1995,『高句麗 南進 經營史의 研究』(朴性鳳 編), 白山資 料院.

박성봉, 1997,「高句麗 金石文의 연구현황과 과제-廣開土好太王碑와 中原高 句麗碑를 중심으로-」『國史館論叢』78, 國史編纂委員會.

朴省炫, 2010,「新羅의 據點城 축조와 지방 제도의 정비 과정」, 서울대학교 박사학위논문.

박성현, 2010,「6세기 초 고구려·신라의 화약과 정계-「중원고구려비」와 양국 경계의 재검토-」『역사와 현실』76, 한국역사연구회.

박성현, 2011,「5~6세기 고구려·신라의 경계와 그 양상」『역사와 현실』82, 한국역사연구회.

박성희, 2013,「신라의 강원지역 진출의 제양상-강릉·원주·춘천을 중심으로-」 『흙에서 깨어난 강원의 신라문화』, 국립춘천박물관.

박수영, 2009,「江陵 草堂洞 三國時代 遺構와 遺物에 대한 小考-강릉지역의 신라화과정과 관련하여-」『江陵 草堂洞 遺蹟』, 한국문화재조사연구기 관협회.

朴元吉, 2002,「高句麗와 柔然·突厥의 관계」『高句麗 國際關係』(고구려연구 14), 고구려연구회 편, 학연문화사.

박윤선, 2006,「위덕왕대 백제와 남북조의 관계」『역사와 현실』61, 한국역사 연구회.

박윤선, 2010, 「6세기 중반 고구려와 신라의 通好와 移那斯·麻都」『역사와 현실』 77, 한국역사연구회.

박종서, 2010, 「高句麗 娘臂城 위치에 대한 검토」『국학연구』 17, 한국국학진흥원.

박종욱, 2013, 「602년 阿莫城 戰鬪의 배경과 성격」『韓國古代史硏究』 69, 한국고대사학회.

박종익, 2005, 「城郭遺蹟을 통해 본 新羅의 漢江流域 進出」『畿甸考古』 5, 기전문화재연구원.

朴眞奭, 2000, 「中原高句麗碑 建立年代 考証」『中原高句麗碑 硏究』(高句麗硏究 10), 학연문화사.

박진석, 2011, 「中原高句麗碑文을 통해 본 5세기 高句麗와 新羅의 관계」『高句麗歷史諸問題』, 景仁文化社.

朴眞淑, 2000, 「百濟 東城王代 對外政策의 變化」『百濟硏究』 32, 忠南大學校 百濟硏究所.

박진숙, 2005, 「長壽王代 高句麗의 對北魏外交와 百濟」『고구려의 국제관계』, 고구려연구재단.

박진욱, 1967, 「동해안 일대의 신라무덤에 대하여」『고고민속』 1967-3, 사회과학원출판사.

朴燦圭, 1991, 「百濟 熊津初期 北境問題」『史學志』 24, 단국대학교 사학회.

박찬흥, 2013, 「중원고구려비의 건립 목적과 신라의 위상」『韓國史學報』 51, 高麗史學會.

朴賢淑, 2001, 「熊津 遷都와 熊津城」『百濟文化』 30, 공주대 백제문화연구소.

박현숙, 2010, 「5~6세기 삼국의 접경에 대한 역사지리적 접근」『韓國古代史硏究』 58, 한국고대사학회.

방용철, 2011, 「高句麗 榮留王代의 정치동향과 對唐 관계」『大丘史學』 102, 大丘史學會.

방유리, 2009, 「포천 반월산성 출토 신라유물 연구」『史學志』 41, 단국대학교 사학회.

方香淑, 2008, 「7세기 중엽 唐 太宗의 對高句麗戰 전략 수립과정」『中國古中世史硏究』 19, 中國古中世史學會.

白承忠, 1992, 「于勒十二曲의 해석문제」『韓國古代史論叢』 3, 韓國古代社會硏究所 編.

백승충, 1995, 「加羅國과 于勒十二曲」『釜大史學』19, 釜山大學校 史學會.

백영종, 2009, 「소백산맥 북부일원의 신라산성 이해」『中原文化財研究』3, 中原文化財研究院.

白種伍, 1999, 「京畿北部地域 高句麗城郭의 分布와 性格」『京畿道博物館年報』2, 경기도박물관.

백종오, 2005, 「남한지역의 고구려 성곽」『한국 고대의 Global Pride 고구려』, 고려대학교 박물관·서울특별시.

백종오, 2005, 「最近 發見 京畿地域 高句麗 遺蹟-向後 課題와 展望을 제시하며-」『北方史論叢』7.

백종오, 2007, 「南韓地域 高句麗 關防體系-臨津江流域을 중심으로-」『先史와 古代』26, 韓國古代學會.

백종오, 2008, 「남한 내 고구려 유적 유물의 새로운 이해-최근 발굴 유적을 중심으로-」『先史와 古代』28, 한국고대학회.

백종오, 2008, 「남한내 고구려유적 발굴 현황과 추이-경기도를 중심으로-」『경기도 고구려유적 종합정비 기본계획』.

백종오, 2009, 「南韓內 高句麗 古墳의 檢討」『高句麗渤海研究』35, 高句麗渤海學會.

백종오, 2009, 「남한지역 고구려유적 발굴 추이와 과제」『21세기의 한국고고학 II』(希正 崔夢龍 敎授 停年退任論叢 II), 주류성.

邊太燮, 1978, 「丹陽眞興王拓境碑의 建立年代와 性格」『史學志』12, 檀國大學校 史學會.

邊太燮, 1979, 「中原高句麗碑의 內容과 年代에 대한 檢討」『史學志』13.

山本孝文, 2003, 「考古資料로 본 南漢江 上流地域의 三國 領域變遷」『韓國上古史學報』40 : 2006, 『三國時代 律令의 考古學的 研究』, 서경.

徐吉洙, 2000, 「중원고구려비 신석문 국제워크샵과 국제학술회의」『中原高句麗碑 研究』(高句麗研究 10), 학연문화사.

徐榮敎, 2011, 「高句麗 倭 連和와 阿旦城 전투」『軍史』81, 국방부 군사편찬연구소.

서영교, 2012, 「高句麗 平原王代 南進과 遣倭使」『역사와 세계』41, 효원사학회.

서영교, 2012, 「遣高句麗使 阿倍狛比等古臣-『續日本紀』에 보이는 阿倍狛秋麻呂의 請本姓과 관련하여-」『韓國古代史探究』12, 韓國古代史探究學會.

서영교, 2012, 「阿莫城 전투와 倭」『歷史學報』 216, 歷史學會.

徐永大, 1981, 「高句麗 平壤遷都의 動機-王權 및 中央集權的 支配體制의 强化 과정과 관련하여-」『韓國文化』 2, 서울大學校 韓國文化研究所 : 1995, 『高句麗 南進 經營史의 研究』, 白山資料院.

徐榮一, 1991, 「5~6世紀의 高句麗 東南境 考察」『史學志』 24, 檀國大學校 史學會

서영일, 1995, 「高句麗 娘臂城考」『史學志』 28, 檀國大學校 史學會.

서영일, 1997, 「6世紀 新羅의 北進路와 淸原 飛中里 石佛」『史學志』 30,

서영일, 1999, 「利川 雪城山城에 대한 고찰」『史學志』 32.

서영일, 2000, 「中原高句麗碑에 나타난 高句麗 城과 關防體系-于伐城과 古牟 婁城을 중심으로-」『中原高句麗碑 研究』(高句麗研究 10), 학연문화사.

서영일, 2001, 「6~7世紀 高句麗 南境 考察」『高句麗研究』 11, 高句麗研究會.

서영일, 2002, 「京畿北部地域 高句麗 堡壘 考察」『文化史學』 17, 韓國文化史 學會.

서영일, 2002, 「廣開土太王代 高句麗와 新羅의 關係」『廣開土太王과 高句麗 南進政策』(高句麗研究會 編), 學研文化社.

서영일, 2002, 「신라 육상 교통로 계립령」『문경의 길과 고개-길위의 역사, 고 개의 문화』, 실천문학사.

서영일, 2003, 「漢城 百濟의 南漢江水路 開拓과 經營」『文化史學』 20.

서영일, 2005, 「5~6世紀 新羅의 漢江流域 進出과 經營」『博物館紀要』 20, 檀 國大學校 石宙善紀念博物館.

서영일, 2005, 「漢城 百濟時代 山城과 地方統治」『文化史學』 24.

서영일, 2007, 「高句麗의 百濟 攻擊과 南進路」『경기도의 고구려 문화유산』, 경기도박물관.

서영일, 2008, 「한성 백제의 교통로 상실과 웅진천도」『鄕土서울』 72, 서울특 별시사편찬위원회.

서영일, 2009, 「연천 은대리성 축조공법과 성격 고찰」『文化史學』 31.

서영일, 2010, 「산성 분포로 본 신라의 한강유역 방어체계」『고고학』 제9권 제1호, 중부고고학회.

徐志榮, 2011, 「中原高句麗碑를 통해 본 5세기 말~6세기 초 新羅의 對高句麗 關係」, 경북대학교 석사학위논문.

서지영, 2012, 「5세기 羅·麗 관계변화와 「中原高句麗碑」의 建立」『韓國古代

史研究』 68, 한국고대사학회.

성정용, 2009, 「중부지역에서 백제와 고구려 석실묘의 확산과 그 의미」『횡혈 식석실분의 수용과 고구려 사회의 변화』, 동북아역사재단.

成周鐸, 1974, 「大田地域 古代城池硏究」『百濟硏究』 5, 忠南大學校 百濟硏 究所.

成周鐸, 1990, 「百濟 炭峴 小考」『百濟論叢』 2, 百濟文化開發硏究院 : 2002, 『百濟城址硏究』, 서경.

成周鐸, 1990, 「百濟末期 國境線에 대한 考察」『百濟硏究』 21 : 2004, 『百濟 城址硏究』[속편], 서경.

篠原啓方, 2000, 「「中原高句麗碑」의 釋讀과 內容의 意義」『史叢』 51, 高大史 學會.

손영종, 1985, 「중원고구려비에 대하여」『력사과학』 85-2, 과학백과사전출판사.

손영종, 1986, 「광개토왕릉비를 통하여 본 고구려의 령역」『력사과학』 1986- 2, 과학백과사전출판사 : 2001, 『광개토왕릉비문 연구』, 중심.

孫煥一, 2000, 「中原高句麗碑의 書體」『高句麗硏究』 9.

신광섭, 2007, 「능사 다시 찾은 백제의 마지막 모습」『泗沘都邑期의 百濟』(百 濟文化史大系 硏究叢書 5), 충청남도 역사문화연구원.

申瀅植, 1975, 「新羅軍主考」『白山學報』 19 : 1984, 『韓國古代史의 新硏究』, 一潮閣.

申瀅植, 1979, 「中原高句麗碑에 대한 考察」『史學志』 13 : 1984, 『韓國古代 史의 新硏究』, 一潮閣.

申瀅植, 1983, 「韓國古代에 있어서 漢江流域의 政治·軍事的 性格」『鄕土서울』 41, 서울특별시사편찬위원회 : 1984, 『韓國古代史의 新硏究』, 一潮閣.

신형식, 2005, 「신라의 영토확장과 북한산주」『鄕土서울』 66 : 2009, 『한국고 대사의 새로운 이해』, 주류성.

沈光注, 2001, 「南韓地域의 高句麗 유적」『高句麗硏究』 12(高句麗 遺蹟 發掘과 遺物), 학연문화사.

沈光注, 2005, 「南韓地域 高句麗 城郭硏究」, 상명대학교 박사학위논문.

심광주, 2008, 「고구려의 관방체계와 경기지역의 고구려성곽」『경기도 고구 려유적 종합정비 기본계획』, 경기문화재단 경기문화재연구원.

심광주, 2009, 「삼국의 쟁투지 칠중성」『파주시지』 2, 파주시.

심광주, 2009, 「임진강 유역의 역사와 관방유적」『임진강』, 경기도박물관.

심재연, 2008,「6~7세기 신라의 북한강 중상류지역 진출양상」『新羅文化』
　　31, 東國大學校 新羅文化研究所.

심정보, 2005,「高句麗 長安城 築造時期에 대한 問題點Ⅰ·Ⅱ」『북방사논총』
　　6, 동북아역사재단.

심현용, 2009,「고고자료로 본 5~6세기 신라의 강릉지역 지배방식」『文化財』
　　42권 3호, 국립문화재연구소.

심현용, 2009,「고고자료로 본 신라의 강릉지역 진출과 루트」『大丘史學』94,
　　大丘史學會.

안신원, 2010,「최근 한강 이남에서 발견된 고구려계 고분」『高句麗渤海研究』
　　36, 高句麗渤海學會.

梁起錫, 1980,「熊津時代의 百濟支配層研究-王權强化政策과 關聯하여-」『史
　　學志』14, 檀國大學校 史學會.

양기석, 1994,「5~6世紀 前半 新羅와 百濟의 關係」『新羅의 對外關係史 研究』
　　(新羅文化祭學術發表會論文集 15), 新羅文化宣揚會.

양기석, 1999,「新羅의 淸州地域 進出」『文化史學』11·12·13, 韓國文化史學
　　會 : 2001,『新羅 西原小京 研究』, 서경.

양기석, 2002,「高句麗의 忠州地域 進出과 經營」『中原文化論叢』6, 忠北大
　　學校 中原文化研究所.

양기석, 2003,「百濟 威德王代의 對外關係-對中關係를 중심으로-」『先史와 古
　　代』19, 韓國古代學會.

양기석, 2005,「5~6세기 백제의 北界-475~551년 百濟의 漢江流域 領有問題
　　를 중심으로-」『博物館紀要』20, 檀國大學校 石宙善紀念博物館.

양기석, 2006,「國原小京과 于勒」『忠北史學』16, 忠北大學校 史學會.

양기석, 2008,「475년 위례성 함락 직후 고구려와 백제의 국경선」『한국 고대
　　사국의 국경선』, 서경문화사.

양기석, 2008,「管山城 戰鬪의 樣相과 影響」『中原文化論叢』12, 忠北大 中原
　　文化研究所.

양기석, 2009,「百濟 威德王代 王興寺의 創建과 背景」『文化史學』31, 韓國文
　　化史學會.

양시은, 2010,「고구려의 한강유역 지배방식에 대한 검토」『고고학』제9권 제
　　1호, 중부고고학회.

양시은, 2010,「남한 내 고구려 성곽의 구조와 성격」『高句麗渤海研究』36,

高句麗渤海研究.

양시은, 2012,「한강유역 고구려 보루의 구조와 성격」『古文化』79, 한국대학
　　박물관협회.

余昊奎, 1997,「1~4世紀 高句麗 政治體制研究」, 서울대학교 박사학위논문.

여호규, 2000,「4세기 동아시아 국제질서와 고구려 대외정책의 변화-對前燕關
　　係를 중심으로-」『역사와 현실』36, 한국역사연구회.

여호규, 2002,「6세기 말~7세기 초 동아시아 국제질서와 고구려 대외정책의
　　변화」『역사와 현실』46.

여호규, 2006,「高句麗와 慕容燕의 朝貢·册封關係 연구」『한국 고대국가와
　　중국왕조의 조공·책봉관계』(연구총서 15), 고구려연구재단.

여호규, 2006,「책봉호 수수를 통해 본 수·당의 동방정책과 삼국의 대응」『역
　　사와 현실』61.

여호규, 2012,「4세기 후반~5세기 초엽 고구려와 백제의 국경 변천」『역사와
　　현실』84.

여호규, 2013,「신발견 集安高句麗碑의 구성과 내용 고찰」『韓國古代史研究』
　　70, 한국고대사학회.

延敏洙, 2002,「古代 韓日外交史-三國과 倭를 중심으로-」『韓國古代史研究』
　　27 : 2004,『古代韓日交流史』, 혜안.

연민수, 2007,「6~7세기 高句麗의 對倭關係」『韓日關係史研究』26, 韓日關
　　係史學會.

우병철, 2009,「신라 철제무기로 본 동해안 고분 축조집단의 군사적 성격」
　　『4~6세기 영남 동해안 지역의 문화와 사회』, 동북아역사재단.

禹宣汀, 2011,「新羅 麻立干時代의 成立과 전개」, 경북대학교 박사학위논문.

熊谷公南, 2006,「5世紀 倭·百濟關係와 羅濟同盟」『百濟研究』44, 충남대학
　　교 백제연구소.

유우창, 2009,「5~6세기 '나제동맹'의 전개와 가야의 대응」『역사와 경계』
　　72, 부산경남사학회.

兪元載, 1979,「三國史記 僞靺鞨考」『史學研究』29, 韓國史學會.

윤대준, 2010,「475-551년 한강 하류 유역 領有國 문제에 관한 考察」『정신문
　　화연구』제33권 제1호(통권 118).

윤명철, 2010,「삼척지역의 海港도시적 성격과 金異斯夫 선단의 출항지 검토」
　　『이사부와 동해』2, 한국이사부학회 : 2012,『해양역사상과 항구도시

들』(윤명철해양논문선집 5), 학연문화사.

윤명철, 2010, 「울릉도·독도의 역사적 환경과 의미」『독도 학술세미나』, 한국
　　문화원연합회 : 2012, 『해양역사와 미래의 만남』(윤명철해양논문선집
　　8), 학연문화사.

윤성환, 2010, 「650년대 중반 고구려의 대외전략과 대신라공세의 배경」『국
　　학연구』 17, 한국국학진흥원.

윤성환, 2011, 「6세기 말~7세기 고구려 지배세력의 대외인식과 대외정책」
　　『民族文化』 37, 한국고전번역원.

윤성환, 2012, 「고구려 영류왕의 對唐 조공책봉관계 수립정책의 의미」『동북
　　아역사논총』 39, 동북아역사재단.

尹日寧, 1990, 「關彌城 位置考」『北岳史論』 2, 國民大學校 國史學科.

李康來, 1985, 「『三國史記』에 보이는 鞨鞨의 軍事活動」『領土問題研究』 2,
　　高麗大 民族文化研究所.

이강래, 1987, 「百濟 ‘比斯伐’考」『崔永禧先生華甲紀念韓國史學論叢』, 探求堂 :
　　2011, 『삼국사기 인식론』, 일지사.

이경섭, 2011, 「二聖山城 출토 문자유물을 통해서 본 신라 지방사회의 문서행
　　정」『역사와 현실』 81, 한국역사연구회.

이규근, 2008, 「장미산성 축조에 관한 검토」『중원문화재연구』 2, 중원문화재
　　연구원.

李基東, 1986, 「廣開土王陵碑文에 보이는 百濟關係 記事의 검토」『百濟研究』
　　17 : 1996, 『百濟史研究』, 一潮閣.

李基東, 1991, 「武寧王陵 出土 誌石과 百濟史研究의 新展開」『百濟文化』 21
　　: 1996, 『百濟史研究』, 一潮閣.

李基東, 1996, 「高句麗史 발전의 劃期로서의 4세기-慕容 ‘燕’과의 항쟁을 통
　　해서-」『東國史學』 30, 東國史學會.

李基文, 1967, 「韓國語形成史」『韓國文化史大系』 9, 高大 民族文化研究所.

李基白, 1967, 「溫達傳의 檢討-高句麗 貴族社會의 身分秩序에 대한 瞥見-」
　　『白山學報』 3 : 1996, 『韓國古代政治社會史研究』, 一潮閣.

李基白, 1978, 「熊津時代 百濟의 貴族勢力」『百濟研究』 9 : 1996, 『韓國古代
　　政治社會史研究』, 一潮閣.

李基白, 1979, 「中原高句麗碑의 몇 가지 問題」『史學志』 13, 檀國大學校 史學
　　會 : 1996, 『韓國古代政治社會史研究』, 一潮閣.

李南奭, 1997,「熊津地域 百濟遺蹟의 存在意味-百濟의 熊津遷都와 관련하여-」『百濟文化』26, 공주대 백제문화연구소.

李道學, 1984,「漢城末 熊津時代 百濟王系의 검토」『韓國史研究』45 : 2010, 「한성 말·웅진성 도읍기 백제 왕계의 검토」『백제 한성·웅진성 시대 연구』, 일지사.

이도학, 1987,「新羅의 北進經略에 관한 新考察」『慶州史學』6, 慶州史學會.

이도학, 1988,「高句麗의 洛東江流域進出과 新羅·伽倻 經營」『國學研究』2, 國學研究所 : 2006,『고구려 광개토왕릉비문 연구-광개토왕릉비문을 통한 고구려사-』, 서경.

이도학, 1988,「永樂 6年 廣開土王의 南征과 國原城」『孫寶基博士停年紀念 韓國史學論叢』, 知識産業社 : 2006,『고구려 광개토왕릉비문 연구』, 서경.

이도학, 1993,「二聖山城 出土 木簡의 검토」『韓國上古史學報』12, 韓國上古史學會.

이도학, 1994,「고대」『아차산의 역사와 문화유산』, 구리시·구리문화원.

이도학, 1999,「廣開土王碑文에 보이는 지명비정의 재검토」『廣開土王碑文의 新研究』(李鍾學·李道學·鄭壽岩·朴燦圭·池炳穆·金賢淑 共著), 서라벌 군사연구소 : 2006,『고구려 광개토왕릉비문 연구』, 서경.

이도학, 2000,「中原高句麗碑의 建立 目的」『中原高句麗碑 研究』(高句麗研究 10), 학연문화사.

이도학, 2002,「廣開土王陵碑의 建立 背景」『白山學報』65 : 2006,『고구려 광개토왕릉비문 연구』, 서경.

이도학, 2003,「高句麗史에서의 國原城」『白山學報』67 : 2006,『고구려 광개토왕릉비문 연구』, 서경.

이도학, 2006,「성왕의 생애와 정치」『백제 성왕과 그의 시대』, 부여군 : 2010,『백제 사비성 시대 연구』, 일지사.

이도학, 2009,「百濟 熊津期 漢江流域支配 問題와 그에 대한 認識」『鄕土서울』73 : 2010,『백제 한성·웅진성 시대 연구』, 일지사.

이도학, 2009,「王興寺址 舍利器 銘文 分析을 통해서 본 百濟 威德王代의 政治와 佛敎」『韓國史研究』142 : 2010,『백제 사비성 시대 연구』, 일지사.

이도학, 2012,「高句麗의 東海 및 東海岸路 支配를 둘러싼 諸問題」『高句麗渤海研究』44, 高句麗渤海學會.

이도학, 2012,「廣開土王代의 南方政策과 韓半島 諸國 및 倭의 動向」『고구려 광개토왕과 동아시아』(한국고대사학회 제25회 합동토론회논문집).

李文基, 1988,「6세기 新羅 '大王'의 成立과 그 國際的 契機」『新羅文化祭學術發表會論文集』9, 新羅文化宣揚會.

李文基, 1998,「泗沘時代 百濟의 軍事組織과 그 運用」『百濟研究』28, 충남대학교 백제연구소.

李文基, 2000,「高句麗 莫離支의 官制的 性格과 機能」『白山學報』55, 白山學會.

李丙燾, 1954,「古代南堂考」『人文社會科學』1 : 1976,『韓國古代史研究』(修訂版), 博英社.

李丙燾, 1976,「(僞)北漢山州의 置廢問題」『韓國古代史研究』(수정판), 博英社.

李丙燾, 1976,「廣開土王의 雄略」『韓國古代史研究』(수정판), 博英社.

李丙燾, 1976,「目支國의 位置와 그 地理」『韓國古代史研究』(수정판), 博英社.

李丙燾, 1976,「眞興大王의 偉業」『韓國古代史研究』(수정판), 博英社.

李丙燾, 1979,「中原高句麗碑에 대하여」『史學志』13, 檀國大學校 史學會.

李丙燾, 1986,「北漢山 文殊寺 內의 石窟」『震檀學報』61, 震檀學會.

李富五, 2007,「5세기 후반 신라의 소백산맥 서록 진출과 지배형태」『新羅史學報』10, 新羅史學會.

이부오, 2008,「『三國史記』地理志에 기재된 삼국 지명 분포의 역사적 배경-漢山州·熊川州·尙州를 중심으로-」『地名學』14, 한국지명학회.

이부오, 2009,「5세기 말 금강 중·상류의 대치선 이동과 삼국의 전략」『軍史』70, 국방부 군사편찬연구소.

李成市, 1990,「高句麗와 日隋 外交-이른바 國書 문제에 관한 일시론-」『碧史李佑成敎授 정년퇴직기념논총-民族史의 전개와 그 문화』上, 창비.

李成制, 2000,「嬰陽王 9年 高句麗의 遼西攻擊」『震檀學報』90 : 2005,『高句麗의 西方政策 研究』, 국학자료원.

이성제, 2001,「高句麗와 北齊의 관계-552년 流人 送還의 문제를 중심으로-」『韓國古代史研究』23 : 2005,『高句麗의 西方政策研究』, 국학자료원.

이성제, 2004,「長壽王의 對北魏外交와 그 政治的 의미-北燕을 둘러싸고 이루어진 對北魏關係의 전개-」『歷史學報』181, 歷史學會 : 2005,『高句麗의 西方政策 研究』, 국학자료원.

이성제, 2005,「"北魏末 流人" 문제를 통하여 본 高句麗의 西方政策」『高句麗의 西方政策研究』, 국학자료원.

이성제, 2009, 「570年代 高句麗의 對倭交涉과 그 意味-새로운 對外戰略 추진 배경과 내용에 대한 재검토-」『韓國古代史探究』 2, 한국고대사탐구 학회.

李盛周·姜善旭, 2009, 「草堂洞遺蹟에서 본 江陵地域의 新羅化過程」『江陵 草堂洞 遺蹟』, 한국문화재조사연구기관협회.

이영식, 2006, 「5~6세기 고구려와 왜의 관계」『북방사논총』 11, 동북아역사 재단.

이영재, 2012, 「6세기 말 고구려의 정국과 대왜 교섭 재개의 배경」『역사와 현실』 83, 한국역사연구회.

李泳鎬, 2006, 「于勒 12曲을 통해 본 大加耶의 정치체제」『악성 우륵의 생애 와 대가야의 문화』(대가야학술총서 3), 고령군 대가야박물관·계명대학 교 한국학연구원.

李龍範, 1959, 「高句麗의 遼西 진출기도와 돌궐」『史學硏究』 4, 韓國史學會 : 1989, 『韓滿交流史硏究』, 동화출판공사.

李鎔賢, 2000, 「中原高句麗碑와 新羅 碑와의 比較」『中原高句麗碑 硏究』(高 句麗硏究 10), 학연문화사.

이용현, 2010, 「백제 중흥의 꿈, 능산리절」『백제 중흥을 꿈꾸다 능산리사지』, 국립부여박물관.

이우태, 1999, 「北漢山碑의 新考察」『서울학연구』 12, 서울시립대부설 서울 학연구소.

李元根, 1976, 「百濟 娘臂城考」『史學志』 10, 檀國大學校 史學會.

李仁哲, 1996, 「高句麗의 南進經營과 靺鞨」『春州文化』 11 : 2000, 『고구려의 대외정복 연구』, 백산자료원.

李仁哲, 1996, 「廣開土好太王碑를 통해 본 高句麗의 南方經營」『廣開土好太 王碑 硏究 100年』(고구려연구 2) : 2000, 『고구려의 대외정복 연구』, 백산자료원.

李仁哲, 1997, 「신라의 한강 유역 진출과정에 대한 고찰」『鄕土서울』 57 : 2003, 『신라 정치경제사 연구』, 일지사.

이인철, 2000, 「고구려의 낙랑·대방 정복과 지배」『고구려의 대외정복연구』, 백산자료원.

이재석, 2005, 「6세기 야마토 정권의 對韓政策」『임나 문제와 한일관계』(한일 관계사연구논집 3), 景仁文化社.

이재성, 2005,「6세기 후반 突厥의 南進과 高句麗와의 충돌」『북방사논총』5, 동북아역사재단.

李殿福, 2000,「中原郡의 高麗碑를 通해 본 高句麗 國名의 變遷」『中原高句麗碑 研究』(高句麗研究 10), 학연문화사.

이정범, 2010,「감시권역 분석을 통해 본 경기북부지역 보루의 사용주체와 기능」『高句麗渤海研究』37, 高句麗渤海學會.

이정숙, 2003,「진흥왕대 우륵 망명의 사회 정치적 의미」『梨花史學研究』30, 梨花史學研究所 : 2012,『신라 중고기 정치사회 연구』, 혜안.

李正龍, 2002,「高句麗 地名表記 研究」『韓國 古地名 借字表記 研究』, 景仁文化社.

李漢祥, 2000,「大田 月坪山城 出土 高句麗土器」『韓國古代史와 考古學』(學山 金廷鶴博士 頌壽記念論叢), 學研文化社.

이한상, 2003,「읍내리분묘군의 편년을 통해 본 5세기대 순흥지역의 위상」『역사문화연구』19, 한국외국어대학교 역사문화연구소.

李昊榮, 1979,「中原高句麗碑 題額의 新讀」『史學志』13, 檀國大學校 史學會.

이호영, 1984,「高句麗·新羅의 漢江流域 進出 問題」『史學志』18, 檀國大學校 史學會 : 2007,『月山 李昊榮의 韓國史學 遍歷』, 서경문화사.

이호영, 1996,「수·당과의 전쟁」『한국사』5(삼국의 정치와 사회 1-고구려), 국사편찬위원회.

李弘稙, 1954·1957,「日本書紀所載 高句麗關係記事考」『東方學志』1·3 : 1971,『韓國古代史의 研究』, 新丘文化社.

李熙眞, 1994,「加耶의 消滅過程을 통해 본 加耶-百濟-新羅關係」『歷史學報』141, 歷史學會 : 1998,『加耶政治史研究』, 學研文化社.

林起煥, 1992,「6·7세기 高句麗 귀족세력의 동향」『韓國古代史研究』5, 한국고대사학회 : 2004,『고구려 정치사 연구』, 한나래.

임기환, 1995,「4세기 고구려의 樂浪·帶方地域 경영-안악3호분·덕흥리고분의 墨書銘 검토를 중심으로-」『歷史學報』147 : 2004,『고구려 정치사 연구』, 한나래.

임기환, 2000,「中原高句麗碑를 통해 본 高句麗와 新羅의 關係」『中原高句麗碑 研究』(高句麗研究 10), 학연문화사.

임기환, 2002,「고구려·신라의 한강 유역 경영과 서울」『서울학연구』18, 서울시립대부설 서울학연구소.

임기환, 2005, 「廣開土王碑에 보이는 百濟관련 記事의 檢討-永樂 6년조 기사의 역사지리적 검토를 중심으로-」『漢城百濟 史料 硏究』, 경기도 경기문화재단 기전문화재연구원.

임기환, 2006, 「고대의 강원도와 삼국의 역관계-문헌자료의 검토를 중심으로-」『강원도와 고구려』(금경숙·임기환·공석구 편저), 집문당.

임기환, 2007, 「5~6세기 고구려의 남진과 영역 범위」『경기도의 고구려 문화유산』, 경기도박물관.

임기환, 2007, 「고구려 평양 도성의 정치적 성격」『韓國史硏究』137, 韓國史硏究會.

임기환, 2007, 「웅진시기 백제와 고구려 대외관계 기사의 재검토」『百濟文化』 37, 공주대 백제문화연구소.

임기환, 2008, 「『삼국사기』 지리지에 나타난 고구려 군현의 성격」『漢城百濟史 2』(건국과 성장), 서울특별시사편찬위원회.

임기환, 2011, 「7世紀 新羅와 高句麗의 關係」『2010 新羅學國際學術大會 論文集』, 慶州市·新羅文化遺産硏究院.

임기환, 2011, 「울진 봉평리 신라비와 광개토왕비, 중원고구려비」『울진 봉평리 신라비와 한국고대 금석문』, 울진군·한국고대사학회.

임기환, 2012, 「삼국의 각축과 통일전쟁의 격화」『한국군사사』 2, 육군본부.

임범식, 2002, 「5~6세기 한강유역사 再考-식민사학의 병폐와 관련하여-」『漢城史學』 15, 漢城史學會.

任昌淳, 1979, 「中原高句麗古碑小考」『史學志』 13, 檀國大學校 史學會.

임효재·윤상덕, 2002, 「峨嵯山城의 築造年代에 대하여」『淸溪史學』 16·17, 淸溪史學會.

장종진, 2011, 「5世紀 前後 國際情勢와 高句麗 平壤遷都의 배경」『韓國古代史硏究』 61, 한국고대사학회.

張俊植, 2000, 「中原高句麗碑 附近의 高句麗 遺蹟과 遺物」『中原高句麗碑 硏究』(高句麗硏究 10), 학연문화사.

張彰恩, 2004, 「신라 訥祗王代 고구려세력의 축출과 그 배경」『韓國古代史硏究』 33, 韓國古代史學會 : 2008, 『신라 상고기 정치변동과 고구려 관계』, 신서원.

장창은, 2004, 「新羅 慈悲~炤知王代 築城·交戰地域의 검토와 그 의미-소백산맥 일대 신라·고구려의 영역향방과 관련하여-」『新羅史學報』 2 :

2008, 『신라 상고기 정치변동과 고구려 관계』, 신서원.

장창은, 2005, 「中原高句麗碑의 판독과 해석」 『新羅史學報』 5, 新羅史學會.

장창은, 2006, 「中原高句麗碑의 연구동향과 주요 쟁점」 『歷史學報』 189, 歷史學會.

장창은, 2007, 「新羅 智證王의 執權과 對高句麗 防衛體系의 확립」 『韓國古代史研究』 45 : 2008, 『신라 상고기 정치변동과 고구려관계』, 신서원.

장창은, 2010, 「『三國史記』 地理志 '高句麗故地'의 이해방향」 『한국학논총』 33, 국민대 한국학연구소.

장창은, 2010, 「4~5世紀 高句麗의 南下와 三國의 領域向方-『三國史記』 地理志 '高句麗故地'의 實際(Ⅰ)-」 『한국학논총』 34, 국민대 한국학연구소.

장창은, 2010, 「5~6世紀 高句麗의 南下와 漢江 流域의 領域向方-『三國史記』 地理志 '高句麗故地'의 實際(Ⅱ)-」 『白山學報』 88, 白山學會.

장창은, 2011, 「6세기 중반 한강 유역 쟁탈전과 管山城 戰鬪」 『震檀學報』 111, 震檀學會.

장창은, 2012, 「眞興王代 新羅의 北方進出과 對高句麗 領域向方」 『新羅史學報』 24, 新羅史學會.

장창은, 2012, 「4~5世紀 高句麗의 南方進出과 對新羅 關係」 『高句麗渤海研究』 44, 高句麗渤海學會.

장창은, 2013, 「6세기 후반~7세기 초반 高句麗의 南進과 對新羅 領域向方」 『民族文化論叢』 55, 嶺南大 民族文化研究所.

장창은, 2013, 「<忠州高句麗碑> 연구의 최근 동향」 『제7회 중원문화학술포럼-고구려의 재발견-』, 한국고대학회·한국교통대학교 박물관.

장창은, 2014, 「아차산성을 둘러싼 삼국의 영역 변천」 『史叢』 81, 高麗大學校 歷史研究所.

전덕재, 2009, 「관산성전투에 대한 새로운 고찰」 『新羅文化』 34, 東國大學校 新羅文化研究所.

전덕재, 2009, 「신라의 한강유역 진출과 지배방식」 『鄕土서울』 73, 서울특별시사편찬위원회.

전우식, 2009, 「백제 위덕왕대 대신라 정책의 전개와 결과」 『한국학논총』 32, 국민대 한국학연구소.

田中俊明, 1996, 「新羅中原小京の成立」 『中原文化國際學術會議 結果報告書』, 忠淸北道·忠北大學校 湖西文化研究所.

정구복, 2006,「『삼국사기』의 원전 자료와 사료비판」『韓國古代史研究』 42 :
　　　2008,『韓國古代史學史』, 景仁文化社.

井上直樹, 2013,「570년대의 고구려의 對倭외교와 고구려·북제 관계」『高句
　　　麗渤海研究』 45, 高句麗渤海學會.

鄭善如, 2000,「高句麗 僧侶 義淵의 活動과 思想」『韓國古代史研究』 20 :
　　　2007,『고구려 불교사 연구』, 서경문화사.

鄭永鎬, 1972,「金庾信의 百濟攻擊路 研究」『史學志』 6, 檀國大學校 史學會.

정영호, 1979,「中原高句麗碑의 發見調査와 研究展望」『史學志』 13.

정영호, 2000,「中原高句麗碑의 發見調査와 意義」『中原高句麗碑 研究』(高句
　　　麗研究 10), 高句麗研究會, 학연문화사.

鄭雲龍, 1989,「5世紀 高句麗 勢力圈의 南限」『史叢』 35, 高大史學會.

정운용, 1994,「5~6世紀 新羅·高句麗 關係의 推移-遺蹟·遺物의 解釋과 관련
　　　하여-」『新羅의 對外關係史 研究』(新羅文化制學術發表會 論文集 15).

정운용, 1996,「羅濟同盟期 新羅와 百濟 關係」『白山學報』 46, 白山學會.

정운용, 2005,「三國關係史에서 본 中原高句麗碑의 의미」『고구려의 국제 관
　　　계』(연구총서 5), 고구려연구재단.

정운용, 2005,「中原高句麗碑 研究의 몇 가지 問題」『국제고려학회 서울지회
　　　논문집』 6, 국제고려학회 서울지회.

정운용, 2006,「中原高句麗碑의 建立 年代」『白山學報』 76, 白山學會.

정운용, 2006,「『삼국사기』 交聘記事를 통해 본 羅濟同盟 時期의 재검토」
　　　『百濟研究』 44, 忠南大學校 百濟研究所.

정운용, 2007,「한강 유역 회복과 관산성 전투」『泗沘都邑期의 百濟』(百濟文
　　　化史大系 研究叢書 5), 충청남도 역사문화연구원.

정운용, 2013,「淸原 南城谷 高句麗 山城의 築造와 運用」『동북아역사논총』
　　　39, 동북아역사재단.

정원주, 2011,「榮留王의 對外政策과 政局運營」『高句麗渤海研究』 40, 高句
　　　麗渤海學會.

鄭載潤, 1997,「東城王 23년 政變과 武寧王의 執權」『韓國史研究』 99·100,
　　　韓國史研究會.

정재윤, 2001,「熊津時代 百濟와 新羅의 關係에 대한 고찰」『湖西考古學』 4·5,
　　　湖西考古學會.

정재윤, 2012,「4~5세기 백제와 고구려의 관계」『高句麗渤海研究』 44, 高句

麗渤海學會.

정제규, 2013, 「中原高句麗碑의 研究史的 檢討」『中原文物』 24, 한국교통대학교 박물관.

정찬영, 1966, 「평양성에 대하여」『고고민속』 1966-2.

정호섭, 2005, 「남한지역 고구려 유적·유물의 현황과 과제」『北方史論叢』 4, 동북아역사재단.

정효운, 2006, 「高句麗·倭의 전쟁과 외교」『高句麗研究』 24, 고구려연구회.

조경철, 2009, 「백제 왕실의 3년상-무령왕과 성왕을 중심으로-」『東方學志』 145, 延世大學校 國學研究院.

曺凡煥, 2013, 「眞興王 巡狩碑에 대한 몇 가지 疑問과 새로운 理解」『新羅史學報』 29, 新羅史學會.

조성을, 2007, 「조선 중·후기 백제사 인식-수도와 강역관을 중심으로-」『百濟史總論』(百濟文化史大系 研究叢書 1), 충청남도 역사문화연구원.

조순흠, 2013, 「남한강상류 유역 고구려유적」『온달장군』, 광진구·광진문화원.

주경미, 2009, 「백제의 사리신앙과 미륵사지 출토 사리장엄구」『대발견 사리장엄! 彌勒寺의 再照明』, 원광대 마한백제연구소 학술대회논문집.

朱甫暾, 1982, 「加耶滅亡問題에 대한 一考察-新羅의 膨脹과 關聯하여-」『慶北史學』 4.

주보돈, 1984, 「丹陽新羅赤城碑의 再檢討-비문의 복원과 분석을 중심으로-」『慶北史學』 7, 1984 : (改題) 2002, 「丹陽新羅赤城碑의 복원과 내용분석」『금석문과 신라사』, 지식산업사.

주보돈, 1991, 「二聖山城 출토 木簡과 道使」『慶北史學』 14 : 2002, 『금석문과 신라사』, 지식산업사.

주보돈, 1997, 「6世紀 新羅 地方統治體制의 整備過程」『韓國古代史研究』 11 : 1998, 『新羅 地方統治體制의 整備過程과 村落』, 신서원.

주보돈, 2003, 「熊津都邑期 百濟와 新羅의 關係」『古代 東亞細亞와 百濟』, 서경.

주보돈, 2005, 「5세기 高句麗·新羅와 倭의 관계」『왜5왕 문제와 한일관계』(한일관계사연구논집 2), 景仁文化社.

주보돈, 2006, 「5~6세기 중엽 高句麗와 新羅의 관계-신라의 漢江流域 진출과 관련하여-」『北方史論叢』 11, 동북아역사재단.

주보돈, 2006, 「于勒의 삶과 가야금」『악성 우륵의 생애와 대가야의 문화』(대가야학술총서 3), 고령군 대가야박물관·계명대학교 한국학연구원.

주보돈, 2011, 「울진봉평리 신라비와 신라의 동해안 경영」『울진봉평리 신라
비와 한국고대 금석문』, 울진군·한국고대사학회.

車勇杰, 1990, 「竹嶺路와 그 부근 嶺路沿邊의 古城址 調査硏究」『國史館論叢』
16, 國史編纂委員會.

차용걸, 2003, 「忠淸地域 高句麗系 遺物 出土遺蹟에 대한 小考-남성골 유적을
중심으로-」『湖西地方史硏究』(湖雲崔槿默敎授 停年記念論叢), 호서사
학회 편, 경인문화사.

車勇杰·趙順欽, 2008, 「管山城 關聯遺蹟의 現況과 保存方向」『中原文化論叢』12.

蔡尙植, 1995, 「慈藏의 교단정비와 僧官制」『佛敎文化硏究』4, 靈鷲佛敎文化
硏究院.

千寬宇, 1976, 「三韓의 國家形成」『韓國學報』2·3, 一志社 : 1989, 『古朝鮮
史·三韓史硏究』, 一潮閣.

千寬宇, 1982, 「彡麥宗(眞興王)」『人物로 본 韓國古代史』, 正音文化社.

崔光植, 1989, 「三國의 始祖廟와 그 祭祀」『大丘史學』38, 大丘史學會 :
1994, 「시조묘제사」『고대한국의 국가와 제사』, 한길사.

崔南善, 1930, 「新羅眞興王の在來三碑と新出現の磨雲嶺碑」『靑丘學叢』2 :
2003, 『六堂 崔南善 全集』6, 역락.

최장열, 2004, 「중원고구려비, 선돌에서 한반도 유일의 고구려비로」『고대로
부터의 통신』, 푸른역사.

최장열, 2009, 「고구려의 중원 경영-지방제 시행을 중심으로-」『중원의 새로
운 문화재』Ⅱ, 중원문화재연구원.

崔鍾澤, 1998, 「고고학상으로 본 고구려의 한강 유역 진출과 백제」『百濟硏究』
28, 忠南大學校 百濟硏究所.

최종택, 1999, 「京畿北部地域의 高句麗 關防體系」『高句麗山城硏究』(高句麗
硏究 8), 高句麗硏究會, 학연문화사.

최종택, 2002, 「夢村土城 內 高句麗遺蹟 再考」『韓國史學報』12, 高麗史學會.

최종택, 2004, 「아차산 고구려 보루의 역사적 성격」『鄕土서울』64, 서울시사
편찬위원회.

최종택, 2006, 「南韓地域 高句麗 土器의 編年 硏究」『先史와 古代』24, 한국
고대학회.

최종택, 2007, 「웅진도읍기 한강유역의 상황」『熊津都邑期의 百濟』(百濟文化

史大系 硏究叢書 4), 충청남도 역사문화연구원.

최종택, 2008, 「고고자료를 통해 본 백제 웅진도읍기 한강유역 영유설 재고」 『百濟硏究』 47, 충남대학교 백제연구소.

최종택, 2009, 「남한의 고구려고분」 『고구려 유적의 어제와 오늘2-고분과 유물』, 동북아역사재단.

최종택, 2011, 「南韓地域 高句麗古墳의 構造特徵과 歷史的 意味」 『韓國考古學報』 81, 한국고고학회.

최창빈, 1990, 「4세기말~5세기초 고구려의 국남7성과 국동6성에 대하여」 『력사과학』 1990-3.

崔豪元, 2012, 「高句麗 嬰陽王代의 新羅攻擊과 國內政治」 『韓國史硏究』 157, 韓國史硏究會.

최희림, 1967, 「평양성을 쌓은 년대와 규모」 『고고민속』 1967-2.

平野卓治, 2004, 「日本 古代史料에 보이는 倭王權·日本律令國家와 高句麗」 『高句麗 正體性』(高句麗硏究 18), 고구려연구회.

허중권·정덕기, 2012, 「602년 阿莫城 戰鬪의 전개과정에 대한 고찰」 『軍史』 85, 국방부 군사편찬연구소.

洪起聲, 2012, 「高句麗의 國原城 設置와 運營」, 한국교원대학교 석사학위논문.

洪潽植, 2008, 「考古資料로 본 新羅의 漢江流域 支配 方式」 『百濟硏究』 50, 충남대학교 백제연구소.

홍승우, 2009, 「4~6세기 신라의 동해안 지역 진출과 지방 지배방식」 『4~6세기 영남 동해안 지역의 문화와 사회』, 동북아역사재단.

洪永鎬, 2010, 「三國史記 所載 泥河의 위치비정」 『韓國史硏究』 150, 韓國史硏究會.

홍영호, 2010, 「삼국사기 지리지 溟州 영현 棟隄縣의 위치비정과 의미」 『韓國史學報』 38, 高麗史學會.

홍영호, 2012, 「新羅의 何瑟羅 經營 硏究」, 고려대학교 박사학위논문.

皇甫 慶, 1999, 「新州 位置에 대한 硏究」 『白山學報』 53, 白山學會.

황보 경, 2009, 「광주 대쌍령리 고분 출토 '南漢山助舍'銘 청동제 방울 고찰」 『文化史學』 32, 한국문화사학회.

황보 경, 2010, 「4~6세기 북한강 유역 고분의 특징과 축조배경 고찰」 『高句麗渤海硏究』 37, 高句麗渤海學會.

[국외]

葛城末治, 1935,「揚州新羅眞興王巡狩碑」『朝鮮金石攷』: 1979, 아세아문화사.

高寬敏, 1996,「五世紀の新羅北邊」『『三國史記』原典的硏究』, 雄山閣.

今西龍, 1933,「新羅眞興王巡狩管境碑考」『新羅史硏究』, 近澤書店 : 이부오·하시모토 시게루 옮김, 2008,『이마니시 류今西龍의 신라사연구』, 서경문화사.

今西龍, 1934,「百濟史講話」『百濟史硏究』, 近澤書店.

藤田亮策, 1953,「新羅九州五京攷」『朝鮮學報』5, 朝鮮學會 : 1963,『朝鮮學論考』.

木村 誠, 1997,「中原高句麗碑立碑年次の再檢討」『朝鮮社會の史的展開と東アジア』(武田幸男 編), 山川出版社 : 2004,『古代朝鮮の國家と社會』, 吉川弘文館.

木下禮仁, 1981,「中原高句麗碑-その建立年次を中心として-」『村上四男博士 和歌山大學退官記念 朝鮮史論文集』, 開明書店.

武田幸男, 1978,「廣開土王碑文辛卯年條の再吟味」『古代史論叢』上 : 1989,『高句麗史と東アジア』, 岩波書店.

武田幸男, 1980,「序說 5~6世紀東アジア史の一視點-高句麗中原碑から新羅赤城碑へ」『古代東アジアにおける日本古代史講座』4 : 1989,「長壽王の東アジア認識」『高句麗史と東アジア』, 岩波書店.

李成市, 1997,「韓國出土の木簡について」『木簡硏究』19.

田中俊明, 1981,「高句麗の金石文」『朝鮮史硏究會論文集』18, 朝鮮史硏究會 : 1987,『國外韓國史關係論文選集』(古代 1), 韓國人文科學院.

田中俊明, 1990,「于勒十二曲と大加耶聯盟」『東洋史硏究』48-4.

田中俊明, 2004,「高句麗の平壤遷都」『朝鮮學報』190.

井上光貞, 1976,「推古朝外交政策の展開」『聖德太子論集』, 平樂寺書店.

井上秀雄, 1961,「三國史記地理志の史料批判」『朝鮮學報』21·22 : 1974,『新羅史基礎硏究』, 東出版.

井上秀雄, 1982,「朝鮮城郭一覽」『朝鮮學報』104, 朝鮮學會.

井上直樹, 2000,「高句麗の對北魏外交と朝鮮半島情勢」『朝鮮史硏究會論文集』38.

井上直樹, 2008,「570年代の高句麗の對倭外交について」『年報 朝鮮學』, 九州大學 朝鮮學硏究會.

酒井改藏, 1955,「好太王碑文の地名について」『朝鮮學報』8, 朝鮮學會.

酒井改藏, 1970,「三國史記の地名考」『朝鮮學報』54, 朝鮮學會.

池內 宏, 1929,「眞興王の戊子巡境碑と新羅の東北境」『昭和四年度古蹟調査特別報告』, 朝鮮總督府 : 1960,『滿鮮史研究』上世 第二冊, 吉川弘文館.

池內 宏, 1932-1933,「白江及び炭峴について」『滿鮮地理歷史研究報告』14 : 1960,『滿鮮史研究』上世 第二冊, 吉川弘文館.

津田左右吉, 1913,「好太王征服地域考」『朝鮮歷史地理』上, 南滿洲鐵道株式會社 : 1986, 亞世亞文化社.

津田左右吉, 1913,「百濟戰役地理考」『朝鮮歷史地理』上, 南滿洲鐵道株式會社 : 1986, 亞世亞文化社.

津田左右吉, 1913,「長壽王征服地域考」『朝鮮歷史地理』上, 南滿洲鐵道株式會社 : 1986, 亞細亞文化社.

津田左右吉, 1913,「羅濟境界考」『朝鮮歷史地理』1, 南滿洲鐵道株式會社 : 1986, 亞細亞文化社 : 이부오·장익수 역, 2009,『新羅史學報』16.

津田左右吉, 1913,「眞興王征服地域考」『朝鮮歷史地理』1, 南滿洲鐵道株式會社 : 이부오 역, 2010,『新羅史學報』18.

찾아보기

장창은 張彰恩

1973년 서울 출생. 국민대학교 국사학과를 졸업하고 같은 학교 대학원에서 석사·박사학위를 받았다(박사논문 : 「신라 상고기 고구려 관계와 정치세력 연구」). 국민대학교 국사학과와 한국방송통신대학교 문화교양학과에서 강사로 재직 중이며, 북악사학회 연구이사와 신라사학회 연구위원을 역임하고 있다. 한국고대 정치외교사와 영역사 연구에 매진하고 있다.

저서

『주제별로 접근한 한국고대의 역사와 문화』(공저), 국민대 출판부, 2006
『신라 상고기 정치변동과 고구려 관계』, 신서원, 2008
『삼국사기三國史記』(편역), 지식을만드는지식, 2009
『동경잡기東京雜記』(편역), 지식을만드는지식, 2009
『고대 안동의 역사와 문화』(공저), 한국국학진흥원 편, 2009

대표 논문

「신라 눌지왕대 고구려세력의 축출과 그 배경」, 『한국고대사연구』 33, 2004
「중원고구려비의 연구동향과 주요 쟁점」, 『역사학보』 189, 2006
「5~6세기 고구려의 남하와 한강 유역의 영역향방」, 『백산학보』 88, 2010
「6세기 중반 한강 유역 쟁탈전과 관산성 전투」, 『진단학보』 111, 2011
「진흥왕대 신라의 북방진출과 대고구려 영역향방」, 『신라사학보』 24, 2012
「4~5세기 고구려의 남방진출과 대신라 관계」, 『고구려발해연구』 44, 2012
「6세기 후반~7세기 초반 고구려의 남진과 대신라 영역향방」, 『민족문화논총』 55, 2013
「아차산성을 둘러싼 삼국의 영역 변천」, 『사총』 81, 2014

고구려 남방 진출사　　　　　　　　　　값 35,000원

2014년 3월 25일 초판 인쇄
2014년 3월 30일 초판 발행

저　　자 : 장 창 은
발 행 인 : 한 정 희
발 행 처 : 경인문화사
　　　　　서울특별시 마포구 마포동 324 - 3
　　　　　전화 : 718 - 4831~2, 팩스 : 703 - 9711
　　　　　이메일 : kyunginp@chol.com
　　　　　홈페이지 : 한국학서적.kr / www.kyunginp.co.kr
등록번호 : 제10 - 18호(1973. 11. 8)

ISBN : 978-89-499-1013-0 93910
ⓒ 2014, Kyung-in Publishing Co, Printed in Korea

경인한국학연구총서